新人文

诗歌的乌鸦时代

汪剑钊 自选集

河南大学出版社

图书在版编目(CIP)数据

诗歌的乌鸦时代:汪剑钊自选集/汪剑钊著.—郑州:河南大学出版社,2011.11
(新人文)
ISBN 978-7-5649-0269-8

Ⅰ.①诗… Ⅱ.①汪… Ⅲ.①文学研究－俄罗斯－文集
Ⅳ.①I512.06-53

中国版本图书馆 CIP 数据核字(2010)第 194768 号

责任编辑	谢景和			
责任校对	谢 廓			
封面设计	翟淼淼			

出 版	河南大学出版社			
	地址:郑州市郑东新区商务外环中华大厦 2401 号		邮编:450046	
	电话:0371－86059701(营销部) 网址:www.hupress.com			
排 版	郑州市今日文教印制有限公司			
印 刷	河南省诚和印制有限公司			
版 次	2011 年 11 月第 1 版		印 次	2011 年 11 月第 1 次印刷
开 本	787mm×1092mm 1/16		印 张	31.75
字 数	536 千字		定 价	58.00 元

(本书如有印装质量问题,请与河南大学出版社营销部联系调换)

作者像

编辑人语

> 我不愿取悦骄狂的世人
> 只想搏得朋友的欣赏
> ——普希金《欧根·奥涅金》序诗，查良铮译

"新人文"书系一路行来，先前的构想随着情势的变化而更改了运行方式，一言艰尽曲衷……

譬如，最早的设想是由耿占春、刘恪、萧开愚（风云际会，三位都在河南大学文学院任教）三驾马车开道的，结果却成了中年小说家刘恪和诗人萧开愚导航，青年评论家程魏紧随其后（程光炜自选集改为学术专著出版），复议定稿的京城名家陈众议、汪剑钊的大作却因等待创意者老耿而延至今日，真使我汗颜瞠目，唐突高贤的感喟绝非虚话！好在有了一个比较精彩的收官，也算对这变化中的三人行所作的真情表白吧！

当然，最初的装帧设计者张胜先生早把三驾马车作品做了精心安排（至今，耿先生著作的封面仍沿袭了张胜才情横溢的奇思妙想），此后则由我社青年美编马龙带领弟子萧规曹随，迤逦行来也颇多收获……

有必要提出总编辑张云鹏教授的高屋建瓴超凡学识，使得创意人耿占春先生拿出了压箱底的看家绝活《边地文论》来犒劳期待已久的读者。就此而言，快与慢、动与静、写与审所形成的良好互动，足以加深出版社与作者和读者的友谊及信任了。

三人行，必有我师焉。

目录

论文

美将拯救世界 ……………………………………………………（ 3 ）
人的精神拯救 ……………………………………………………（ 14 ）
俄国知识分子精神探索的"路标" ………………………………（ 27 ）

俄国象征派诗歌与宗教精神 ……………………………………（ 35 ）
生命轨迹上的诗探索 ……………………………………………（ 41 ）
来自"春天的口授" ………………………………………………（ 64 ）
苏联诗歌与"白银时代"的风格传承问题 ………………………（ 75 ）
诗歌是一种祈祷 …………………………………………………（ 82 ）
地狱里的春天 ……………………………………………………（ 98 ）

中俄民族心理结构、艺术精神与文化传统的异同性 …………（104）
20世纪中国现代主义诗歌演变的轨迹 …………………………（119）
中国现代诗的成熟与俄苏诗歌 …………………………………（131）
在中西文化的交叉点上 …………………………………………（148）
闻一多的新诗与异域影响 ………………………………………（162）
词，别是一家的风情 ……………………………………………（172）

在达姆鼓的节奏中跳舞 …………………………………………（178）
在"蔷薇园"中啼啭的夜莺 ………………………………………（192）
邪恶披着一袭悲伤的长袍 ………………………………………（213）
光荣与遗憾 ………………………………………………………（220）
"绝对自由"的僭妄 ………………………………………………（227）

随笔

"白银时代"：谁是命名者 ………………………………………（239）

白银的月亮照耀着白银的时代 …………………………………… (242)
"钟摆"似的"俄罗斯理念" ……………………………………… (245)
"恰似一股透明的玻璃水" ………………………………………… (248)
我的工作就是写诗 ………………………………………………… (251)
我是"不朽"的同龄者 ……………………………………………… (254)
天堂只是狗的吠叫 ………………………………………………… (257)
"智慧"的转型,或狼与狈的故事 ………………………………… (262)
我是神的一片叶子 ………………………………………………… (265)
一代人的文学肖像 ………………………………………………… (268)

"我的事业除了歌还是歌" ………………………………………… (271)
诗是来自痛苦经验的运动 ………………………………………… (277)
"我对着美看得太久" ……………………………………………… (281)

诗歌的乌鸦时代 …………………………………………………… (289)
诗歌的意义蕴藏于人性 …………………………………………… (292)
迟到的,是我们的美学 …………………………………………… (294)
趋近"纯诗"的智慧 ………………………………………………… (297)
海子:殉道的圣者 ………………………………………………… (300)
爱向爱本身致意 …………………………………………………… (303)
抵御虚无的存在 …………………………………………………… (306)
"把鱼钩扔回给偶然性" …………………………………………… (309)
怀念纯诗的价值 …………………………………………………… (313)
六十年代人的精神碎片 …………………………………………… (315)
守望者的倾听 ……………………………………………………… (318)
守住抒情的本质 …………………………………………………… (322)

留住可以留住的东西 ……………………………………………… (324)
荷马、但丁也是我们的传统 ……………………………………… (327)
翻译的尴尬和委屈 ………………………………………………… (330)

译文

关于爱情的成功叙事(中篇小说) ………………………… [俄]马卡宁(335)

文论三篇	［俄］西尼雅夫斯基(378)
散文的空间	(378)
艺术与现实	(383)
论批评	(387)

诗与人	［俄］娜杰日达·曼杰什坦姆(395)
一　读者	(395)
二　不相容性	(403)
三　两个极端	(409)
四　文学理论	(417)
五　被承认的诗人	(421)

诗歌

白太阳	(429)
雪	(430)
无伴侣的咖啡	(432)
月光下的乌鸦	(434)
孤独的冬妮亚	(436)
芬芳的灯	(438)
在公共汽车上	(439)
天才的秘密	(440)
命运从相反方向疾奔而来	(441)
雪花在黑夜里腐烂	(442)
写作的秘密	(443)
波莱罗舞曲	(444)
童话的现在时	(445)
与X有关的中秋夜	(446)
十二月的来客	(447)
我在你的诞生中诞生	(450)
黑天鹅	(452)
夏园的雪	(454)
以撒克教堂	(455)
在加契纳与娜斯嘉谈论丁香与梅花	(457)
柯马罗沃的月亮	(458)

观念艺术 ………………………………………………… (459)
梨子的启示 ……………………………………………… (460)
昨夜有风 ………………………………………………… (461)
建设工地随想曲 ………………………………………… (463)
镜子 ……………………………………………………… (464)
穿牛仔裤的杨贵妃 ……………………………………… (465)
晦涩的爱情 ……………………………………………… (466)
堕落天使 ………………………………………………… (467)
当女人成为白雪的比喻 ………………………………… (468)
两本或一本书 …………………………………………… (469)
胡同深处的雪 …………………………………………… (471)
切·格瓦拉 ……………………………………………… (472)
漏气的足球 ……………………………………………… (473)
裸足女人 ………………………………………………… (474)
扫地的蚂蚁 ……………………………………………… (475)
双龙潭 …………………………………………………… (476)
火车 ……………………………………………………… (477)
花园中的豹子 …………………………………………… (478)
十月十九日 ……………………………………………… (480)
金鱼之死 ………………………………………………… (481)
睡眠 ……………………………………………………… (482)
最后的情人节 …………………………………………… (483)
生日献词 ………………………………………………… (484)
雨夜 ……………………………………………………… (486)
恋爱中的乌鸦 …………………………………………… (487)
夏天,我羡慕一片绿叶 ………………………………… (489)
七月七 …………………………………………………… (490)
一个人的中秋节 ………………………………………… (492)
门 ………………………………………………………… (493)
朗诵会 …………………………………………………… (495)

后记 ………………………………………………… (497)

论文

美将拯救世界[1]

"美将拯救世界",这是陀思妥耶夫斯基小说《白痴》中的主人公梅什金公爵说过的一句话。多年来,它经常被研究者们加以引用,被看成小说家的艺术观之一,出现在各类文章和专著中;但是,围绕着这句话所作出的解释却众说纷纭,至今仍莫衷一是。从字面意思看,它似乎在宣传一种唯美主义的观点,告诉人们,美将最后扫荡一切污秽和丑恶,成为世界的救世主;不过,熟悉陀思妥耶夫斯基的人都知道,他并不是一个信奉"生活模仿艺术"或"为艺术而艺术"的唯美主义者,在更多的场合,他被称之为"批判现实主义作家"、"残酷的天才"、"现代主义小说的鼻祖"、"存在主义的先驱"。这就是说,在他的宣言和艺术实践之间存在着某种悖逆性的东西,而在这悖逆的深层,它们又有着内在的联系。那么,这种内在的联系是什么呢?或者说,应该怎样理解作家的这句话呢?

一 美是什么

首先,我们从对美的理解谈起。陀思妥耶夫斯基认为:"美是一切健全的,亦即充满活力的东西所固有的,也是人体必不可少的需要。"[2]也就是说,美是人的本能之一,它是一个自在自足的东西,对人而言,它们就像吃喝睡眠一样,是必不可少的需要,而"离开了美,人也许不愿意活在世上"[3]。人们对它的渴望、探索和感受是不需要任何附带条件的。他们崇拜美,陶醉于各种美好的事物之中,并不问它会带来什么好处,凭借它能购买什么东西,而仅仅因为它是美,是美的体现。

在《——波夫先生和艺术问题》一文中,他在反驳功利主义的观点时,强调:"美就是和谐,是平静的保障,美体现了人和人类的理想。"[4]在陀思妥耶夫斯基看来,当人与现实发生矛盾,发生了不协调的斗争时,恰恰是因为

---

[1] 原文副题为《〈白痴〉与陀思妥耶夫斯基的末世论思想》。
[2][3] 《陀思妥耶夫斯基论艺术》,冯增义、徐振亚译,漓江出版社1988年版,第30页。
[4] 《陀思妥耶夫斯基论艺术》,冯增义、徐振亚译,漓江出版社1988年版,第30页。

他对美的需要发展到最大极限的时候:他最渴望的是宁静与和谐,而美恰恰包含着宁静与和谐。美是人类永恒的理想,一个民族只要还保留着美的理想和美的需要,它的发展就有了最基本的保障。显然,从这一角度出发,美并不是一个单纯的、孤立的事物,美经常地与善和真联系在一起,美是善的完成,而善的欠缺便是美的对立面——丑;真的方向也同样是美,人们追求真理的最终目标,就是期望进入一个美的世界。在宗教氛围浓重的俄罗斯,陀思妥耶夫斯基对美及美的显现所秉持的这种认识,也就非常自然地与上帝对人的拯救联系在一起。因为,在基督徒看来,只有上帝才是绝对的美,绝对的存在。

那么,人如何抵达美呢?陀思妥耶夫斯基给我们指出的道路便是爱,它是勾连人与上帝之间的桥梁。这种爱的人间表现,便是人和人的相互同情、宽恕和谅解,在必要时,甚至是自我牺牲。在《白痴》中,梅什金为美而献身,不惜让自己经常处于被嘲笑、被蔑视和被欺骗的境地,成为他人堕落后进行悔改的台阶。根据陀思妥耶夫斯基的理解,被人嘲弄而不加反驳和辩解,更容易促成人与人之间的宽容和理解,"对他而言,白痴是牺牲于当下的一颗未来的种子"[1]。因为,世界上有很多事情不是一下子就可以理解的,而倘若人们理解得太快的话,恐怕就理解得不够透彻。在此,梅什金的被人取笑可以起到一种过渡的作用。这里,作家提出了一个生命的意义问题,人与动物最大的区别就在于前者具备思考的能力,他渴望了解自己活着的意义,希冀生活在一个有意义的世界里。人永远无法容忍对自身而言是不完美的现实。陀思妥耶夫斯基通过自己长期的思考,得出了结论:人的存在必定是有意义的,他本身就是意义。在这方面,基督为人类提供了最出色的榜样,给了我们最大的启示。

1868年1月1日,他在给自己的侄女索菲娅的一封信中说道:"美是理想,而理想,无论是我们的,还是文明欧洲的,还没有产生出来。世上唯一肯定的美好的面容就是基督。因此,这种无法衡量的、无限美好的面容显现,当然是无限的奇迹。约翰在这种意义上写了全部福音书;他在美的一个化身……表现中找到全部奇迹。"[2]有很多评论家指出,梅什金这个人物形象是作家以基督为原型进行塑造的。基督是道德和精神美的化身,是上帝最完美的人间体现,他拥有仁慈的爱、崇高的力量,这使他克服了自己的个性、

---

[1] 伊·加林:《多面的陀思妥耶夫斯基》,莫斯科:杰拉出版社1997年版,第131页。
[2] 赖因哈德·劳特:《陀思妥耶夫斯基哲学》,沈真等译,东方出版社1996年版,第347页。

自我,为尘世间的每个人而牺牲自己,借此,他帮助人类克服自己的罪孽,抚慰他们伤痕累累的心灵,使他们从绝望的处境中摆脱出来。基督的完美是通过他的博爱而凸现的,他甚至爱罪人,因为他们比其他人更需要爱与同情,最后,他以自己的死无辜地为人类承担了全部的罪恶,他不知道仇恨,真诚地宽恕一切。

前述梅什金公爵面对世人的精神颇有"我不下地狱,谁下地狱"基督式的悲壮,而这种精神是与陀思妥耶夫斯基对爱和幸福的理解,是与他的良知相吻合的,因为,"良心本身就包含了悲剧的因素"[1]。他在普希金塑像落成纪念大会上,就达吉雅娜最后拒绝奥涅金求爱的行为有过这样的阐述:"纯洁的俄罗斯心灵是这样解决问题的:'让我一个人失掉幸福吧,让我承受比那老人的不幸更大的不幸吧,让包括那老人在内的所有的人永远不知我所作出的牺牲,不为它所累,我不想断送他人来换取幸福!'"[2]他认为,幸福并不只在享受爱上,它还在为他人作出的牺牲上,在精神的高度和谐上。这样的爱是有生命力的。在小说中,我们看到,爱催生了爱。梅什金对人付出的爱心,赢得了阿格拉雅的爱。后者这样自述道:"任何人想要欺骗他,都能叫他上当,而不管是谁骗了他,以后他一概宽恕,正因为这一点我才爱上他……"纳丝塔西雅则从梅什金对自己的同情和怜悯中,发现了"一个真正的人",也不由得爱上了他;但她觉得自己配不上他,因此,竭力促成阿格拉雅与梅什金的爱情,放弃自己向往已久的幸福之可能。"隐藏在痛苦中的美和爱,归根结底会变成更高境界的纯洁道德、精神美和完全的快乐"[3]。她从梅什金的牺牲精神中,看到了善的存在和人性美的存在,并在深受感动之后,体认到自己的罪孽并决意赎罪,由自己作出牺牲,以成全他人的幸福,借此靠近了上帝。在小说的结尾,她的死,实际包含了一定的自杀因素。她的这种自觉选择,从生物学上说,带有弃绝生命的否定性;但就伦理学而言,则具有向善的积极性。

关于爱的艺术,德裔美籍精神分析学家弗洛姆曾经有过非常精辟的界定。他认为,真正的爱不是被动地接受,更不同于那种自私地占有,而是付出、给予和承担,哪怕承担的是屈辱;它是人的内在精神丰沛的标志,是一种创造性的活动,它"是人的一种主动的能力,是一种突破使人与人分离的那

---

[1] 安·塔尔科夫斯基:《雕刻时光》,李丽贵、陈泳泉译,台湾万象图书有限公司1993年版,第271页。
[2] 马斯林编:《俄罗斯理念》,莫斯科:共和国出版社1992年版,第141页。
[3] 赖因哈德·劳特:《陀思妥耶夫斯基哲学》,沈真等译,东方出版社1996年版,第313页。

些屏障的能力,一种把他和他人联合起来的能力"[1]。显然,弗洛姆所阐述的"爱"在陀思妥耶夫斯基的笔下已有了较早的例证。梅什金给出了自己的爱,从而激发了纳丝塔西雅潜在的爱的能力。纳丝塔西雅爱上了梅什金,却不想以自己的爱去束缚他、占有他,甘愿作出牺牲;她在献出生命的过程中,充实了梅什金的爱,然后,又从这爱中获得了提升,成为爱之光辉的化身,催化他人的爱,为罗果仁的悔悟指出了一条道路。

至此,我们发现,陀思妥耶夫斯基对美的追求,不自觉地靠拢了人类向善的天性和求真的意志。他所宣称的美,实际是真、善、美的综合体,也就是人类生存的最高目标。

二　美与发现美的能力

陀思妥耶夫斯基认为,美无所不在,它栖身于世间万象之中,而其最集中的体现,便是人。美是人类存在的意义,人类凭借着它,向神性的世界飞升。正如上帝与我们同在一样,美从来不曾远离过我们,它就在我们的附近,存在于我们的日常生活,存在于我们的内心。在他的心目中,甚至在最污浊的环境中,美都会留下自己的痕迹,留下自己成长的种子。正是有此认识,梅什金能在很多被常人视为十分庸俗、猥琐、下作的人或丑陋、邪恶的事情上看到美的存在,看到上帝存在的闪光。

别尔嘉耶夫在评述陀思妥耶夫斯基的创作时,指出:"没有了人,在陀思妥耶夫斯基那里便什么都没有了,没有自然,没有物质世界,也没有与人有关的一切……存在的惟有人的精神,他惟有对此感兴趣。……对他而言,人不是一个自然世界的现象,不是自然现象之一,哪怕是最高级的现象。人是一个小宇宙,是存在的中心,是一切围绕其旋转的太阳。"[2]显然,陀思妥耶夫斯基所认定的美,并不是我们通常所见的自然现象或社会现象,而是这些现象背后的本质,即超越物质之上的精神。在对世界的考察中,他并不拘泥于每个人孤立的一言一行,随机作出道德判断,而是努力去发现潜藏在这些言行背后的美的折光,发现他的绝对存在,发现他最美好的精神。我们知道,他对美的解释,其最基本的指归便是对人的肯定。在小说《白痴》中,他的赞美、他的同情、他的焦虑、他的痴愚、他的忏悔,无不与此有关。

在日常生活中,人们之所以会常常忽略美的存在,是因为,美是温柔的、

---

[1] 弗洛姆:《爱的艺术》,刘福堂译,安徽文艺出版社1986年版,第17页。
[2] 别尔嘉耶夫:《论经典作家》,莫斯科:高校出版社1993年版,第122页。

脆弱的,它往往与人类的苦难联系在一起。他们往往看到了苦难的表象,看到了其中的否定因素,而没有发现,美只是被我们的苦难、被我们的琐屑事物遮掩了。实际上,美并没有缺席,而是在万物的核心中存在着,需要人们的慧眼去发现。当梅什金第一次看到纳丝塔西雅的照片时,他产生了这样的印象:"从脸上看好像挺快活,可她的经历痛苦得可怕,是不是?透露消息的是她的眼睛,还有这两根颧骨,以及面颊上端、眼睛下面这两个点儿。"当他第二次端详这张照片时,发现的是:"苍白的脸色、几乎凹陷的面颊、一双燃烧的眼睛——多么奇异的美!""这张脸上有……许多痛苦……"正是这种蕴藏着痛苦的美,才令叶潘钦将军的二女儿阿黛拉伊达发出这样的赞叹:"这样的美是一种力量,凭这样的美可以颠倒乾坤!"

陀思妥耶夫斯基对美的这种认识带有一定的存在论色彩。他告诉人们,要热爱生活,拥抱生活中的一切,在接纳快乐和幸福的同时,也不回避苦难与琐屑;要善于发现,为每一个生命祈祷,哪怕是最微不足道的生存物。因此,他借梅什金公爵之口说道:"从一棵树旁边走过,怎能不为看见那棵树而感到幸福?跟一个人说话,怎能不为这个人而感到幸福?"他告诉人们,"只要瞧一瞧一个小孩,瞧一瞧天上的彩霞",就应该发现,这个世界充满了美,也就应该感到生活是有意义的。这让人回想起罗丹著名的格言:"美是到处都有的。对于我们的眼睛,不是缺少美,而是缺少发现。"[1]

前面我们说过,发现美的一种最强大的能力就是爱,只有怀着一颗爱心,才能拥有发现世界之美的内在动力。而在现实世界中,我们又知道,一个被愤怒和仇恨所充填着的人不可能产生对美的渴望,他那骚动和不安的灵魂缺乏观照美、欣赏美所必需的平静与耐心。德国哲学家赖因哈德在分析陀思妥耶夫斯基由生活意志转向爱的哲学时指出,爱是实现个人目的的最高场合,爱可以帮助人们实现生活意志,因为爱的存在,人们的呼唤才有可能得到回应。但是,在很多场合下,人们的自我的法则在对爱起着干扰作用,它不断地给爱的伸展划定圈圈,以至于最终成了爱的禁锢。无疑,这不利于人的全面发展。

有鉴于此,陀思妥耶夫斯基的作品则告诉我们,人要学习如何消除这个自我的法则,摆脱各种障碍和禁锢,让自我奉献给一切与自身同样地渴求爱的人,由此进入一个全新的世界。如果真诚地和正直地去爱,就可以实现自己的希望,满足对真理的向往。那样,即使舍弃了个人的幸福,也不至于痛

---

[1] 罗丹:《罗丹艺术论》,沈琪译,人民美术出版社1978年版,第62页。

不欲生:"因为去爱的人在自己的爱本身和爱的表现中已经得到了幸福。从另一方面看,只有健康的双方的爱才使人得到完全的幸福,通过这种爱,他进入了绝妙境界。"[1]赖因哈德在此所称的"绝妙境界"便是美,人们进抵它的领域,凭借的便是爱,而且是一种无私无我的爱。

三 美的类型

诺贝尔文学奖得主、奥地利作家赫·黑塞认为,在陀思妥耶夫斯基的作品中,有两种力量攫住了我们:一种力量"是绝望,是对恶的忍受,是对人性之残酷野蛮和可疑性的认可和顺从";另一种力量"是人面对上帝的良心和能力"。正是这两种力量的彼此矛盾和消长,孕育着神秘的深度和巨大的广度。[2]哲学家别尔嘉耶夫也指出:"他在自己的主人公的命运中,讲述自己的命运,在他们的矛盾中讲述自己的矛盾,在他们的犯罪体验中讲述自己精神犯罪的秘密。"[3]在对美的类型进行区分的问题上,陀思妥耶夫斯基表现出了非同寻常的坦率和真诚。在《白痴》中,围绕着纳丝塔西雅,设计了四个男人对她的态度,他们分别代表着各自对美的理解,披露了作者内心世界错综复杂的矛盾以及潜在的原罪冲动。

罗果仁疯狂地爱着纳丝塔西雅·菲立波夫娜,为了她不惜付出一切代价——金钱、友谊、亲情,甚至一个人的自尊和荣誉;但他对美的理解是外在的、肉欲的,这决定了他的欣赏也是占有式的、流氓式的。

梅什金则从一开始就从内在的、精神的角度发现了她的美。纳丝塔西雅美得惊人,她有"一双燃烧着的眼睛";同时,"又有一种信赖的表情,一种天真得出奇的东西"。这样的美是一种力量,它可以扭转乾坤。他透过她表面上的放浪形骸,看到了后者内心的美丽、纯洁、善良,以及因此而承受的那种极度的痛苦:"您受过很多苦,能出这样的地狱而不染,这是了不起的。"如此,他从怜悯的角度给出了自己的爱,伸出了援助之手,希望以自己的爱去拯救她,去发掘她身上那些被遮蔽的美。

加尼亚则是小市民对美的功利性理解的代表。在小说中,作者把他界定为一个聪明的"普通人"。他从头到脚都充满了出类拔萃的愿望,每时每刻都在渴望着作出点什么伟大的创举:发明火药,发现新大陆,或者登上月

---

[1] 赖因哈德·劳特:《陀思妥耶夫斯基哲学》,沈真等译,东方出版社1996年版,第319页。
[2] 参见赫·黑塞等:《陀思妥耶夫斯基的上帝》,斯人等译,社会科学文献出版社1999年版,第42页。
[3] 别尔嘉耶夫:《论经典作家》,莫斯科:高校出版社1993年版,第118页。

球,等等,等等。"一方面,深深地、不断地感到自己缺乏才华,另一方面,又不可遏止地想要证明自己是个最有独创性的人",他在把自己想象成"旷世奇才"的同时,在内心深处总保持着一条怀疑的蛆虫,这蛆虫让他最终完全绝望。于是,他开始踏上了一条"做坏蛋"的道路,并且认为:"做坏蛋就做彻底的坏蛋,只要能赢。"尽管他从前"热烈地追求"过纳丝塔西雅,但在决定娶她为妻的时候,他考虑更多的是因此而得到7.5千卢布的陪嫁。作者借助了一个极具时代特征的事物——金钱,对他的灵魂进行了拷问。而当纳丝塔西雅把罗果仁用来收买她的身体的十万卢布扔进壁炉,宣称只要加尼亚冒着手指被灼伤的危险,爬进去取出来的话,这钱就属于他了。但他"终归没有去取,忍住了!"是他不需要这笔钱,还是他不敢去取?苏联著名评论家扎通斯基对此的分析是:"他的人性的'我'同生活中的角色——追名逐利者的角色——发生了碰撞。他身上那个有生命的东西——人性的'我'战胜了。"[1]在陀思妥耶夫斯基的笔下,人心是一个战场,欲望和人性的美一直进行着激烈的搏斗。美经常受到侮辱和损害,却并不因此而放弃对人的拯救。加尼亚在纳丝塔西雅的客厅里的表现便说明了这一点。

与加尼亚的卑微和谨慎相比,托茨基代表着俄国上流社会对美的"花花公子"式地占有。他是一位"开明"的绅士,受过良好的教育,知识渊博,风度翩翩,是"各种美丽事物的爱好者和细致入微的鉴赏家"。在对农庄的一次巡察中,他发现了可爱的女孩纳斯嘉(纳丝塔西雅的爱称或指小名),断定她"将来一定能出落成一个非凡的美人",于是,"高度发展的爱美感觉提醒他对自己将来快乐的保障作了一番实事求是的、可以说很合算的、无微不至的安排"。[2] 他为她请来家庭教师,教她法语(一种标志着上流社会的语言)、音乐、美术和文学。在她16岁时,托茨基便将她"金屋藏娇",安置在一幢雅致的木屋里,屋内备有乐器、画笔、颜料和专为少女精选的藏书,还有一条漂亮的哈巴狗……以后,他在每年夏季都到这里来住上两三个月,使用青春和美。他是造成纳丝塔西雅悲剧性命运的罪魁祸首。

无疑,小说中的主人公梅什金有一定的自传性,他体现着陀思妥耶夫斯基所认可的观念,其行为方式也是由作家用一种理想主义的笔法所规划的。他爱纳丝塔西雅,但那不是通常的两性之爱,而是基督式的爱,它更多地带

---

[1] 参见赫·黑塞等:《陀思妥耶夫斯基的上帝》,斯人等译,社会科学文献出版社1999年版,第27~29页。

[2] 叶尔米若夫:《陀思妥耶夫斯基论》,满涛译,上海译文出版社1985年版,第193页。

有悲悯和同情的成分,甚至带有宽恕罪人的意味。即便如此,在与纳丝塔西雅的接触中,梅什金发现,自己的内心也存在着很多阴暗的和邪恶的东西。正如俄罗斯的一位批评家所指出的那样:"梅什金的一个主要特点——就是能够理解和宽恕他人。他不仅能理解和宽恕,而且还能够意识到,在他本人,这个圣人身上,也存在着出现在罗果仁和杰列尔身上的可怕因素。……梅什金置身于罗果仁和纳丝塔西雅·菲利波夫娜之间的那种神经质的三角关系中。他们是他的另一个我。"[1]

在小说中,罗果仁最后杀死了纳丝塔西雅,表明了肉欲之爱的失败。但这并不意味着梅什金的纯精神之爱的胜利,恰恰相反,梅什金同样也失败了。可以说,罗果仁与梅什金对美的理解都不是完整的,他们都只站在了美的一个侧面,并把这一侧面推到了极端。陀思妥耶夫斯基理性上赞同梅什金对美的理解,但他那艺术家的敏感又提醒自己,那是一种有欠缺的美。梅什金对纳丝塔西雅的爱是一种抽象的爱,缺乏血肉的爱,无法在人间得到真正的实现。在《白痴》中,他并没有解决爱的灵与肉这个问题。或许正是这种矛盾,使作家遵循严格的艺术规律,写出了主人公爱的困惑:梅什金甚至无法区分、也无法处理自己对纳丝塔西雅和阿格拉雅的感情。当然,如何使物质和精神的美达成和谐,它们之间的尺度问题,迄今仍是我们探索的问题;而倘若我们期望作家在所有问题上都能给出满意的答案,未免太过苛求。

四 美的毁灭与末世论

现在,我们回到"美将拯救世界"这个问题。读完《白痴》,我们似乎会觉得,直到结尾,小说都没有证实"美能够拯救世界"这一理念,恰恰相反,我们听到的却是一则关于美的毁灭的故事。这里就涉及了死亡的意义问题,也就是基督教通常所说的"向死而生"的"末世论"。所谓"末世论",又称"终极论",它"是关于人类与世界的最终命运的教义。包括基督降临、死人复活、末日审判、千禧年及天堂、地狱等内容。一般认为,末日审判时,信爱上帝者将在天堂与神相伴,魔鬼、不信者、恶人则将被打入地狱,接受永罚。审判前死人将复活,好承担赏或罚"[2]。这就是说,根据基督教的教义,人类最终将迎来一个世界的末日,届时,将接受最后的审判,从而取得上天堂或下地狱的入场券。作为基督教的分支之一的东正教也同样信奉末世论的教义,

---

[1] 伊·加林:《多面的陀思妥耶夫斯基》,莫斯科:杰拉出版社1997年版,第139页。
[2] 参见卓新平主编:《中国基督教基础知识》,宗教文化出版社1999年版,第111页。

认为,"到世界末日,基督将重临人间,审判世界,然后,出现一个新天地"[1]。这就是说:"要进行审判,首先需要复活(虽然不可能是直义上的),需要使他们这些死去的人即业已遭受最大的惩罚——死刑的人复活。""复活是道德法则对物质需要的彻底胜利。"[2]

西方神学家普遍认为,《圣经》对死的理解存在着两个维度。其一,死是彻底中断生命关系的无关系之事件。这意味着,死是一段生命史的终结,也就是整个个体的终结,它表现了人生的有限性。一个人的死,意味着他不再是什么,只是以曾在的方式"在"。其二,死已经被分担人的死亡的上帝所战胜。人们常说,生通向死,我们在生之中受到死的围困。但是,我们在死之中即在生之中。人以死的方式融入了上帝的永恒,死亡它自己已然死亡。[3] 德国神学家莫尔特曼在《希望神学》一书中认为:"基督教彻头彻尾地,而不仅仅是在附言中,就是末世论,就是希望。"[4]此岸世界迎来自己的末日,同时也迎来了人类的希望,它标志着尘世苦难的结束,一个充满了光明和希望的世界来临。基督被钉死在十字架,便以现身说法给人类作出了某种启示,因为,它指示着随后的"复活",亦即得救的可能。

根据俄罗斯东正教的末世论,我们的"历史只是人类生命暂时的和过渡性的阶段。人的使命就是永恒,但不是历史自身。这就是为什么历史早晚要结束的缘故"[5]。"历史里有罪恶,罪恶是历史上'伟大'事件的基础,残酷地折磨着人的罪恶表明,历史的终结应该到来,而且任何真理只有经过这个终结才能被实现"[6]。我们无法否认,作为深受东正教影响的作家,陀思妥耶夫斯基的身上也存在着这种末世论的烙印。或许,正是从这个层面上说,美的毁灭也同时拯救了世界。

《白痴》最后以罗果仁杀死纳丝塔西雅而结束,从而将人间罪孽推到了一个极端,他的这种毁灭性的行为对两个人来说,都意味着得救。纳丝塔西雅之死,其情景有点类似于在各各他被送上十字架的基督,德国文学史家施莱曼注意到,她的尸体与罗果仁屋内悬挂的那幅死去的基督像十分相像。俄国象征主义诗人、古希腊文化专家B.伊凡诺夫经过考证,则指出:纳丝塔

---

[1] 乐峰:《论东正教的经典、教义及相关问题》,载《宗教哲学季刊》(台湾)第六卷第四期。
[2] 费奥多罗夫:《共同事业的哲学》,范一译,辽宁教育出版社2001年版,第146~147页。
[3] 参见云格尔:《死论》,林克译,上海三联书店1995年版,第102~110页。
[4] 转引自安希孟:《末世论中的永恒和时间》,载《宗教哲学季刊》(台湾)第六卷第四期。
[5] 弗洛罗夫斯基:《教义与历史》,莫斯科:共和国出版社1998年版,第454页。
[6] 别尔嘉耶夫:《精神王国和恺撒王国》,莫斯科:共和国出版社1995年版,第155页。

西雅的名字来自希腊文阿娜斯塔西斯,这个字的意思是复活。她平静地接受死亡,完全和基督一样,对她的心灵来说,死亡意味着复活。她以牺牲自己的性命来赎罪,并克服心灵的死亡。另外,罗果仁的名字也极有可能借自莫斯科的罗果日墓地,他行将走向死亡,同时也意味着重新获得新生的可能。[1]

伊凡诺夫对纳丝塔西雅的名字的释义,还可以在古希腊的神话中得到证实。据说,阿伽门农王率领希腊联军出征特洛亚城的时候,在海上遇到了不可抗拒的狂风,根据神示,阿伽门农必须实现他以前许下的将女儿伊菲革涅亚献祭给阿耳忒弥斯女神的诺言。于是,伊菲革涅亚被送上了祭坛。在祭坛上,她的美丽和牺牲精神感动了女神,后者加以援手,使她成了众神不朽的女儿。这是一个典型的美与死的故事,美在死亡面前迸发了灿烂的光辉,最终穿越死亡而复活。从某种意义上说,纳丝塔西雅是俄罗斯精神之旅上的伊菲革涅亚。

"天堂超越于善与恶之上,因为它不是我们所理解的'善'和'善的'特殊王国。当我们把天堂理解为美的时候,我们就更加逼近天堂。改变世界和让世界敞亮的是美,而不是善"[2]。人类自身无法消灭恶,也永远无法建立起真正的理想国,因此,只能寄希望于来世,把获救的可能置放在他身后的世界。这就是说,我们中的每个人都必须面对终将来临的末日而活着,亦即面对自己的死亡而活着,所谓的"以末世论的方式而生活"。人因原罪而谪落尘世,他必须背负十字架,经历种种磨难,最后,穿越死亡返回天堂。在此,我们可以说,人类的历史是一种灾难性的进程,是面向终点的运动。但是,这个终点同时又是起点。这意味着,死亡不是一切,在死亡的背后,还存在着复活。

在这方面,把陀思妥耶夫斯基与托尔斯泰稍作一下对比,是一件饶有意味的事情。我们知道,托尔斯泰哪怕在转变信仰的时候,依然有自己确定的信念,依然在虔敬地相信;而陀思妥耶夫斯基终其一生都是一个深刻的怀疑论者,他至死都没有一个确定不渝的信仰,他甚至会在地狱中去寻找天堂。因此,托尔斯泰相信,人可以通过现世的忏悔得救,在禁欲和苦行中复活;陀思妥耶夫斯基则把希望寄托在死亡这一终结点上。这也就决定了前者塑造的是聂赫留朵夫、安德烈公爵、列文、彼埃尔等一系列"忏悔者"形象,而后者

---

[1] 赖因哈德·劳特:《陀思妥耶夫斯基哲学》,沈真等译,东方出版社1996年版,第304页。
[2] 别尔嘉耶夫:《论人的使命》,莫斯科:共和国出版社1993年版,第244页。

更多地关注像拉斯柯尔尼科夫、斯塔夫罗金、卡拉玛佐夫家族、罗果仁、纳丝塔西雅那样的群体。据此，我们似乎有理由相信，就个人的天性而言，托尔斯泰应该是一个悲观主义者，陀思妥耶夫斯基则更可能是一个乐观主义者。

苏联著名的导演安德烈·塔尔科夫斯基一生非常推崇陀思妥耶夫斯基，曾在自己的自传中多次引述后者的作品，以阐述自己的艺术观。他认为，艺术是对理想的渴慕，"艺术必须传达人类对于理想的渴望，必须表达人类朝向理想的历程；艺术必须予人希望和信心"。但是，"从艺术家的角度所呈现的世界越是没有指望，也许我们会越清楚地看到那与其对立抗衡的理想吧——否则生活即变成不可能唉！"[1]或许，我们把这段话移用来理解陀思妥耶夫斯基的《白痴》，更可以清楚地认识到作者的用意所在。他为我们讲述了一则绝望的故事，然而，在这绝望中，我们又分明感觉到了某种希望，"陀思妥耶夫斯基把福音书说的盐撒进了这个世界，如果没有盐，一切都会淡而无味；他激发了美，如果没有美，在这大地上就无所作为"[2]。

——美将拯救世界？！

---

[1] 安·塔尔科夫斯基：《雕刻时光》，陈丽贵、李泳泉译，台湾万象图书股份有限公司1993年版，第58页。
[2] 叶夫多基莫夫：《俄罗斯思想中的基督》，杨德友译，学林出版社1999年版，第92页。

人的精神拯救[1]

在20世纪初俄罗斯精神文化的复兴运动中,尼·亚·别尔嘉耶夫是最具个性魅力的人物之一。他毕生关注人类精神史的发展,在整整半个世纪的著述活动中始终不懈地探索着人在现代世界中的命运、生命的价值和意义、个性和自由的关系等问题。他保存着俄罗斯灵魂特有的爱和悲悯,以人格主义的眼光审视着尘世间的恶、苦难与不幸,针对人和宇宙之间存在的各种矛盾——上帝与恶魔、信仰与知识、灵魂与肉体、精神与物质、永恒与时间、存在与虚无、自由与奴役、真理与伪理、文化与文明、自我与非我、毁灭与复活等等,进行了广泛而深入的思考。在此基础上,别尔嘉耶夫建构了他本人所命名的末世论哲学。他那富含宗教意味的思想对20世纪风靡全球的存在主义产生了很大的影响。作为俄罗斯最具世界性影响的哲学家,别尔嘉耶夫是欧洲思想之路由近代向现代转型的一个重要的驿站。

一 小传:意义的探索给出生活的意义

1874年,别尔嘉耶夫诞生于基辅。他的父系属于军功出身的上流贵族:曾祖父和祖父曾是沙皇麾下骁勇善战的将军;父亲也是一名退役的近卫重骑兵军官,在信仰和生活习俗上烙有典型的俄罗斯特征。母亲是一名伯爵的女儿,身上有一半法国的血统,从小接受法国教育,她在进行交谈和书写的时候,法语水平远远高出俄语的水平。尽管她在信仰上属于东正教,其内心情感却更认同天主教。别尔嘉耶夫从小就生活在一个东正教文化和天主教文化相遇和冲突的环境里。此外,如同俄罗斯许多杰出人物的经历一样,奶妈对未来的哲学家在道德构成上起着特殊的影响,善良、仁慈的她激发了别尔嘉耶夫对普通人的热爱与同情,帮助他加入了"忏悔的贵族"的行列,铸就了他与人民紧密的联系。

按照贵族的惯例,别尔嘉耶夫在十岁时进入基辅武备学校,以便将来成

---

[1] 原文副题为《自由哲学家别尔嘉耶夫简论》,是"20世纪文化名人丛书"《〈别尔嘉耶夫集〉序言》,上海远东出版社1999年版。

为沙皇的侍从官。但是,出乎家人意外的是,这个军人的后裔在天性上极端厌恶战争和军人,对武备学校学生身上的粗鄙和野蛮深恶痛绝,念到六年级时,他便自动退学了。1894年,他以校外考生的身份考入基辅的圣弗拉基米尔大学自然学系。一年以后,又转到了法律学系。早在少年时代,他就对哲学产生了兴趣,认定自己负有哲学的使命,并且啃读过如《纯粹理性批判》和《逻辑学》那样艰深的著作。大学期间,他更加广泛地阅读哲学著作,进行哲学思考。同时他还开始接触马克思主义理论(别尔嘉耶夫对马克思终生怀有好感,即便在脱离了马克思主义阵营以后,他依然向往着社会主义的理想)。1898年,他因参加学生运动而遭到逮捕,并被学校除名。同年,他的一些有关哲学和社会学的评论文字开始出现在报刊上。1901年,被流放于沃洛格达省,他在那里成为一名"批判的马克思主义者",致力于探讨俄罗斯的命运和知识分子的使命问题。

1904年,别尔嘉耶夫来到俄罗斯的文化中心之一——彼得堡,参加《新路》杂志的编辑工作。不久以后,他和几位志趣相投的朋友一起创办《生活问题》杂志,并在那里结识了梅列日科夫斯基和吉皮乌斯。通过这一对夫妇的介绍,别尔嘉耶夫接触到了聚集在彼得堡的几乎所有的文化精英,与他们共同探讨和争论俄罗斯的出路问题,寻觅生活的意义。在他看来,"意义的探索已经给出了生活的意义"。因此,他已决意在俄罗斯的这场精神文化的复兴运动中做一名滚动巨石的西绪弗斯。

1909年,别尔嘉耶夫与司徒卢威、弗兰克等人合作出版了一本文集《路标》。作者们对1905年流产的俄国革命进行了严肃而深刻的反思,从各个角度考察了知识分子的使命与局限,呼吁人们抛弃激进的乌托邦幻想,致力于精神的新生,在民主社会里重建贵族的理想主义,以消除个性与社会的悲剧性冲突。这部文集在当时反响极大,被认为是:"由一些最有才华、最聪明的知识分子写成的一份卓越的文献。从根本上说,它是一个'学者阶层反叛'的事件……在欧洲整个社会向善的自由主义思想中几乎没有一个重要论点不曾被这些作家所采用或被他们以惊人的洞察力所预见。"[1]1911年,别尔嘉耶夫出版了《自由哲学》一书。这部著作是他前期哲学探索的一个方向。他有时被人称为"自由哲学家",其源起就在于他坚持"世界的奥秘就隐藏于自由",终生都在写作自由的哲学,不断地补充和完善它。在随后完成的《创

---

[1] 尤·兰珀特:《俄国现代主义》,载布雷德伯里、詹·麦克法兰编《现代主义》,胡家峦等译,上海外语教育出版社1992年版,第119页。

造的意义》中,他猛烈地抨击自然主义的人类中心论和神正论,阐述了创造的意义,尝试着以个性的体验为依凭去建构人格主义的哲学。在这两部著作中,别尔嘉耶夫精神探索的两大主题已经基本确立。

十月革命以后,别尔嘉耶夫创建了"自由精神文化学院",在各种研讨班上讲授自己的理论,还一度担任过莫斯科大学历史和哲学系的教授。1918年,论文集《俄罗斯的命运》出版,在知识圈内引起了热烈的反响。1921年,他因涉嫌"策略中心"案而被捕,经捷尔任斯基审讯后,被释放。次年夏天,他再度被捕,并被驱逐出境。从此,他就在流亡的状态下度过了一生。他起初侨居柏林,并在那里创办了宗教哲学学院,结识了德国的文化人类学家舍勒,在相互的交往中各自丰富了自己的思想。1924年,他出版了《新的中世纪》。该书为他赢得了世界性的声誉,帮助他跻身于欧洲最主要的哲学家行列。同年,他迁居到巴黎市郊的克拉玛尔。他在那里进入了自己创作的巅峰状态,撰写了一系列自认为最有意义的著作:《自由精神的哲学》(1927,1928)、《论人的使命》(1931)、《精神与现实》(1937)、《论人的奴役与自由》(1939)、《俄罗斯理念》(1946)、《精神王国和恺撒王国》(1949),以及一部独特的精神自传《自我认知——哲学自传的体验》等等。除著述以外,他还与当时宗教哲学界的主要人物,包括雅·马利坦、埃·日尔松、埃·穆尼埃、加·马塞尔、卡·巴特等有密切的往来,他的寓所是当时法国的思想中心之一。1947年,英国剑桥大学授予别尔嘉耶夫神学名誉博士学位。此前,在俄罗斯人中间,只有屠格涅夫和柴可夫斯基获得过此项殊荣。同年,他又得到瑞典皇家科学院的通知,被提名为诺贝尔奖金的候选人。

1948年3月23日,别尔嘉耶夫走完了整整74年的人生道路,与世长辞。

二 俄罗斯灵魂的界定

20世纪初,别尔嘉耶夫主要沿循着索洛维约夫走过的"俄罗斯理念"之路,试图给俄罗斯的灵魂一个切实的定义。他在《俄罗斯的命运》一书中详尽深入地分析了俄罗斯民族的性格特征,指出在这些特征背后潜在的生机和危机。在他看来,"俄罗斯的自然地理与精神地理是相适应的"。俄罗斯是世界的东方和西方的交会处,这个民族既不是纯粹的欧洲民族,也不是纯粹的亚洲民族。它同时含纳了西方和东方两种因素,在精神深处有两股势力发生着冲撞和相互作用。在这种独特的地理位置上生长起来的文化,明显具有一种"二律背反"的"悖论性"特点:一方面,俄罗斯是最无组织、最无秩序的国家。无政府主义在这块土地上拥有天然的温床,人们几乎像害怕瘟疫似的害怕政权,渴求无拘无束的自由生活。与此相联系,俄罗斯人企望生活在集体的温暖中,带有较强的阴性特征,被动、驯顺、温和。这铸就了俄罗斯民族的无政府主义又是一种缺乏个性的无政府主义,他们的自由"不是为自己争取自由,而是让人还给自己自由,一种远离积极性的自由"[1]。另一方面,俄罗斯又是一个最国家化、最官僚化的民族,它能够把任何事物都转化为政治的工具:俄罗斯人建立了世界上最强大的帝国之一,拥有一套庞大的国家机器;俄罗斯人为捍卫帝国的存在和维持它们的运转耗尽了自己的创造力,他们在沉重的负荷下失去了个体权利的自觉,不再重视个性的生存。别尔嘉耶夫指出,在俄罗斯,"命题会转变为反命题,官僚主义的国家机构诞生于无政府主义,奴性诞生于自由,极端的民族主义出自超民族主义"[2]。高尚与卑鄙混合在一起,天使的成分与魔鬼的成分混合在一起。

显然,一般的理性无法彻底理解俄罗斯。在俄罗斯文化中蕴含有强烈的非理性因素,它与欧洲传统的理性主义文化截然不同。那是一种狄奥尼索斯式的迷醉元素:它敌视理性,敌视整个文化、整个意识、整个精神性。受着酒神狂欢的驱使,俄罗斯人善于把历史转化为幻想,把现实生活变成与实际不相符合的浪漫小说。别尔嘉耶夫将它称之为"黑葡萄酒"元素。在俄罗斯的文化积淀中,它是一种黑色的、阴郁的、蒙昧的、不透光的自然力。任何人一旦接触了这种迷狂的东西,就不能不沉醉于其间,很难挣脱它所营造的氛围。这种自然力不仅存在于普通的老百姓中间,甚至在一些最优秀的知识分子身上都有流露。对此,陀思妥耶夫斯基这位残酷的天才便在自己的创作中有着深刻的揭示,并以自己不安的生活印证着它。

与上述非理性因素相联系的是,俄罗斯民族有着强烈的宗教感。一般而言,追求自由的俄罗斯人并不严格地恪守着某种宗教教义,奉行某种戒律。但是,在他们的天性中并存着两种因素:狄奥尼索斯式的放纵和东正教的禁欲。蛰伏在这种放纵与禁欲背后的是,俄罗斯人"对另一种生活,另一个世界的向往"。别尔嘉耶夫认为:"俄罗斯人民,就自己的类型和灵魂结构而言,是信仰宗教的人民。即使是不信宗教者也仍然有宗教性的忧虑,俄罗斯人的无神论、虚无主义、唯物主义,都带有宗教色彩。俄罗斯人即使离开

---

[1] 别尔嘉耶夫:《俄罗斯的命运》,莫斯科:苏联作家出版社1990年版,第13页。
[2] 别尔嘉耶夫:《俄罗斯的命运》,莫斯科:苏联作家出版社1990年版,第23页。

了东正教,也仍然会寻找神和神的真理,寻找生命的意义。"[1]俄罗斯人大多崇拜精神,倾心于现实以外的存在。别尔嘉耶夫对此的解释是:俄罗斯人的意识中包含有强烈的末世论因素,不满于既定的生活秩序和生活方式,渴望变革,渴望完满的新世界之出现。在俄罗斯的风俗中,复活节是"节日中的节日",它象征着被钉上十字架的基督之复活,暗喻生命以死而复生的形式,最终战胜死亡。宗教对俄罗斯人产生了特殊的影响。他们自认为是一个与众不同的国家,是上帝的选民,担负着拯救人类的义务。可以说,救世主义贯穿于整个俄罗斯的思想史。西罗马帝国灭亡以后,俄罗斯人把莫斯科称之为第三罗马,认为世界精神生活的中心已经转移到了俄国。理解了这一点,我们也就不难理解俄罗斯文学为什么会沉淀着那么多的救世精神了。别尔嘉耶夫的解释是,"俄罗斯文学不是诞生于愉快的创造冲动,而是诞生于人和人民的痛苦及其灾难深重的命运,诞生于拯救全人类的思考"。这说明,俄罗斯作家能以沉郁的忧患意识、强烈的悲悯感和全人类的高度震撼了世界,并非出于偶然。

三 知识分子精神危机的反省

在俄罗斯命运的转捩点上,知识分子的处境及其使命,是别尔嘉耶夫一直关注的命题。《路标》文集的开卷之作就是他的《哲学的真与知识分子的真理》。在这篇文章中,别尔嘉耶夫指出,知识分子的急躁冒进是造成其尴尬和悲剧的主要原因。这种功利主义的表现源自他们对哲学的隔膜和误解。他们怀疑哲学的独立性,以道德主义、科学主义的判断对它提出要求,"俄罗斯知识分子像对待经济生产一样对待哲学创造"。他感到,在俄罗斯,哲学的命运是痛苦而悲惨的,它时而受到蒙昧主义的迫害,时而受到理性主义的怀疑,一直处在被放逐的位置上,进入不到民族生活的深处,只能在大学和研究院里找一个落脚的地方避难。哲学意识的匮乏使俄罗斯知识分子始终处于软弱的状态中。

在俄罗斯的社会演变过程中,知识分子无疑起着极为重要、极为特殊的作用。他们作为民族文化的杰出代表,既继承了民族的传统特性,又受到外来文化的刺激和影响,变成了一种特殊的构成物,标志着俄罗斯在世界历史的进程中所达到的高度。根据别尔嘉耶夫的考察,俄罗斯知识分子的形成,

---

[1] 转引自安启念《东方国家的社会跳跃与文化滞后》,中国人民大学出版社1994年版,第13页。

最早可以追溯到18世纪初彼得大帝时期,一部分贵族青年接受了西方的教育,认识到自己文化的落后性,不满于现实,起而支持彼得的改革,在教育、出版、科学、政治、经济等等方面提出了许多设想和建议,对俄罗斯的文化结构和生活方式产生了巨大的影响。但是,在君主专制和农奴制的政权下,知识分子的政治积极性是不可能得到充分发挥的,他们为了自己的理想所付出的代价是惨重的。从他们的鼻祖拉吉舍夫开始,流放和死刑仿佛成了俄罗斯知识分子的宿命,作为一名有着独立人格和自由思想的知识分子,别尔嘉耶夫本人也同样承受着这一份痛苦和光荣。

然而,比起上述外在的流放更富于悲剧性的是,俄罗斯知识分子普遍都体验过内心的流亡,孤独和无根性是俄罗斯知识分子的特征之一。面对上层社会的反动腐朽和下层人民的愚昧落后,知识分子承受着双重的压迫:作为前者的叛逆,他们良知的天平无疑倾向于后者,并为争取后者的利益和权利而斗争。可是,当他们以人民的名义去反对官僚和帝国的时候,人民并不理解他们,响应他们流血的呐喊的只是沉默。在孤立无援的状态下,知识分子成了一种没有根基的存在,亦即19世纪俄罗斯文学中经常出现的多余人。由于这种无根性,知识分子不知不觉滋生了急于获得社会和民众的认可的愿望。因此,他们在文化上接受了虚无主义的理论,在实践上则往往采取盲动主义和冒险主义的方式,民粹派知识分子在这方面堪称典型。结果,在俄罗斯的历史上,就出现了以手段代替目标的做法,利益可以凌驾于真理之上。知识分子在正义、平等、幸福、善和爱的幻象下从事革命,甚至不惜牺牲人性和真理。实际上,"以恶抗恶"不仅没有从根本上消除"恶",反而使原有的"恶"有变本加厉的危险,导致俄罗斯知识分子勇敢无私的牺牲变成了无价值的英雄主义。这里,纯正的精神探索被物质世界的诱惑玷污了。对此,别尔嘉耶夫提出的疗救方式是:进行"自我批评",摆脱技术理性的控制,通过"自省与忏悔"去探索新的意义;坚持思想的独立品格,接受哲学的炼狱之火的考验,让真之本能苏醒过来;摆脱内在的奴役,从而完成自己追求终极价值的使命。

四 个性、自由和创造

1. 人是什么

人是什么? 数千年来,已有无数的哲人智士提出过这个问题,并留下了各式各样的解答,但似乎还没有一种答案能圆满地解决它。人是一种充满悖论的生存,他既高贵又卑劣,既仁慈又残忍,既痛苦又快乐,既自由又受奴役,既崇尚精神又沉溺物质,既理智又激情,由此铸成了一个幽邃难测的司芬克斯之谜。作为一名生存论哲学家,别尔嘉耶夫同样无法回避这一难题。他的研究便从探索人的个性出发,"人即个性"。他认为,只有当人以独特的、不可重复的个性进入此岸世界,方能阻止这个已经堕落的世界继续堕落,从而打破桎梏人的秩序,重新建造一个充满神性、良知的新世界。

按照别尔嘉耶夫的理解,个性不属于生物学和心理学的范畴,它属于伦理学和精神的范畴,与无限性密切相关,并不混同于周遭世界的有限形式。个性是动态的而非静态的,但又是变化中的恒定、多样性中的统一。个性是有理性的生存,但又不被理性决定和限制,它充满了非理性的激情,具有戏剧般的张力。个性是主体,甚至是"主体中的主体",是真正的存在,它只能走向创造,而不应被客体化。至于个性的实现途径,则是抗拒和超越。现实世界充满了邪恶、奴役、欺诈、不公和混乱,唯有坚决抗拒本能的堕落,在苦难的刺痛中激活自身,才能凸现个性,向往上帝之国,走向拯救。"超越,是一个蕴涵着动力的积极主动的创造过程,是一种深刻的内在体验。具体而言,意味着在自己的生存中体验地狱、深渊、灭顶之灾,顿生阻断之感,引发创造的举动"。人是动物,但又不仅仅是动物。动物只有条件反射,没有思想和超越。人却不同,他的最大特征就是不满现实,就是他的敞开性。人哪怕处在生命的谷底,也依然会向往超尘脱俗的高远天空。

但是,强调个性不等于个人主义,更不是自我中心主义。个人主义者躬行自我隔绝、自我肯定,把个人作为暴力的竞技场,将社会中人与人之间的关系视为豺狼关系。在本质上,个人主义的行为是一种客体化的、社会化的行为,是向外抛出的行为。个人主义对统治、强力、功名、享乐的企盼和渴望使人沦为客体的奴隶,在奴性地对待"自我"以后,又不得不奴性地对待"非我"。这样,个人主义在扼杀了别人以后,也戕害了自己,因此造成了精神核心的丧失。个性则不然,它植根于自由王国,"具有亲和的倾向,希望达成人们的兄弟友谊"。具有个性意识的人,其服务意识也极强,他们时时肩负着人类和永恒的使命。他们丰盈、充实的孤独与个人主义者的寂寞、孤芳自赏不能同日而语。个性既是精神的生存,又是具体的生存。它在渴慕上帝、渴慕神性和渴慕天堂的同时,并不回避尘世的苦难,而是以一种"俯临之爱"向下介入,去拥抱承受着灵与肉煎熬的人们,帮助他们脱离金钱、情欲、功名和利禄的诱惑与奴役,去成就个性,成为自由人。

2. 自由高于存在

人的个性能否实现,与自由有着不可分割的联系。传统的本体论认定,共相——普遍的事物是真正的存在,殊相——个别的事物是派生的、从属的和虚幻的存在。理想、理念的存在是真实的,至于多样的、个体的世界不过是第二位的、反映的和不完全真实的。这样,它就把一切个性的、自由的元素强行纳入了一个普遍的、必然的王国之中。客体化的决定论控制了自由的生存。别尔嘉耶夫坚决反对和拒斥这种理论,他认为,正是个性、殊相包含着普遍、共相,世界上并不存在抽象、概念的生存,一切必然性、客体化都是幻象,都是虚假的生存。

关于"存在与自由"的问题,别尔嘉耶夫声称,"自由高于存在"。因为,"自由并不由存在所引出,自由植根于'虚无',植根于'无底'、'非存在'"。[1] 存在是静止的、凝固的,是自然主义臆想的事物,是抽象的概念,它指涉自然、本质,指向物和抽象本质的既定秩序,是世界的客体化和理性化,是精神被异化了的世界。自由则不然,它是动态的、开放的,是具体的精神。它指涉创造、真理,是此岸世界的阻断和终结,是向上帝之国的飞跃,是自我向精神的回归,是主体之个性的确立。

在别尔嘉耶夫的心目中,自由不是意志的自由,不是强力意志的自由,更不意味着随心所欲的自由。独裁者的自由、暴君的自由是自由的幻象,它实际上是人受奴役的一种变形。表面上,暴君和独裁者在"自由"地"统治","自由"地"占有",甚至"自由"地剥夺他人的"自由"。实际上,他们已被客体化、异己化的世界控制着,成为某种理念的奴隶,成为某种被抽空了具体生存的玩偶。因此,别尔嘉耶夫提醒人们,要警惕对自由的滥用。"自由不是权利,而是义务",它完全不是轻松自在的事物,而是意味着一份艰难、一份沉重。把自由看成轻松自在和无拘无束的同义词,是一种颓废的自由观。那样的话,创造的责任就会被消费的本能所替代,自由就在虚假的定位中逐渐退化,最终完全丧失自身。实际上,自由在更多时候意味着自由的斗争,它是对客体化、必然性和决定论的世界的反抗。自由是扩张和创造,是个性力量充盈的显示。自由是上帝赋予人去追求真理的义务,而追求真理的道路布满了荆棘。自由的最高境界是精神生活的自由,自由的最低境界是物质生活的自由。由世界的物质性走向精神性,由碎裂走向整体,由暂时走向永恒,人不断地完善自己,去贴近上帝,这是别尔嘉耶夫所理解的自由之路。

3.创造是人的使命

在别尔嘉耶夫的自由哲学中,他最感兴趣的不是"自由在本质上的形而

---

[1] 别尔嘉耶夫:《自我认知》,莫斯科:书籍出版社1991年版,第213页。

上学理念,而是社会生活中它的影响之主要形象"。自由的真正问题是创造的问题,人们通过自由,可以创造一种崭新的生活、一种与此岸世界截然不同的生活。换句话说,自由的最大义务就是创造。创造是人来到这个世界的根本目标,是人的使命所在。我们所面对的现实,是零碎的、混乱的、充满了缺憾的现实。人是一个小宇宙,他是世界的中心,存在的中心。作为个性的生存,他超越于世间万物之上,拥有变革现实的内在需要,以求趋达无限和永恒。如此,创造的行为就成了人脱离异化世界的突破口。

别尔嘉耶夫自述:"关于创造,关于创造的使命之主题是我一生的基本主题。对我而言,这一主题的构成并不是哲学思考的结果,而是内在的体验,内在的领悟。"[1]在他看来,创造把人从恐惧和束缚中解放出来,它是原初独到的生命,既不面向过去,也不面向未来,它面向的仅是永恒。创造是人由堕落的世界向崇高的、神性的世界的飞跃。从某种意义上说,创造站立在律法伦理学和救赎伦理学之外,创造者以创造证明自身。创造者和创造对拯救和毁灭一类问题毫无兴趣。创造行为具有自足的价值,它不受任何外力的审判。因此,别尔嘉耶夫希望建立一个创造伦理学,以摆脱虚伪的道德束缚和非人性的规范制约。在创造伦理学中,惩罚的恐惧与永恒苦难的恐惧不起任何作用,创造性和神性是同一的。基督教伦理学仅有关于救赎的道德而缺乏道德的创造,这是它在现代衰落的重要原因。在创造者与社会的关系上,他也有着独到的见解。诚然,创造者是孤独的,创造活动有着强烈的个体特征。但是,创造者决不囿于自我,恰恰相反,他在某种程度上还可以说是一种自我的扩张,创造的目标永远指向自我以外。因此,创造的成果总是具有世界的、全人类的和社会的特征。实际上,创造意指的是人超越自我的道路。它在展现人之个性的同时,最大可能地蕴涵了人的共性。

五 人的精神拯救

别尔嘉耶夫认为:"哲学和神学的沉思起点既不在于上帝,也不在于人,因为这两个起点都遗留着不可克服的断裂性。"以往的有神论把上帝想象成天堂的君主,把神性生活想象成天堂的帝国主义。上帝被描绘成一个残暴、傲慢、封闭的独裁者,成了一种绝对的存在,握有至高无上的权杖,任意对人施行奴役和凌辱。别尔嘉耶夫指出,这种做法使上帝变成了偶像崇拜最后的栖息所。在此,他抨击了索洛维约夫的"万物一统"理念,认为后者依然包

---

[1] 别尔嘉耶夫:《自我认知》,莫斯科:书籍出版社1991年版,第208页。

含了抽象化和客体化的弊端,其中没有任何生存性。一旦人被剥夺了与上帝对话的自由而成为奴隶,上帝也就成了决定论的上帝,顷刻间便会由主体的生存转变为客体的存在。而依循无神论者的思路,人是一个自足的存在,他是世界的本体。人成了自己的尺度和标准,人是自己的最高存在、最高价值。这一点在欧洲文艺复兴运动以后的人类学中犹有显著的体现。人无限地膨胀,被神化,最后被抬高到原先的上帝之尊位。仅从表象上看,这似乎是对人的一种提升,是自我的高扬。实际上,人已被抽掉了具体的、鲜活的生存性,同样石化为一种封闭的存在,从而丧失了创造的可能。"倘若人就是上帝,这将是最无希望、最平面和最微不足道的事情"。无神论认可人的自足性,也同样意味着认可了此岸世界的自足性。这样,此岸世界中的种种丑陋与邪恶也便没有了消除的必要,真正完满的世界也就永远不会到来。

在《自由精神的哲学》中,别尔嘉耶夫写道:"宗教生活的本真现象是人与上帝的相遇和交会、上帝向人的运动和人向上帝的运动。"[1]人和上帝都不是抽象、绝对的概念,而是创造的生存。上帝与人是面对面站立着的,他们之间存在着相互的运动。上帝诞生于人之中,人诞生于上帝之中,没有人的存在,也就没有上帝的存在,唯有人这一上帝的创造之存在,才使上帝成为上帝,上帝与人一起现身。别尔嘉耶夫在此的思路暗合了里尔克的一首名诗《当我死后,上帝,你可怎么办?》中的祈祷辞:"你失去我就失去了你的意义。我死后你就没有了家。"同样,没有上帝,人的存在也失去了任何意义,他与生俱来的缺陷与不足就找不到修正的参照,灵魂也失去了寻求的目标。与此相伴随的是,他的人性与自我永远沦入了无底的深渊。人是上帝的创造,上帝是人的主题。

维系着上帝与人的关系的是一种爱,是无限的精神之渴念。这种爱之关系体现的是双向的运动。上帝向人的运动是一种向下的运动,是天空俯临大地的运动;人向上帝的运动是一种向上的运动,是大地飞升天空的运动。圣子基督的出现是这两种运动的具体化,他兼有神性和人性。基督的降临,为尘世带来了天堂的、纯洁的和神性的元素,他主动为人类的罪孽、堕落与腐朽承担责任,承受走向十字架的苦难,以自己的生和死给芸芸众生以启示,让堕落的人抛却堕落的世界,净化自己的灵魂,转向上帝,应和上帝的呼唤,满足上帝的爱之渴求。神人基督是爱者与被爱者的统一体,他既是爱的施与者,又是爱的接纳者。"通过基督——神人,赎罪者,世界之拯救者,

---

[1] 别尔嘉耶夫:《自由精神的哲学》,莫斯科:共和国出版社1994年版,第129页。

来自上帝和人,来自天惠和自由的两种运动交合到了一起"[1]。

上帝以天惠的能量帮助人战胜罪孽,激发人的自由之爆发力,人则以自由之纵深回应上帝,向上帝敞开自我,借此继续世界这创生的事业。别尔嘉耶夫告诉我们,人不是奴隶,不是虚无的存在,他是上帝之创造事业的参与者。上帝需要人,需要他来证明自己的创造,丰富自己的创造;人需要上帝,需要他来提升自己,完善自己,最终摆脱此岸世界的羁绊,成为精神的、永恒的和崭新的人。

六 "认识你自己"

"认识你自己"这是镌刻在德尔斐阿波罗神庙门口的一句格言。别尔嘉耶夫的《自我认知》便是响应这道神谕的一次出色的尝试。在我看来,这是他最充满灵性、最能显示其创造个性的一部作品。正如作者的自述,这部著作"不是日记,不是回忆录,也不是忏悔录",而是他的哲学命运史,他个人的精神发展史。作为一部自传,他所要叙述的不是个人的外在经历,不是一系列事件的逻辑发展,而是自己内在的精神历程。这一点与作者对时间独特的理解有关。他把时间划分为"宇宙时间"、"历史时间"和"生存时间"三种。宇宙时间是一种数学时间,它可以分割的时间原子,过去、现在和未来在具有节律的同时,受到了宇宙的切割,被植入了致命的病菌,人在这一时间中生活,死亡便无可幸免。宇宙关注的是普遍,是共相,是自然,根本不在乎人的个性和整体性。历史时间是一条无限伸展的直线,一方面,它凝聚将来,在将来中等待意义的揭示;另一方面,它又依附于过去,历史的事物由记忆和传统建构而成。历史本身关注的是抽象性和中间性,因此,它忽略具体的生存,是个性的客体化和异化。历史在寻找过去时,会产生保守主义的幻象,认定过去是美好的、真实的、圆满的;当它投向将来时,又以为将来是意义的终端,是美好之完成,从而把现在作为工具、手段来牺牲、奉献给虚无缥缈的存在。在别尔嘉耶夫看来,历史是有意义的,但它的意义在自己的限域之外,也即是说,历史的意义只在历史终结以后才显示出来。他最为推许的是生存的时间,生存时间是一个点,它着眼于现在,是一种内在的时间,属于主体世界。它不经由数字的计算,不能组合,不能分割;它不是永恒,但又关联于永恒,是永恒的符号和象征。每个人内在地体验到瞬间,在瞬间中进行创造的同时,也就融入了永恒。

---

[1] 别尔嘉耶夫:《自由精神的哲学》,莫斯科:共和国出版社1994年版,第129页。

"在我写的这本书中,不会有臆造,但会有我对我的生活的哲学认知和思考。这一哲学认知和思考不是关于过去的记忆,这是一种创造的行为,它发生于当下的一个个瞬间里。"在俄罗斯思想史上,别尔嘉耶夫称得上是一位命途多舛、经历坎坷的哲学家了,他蹲过四次监狱,遭逢过两次俄国革命,亲眼目睹过三次战争,其中两次是世界大战。此外,他还是20世纪初俄罗斯文化复兴运动的风云人物之一,曾经被流放到西伯利亚,后来又被祖国放逐,后半生一直处于漂泊无定的流亡状态。但是,有别于其他人对这些传奇性经历的处理,别尔嘉耶夫把世界历史的整个过程,把个人生活的各个事件,当成内宇宙的一个部分,当成自己的精神道路来体验,把世界的命运当成个人的命运来看待。他在对自己的研究和阐述中,试图解决人和人类的命运问题。别尔嘉耶夫身上有浓重的浪漫气质,他在直面现实的同时,永远葆有对更美好的现实的憧憬,这使他时刻以一种超越、精神的眼光来审视周遭世界,"我感兴趣的是对环境的反应之评判,而不是对环境的评判"。

《自我认知》是别尔嘉耶夫对自己所走过的哲学道路的一次全面的回顾和总结。但他不是像某些哲学家所做的那样,为建构某个体系而封闭起来;他也不是一种简单的重复,把过去的思想罗列起来,给读者一个提要式的说明。他依然显示出一种开放的姿态,在写作上也依然延续着作者惯有的箴言式风格。这种风格虽然由于其浓缩性和跳跃性给阅读带来了一定的困难,却因其高含金量而给人深刻的启迪,使读者在激情与理智并用的张力下,去重新认知他的精神史,感悟他生命各个阶段深化了的主题。别尔嘉耶夫自述,"我一直认为自己是一个多结构和多层次的生存","人的内心要比表面上的我矛盾深刻得多"。因此,他在这部书中展示了世界的矛盾、人的矛盾和自我的矛盾,人与世界的对抗,人在自由与奴役之间的彷徨。他按照主题的发展,而非严格的时间顺序的铺展,反思一生中几次重大的精神皈依:寻找生活的意义,转向共产主义,皈依基督教,信奉人格主义哲学。

在"自我"之中,认识的行为与认识的对象是合而为一的事。它与自我的精神挣扎,与外在世界之冲突的折射有关联。别尔嘉耶夫写道:"我始终处在与自己的时代完全决裂的状态里,当时代憎恨自由的时候,我并不爱国家,反而具有宗教无政府主义的倾向;当时代日益集体化,否弃个性的尊严和价值的时候,我是一个极端的人格主义者;当时代冷淡哲学思想的时候,我却热衷于它;当时代打倒贵族文化的时候,我高度评价它;当时代仅仅认可传统——日常的基督教的时候,我却信奉末世论的基督教。"[1]他正是以与时代格格不入而贴近了时代的心脏,他以个人与时代的对抗反映出时代本身的无序与矛盾。他非常清楚,在宇宙和历史之中,纯粹的个性是难以趋达的。世界上的一切诱惑都试图奴役人,剥夺人的自由。因此,人在此岸世界是不可能消除矛盾的。世界和谐只存在于上帝之国。人作为一个谜团似的复杂生存,是两个世界的交叉点。于是,他便觉得,"我永远是一个过客","我与植根于大地的感觉格格不入"。他祈求此岸世界在一场大火中毁灭。这样,个体人就会像凤凰涅槃似的在废墟上获得新生,抵达上帝之国。

别尔嘉耶夫在《自我认知》中再度重申了他对哲学使命的理解。他的哲学并不是"使某种学科知识专门化,撰写学位论文,当一名教授"。他讨厌过于学究气的东西,认为"假定的博学"实际是一种偏见,教条与概念使得大部分学者受到自己职业的异化,远离了精神探索,从而远离了真理。别尔嘉耶夫有着一个真正的存在主义哲学家突出的个性特征,他关注每一个具体的生存,每一个当下的瞬间。他认可宇宙的多层次性、多结构性,认可人和自我的诸多矛盾、两极性,致力于在活的环境中考察人的生存,抗击世界的异化和奴役,抗击必死的时间性,把生命的指针拨向永恒。总而言之,他的哲学遵循的是生存的原则,而不是存在的原则。别尔嘉耶夫的入世精神与隐含虚无色彩的享乐主义不同,他否认"人是为幸福而生"的观点。在他看来,幸福主义的道德是可疑的、虚伪的,"需要确立的不是每个人的幸福权利,而是每个人的尊严"。他的同时代人吉皮乌斯曾经声称:"我不为你们去祈祷幸福,我祈祷的内容远比幸福高尚。"这句话可以作为理解别尔嘉耶夫哲学追求的一把钥匙。上帝所创造的世界之所以不完美,是因为他想激发人的创造。试想,倘若这个世界在我们到来之前已经完美、圆满,我们来到这个世界所为什么?是消受它,还是破坏它?无论哪一种做法都是违背人性的。别尔嘉耶夫深谙个中奥秘,他以自己的精神历程昭示了一条创造和自由的道路。

---

[1] 别尔嘉耶夫:《自我认知》,莫斯科:书籍出版社1991年版,第260页。

俄国知识分子精神探索的"路标"

1905年,在农业社会逐渐向工业社会过渡的俄罗斯帝国,发生了一场标志着现代性转向的资产阶级革命。但是,由于整个民族在精神和物质上准备的不足,革命仿佛只是举行了一次代价昂贵的演习,最后归于失败。此后,政治上出现了高压恐怖,经济发展趋于停滞,俄国社会的发展陷入了自1861年农奴制改革以来最为黑暗的时期。据有关人士统计,大学生自杀的事例逐年增长,1904年20例,1906年71例,1907年60例,至1908年增加到了237例。这些数字从一个侧面反映了人们在精神上的孤独和空虚。

失败的革命充当了俄国知识分子的一面精神的镜子。从某种程度上说,一个普遍堕落的时代,恰恰是一个最需要忏悔和救赎的时代。在这方面,作为精神探索者的知识分子具有无可推卸的责任,"在历史的当下时刻,知识分子所需的并非是自我张扬,而是自我批判。我们唯有通过忏悔和自省才能进入新的意识"。

正是在这种背景下,1909年3月,七名自由主义思想家共同撰写了一本关于知识分子的论文合集,名为《路标》。文集出版以后,所引起的反响是空前的,初版不到一年时间,便再版了四次,有220多篇文章对之进行了介绍和评论。所谓仁者见仁,智者见智:褒赞者视其为知识分子精神探索的"节日"、俄国社会走出政治困境的"路标"和"预言书";贬损者则指之为"自由主义变节行为的百科全书"。在这些评论文章的作者中,既有思想家,如米留柯夫、梅列日科夫斯基、罗扎诺夫、特罗别茨科依、列文、罗立叶、彼舍霍诺夫、科瓦列夫斯基等;又有政治家,如列宁、加米涅夫、斯托雷平等;也有著名的作家和诗人,如托尔斯泰、高尔基、别雷、楚科夫斯基、莎吉娘等。

在与各方意见的辩驳和交锋中,《路标》的撰稿者对各自的主要思想和观点进行了修正和补充,使之更为系统化和理论化,在随后的年代继续影响俄罗斯文化,并且越出了国界,对欧洲文化乃至世界文化的现代性转向产生了不容忽视的作用。英国的批评家尤金·兰珀特在论述俄国的现代主义运动时对《路标》给予了充分的肯定:"《路标》包含着俄国思想史上极为重要的片断,是俄国现代主义倾向的一个重要组成部分。它是由一些最有才华、最聪明的知识分子写成的一份卓越的文献。"[1]

无疑,《路标》一书的时论性和道德宣谕特征十分明显,我们知道,在各类文字中,恐怕再也没有什么比政论和道德说教更容易过时的了。但是,《路标》却超越了这一囿限,其思想脉络直至20世纪末也仍然没有中断。那么,使这些文章超越了时代囿限的魅力究竟是什么呢?笔者以为,除了文章本身所涉及的问题之复杂和论述者阐发自己观点时的深刻以外,洋溢在各篇文章中深刻的反省和批判精神正是其魅力所在。本着对历史和真理负责的态度,《路标》的撰稿者宣称:"1905年10月17日我们走近了一个转折点。如果说斗争炽热时未能加以关注,那么现在,充分地评价俄国知识分子在过去的贡献的同时,我们应该开始注意到他们的反面。在以与社会政府齐头并进的公开演讲著称的新俄国历史的转折中,不能不清楚地认识到俄国知识分子性格的养成过程给俄国历史发展带来了怎样的负面影响。"[2]这样,《路标》的撰稿者们就从哲学、政治、伦理、宗教、心理、教育与法律等多种文化角度,较为全面地对知识分子在俄国社会变革中存在的失误和缺陷进行了清算和批判。

《哲学的真和知识分子的真理》是《路标》的开卷之作。在这篇文章中,别尔嘉耶夫指出,俄国知识分子的哲学认识普遍停留在一个相当低的水准上。由于政治专制主义长期的外在压迫和保守的思想传统的内在钳制,俄国知识分子在对待哲学的态度上存在着严重的缺陷。知识分子对真理的探索带有很强的功利主义目的,一般并不追究真理的绝对价值。他们心目中的真理更多地与社会的实践功利性联系在一起,在某些场合下,甚至等同于正义、善和幸福等等。正是这种急功近利的特点,使得马克思主义在传入俄国以后,其中的哲学之真就被社会情绪化和功利目标所歪曲,变成了"披着马克思主义外衣的守旧派和民粹派"。在功利性原则的引导下,俄国知识分子往往把一些具体的和局部的存在转化成抽象的和普遍的存在,把一般的工农问题拔高为世界拯救问题。事实上,这种简单化的做法,只是以空洞的理想和口号抹杀了事物的复杂性和丰富性,根本不能解决任何实际问题。

在俄国知识分子的心理和意识中,现实高于理性,利益高于真理。某种

---

[1] 尤·兰珀特:《俄国现代主义》,载布雷德伯里、詹·麦克法兰编《现代主义》,胡家峦等译,上海外语教育出版社1992年版,第119页。
[2] 别尔嘉耶夫等:《路标集》,莫斯科:真理出版社1991年版,第205页。

思想体系之所以引发他们的兴趣,取决于其是否有利于民族的利益,能否承担起引导人民从事现实斗争的任务;至于哲学创造的存在和形而上的真,则永远在他们的视野之外。因此,他们更乐意接受那些关注分配和平等问题的思想体系,不论其是否具有生产和创造的价值。新康德主义也好,实证主义也好,经验批判主义也好,黑格尔主义也好,尼采哲学也好,只要依据那套体系能够使自己的斗争理想合法化,知识分子就可以全盘接受,甚至为此不惜颠覆最深刻的和最本真的哲学。

对哲学的独立意义进行否定,使得俄国知识分子在思想上受制于肤浅的功利目标,不可能真正深入地洞察各种复杂的社会现象,寻找到一条符合俄国社会发展的出路。为此,别尔嘉耶夫呼吁:"我们在精神上需要对真之本身价值的体认,需要有面对真的谦卑和以它的名义作出放弃的准备。"[1]这就是说,应该把知识分子对真理的追求与哲学的真进行有机的结合。如此,知识分子才能摆脱外在的奴役,转向新的意识,获得精神的自由,承担起自己的责任,塑造新的个性和新的灵魂。

司徒卢威在《知识分子与革命》中,剖析了知识分子在俄国历次革命中的作用和局限。他认为,知识分子在政治上充满幻想与激情,落实到行动上则是草率而不够踏实。其具体表现便是:迷信多过信仰,斗争大于创造,狂热压倒了理性,偏执高过宽容。他们的言行往往带有无政府主义和激进主义的特征。根据他的分析,一般民众卷入革命的原因不外乎自身沉重的社会苦难,日益增长的生活需求,他们长期受压抑的本能和欲望,以及由此激发的愤怒等等。这是无政府主义和激进主义生长的最佳土壤。于是,知识分子思想中的政治激进主义与民众本能的社会激进主义甫经接触,就以惊人的速度完成了嫁接。知识分子激发了民众身上模糊的本能,并且让这种本能与时代的喧嚣混杂在一起,将自己简单的公式与这些喧嚣和本能联结起来。

在革命的准备阶段,知识分子并没有借助系统的教育工作,来进一步帮助民众锻造自觉而清晰的个性。他们没有能够以自己原本应该具备的理性来提升民众的本能,没有用有关个人的责任来要求民众,而只是一味地以狂热的宣传去鼓动他们,力图使自己拥有众多的信徒。其结果是,造就了一股盲目的无政府主义力量。在最需要集中精力从事政治教育和政治自我教育的时候,激进的知识分子迫不及待地发动了革命,号召民众起来行动,去发

---

[1] 别尔嘉耶夫等:《路标集》,莫斯科:真理出版社1991年版,第42页。

泄他们的不满和愤怒,争取他们的权利。在整个革命的进程中,权力意识压倒了责任意识,愤怒的情绪代替了理性的判断。但是,当愤怒的情绪发挥了作用以后,便再也不能提供任何东西;而当情绪沉寂以后,革命的真正时机却错失了。与此同时,反动的势力又得以复辟。知识分子的一切努力只能付诸东流。

在俄国历史上,知识分子向来以道德纯洁、理想崇高和富于牺牲精神著称,他们的英雄主义事迹也一直作为承担十字架的光荣而为世人所崇敬。对此,布尔加科夫的《英雄主义和献身精神》对"英雄主义"的渊源和内涵进行了梳理,发表了精辟而独到的看法。他发现,由于俄国社会的悲剧性质,知识分子在国家中的孤立地位和他们与土地的隔绝,物质和精神双重的贫困,严肃知识和历史经验的缺乏,所有这一切都刺激了知识分子内心深处的逆反心理。这就是说,在苦难和迫害中成长起来的知识分子,先天地秉有英雄主义狂欢的禀性。他们仿佛自从出了娘胎便幻想着成为民众的救世主,甚至是全人类的救世主。这样,在对待民众的态度上,他们便不可避免地徘徊于两极之间:一方面,他们面对民众有一种深重的负疚感和犯罪感,崇拜民众的道德水准,力求使自己的言行平民化;另一方面,他们又有一种与生俱来的优越感,将民众视为拯救的对象,认为后者是需要精神"保姆"加以看护的智力上的未成年人。这种态度所造成的隔膜是深厚的。从某种意义上说,俄国知识分子仿佛是脱离了车厢的火车头,在虚假的自我感觉中,独自朝着一个朦胧、暧昧的远方奔驰而去。

由于精神的篡位,知识分子给自己设定的英雄目标远远超出了日常可能的范畴,有时甚至到了病态的地步。在他们看来:"考虑自己的个性是利己主义、是一种无耻的行径;只有那些考虑社会、对社会问题发生兴趣并且为普遍利益工作的人,才堪称真正的人。"受到这一观念的鼓励,无原则性、个人责任意识的淡漠、专制主义,理论脱离实际和语言大于行动等等,都从这只潘多拉的魔盒中飞了出来。他们并不满足于成为一个卑微的劳动者,不屑于关注日常琐事,为了标举最高原则的旗帜,断然舍弃了情感、意志、个性和自由,常常选择一些超乎自己能力之上的虚无缥缈的重负。因此,他们无法面对现实,不能适应生活,不堪日常生活的繁琐与沉重,其极端的例子,竟至于发展到对生活本身的逃避,英雄主义的豪迈具有讽刺意味地沦落成近乎自戕的行为。

从理论上讲,知识分子几乎人人都崇尚集体主义,然而,他们内心深处的自我崇拜、唯我独尊和个人主义,却是一种强烈的离散元素,潜在地具有反集体的特性；而对于讲求合作和团结的革命而言，这种反集体的特点是无益而有害的，它是严重危害革命的腐蚀剂。此外，俄国知识分子盲目地崇拜自我，热衷于宏大的目标，也使他们的意识中滋长了一种"超人式"的非道德主义，正如陀思妥耶夫斯基笔下的拉斯柯尔尼科夫一样："我正在实现自己的理想，为了这一目的，我必须从道德的桎梏中挣脱出来"，"如果这一切是我实现理想所需要，我便赋予自己生杀予夺的特权。"为了目的可以不择手段的逻辑，在英雄主义的面具下应运而生。最终，由于手段的不堪，美好的目的也不得不流于虚幻或走向反面。

与布尔加科夫的上述看法相类似，弗兰克在《虚无主义的伦理学》中，揭示了知识分子在为民众服务、为大多数人服务的口号背后潜在的虚无主义本质。俄国知识分子的最高信仰是，民众的幸福是终极的价值。他们为之奋斗的目标是，满足大多数人（亦即穷人）的需求，帮助他们获得足够的物质财富和精神财富。一切价值、一切理想都必须服从这一目标。倘若其他的斗争目标与之发生了冲突，为了保持信仰的完整性和纯粹性，知识分子便要求人们最大限度地择取前者而摈弃后者。可是，由于财富的获得经常与暴力和奴役联系在一起，知识分子在灵魂深处对财富一直怀有某种恐惧感：他们不仅把财富看成生活的奢侈品，认为它们会扭曲穷人纯朴、公正和善良的本性，而且把财富看成世界的堕落和恶发生的根源。这样，他们原本为之奋斗的目标是给穷人带来财富，结果却在斗争过程中对财富产生了敌意。

知识分子一向关心精神和肉体上的弱者，努力给予他们怜悯和爱护。但在实施过程中，由于上述错误的理解，他们所做的工作并不是凭借自己已经达到的文明程度来提升弱者，帮助后者变得坚强和富裕起来；反而只是把着眼点放在分配和均等的问题上，致力于使财富消费化和零散化，而并不考虑财富的生产和创造问题。他们中的部分走极端者，甚至将底层人们的言行作为人类的智性和道德的楷模，把底层的生活作为人类的生活准则，把贫穷作为纯朴、善良和优秀的同义词来看待。这样，禁欲主义的道德得到了虚无主义信念的支持，知识分子最初对贫民的爱蜕变成了对贫穷的爱。

这种畸形的爱又催生了对世界莫名的仇恨。我们知道，仇恨作为一种负面情绪，它更多地诱惑人类去从事破坏活动。于是，在知识分子的意识深处，破坏的力量战胜了创造的力量。在人类历史的发展进程中，有时确实也需要破坏的力量，它们对创造可以起到先锋的作用。然而，一味地以破坏来代替创造，以仇恨来涵盖爱，是违背人类发展的规律的。从某种程度上说，爱和创造是一种向心力，破坏和仇恨是一种离心力。正如离心力和向心力之间的依存关系一样，没有以创造来证实的破坏，没有以爱为归宿的仇恨，一切都是没有意义的活动。俄国知识分子没有认识到这一点，掉进了虚无主义的陷阱，所谓的追求民众的幸福便在这个陷阱中化为泡影。

与上述从哲学和伦理学层面进行反省的做法相呼应，《路标》的撰稿者还从教育与法律层面对知识分子进行了批判。伊斯柯耶夫在《青年知识分子》中指出，俄国的知识分子——没有家，他们不知道家庭教育的影响，不会从牢固的家庭传统中汲取强大的力量。"父母无力影响自己的子女。……父母和子女之间不可能建立真正坦诚的关系，更有甚者，他们之间还经常会或多或少地暴露出一些隐秘的敌意。孩子的心灵避开父母心灵，在'对峙'中成长"[1]。至于学校教育，情况更糟，孩子们在学校里仿佛置身敌对的阵营中，似乎那里到处布满了欲置其于死地的阴谋，教师和学生相互为敌。面对学校和老师，孩子们期望取得最优秀的成绩，只愿意付出最少的劳动，在学校和教师面前把自己的灵魂隐藏起来。于是，欺骗、狡诈和虚伪的蔑视，成了孩子惯常使用的武器。如此，学校的地下文化畸形地发展了起来，中学生更多地在同学友谊中获取非法的知识，接受各式各样文化的影响。在这种环境下，一个中学生的成熟，往往伴随着他对老师、父母及周围人等的轻蔑，并且，他越是能够对上述人等表现出傲慢和自尊，便越能博得同学们的拥戴，成为群众领袖。

或许，俄国知识分子在大学时代还勉强算得上从事过知识分子的工作。但是，俄国的大学生又是如何地度过这段宝贵的时光呢？他们仍然不受教于教育者，仍然只是生活在自己的同学圈中，在中学生时期已经培养起来的傲慢情绪在此刻更是膨胀得无以复加。他们将自己幽闭在狭小的天地里，除了实习以外，几乎没有任何劳动，甚至连听课必须的课堂笔记也不做，"只有在考试或排演前，他们才会疯狂地死背那些配合教学大纲的简要教参及大量复写的摘要"。他们骨子里蔑视科学与文化，认为仅仅因为需要领取毕业证书才去学习它们，相当一部分顺利毕业的人，甚至除了教科书以外，没有读过一本课外书。

这些大学生一旦离开他们的那个圈子，便无法融入其他的文化之中，只能置身于空寂的旷野上。对民众而言，他们始终是"先生"；而对他们自身来说，在大学毕业以后倘若还希望继续大学生的生活当然也不可能。他们不懂物理的初步知识，不认识祖国的地图，弄不清历史的脉络，至于生活本身

---

[1] 别尔嘉耶夫等：《路标集》，莫斯科：真理出版社1991年版，第186页。

所呈现的种种难题,更是令他们束手无策,因此,等待他们的命运便只能是堕落。在生活中,我们常常看到那种现象:"昨天的激进派分子,社会幸福的热烈崇拜者,今天开始否认一切思想和一切社会工作。"从整体上看,知识分子的生活方式是十分可怕的,"在个人生活中,他们无聊、邋遢和混乱不堪;在工作中,他们敷衍了事;在社会事务中,他们崇尚专制制度;并且他们完全缺乏对他人个性的尊重"。[1] 在这一点上,他们哪怕在道德意义上都无法取得民众的信任:"在自己的祖国,他们是一群孤独无援的患者,无论是自己内在的素质,还是他们所面临的外部条件,他们都不可能战胜专制制度,他们的失败是必然的,他们不可能凭借自身的力量获得胜利。"[2]

作为一名法学家,基斯嘉柯夫斯基站在自己的立场上,在《保卫法律》一文中考察了俄国知识分子法制意识的薄弱现象。他们只看到法律的暴力含义,看到它的强制性,对自由的束缚,对义务的强调,对权利的剥夺。在知识分子的心目中,这些东西一直远离他们所向往的崇高目标,因此,他们经常予以蔑视。"俄国知识分子不尊敬法律,也从来看不出法律的珍贵","我国知识分子的法律意识还处在与警察国家形式对应的发展阶段"。他们没有认识到,"社会纪律只能由法律来构建。一个有约束的社会和一个法制完善的社会——是能达到共识的"。[3] 根据这种观点,法律的内容可以得到另外的解释,亦即法律最主要的和最本质的内容是自由,尽管它是外在的,并受社会环境制约;但是,这种外在的自由是实现人的内在自由和更为绝对的精神自由的保障。遗憾的是,在知识分子的意识中,占据主导地位的是政治,而不是哲学、宗教和文学,更不是法律;他们关注人的自由,却忽略了对自由的保证。

在俄国,律师从来都不是一个光荣的称号,它并不以其公正、无私,仅向法律提供最高服务等特征受人重视;至于刑事审判,在很多场合甚至变成了某种复仇的武器。知识分子法律意识淡漠所造成的后果是严重的:"八十年代下半期,黑暗的反动势力猖獗一时,知识分子在正常的社会生活缺乏法律基础和保障的情况下,甚至无力确认俄国人民没有法制的境地。希望找个理论公式来明确这种法制的存在都不可能。"[4] 在革命的年代里,他们甚至不知道,在取消旧的法律之后,需要设置新的法律。没有新法律的设置,仅

---

[1] 别尔嘉耶夫等:《路标集》,莫斯科:真理出版社1991年版,第197页。
[2] 别尔嘉耶夫等:《路标集》,莫斯科:真理出版社1991年版,第100页。
[3] 别尔嘉耶夫等:《路标集》,莫斯科:真理出版社1991年版,第109~110页。
[4] 别尔嘉耶夫等:《路标集》,莫斯科:真理出版社1991年版,第120页。

仅是简单地取消旧法律,只会导致旧法律一时不起作用,随后又会精神抖擞地恢复原样。

　　尽管《路标》撰稿者的身份各不相同,立场和观点也不尽一致,却在某一点上存在着共识,那就是:1905年的革命之所以失败,除了纲领和策略上的失误以外,知识分子精神上的残缺和道德上的堕落,是最主要的原因;而俄国的变革,如果不以知识分子的精神变革为前提是不可能实现的。因此,他们在20世纪初为俄国知识分子树起了精神变革的"路标":"经历了一系列痛苦的考验,俄国知识分子应该走向自觉,进入绝对价值的行列——个人的自我完善","应该修正自身,不是从外部,而是从内部。"[1]值得重视的是,由于中俄两国在文化上的某种相似性,《路标》所批判的俄国知识分子的种种缺陷和局限,也程度不同地存在于中国知识分子的精神结构中。他山之石,可以攻玉,在此,《路标》之于我们的启迪意义和参考价值便无需赘言了。

---

[1] 别尔嘉耶夫等:《路标集》,莫斯科:真理出版社1991年版,第135页。

俄国象征派诗歌与宗教精神

1893年,俄国作家梅列日科夫斯基出版了《论当代文学衰落的原因及其新潮》一书。他指出:"人们从未像现在这样,感情上感到信仰的必要,而理智上却懂得信仰的不可能。"针对当时物质主义在科学和道德领域中占据上风,并逐渐渗入到艺术的神圣殿堂这一现象,作者倡导象征主义的诗歌风格,认为后者可以使艺术的本质变得"崇高、晶莹、剔透",表现出思想的无限性。他研究和分析了一部分经典作家的经典作品,从中归纳出的结论是:"神秘主义的内容,象征暗示的手法和艺术感染力的扩大,这就是新艺术的三要素。"该书别具一格的主张,恰好应和了俄罗斯诗歌流变的一股潜流,推动了普希金、涅克拉索夫以外的另一个传统——唯美主义的"纯艺术"诗歌的延伸和发展,从而被看成是新流派的宣言,为俄国象征主义文学树起了一面大纛。

学术界通常认为,俄国象征主义诗歌的发展经历了三个浪潮的崛起。第一浪潮以梅列日科夫斯基、吉皮乌斯、明斯基等人为主体,较多地接受了索洛维约夫的宗教哲学、尼采的强力意志学说和早期法国象征派的诗学理论,在一种松散的状态下坚持自己的艺术追求。第二浪潮的领导者是勃柳索夫,他期冀掀起一场波澜壮阔的文学运动,成为诗歌奥林匹斯山上的主神宙斯;另外两位领导者巴尔蒙特和索洛古勃,似乎并不热心于组织和运动,他们更多地致力于诗歌艺术本身,勤奋地以令人目不暇接的作品勉力证明其存在的价值和意义。至于第三浪潮的异峰突起,则占据着"天时、地利、人和"的三大优势。20世纪初,象征主义独尊于俄罗斯诗坛的地位已成定局:老一代的诗人在十年左右的时间内,已从正反两方面积累了不少宝贵的经验;莫斯科和彼得堡风云一时的沙龙文化,更为大批青年诗人提供了领受启蒙、崭露头角的良好场所。勃洛克、别雷、维雅·伊万诺夫、沃洛申正是在这种殊为难得的氛围下,凭借着各自的天才脱颖而出的。他们当仁不让地承担起了丰富前辈的成果,建立博大、完整、系统和严密的象征主义诗学这一光荣的任务。1910年,俄国象征主义开始走向衰落。殆至1913年,阿克梅派诗人古米廖夫发表《象征主义的遗产与阿克梅主义》一文,正式宣告了它在流派意义上的"寿终正寝"。

俄国象征主义诗歌与索洛维约夫的宗教哲学有很大的渊源关系。无疑,这层关系对强化象征主义诗歌的宗教精神起着不容忽视的作用。索洛维约夫是19世纪俄罗斯最具世界性影响的宗教哲学家、伦理学家和诗人,其主要著作有《神人论讲座》、《善的证明》和《爱的意义》等。其思想核心是"万物一统"的原则,这一原则是无条件的和绝对的,是类似于一种"宇宙魂"的东西,具有某种神圣性。现实世界是"万物一统"的映象和外在形式,人类唯有通过信仰、通过直觉领悟,才能对之有所洞察。由此,他提出"最高的生活原则,只有基督原理才能提供,使我们机体生气勃勃的精神,应当是基督精神,即爱和自由和谐的精神",进而推断"举凡宗教生活停止的地方,一切生活必然同时中止"。作为一名宗教倾向十分严重的诗人,他的创作活动就体现为,将艺术神学化,使艺术成为宗教的一个组成部分,服务于至高的善——那个名为圣索菲娅的"永恒女性"的形象。在这一点上,他和陀思妥耶夫斯基沿循的是同一条思路:美能拯救世界,其主要途径就是让物质生活富有灵性。正是基于这种观点,他倡导艺术家在瞬间的失魂状态中,去体现神的启示,使创造与人生之最高目的相结合,在上帝和尘世之间建立起"活的联系"。有学者认为,如果说19世纪的俄国是以伟大的文学载入世界文化的史册之中,那么,20世纪的俄国对世界的贡献则是其关注生命意义的宗教哲学。而催生这派哲学的鼻祖不能不首推索洛维约夫。可以说,他为世纪之交那段被称之为"白银时代"的俄罗斯文化的复兴作出了卓越的贡献。肇始于他,经由别尔嘉耶夫、舍斯托夫、梅列日科夫斯基夫妇光大的寻神论存在主义,其影响甚至及于德国的舍勒和法国的马塞尔等思想大师。

在世纪的转折点上,索洛维约夫思想的直接受惠者,便是俄国象征派诗歌。面对人类如同悬浮的空气一般的生存状态,女诗人吉皮乌斯力图开辟一条通向神的途径,建立起以爱为轴心的自由王国,去征服生活的偶然性、有限性和必死性,以此调和灵与肉的疏离与冲突,拥抱上帝赋予的生命之全部。为此,她在诗文中一再重申,爱情是生活的最高原则,它的形式是美,条件是自由。在她看来,抽象的爱情具备提升罪性的、感性的肉体的能力,它超乎一切伦理价值之上,是唯一能与所向无敌的死亡抗衡的基础。在承认爱的上帝的前提下,吉皮乌斯确信:"对韵律、对说话的音乐、对内心颤栗体现为正确的语言的声色变幻——永远和祈祷的、宗教的、另一个世界的意向,和人的心灵的最神秘的、最深刻的核心联系着,所有真正是诗人的人的所有的诗——都是祈祷。"吉皮乌斯在此把诗歌同与上帝的对话等同了起来。她认为,祈祷是人的自然本性,也是其内在的必然需要;而诗歌也是人的需要,甚至是"必要的"、"自然的"、"永恒的"。因此,从特殊的意义而言,诗歌这种具有乐感的文字,就仅仅是祈祷在我们灵魂深处进涌而来的形式之一。吉皮乌斯把这一诗学观念贯彻到自己的创作实践上,便产生了一篇篇爱的旋律穿行其间的美丽的祷词,体现在这些作品中的理性与激情的高度融合,足以拨动现代人沉默已久的那一根心弦。

俄国象征派诗歌的第二浪潮,在宗教倾向上较多地表现出非正统性和异端性。勃柳索夫是一个理性远远高于激情的诗人,他在神秘主义的道路上没走多远,便转向了个人主义与无政府主义。但即便在他沉溺于这些倾向之中时,也依然烙有宗教偏执的痕迹。索洛古勃天生具有一种恶魔的气质,他仿佛是出自陀思妥耶夫斯基的《群魔》中的人物,他以邪教徒的姿态诋毁神圣的基督教情感,表现出撒旦与上帝抗争时的倔强,竟然以造物主的口吻说道:"我——是诗人","我是神秘世界的上帝,整个世界存在于我的幻想之中。"所以,"我"能够在粗鄙的生活中,创造出甜蜜,还给现实以美梦。巴尔蒙特则如同从中亚或非洲刮来的一股飓风,他的诗歌始终给人以一种跳动不安的感觉,初民对光明之神的崇拜有如荣格所称的"集体无意识"一般浸透于他身心。他声称:"我来到这个世界上,是为了看看太阳。"在20世纪初的俄罗斯诗坛,巴尔蒙特与波斯拜火教的查拉图斯特拉如出一辙,热衷于抒写太阳战胜黑暗的主题,以达观的生命意识去取代沉思的感伤。此外,语言的狂欢也是他的诗学基石之一,其作品多见华彩、诡谲,享有"诗坛上的帕格尼尼"之称。

第三浪潮的象征主义诗人几乎一无例外地吮吸着索洛维约夫思想的乳汁成长起来,宗教精神称得上是几位代表诗人的主要艺术特色。维雅·伊万诺夫在《犁沟与田界》中着重强调过艺术的"祭司"性质和意义,他说:"新诗中的象征主义似乎是对祭司和魔法师的语言的初次的、神秘的意义,只有他们才能发现这种特殊的、神秘的意义,因为只有他们才知道内心世界与人人都可得到经验的范围之间的一致性。"贯穿他的作品之基本思想是集体宗教变形,他把宇宙看成一座宏大的教堂,生活和艺术都不过是它的部分建筑结构而已。别雷则以探索性的散文创作跻身于20世纪经典作家的行列,他的长篇小说《彼得堡》被公认为堪与《尤利西斯》和《追忆似水年华》相媲美的三大意识流小说之一。他一度迷恋过人智学,受到施蒂纳的影响,认为人可以直接与上帝建立联系,直觉优越于理性和逻辑,他身上那种假托天神附体的先知式狂妄经常闪露着一星智慧的闪光,以至于被人看成"一个没有找到肉体的流浪的幽灵,一股越出堤岸的洪流"。

有很长一个时期,苏联文学史家都在为勃洛克的长诗《十二个》的结尾而大伤脑筋。基督形象出现在这部歌颂革命的作品中,引起了研究者的百般猜测,将它认定为对十月革命的歪曲的有之,将它看成是列宁的象征的有之。其实,"倘若我们仔细地寻索勃洛克的创作脉络,就能清楚地发现在他的不安与彷徨之中存在着与基督教一以贯之的联系"。只要人们把这部作品同勃洛克的整个诗歌创作的主题结合起来考察,便不难领悟到诗人在艺术创造上的统一性。和不少俄国象征派诗人一样,勃洛克承传的是丘特切夫、费特、波隆斯基等"纯艺术"诗人的衣钵;少年时代醉心过索洛维约夫的著作,将他引为"精神上的主宰"。他在"女性温柔的爱抚"下成长,对门捷列耶娃的恋慕,驱迫他将对方看成真、善、美的化身和永恒女性的人间体现:"世界的秘密在于女人性,世界的产生是整个三位一体的行动,三位一体每个位格都具有感知实体、永恒的女人性,这女人性通过行动就成了世界的开端。"谢·布尔加科夫的这段话为勃洛克的诗歌作了最好的注解。神秘的女性原则在他的处女诗集《丽人吟》中得到了初步的确立,在此,"丽人"就像但丁的贝雅特丽齐和彼特拉克的劳拉一样,她不仅是一个典范的统一与和谐的象征,而且还掌握着地球上的生物所昧然不知的生活平衡之奥秘。在勃洛克的笔下,抒情主人公多半被表现为一个梦寐以求了解这些奥秘以摆脱人世空虚的骑士——僧侣形象。勃洛克自述道:"象征主义者从来就是通神的人,即神秘的活动;但他把这种神秘看做是自己的,因为它只是到后来才成为世界性的。"沿循这一观念,两性的爱情变成了为某种最高存在服务的礼仪,"非人间"的"丽人"启示着世界的神秘本质。而抒情主人公熟悉的东西则是——庙宇、教堂、祭坛、教堂的围墙、圣像、法衣、弥撒,等等。此后,这位"丽人"一直以"奥菲莉娅"、"陌生女郎"、"卡门"、"库伦比娜"等形象,出现在勃洛克的作品中,反映出诗人独特的隐喻方式,以及他与神圣的世界相沟通的渴望。

俄国象征派诗歌所散发出来的神秘气息,触及了艺术与宗教的关系这一敏感的问题。人类文明史告诉我们,诗歌的起源与初民们早期的祭祀仪式、与他们的巫术活动有着紧密的联系,那些活动和仪式的主持人是世界最早的诗人和艺术家。例如,在古希腊神话中,太阳神阿波罗就是一位既掌管文艺,又掌管占卜与预兆事务的天神。对古埃及人来说:"'神的话'在他们那里,对于象形文字和对于'创作'这个概念来说是一个术语。"《亡灵书》代表着远古宗教诗歌的一座高峰。其他各种宗教典籍，如基督教的《圣经》、穆斯林的《古兰经》、波斯拜火教的《阿维斯陀》、佛教的许多经文，都包含了大量的诗歌。它们反映了初民最初企图借助对某种超自然的神力的崇拜，用以肯定自己、认识自己的诗意想象。而汉语的"诗"字，以"语言之寺"这一构字特点，仿佛也在说明正是语言最初的魔法才造就了那种富于乐感的文字，它为诗歌与宗教的联姻提供了合理想象的素材。

人类，作为有限的存在，区别于其他动物的一大特点，便是他们拥有对无限的向往。面对无所不在的死亡，一种超越的愿望油然而生。初民们认为，肉体腐朽之后，灵魂可以作为生命的继续，依然长存下去，最后融合到永恒与无限之中。正是基于这种天真的幻想，他们在物质空间的限制以外，设定了一个无限的精神空间，从而对不可言说的世界进行言说。初民们的这种想象在横跨欧亚大陆的俄罗斯民族身上总是怀有对现实的不满足，他们永远向往另一种生活，渴盼另一个世界。据有人描述："和英国人的谈话结束于谈论体育，和法国人的谈话结束于谈论女人，和俄国农民的谈话结束于谈论上帝和宗教。"别尔嘉耶夫在其名著《俄罗斯理念》中称："俄罗斯民族——就其类型和就其精神结构而言，是一个信仰宗教的民族。"宗教的困扰即便在那些不信教的人身上也不曾泯灭，"俄罗斯的无神论、虚无主义、唯物主义都带有宗教色彩"。令人诧异的是，那些原本平民和劳动阶层出身的俄罗斯人，甚至在脱离了东正教以后，也在继续寻找上帝和上帝的真理。生活在宗教气息浓厚的土壤上，俄罗斯知识分子具有某种"僧团"的特征，他们尽管没有外在的组织形式的约束，却内在地拥有一套自己的行为准则、共同的使命意识、共同的道德规范和共同的荣誉。一般而论，他们并没有固定的宗教观，却善于把每一种世界观变成宗教信仰。因此，"知识分子所具有的与其说是文学一科学阶层的性质，毋宁说是宗教团体的性质"。作为知识分子的精英，俄国象征派诗人天然地秉有了上述特征，使纯粹的对美的追求掺和进了对真理的探索，诗歌创作演变为对精神现实的寻求的触角。他们期待着一种全新的象征主义文化出现。

维特根斯坦在《逻辑哲学论》结尾时说："对于不可说的东西必须沉默。"这句充满了睿智与狡黠的名言，阻止了许多无知者喋喋不休的废话，帮助人们审慎地面对纷至沓来的各种困扰，以清醒的理性去冥思存在。同时也为滑头"哲学家"提供了一个借口，来逃避自己所应承担的责任和义务。尘世间存在着许多东西，它们神秘莫测，却与我们休戚相关，参与了人和人之间的沟通。对这一层关系的清理必然有助于我们顺畅地领悟生命的意义，鼓舞我们对存在加以"言说"的最佳方式:"象征概念在诗歌领域的自觉引入,既表达了不可言说的东西的精髓,发掘了被遮蔽的真实;又没有解除神秘带给人类的特殊魅力。"总体上看,宗教精神之于俄国象征派诗歌,其利大于其弊,神秘主义氛围营造的是一种幻美的境界,增强着作品的神性内蕴。神圣的宗教感在气质上锤炼了一代又一代诗人,帮助他们坚定自己的艺术信仰,完善自己的人格。20世纪以来,俄罗斯诗人敢于顶住政治的高压,维护意志的自由,坚持诗歌纯正的品格,无疑与这种宗教上的支撑有莫大的关联。

事实上,人类自诞生以来,便始终被象征的光辉所笼罩着,存在即象征,宇宙是由本体和现象的两位一体所构成。它是一种象征的集合,以各种形态不同的方式包围着我们,用无形的、有形的触角拨动我们的生活,告诉我们新的东西,预示某种独特的存在,以指向更宏伟、更宽广的时空领域。俄国象征派诗人的"象征"观念,不再停留于那种单一的替换性符号:如"玫瑰"之于爱情,"光明"之于希望,"绿色"之于生命。他们顺从着宗教的定向标,着眼于它的生成性、超验性。索洛维约夫的"万物一统"说像酵母一样,启迪着年青一代诗人的新"象征"观。他们不仅把世界看成是存在物数量上的简单叠加,更将它看成一个包罗万象的整体,将各式元象征容纳于自身,形成一个泛象征。基于统一原理,现实和虚构便取得了二空间的效果,现象证明着本体,同时,本体扩张着现象。因此,他们声称:"只要我从象征派出发,总是达到作为一种世界观的象征主义","世界观和象征派同时既是大宇宙,又是小宇宙。"这样,俄国象征派诗人自然而然地把诗学的目的和任务与世界观的问题联系到了一起,变成了对历史的认识、对生存的感知。

与先驱者法国象征派诗人相对比,俄国诗人有着明显的超越,他们将原本停留于手法和风格上的"象征"进行深化和拓展,从一个侧面解决了人类精神向度的难题,同时还对后来的形式主义、结构主义和存在主义思潮起到了启示性的作用。美国文艺学家布鲁姆曾经提出一个名为"影响的焦虑"的创见,设置了后来者如何消解前辈的"影响"之"焦虑"的问题。俄国象征派诗人在这方面所取得的成功颇具借鉴意义,他们所显示的正是强力诗人的勇气和努力。

生命轨迹上的诗探索[1]

人类在茫茫的宇宙中生存,时不时地会受到各式各样的神秘情绪的侵扰,在层出不穷的偶然中间感受着命运的必然。神秘主义几乎是与人类同步诞生的,随着几千万年的斗转星移,依然没有丧失其最初的活力。即便是在科学与文明高度发达的今天,神秘主义的怪影仍一如既往地在人类的意识领域内飘忽不定。神秘主义是一个不容忽视的客观存在。

俄国象征派诗人勃洛克的文学贡献之一就是用诗歌在生命运行的轨迹上进行了不懈的探索,出色地传达了在现实生活中的种种神秘体验,天才地建筑起一座美的神殿,使每一个进入这一殿堂的人都得到了性灵的陶冶和情感的净化。在勃洛克的笔下,神秘主义由于诗的光彩照耀而展露了奇幻迷人的魅力。

但是,对于勃洛克创作中这一独特的审美现象,苏联的一些文学史家和研究者囿于成见,不是一概否定,就是含糊其辞,对勃洛克十月革命前的创作十分抽象地褒赞几句,然后,在论述诗人之所以能创作出如《十二个》那样的巅峰作品的原因时,武断地认为是作者摆脱了前期的神秘主义和象征主义的影响之故(有关论述请参看 1955 年季莫菲耶夫主编的《苏联文学史》和 1979 年科瓦廖夫主编的《苏联文学史》。苏联文学史家所持的这一态度也直接或间接地影响了我国的外国文学研究,比较明显的就是对勃洛克的研究大多停留在分析和论述长诗《十二个》的意义和影响上,很少有文章涉及勃洛克的前期创作),而在实际上否定了除《十二个》之外的勃洛克的整个创作,这无疑是失之偏颇的。笔者以为,在勃洛克一生的创作中,神秘主义始终贯穿其间,即使是长诗《十二个》,也并没有摆脱神秘主义的影响。因此,如何对勃洛克创作中的神秘主义作出正确的估价,就不是一件毫无意义的事情了,而做到这一点也便是本文的努力目标。

---

[1] 原文副题为《论勃洛克创作中的神秘主义》。

一 世纪病:勃洛克的神秘主义之形成

考察勃洛克神秘主义思想的形成,我们绝不能脱离他所从来的那个民族的历史和文化的背景。诗人在其自传性的中篇小说《一个多神教徒的忏悔》里写道:"我是一个俄罗斯人。而要知道,俄罗斯人全都会想到教堂。"[1]这句话向我们道明了俄罗斯民族是一个极富宗教感的民族,宿命的神秘主义精神渗透在这个民族的集体无意识之中。

幅员辽阔的俄罗斯,为人们遐想神秘提供了一个巨大的空间。天灾人祸曾给俄罗斯人带来了深重的苦难,面对脚下广袤而透着无限神秘的土地,常常引发他们对人生、对自然的哲理性思考与探索。然而,这块沉默的土地又极少能给他们以明确的答案。久而久之,便养成了俄罗斯民族谜一般的性格,并在其高级的文化形态之一——文学中体现出来,形成了一个神秘主义文学传统。

茹柯夫斯基是俄罗斯神秘主义文学传统中的一位杰出的代表。他被勃洛克引为自己诗之灵感的"第一位感召者"。《十二个睡美人》是茹柯夫斯基汲取了民间文学的养料,对其进行艺术加工而成的一部神秘主义叙事诗。作品在轻快的韵律下,洋溢着真挚的感情,在时隐时现的神秘主义氛围里,为读者讲述了一个中世纪勇士瓦吉姆拯救十二个睡美人的故事。诗的结尾,作者在为睡美人找到的"归宿"中融入了自己对"彼岸世界"的向往。

除茹柯夫斯基以外,俄罗斯诗歌史上的"纯艺术"流派对勃洛克的神秘主义也产生了很大的影响,而被诗人目为精神上的"亲人"。属于这一流派的费特曾这样说过:"啊,我在痛苦中感到无上幸福!""我在心中沉醉于令人苦闷的甜蜜的、疯狂地幸福的痛苦。"费特希望能够传达难以捉摸的心理活动,转瞬即逝的情绪,在他的诗作中,常常飘过一丝淡淡的却绝非浅薄的忧郁,它们借助于一个个人格化了的自然景象神秘地潜入读者的心田。勃洛克在1902年的笔记中写道:"从预言角度看,费特要高于丘特切夫,因为他感到并鲜明地体现了丘特切夫还在模糊地梦想着的东西。"

19世纪末,古希腊大哲学家柏拉图的学说经由俄罗斯宗教哲学家和诗人的符·索洛维约夫的翻译与阐述,在俄罗斯得到了广泛的流传。柏拉图认为,超脱于现实世界之上的"理念",是万物的本真所在。艺术家模仿现实世界,现实世界又是模仿理念世界的产物。因此,艺术只不过是"影子的影

---

[1]《勃洛克文集》第二卷,莫斯科:国家文艺出版社1955年版,第244页。

子"而已,和"真理隔着三层"。为了说明自己心目中真实的文艺是什么,柏拉图又从"理念"说出发,进一步提出了"迷狂"说。他告诉人们,世界本来具有一个大灵魂,它随着人类的诞生而分裂为一个个小灵魂。所以,这些分裂出来的小灵魂每当受到人间的事物昭示和启迪时,能够回忆起在依附肉体之前的大灵魂,从而得以窥见那个本真的永恒世界,在观照"真、善、美"等最高理念时,产生一种"迷狂"的幻觉。在这种"迷狂"的状态下,诗人最容易创作出迹近"真理"的作品。

索洛维约夫在柏拉图的思想影响下,提出了"宇宙魂"的理论。在他的诗歌创作实践中,他将"宇宙魂"具象化为"永恒的女性"原则,常常通过抒情主人公回忆、渴望和等待与"她"会见的描写,表述诗人自己在现实生活中体验到的种种神秘的感受。他把"彼岸"世界寓居于这样一些形象之中:"非人间的梦幻"、"秘密的女友"、"女王"、"纯洁的鸽子"、"上帝的闪光"。在他看来,现实生活就像是"一群沉默、拥挤地飘翔在周围的梦幻",在这些沉重的梦幻里,世人在苦苦地寻找那个"美丽的影子"。"彼岸"世界与此岸世界的对立,在索洛维约夫的笔端表现为"灵魂之中有两股永恒的势力怀着敌意悄悄地汇集"、"奇异地纠缠在一起"。这种宇宙性的渊源悠久的敌视必须通过殊死的搏斗方能得到解决,有时,它们的决斗甚至会扩展到人世以外的地方。在他的身上,深深地烙印着宿命论的神秘因素。在当时,索洛维约夫是被青年一代奉为精神上的导师而倍加尊崇的。在他的学说的影响下,俄国象征派诗人中间出现了其"永恒的女性"原则的变形,如别雷心目中的"阿霞",伊凡诺夫的泛斯拉夫主义和梅列日科夫斯基夫妇的"第三约"(继"旧约"、"新约"之后)思想,等等。勃洛克的《丽人吟》诗集更是其学说青出于蓝的作品。

索洛维约夫的学说是和当时流行于欧洲的一股"世纪末情绪"相融合,对俄国象征派诗人产生影响的。19 世纪末至 20 世纪初,在俄罗斯人中间,特别是在一部分小资产阶级知识分子中间丧失了坚持某种信仰的牢固根基,科学与文明的发展并不如人们所期望的那样,能够填补生活中的不完满,相反倒是暴露了更多的人性弊端。人与社会则被某种不可抗拒的异己力量牢牢地控制着,理性地感到了一种非理性的存在,怀疑主义成了一种普遍的信仰。一部分敏感的人清醒地意识到,人类无法穷尽世界的神秘而到达澄明的境界。与人类对世界探索的深入伴随而来的往往是更大的朦胧和神秘。人们在解决了一个疑团之后,又会被另一个疑团所缠绕,无论是省察人的内心还是审视人的周围世界,求知与已知是在同步地增殖。在这种情况下,人们普遍产生了危机感,在命运面前的无能为力使神秘主义得以重新滋长起来。一部分科学家甚至把科学和神秘主义看成是人类精神的互补体现,认为:"两者都是需要的,并且只有补充才能完整地理解世界。——因此,我们所需要的并不是一种综合,而是在神秘主义的直觉和科学分析之间的一种动态的交替相互作用。"(见卡普拉的《物理学之道》)人们相信,有许多事情,"不用理性,反而可以完成得更好些"(叔本华语)。

勃洛克绝对不能算是一个远离社会,仅仅躲在象牙塔中搞些精雕细琢的小玩意儿的诗人,他对所处的那个时代显然是有着敏锐的感受的。他认为:"疾风暴雨的时代中,诗人内心对最温柔、最隐秘的渴望与动荡不安的暴风雨交织在一起。"经受着时代的动荡不安,使之不能不受到当时的"世纪末情绪"的感染,据诗人自述,当时"普遍的和高级的神秘主义同我个人的和低级的神秘主义混合在一起"。他在自传中写道:"到那时为止,我懂得了弥漫旧世纪末和新世纪初的空气中的神秘主义,我被我在自然中所见的标志所激动,可我将这一切看做是'个人的',小心翼翼地对人们加以隐瞒。"[1]这段话向我们证明了勃洛克创作中的神秘主义与时代的氛围存在着密不可分的关系。英国学者鲍拉(C. U. Bowra)在其论著《象征主义的遗产》中对此也有论述,他认为:"当宇宙性的绝望压迫他整个生命时,他以先知的力量预见了恐怖的悲剧。"

论述勃洛克的创作道路,我们还必须提到的是其母亲的熏陶与夏赫玛托沃庄园留给诗人的印象。他出生后不久,父母就因感情的不合而离异了。因此,童年的勃洛克是在外祖父的庄园夏赫玛托沃度过的。据诗人的自传体长诗《报应》记述,他是"在女性温柔的爱护下,远离粗野的生活"而度过了一个"蔚蓝的春梦般"的童年。这一生活环境对诗人以后创作中阴柔美风格的形成不无关联,而神秘的女性原则之为诗人接受并发扬就更不是一件让人感到意外的事情了。

勃洛克的母亲是一个喜怒无常,略微带点儿神经质的女人。她写过诗,搞过文学翻译,一生都在忍受心灵不平衡的痛苦。她喜爱在所有的现象上寻找宇宙的"秘密的原因和神秘的影响",对艺术表现出来的强大魔力有异乎寻常的兴趣。在她看来,好的文学作品应具有"宗教的思想"。勃洛克自幼年起就受到了母亲的一些神秘主义思想的熏陶。据称,他"所有的儿童读物,童话,茹柯夫斯基和波隆斯基的诗歌,理所当然地由她(勃洛克的母亲)

---

[1]《勃洛克文集》第二集,莫斯科,国家文艺出版社1955年版,第208页。

选定"(U.A.别克托娃《勃洛克和他的母亲》)。

如果说母亲给勃洛克灌输了书本上的神秘主义思想的话,夏赫玛托沃庄园则直接给了他以体会自然之神秘的感性经验。坐落在莫斯科郊外的这座古老的贵族庄园,丘陵起伏,环绕周围的是茂密无边的大森林,沼泽地和星罗棋布的峡沟。清晨或者傍晚,行走在枯枝铺设的小路上,眺望蓝色的远方以及袅袅飘浮的云雾,安谧灿烂的朝霞和明媚奇丽的夕照,未来的诗人总是禁不住会浮起神秘的感情向往,从而在心底留下一幅幅"心灵的风景画"。勃洛克以后创作中所流露出来的泛神主义无疑在当时就已埋下了等待萌芽的种子。

二 勃洛克对神秘世界的探索

勃洛克在一篇纪念易卜生的文章中认为,每个艺术家的心灵都充满了恶魔,它们越是可怖,就越是迷人和美丽。而同时总会有一个神秘的声音引导他们去探索真理。他的这一观点贯彻到实践中去,便是诗人自己的作品常常在真挚的抒情里渗透了对人生真谛的哲理探索。因此,我们阅读他的作品时,常常能够听到引导着勃洛克的那个神秘的声音。诗人的一位同年级同学格罗莫夫便称勃洛克为"一个沉思者,似乎总在聆听某种神秘的声音"。下面让我们来看看勃洛克是如何对神秘世界进行探索的。

世界上最为不幸的动物大约当数人类了,而造成这不幸的根源便是人类特具的感知和思维的能力。这种能力使他时不时地在欢娱鲜活的生命中体会和意识到死亡的森然可怖。由于意识到"我现在活着",但"我将来要死"这一客观规律,一种悲凉的情感便会从心底油然升起。而对生命的眷恋则驱使着人们去寻求达到"不朽"和"永恒"的途径。而赋有这种寻求意愿的人就不知不觉地成了神话中的西绪弗斯,不停地滚动命运的巨石,通过永无休止的劳作,去体验冥冥之中的神秘。勃洛克,这位异常敏感的诗人,不能不感受到弥漫于人类意识之中的悲剧感。生与死之间尖锐的矛盾不断地变形,不断地刺激他,使他为那些无穷无尽的奥秘而感到困惑和迷惘。这样,神秘感作为一种宇宙性的意识无可抵挡地潜入了他的心灵深处,并在那里寻求可以寓居的栖息所。勃洛克的《司芬克斯》一诗便提出了一个反复循环着的生命的困惑:

   沙漠无声的童话在蠕动,
   头颅高高地抬起,

悲伤女神的话语在颤动，
准备飞离她的舌苔。

愤怒的眉毛断成两小截，
爪子正插向沙粒，
在被遗忘的蠕动着的舌尖上
我将听到爱情这一被遗忘的单词。

它伸直了脚爪，准备
钻入松散的沙层。
我面前又是——唯有秘密的暗示——
隐藏的幻想之庆典。

生命，这个司芬克斯，用一个个难以猜解的谜语横亘在人类面前，制造了数不清的神秘缠绕人类。诗人面对"夕照下的黄昏"，感到惘然无措，禁不住向心目中的"丽人"求救：

莫非是你点燃起激情，
去铸造这无数个光环？

命运的孤独也是生命给予诗人的难解的谜语之一。在人的一生中，谁都无法逃避开孤独对他的笼罩。而最令人感到神秘莫测的便是：一方面人们极度地厌恶它，排斥它；另一方面又不可思议地需要它。工业文明的兴起，使城市如雨后春笋般地蓬勃发展了起来。在富饶繁华的表象之下，人们被隔离进一只只孤独的魔匣，每个人都感到面前有一道堵塞沟通的厚墙，寻求自我保护的意向使他们感到"人心与人心是那么疏远，就像星星与星星那样无法接近"（巴尔蒙特）。"别人的心是一个陌生的世界，没有道路通向那里，就是怀着一颗爱心，也无法进入……"（梅列日科夫斯基）。

作为一位具有独特个性的诗人，勃洛克不愿混迹于人群之中，庸庸碌碌地度过一生，他宿命地接受了孤独这一份礼物，在自己的心灵深处建立一座荒岛，冀求与生命的大海相连，在芸芸众生中持一种超然的态度，享受精神上的自由，以维护其独立的人格，不被市侩风气所吞没。因此，他颇有点独抱孤怀地宣称：

人群在呼喊，——我无比地冷漠，
人群在召唤，——我默然不动。

　　然而，孤独毕竟不是勃洛克的本愿，在他的心灵深处依然有着企求理解的呼声，论证这一点，最好的办法便是对诗人具体的创作进行考察。通常，一名诗人会在创作中选取孤独作为其作品的素质袒露在读者面前，然而，一个真正沉醉在孤独的人是不会将自己的孤独向人展示出来的。勃洛克写了那么多关于孤独的作品，从反面向我们揭露了他不甘于孤独的灵魂。或许正是因为这样，许多孤独者在把玩自己的孤独时，能够不彻底绝望而继续运转生命之轮。勃洛克，这一个热爱生命的人也不例外。诗人就这样在孤独所带来的矛盾心境中品尝着生命的奥秘。

　　与孤独感同时袭击着他的还有现实生活的荒谬感。在世纪的转折点上，异化成为一个普遍的现象。理性文明凭借法律、道德和公共舆论建立起了一个庞大的社会秩序，对人类进行系统化的控制。在资本主义社会中，这种秩序往往是基于牺牲了各种正当的人的欲望而建立的。在这种情况下，好端端的人会变成"被囚的野兽"（索洛古勃）。于是，两面人在社会上的诞生也成了必然。勃洛克在致艾利斯的信中也说到过这种情况："许多两面人滋长了起来，灵魂不断地把手伸向另一个灵魂，——它一半像自己，一半怀着敌意。"为此，勃洛克还专门创作了一首诗，题名就叫《两面人》：

突然，我看见——从雾茫茫的夜晚，
一个衰老的年轻人，向我
跟跟跄跄地走来（奇怪的是，
他莫非是我梦中所见到的人？）
他从雾茫茫的夜晚中走出来，
并且径直走向我。

他低声说道："我已厌倦了
游逛，厌倦了污浊的空气，
也厌倦了别人镜子中的自己，
厌倦了亲吻别人的女人……"
让我感到更加诡异的是，
我与他还会再度见面。

> 突然,他厚颜无耻地一笑——
> 随即从我的视线中消失……
> 我多么熟悉这如此忧伤的形象,
> 曾经,我在某地与他相识……
> 或许,我遇见的他
> 只是我在镜子中的自己?

两面人扼杀着勃洛克的灵感和幻想,诗人为此而愤愤不平:

> 你的功绩——是我的,你给我的奖赏——
> 是疯狂的笑和丧失理智的喊叫——

两面人的出现,使本来就神秘无比的世界添上了新的迷惑,勃洛克的人道主义理想受到极大的冲击而濒于破灭的境地。诗人是坦诚的,他发现两面人的意识不仅在别人身上滋长,而且也在自己的言谈举止中流露。指出别人的虚伪是一件很痛快的事,而要指出自己身上的虚伪则是一件很痛苦的事,需要具有为真理而献身的勇气。勃洛克并不缺乏上述所需的勇气。然而,由于找不到如何摆脱两面人纠缠的方法,他也因此而陷入了一个更深的迷宫。阿莉亚德娜的引线被越扯越长。

当生命开始日复一日地进行无聊的简单重复时,死亡意识在俄国象征派诗人的心目中变得特别强烈。死亡时刻都在胁迫着人类,这"残酷的幻影""没有一天得不到丰硕的收成,没有一场战争夺不到神圣的锦标"(巴尔蒙特《死》),世间万物都摆脱不了死亡的命运,"唯有死亡才能战胜死亡"(吉皮乌斯《未知的死》),而被认为是最接近法国象征派鼻祖波德莱尔的"恶魔"诗人索洛古勃,则成了一位死亡的赞美者,他高呼:

> 啊,死神!我属于你,
> 到处我都能够找到你。

这种奇特的为了求生存而赞美死亡的情绪也使勃洛克受到感染,促使他写出了组诗《死亡的舞蹈》。在这些诗中,他并不是如上述几位诗人那般颓废和悲观,而是更多地流露了由社会责任感所激起的一种忧患意识。诗人无法理解那个生不如死的庸俗的社会现实,唯有让死人在活人中间漫游。抒情主人公"更为经常地在街上徘徊,更为经常地看见死神",他痛苦地叙述着生活的磨难:

> 每个黄昏,只要晚霞一消失,
> 我为死的愿望所灼烧,而后告别,
> 重又在冰凉的一天之拂晓,
> 生活攫住了我,并折磨我。

当正在进行的生命已失去任何欢乐和意义的时候,彼岸未知的死亡确实能够引起不幸者的向往之心。或许,死能够了断一切,超脱一切,带给死者以生前无法得到的安谧与宁静。神秘的死亡仿佛包含了永生的希望。

与生和死这一存在的奥秘同时困扰着勃洛克的还有人在自然界面前所产生的那种无法言说的神秘感。据瑞典人史威登堡宣称,这是基于人和自然之间所存有的一种神秘的契合关系,自然拥有对应于人的各种符号。关于这一点,维柯在其划时代的巨著《新科学》中也有所论及,他说:"值得注意的是在一切语种里大部分涉及无生命的事物的表达方式都是用人体及其各部分以及用人的感觉和情欲的隐喻形成的。"而造成这种现象的原因是:"人在无知中就把自己当做权衡世间一切事物的标准,在上述事例中人把自己变成整个世界了。"人类有感于此,便有"大宇宙"和"小宇宙"之说,而在诗歌中出现了"世界也许很小很小,心的领域很大很大"的哲理思索。

作为诗人,勃洛克对自然的感受无疑要比常人敏锐得多,他能在自然界"无限的返光"中,看到过去的美景,猜测着"莫非是爱情的余波?莫非是光影的调和?"在勃洛克的眼里,自然是赋有人性的自然,是有血有肉有思想有感情的自然,自然界的一切蕴涵着人的智慧,诗人可以对它进行设问:

> 白色的夜,红的月亮
> 在蓝天里浮现,
> 美丽的幻影在徜徉,
> 倒映在涅瓦河面。
> ....
> 你们可蕴涵着吉兆,
> 红的月亮,静的喧嚷?

勃洛克相信:"擦去偶然留下的痕迹,你就会发现:世界是如此美丽。"因此,他面对神秘的自然,疯狂地渴求生活,祈求让世间万物永不消失,他希望:

无生命的变得生气蓬勃,
虚幻的变成为现实。

莫雷亚斯在《象征主义宣言》中说:"象征主义诗人意在写人的内在精神。故而自然景物,人的活动,种种具体的现象都不会原封不动地出现在象征主义艺术中,它们仅仅是些可以感知的外表而已,其使命在于表示它们与原始意念之间奥妙的相似性。"勃洛克正是遵循了象征主义艺术的这一原则对自然现象进行审美感知的,他的作品中所出现的一些自然意象全然不是孤立的和静止的,往往呈现出心与物的相互感应。他通过移情的作用,使自己的情感有所寄托而得到慰藉,自然由于被投射、被注入了生命而得到了超越和升华。世界存在着,仅仅再复制一个世界没有太大的意义;而艺术的任务也绝不仅仅限于此,象征主义诗歌的多义性能够给读者创造一个新的世界,在这个新世界中,艺术之美显露出勃勃的生机,为人与神秘世界的沟通架起了桥梁。

以上历数了勃洛克面对神秘的世界而在创作中流露出的种种冥思,其中有一条线索则是贯穿于始终的,那就是神秘的女性原则。这一原则的产生,是与他那独特的爱情经历不无关系的。意大利文学史专家弗·德·萨克蒂斯说:"但丁把贝雅特丽齐提到了宇宙的高度,成为宇宙的良心的代言人,彼特拉克则集宇宙于劳拉一身,从她和自己身上创造了一个世界。"勃洛克也有他心目中的贝雅德丽采和劳拉。

勃洛克的初恋发生在德国的一座小城巴特-纳乌汉姆。不满17岁的少年在那里遇见了37岁的贵妇萨道芙斯卡娅,很快便陷入了近乎疯狂的热恋之中,他殷勤地献诗给她,以大写的"你"字在信中称呼她,把她看成"我的偶像","我光彩照人的星辰,我的上帝,我的幸福和希望"。向她表白:"我的灵魂渴望的唯有你。"萨道芙斯卡娅在少年勃洛克眼里,代表着世间"一切最美好的东西",以至于使他觉得,一旦离开了她,就等于"把整个生命交付给了枯燥的现实生活"。但是,与萨道芙斯卡娅"相会"的"情焰"并不如诗人曾经幻想过的那般"永恒"和"神圣"。不久,他们便分道扬镳了。然而,这一段不平常的经历却使他得以尽早地体验了人生:爱情上的不完满与痛苦,使他对充满了神秘的宇宙和人生有了新的疑惑,引发了他力图区分"尘世"的"诱惑"和"非人间"的激情的愿望,意识到自己身上的艺术家的气质,激发起了诗人的灵感。对这段带点儿畸形和病态的浪漫史的回忆成了勃洛克以后一些作品的触机和素材。

1898年12月,勃洛克写了这样一首诗:

> 美人,你牢牢地统治一切,
> 把草地上的花朵铲平。
> 可你征服不了我的心灵,
> 我不能够爱你!
> 这世界上另有一个可爱的形象,
> 如今你对它一无所知。
> 我将弹着忧郁的竖琴歌唱,
> 我将以整个心灵为爱情悲泣。

诗中所述的"可爱的形象"就是后来成为诗人妻子的门捷列耶娃。勃洛克在这位体态丰满的少女身上产生了某种幻觉,找到了自己神秘主义哲学观念的寄寓所在。诗人对她的狂热崇拜驱迫他将对方看成是真善美的化身,永恒女性的人间体现。神秘的女性原则便逐渐在勃洛克的头脑中确立了起来。

人类对陌生和未知事物的恐惧,似乎是一种不可更改的天性。于是,占人类世界的二分之一的女性便成了相对男性而言的异己力量,她们作为一个巨大的未知数而不断地令男子产生所谓的"紧张感"和"焦虑感",并进一步由对女性的恐惧而引导出对女性的崇拜。我们从对女性的神话考察中可以看出,她们常常被描述为一种既迷人又可怕的神力而出现:"女性,对于男子说来,永远是一个不可捉摸的充满着矛盾的神秘境地。"(滨田正秀《文艺学概论》)

勃洛克根据自己的爱情经历,在自己的作品中塑造了一个神秘的女性形象。在他的笔下,神秘的女性——"丽人"是一个具有形体的道德力量的化身,在他的身上集中地体现为一个梦寐以求了解这些奥秘以摆脱人世空虚的骑士——僧侣形象。

在勃洛克的抒情诗中,诗人将自己的情感经验艺术地体现在抒情主人公对"丽人"不懈地追求的过程之中。他在心灵的神殿内,点燃起蜡烛,虔诚而焦虑地等待着"丽人"的脚步。然而,这位神秘的女性却令人难以捉摸,诗人深深感到"在黑暗的年代里",他的"才略太有限"。诗人预感到了她,怀着忧愁和爱情默默地期待,却时时担心着许多年后"丽人"会改变了那慈善的容颜,而对诗人的忠诚报以无情的冷漠。诗人与她老是处于一种不即不离的状态中,神秘的女性飘忽不定,时而在云雾后,时而在森林后闪现,时而又非花非雾地消逝了,无处可以寻觅。

与勃洛克身处的那个庸俗的社会环境形成极大的反差的是,勃洛克理想中的"丽人"是"非人间"的圣母式人物。她生长在远离尘嚣的另一个世界里,在那高不可攀的玉宇琼楼之上。勃洛克这样告诉我们:

> 突然在蓝天中庄严地开放,
> 在另一个远方,在非人间的群山之中,
> 如今全身被白雾笼罩,
> 疯子们,谁造访过白色的庙堂?
> 她开放在遥远的群山之后,
> 她在另一颗星星的轨迹上流动。

勃洛克认为:"所有真正的诗人都或多或少地知道和感觉到'女性的影子',可是,只有少数人能明确地论述她。"显然,勃洛克是把自己归入在这"少数人"中间的,他用自己的诗作对"女性的影子"进行了包含多层象征和暗喻的抒情论述。

勃洛克与神秘的女性之关系的最直接的体现便是抒情主人公对"丽人"的那种奇异的爱情。符·索洛维约夫认为:"爱就是寻找上帝,爱情就是对至高无上的主的感情的神神秘秘的颤抖,爱情只在深刻的、神秘的直观世界中才能产生,才能存在。"(转引自瓦西列夫《情爱论》)勃洛克继承了这一观点,认为爱情最能体现出人的神性美。因此,爱情在勃洛克的笔下成了为某种最高存在服务的仪礼,他所钟情的女性便幻化为"丽人",启示着"世界的神秘本质"。禀性温和的勃洛克与其他的象征派诗人不同,他不可能发出"我像爱上帝一般地爱自己"那样尼采式的呼声。他的抒情主人公充当的是一个女神的仆从角色。这位抒情主人公所习惯的东西便是——庙宇,教堂,祭坛,教堂的围墙,圣像,法衣,弥撒,修道院,宗教书籍。

在勃洛克的作品中,我们常常看到,"丽人"对抒情主人公不加理会地飘然而过,留下他独自一人"守护手提香炉里的香火",在一片沉默中祈祷。而他就是在这样冷漠中为自己所涌起的爱情而感到慰藉的。

诗人在一首诗中表达了这种情感:

> 透明的、肉眼不见的影子
> 向你漂来,你和它们一起浮游,
> 你献身在蔚蓝的幻觉中,
> 那是我们倍感陌生的怀抱。
>
> 大海,田野,高山和森林
> 在你面前呈现无垠的蔚蓝。
> 鸟儿在自由的高空啁啾,
> 迷雾升起,天空泛出红晕。
>
> 这里,下面——在灰尘中,在屈辱中,
> 刹那间看到不死的轮廓,
> 一个卑微的奴隶,充满灵感地
> 歌唱着你,你并不知道他。
>
> 在拥挤的人群中你认不出他,
> 不会回赏他一个微笑。
> 当这不自由者看到你存在的痕迹,
> 便领略了你瞬间里的不朽。

印度诗哲泰戈尔说:"宗教歌是我们的情歌。"而勃洛克的诗歌在某种意义上则可说是浸润着一种奇异的神秘感情的宗教歌。爱情诗被提升到了对人生进行哲理思索的境界,男女之间的恋情被渲染为虔诚的信仰。诗人在漫漫的情感历程中悟觉着宇宙生命的奥秘,猜测着在爱情中或许有"象征"的钥匙,爱情不仅可以战胜死亡,而且还可以战胜命运,战胜那个庸俗乏味的客观实在。

至此,我们可以看出,勃洛克从对人的存在(也即生死问题的奥秘)出发,经由冥思自然与人的神秘的契合这一过程,以自己的艺术创作建立起了一个理念世界,即神秘的女性原则。这一原则要求人们付出宗教般狂热的爱,方能逼近那个神秘的世界,从而领悟生命的真谛。

三 勃洛克的神秘主义之艺术体现

神秘主义与象征主义有着不容否认的血缘关系。任何一个神秘主义者必然希望能够在现实世界中寻找到与其内心的神秘意识相对应的东西,从而摆脱无所适从的惶惑与困扰。神秘主义者认为:"人生的真正意义,不是在我感知的世界里,而是存在于那个目所不见,耳所不闻的超乎感觉之外的神秘之国中。"(梅特林克)通往这一神秘之国的最便捷的途径无疑便是象征。因此,神秘是象征的基点和依凭,象征则是神秘的必然和归宿。无论是宗教神秘主义者还是艺术神秘主义者,都是以象征的观点来看待人生,省察自然现象与心灵情绪的契合的,这种契合能够引起共鸣,启发人们感悟存在的位置与意义。

法国象征主义大师马拉美敏感地意识到,正是这种神秘性构成了艺术的象征机制。因此,他主张:"在诗歌中只能有隐语的存在",诗歌应该"一点一点地把对象暗示出来,用以表现一种心灵状态"。马拉美十分重视诗歌的暗示和象征作用,在他看来,象征就是创造,没有了象征,诗也就会因失去了创造性而失去了任何意义。

在象征主义者那里,象征不仅仅是一种创作手法,而且是他们把握神秘的世界,超越自身的一种方式。象征既是手段,又是结果。作为手段,象征帮助作者一层层地展开其高明的智力游戏,让读者一步步地叹服于作者的机智和聪灵;最后,象征又成了某种结果,建立了一个自足的神秘世界,让读者在其蛋白石似的光彩中获得美感的满足。

诗歌是一种语言的艺术,它植根于语言,又希望超越语言,而要达到这种超越,诗人就必须对现象世界进行变形处理,造出种种时空幻象,从中获取诗的真实性。因此,我们必须研究勃洛克的造象艺术。

勃洛克不愧是一位杰出的语言大师。在他的作品中,对语言的圆熟运用确实能够充分传达蓄藏他心灵深处的那些对人生和宇宙的神秘的体验和感受。

语言最具魔力功能的恐怕就是能够产生消灭语言本身的效果,这一点,在诗歌的语言中尤为明显。勃洛克为我们提供了许多典范的例子,它们纷纷摆脱了语言的指称作用,使读者直接切入诗的境界。我们在阅读他的作品时,经常可以遇上诗人对一些重要的词和词组进行大写处理。常见的有Ты(你),Дама(丽人),Закатная Таинственная Дева(黄昏的,神秘的女郎),Заря(霞光),Светлая(明媚的或美丽的),Твой(你的)等;在诗歌中,对词语的这种处理方法,帮助它们摆脱了某种单纯的符号形式的羁绊,获得了颇具形象性的体积,拥有一种空间感。它们出色地将诗人对自己心中所膜拜的永恒女性的崇敬和虔诚暗示性地表现出来,而永恒女性的崇高与肃穆也借助一个个大写字母渗入了读者的阅读想象。

日尔蒙斯基在《论亚·勃洛克的诗歌》一文中指出:"勃洛克是一名隐喻诗人,他将世界的隐喻知觉确认做真正的诗人的基本属性,对诗人而言,依靠隐喻的帮助对世界进行浪漫的变形,——并不是一个随心所欲的诗歌游戏,而是对生活的神秘本质的真正领悟。"这段话十分中肯地向我们说出了勃洛克在创作中经常使用的一个主要方法。下面我们举一首诗为例:

> 春天消融着河上的坚冰,
> 我不惋惜它们的消失:
> 登上我的顶峰,我忘却了冬天的
> 我忘却了冬天的隘谷,
> 眺望浅蓝的远方。

诗中包含了数个隐喻,倘若我们仅仅是将它作为一段写实的风景描写,是很难体会到作者当时的心情的:在这里,春天并不是一个平平常常的自然节气,它喻示着诗人美丽的青春;坚冰则是孤独、愁闷和寒冷的心灵的隐喻;顶峰暗示着诗人开朗的心境,是情绪的顶峰;至于浅蓝的远方,则是诗人所憧憬的彼岸世界的符号化。

勃洛克对隐喻手法的运用有一个特殊之处,那就是他还充分利用了人们的联觉心理,创造出了许多派生隐喻,比如他对"小提琴"一词的使用。首先,他利用小提琴发出的尖厉刺耳的特殊音响,在其作品中引进"小提琴的号叫"一词;其次,根据小提琴给人以听觉上的朦胧、模糊的特点,写出了"遥远的小提琴雾蒙蒙的号叫"这样的句子。又如"暴风雪",他以"风暴在呻吟"这一原始隐喻,进而派生出"白翼的风雪的火焰"这一独特的组合。作者复杂的心理活动通过隐喻,得到了妥帖的传达,取得了新奇美妙的艺术效果。

勃洛克在1902年8月14日的日记中这样写道:"我的怀疑主义是我生命的本质。"怀疑主义在他那里竟然成了一种信仰。被当成了生命的意义,这也是诗人的特异之处。怀疑主义与神秘主义在勃洛克的心中和睦相处,体现在创作实践中,便是大量地使用疑问句式和疑问词:"你可记得那令人不安的小城,那远处一片蓝色的轻雾?""难道痛苦依然还活着,幸福就已经能被带走?""他的幻想来自何方?""我在荒漠里徘徊,月亮在哪儿?太阳在哪儿?"诸如此类的句子,举不胜举。它们充分体现出勃洛克当时惶惑不安、无所适从的烦躁情绪。

诗人为了传达自己对宇宙的奥秘难以穷尽的心理感受,还时常在诗中运用省略号来暗示,给读者留下一个广阔的想象空间,如《她曾经年轻又妩媚》一诗,总共十二行,却使用了五个省略号,全诗如下:

> 她曾经年轻又妩媚
> 如今仍像纯洁的圣母,
> 清亮安谧好比是镜湖,
> 我的心顷刻就要破碎!……
>
> 她无忧如同天鹅在熟睡,
> 又像是幽蓝的远方,
> 谁知道呢?或许她也有悲伤……
> 我的心顷刻就要破碎!……
>
> 当她对我把爱情赞美,
> 激起我内心的共鸣。
> 可是热血却不理解激情……
> 我的心顷刻就要破碎!……

在这里,勃洛克通过一个个省略号的运用,把郁结在胸中纷乱芜杂的思索留给了读者,在读者的智力空间里延续诗人对生活本质所作的种种神秘的猜想。

神秘主义的思想也形成他在创作中对某些词语产生的特殊偏好,比如ропот(低语)和шепот或шептание(耳语)两词便是勃洛克诗歌语言里的"常客"。不用说,这是由诗人力图与大自然进行"心灵的交谈"的神秘构想所导致的一种倾向。另外,为了体现诗人的崇古意识和宗教感,他还有意选用了一些在当时已经不太使用了的古词,如:хлад(冷),злато(金子),младость(青春),русь(俄罗斯),уста(嘴唇),ланиты(面颊),длань(手掌),стопа(脚)вежды(眼)等。上述单词在其诗歌中出现,为他的作品带来了不少中古的色彩,造成了一种庄重的气氛,神秘的气息也显得更加浓重。

美国神秘主义诗人爱伦·坡在《诗的原理》中说过："音乐通过它的格律、节奏和韵的种种方式,成为诗中如此重要的一个附属物,谁要是拒绝它的帮助,谁就简直是愚蠢,所以我现在毫不犹豫地坚持它的重要性。也许正是在音乐中,诗的感情才被激动,从而使灵魂的斗争最最逼近那个巨大的目标——神圣美的创造。"从词源学上来说,诗与音乐就是密不可分的。据说,在俄语中,"抒情诗"(лирика)一词便源自希腊语的"琴歌"。再者,我们从音乐和诗歌各自的特点来看,在各门类艺术中,音乐大约可算是最情绪化的一种了,它的波澜属于情感的领域,而不属于理智的堤岸,以抒发情感为主的诗歌也蕴涵着向音乐趋近的可能性,这种可能性在象征主义诗人手中得到了最大限度的发挥。

统览勃洛克的诗歌创作,音乐性占有相当突出的地位。苏联的一些研究者甚至在强调他的抒情诗的音乐性时,认为不懂俄语的外国读者是无法理解勃洛克的诗歌的,因为他的作品是无法翻译的。勃洛克自己在谈论自己的创作时也经常提到诗歌中音乐的重要性。他认为："音乐创造世界,它是世界的精神载体——是(流动的)世界之思绪……""真正的天才"能"从风中听出完整的句子,拼成单词,并把它记录下来"。因此,他说："诗并不是我想出来的,而是听到的,首先是音乐,然后才是诗。"

据勃洛克的一个同时代人宣称："勃洛克能捕捉住回响在宇宙的声浪,并用它塑造成诗歌。"对这一带有神秘意味的评价,勃洛克确实是受之无愧的。而要论及诗人创作中的音乐性,下面这首诗便是一个极好的例证。

  Ночь теплая одела острова.

  Взошла луна . Весна вернулась

  Печаль светла . Душа моя жива .

  И вечна холодная Нева

  У ног сурово колыхнулась.

  Ты счастье！Ты , радость прежних лет！

  Весна моей мечты далекой！…

  За годом год … Все резче темный след,

  И там , где мне сиял когда—то свет,

  Все гуще мрак …во мраке ——одиноко——

  Иду——Иду——душа опять жива,

> Опять весна одела острова.

温馨的夜覆盖了岛屿，
月亮出来，春天又回归，
忧愁消失，我的灵魂欢愉。
只有那长寒的涅瓦河水
在脚下漠然地潆回。

你，幸福！你，往岁的欢乐！
我遥远的幻想之春天！
年复一年——黑色的痕迹更清晰，
在阳光照临过我的那边，
夜色更浓了……黑暗里——独自一人——
我走呀走——我的灵魂复又欢愉，
春天再度覆盖岛屿。

这首诗的第一节凭借着众多的开元音，富有象征地向读者暗示了春天到来的欢乐，悠扬的旋律流动于阅读过程中，在人们的情感屏幕上激起一种甜蜜朦胧的听觉意象。在第二节里，诗人为了表现淡淡的忧郁，有意识使用半元音和闭元音以求得音响上的沉闷暗哑，从而与第一节那欢快的曲调形成截然不同的对比，把抒情主体在黑暗中摸索的孤独感恰到好处地展现出来。最后第二行以三个"ду"重复出现，预示心灵由于艰苦而显得迟缓的探索激发起人们对美的温柔的青春的向往或回忆。语言与情绪在这里得到了神秘的契合。

勃洛克对诗歌中的音乐性的追求并没有其他一些象征主义诗人（如巴尔蒙特和别雷）那种过分的华丽，并没有出现音响有时盖过了意义的现象。他的诗歌绝对不会仅仅是抽象的音响游戏，而总是着力于将音响与思想有机地结合起来，在此基础上来加强作品的感染力，《温馨的夜覆盖了岛屿》便是一个突出的例子。

勃洛克在他的一篇早期论文《色彩与语言》中写道："温柔明朗的色彩为艺术家珍藏着童年时代的易感性；但是，成熟的作家却贪婪地在心中厮守着感情的碎片。"他对当时的作家们只会使用单调的、没有色彩的萎靡不振的语汇这种现象大为不满，认为他们的灵魂是"堕落的"；同时，他对画家们怀抱极大的敬意,认为:"他们对待语言像对待自己的孩子一般,从不恶意地利用他们,总是十分温和,他们比较喜欢关于色彩与线条的具体观念。……所以,他们能够以通俗的、孩子似的,因而崭新又鲜艳的语言来传达被作家们埋葬在灵魂深处的那些陈旧的怨辞。"[1]在勃洛克看来,对于一个画家而言,由于他对色彩的刻意追求,能够陶醉其中而得到升华,进而忘掉世俗的痛苦与烦恼。

显然,勃洛克对绘画艺术的推崇,是受到了产生于19世纪中后期的英国先拉斐尔派的影响,这一个画派的主将但丁·迦百利·罗塞蒂在绘画上倾向于乔托,在诗歌上则崇拜但丁,他的作品往往带有中世纪的梦幻色彩。《贝雅塔·贝雅特丽齐》是表现其神秘主义的代表作之一。画上出现了一只红色的鸽子,衔着一朵白色的罂粟花,罗塞蒂故意颠倒了色彩,运用象征的手法,力图将生与死进行转换。贝雅特丽齐濒临死亡的脸上流露出愉悦的神色,在她背后有两个隐约可辨的形象,爱神和但丁在一片林荫丛中散步。生与死、地狱与天堂、悲哀与欢乐,在罗塞蒂的画笔下获得了新的解释,它把我们带进了一个幻想的境界,去体味产生于瞬间的悲喜交替的人生之秘。

罗塞蒂一生的大部分作品(包括《贝雅塔·贝雅特丽齐》)都是以自己的妻子西多尔为模特儿创作的。在这一点,勃洛克与他也有近似之处,我们在"丽人"的形象中,也不时地可以看到门捷列耶娃的影子。

在勃洛克画一般的诗歌中,最主要的风景描写便是雾、影子与暝色。他常常描写黄昏的影子触动蓝色的雪地,"某人透过浅蓝的雾在低语和欢笑","雾在你背后汇拢","笼罩着冰凉的雾"等朦胧的意象。阅读他的诗歌,读者常常会有欣赏印象派绘画时所涌起的那种难以言传、无法捕捉的朦胧感。

勃洛克创作诗歌时,分别因着各个不同时期的心情,精心选择表现各种色彩的词汇。白色是诗人较为喜爱的一种颜色,它除了传统意义上的"纯洁"、"安谧"的象征以外,以勃洛克个人的眼光来看,更是因为在一片神秘的空白中蕴涵有无限的生机的缘故。故此,他经常描写"冰"、"雪"、"庙宇"、"白色的衣裙"、"白花"、"白帆"等景物。红色在勃洛克那里常常被用做"不安"和"恐惧"的代表,最突出的例子便是《白色的夜,红的月亮》一诗。诗人通过"红月亮"这一较为常见的意象,暗示着自己惘然无措的情感体验。"黑色"与"黄色"则被诗人看成是阴郁和懒散的象征。

在众多的色彩中间,"蓝色"似乎最得勃洛克的青睐,诗人常常将"和

---

[1]《勃洛克文集》第二卷,莫斯科:国家文艺出版社1955年版,第9页。

平"、"幸福"、"美"、"善"与"希望"等一切美好的东西赋予蓝色。他对蓝色的偏好无疑受到了德国浪漫主义者的影响。与其对"蓝花"的憧憬相仿佛,勃洛克向往"彼岸世界",于是,产生了一个"寻找一条蓝色的道路"的愿望。而浅蓝色的远方则几乎成了理想国的代名词。因此,卢纳察尔斯基把他称之为"垂死的俄国贵族们的诺瓦里斯"。从视觉心理学的角度来看,蓝色往往能使人产生一种深邃旷远的感觉,人们站立在这一颜色之前,常常能够体会到静穆与无限,神秘的遐想在这种色彩里能得到最广阔的自由空间,所以,勃洛克对"蓝色"抱有特殊的好感是与其对理想的彼岸的自由向往在心理情绪上十分吻合的。法国象征主义诗歌怪才兰波在《元音》一诗中,也同样以蓝色赋予元音,用以表示终极的"美"。这证明了人类在对色彩的敏感上存在着神秘的求同机制。

勃洛克诗歌中色彩的斑斓并非出于偶然的涂抹,而是诗人平时对自然景物进行了长期的沉思后,喷注到自己的作品里去的结果。巴尔蒙特把自然看成是"色彩的马赛克",而勃洛克常常在自然界中"捕捉温柔的词语,寻找着秘密的花序"。多种多样的色彩为他神秘的沉思提供了恰到好处的象征媒介。法国的一位评论家认为他是"俄国象征主义中间最美丽的一朵鲜花"。

为了使"丽人"在读者心目中始终保持着一种神秘感,诗人总是有意无意地在诗歌的字里行间流露出期待的思绪。可以说,在勃洛克的一生创作中,"期待"是绝大部分诗作的主题:"我佩着鸣响着的宝剑等待着美丽的天使";"在这喧响的寂静中,是否在等待意外的相见";"我只等待约定的会面";"我久久等待,你姗姗来迟";"我默默地等待——忧郁地怀着爱情";"等待来自春天的土地上的宇宙之光","我等待召唤,寻求答复",等等。这种反衬手法的运用,较为理想地反映了勃洛克模糊的心理状态。

通过以上对勃洛克的创作进行的较为粗浅的艺术分析,我们可以看到,诗人以其娴熟的技巧,融入了真挚的感情,在艺术上取得了音乐美、意象美和色彩美三者和谐统一的效果,建构起了一套完美的象征体系,创造了一个美的神话,使神秘的思想附丽于美的躯体上,成功地传达了宇宙生命的奥秘。思想的深刻与艺术的精细给勃洛克赢得了很大的声誉。法国学者拉费特甚至认为他是"比起里尔克来有过之而无不及的大诗人"。

四 勃洛克诗歌中的神秘主义之审美价值

历史学和考古学告诉我们,诗歌的起源是与原始人的祭祀仪式(巫术活动)有着密不可分的联系的。混沌初开时代的原始人由于缺乏理性思维,他们的知觉是彻底神秘的:他们"用与我们相同的眼睛来看,但是用与我们不同的意识来感知"(列维-布留尔《原始思维》)。神秘莫测的自然力在原始人的心中引起了生命的恐惧感,为了宣泄这种不安的感觉,他们充分使用了人类所特具的形象思维能力,在某些特定的日子举行一定的祭奠和巫术活动。这种原始的巫术是一种包括了诗歌、舞蹈和音乐等因素的"艺术前的艺术"。在这些活动中使用的一些卜卦、谶语和箴言,被写成文字保留了下来,便成了一种叫做原诗歌的东西,而主持这些活动的祭司和巫师便成了最早的诗人和艺术家。有关诗人的祭司职能在希腊神话中也得到了反映,在这个庞大的诸神系谱中,太阳神阿波罗就是一位既掌管着文艺,又掌管着占卜与预兆事务的天神。诗歌与神秘主义的血缘关系即便从神话学这个角度也可以得到证明。

诗歌与神秘主义之关系,很早就引起了勃洛克的兴趣。他在大学时代就写过一篇题为《符咒与念咒的诗歌》的论文,文章极力推崇远古时代人与自然亲密无间的相互关系,人在自然面前具有"情人般地与其合一的强烈感觉——没有怀疑,也没有惊异,对自然提出的问题给予简明而不忸怩做作的回答"。在远古人的符咒中植根有诗的韵律,"他的声音也显得洪亮,语言也富有韵感"。因此,勃洛克认为,诗歌就是祈祷,就是卜卦,诗人自己也"因为占卜而显得强壮和伟大"。

勃洛克说:"远古的人生活在充满了善与恶,有形的和无形的生物世界里,就像生活在森林里一般。每一根草茎——都是自然力,每一种自然力都以自己的目光望着他,以自己特殊的面目和性格来拥有他,而他也如此对待它。与人类相仿,它追随着某一目标,具有意志,它的灵魂或强壮、或羸弱;或阴郁、或开朗;需要食物和梦幻,说着人类的语言。"他是以自己的经验,凭借着想象力在忖度原始人的情感轨迹。文中的"远古的人"我们亦可看成"夫子自道"。诗人是将自然当成一个有生命有情感的存在来看待的,正是这种万物有灵的思想激发着他神秘主义的冥想。

原始人与自然的联系中间存在着一个重要的中介者,念咒人的角色便是这一中介,"他的灵魂花一般盛开,以舌头发出声音,去唤醒沉睡的力量"。勃洛克认为现代人失去了诗的气质,在诗人周围的现实世界中,美显得十分孤独,十分陌生。因此,他认为必须重新创造一种符咒和念咒的特征,运用魔法把这个麻木迟钝的世界变成一个活的有机体,与之和睦相处。这样,就可以振荡起生命的节奏,回响起宇宙的抒情旋律。

维柯在《新科学》中指出:"各民族对于神的万能都有一种藏在内心里的感觉,从这种感觉里又涌起另一种内心感觉,即引导各族人民都对占卜表示无限崇敬。诗人们就是以这种方式在异教民族中创建出各种宗教。"维柯在这段话中提到的那种感觉,正是我们平日称之为宗教感的东西。宗教感源于人们的幻觉意识,它激发着人们对某一东西至死不渝的信仰,为了这一信仰,他们可以抛弃存在的一切,包括生命在内。艺术和宗教的运行轨迹正是在这种宗教感上相切,才获得了某些一致性。正如克莱夫·贝尔在《艺术》一书中所说:"艺术和宗教是人们摆脱现实环境达到迷狂境界的两个途径。审美的狂喜与宗教的狂热是联合在一起的两个派别。艺术与宗教都是达到同一类心理状态的手段。"

勃洛克是一个宗教意识十分强烈的人,他把自己对世界的神秘主义体验浓缩进了诗歌的创作之中,使读者在信仰的氛围里时时体会着不朽的美,建立了美的宗教。因此,他的作品被别雷称之为"俄罗斯诗歌的启示录"。勃洛克诗歌的神秘主义可以满足许多人们现实中无法实现的欲望,为现实中无法解释的现象提供了解释。现实生活中胁迫着人们的某些恐惧感和危机感也由此得到缓解。

然而,勃洛克的创作又不等同于以劝谕训诫等教化作用为主旨的宗教,而具有自身的审美价值。勃洛克的诗歌以神秘主义思想为主导的引线,通过各艺术手段,达到了某种幻美的境界。

幻美,或称朦胧美,是勃洛克诗歌最具审美价值的特征。人们的审美情感先天地带有某种模糊性,这是人们的心态不确定性所造成的。由于人能够在对未知领域的探索过程中获得其潜蕴的审美快感,神秘主义诗人便借助于象征,创造出一个诗的超验世界,在这个超验世界里安置好一只只空筐——幻境,用以唤醒读者心中的神秘意识,让想象自由地驰骋于这一块艺术的空间,让读者体会到"永恒"和"无限"。并积极地参与作者对美的创造工程,在海市蜃楼一般迷幻的境界里突破单一的认知模式,上升到多元的审美感受。

罗丹说过:"神秘好像空气一样,卓越的艺术品好像浴在其中。"勃洛克的作品便是由这空气一般的神秘之中诞生出来的。

参考书目:

《勃洛克文集》(八卷)(1960年俄文版)

《勃洛克论文学》(1980年俄文版)

《亚历山大·勃洛克》(陀尔戈波罗夫著,1980年俄文版)
《亚历山大·勃洛克的道路》(季莫菲耶夫著,1957年俄文版)
《亚历山大·勃洛克的道路》(温格罗夫著,1963年俄文版)
《诗人及其功勋》(鲍里斯·索洛维约夫著,1980年俄文版)
《视野开阔的道路》(列斯涅夫斯基著,1980年俄文版)
《亚历山大·勃洛克的一生》(奥尔洛夫著,1982年俄文版)
《勃洛克的抒情神秘主义》(波佐夫著,1978年俄文版)
《文学遗产·勃洛克卷》(俄文版)
《20世纪初俄国诗歌的用词法》(柯日夫尼科娃著,1986年俄文版)
《文学理论·诗律学·风格学》(日尔蒙斯基著,1977年俄文版)

来自"春天的口授"[1]

春天,原本是自然的季节存在。它的一端连接着冬天,另一端伸向夏天,在火热与寒冷之间构成了一个温暖而美丽的过渡。由于处在特殊的地理经纬中,俄罗斯的春天也就拥有了迥异于他处的样貌,赋予了别样的意味,它给人的印象通常就是:黑白混杂的雪地,泥泞的小路,污黑的水洼,光秃的树枝,怯生生的阳光,以及冰凌峭立的河面……天气乍暖还寒,就像帕斯捷尔纳克笔下的《二月》:

> 二月,饱蘸墨水就放声痛哭!
> 哽噎着书写二月,
> 扑哧扑哧的雪泥地上,
> 春天闪现着黑光。

诗中,黑居然成了春天的底色,而自远方飞来的无数只白嘴鸦,则如同一只只焦梨自树枝上掉落,落入污浊不堪的水洼,溅起一片片黑黢黢的雪水,恍惚中可以听到暴风雪的回声,重现雪片飞舞的景象。有了关于春天这样的记忆,他贯注全力地在另一首诗中对生活进行变形:

> 生活呀,我的妹妹——今天,化作
> 一场春雨,狠狠地摔碎在众人身上,
> 而一帮子穿金戴银、大腹便便的阔佬,
> 像麦地里的毒蛇,训练有素地咬啮。

借此,浅紫的草坪透过车窗进入抒情主人公的视线,令他嗅到了地平线散发的木樨草气息。历史的列车伴随着汽笛声,扑向一颗又一颗未来的星

---

[1] 原文副题为《漫谈俄罗斯文学中的春天》。

星,"恰似一颗心脏击打平台,不断地将一扇扇车门撒向草原"。正是生活的惯性让列车时刻表显得比圣经的结构更加宏伟,生活本身比不朽具有更重要的意义。

在另一名未来主义诗人谢维里亚宁的眼中,春天却充满了生命力、自由、欢乐,它多情、纯洁而美丽:

> 热烈的春日一片金灿灿,——
> 炫目的阳光照耀整个城市!
> 我——又复是我:重新变得年轻!
> 我又变得快乐而多情!
>
> 灵魂在歌唱,向往着田野,
> 我对所有人以"你"相称……
> 多么辽阔啊!哦,多么自由!
> 歌声多么动听,鲜花多么美丽!

他热情地呼吁,人们要像亲吻朋友似的去亲吻仇敌,让茂密的森林发出喧闹声,让丁香花与嫩绿的青草一起开放。在春光明媚的季节,所有人都是纯洁无辜的,一切都是美好的,仿佛世界上不再有任何罪孽。在一首题为《春天的苹果树》中,作者用诗笔为我们画出了一幅水彩画,冰天雪地,苹果树就像一个驼背姑娘颤抖地站立着,面对宽阔的湖水,她擦拭着泪珠(那融化着的冰水),诗人等待春光来临,那时,就可以狂吻鲜花盛开的面颊。在《致瓦·勃柳索夫》中,诗人骄傲地宣称,"一个伟人向另一个伟人致意",并为此挥霍自己的灵感,

> ……诗行闪烁着
> 爱情,灿烂的阳光溪水似的
> 向春天的云杉泼洒金子。

于是,他放开未来主义的歌喉高唱:"流泻吧,春天!六月,你的王子,面颊似天空的蜡菊,向你飞来,飞来!"对他而言,春天就是一个"美的王国",意气风发,精力旺盛,就像天才的另一个名词,充满了意外的奇迹。

由帕斯捷尔纳克和谢维里亚宁的创作可以看出,俄罗斯诗人对春天普

遍怀有一种悖论般复杂的感情:既爱又恨,既亲近又排斥,既向往又惧怕,既沉溺其中又亟欲脱离……需要指出的是,这种情绪早在浪漫主义时代便初露了端倪。普希金在一首题名为《秋》的诗中陈述了对春天的抵触心情:

> 我并不喜欢春天,
> 我讨厌融雪天,春天的脏臭令我生病,
> 血液在涌动,情感和理智被忧愁所窒息。

为此,他宁愿回到幽暗的漫漫冬夜,回到肆虐的暴风雪中,仿佛在那里才可以赢得内心的安宁。

在俄罗斯文学史上,普希金享有"文学之父"的盛名,《叶甫盖尼·奥涅金》是他最重要的代表作。诗人在这部作品中塑造了一个胸怀崇高的精神追求、但缺乏行动能力和具体的生活目标的俄罗斯"哈姆雷特"——奥涅金的形象。他是一个只有未来的憧憬、却没有未来的可能的人物,对他而言,酷寒的冬天也罢,明媚的春天也罢,都只是一种枉然的流逝。快乐似乎与他绝缘,通常令人欣喜、奋发的一切,只能给他带来愁闷、悲伤和痛苦。因此,当达吉雅娜冲破少女的羞涩,向奥涅金真诚地表达自己纯洁的爱情时,他傲然宣称自己不是"为幸福而生",无法承受她的诚挚与聪颖,以准自虐和苦行的借口婉言拒绝了她的感情,并居高临下地教训她:"少女们往往喜欢想象,不时变换着瞬息的幻想;犹如一棵小树到了春天,总要换上嫩绿的新装。"不过,这位傲慢的教育者实际是一名真正的受教育者,在普希金的内心深处,达吉雅娜的纯朴、崇高,富于牺牲精神,以及在伦理选择中所体现的责任感,恰恰是对迷茫中的奥涅金的规范和提醒,成为其为人行事的楷模。饶有意味的是,在这部诗体长篇小说中,他又一次抒发了对春天的负面情绪:

> 春天啊,春天,爱情的季节,
> 你的出现令我多么沉重,
> 在我的灵魂中,在我的血液里,
> 有着多么惆怅的激动……
> 心灵不曾领略任何陶醉……
> 那欢乐和闪烁着的一切,
> 让我感到痛苦和疲惫。

与普希金对春天的厌倦和排斥不同,俄罗斯文学的另一位奠基者果戈理则终生热爱、青睐春天,这或许跟作家出生于春光明媚的四月密切相关。仿佛洞悉了生命的密码,他认为,春天可以使全身的器官活跃起来,是他写作、生活和幻想的一个重要源泉。在自述中,果戈理写道:"我太爱春天了……我觉得,世上谁也没有我这样爱她。我的青春随着她的到来而到来;有了她,我的往事才不仅仅是一种回忆,这往事犹在我的眼前,并随时会使我的泪水骤然间夺眶而出……"

《狄康卡近乡夜话》是果戈理的成名作,这些短篇小说大多取材于乌克兰的民间传说,充满了芬芳的乡土气息和朦胧的诗意,它们集纳了神话、传说与民间歌谣的诸多成分,体现出淳朴、神秘、绚烂,夹杂着一点狡黠的幽默的艺术特征。其中的名篇《五月之夜》更是一曲美妙的春之颂歌,通篇回旋着洋溢着浓郁、明快、诗意的韵律与节奏。借助一个"聊斋"式故事,果戈理在诡异、激情的表达中娓娓叙述乌克兰乡村的风土人情。那些风俗画一般的美景不仅是事件发生的背景铺垫,同时也是小说叙事的重要组成部分。

小说起笔于某个傍晚,劳累一天的少男少女们,喧闹地聚集到了一起。他们"在晚晴的光亮里,把欢快化入歌声,而歌声又永远暗含着苦闷。暮色仿佛沉思起来,梦幻般将蓝色天际包裹起来,一切变得模糊而悠远"。于是,作者轻拈一笔告诉读者,月光流泻的晚上,所有落水淹死的女人都会聚拢到花园里,靠月光暖和身子,渴望重返她们眷恋的人间,由此定下了一种神秘、奇诡、略带惊恐的基调。至于村边那口轻泛涟漪的池塘,就像一张安谧的摇篮,里面安睡着天使般的孩子;又像一位病弱的老人,以自己清冷的胸膛环抱着遥远昏暗的苍穹。这时,星星翱翔在温馨的夜空中,仿佛为皎洁的月亮作着令人兴奋的预告。

在小说的第二节中,作家铺展了一段散文诗般的抒情文字,把读者带进了一个寂静、开阔的意境:

> 你可知道乌克兰的夜色吗?啊,你没见过乌克兰的夜色!那么,仔细瞧瞧吧!弦月当空,无际的苍穹膨胀起来,更加广阔无垠。天幕闪闪发亮,匀匀地呼吸着。大地整个地沐浴在一片银光里,奇妙的空气里有几丝凉意,又充满安适的乐趣,阵阵幽香如海波浮动。多么美妙的夜啊!多么令人陶醉的夜啊!

置身此景,不由人不在心底"涌出一幕幕井然有序的银色风景",而文中一则看似漫不经意的句子"山村像是迷醉了,在丘陵上打盹",又极其形象地将乌克兰之夜定格,令男女主人公的青春与爱情有了堪可附丽的根据。我们由此可以发现,小说家果戈理更像一名抒情诗人。或许被这种激情所驱使,长篇小说《死魂灵》出版时他自己将之归为"叙事诗",小说穿插了不少抒情的段落。在他的心目中,俄罗斯就像"一辆大胆的、谁也赶不上的三驾马车"。他毕生都在追赶着它,不断地发出追问:"俄罗斯,你究竟飞到哪里去?"但是,没有答案,"只有车铃在发出美妙迷人的叮当声,只有被撕成碎片的空气在呼啸,汇成一阵狂风"。

在19世纪的俄罗斯小说家中,被公认为最具文体意识、最具语言才能的,不是果戈理,不是托尔斯泰,也不是陀思妥耶夫斯基,而是最具诗人气质的屠格涅夫,他的《猎人笔记》堪称俄罗斯抒情散文的开山之作。在创作"猎人"的那些漫游故事时,屠格涅夫放弃了当时许多作家惯用的渲染、夸张、解释和说教的做法,采用了最朴素的白描手法,在一个个细节的刻画中贯彻自己的创作意图。例如在《叶尔莫莱和磨坊主妇》中,屠格涅夫以极其写实的语调叙述:

> 太阳落山了,但是树林里还很明亮;空气清爽而澄澈;鸟儿叽叽喳喳地叫着;嫩草像绿宝石一般发出悦目的光彩……你就等待着。树林内部渐渐黑暗起来了;晚霞的红光慢慢地沿着树根和树干移动,越升越高,从几乎还未生叶的低枝移到一动不动的、睡着的树梢。……一会儿树梢也暗起来了;红色的天空开始发蓝。树林的气息浓烈起来;微微地发散出温暖的湿气;吹进来的风在你身边静息了。鸟儿睡着了……不是一下子全部入睡的,因为种类不同,迟早也不同:最初静下来的是燕雀,过一会儿便是知更鸟,接着是鹡白鸟。树林里越来越暗。树木融合成黑压压的大团块;蓝色的天空中羞怯地出现了最初的星星。鸟儿全都睡着了。只有红尾鸟和小啄木鸟还懒洋洋地发出口哨似的叫声。……一会儿它们也静寂了。又一次在你头上发出柳莺的响亮的叫声;黄鹂在某处凄惨地叫了一阵,夜莺开始歌唱了。

整个叙述的文字一层层推进,在某些细节性的地方稍作勾勒与刻画,进行恰到好处的点彩,栩栩如生地再现了春天的黄昏这个时间段里树林的微妙变化。

关于屠格涅夫在风景描写上的杰出才能,托尔斯泰曾有过这样的评价:

"这是他的拿手本领,以致在他之后没有人敢下手碰这样的对象——大自然。两三笔一勾,大自然就发出芬芳的气息。"在阅读完前者的一个短篇小说《伐木》后,他甚至沮丧地说道:"不知怎的,读了他这作品之后很难动笔了。"然而,托尔斯泰毕竟是托尔斯泰,绝不可能一直被笼罩在前辈的影响之焦虑中,否则,今天的读者就不可能有机会领略到《战争与和平》、《安娜·卡列尼娜》与《复活》这样的经典作品了。

《战争与和平》的写作取材于19世纪初俄罗斯的第一次卫国战争。全书有名有姓的人物有五六百位,其中既有沙皇、拿破仑、库图佐夫这样真实的历史人物,也有大量的虚构人物。围绕他们的活动,托尔斯泰牵出了多重线索,齐头并进,又适当地安排主次的比例,沿着时间的脉络,把十几年间发生的历史大事和个人遭遇铺展开来,以"蒙太奇"的方式引领读者,时而走进豪华热闹的贵族客厅,时而来到宁静的乡间田庄,时而又踏上硝烟弥漫的大战场,时而又伫立在一棵古老的孤树前……对人性的善与恶、坚强与脆弱进行了深入的揭示,为那个时代作出了最好的见证。

小说中,安德烈公爵与一棵老橡树之间有一段堪称经典的对视和对话。1809年早春,在奥斯特里茨战役以后,安德烈公爵乘坐一辆敞篷马车,怀揣丧妻之痛,来到了梁赞省的乡下。一路上,他呼吸着春天的气息,经过泥泞的乡村、打谷场、冬麦地、留有残雪的下坡,以及微微发绿的灌木丛。然而,由于心境的问题,他没有人们通常那种"当春乃发生"的欣喜,而是把低落的情绪投射到了沿途视野里出现的景物上:

> 路边有一棵橡树。它大概比那长成树林的桦树老九倍,粗九倍,比每株桦树高一倍。这是一棵两抱粗的大橡树,有些树枝看来早先就折断过,裂开的树皮满布着旧的伤痕。它那弯曲多节的笨拙的巨臂和手指不对称地伸开,像一个老态龙钟的、鄙夷一切的畸形的怪物,耸立在笑容可掬的桦树之间。唯独它不愿意屈从于春天的魅力,不愿意目睹春天,亦不愿意目睹旭日。

这时,安德烈公爵的眼底"既没有春天,也没有太阳,也没有幸福"。小说描写他在经过这片森林时,有好几次回过头来打量这棵橡树,仿佛对它有所期待。看到橡树底下长着各种各样的花朵和野草,但是橡树仍然"皱着眉头","像个畸形儿屹立在它们中间"。他不禁感慨道:"是啊,它是正确的,这颗橡树千倍地正确","我们的一生已经完结了!"安德烈公爵由那棵橡树返观自身,自叹经历了太多的沧桑,深知人生的况味,尘世间一切荣誉、功名和情感都是虚空,仿佛生活的一个骗局。这样,老橡树枯败的形象在安德烈公爵的心灵中引发了一股绝望的情绪,使他变成了一个无欲无求的人,甚至准备了结自己的一生。

一个月以后,安德烈再一次进入那片桦树林时,心境已完全不同。托尔斯泰笔下的风景也随之出现了变化:"正是野花盛开的季节;夜莺在歌唱,歌声此起彼伏,时远时近。"那棵老橡树已经变得完全认不出来了。"不论是弯曲多节的手指,不论是伤疤,不论是旧时的怀疑和悲伤的表情,都一扫而光了。透过坚硬的百年老树皮,在没有枝杈的地方,钻出鲜亮嫩绿的叶子,简直令人不敢相信,这么一棵老树竟然生出嫩绿的叶子"。他的内心忽然涌起了万物复苏的感觉,从前那些美好的时光仿佛一起涌上了心头。此刻,安德烈公爵果断地得出了一个结论:"不,才活了三十一个年头,并不能就此完结。"他重新鼓起了生活的勇气,觉得自己不能只为个人活着,而要以"我的生活影响所有的人",让"所有的人都和我一起生活"。老橡树在此仿佛成了主人公心灵转折的一个路标,再一次给予安德烈公爵以生存的启迪。这里,春天自然的美规整了生活的伦理追求,帮助他认知了自我,校准了继续生活下去的方向。

众所周知,对于正常人而言,或者说对于我们明眼人而言,春天是彩色的,是姹紫嫣红的组合。但是,对于一个盲人而言,春天实际只有一种颜色,就是如永恒之夜一般无法驱散的黑色。所谓"明媚的远方,蔚蓝的穹隆,广阔的天际",只是一种子虚乌有的东西,世界不过是"茫茫的黑暗"。

那么,他将怎样感受春天呢?《盲音乐家》的作者柯罗连科告诉我们,只有借助于比常人更灵敏的耳朵。世界在盲孩彼得的周围运转、喧嚣,进入他的脑瓜的主要是声响这种形式。就是这一形式(声音),构成了他对世界最初的认识和最终的认识。正如他对母亲的辨认,凭借的是母亲的脚步声,她的衣服特殊的窸窣声,以及唯有他所具备的洞察力。对于彼得而言,春天进入室内,携带着急促的喧哗与骚动。他的耳朵"听见了春天的奔腾",春天仿佛在相互追逐,在石头上跳跃,往软泥里渗透;他"听见了山毛榉树枝的相互碰撞、窃窃私语";同样,屋檐下的冰锥,由于受到暖洋洋的太阳的照耀,水滴从锥体上扑簌簌滚动而下,落在地面,发出一片片清脆的响声,进入了他的感官域内。

这些响声传进室内,恰似一粒粒急速飞来的石子儿,敲出一阵阵清脆响亮、抑扬顿挫的声音。时而,透过这响声和喧闹,阵阵舒缓的鹤唳从天际传来,接着渐渐消失,仿佛慢慢溶解在空中了。

正是这绿色的骚动磨砺了他的听觉,带给他对声音最初的敏感,使他意识到了一个独立的存在。伴随着彼得的成长,大自然"行进的速度越来越快,犹如一列加速的火车在隆隆奔驰"。黑暗的世界包围着他,在他的旁边运转、波动和颤抖着,时而轰隆作响,时而叮咚有声,让幼小的心灵保持了与世界最原始、最直接的接触,为之屏息、狂跳。他在一次次挫折和失败中一次次战胜了自我,既体会了人生的痛苦,又感受到了人生的欢乐,最终成长为一名出色的音乐家,在人生的舞台上用双手触及了每个听众的心弦,完成了一个人精神的复明。

相传,"白银时代"的大诗人勃洛克在读了普里什文初出茅庐时的作品《小圆面包》以后,击节赞叹道:"这当然是诗,但还有点别的什么东西。"若干年以后,作者自己醒悟到,这个"什么东西",实际出自"一个寻求真理者的探索"。在俄罗斯文学史上,普里什文可说是把随笔这种文体的优势发挥到极致的第一人。他力图要以散文的形式表达诗的意味,自称"一辈子为了把诗放进散文而费尽心血",他为此感谢命运,"带着自己的诗歌走进了散文,因为诗歌不仅能促进散文,而且还能让灰色的生活变得灿烂"。19世纪90年代以来,随着俄罗斯本土对自身精神历史的重新评估,随着世界生态文学的兴起,普里什文的地位得到了越来越多的认可,他被看成是一名具有"宇宙情感的诗人"、"大自然的歌手与代言人"、"民俗学家"、"地理学家"和"生态学家"而受到重视。

无疑,普里什文是俄罗斯作家中歌颂春天最多,也是对之用情最专的一个。童年时代,他幻想建造一座带轱辘的房子,去一个飞鸟走兽都不惊的神秘国度;成年后,他用自己的鹅毛笔构筑了这样一个世界,以至于他本人都被称为"大自然的一种现象"。他的春天是与大自然中的动物、植物紧密联系在一起的,在《大自然的日历》、《林中水滴》等作品中,他把自然的生命重新归还给了自然。丰富的生物学、植物学知识使他在处理作品中那些飞禽走兽、树木花草时,就像在谈论自家的亲戚朋友似的,显示了一种"自然主义者的精确性"。

根据普里什文的自述,他的"笔记"是在"春天的口授"下写成的,不受任何约束,也不做任何加工,"只根据自然界生活的运动力结集起来,这种运动力,在人的心灵中也引起了相应的运动"。普里什文最喜欢早春的大自然,喜欢春光初现的时节,因为那是"裸体的春天",是没有任何矫饰的春天,与自然亲密无间的春天。他这样为我们掀开"大自然的日历":

"春天是从光的增强开始的","光的春天开始了,林子里,四面八方都睁开了湛蓝的眼睛。小雪花静静飞落,凝视着每片雪花的落处,感觉真好。等你大饱了眼福,不免自问:落雪的身姿为什么总是圆圆的形状?"

当然,普里什文关注"水的春天"、"光的春天",其目的还在于对"人的春天"的向往,因为,"春天里最重要的不是最先看到的白嘴鸦、椋鸟,最重要的——是你的脚要触摸到大地:你的脚掌一旦触到土地的地方——你即刻就感受到所有的春天,你先前经历的所有的春天就会合在一起,于是你满心欢喜"。自然是我们每个人走向真理之路的镜子,如果人从内心出发去观察自然,就可以在自然中窥见个人的思想与情感的历程。热爱春天的普里什文认为:"整个一部文化史就是一篇故事,叙述人类在镜子里看到了什么,而我们全部的未来就在于人类在这面镜子里还将看到什么。"

出生于乌克兰的谢尔古年科夫是一名儿童文学作家,他沿着屠格涅夫、普里什文开辟的道路继续前进,以絮语的方式创作了一部中篇小说《秋与春——守林人笔记》,其中的《五月》一部分更是脍炙人口的抒情片断。在这一节文字中,他以一个儿童的心理和眼光看待世界、看待自然,令人有重归自然之感。谢尔古年科夫善于从另一个不同于常人的方向来感知世界。例如,他觉得,当树木披上树叶时,并不是那个人们习以为常的比喻"树木穿上了绿色的衣裳",反而是一种裸露,它是从自己身上剥下了皮肤,以便能更敏锐地感觉这个世界,怀着爱和恨在其中生活,而不是作为一根木头站着。因为,嫩绿的树叶比树体上的任何部分更敏感,只要人的手指轻轻触碰,它就有痛楚的感觉。正是这种灵敏的感觉,使树与日月星辰保持了一种神秘的联系。《五月》告诉人们,生命是需要有所期待的,而对新鲜事物和生活的等待则高于所有其他的等待。于是,他谛听绿色的絮语,等待着与早晨的约会,静静享受美的期待:"黄金般的夏天在前面等着我——我相信这一点,我盼望着。夏天正在到来,正在接近。"森林里不仅仅只有春天或夏天,它在每个瞬间都既包含了春天,也包含着夏天,只是存在的方式不同而已:一个出现在明处,另一个则躲在暗处;一个是目前,另一个则是未来。它们相互容纳、相互渗透、相互关照,构成了季节起伏的波纹。

肖洛霍夫的《静静的顿河》堪称 20 世纪俄罗斯的《战争与和平》,它表现的同样是战争从恶的一极扑向人类,对人性加以拷问的历史。所不同的是,小说的场景彻底由从前的贵族转换到了普通百姓那里。小说在景物描写上带有顿河流域独有的乡土气息:

> 小麦长出了尖尖的绿芽儿,天天见长;一个半月以后,连乌鸦的脑袋都能藏进去了,麦子吮吸着土壤里的养料,抽了穗;然后开花,麦穗罩上了一层金黄的花粉;麦粒灌满了香喷喷、甜丝丝的乳浆。

在另一处则写道:

> 渐有暖意的红太阳,像只温柔可爱的小牛犊,紧紧蜷伏在积雪已经融化的山冈上,土地已经松软,顿河沿岸陡斜的石灰岩的山冈上,有些地方已经露出一片一片的土地,嫩草闪着翡翠般的新绿。

小说有不少关于春天的描写,这些描写不是随意拈来的,而是呼应着整部作品的主题和人物的刻画。例如第五卷第三十一章,参加布尔什维克的"钩儿"被叛乱的哥萨克处死,一个好心人偷偷地掩埋了他,安上了一根橡木柱子,在柱顶上装了一个小神龛:

> 五月里,野雁群集在小神龛旁边搏斗,在浅蓝色的苦艾丛中斗出一块幽会的地方,踩躏了附近一片碧绿的、正在成熟的冰草:它们为了争夺母雁,为了生存、爱情和繁殖后代的权利而拼搏。过了不久,仍旧是在这儿的小神龛旁边,在一丛乱蓬蓬的老苦艾下面的一个土墩里,母雁生了九只蓝灰色的蛋,它趴在这些蛋上,用自己的身上的温暖孵化着它们,用灿烂夺目的翅膀保护着它们。

肖洛霍夫以寥寥数笔含蓄而沉重地暗示了人类的愚蠢和善良,他们为了利益而争夺、搏斗、自相残杀,把人性的恶推到了一种极致的境地,随后却又以"母雁"般的牺牲精神去温暖自己的后代。

在为英译本所作的序言中,作家阐述该书的写作目的在于揭示"卷进 1914 年至 1921 年间发生的各种事件的强烈漩涡中的个别人的悲剧命运"。这一题旨也在他对春天顿河的描写中得到了体现:"从顿河的静静的深渊里溢出许多支浅流。浅流中,水波盘旋、激荡。顿河蹒跚地、静静地泛流而去。"在这些支流、浅流中,黑鱼、鲟鱼、鲤鱼、小白鱼、大白鱼和鲈鱼在栖息、游动、追逐,时而搅起绿色的浪花,时而在皎洁的月光中跃出水面,时而又钻进河底乱刨……"但是在河床狭窄、洪流不能自由奔腾的地方,顿河就在河底冲出深峡,咆哮着,犹如万马奔腾,翻着白浪,滚滚流去。在突崖岬角处,水流在峡谷中形成漩涡。那里的水流疯狂地旋转,翻腾;令人流连忘返"。这里,细致的景物实际已成了历史的隐喻,蕴涵了深刻的寓意:"生活却从平静的浅滩进入惊涛拍岸的峡谷。顿河上游掀起了巨浪。两股洪水冲突争流,哥萨克们分道扬镳,冲起漩涡,盘旋不已。"

　　在小说的末章,历经坎坷的葛利高里站在情人阿克西妮亚的新坟前,感受到了极度的悲哀与绝望。这时,天空是"黑沉沉的",太阳发出的是"黑色的光芒",春天也闪现着异样的颜色,"草原上燃起了春天的野火。春风追逐着野火,贪婪地吞噬着干枯的梯牧草,越过驴蓟草的高茎,从褐色的艾蒿头顶掠过,沿着低地烧去……野火烧过以后,草原上长久地散发着被野火烧焦、干裂的土地刺鼻的焦臭。……焦黑僵死的土地闪耀着不祥的黑光。鸟儿不在上面搭窝,野兽也躲得远远的,从一旁绕过去,只有疾风匆匆掠过这片焦土,卷起灰色的余烬和刺鼻的、乌黑的烟尘,带往远方"。肖洛霍夫笔锋一转,由景及人,点出"葛利高里的生活变得就像野火烧过的草原,漆黑一片"。他已经丧失了一切,他最心爱的、最宝贵的东西。他始终战战兢兢地抓住土地,"仿佛他那实际上已经完全毁掉的生活,对于他和别人还有什么价值似的……"最后,他把步枪、手枪和子弹全部扔进了河水,抱起了儿子,那是他的希望,他与大地、与太阳的寒光照耀下的、灿烂的大千世界相联系的一切。

　　据说,本雅明的最大梦想是完成一本纯粹由引文构成的著作。而就"俄罗斯文学与春天"这一题目而言,笔者也不由得会产生如本雅明那样的想法。在收集文字材料的过程中,我时常感觉到自己是一个"多余"的存在,当然,这并不是因为怀有把"引文"从原文中解放出来的雄心,而是深感自己的渺小与浅陋,因为,俄罗斯文学大师们精彩纷呈的文字本身就具备了"引导真理"、"进入光明"的质地。最后,我想引用一下屠格涅夫《猎人笔记》的结尾:"但是现在应该结束了。……在春天容易别离,在春天,幸福的人也会被吸引到远方去。再见了,我的读者,祝您永远如意称心。"

　　春天来了,再见！祝您永远称心如意！

2008年2月9日

苏联诗歌与"白银时代"的风格传承问题

1922年12月30日,经第一届苏维埃代表大会批准,苏维埃社会主义共和国联盟宣告成立。自此,苏联作为纪元史上第一个社会主义国家正式出现在世界政治的舞台上。其后,在风风雨雨的七十年中,人类崇高的理想主义经历了新生与成长、前进与挫折、昌盛与衰落的嬗变,于20世纪的八九十年代面临了一次极为严重的危机。1991年12月25日,戈尔巴乔夫对全俄观众发表电视演说,宣布辞去总统和武装力量最高统帅的职务。当晚,在克里姆林宫的上空,象征苏联的镰刀锤子红旗徐徐落下,重新升起了沙俄时代的白、红、蓝三色旗。第二天,苏联最高苏维埃举行最后一次会议,正式宣布苏联停止存在。于是,苏联便由现实的存在嬗变成了一个历史的存在。

苏联解体迄今已有整整十五个年头。回顾这段历史,探讨它的功过得失,对它作出公允、客观的评价,是我们这一代从事俄罗斯文化和文学研究的学者必然要面对的课题。这里,笔者拟就苏联诗歌的发展与"白银时代"文学的关系提供一点粗浅的看法。

众所周知,20世纪二三十年代,对应于布尔什维克革命的成功和国家建设的需要,苏联作家和诗人们的观念和写作倾向也适时作出了调整。1934年,苏联召开第一次作家代表大会,正式规定社会主义现实主义为苏联文艺创作的主导性方法。大会通过的作家协会章程说:"社会主义现实主义是苏联文学创作和文艺批评的基本方法,它要求艺术家从现实的革命发展中真实地、历史地具体地去描写现实;同时,艺术描写的真实性和历史具体性必须与用社会主义精神从思想上改造和教育劳动人民的任务结合起来。社会主义现实主义保证艺术创作有特殊的可能性去表现创作的主动性,选择各式各样的形式、风格和体裁。"随后,苏联文学便出现了社会主义现实主义独尊的局面,诗歌的整体格局也由早先的百花争艳转为"一枝独秀"。

考察这一时期苏联诗歌的发展,我们可以发现,与20世纪初相比,诗歌的对象、语言和主题出现了显著的变化,写作的风格、功能和目标也有了微妙的转变,革命前一度盛行的哀歌、悲歌在公开出版物和媒体上逐渐消失,取而代之的是高亢的颂歌。在很长时期内,政治抒情诗、公民诗成为最受人们青睐的文体。由此,我们可以看到,在新的政治背景下,人们开始努力建设一种新的诗歌类型或模式以回应时代的呼唤。需要指出的是,这种努力在相当程度上已出现了变异,诗歌与时代的关系有时被简化为诗人对当局的政策和意识形态的领会、附和与解释。

不过,新的苏联诗歌并非在一片空地上成长起来的,它仍然有自己可以从中继承"遗产"的"父亲"、"叔叔",乃至"祖父"。这就是说,尽管苏联诗人在各自的写作中或多或少地表现出不同的特点,但并没有在根本上摆脱世纪初诗歌的影响,这由诗歌队伍的构成也可见出一斑。苏联新诗人主要由三个部分构成:其一,革命前已成名的老诗人;其二,革命前开始写作,在革命后进入创作高峰期的诗人;其三,在苏联时代成长起来的诗人。这里,我们不能忽视的是,在从事苏维埃诗歌的整个建设过程中,一些较有成就的诗人在创作中所表现出来的主要趋向大多是"白银时代"诗歌渐趋成熟的风格的延续。

19世纪末20世纪初,俄罗斯适逢政治、经济、宗教和文化的大变动时期,也是文学和艺术的一个繁荣期。当时,一个比较成熟的诗歌生态环境已逐渐形成,"流派纷呈、群星璀璨、佳作如潮"应是一个比较切合实际的描述。象征主义、未来主义、阿克梅派、意象派、新农民诗派、现实主义都各有一席之地。此外,还有一大批与各个流派、思潮既有所接触又相游离的独立诗人,如茨维塔耶娃、霍达谢维奇、沃洛申等。世纪之交的诗人们或坚持某种美学原则,或凭借对生活的积累与领悟或依据个人的诗歌直觉,创作了不少颇具艺术个性的作品,为后世留下了丰厚的诗歌遗产。他们那些举世瞩目的艺术与文化创造,被它们的继承者视为俄罗斯精神发展史上的又一座高峰。作为纪念,更是作为某种标尺,他们将这个时期命名为俄罗斯诗歌的"白银时代"。俄罗斯"白银时代"的诗歌风格,可大体归纳为三种:知识分子写作,新农民诗歌,未来主义和无产阶级诗歌。

俄罗斯诗歌的知识分子写作,其主要代表是归属于象征主义和阿克梅派旗帜下的诗人群,以及相当部分的派外离心分子。[1]尽管这两个流派在具体的艺术观和创作方法上有着不小的分歧,但在艺术趣味和风格上则存在着很多共性:(1)具有开阔的文化视野。这些诗人大多出身贵族,受过规

---

〔1〕 此处借用的是美国学者丹·霍夫曼的一个概念。参见丹·霍夫曼主编:《美国当代文学》,多人译,中国文联出版公司1984年版,第822页。

范的学院教育,一般都通晓多种欧洲语言或东方语言,有比较完整的知识结构,熟悉世界文化的历史,并且具备良好的理论素养,写作的自觉性远远高于其他诗人群。(2)他们秉承19世纪俄罗斯知识分子的良知传统,对小人物和底层百姓抱有同情心和悲悯感,坚持社会的正义和公理,对社会的不良现象和恶势力持严厉的批判立场(在这一点上,他们仿佛有俄国批判现实主义的遗传基因)。(3)在面对传统时,与他们激进的政治立场不同,表现得更为宽容。创造性地继承普希金、丘特切夫、费特、阿普赫金等古典诗人的传统不仅是其高素养的表现,更是他们在诗歌艺术上走向成熟的保证。(4)有相当部分诗人在创作中倾向于唯美主义的艺术追求,甚至有诗人把艺术置于人生的塔尖,使之凌驾于政治之上。为此,他们精益求精,不断探索诗歌写作的可能性,注意打磨词语,挖掘隐藏在词义背后的潜能,许多作品带有先锋艺术的特征。

十月革命以后,一部分的知识分子诗人流亡到国外,成为俄罗斯侨民诗歌第一浪潮的主力军。另一部分诗人则留在国内,参加了苏维埃政权的文化建设,随后又开始分化。其中,一部分诗人改变了自己的艺术追求和写作取向,自觉或不自觉地把自己纳入社会主义现实主义的写作规范,由颇具个性的独唱转入了众声合唱的队伍;最终,这部分诗人的审美个性几乎丧失殆尽,如莎吉娘、阿谢耶夫、英蓓尔等。另一部分诗人则在大众媒体和公开场合被迫消失或沉默,他们的写作转入了地下状态,在文化和政治的夹缝中或边缘地带进行不事声张的写作,基本没有受时风的影响,并以对时代表面上的疏离而贴近了时代的心脏。这部分诗人的作品成为苏联诗歌发展的潜流或支流,就艺术成就而言,他们称得上是整个苏联诗歌的最高代表,如帕斯捷尔纳克、阿赫玛托娃、塔尔科夫斯基、扎博洛茨基等。[1]

"新农民诗歌"继承了柯尔卓夫、尼基丁等19世纪农民诗人的写作传统,诗风朴实、清新,为工业污染中的都市吹入了一阵阵自然的气息。他们部分地接受现代文明,但对伴随文明而来的弊端、损害抱有极度的警惕,尽管有时投出的还是宗法制农民的眼光,守持的甚至是托尔斯泰主义的信仰,渴望回到乡村道德约束下的自然世界。"新农民诗歌"的特征是:(1)在历史观与人生的意义认定上,表现出对都市既迷恋又恐惧的双重性。一方面,他们倾

---

[1] 在这部分诗人中,阿谢耶夫、帕斯捷尔纳克曾短暂地参加过未来主义的一些诗歌活动,但不久便退出了该组织,而且其主要的创作活动都在与未来主义脱离关系之后,因此,他们也被列为"派外离心分子"。

心于城市文明和科技发展带来的成果,对新生事物抱有强烈的好奇心;另一方面,他们又直觉到工业化对农村经济与生活方式的改变与破坏,感慨于乡村淳朴的道德、简单的人际关系将与美丽的风景一道被钢铁巨人的利爪粉碎。(2)和他们的前辈一样,新农民诗人在创作中大多带有浓烈的泛神论色彩,受泛神论的驱使,赋予自己笔下的山川草木、鸟兽虫鱼以人性化和神性化的特征,增强了作品的可感性和亲切度。(3)作为与民间文艺的关系最为贴近的诗人,其作品先天地携带着民歌与谣曲的风格,浅显的语言结合它的歌咏性和旋律感,使"新农民诗歌"在大众那里极具亲和力,在流行与传播方面拥有其他诗风不可比肩的优势。(4)如果说知识分子诗人拥有知识和理性上的优势,那么,新农民诗人在直觉和捕捉瞬间印象的能力上往往有着不可思议的智慧,这也是其中很多诗人又被划进意象派诗人群的原因之一。

苏联时代,叶赛宁、克留耶夫、克雷奇科夫、奥列申等人开创的"新农民诗歌"的直接继承者是"斯摩棱斯克派",代表诗人是伊萨可夫斯基和特瓦尔朵夫斯基。前者是歌曲《喀秋莎》、《红莓花儿开》和《有谁知道他》的词作者,在中国有很高的知名度,其作品多歌颂劳动与爱情。他的创作着眼于集体农庄这一俄罗斯农村的新生事物,在集体主义和个人情感之间寻找写作的契合点。某些作品虽然还保留了乡村歌谣那种忧伤的抒情性,但已涂上了歌颂新生活的亮色。电线杆、拖拉机、水电站、图书馆等在以往的抒情诗里极为罕见的名词,也较多地引入他的诗歌词汇表。特瓦尔朵夫斯基自认是伊萨可夫斯基的学生,他的成名作《春草国》是一部歌颂农业集体化的代表作,在叙事的主线中不断地插入抒情的片断,使长诗保留了一定的艺术性;但由于受到意识形态和图解政治的影响,形式上的粗陋与内容的苍白一起成了俄罗斯乡村诗歌风格没落与退化的见证。"新农民诗歌"在后来的"悄声细语派"和"怀乡诗"中有过程度不同的复兴,但都因缺乏合适的土壤而昙花一现般地消失了。

在俄罗斯诗歌史上,未来主义诗人的"向左转"是一个饶有意味的课题。表面上看,他们强调天才,张扬个性,歌颂反叛,标榜极端的个人主义和反社会性,这与无产阶级诗人刻意成为革命螺丝钉的愿望格格不入。但如果剥离了这种表面上的冲突之处,其相同点又远远大于其不同点。稍加辨析,便可发现,他们具有如下共同特征:(1)基本都带有无法抹除的平民色彩。未来主义诗人大多出生于城市平民阶层,这令他们在面对世界,尤其是面对那些贵族知识分子时,常常表现出既自卑又自傲的性格特征,行为意识偏激,好走极端;在艺术和政治上,都程度不同地带有机会主义的特征。(2)在观念和价值取向上,他们不满现实,推崇工业文明,要求社会变革,由最初对社会进化论的接受,过渡到接受文学进化论,最后将之推到极端,发展到奉行文化虚无主义;马雅可夫斯基等未来主义诗人"要把普希金、陀思妥耶夫斯基、托尔斯泰,从现代这艘船上抛下去",而无产阶级诗人基里洛夫则宣称:"为了我们的明天,让我们烧毁拉斐尔,砸烂博物馆,践踏艺术之花。"两者的口号没有本质的区别。(3)他们似乎天生都具备政治的敏感。据说,十月革命以后,卢纳察尔斯基号召文艺工作者与新政权合作时,最先响应的便是一部分未来主义诗人。在他们看来,诗歌并不是人生的终极目标,强烈的政治参与意识驱使他们自觉地靠拢新政权,以布尔什维克在文学领域中的代言人自居,甚至傲慢地宣称:"未来主义就是国家的艺术。"由于行业意识的混淆,对自己职责的不明确,这部分诗人在政治热情高涨的同时,其诗歌理论和实践却遗憾地出现了下滑的趋势。相当一部分末流诗人的政治抒情诗给人的印象是:只有干巴巴的政治,没有诗歌。(4)在未来主义诗人中,虽然有像赫列勃尼科夫那样热衷于诗歌形式主义探索的诗人,但总体上,他们认可文学与艺术应该面向大众的观点,这使得他们与无产阶级诗人的努力方向十分吻合,因此,其创作绝大部分都具有通俗性的特征。此外,这两派诗人在诗歌语言上的工业化特征也十分明显。例如,无产阶级诗人把自然与生活现象"金属化"的用词法:"电的泡沫"、"爱情的钻床"、"熔铁炉式的暴风雪"、"铜的蜘蛛网"等,其文本实验性与未来主义诗人立足于工业文明,倾心寻找科技生活的现代性奥义的写作如出一辙。

或许正是有着上述共同点,未来主义诗人与无产阶级诗人在革命后迅速形成合流,他们的写作风格影响了一大批青年诗人,尤以"共青团诗人"群为甚。后者与前辈们共同参与了苏联诗歌最初的美学实验,成为文学中党性原则最忠实的体现者。著名的无产阶级诗人别德内依曾被列为诗人们写作的标尺,"无产阶级诗歌杰米扬化"[1]一时成为文坛众所周知的口号。当然,这种通过行政手段来对作家和诗人进行"规范化"、"绝对化"的意图,无疑是违反艺术发展的真正规律的。

建国初期,为适应新文化建设的需要,苏联作协曾经开办了诗歌短训班,希望以速成的方式来培养一批纯粹的无产阶级诗人,其揠苗助长的方式

---

[1] 这是"拉普"(俄罗斯无产阶级作家联合会)在20世纪20年代后期提出的一个口号,号召诗人们以杰米扬·别德内依为榜样,描写现实生活中的主要矛盾,以及在矛盾运动和矛盾斗争中,一切统一于主要的、决定胜利的一方,即一切归附、降伏于无产阶级一方。

造就了不少平庸的诗歌作者。由此可见,他们的艺术热情和冲动在确立新的艺术风格之时,也把自己先天的缺陷带入了新时期诗歌的发展中。如前所述,他们十分看重诗歌的宣传和鼓动功能,强调文学的功利性。于是,在革命和集体主义的名义下,他们反对个性,反对浪漫主义,反对形式主义,反对差异性,为此不惜成为"扼杀美的刽子手"。这种做法导致的后果,便是敏感性的丧失和想象力的缺乏。这即便在苏尔科夫、西蒙诺夫、吉洪诺夫等人所代表的一批较为优秀的苏联诗人中也不例外。阅读他们的作品,我们可以看到很多诗歌写作中的弊端,过多的叙事化使得抒情性被削弱,艺术的雕琢不够,对生活的简单化理解也限制了他们对人复杂的内心世界的挖掘,深度和广度都有明显的不足,他们作品中非诗的成分占据了太高的份额。

在20世纪苏联诗歌史上,未来主义诗歌和无产阶级诗歌合流所确立的政治抒情诗是影响最为深远的一支,其成就与失误也最值得后人总结与剖析。尽管,在苏联文学"解冻"时期,政治抒情诗的代表人物叶甫图申科、沃兹涅先斯基等率先起来打破僵化的文学观念,也显示了他们来自马雅可夫斯基传统的叛逆性和勇气。但是,他们就像建造新楼的推土机,在完成了自己的使命以后便退居到仓库里,把建设的任务留给了后来者。90年代以后,这部分诗人所习惯的那种诗歌模式再度成了新一代诗人亟待突破的障碍。有鉴于此,一方面,青年诗人注意学习如阿赫玛托娃、帕斯捷尔纳克、塔尔科夫斯基、乞乞巴宾等人的作品,从这些苏联时代被排斥在主流以外的大诗人那里汲取诗歌营养;另一方面,他们把目光投向稍显遥远的"白银时代",渴望直接从勃洛克、叶赛宁、曼杰什坦姆、古米廖夫等强力诗人那里获取写作的密码。后者营造的氛围也是"白银时代"文学得以回归的一个极为重要的因素。

从总体上看,苏联诗歌主要是在上述三种风格的影响和笼罩下形成和发展起来的,比较有成就的诗人的写作大体是上述风格在某个倾向或特征上的强化或弱化,其主流(正统)诗人中没有产生对20世纪世界诗坛产生影响的大师级人物。造成这一现象的主要原因是:(1)诗歌内在的现代性问题没有得到解决。他们对现象的表层描述大于形而上的深入思考。在对人的价值定位上,人的类别性高于个体性,空洞的集体主义概念抹杀了人的具体性,使作品丧失了真实的基石。(2)诗歌观念的失误。大部分诗人片面理解诗歌的教化作用和宣传功能,对诗歌的美学功用认识不够。其表现就是,政治说教高过艺术探索,以浮夸的激情代替深刻的理性思考,打个比喻,就是泡沫掩盖了大海的深度。(3)诗歌感受力的下降。他们热衷于宏大的时代主题、社会主题,立意空泛,语言粗糙,意象单薄,概念化、公式化、雷同化、口号化的现象时有出现,诗歌的先锋性和实验特点几乎丧失殆尽,因袭和重复使得相当多的诗人在艺术水准上出现了某种退化。(4)文化虚无主义的影响。对传统文化的拒绝与排斥导致了狭隘的艺术视野,这从另一个侧面流露了"影响的焦虑"。由于害怕被前辈诗人所淹没,傲慢、无知、恐惧兼而有之的心态使他们的创作自行退回到大致等于零的起点。

反思苏联诗歌的发展,我们可以获得的几点教训或认识是:(1)文学是艺术化的人学,人道主义应该是写作者永远的旗帜。诗人们应该重视人的存在,尤其是个人的存在,在此前提下,坚持自己的人格操守和写作个性,不媚俗、不媚政,不为时风和大众趣味所左右,倡导真正意义上的个人写作和个性化的艺术语言。(2)传统和现实一样,有着自己的丰富性和复杂性,是一种精华和糟粕并包的存在,既可能是财富,也可能是包袱。这就需要后人端正对传统的态度,既不能盲目与之决裂,也不能全盘接受。创造性地继承文化传统应该是解决"影响的焦虑"之良方。(3)标定真善美的精神向度,以现实主义的态度来面对世界,呼应时代,不粉饰,不避讳,不盲从,不拘泥于表层意义的描写或肤浅的歌颂,而应深入到时代的内部,在核心处捕捉生活的秘密。(4)明确自己的行业意识,厘清文学与其他领域的关系和界限,真正认识文学作品的文学性之所在,在增强作品的政治、经济、宗教及伦理等内涵的同时,注意保持其独立的艺术性,妥善解决好文学在扩张或收缩自身时的分寸感问题。笔者以为,唯有这样,艺术才能真正回到艺术自身,诗歌也才能自由地闪烁诗性的光芒。

诗歌是一种祈祷[1]

一

当人们仅仅出于一般的学术兴趣和目的,对世界范围的存在主义文学加以考察,从而用一种审视的目光扫描俄罗斯这一广袤而沉重的土地时,自然便能轻而易举地得出结论:作为运动式的文学现象,"俄罗斯的存在主义"只能付诸阙如。但是,倘若研究者愿意从事一次严肃的灵魂漫游,去进一步体验这个民族敢于承当苦难的精神和无条件地献身于信仰的激情,那么,就可以沿循闪烁着内在光辉的俄罗斯文学之路发现,这一不无神秘的民族关注"存在"的传统可谓由来已久。

远者不说,即以被我们的文学史家推为"名家辈出,佳作如林"的"罕见的奇迹"之19世纪而言,自30年代起,快乐的普希金塑造出忧郁的奥涅金以后,俄罗斯的灵魂仿佛骤然间便沉重了起来,莱蒙托夫、丘特切夫、费特、波隆斯基的诗歌应和着德国浪漫主义的冥思,将韵律落脚在生命、死亡、孤独、自然与人的悲剧性对抗与调和等主题上。小说家们则以愤世嫉俗的形象批判性地演绎着上述主题,奉献出一个由毕巧林(《当代英雄》)、玛尼洛夫(《死魂灵》)、罗亭(《罗亭》)、奥勃洛摩夫(《奥勃洛摩夫》)等"语言的巨人,行动的侏儒"构成的"多余人"画廊:他们的言谈举止莫不与20世纪世界文学中的"局外人"形象相似,智力超群,情感丰富,精力充沛;却又找不到生活的位置,失却为之奋斗的目标,心灵深处始终弥漫着虚无主义的迷雾,常常体验到寂寞、孤独、无聊、荒漠,而以冷漠、古怪、傲慢等有悖常人的处世方式出现。

至此,不能不提到伟大的陀思妥耶夫斯基,正是这位"病态的天才",向20世纪人类发布了恐怖的宣言,昭示他们"地下室"或"死屋"的生存环境,被引为现代主义文学的先驱之一。他的名作《地下室手记》的第一章被美国普

---

[1] 原文副题为《吉皮乌斯与"存在主题"的艺术》。

林斯顿大学哲学教授考夫曼称之为:"历来所写过的最好的存在主义序曲。这篇序曲以无比的省略和技巧,将各个主要题旨叙述出来——当我们阅读从齐克果到卡缪的全部所谓存在主义者的著作时,这些题旨将会一一显示出来。"[1]他的伟大,主要在于他对人类悲剧性自下而上的深刻洞察,在拷问灵魂之中显示的人格纯洁,以及对人性至善境界的执著向往。作为一名作家,他一生都在以小说这一形式去追询"存在",渴盼着"善"能披罩上"美"的荣光,来拯救灾难深重的世界。如今,陀思妥耶夫斯基与存在主义这一思潮的关系,可说是众所周知。然而,在此还应提到另一位虽被忽视,却同样重要的文学人物,她是一名女诗人,全名叫姬娜依达·尼古拉耶芙娜·吉皮乌斯。在俄罗斯文学群星璀璨的"白银时代",她的创作"有着我们抒情的现代主义整整十五年的历史"(安年斯基),"吉皮乌斯女士属于我们最杰出的艺术家之列。她的诗仿佛是以浓缩的、有力的语言,借助清晰的、敏感的形象,勾画出了一颗现代心灵的全部体验"(勃柳索夫)。

二

1869年11月8日,吉皮乌斯诞生于图拉省别连瓦城一个贵族家庭,父亲的远祖属于16世纪移居到莫斯科的德国侨民,母亲是一名迷人的西伯利亚女郎。童年时代,吉皮乌斯就显得与众不同,经常穿着一件玫瑰红的短毛衣,从不扣上衣服的最后一粒纽扣,表情永远严肃而孤傲,极少与人交往,一直沉溺于自己的内心世界之中。

吉皮乌斯这种异常的举止很大程度上来自她忧郁的天性。与其他孩子爱慕自己双亲那种纯粹天伦之爱不同,她的爱掺和着许多虔敬的成分,到了近乎宗教崇拜的边缘。据说,由于父亲的坚决要求,稍长一些的吉皮乌斯被送进了基辅学院。但是,她无法承受这种亲人离别的悲伤,以至于几乎所有的时间都不得不在学院的附属医院度过。显然,对这位略带神经质的少女来说,一次离别便无异于一次深刻的死亡。成年以后,吉皮乌斯作过如下表述:"自童年时代起,我就被死亡与爱情烙下了创痕。"她刚满十一岁时,父亲因病去世,这次事件给了她严重的打击,令其初次体验了死神那君临一切的威慑力,意识到生命出现之初,随即就被死亡的魔网所笼罩的处境。由于上述种种情态,在基辅学院校内,吉皮乌斯被称为"怀着大悲哀的小人儿"。

1889年1月8日,吉皮乌斯嫁给了梅列日科夫斯基。丈夫是一名有着

---

[1] 考夫曼:《存在主义》,陈鼓应等译,商务印书馆1987年版,第4页。

强烈的宗教激情的诗人、小说家和文艺评论家。婚后不久,梅列日科夫斯基放弃了诗歌创作,转而投入小说领域和评论界。受他的影响,吉皮乌斯也花费了大量时间写作小说和散文,以换取稿酬,支持丈夫腾出自由的时间来创作著名的《基督和反基督三部曲》。1893年,梅列日科夫斯基发表了一篇论文《论俄国当代文学的衰落及其新潮》,从而宣告了俄国象征主义的出现。吉皮乌斯以其特有的敏感与细腻的抒情才能,参与了这场风靡整个欧洲的前卫艺术运动,成为20世纪世界最优秀的女诗人之一。

十月革命后,吉皮乌斯夫妇流亡到法国,在巴黎的寓所内集聚了一大批俄国的自由派知识分子,组织"绿灯"社,举行文化沙龙,继续传播俄罗斯魂所散发的神秘主义思想,坚持宗教的虔敬感,倡导受难意识和悲悯感,以十字架上的爱去迎接世界又一个黄金时代——耶稣的第三次复活的来临。除文学界人物以外,当时与他们经常往来的,还有罗扎诺夫、费洛索弗夫、别尔嘉耶夫、舍斯托夫等杰出的宗教哲学家。由于他们勤奋的著述和积极的活动,引出了一系列现代思想所关注的问题,其中一部分存在主义色彩较浓的学说,直接影响了法国哲学家马塞尔与德国人类学家舍勒。正是他们这些缺乏体系、看似零碎却能互相补充的观点的产生,与德国的马丁·布伯和布尔特曼,美国的蒂利希和尼布尔一起,形成了寻神论存在主义思潮。这一思想由于融合了基督教神学的精髓,显示了强大的生命力,在20世纪末后现代主义甚嚣尘上的氛围里,仍可起到"清洁剂"的作用。

1945年9月9日,吉皮乌斯病逝于巴黎。

吉皮乌斯七岁即尝试写诗,1888年开始发表作品,其诗歌多以编年结集,有《1889~1903年诗选》、《1903~1909年诗选》、《1914~1918年最后的诗篇》、《闪烁集》、长诗《最后一圈》(描写游历地狱的但丁)等;此外,还著有长篇小说《鬼玩艺》、《爱情——王子》,剧本《红如罂粟花》、《绿戒指》,论文集《文学日记》和回忆录《活生生的人物》、《梅列日科夫斯基》等。

三

人类打从脱离自然这一母体开始,便被判定为一个异化的临界点。一方面,主体意识逐渐加强的他,是自然的逆子,拼命地挖掘、搜括养育过他的施恩者的财富,供自己大肆挥霍,造成两者永不间断的冲突与对抗;另一方面,被客体化以后的他,又无可奈何地承受着社会对他的戏谑、嘲讽乃至戕害,个人与群体潜在地构成了互为地狱的宿命。如此一来,人类的生存状态就不免显得十分尴尬,他有如浮悬在大地与天空之间的空气一般:竭力向上飞升，期望进入美丽、纯洁、神圣的境界；同时，又被大地的鄙陋、污秽、庸俗所牵扯，不得不深陷于淤泥之中。这种生命的两难必然地带给人类以人格分裂的恶果。正是上述状态埋伏了吉皮乌斯《无力》一诗的哲理背景：

> 我以贪婪的眼睛远眺大海，
> 被钉牢在海岸的泥土中……
> 我在深渊之上凌空高悬——
> 我不能飞向蔚蓝的天穹。
>
> 我不知道该反抗还是该屈挠，
> 我既没勇气死，也没有勇气生……
> 上帝离我很近——我却不能祈祷，
> 我渴望去爱——又不能付出爱情。

大海以其浩瀚辽阔引发了抒情主人公无限的遐想，"贪婪的眼睛"传神地暗示出追求的认真与执著。然而，不幸的是，高远的理想仍然必须忍受脚底现实淤泥的裹胁。有感于此，吉皮乌斯袒露了五组对立的矛盾：我渴望飞升的生活，脱离恐怖的深渊，却只能像一只"死鹰"似的僵卧在悬崖之上。"选择"的困难便油然而生，是反抗，还是屈服；是生，还是死，难以寻觅到确定的意义和价值。"我"在冥冥之中感到象征着幸福、至善的上帝近在咫尺，却不能对之进行通常该作的祈祷；内心深处渴望情爱的温柔，却没有能力付出因获取而需要的牺牲，诗的末节如是述说："朝着太阳长长地伸出手臂/我瞥见了苍白的云幕……/我仿佛悟出了真理，/却找不到语词将它说出。"它们泄露了抒情主人公深层的无奈：人类这一强壮有力的"太阳"，其所凭依的基础不过是"苍白的云幕"，而这种脆弱正是其悲剧性的症结所在。

在吉皮乌斯的整个创作中，生命在两极之间的彷徨与犹豫是一个非常醒目的主题。从某种意义上说，它们充分反映着西方两大文化在融合之后一直未能调和的冲突与抗争。赞美理性，热爱肉欲的享受，提倡审美的人生是希腊文化的一大特征。古希腊人推崇知识，信任科技，认为在理性主义的光芒照射下，能够恣情任意地取用造物主留给人类的一切。他们肯定世俗生活，鄙弃苦行僧的禁欲主义，歌颂"醇酒美人"，喜好在冒险和战争中发泄过剩的精力，表现出入世、达观的青春期文化特征。与之相反，希伯来精神则标举信仰，专注于灵魂的拯救，它跨越了人类幼稚的童年期，显示出壮年期的清醒,以一种虚无主义的态度看待尘世那色彩斑斓、诱惑不断的一切,由对肉体死亡的恐惧,激发起对灵魂不朽的向往。希伯来文明为后世设计了一个获救的途径,在生存的艰难里衍生出天堂与地狱的对峙,以浪漫的想象呼唤受难的基督降临,背负起沉重的十字架,去蒙受神性的光照。世界文明经过几千年此消彼长的发展,这两大文化逐步在欧洲的土壤上取得了正统地位,成为其两个著名的始源。但是,肉体的永久羁绊与精神的无限自由之间生发的矛盾始终没有得到根本的解决。在伦理体系逐步确立的社会里,它们往往演化为道德上善与恶的无休无止地纠缠。

在吉皮乌斯的沉思域内,关于善与恶的问题一直徘徊不去,折磨着她的心智。根据圣经传言,邪恶之产生乃是人类得到了智慧树上的苹果的缘故,是知识与理性助成了生命最初的堕落。正是在这一起点上,吉皮乌斯进行了信仰确定前的怀疑:上帝是万能的,既然如此,他为何又容许世界上有恶存在?他为何不在人类堕落之前就加以制止?或者,他为何又在放任自流以后对之施予严厉的惩罚,令其痛苦和疯狂?这里牵涉到基督教产生以来许多神学家百思不得其解的一个难题:上帝如何显示神恩?舍斯托夫对此进行了富有启示性的诠释:"神认为一切都是善。……神既无道德上的赞同,也无理性的依据,因为他像凡人一样,不需要依据、支柱、根基。无根基,这是神的主要的最令人羡慕、也是我们最不理解的特权。所以,我们的全部道德斗争(理性探索也一样),——既然我们承认神是我们追求的最终目标——迟早(当然是很晚很晚)要把我们从道德评价上,从理性的永恒真理那里引向自由。"[1]

人是生而自由的,那无所不在的枷锁多半是他自己的手所铸造,神学存在主义把这种自由的预感重新归还给世人,鼓励他们摆脱既成的善恶原则,弘扬健康的天性。吉皮乌斯是一名虔敬的基督徒,尽管内心充满了许多异端的思想。她相信上帝的存在,相信上帝的仁慈与强大。为此,她拥持上帝恢宏的包容性,并以人性的丰富多彩作为证明。

> 上帝,恶魔也是你的造物,
> 我为此来向你求情。
> 它身上烙印着我的痛苦,

---

[1] 舍斯托夫:《在约伯的天平上》,董友译,生活・读书・新知三联书店1989年版,第229页。

>这是我爱上恶魔的原因。
>
>痛苦地反抗,它专心一致
>给自己编织罗网……
>我不能不将怜悯施予
>和我一样痛苦的生物。

正如人类原本出于偶然被抛进世界一样,生命的进程同样被难以捕捉的偶然性操纵,所谓"绝对"、"必然"更多的只是出于臆想。因此,绝对的恶、必然的善并不存在。正如丑陋的胚胎孕育出美的人体一样,善常常脱胎于恶。当世界充满了保守、虚伪、浅薄、麻木、愚昧、腐朽等种种存在物时,作为破坏之象征的"恶"自有其革命的含义,对推动世界前进起到了积极作用。

四

在吉皮乌斯的整个诗歌创作中,《干杯》一诗较能传达出她对生活的辩证法的体认:

>我的失败,真诚地欢迎你!
>我爱你,正如我对胜利的眷恋;
>谦卑蛰伏在我高傲的杯底,
>欢乐与痛苦原本是一体相连。
>
>多么的安谧啊,明亮的黄昏!
>平静的水面有轻雾在徘徊;
>最后的残酷蕴涵无限的温馨,
>上帝的真理包藏着上帝的欺骗。

存在主义一个著名的命题就是"存在先于本质",具体到以人类的生存来附比的话,也就意味着,生活是根本性的,它决定着本质。"首先人存在、露面、出场,而后才说明自身。……人,不外是由自己造成的东西,这就是存在主义的第一原理"[1]。在他们看来,生命开放的过程也就是它的意义所在,那种离开人的活生生的存在,去刻意寻觅缥缈不定的本质(或曰意义)的做法,根本就是自欺欺人,徒然地浪费生命而已。因此,唯有正视人生,拥抱生活的全部(连同它的缺憾),才是真正的人道主义行为。女诗人笑傲人生的激情艺术化地体现了这一哲理,她深刻地洞察到:"欢乐与痛苦原本是一体相连","最后的残酷蕴涵无限的温馨。"她呼吁,热爱人生不应该仅仅局限于对幸福、欢乐、希望、成功、升腾、美善等正面东西的接受,也应该同时容纳它的负面,诸如失败、灾难、绝望、挫折、丑恶、痛苦等等。惟其如此,方才称得上对人生圆满而完整的享受:人格的高贵在行世的谦卑里呈现,无限的柔情在最后的残酷中萌生,在苦难的深处咀嚼生活的甜蜜,透过一无际涯的绝望去感受绚丽的希望之迸发。她呼吁人们,不论人生的酒杯斟满的是什么样的液体,都要一饮而尽,应该以酒神式的豪放,笑对世界。

正是有此识见,吉皮乌斯才不愿过多地渲染人生的不幸、困苦和悲哀,她鄙弃浅薄的感伤主义,宣称:"对地球上所有人,你不值得费力去说一个字眼。……这整个的世界都不及你的一滴眼泪,别和人们去交心,不要揭开心灵上的帷幔。"只有把自己的伤悲在人前巧妙地掩饰起来,方能有效地获得平静与安慰,于是,她以独自承当苦难的勇气,紧紧地关闭了心灵的窗口,傲视尘世间芸芸众生那些无谓的叹息和泪水。19世纪俄国著名诗人丘特切夫曾有一诗,名《沉默》,表白了相类似的体验:

> 思绪如何对另一颗心说?
> 你的心事岂能使别人懂得?
> 思想一经说出就是谎,
> 谁理解你生命的真谛是什么?
> 搅翻了泉水,清泉会变浊,——
> 自个儿喝吧,痛饮,而沉默。

> 只要你会在自己之中生活,
> 有一个大千世界在你心窝……

---

[1] 萨特:《存在主义是一种人道主义》,周煦良、汤永宽译,上海译文出版社1988年版,第12页。

易卜生说过："那世界上最强有力者必是那最孤独者。"吉皮乌斯与她的诗歌导师显然对此都有所领悟,他们先后都承担了这一份光荣。

无疑,离群索居的时光不会不让人感觉到沮丧与疲惫;然而,死水般单调的生活更使吉皮乌斯那一颗充满骚动的心灵难以忍受。她渴求变化,渴求生命里的辉煌:

> 在风的叹息中,在太阳的光线中,
> 我将成为一朵白浪漂泊在海洋里,
> 我将成为一片云影飞舞于天空。

仿佛受到了莱蒙托夫的启示,骄傲的吉皮乌斯也自认"属于异类,拥有另一种信仰",孤怀独抱的她不能与代表着平庸、枯燥的"人群"生活在一起,尽管"他们到处都是","过于繁密"。因为,这种"人群中的孤独"将剥夺她残存的最后的自由。确实,市侩们连争吵都是千篇一律的单调,他们展示温情的抚爱也往往掺和着丑陋与粗鄙。吉皮乌斯为此而"将自己委身于孤独之中",倾心于"离群索居的东西",她在《诱惑》一诗中感叹:

> 我曾遇见过许多巨大的诱惑,
> 却从来没向它们低过头。
> 可有一种诱惑……独居的诱惑,
> 至今我都无法把它战胜。

女诗人抵御不了这种"独居的诱惑",在相当程度上,源自她对内心世界的珍视,对自由个性的向往。丹麦哲学家克尔恺郭尔认为:"公众只是一个抽象的名词而已……它虽然是一个庞然大物,却只是一个抽象且被弃绝的空虚混沌。它是万事万物,也是空虚无物。"[1]因此,唯有孤独着的个体方能在有限的空间内去无限地体验,在体验中领会和意识到自己的存在,其他物并不具备此等能力。我们知道,在喧闹而嘈杂的公共生活里,人们经常在遗忘自我中忙碌,缺少时间与空间来品味"本真的存在",其自由的天性也不可能得到舒展。正是远离尘嚣的孤独,为一些先觉者洞开了一扇神秘的大门,使他们得以置身其间,毫无羁绊地与潜隐已久的"自我"对话,沟通与上

---

[1] 转引自徐崇温主编《存在主义哲学》,中国社会科学出版社1986年版,第48页。

帝的联系。因此,吉皮乌斯不由地感叹:"独居是一所伟大的庙宇。"

在《献辞》一诗中,吉皮乌斯宣称,我的灵魂是高尚的,它印证着上帝的真实性。而它最坚固的基石就是我,就是我自己。所以,人们应该自爱,向自身投入最大的热情:

> 可是我爱自己,恰似爱上帝,——
> 爱情将拯救我的灵魂。

"自我"在此得到了最大胆的凸现,孤独被赋予了创造的可能。论及此,应该消除一种误解,爱自己绝不等于自私自利,也并不意味着狂妄自负的傲慢。事实上,我们每个人的"自己"都拥有原始的生命冲动,是一个本真的存在。只是,后天理性的生活施展了强大的吞噬能力,将它隐匿和淹没,以至于浑然不觉地被庸众所同化。也就是说,日常的此在抽离了我们的"主体性",使之迷失于"人群",构成了海德格尔所定义的"此在之沉沦"。认识到这一点,唯有强调出我们生存的"唯一性",方能实现对生命的"还原",从而避免"存在"单调的重复。因此,爱,首先必须自爱,显示出自身确立后的诚意,才有资格去向他人付出一份真正的爱。

五

1893年11月17日,吉皮乌斯在日记中写道:"我知道通向自由的道路,一个人不能达到没有真理的自由……那是来自人民的自由,来自人性的所有事物,来自一个人自己的愿望,来自命运……"稍后几天,她又写道:"自由,这是我来自于你的思想的最美丽的思想。"女诗人深深地知道,自由不是没有重量的,与之相伴随的还有崇高的责任和义务。在《真理或者幸福》一诗中,她告诉世人,生命行使自由的权利在于寻找真理,并非追求幸福。尽管"你们"害怕凶险、痛苦、漫长的经历,为"我"指出一条宁静的没有炼狱之火的途径,但并不是"我"要达到探索目标应走的道路,不符合"我"的自由选择。我的使命是为了获取真理,它恰恰与世俗的追求背道而驰。因此,尽管我们相互怜悯,但相互为对方祈祷的内容并不相同:

> 我并不为你们去祈祷幸福,
> 我祈祷的内容远比幸福高尚。

吉皮乌斯对真理的体悟与她强烈的宗教意识关联很大,她渴望拥有一个精神的现实,对物质的现实则予以严厉的批判。这方面,吉皮乌斯与19世纪的俄罗斯批判现实主义作家有着截然不同的看法,在她的眼里,后者的作品过于贴近政治与社会,不利于创造力的发挥和对人类精神的提升,隔断了与上帝的默契。她认为,对一部艺术作品来说,它的美学的和宗教的内容应该高置于社会的、政治的观念之上,藉此净化人们的欲念,专事供奉上帝,答谢其所赐予的神恩。

在整个俄罗斯诗歌史上,吉皮乌斯或许称得上是最具宗教感的大诗人。她的作品所阐述的内容远远超出普通的抒情诗人惯于流露的个人的、感性的体验。高度的理性和高度的激情的相互提升,铸就了她独特的艺术风格,即便是那些带有明显情欲成分的情歌,也总是被她精神努力的强度提高到了形而上的层次,其中包含的某些色情因素也被这位女诗人对上帝和三位一体的创造性想象消解了。在她看来,诗歌体现着经验与超验的综合。诗是艺术精神的怡然自得和宗教的心旌神摇的结果,艺术家的任务是抓住充满了神秘意味和内蕴的灵魂之闪光点,将它传达给读者。吉皮乌斯竭力以自己的创作鼓动一场宗教革命,促成人类的精神变革,迎接她所预言的第三约(相对于通常人们所确认的旧约和新约)时代的到来。因此,她提请人们注意三位一体的奥义,注意基督化身为人子的重要性。正是基督与人类之间所存在的某种同构,才使后者拥有得到拯救的可能,实现自己的自由意志。

生活于19世纪末和20世纪初的吉皮乌斯,和世纪之交许多敏感的知识分子一样,对弥漫于欧洲上空的那一股世纪末情绪有着切身的感受。世界性的紊乱所触发的荒诞感自然地渗透在她的作品里,并且常常以梦幻与现实的互为交错,暗示出世界的不稳定性。

> 歪斜的,白色的斑影,
> 像模糊的揉皱的纸团,
> 早已在不舒适的海空,
> 毫无目的地高高悬挂。
>
> 一排排浪花涌上来,
> 海水摇晃着木桩,
> 而太阳自高空向下俯瞰,

寂寞地放射着光芒。(《斑影》)

　　伴随着微弱的绿光闪烁，
　　好似在半梦半醒的状态中，
　　我沿着光溜狭窄的斜坡，
　　沿着白光闪烁的墙壁移动。

　　轻巧的身躯十分驯服，
　　承受月亮细心的温存，
　　轻盈一如空气的脚步，
　　信赖那光闪闪的虚空。(《墙》)

亦幻亦真的渲染，其效果不言自明。吉皮乌斯深信：标准——只有上帝掌握。因此，尘世间"每一个标志都十分可疑，在每一个决定中都存在谬误"。在由一连串的偶然性组成的尘世生活中，吉皮乌斯期待着世界上"从没有存在过的一切"，"一无所知的东西"，眷恋"不可企及的东西，哪怕纯属是子虚乌有……"她要让"虚无的东西成为现实"，并为这一希望甘愿把泪水流尽。然而，上帝却给人判定了"摇摆"的痛苦：

　　我所有的"我"像钟摆似的晃动，
　　振幅很长，很长，很长。
　　摇摆，穿梭，交替不停——
　　时而是希望——时而是恐慌。

正是这种非理性的力量消耗着我们的一生，"由于知与不知，由于不定的闪耀，我的肉体慢慢地死去"。这种荒诞性的生存带给吉皮乌斯致命的无奈。于是，她面对夜晚苍白而垂死的月光，惊呼：

　　月亮僵死的光线并没什么可怕……
　　我怕的是：我的心中一无惧怕。

　　诗人的直觉触及了海德格尔其后归纳的"畏"的含义。世人奔波角逐于茫茫天地之间，倘若遭到一些有对象的恐怖事件，大多能抑制最初的紧张，抹去精神上的惊惧,开始思考应付的对策。因为,从心理学角度来看,人类只要对面临的危险与困难有所了解,便能启动自然的防御机制;并且,只要它们是已知的,总或多或少地存在着解决的可能。然而,一旦人们沉溺于没有对象性的恐怖体验之中,其难以消解就是一件十分自然的事情了。他茫然不知所措,克制不住内心莫名的焦虑,灵魂在生不如死的绝境中战栗。吉皮乌斯上述诗句和海德格尔所描述的状态相同,人们对尘世生活里各种事件的"怕"并非根本性的存在,唯有缺乏对象的"畏"才是人类最本质意义上的生存焦虑。看似阳光灿烂的此在生活之所以片刻间会幻化为一个无形的"深渊",其根源盖出于此。

在人类各种欲望中,求生的需要大概可算是第一位的。然而,一旦他经历了大磨难、大悲哀,往往会陷入求生不得、求死不能的境地。他更容易拒绝那生不如死,在生命的边缘处体验死的感觉。这时,"死"反倒成为摆脱各式烦恼的手段,呈现向死而生的可能。吉皮乌斯似乎对此有所领悟,她愤激地说道:"我只接受你一个,死亡!唯有你身上没有'暂时'——只有永恒。"死亡带给她的是一种愉快的感觉:

> 我等待着宁静……我的灵魂疲乏……
> 自然母亲在把我呼唤……
> 那么轻松:生活的重负已经卸下……

她相信,战胜死亡的唯有死亡。这样,透过那些偏激的言词的表象,我们仍然可以捕捉到敬畏生命、追求永恒的渴求。其中富于启示意味的便是,时间的消逝不断把我们引向永恒。吉皮乌斯在《预先看不见的》一诗中阐述了时间的这一特征:

> 时间之流永无替换。
> 凭借永恒现实之语言,
> 我嗅到了未来的风,
> 和新瞬间的响声。

诚然,瞬间意味着消逝,代表着死亡。颇有意味的是,事实上,正是瞬间的不断消逝而模仿了永恒。"在那种生存于其间死于其间的瞬间的后面追随着一个瞬间,生存也诞生于这后一个瞬间,后一个瞬间继承着前一个瞬间的遗产"[1]。正是这种前仆后继的瞬间状态,造成了时间的永恒运动的形象。吉皮乌斯意识到这一点,借助于物理时间的概念,指出了生命过程的内在关系,给每一单独的瞬间以象征的表述,揭示了事物与现象的不断变动之流。在一首题名为《瞬间》的诗中她如是发表对永恒的看法:

> 此刻世界上再没有别人。
> 唯有上帝、天空和我。

她在这里把对时间的理解与空间联系起来,印证"在时间的看不见的空间里,发生价值的变化,新事物的具体化,现实的更替,事态的变迁"的看,而与柏格森的"绵延"概念相对应,把时间的外延表现为生存的外延,以"瞬间"这些"非人间的小鸟"去展示广阔的天空,满足人们渴望不朽的心愿。

六

20世纪初,虚无主义思潮一度流行,对文化的各种形态进行了毁灭性的打击,加速了西方世界的没落。在一片意义与价值的废墟上,现代人应该如何拯救自身?"人可以忍受饥饿感,却不能忍受无意义感"[2]。重建精神尺度的问题就这样摆在了这个世纪的知识分子面前。吉皮乌斯的解决方案是:爱,寻找一位爱的上帝。考察这位女诗人整个思想的发展脉络,关于爱情的神秘主义冥思构成了其中最有魅力的部分,标志着俄罗斯理念对世界文化最出色的贡献。当她同时代的作家,如普宁、阿尔志跋绥夫、安德烈耶夫在悲叹爱情如朝露一般易逝之时,她却以独具的慧眼肯定了爱情的不朽与恒定性。她写过一系列文章:《艺术与爱情》、《爱的批评》、《爱情与沉思》、《论爱情》、《爱情的加减法》等,代表着她思想之精髓的是抒情诗《爱,只有一个》(奥地利诗人里尔克曾将它译成德文),她如是表明自己的主张:

> 波涛汹涌,散成碎沫,
> 仅仅只有一个。
> 心灵不能过着背叛的生活,
> 没有背叛,爱——只有一个。

---

[1] 伊·利维纳斯:《生存及生存者》,顾建光、张乐天译,浙江人民出版社1987年版,第74页。

[2] 《绝望与信心》,豪克善、李永平译:中国社会科学出版社1992年版,第58页。

> 唯有在不变中才见出无垠，
> 唯有在恒常里才显示深刻，
> 道路越远，离永恒越近，
> 越加彰明的是：爱，只有一个。
>
> 我们为爱情付出血的代价，
> 而忠实的心灵——依然忠实，
> 我们只拥有一次爱的权利……
> 爱只有一个，好比只有一次的死。

在吉皮乌斯看来，爱情由于它的唯一性和恒常性，能够帮助心灵拒绝生活中的变节叛卖行为。上述诗句告诉我们，生活尽管枯燥、单一而冗长得令人厌倦，但只要胸中揣藏着始终不渝的爱情，就能逐渐靠近永恒和不朽。在另一首《爱情——唯一》中，吉皮乌斯重述了这一主题：

> 恰似神奇的唯一性，心灵，
> 接纳唯一的爱情。
> 在那雷雨初霁的天空中，
> 彩色的虹霓——唯一。
>
> 而唯一的七色彩虹却迸溅
> 七种火焰，爱情唯一，
> 唯一直到永恒，那些个七彩
> 与我们毫无关系。

世界尽管光怪陆离、千变万化，但吉皮乌斯的爱情永远坚持着它的唯一性，在不可分割的生存状态里散发神性的光辉。这种本真的爱情卓立于"物理时间"之上，循着情感空间伸向无限，它不可重复，独一无二，是人类皈依永恒的过渡。爱情是生活的最高价值，它消解一切矛盾，清除所有障碍。作为一种特殊的情感，它在个人与社会之间占有显著的地位，是双方达成沟通必不可少的桥梁。正是这一中介性的存在，个人与社会组成了一个统一的整体。当今世界，个人倘若要摆脱其软弱无助的状况，唯有吸纳他人的价值才具有某种可能性,而个人也唯有认识到他人的价值,才能够真切地认识到自身的价值,使个性变得丰富起来,高尚起来。

和她精神上的导师索洛维约夫一样,吉皮乌斯认为,灵与肉在本质上不应该对立,因为真正的爱情原本具备提升罪性的、感性的肉体的能力,而对抽象爱情的不倦追求本身便同时包含着肉欲和精神的成分。她在《爱与美》一文中提出,爱情是生活的最高原则,并为此而支持索洛维约夫的看法:"永恒生活之祭奠——这是宇宙的终极意义,这一生活的内涵就是一切事物的内在统一,或者说爱情,它的形式是美,它的条件是自由。"(《爱的意义》)显然,在其形而上学体系中,爱情是超乎一切伦理价值之上的东西,它甚至比信仰更强大有力,是唯一能与死亡这一战无不胜的暴君相抗衡的基础。她在日记中这样写道:"我们的不幸在于,真正的、根本的、永恒的爱情在灵魂深处与信仰不能相提并论。信仰明显地弱于爱情,似乎只有死亡的力量才能与爱情相抗衡,这,甚至在圣者那里也是如此。"她相信,人们爱的能力是上帝的恩赐,用来证明他的创造。因此,她不倦地寻找这种抽象的、真正的爱情,希冀凭借它在人间重建上帝的形象,将痛苦的人们和欢乐的人们聚集在这面大旗之下,向着永恒的"大同"世界走去,在那里合为一体:

> 爱情,我们唯一的道路;
> 把我们铸进唯一的心灵!

我们知道,爱先天地具有审美的倾向,由爱慕对象所激发的情感往往会自发地产生艺术。据此为出发点,吉皮乌斯认为,爱的行为与艺术创造的行为应该密切地结合,艺术和宗教是促成这一结合的唯一道路。艺术家的灵感是他的感觉、宗教意识和神秘的亢奋融为一体的结果。为此,她对语言表示出极度的迷醉:

> 爱情,爱情……啊,甚至还不是它——
> 我矢志不渝地迷恋爱情的语言。
> 从中我体验到另外一种生涯,
> 它难以捕捉,像无底的深渊。

爱情的语言千姿百态,但又万变不离其宗,始终围绕内在美的核心,将人世间的是是非非融合进一个非理性的世界之中。对她来说,爱情就是她的灵魂,语言则为之提供了栖居的场所,也就是所谓的"存在之家"。

吉皮乌斯属于那种对"奇迹"存有"诗意的永恒渴望"的诗人,在一本诗集的前言中,她写道:"作为人的本性自然的和最迫切的需要的东西,就是祈祷。每个人一定要祈祷,或尽力去祈祷……诗,在特殊的意义上来说,写诗,文字的音乐——这仅仅是祈祷在我们心灵里所采取的形式之一。……我确信,对韵律,对说话的音乐,对内心颤栗体现为正确的语言的声色变幻——永远和祈祷的、宗教的、彼岸世界的意向,和人的灵魂最神秘的、最深刻的核心联系着。所有真正是诗人的人的所有的诗——都是祈祷。"[1]诗、哲学、宗教分别作为美、真、善的路标,被竖立于人类由生命到死亡的那一次漫长的旅途之间,它们的最高境界(或称终极的关怀)必然殊途同归,进入浑然一体的状态。她的创作体现了将真善美合一的努力,为20世纪俄罗斯诗歌由浪漫主义转入现代主义阶段作出了时代的见证。尼采说:"上帝死了!"结果他自己却疯了,因为他无法在信仰真空的状态下维持心理平衡。从某个角度来看,上帝与人类是宇宙的两极,他们需要相互支持。人之所以需要上帝,是因为他置身于大地这一充满罪孽的堕落空间之中;上帝需要人,则是由于他充盈的仁爱需要得到证明。这样,祈祷作为神学意义的语言艺术便是祭司式的诗人最容易作出的选择。吉皮乌斯的祈祷并不是对上帝的乞求,而是一种目标的自我实现,她在诗歌的对白或独白中与灵魂或上帝对话,用来克服人性的弱点,以完善和丰满的形象迎接最后的审判。

吉皮乌斯的创作是理性与激情高度统一的结晶,属于俄罗斯"白银时代"伟大的精神遗产中最有魅力的部分,为20世纪30年代流亡中的俄罗斯文化的复兴作出了导向性贡献。她以全然个性化的生命体验,以自己的语言、自己的韵律、自己的抒情方式,丰富了20世纪世界文学的神性内蕴。在人类的蒙昧时代,祭司们通常以诗歌的言语方式传达神的谕示;而今,迷惘的现代人为拯救失落了的灵魂,再次推举诗人成为他们的先知。吉皮乌斯被赋予的正是这一份十字架上的光荣。哦,请让我们为诗歌的上帝祈祷,阿门!

---

[1] 吉皮乌斯:《关于诗歌必要的话》,载《吉皮乌斯诗集》,圣彼得堡,1999年版,第71页。

地狱里的春天[1]

在20世纪的俄罗斯侨民诗歌中，波普拉夫斯基是一位无法忽略的人物，即便是苛刻如霍达谢维奇这样的大诗人，也由衷地认为："作为一名抒情诗人，波普拉夫斯基无疑是侨民中最有才能的诗人之一，或许，甚至就是最有才能的诗人。"[2]可惜的是，由于诗人的远离祖国并过早地去世，以及他在诗歌探索上的前卫性，长期以来，这位诗人的名字不仅是中国的俄罗斯文学研究者所陌生的，而且也不为他的同胞们所知。90年代以后，伴随着"开禁"与"回归"的热潮，波普拉夫斯基的名字凭借着他的诗歌回到了阔别多年的祖国，除了引起人们广泛的阅读兴趣以外，也逐渐出现在俄罗斯各类文学史和研究专著中。随着时间的推移，我们可以相信，这位诗人的重要性将会得到越来越多的承认。

鲍里斯·波普拉夫斯基(1903～1935)诞生于莫斯科一个音乐世家。父亲尤利安·伊格纳季耶夫，是柴可夫斯基最得意的学生之一，母亲也是一名小提琴手。前者原籍为波兰，后者则是波罗的海沿岸的旧贵族后裔。在整个斯拉夫民族中，波兰和俄罗斯的对立由来已久，其中既有政治和历史的原因，也有信仰上的渊源。波兰民族具有强烈的民族弥塞亚主义，个性主义特征十分明显，它往往与浪漫主义的激情结合在一起，而在精致、优雅的外表下蕴藏着贵族的傲慢；相比之下，俄罗斯民族的弥塞亚主义则带有普世倾向，秉有特殊的谦卑与怜悯，其民族性格要显得更为朴素、直率和真诚，但有时也会显露出放纵、粗鄙的特点。此外，各自所信奉的天主教与东正教也铸成了两个民族精神深处的差异。这种血缘上的双重背景对波普拉夫斯基的影响殊为重大，诗人一生都在承受着两种不同的文化所引起的矛盾和冲突。这种体验在诗人侨居国外以后尤为深刻。

1921年，波普拉夫斯基跟随父亲经君士坦丁堡辗转来到巴黎。最初几年，他的最大理想是成为一名造型艺术家，为此他到柏林待了两年，在那里

---

[1] 原文副题为《俄罗斯超现实主义大诗人波普拉夫斯基》。
[2] 霍达谢维奇：《文学论文与回忆录》，纽约：契诃夫出版社1954年版，第142页。

结识了别雷、帕斯捷尔纳克、什克洛夫斯基等具有先锋倾向的诗人和文学家。也正是在柏林,波普拉夫斯基被告知自己缺乏成为雕塑家的天赋,从而坚定了他全身心投入文学的信念。回到巴黎,他当过出租车司机,干过各种各样的体力活,有时甚至处在失业状态,靠救济金过活;偶或发表一点作品,多半也拿不到稿酬(诗人终身都没有摆脱贫穷的困境)。尽管如此,他仍然经常去图书馆,阅读大量的文学、哲学作品;一到天黑,便出没于蒙巴纳斯的艺术家沙龙,在那里接触到不少流亡国外的俄罗斯艺术家、诗人、作家,聆听他们形形色色的关于文学与艺术的见解。1928年,《自由俄罗斯》杂志发表了他的八首诗。当时,老一代侨民作家把持着巴黎、柏林所有的俄语刊物,很少发表圈子以外作家的作品,也不太重视年轻人的创作。像波普拉夫斯基这样名不见经传的文学青年,能够发表诗歌已属不易。因此,这组作品引起关注的大概只有阿达莫维奇一人。不过,毕竟从那时开始,波普拉夫斯基作为诗歌新星进入了俄罗斯侨民文学的圈子。自1929年至1935年,《现代笔记》发表了他的15首诗。其中《黑色的圣母》一诗令趣味保守的读者刮目相看,为他赢得了最初的名声。

1931年,波普拉夫斯基在蒙巴纳斯遇见了纳塔丽娅·斯托利雅罗娃。相识不久,纳塔丽娅便成了他的未婚妻。有关他们的恋情,波普拉夫斯基写下了一组出色的诗歌《在水的太阳音乐之上》。他们共同出入俄罗斯侨民组织的各种文学活动,一起到郊外踏青,到巴黎周边的小城镇旅行,站在海岸上远眺雾茫茫的海水和天空变幻莫测的云彩。1934年12月,纳塔丽娅随父亲返回苏联。临行前,波普拉夫斯基与她约定,倘若一年以后,她本人不再回到巴黎,而他又能得到她一切平安的消息,他就回国去找她。结果是,她的父亲在回国后不久即被枪毙,而她本人也受到了监禁。情人的离去并且杳无音讯,让原本就在社会中四处碰壁的诗人更感到生活的残酷。1935年10月8日晚上,波普拉夫斯基在一名吸毒者谢尔盖·亚尔科的唆使下,吸食了过量的海洛因,中毒而死[1]。诗人的死讯震惊了整个俄国侨民界,巴黎各家报纸也纷纷刊发消息。人们意识到,失去的是一个诗歌天才。根据评论家阿达莫维奇的转述,巴黎俄侨知识分子领袖梅列日科夫斯基曾有过这

---

[1] 关于波普拉夫斯基的死因,存在着各种各样的猜测,有的意见认为是他杀,有的意见认为是自杀。据说,诗人死后,过了几天,一位自称是谢尔盖·亚尔科的女友的法国女孩,公布了一封这位唆使者在出事当天给她的信。信中说,他已经准备自杀,因为害怕独自死去,准备从熟人中间找一个人陪伴自己。这就是说,凑巧诗人成了他的牺牲品。具体论述可参见安·谢登赫的回忆录《远朋近友》,莫斯科:工人出版社1995年版,第260~272页。

样一个评价:"要证明俄罗斯侨民文学的未来前景,只要举出一个波普拉夫斯基就足够了。"[1]他的好友在一篇纪念文章中认为:"波普拉夫斯基的死,——不仅仅是他失去了生命。与之同时沉默的还有音乐那最后的浪潮,这是在同时代人中唯有他一人能够听见的音乐。此外,波普拉夫斯基的死,与人类无法解决在大地上最后的孤独有关。"[2]

除公开发表的20多首诗歌外,波普拉夫斯基生前只在1931年由于一位商人遗孀的资助,出版过一部诗集《旗帜》。这部作品带有比较明显的未来主义色彩,歌颂城市的崛起,对机械文明进行诗意的渲染,对传统的和谐持激烈的否定态度,宣传自我中心和强力主义。不过,为了使作品在更大范围内得到接受,诗人也还是有意识地修正了自己写作的音调,让它们变得通俗易懂一些:和马雅可夫斯基、布尔柳克等"给社会趣味一记耳光"的做法不同,从某种程度上说,《旗帜》是他迎合公众趣味的一个尝试。但即便在这部具有一定媚俗意味的作品中,诗人的才华也没有被完全淹没。与人们通常对"旗帜"所理解的崇高意味不同,他把旗帜与尸布结合到一起,"夏日里,多少次你希望死去,被风翻卷成一面旗帜"。他对俄罗斯诗歌流行的悲歌风格进行了革新,不再停留于茹科夫斯基、巴拉廷斯基等的浪漫主义抒情,只制造甜蜜的"忧伤"与"悲哀",而是充分意识到人类生存的悖论,以逆喻的手段直抵绝望的宿命,有着强烈的存在主义色彩。在诗人的作品中,始终贯穿着"不自由"、"死亡"、"倦怠"、"荒诞"等主题,与之相伴随的是"噩梦"、"旗帜"、"窗口"、"道路"、"乌云"、"地狱"、"睡眠"、"坟墓"、"雪"等形象,给人以悲剧性的提示。他操纵语言,仿佛音乐家操纵音符,自由而潇洒,通过词与词组本身的节奏给出形象,赋予形象各种不确定的因素,让它们在音乐的旋律中不断地呈现,又不断地转瞬即逝,让位于接踵而来的新形象。于是,他写出了这样的诗句:"森林里光秃的树杈在歌唱 / 而城市如同一支圆号","死神的利刃在雾中呼啸 / 砍杀我们的头颅和灵魂 / 砍杀镜子中的伴侣 / 和我们的过去与未来","温顺的兔子站在他的头顶 / 毛茸茸的爪子搭着金黄的光轮"。当我们读到这些诗句时,不能不惊叹于作者对语言的敏感。

波普拉夫斯基的其他几部诗集均由朋友整理,1936年出版了《下雪时分》,1938年出版了《在蜡制的花环中》,1965年出版了《方向不明的飞艇》。1999年,莫斯科的和睦出版社首次出版了由叶莲娜·梅涅加尔朵收集整理

---

[1] 阿达莫维奇:《孤独与自由》,莫斯科:共和国出版社1996年版,第98页。
[2] 卡兹达诺夫:《论波普拉夫斯基》,载《现代笔记》,巴黎,1936年第59期。

的《自动写作的诗歌》。这几部诗集比较明晰地展示了诗人由未来主义走向超现实主义的整个过程:如果说《下雪时分》还停留于世纪初"白银时代"的文化氛围里,带有对马雅可夫斯基式的未来主义的留恋,那么,《在蜡制的花环中》已经流露出某种向新的写作风格过渡的痕迹,而在《方向不明的飞艇》和《自动写作的诗歌》这两部诗集中已显露了作者对超现实主义写作的自觉意识。由于这部分作品基本上是诗人在一种隐秘的状态创作的,他不再为求发表而阉割自己的审美趣味,写作自由观念得到了淋漓尽致的实现。从某种程度上说,他的《方向不明的飞艇》体现出来的自由抒写状态,在精神上与中国的道家十分相近:在诗人的眼中,"我"是宇宙魂的一滴,被偶然地抛掷在有限的时空,在混沌和黑暗中漫游,竭力希望返回原生地,返回那个无梦之梦;因此,"我"既是宇宙的异在,又是它不可分割的一部分。无疑,这与道家的"物我不分"说是相吻合的。老子曰:"天下万物生于有,有生于无。"这就是说,"道"作为世界的本源,是非实有的、超感知的东西;波普拉夫斯基在自己的日记中也有类似的记载:"世界的本源是非存在,无论怎样都不能命名和进行解释,它同时又是存在。"[1]在诗歌中,它被称之为"没有边疆的母亲",既是爱情的开端,也是痛苦的缘由。正如老子在《道德经》中开篇以"道可道,非常道"所表述得那样,飞艇所运行的也不是寻常的轨道,并不指向一个物理意义上非常明确的目的地,而是任凭宇宙的风暴吹送,穿越云雾,穿越银河系,逼近永恒的临界点——"蓝色的深渊"。

诗人不像浪漫主义者那样专注于对情绪的渲染和抒发,也不再如象征主义者那样以象征对应物来表达抽象的理念,而是致力于语言的艺术生成能力,以语言作为诗歌的起点。他认为:"内在的革命开始于语言,不要在习惯的含义上来使用词,尤其是像笑、哭、委屈等,应该找到在这些词中间有着相反含义的语言。为了避免停滞与腐朽,需要让每个瞬间死去,并以新的方式复活。旧的基座妨碍建设新的大楼……"[2]针对逻辑和理性所造成的局限,波普拉夫斯基主张利用非逻辑的手段来反映世界之偶然性和荒诞性,发掘梦幻与潜意识的合理性,从形象到形象,从词语到词语,把日常生活中看似无法结合在一起的事物相联结,寻找出世界隐秘的同一性,凸现它们内在的联系,在一种陌生化的效果刺激下,体验超越理性思维面限的快感,在表象的不和谐中追求超现实的和谐。"诗歌的主题,它的神秘主义之核,存在

---

[1][2] 转引自塔齐谢夫《方向不明的飞艇》,载《同时代人回忆和评价鲍·波普拉夫斯基》,彼得堡:逻各斯出版社1993年版,第127页。

于原初的理解之外;仿佛在窗口之外,它在长号中鸣响,在树林中喧闹,环绕着屋子"。诗人致力于"揭示我们潜意识中的内在恐惧,在火与寒冷之间的整个斗争、失望和犹豫"。他通过戏剧张力所敞开的文本,仿佛是一部诗体笔记的草稿。这就是说,他"据此创造出来的不单是作品,而是诗歌档案,是活生生的感觉,而不是抒情经验的纺织品"[1],它们透露的是情感和思想诞生的隐秘世界:希望、绝望、赞美和怜悯。

波普拉夫斯基迷醉于神秘主义的自然力,希望通过写作创造一些"谜一般的景象"。他的诗歌更多的是提出问题和猜测,而不是给出答案和谜底。正是从上述美学观出发,诗人叙述道:"月亮在浅蓝色的钢琴上 / 演奏着小夜曲 / 我们躲到柱廊的背后 / 探身观看和等待着 / 但是那比任何人都更怕声音的人 / 却来击打它的背脊。"在此,月亮被隐喻为生命的存在,蔚蓝色的天空仿佛一架巨大的钢琴,流动的世界从喧嚣里逸出,重新回归音乐的和谐。但是,他以特有的敏感发现,在和谐的现实背后还存在着另一个更真实、更残酷的现实:那比任何人更怕声音的"人"——被异化了的生命存在,似乎总不甘心自然与人所达成的和谐,要来击打月亮的背脊。于是,诗人引申出了死亡的主题:"银色的血液流失过多 / 它的脑袋滚落到 / 远处黑色的矮树林背后。"在另一首诗中,诗人在时间与空间的互证中,揭示"水"如何跨越"太阳"、"秋天"而成为"雪"的秘密:"石头默默地孕育出水 / 太阳 / 静静地沿着那条道路升起 / 秋天望着金色的远方 / 泉水在深深的悬崖中沉默 / 或许上帝那里已经下雪。"平静的语调里透露出冷峻的历史沧桑感。面对波普拉夫斯基的诗歌,需要进行一种不间断的诵读,才能从中体会到某种温柔和忧伤的音乐,领略形形色色夸张、变形了的超现实主义画面。

综观波普拉夫斯基的整个创作,堪称一部"日记体的忏悔录"。它们所关注的是现代社会的发展与个性的危机之间的冲突,它们是俄罗斯侨民界"人的寻找"的见证,明显地带有20世纪二三十年代弥漫于欧洲的寻神论因素,亲友们私下里都称他为宗教神秘主义者。哲学家别尔嘉耶夫在自己为数不多的几篇文学论文中指出,波普拉夫斯基是一名真正的受难者,他"感到内心存在着怜悯和残忍的斗争,对生命的爱和对死亡的爱的斗争","感到了在自身与上帝之间的黑暗"。因此,别尔嘉耶夫将诗人的创作称之为"一

---

[1] 转引自塔齐谢夫《流亡中的诗人》,载《同时代人回忆和评价鲍·波普拉夫斯基》,彼得堡:逻各斯出版社1993年版,第103页。

颗牺牲和拯救的灵魂的呼声"[1]。在对待上帝的关系上,波普拉夫斯基比较接近陀思妥耶夫斯基,他拒绝接受那个君临一切、万能的上帝,而是认可一个谦卑的、爱的上帝。对他而言,爱本身具有悲剧性的意味,它不是完满无缺的,不是宏大的、包裹性的,而是以一种碎片的方式存在的,在日常生活中像水滴一样渗透在人的灵魂海洋里,更经常地表现为同情、怜悯,有时甚至以恨的面具出现。在此,我们可以发现,和绝大部分俄国作家一样,诗人的美学原则在不知不觉中已为伦理原则所取代,诗歌成为其精神探索的形式之一。

波普拉夫斯基在给一位朋友的信中声称:"惊奇与怜悯——这是主要的现实性,或者说是诗歌的动力。"[2]他的视力和听力在本质上是抒情的,总是能够像初次接触世界那样去看、去听、去感受。固然,诗人的艺术追求包含着对生命的神圣性的追求,不过,这种追求首先是对神奇性的追求。在他看来,神奇性可以把人们带离现实,带离诗人根本无法适应的现实。超现实主义的自动写作则为这种带离提供了无限的可能性,它破除了世界的确定性和停滞性,在更多的情况下,如同水波荡漾的水面,以流动和碎片的方式来反映所描述的对象。正是在这种可能性的实验中,诗人得以"在恒久的变化中"寻找"个性不变的内核",捕捉到深藏于个性那原初的美。于是,我们看到,波普拉夫斯基如是自动地书写:"黑夜的声音,倦怠——/ 钢笔就这样从手中掉落 / 手就这样从手中掉落 / 而梦站立起来 / 目光就这样跌向离别 / 那神圣的声音 / 一切谈话就这样消失 / 有什么办法,我的朋友 / 很快尽管也并不很快 / 我们将真的能见面。"

著名的俄罗斯流亡文学研究专家格列勃·司徒卢威在他的一部专著中如是说:"倘若在巴黎的作家和批评家中间作一项调查,谁是年青一代侨民中最重要的诗人,毫无疑问,绝大部分意见都会认定是波普拉夫斯基。"[3]作为一名承受着物质和精神双重流亡的诗人,波普拉夫斯基在捕捉了诗歌的生存论本质以后,进行了一系列形式的实验,并在批判性地继承传统的意义上,对20世纪的俄语诗歌作出了巨大的贡献。仅此而论,无疑他的创作实绩也当得起司徒卢威的上述判断。

---

[1] 别尔嘉耶夫:《关于鲍·波普拉夫斯基的〈日记〉》,载《现代笔记》,巴黎,1939年第68期。
[2] 参见尤·伊瓦斯克:《鲍·波普拉夫斯基(1903~1935)的复活》,载《同时代人回忆和评价鲍·波普拉夫斯基》,彼得堡:逻各斯出版社1993年版,第160页。
[3] 司徒卢威:《流亡中的俄罗斯文学》,莫斯科:俄罗斯之路出版社1996年增订版,第226页。

中俄民族心理结构、艺术精神和文化传统的异同性

20世纪初,俄苏文学与中国文学的相遇是人类精神史上一个饶有兴味的事件。两个文化背景既相同又相异的民族接受了几乎相同的文学观念,并在各自不同的地域和环境下进行了一种新型的文学实验,结出了互不相同的果实,这无疑是一个值得深入探讨的课题。

探讨中俄两国文学的关系,必然要涉及它们的民族心理结构、艺术精神和文化传统的异同性。

一 作为民族精神的宗教问题

根据历史记载,俄罗斯的先民是东斯拉夫人。公元9世纪,东斯拉夫人在部落首领基伊的率领下,建立了以基辅为中心的古代罗斯国家。基辅罗斯所处的特殊自然—人文环境对俄罗斯文化的形成有着极为密切的关系:它的西北方是以拉丁文化为主体的西欧,西南方是希腊文化的东方继承者——拜占庭文化起主导作用的西亚诸国,南方是伊斯兰文化氛围浓重的游牧民族地区,至于东方,则有以蒙古—鞑靼人为中介的东亚文化圈。这使得其后形成的俄罗斯文化带有某种杂交的性质,它既非纯粹的欧洲文化,亦非纯粹的亚洲文化。欧亚文化在这块土地上始终不懈地争夺着自己的主导地位,遂产生了俄罗斯历史上著名的西欧派和斯拉夫派的冲突和争执。作为多种文化的混合体,俄罗斯的文化呈现出极为复杂的多重性和矛盾性,它在很多方面都表现出二律背反的特征。

俄罗斯民族的宗教性是众所周知的,据说:"和英国人的谈话结束于谈论体育,和法国人的谈话结束于谈论女人,和俄国知识分子的谈话结束于谈论俄罗斯,而和俄国农民的谈话结束于谈论上帝和宗教。"[1]"俄罗斯人民

---

[1] 转引自安启念:《东方国家的社会跳跃与文化滞后》,中国人民大学出版社1994年,第133页。

的灵魂是由东正教教会培育成的,它具有纯粹的宗教形式。这种宗教形式一直保存到现在,保存到俄罗斯的虚无主义者和共产主义者身上。"[1]在自己的心灵类型上,俄罗斯人本能地倾向于宗教。他"始终致力于某种漫无边际的东西。俄罗斯人总是有对另一种生活,另一个世界的渴望,总是有对现存的东西的不满情绪"[2]。俄罗斯是一个森林民族,诚如克柳切夫斯基所说:"它数百年来一直是俄罗斯的生活环境,直到18世纪后半期,绝大部分俄罗斯人还生活在我国平原的森林地带。来自草原的入侵对于森林生活而言只不过是一些可怕的插曲。"[3]森林里的世界幽暗而静寂,人置身其中,恍然在另一重天地,到处充满超越人的经验的未知。在这种理智无法穷尽其奥秘的情况下,俄罗斯的先民不由得滋生了天然的神秘主义倾向。与许多民族一样,俄罗斯人最初信奉的是多神教,他们供奉的神祇有天空和火焰之神——斯瓦罗格,太阳神——亚里洛,雷电之神——彼隆,风神——斯特里博格,家畜之神——维列斯,等等。公元945年,由于基辅大公伊戈尔进攻拜占庭受挫,罗斯同拜占庭签订了和约,除了罗斯割让克里米亚等地,还要允许基督教在罗斯传播。公元957年,女大公奥丽加接受拜占庭皇帝和总主教为她洗礼,标志着罗斯皈依基督教的开始。公元988年,弗拉基米尔大公迎娶拜占庭的安娜公主为妻,将一批拜占庭神父带回到基辅,命令自己的臣民改信基督教。随后,奉君士坦丁堡为中心的基督教便在基辅罗斯传播开来。不过,由于这是一种自上而下的宗教改革,虽然上流社会多以基督教为信仰,下层人民仍未彻底放弃自己信仰中的多神教因素。这样,就形成了两种宗教相互冲突、相互渗透,最后逐渐融合的状况。1054年,基督教内部东西两派分裂,东派教会自称"正教",意即保有正统教义的正宗教会。罗斯属于东派,自然被划入正教。16世纪末,罗斯正教脱离君士坦丁堡而自治,其教会受沙皇控制并成为国教。[4]从此,东正教思想就在俄罗斯人民的精神生活中起到举足轻重的作用。

与之相比,中华民族的宗教意识则相当薄弱,或许是这个民族太过早熟的缘故,在中国人的精神生活中很少能看到真正意义上的宗教感。中国文化的三大来源是儒、道、释,儒是基干,道和释是补充。儒家文化最重要的特

---

[1] 别尔嘉耶夫:《俄国共产主义的来源及意义》,莫斯科,1990年版,第8页。
[2] 别尔嘉耶夫:《俄罗斯理念》,雷永生、邱永娟译,生活·读书·新知三联书店1995年版,第194页。
[3] 瓦·奥·克:《俄国史教程》(第一卷),商务印书馆1992年版,第60页。
[4] 任继愈主编:《宗教词典》,上海辞书出版社1981年版,第268页。

点恐怕就是它的入世性,它非常讲究"经世致用"。自儒家的创始人孔丘,我们就可以省察到这一点,所谓"子不语怪力乱神",孔子对经验世界以外的事物基本持排斥态度。诚然,人们常以道家的隐遁出世作为中国人宗教意识的证明。但是,这种证明站不住脚,中国的隐士往往以退为进,以守为攻,"出世"的本意是为了"入世",其在名山大川的清苦隐修,为的是换取庙堂之上的高位。与俄罗斯人宁可放弃正直,也要保持神圣的极端不同,中国人似乎从来都缺乏神圣感,宗教对他们来说,更多的时候意味着一连串的祭祀仪式,祭祀什么无关紧要,重要的是,人们应该从祭祀的过程中得到某种好处。这样,神圣的庙堂通常就成为祭祀者进行交易的场所——带着供品来到这里,然后,再从这里带走他所需的许诺。对宗教的实用性理解,导致了信仰的摇摆性,他可以同时是道教徒、佛教徒和基督教徒,却一点都不会感到其中的冲突与矛盾。这种不稳定性,也导致了民族心理结构中的机会主义成分的积淀。中国新文学史上很多作家对自己的定位感到茫然,不能不说与这种民族心理结构有密切关联。在大多数情况下,文学并不是他们的终极目标,而是他们通向另一个目标的路径、过道,甚至是敲门砖。这样,一旦文学并不能带给他们预设的好处,他们往往就断然舍弃文学追求,转而投入其他的活动。

二 文艺上的道德主义传统

美善之间没有明显的界限。在中国古文字中,美与善是可以互训的,美即善,善即美。"美"字,据《说文》的本义,是从"羊"从"大"的意思,它与我们今天所指谓的美没有太多的关联。肥大的羊可以提供味道鲜美的佳肴,其皮毛可以作为御寒的工具。这样,中国的先人们就在对事物的感受性层面上确立了美的最初含义。也就是说,我们的祖先情不自禁地把美同幸福、满足感联系了起来。仿效"羊"字而来的"善",由于其通常暗含着人们的吉祥、幸福的感受,而达成了一种可以相互通释的关系。[1] 不带主观情感地说,中国人最初的审美意识就渗透着强烈的功利性。成语"尽善尽美"很好地反映了美善相兼的潜在心理。早在上古时代,实用主义的观念就已经渗透到文学作品之中。中国诗歌的经典《诗经》,便已流露出文学干预政治的端倪,有相当一部分作品是时人因针砭时弊,劝诫统治者和政府官吏而作的;还有一部分作品的题旨则是歌颂王公贵族文治武功的。据说,《诗经》最后由孔

---

[1] 笠原仲二:《古代中国人的美意识》,北京大学出版社1987年版,第2页,第182～183页。

子删削编定而成,因此,它又是儒家的第一部经典著作。孔子关于诗歌曾经发表过一番影响深远的见解:"诗可以兴,可以观,可以群,可以怨,迩之事父,远之事君,多识于鸟兽草木之名。"[1]虽不能就此得出孔子完全没有认识到文学的审美价值的结论,但是,他心目中的文学更多地带有儒家实用主义的特征则是确凿无疑的。汉代所传的《毛诗序》进一步发挥了"诗言志"的含义,证明一个时代的政治情况往往能够在音乐中反映出来:"乱世之音怨以怒","亡国之音哀以思"。而脱胎于音乐的诗歌可以感动天地,匡正时弊,可以肩负起"经夫妇,成孝敬,厚人伦,美教化,移风俗"的责任。因此,是"经国之大业,不朽之盛事"[2]。至宋代,道学家周敦颐旗帜鲜明地拈出了文学的道德功能,他在《通书·文辞》中说:"文所以载道也,轮辕饰而人弗庸,徒饰也。况虚车乎?文辞,艺也;道德,实也。"[3]在《通书·陋》中,他又说:"圣人之道,入乎耳,存乎心,蕴之为德行,行之为事业。彼以文辞而已矣。陋矣。"这就更强调了"道"的优先性,而把"文"放在了一个几可忽视的位置。到了程颢、程颐那里,德性被强调到了一个极致,认为"有德者必有言",文可以不学而能,甚至断言"作文害道"。这样,文学的审美功能被消减到近乎零的地步,所谓文,不过是记录讲义语录的文字而已,不再与文学有任何瓜葛。

中国的文学在其诞生之初,便被灌注了强烈的政治意识和道德热情。此后,经过儒学批评家予以实用主义的发展和修正,其总的倾向基本是"文以载道"的回声。他们一方面过分地夸大了文学的救世作用;另一方面,又使文学在这种片面的夸大中受到无形的损害,走向了自己的反面。历史地来看问题,这种美善不分的做法在最初要求文学和艺术具有崇高的社会使命感,反对低级无聊的纯粹官能性愉悦方面,使文学起到了净化人类灵魂的作用;但发展到后来,其极端者则将审美严格地限制在狭隘的伦理范围里,就束缚了创造者的个性和审美意识的自由发展。

中、俄两国都缺乏为艺术而艺术的唯美主义传统,都具有深厚的道德主义色彩。与中国"文以载道"、"诗言志"这一贯穿了几千年的文学传统相似,俄罗斯文学也以其德性特征而称著于世,在自基辅罗斯发展而成的文学传统中,知识分子的救世意识笼罩着整个精神世界。举凡俄罗斯的诗人和作家,绝少有不问政治的。在布罗茨基主编的《俄国文学史》的开篇便说道:

---

[1]《论语·阳货》。
[2] 曹丕:《典论·文论》。
[3] 参见郭绍虞主编:《中国历代文论选》(第二册),上海古籍出版社1979年版,第283页。

"他们（俄罗斯作家）决不是避开社会的暴风雨、置身'纯艺术'世界的恬淡冷漠的生活观察家。爱祖国，爱人民，保卫人民的利益，向专制制度与农奴制度、无权与横暴作斗争，对公民职责的高度自觉，同国内解放运动的紧密联系——这便是先进的俄罗斯文学的内容的特色。"[1]这段话虽然烙有时代的印痕，却从一个侧面说明了俄国文学最显著的特征——就是文学的社会性和政治立场。19世纪俄罗斯最杰出的批评家别林斯基就认为："艺术利益本身，不得不让位于对人类更重要的别的利益，艺术高贵地为这些利益服务，做它们的喉舌。……剥夺了艺术为社会利益服务的权利，这是贬低艺术，却不是抬高艺术，因为这等于是夺去它的最泼辣的力量，即：思想，使之成为消闲享乐之物，游手好闲的懒人的玩具。"[2]稍后的车尔尼雪夫斯基更是坚定不移地捍卫文艺的思想性，提出了"美是生活"的著名定义，从多方面阐述了艺术与现实的关系问题。在他看来，现实美高于艺术美，生活的素材具有艺术的完美性，艺术不过是生活的"抄本"而已，是现实的代用品。据此，他进一步强调了艺术的三大作用，亦即：再现现实，说明生活，对生活现象下判断。沿循这一思路，艺术便逐渐成了人的一种道德活动。由此，他得出了艺术是人的"生活教科书"的结论。之所以强调文学的作用，他在《俄国文学果戈理时期概观》一文中作出了说明，当时的俄国，与法国、英国、德国相比，"智的活动"还没有出现真正的分工，上述国家已经移交给哲学、宗教、经济学、政治学等去做的工作，仍然集中在俄国文学身上："我们的文学暂时几乎集中了人民的全部智的活动，因此，在它的身上还直接负担着这一种责任：还得去进行在别的国家里、已经转到所谓智的活动其他方面司专门支配中的事情。"[3]在车尔尼雪夫斯基生活的年代，文学是传播科学知识以推动社会进步和传播民主思想以促进革命运动的最有效的工具。由此可见，在十分强调文学的道德性和政治性的俄罗斯土壤上，诗人和作家也更多地着迷于审美以外的政治、哲学和宗教。当时初露端倪的"唯美主义"思潮和"纯艺术"流派，如费特、迈科夫、波隆斯基等的抒情诗，只能昙花一现，因缺乏坚硬的基础而很快转向了神秘主义，世纪末的俄罗斯文学顺乎自然地成了探讨人的精神问题的一种手段。至于19世纪俄罗斯的文学巨匠托尔斯泰，更是一位鼓吹"道德的自我完善"的小说家，他认为："只有当人们不再认为艺

---

[1] 布罗茨基主编：《俄国文学史》上卷，蒋路等译，作家出版社1954年版，第2页。

[2] 别林斯基：《一八四七年俄国文学一瞥》，见伍蠡甫编《西方文论选》下卷，上海译文出版社1979年版，第385页。

[3] 伍蠡甫主编：《西方文论选》下卷，上海译文出版社1979年版，第423页。

术的目的是'美'(即享乐)时,他们才会了解艺术的意义。"[1]在他看来,把美当成艺术的目的,不但妨碍人们对艺术作出准确的判断,而且还会将问题转入到与艺术毫不相干的领域,用诸如形而上学的、心理学的、生理学的和历史学的眼光来看待艺术作品;而艺术的真正使命在于激发善良的、为争取人类幸福所必需的感情,取代那些低级的、不太善良的、不为争取人类幸福所必需的感情。托尔斯泰本人的创作努力实践着自己的这一艺术信念,他在忏悔贵族的伪善和罪恶的同时,猛烈地抨击了农奴制的残酷和资本主义的剥削,满怀深情地歌颂下层劳动人民的美德,其创作贯穿着深厚的人道主义精神。因此,他被列宁称之为"俄国革命的一面镜子"。

三　稳定的民族心理结构

中华民族具有悠久的历史,是世界上少数几个完整地保存了自己的民族成分的民族之一。在世界各民族的发展史上,该民族几乎是唯一没有出现过较大变动的。这种稳定的民族发展史造就了稳定的民族性格,而稳定的民族性格又和中国人对土地的眷恋有极为密切的关系。中华民族曾经从泥土中发掘出自己光荣的历史,这种光荣而今已成为某种束缚,羁绊着人们向另一个更为宽广的世界前进。著名社会学家费孝通对中国社会的乡土性作过非常精深的研究,他说:"靠种地为生的人才明白泥土的可贵。城里人可以用土气来藐视乡下人,但是乡下,'土'是他们的命根。"[2]在农村,占有最高地位的神祇是土地神,乡下人以一对笑容可掬的老人来象征可贵的泥土,让他们来掌管乡间的一切闲事。与泥土相依为命的人们是缺乏流动性的。游牧者可以驱赶着他的畜群,逐水草而居,浪迹天涯;种地者却搬不动土地,由于庄稼的不能挪动,伺候庄稼的农民也似乎将半截身子埋进了泥土。所以,"以农为生的人,世代定居是常态,迁移是变态"[3]。在中国人的观念中,流动会妨碍生活的质量,只有定居才会带来吉祥和幸福,"背井离乡"通常是被当成苦难的代名词来使用的。这个民族与土地的特殊关系使得他们在内心里一直凝聚着镂骨铭心的"乡恋"。乡土社会是安土重迁的,农民们生于斯、长于斯、死于斯。在这种不知秦汉的封闭环境里,个人不但可以信任自己以往的经验,而且可以信任父辈、祖辈的经验。"一个在乡土社会里种田的老农所遇着的只是四季的转换,而不是时代的变更。一年一

---

[1] 托尔斯泰:《艺术论》,丰成宝译,人民文学出版社 1958 年版,第 42 页。
[2] 费孝通:《乡土中国》,生活·读书·新知三联书店 1986 年版,第 2 页。
[3] 费孝通:《乡土中国》,生活·读书·新知三联书店 1986 年版,第 3 页。

度,周而复始。前人所用来解决生活问题的方案,尽可抄袭来作自己生活的指南"[1]。这样,前人生活中证明有效的做法,往往就被看成包治百病的灵丹妙药,世世代代沿袭下去。长此以往,崇古似乎成了幸福生活的必要保障。在如此浓重的好古氛围中生活的民族自然也就沾染了保守的习气。厚古薄今不仅是九斤老太式的普通百姓的习惯,而且也是中国知识分子固有的信念,他们在学问上"述而不作"的传统,明显地表现出对今天的不信任。正如亚瑟·亨·史密斯所说:"先人的优越感是建立在后人的自惭形秽基础上的。"[2]比如,谨守规矩的儒生们认为,儒家经典一旦问世,便无须再加增补,一部《论语》已经囊括了先人的最高智慧。对于我们后世来说,不存在什么创造的工作可做,可做的唯有对经典的注释和阐述,"皓首穷经",花费一辈子的时间去为经典在当代的合理性寻找证据。中国文学史上几次较大的复古运动就是这种精神的凸现,所谓"文必秦汉,诗必盛唐",讲究"无一字无来处",以考据性的工作代替了真正的创新,对知识的拜物性推崇无形之中就贬抑了更具启迪性的智慧。

  从某种程度上说,中国人的宗教感都消耗在了祖先崇拜上。祖先崇拜是氏族社会的产物,它的生理和心理基础就是人的血缘亲族关系。最早的祖先崇拜,是崇拜氏族社会中共同的英雄祖先,诸如远古神话中的炎帝、黄帝;然后是崇拜一个部落的共同祖先,如民间传说中的羿、夸父、大禹等;伴随着家庭的产生,人们开始崇拜家庭的祖先。初民相信,祖先的鬼魂能够变为神灵,佑护自己的子孙后代,子孙后代也因此而负有祭祀的义务。与西方社会较早地以城邦制取代了氏族制不同,中国社会是带着氏族制的脐带跨入文明时代门槛的。这种祖先崇拜的观念,深刻地影响了中国的家庭结构、社会结构,以及民族心理和意识形态,进而由氏族制发展到宗法制。如果说西方社会是走着一条"家族、私产、国家"的道路,一步步施行新陈代谢,最终以国家代替了家族;中国社会则是在氏族公社解体时,径直由家族进入国家,并在国家之中混合了不少家族因素,形成了一种名为"社稷"的家国同构的宗法制,它较多地体现着新旧相互嬗替的准血缘关系。家国同构是中国文化的特点之一,中国近代文化怪杰辜鸿铭曾经不无得意地说过:"在中国的国教里,相当于其他国家宗教的教堂是——家庭。"[3]在远古社会里,由

---

[1] 费孝通:《乡土中国》,生活·读书·新知三联书店1986年版,第51页。
[2] 史密斯:《中国人气质》,张梦阳、王丽娟译,敦煌文艺出版社1996年版,第83页。
[3] 辜鸿铭:《中国人的精神》,海南出版社1996年版,第72页。

氏族部落脱胎而成的早期国家均出现过因血缘而来的宗法制度：主要根据血缘的远近来区分嫡庶亲疏，它的主要精神是长子继承制。中国的宗法家族在夏朝初具雏型，至周朝得到确立，逐步形成了一张庞大、复杂而又秩序井然的血缘网络。周朝在夏商的世袭制之外，进一步完善了分封制。除长子接天子之位以外，次子以下就分出去别立一宗，由此而分大宗、小宗，大宗"百世不迁"，小宗一般传五代，所谓"五世则迁"。世代相传，便形成了一个"家"天下，皇帝是这个大家庭的家长，其余的臣民则顺乎自然地变成了他的亲戚子孙，对国家的治理也就等同于对家庭内务的处理。周朝以后，家国同构的实体虽然已经瓦解，其观念却保留了下来，并且作为维系封建政治的意识形态积淀进国民的集体无意识之中。

四　空间因素与民族性的铸造

当我们回顾古老的中华民族发展历史时，不能不注意到其中存在的地理因素。起源于黄河流域的华夏文明，基本处在一个相对独立、相对隔绝的环境里，它难以与同期的世界先进文化，如希腊、罗马、巴比伦、埃及等文明交流，唯一相毗邻的印度，则由于喜马拉雅山的阻隔，使得数千年间都没有正式的接触而不能相互发生影响。华夏文化是在缺乏与其他文化碰撞的条件下，以特殊的方式萌发和成熟起来的。自给自足的农耕经济和封闭的文化发展，使得中华民族的先民们不可能产生文化多元并存的心理，反而滋长了一种自我中心的民族意识。相对于周边民族的落后性而言，中国人具有较高的文化势能，久而久之，便形成了以华夏文化为中心的单向性文化辐射的态势——"用夏变夷"。我们的先民坚定不渝地相信，中国乃"中央之国"，所谓："天处乎上，地处乎下，居天地之中者曰中国，居天地之偏者曰四夷。四夷外也，中国内也。天地为之乎内外，所以限也。"[1]从旧传统的观点来看，四周的民族都是些蕞尔小国，它们依其与中国的方位，分别被称为"北狄"、"东夷"、"南蛮"、"西戎"。这些称呼明显地存有鄙视的意味，流露出强烈的文化优越感："中国人认为天是圆的，地是平而方的，他们深信他们的国家就在地的中央。他们不喜欢我们把中国推到东方一角上的地理概念。"[2]把中国视为天下中心的文化心理，在明朝人绘制的地图上得到了充分的体现。据意大利传教士利玛窦在其札记中记载：明帝国的15个省，被画

---

[1] 石介：《中国论》，转引自萧功秦《儒家文化的困境》，四川人民出版社1986年版，第3页。
[2] 《利玛窦中国札记》，中华书局1983年版，第180页。

在地图的中间部分,在四周所绘出的海面上,散布着几个小岛,这些小岛被填上当时已知的国家的名字。而这些小岛的总面积加起来还不及中国一个最小的省份的面积大。[1] 至于中国与外部世界的关系,被简单地划分为"内夏外夷"的关系。在此关系构架中,中国一直享有向周边民族施布礼乐文教的恩主的尊荣,而那些蛮夷外邦只能处于无条件地服从的臣属地位。传统的中国人没有"世界"的概念,只有"天下"的概念。"世界"是由各自独立的政治文化实体彼此发生联系而组成的一个网络性存在,各个实体之间不存在共同尊奉的政治权威中心;"天下"则尊奉一个共同的政治经济伦理的价值体系,规定出等级森严的秩序,服从单一的权威中心。

俄罗斯地理对民族性格的影响,除却其特殊的位置以外,还有辽阔的空间(即便在庞大的苏联解体以后的今天,俄罗斯的版图面积仍然有1700万平方公里)。它既铸就了俄罗斯人宽容、博大的胸怀,也带给了懒惰、驯顺、首创性匮乏、责任感薄弱等缺点。俄罗斯无边无际的土地形成了国家的无界性,这种无界性随后又进入了民族的心理结构。当俄罗斯人面对土地一无际涯的形式时,他的精神能量就开始向内转,转向那个更为辽阔的内宇宙。在历史上,俄罗斯广大的空间不止一次保护它的居民安然无恙地渡过危险,给了他们以安全的保障。因此,"俄罗斯人感到周围都是自己的巨大空间,置身俄罗斯的心脏,他不会体验到恐惧。辽阔、深邃、巨大的俄罗斯大地,总能解救俄罗斯人,帮他摆脱困境。他总是依赖俄罗斯大地,依赖俄罗斯妈妈。他几乎把大地母亲与圣母混为一谈"[2]。由此造成的后果是,俄罗斯大地统治着俄罗斯人,而不是俄罗斯人统治着它。与之相比,西欧其他民族由于国土的狭小,便形成了另外一种性格特征,他们习惯于运用集约式能量,对一切进行精心计算和准确界定,把一切固定在自己狭窄的位置上。这种做法除为西方人带来了积极进取的优点以外,也常常使他们在自身的言谈举止中漾入了可鄙的小市民习气。可惜的是,俄罗斯人在厌恶西方人的小市民习气的同时,并没有克服自己的被动性和保守性。

五 罪感与耻感

俄国人上至贵族,下迄平民,一般都有强烈的忏悔意识;中国人则无论官员,还是百姓,在天地之间存身,每犯过失,更多的是羞愧意识,在他人面

---

[1] 《利玛窦中国札记》,中华书局1983年版,第179页。中国皇帝亦通常将自己看成是天下的共主,"普天之下,莫非王土,率土之滨,莫非王臣"(《诗经·小雅·北山》)。
[2] 别尔嘉耶夫:《俄罗斯的命运》,莫斯科:苏联作家出版社1990年版,第67页。

前丢了面子。俄国人接受东正教教义,认为人是生而有罪的。倘若他犯有过失,完全是由于自己听凭携带着原罪的自由意志的驱使所造成的。根据《圣经·约翰福音》记载,一群法利赛人抓住了一个与人通奸的妇女,交给耶稣处理。按照摩西律法,通奸者应当被乱石打死。耶稣却对众人说道:"你们中间谁是没有罪孽的,谁就可以先用石头打她。"于是,众人面面相觑,每个人都觉得自己无权投出第一块石头,便自行散开。无疑,俄罗斯人普遍地接受了这种教义,认为每个人都无权去裁判别人,他在尘世所做的一切应该是救赎人性的过程,忏悔是人进行救赎的第一步。忏悔使人从本己出发,它着眼于对人天性中的卑劣成分进行反思,而把裁判权交给上帝。这样,他作为人本身并不纯洁,却维持了内心的统一。与之相比,中国人相信人性本善,人之所以会犯下罪过,是因为他违背了自己的本性的缘故。罪人不是人,因为他受外界的诱惑,放弃了自己的本性。由于对人性本善的过分信任,中国人往往把人的行为所应承担的责任推到了人自身以外的某种力量。这种做法造成的后果就是,似乎每个人都有权评判和指证他人,而且,越是苛刻地对待别人,就越能证明自身的清白和纯洁。于是,中国人最害怕的是"人言",汉语中人品的"品"字就是三个口,一个人的人品如何,主要在于众人之口。久而久之,就形成了一种他律的民族性格。每个个体都以外在的舆论作为自己行为的准则,其最为常见的现象就是强烈的趋众心理。长期以来,中国人只有羞愧、认错和反省,没有深刻的忏悔。它维持了人本身的纯洁性,却放弃了个人的责任,在极端的情况下,导致了人格分裂的恶果。

六 极端与中庸

俄罗斯人具有走极端的倾向,"俄罗斯的精神就在于此,指向最后的和终极的,指向一切方面的绝对存在,指向绝对的自由和绝对的爱"。"俄罗斯精神企求一个绝对中的神圣国家……它希望绝对生活中的神圣,唯有绝对神圣使它迷恋"[1]。俄罗斯人好走极端的特性,使得他在现实生活中的相对和折中里显得十分被动。他渴求着一个绝对的上帝,显示出"全有或者全无"的姿态,他仿佛永远希望秉有天使或野兽的成分,难以发现温和的人性。因此,我们在阅读俄罗斯的诗歌和小说时,一方面会为其中呈现的非人间的高贵而感动;另一方面,也会为作品的主人公性格中鄙俗、粗野到极点的行为而震惊。俄罗斯人往往不满足于既有的生活方式,他对某种已经定型的

---

[1] 别尔嘉耶夫:《俄罗斯的命运》,莫斯科:苏联作家出版社1990年版,第32～33页。

事物有一种近乎本能的反感。别尔嘉耶夫曾经指出:"朝圣是一种特殊的俄罗斯现象,其程度是西方没见过的。朝圣者在广阔无垠的俄罗斯大地上走,始终不定居,也不对任何东西承担责任。朝圣者寻找真理,追求天国,向着远方。在人间,朝圣者没有自己逗留的城市,他追求未来的城市。"[1]潜藏在朝圣者行为背后的是俄罗斯人对精神自由的向往,他认为现实世界是不真实的,是带有面具的虚幻世界,那蕴涵着真理的世界永远在别处。

中国人则向往中庸的境界。中庸之道在中国人看来,是人生最为可取的德性状态,所谓"极高明而道中庸"。如何理解"中庸"呢?关键在于"中"字,从字面上说,"中"就是两端的中心点。朱熹《中庸章句》曰:"中者,不偏不倚,无过无不及之名。"这就是说,不走极端,不说过头的话,不做过头的事,一切以中间价值取向为依据。适可而止,知足常乐,是许多中国人的人生信条。中国人在绝大部分事情上都不会走得太远,知足的哲理思想养成了他对幸福、美好、真理的追求十分消极,缺乏西方人的进取精神。表现在判断事物的是非曲直上,通常会作出如下的结论:张三是对的,李四也不错;或者各打五十大板,王五不对,赵六也有过错。"彼亦一是非,此亦一是非"。判断者永远立于不败之地,是由于他总是拥有中庸的武器。这里,真正的立场和是非并不存在。"这种对庸见的崇拜,于是就变成了在思想上对所有过激的理论,在道德上对所有过激行为的一种厌恶"。它的可怕之处在于:"淡化了所有的理论,摧毁了所有的宗教信仰。"[2]反映到中国人的美学传统中,就变成了文学和艺术中对"中和之美"的追求,"发乎情,止乎礼义"。孔子对郑国的音乐非常反感,希望加以禁止,其根本原因就在于,"郑声淫",太过分了,不符合中节有度的审美标准。中国文化基本是由儒道释互补而成的。儒家以为"礼之用,和为贵,先王之道,斯为美",在"礼"的节制之下,达成个体与集体、情感与伦理、心理与行为之间的和谐;道家则认定"万物负阴而抱阳,冲气以为和",将"和"作为"道"的最高境界;释家作为来自异域的文化,在受到魏晋玄学的浸染以后,形成了一种特殊的中国式佛学体系,它讲究"和心足于内",同样强调人的自我克制,在封闭和稳定的思维结构中趋达心理的平衡与和谐。受着这种审美思维定势的规约,中国文学在表现悲剧的时候,往往会出现个体的毁灭向道德理性和社会化人格回归的模式,悲剧

---

[1] 别尔嘉耶夫:《俄罗斯理念》,雷永生、邱守娟译,生活·读书·新知三联书店1995年版,第194页。

[2] 林语堂:《中国人》,学林出版社1994年版,第119页。

主人公的苦难最终会在或进入神仙世界、或同化于自然的结局中得到消解。著名的《梁山伯与祝英台》的故事便是一个非常典型的例子,当悲剧主人公双双自尽殉情后,作者设计了他们化身为蝴蝶重现人世的结局。剧本更多地迎合了观众希冀大团圆的心理期待,集体无意识中对"善"的肯定再次战胜了对"真"的求索。

七　体悟与启示

中国人的传统思维方式推崇直觉、讲究体悟。中国的哲学思想大多以直觉的形式出现,它强调"体认"、"顿悟"、"意会"。当然,直觉思维并不是中国人的专利,西方哲学家也同样十分重视直觉,历代都有不少人对之加以探讨。古希腊的毕达哥拉斯就认为直觉高于观察。中世纪的托马斯·阿奎那则宣称,认识上帝的途径只有三条,那就是理性、启示和直觉。20世纪的意大利美学家克罗齐更是强调直觉就是创造,它在审美活动中占有至高无上的地位。不过,在西方的思想史上,直觉思维并没有成为其贯穿始终的普遍性思维形式,未能取得支配性的地位。因此,西方思想家尽管不否认直觉在认识过程中的作用,却多半要将直觉与理性统一起来,使之具有逻辑化的特点。这就是说,西方人的直觉往往设立在分析性的逻辑思维基础上。与之相反,在传统的中国哲学中,直觉思维起着支配性的作用。《老子》开篇就说:"道可道,非常道;名可名,非常名。""道"的奥秘,不是逻辑和理性所能揭示的。只有"涤除玄览","致虚极,守静笃",方能通过玄妙的直觉去领悟。庄子则认为,"知者不言,言者不知","无思无虑则知道",故而,他主张"心斋"、"坐忘",清除一切知识的欲望,"虚室生白",让空茫的心灵直接去体味宇宙的真谛。至明代王守仁,更是发展出一套集直觉思维之大成的"心学",提出"心外无物"、"心外无理"的唯心主义宇宙观,进一步突出了直觉的能动作用。例如,他在《传习录》中这样说道:"你未看花时,此花与汝同归于寂;你来看此花时,则此花颜色一时明白起来,便知此花不在你的心外。"

俄罗斯人的思维与西方的传统思维也不太一样,它不讲究逻辑论证,对理性持排斥态度,更多地信奉启示的精神。作为一个后起的封建帝国,俄罗斯没有产生过希腊式的理性运动,不曾受到真正意义上的科学精神的洗礼。我们知道,资本主义的繁荣与科学在人类生活中所取得的全面胜利有十分密切的关系。科学作为理性的表现形式,帮助资产阶级建构了一个最有利于财富集中的社会制度,这个制度反过来又加强了理性的力量。欧洲文艺复兴以后,人们的注意力逐渐从天上转到了人间,中世纪对超自然世界的兴趣被近代对自然事物的兴趣所取代,神学卸下王冠,交给了科学和哲学。人们坚定地相信理性的力量,重视和渴求知识,强调知识的实用性。自从培根说出"知识就是力量"的名言之后,"几乎一切近代伟大的思想家都对科学研究成果的实际应用感兴趣,怀着热诚的乐观主义展望未来的时代在机械工艺、技术、医药、以及政治和社会改革上令人惊奇的成就"[1]。这种理性的神话经由笛卡儿、伏尔泰的强化,在德国的黑格尔那里达到了顶峰。至19世纪后期,叔本华、尼采的自由意志哲学开始对这一传统进行猛烈的抨击,这才打破了理性主义一统天下的局面。俄罗斯则由于其特殊的自然—人文背景,科学的传播存在着很大的障碍,资本主义进程特别缓慢,即使出现过罗蒙诺索夫这样的科学天才,也并不曾培养起民族意义上的理性精神。别尔嘉耶夫在分析俄罗斯人性格时,曾经严厉地指斥过本民族文化中的非理性因素,他将之命名为"黑葡萄酒"因素,认为它颠覆着一切政治纯理性主义的理论,在国家政治中制造了一些出乎意料的东西,把历史转化成了幻想,变成与实际不相符合的浪漫小说。他说:"俄罗斯的反动,实质上总是对整个文化、整个意识、整个精神性的敌视,在它背后永远站立着某种黑色——自然力的、混沌的、蒙昧的、狂醉的东西","黑色的非理性因素在民族生活的底部诱惑和腐蚀着峰顶。"[2]俄罗斯人似乎先天地带有酒神狂欢的因素。正是受这种非理性精神的驱使,俄罗斯人建构了一套以人为中心的人格主义哲学,突出地关注历史的意义、人类的前途、生命的存在、神与人的关系、世界的命运等问题。人格主义哲学中强烈的激情虽然不利于科学理性的诞生,却从精神的另一极孕育了俄罗斯19世纪文学乃至20世纪文学的辉煌。

八 "士"与"知识分子"

中俄文化的比较,其异同最为明显地表现在文化的主要代表,亦即知识分子身上。我们知道,现代意义上的"知识分子"概念的提出,最早便出自俄国,其渊源可追溯到18世纪的贵族阶层,正式命名则是"19世纪下半叶,那些被称之为文化阶层的人们转变为新人,得名'知识分子'"[3]。正如别尔嘉耶夫所指出的那样,俄国知识分子在内涵上与西方所称的知识分子不同,他们并不是通常所谓的从事脑力劳动和创造的人,而完全是由另外一些人组成的,他们可能根本不从事脑力劳动,甚至还不是特别有知识的人。他们

---

[1] 梯利:《西方哲学史》,葛力译,商务印书馆1995年版,第282页。
[2] 别尔嘉耶夫:《俄罗斯的命运》,莫斯科:苏联作家出版社1990年版,第56页,第58页。
[3] 别尔嘉耶夫:《俄国共产主义的渊源和意义》,莫斯科:科学出版社1990年版,第18页。

具有某种僧团的特性,尽管没有外在的组织形式,没有一定的宗教信念,也没有共同发誓许诺,却拥有自己独特的道德标准,有悲天悯人的同情心,有特殊的行为准则和生活方式。他们迷恋某种思想,甘愿为它无私的献身,"他们能够完全为思想而活"[1],这使得"他们不理解相对性,绝对地相信某一种学说,从而使他们接受的一切似乎获得了一种宗教性。他们不是怀疑论者,而是教条主义者"[2]。俄国的知识分子并不是一个经济的或职业上的群体,更多的是基于对思想,尤其是对社会思想的共同爱好而构成的一个特殊的文化阶层。它的成分十分复杂,有贵族,有神父,有小官吏,有平民,也有解放了的农奴,"不管他们原初的社会或经济地位如何,都感到他们自己属于俄国的一个特殊文化团体,因为就其真正本性而言,他们是和社会其他成员相异的。……知识分子之所以强烈意识到他们自己属于一个阶层,乃是因为在他们的国家里,这颗头颅同社会躯体移离得太远了"[3]。由于俄国知识分子与任何等级生活都相决裂,以及面对文化传统的虚无主义态度,他们具有无可依托的无根性特征。俄罗斯文学中时常可以见到的"多余人"就是这一特征的艺术呈现。正如赫克尔所指出的,20世纪初,俄国知识分子大量流亡到欧美,"他们不靠被隔开的人民的欢乐和悲哀生活,也不能把自己劳动的果实献给人民",这种"离开本土流亡国外"的事件是其悲剧的顶点。[4] 孔斐诺在对俄国知识分子进行了一番考察后,归纳出了五项特征:"1.深切地关怀一切有关公共利益之事;2.对于国家及一切公益之事,知识分子都视之为他们个人的责任;3.倾向于把政治、社会问题视为道德问题;4.有一种义务感,要不顾一切代价追求终极的逻辑结论;5.深信事物不合理,须努力加以改正。"[5]

"知识分子"一词在中国的出现,从某种程度上说,跟大学的创办有一定的关系。如此,应是清末民初的事。无论是西方还是东方,大学的存在都被看成一个社会秉有现代性的标志。大学,作为文化的坚强堡垒,一方面顺应社会的专业化和科技化,培养了一大批具有专门知识和造诣的专家、学者;另一方面因其与社会的相对疏离,保存了知识分子在精神、人格和价值判断上的独立性,使得他们可以游离于政治之外,从容地进行有关价值、公理、意

---

[1] 别尔嘉耶夫:《俄国共产主义的渊源和意义》,莫斯科:科学出版社1990年版,第18页。
[2] 金亚娜:《俄国文化研究论集》,黑龙江教育出版社1994年版,第83页。
[3] 威廉·巴雷特:《非理性的人》,段德智译,上海译文出版社1992年版,第139页。
[4] 赫克尔:《俄国知识分子的宗教悲剧》,《文化与艺术论坛》1992年第2期,第270页。
[5] 转引自余英时:《士与中国文化》,上海人民出版社1987年版,第3页。

念、符号等文化性的活动。更为激进者甚至提出"大学之所以为大学,只有一个理由,即他们必须是批判的中心"。但是,我们对"知识分子"的理解,在概念上,尽管也沿用西方的界说,认为是"创发、诠解、传播和适用文化的人",却往往忽略了它的纯粹性和独立性。在实际应用上,其外延可以广及所有"断文识字者",也就是人们通常所称的"读书人"。这就造成了内涵和外延之间无法吻合的混乱。之所以会出现这种混乱,在我看来,与中国知识分子对自身在当代的使命和岗位缺乏明确的意识有关。而其渊源,则可以追溯到中国具有两千多年历史的"士"传统。关于中国的"士"传统,余英时先生进行过极为详尽的考证和非常精辟的阐释[1]。在他看来,西方学者所刻画的知识分子的基本特征与中国的"士"极为相似,且引用孔子的"士志于道"和孟子的"无恒产而有恒心者,唯士为能",指出"士"自先秦时代起便在中国历史上发挥着"知识分子"的功能。事实上,余先生所谓的"士"之品格,主要体现在先秦时代。自汉代以来,"士"大多已蜕变为"仕",从而与权力和官僚联结在了一起。"仕"既然"受禄于君",便不免"忠君于事"。原本"不治而议"的传统逐渐让位于"治而不议"。久而久之,知识分子的批判立场就此丧失,沦落为普通的"读书人"。在科举时代,写作成了一项制度,它决定着知识分子能否做官,能否在权力机构中占有一席之地,能否光宗耀祖的问题。至于写作中间人的内心世界,人的精神境界,则可以全然不顾。莘莘学子在更多情况下期望的是"学而优则仕",在非常境况下则是"仕而败则学",学统始终围绕着政统这根轴心旋转。如此,学问中隐含的政治功能远比其学术功能更引起一般学子的兴趣,为学术而学术和为知识而知识的例子极为罕见。这样,在整个求知传统中也就缺乏对客观知识负责的意识。

---

[1] 参见余英时:《士与中国文化》,上海人民出版社1987年版。

20世纪中国现代主义诗歌演变的轨迹

众所周知,中国的新文学滥觞于19世纪末,崛起于20世纪初,继而在二三十年代奠定其不可移易的基础。新文学萌芽——崛起——繁荣的过程恰好与西方现代主义文学的发展同步。正是这种特殊的背景使得"别求新声于异域"的新文学在师从西方浪漫主义、现实主义和自然主义的同时,又以其开放的姿态接受了风靡于当时西方文坛的现代主义的影响。

19世纪中后期,法国出现了象征主义诗歌。随后,它就越过了所诞生的国土和诗歌领域,在俄、英、德、美诸国得到了强有力的呼应,其影响又逐步蔓延到拉美、非洲和亚洲,演变成了一个国际性的文学现象。20世纪二三十年代,象征主义在各国经过进一步的演变和分化,酿成一场声势浩大的现代主义运动,扩展到艺术、政治学、社会学、伦理学、心理学、宗教、哲学、经济等各个领域,营造了一个现代主义运动的文化氛围。各种文化形态之间的盘根错节又淹没了它们的始源——文学本身反而变得昧而不明。时至今日,现代主义文学的定义仍然悬搁在众说纷纭之中。

同样,中国现代主义文学的起点也是象征主义诗歌。1925年,留学法国的李金发出版了一部诗集《微雨》,成为中国新诗的现代主义的始作俑者。在这部诗集中,诗人模仿法国诗人波德莱尔、魏尔伦的作品,着意表现"对于生命欲揶揄的神秘及悲哀的美丽"。诗集甫经问世,便以怪诞和新奇在当时文坛上引起很大反响。朱自清先生在《新文学大系·诗集·导言》中对他作了这样一个评估:"他的诗没有寻常的章法,一部分一部分可以懂,合起来却没有意思。他要表现的不是意思而是感觉或情感;仿佛大大小小红红绿绿一串珠子,他却藏起那串儿,你得自己穿着瞧。……他的诗不缺乏想象力,但不知是创造新语言的心太切,还是母舌太生疏,句法过分欧化,教人像读着翻译;又夹杂着些文言里的叹词语助词,更加不像——虽然也可说是自由诗体制。"[1]朱自清还在导言中指出,与李金发同属于象征派的是创造社的

---

[1] 朱自清选编:《中国新文学大系·诗集》,良友图书公司1935年版,第7~8页。

三位诗人王独清、穆木天和冯乃超。此外,与李金发的创作活动同时或稍后的属于这一流派的诗人还有蓬子、胡也频、石民、侯汝华、戴望舒和原属于新月派的于赓虞、邵洵美等。他们或者直接从法国象征派诗歌中汲取养料,或者受到李金发诗风的影响而开始自己的象征主义诗歌探索。这一场现代主义诗歌运动显得十分松散,参与者没有组成共同的社团组织,没有一个鲜明的流派宣言,也没有一个同仁刊物。只是由于共同的艺术趣味和创作倾向,形成了一股颇具实力和潜能的诗歌潮流。

现代主义诗歌进一步的发展有赖于1928年的《无轨列车》、1929年9月的《新文艺》和1932年5月《现代》这三家杂志的创办。正是它们的问世,使得原本趋于衰落的现代主义有了中兴的希望。由于杂志的编辑对现代主义倾向的诗歌和小说的偏好,在刊物上集结了一批有着大体相近的题材、体裁、创作风格、艺术手法以及写作情绪的诗人,从而形成了一个类乎西方后期象征主义诗歌的《现代》诗群,其主要作者有戴望舒、卞之琳、何其芳、番草、金克木、玲君、路易士、施蛰存、林庚、徐迟等。

与以李金发为代表的前期象征主义诗歌相比,《现代》诗群的一个最大的进步便是对前者过分"欧化"的弊端有所克服,从而注意对本民族诗歌传统的继承。他们从"纯诗"的要求出发,开始向晚唐六朝的温庭筠、李商隐等唯美主义倾向较浓的古典诗歌流派寻根。同时还注意向非现代主义流派的诗歌学习,对现实主义、浪漫主义和具有英国维多利亚诗风的新月派表现出宽容和友好的态度,从而突破了单一的象征主义诗歌局限,使得《现代》诗群拥有象征派的含蓄蕴藉,但没有它的虚玄晦涩;有新月派的典雅节制,而没有它的拘谨板滞;有浪漫主义的热烈奔放,而没有它的放纵浮夸。

至此,我们可以看到,现代主义诗歌已经由初创期的稚拙、生涩,逐渐臻于成熟和完满。在1936至1937年期间形成了"中国新诗自五四以来一个不再的黄金时代"(纪弦语)。但令人遗憾的是,新诗的美好前途由于1937年抗日战争的爆发而归于泡影。时代的要求和艺术的追求在此发生了尖锐的矛盾冲突,民族的深重灾难决不容许诗人们仍然关闭在自己的象牙塔里潜心镂刻"珐琅与玉雕"。此后现代主义在中国新诗史上进入沉寂期。救亡与启蒙的主题在40年代再度受到重视,一批原本带有现代主义色彩的诗人应和着时代的召唤,投入更易于激发民众起来抗日救亡的现实主义诗歌创作,艾青是其中最杰出的代表;其他重要的诗人有鲁藜、绿原、苏金伞、牛汉、亦门、曾卓等,围绕着胡风主持的《七月》和《希望》杂志,谋求政治与艺术的完美结合。尽管他们所取得的成果不能说是尽如人意,但其良好的意愿和无私的奉献精神永远值得后来者投以应有的尊敬。与此同时,北京大学、清华大学和南开大学在战乱中组成了西南联大,后迁移到昆明。由于特殊的地理环境,形成了"一个漩涡内部的宁静",联大的师生拥有了一个适宜于观照现实生活中心的距离,继续守持着自己的诗歌信仰,力图以雄浑、沉郁的审美理想重铸民族的灵魂,完成艺术感化人生的追求,刻画人们内在的自我搏斗,以解剖尔虞我诈的社会之真像和发动战争机器的人类根本性弱点。这一时期的现代主义诗歌所推出的主要诗人是"诗国的哲人"冯至和"搏求者"穆旦,两位女诗人郑敏和陈敬容也显示了她们不容小视的创作实力。此外,还有杜运燮、袁可嘉、辛迪、唐祈、唐湜等,即后来集聚在《诗创造》和《中国新诗》杂志周围的一批青年诗人。他们在创作上较多地流露出沉思和内敛的倾向,火一般的激情被一种高度清醒的理性所形式化。比起前辈诗人,他们对中国传统和当代西方诗歌的认识更为清晰:在冲破了30年代复古主义的氛围之后,对西方的现代诗歌实现了局部性的超越。披览这一批诗人的作品,我们可以从欧化的句式里读出民族的精神,陌生化的阅读期待与我们"前接受"的基础得到有机的统一,从而获取全新的艺术享受,新诗前三十年融古化欧的向往在穆旦等人的努力下基本得到实现。这是一个可喜的开端。不过,这一时期的现代主义诗歌所取得的成就与它在新诗史上的地位并不是成正比的,或者说不是同步的。偏于一隅的位置以及战争现实的冲击使它所产生的影响极为有限。客观地说,40年代的现代诗歌属于游离于新诗主流之外的一种严肃而神圣的探索。

从以上的描述中,我们不难得出这样一个印象:现代主义在新诗的前三十年发展中是一个无法抹杀的客观存在。针对这一客观存在,我们有必要对它出现的合理性,它的贡献与地位,它的局限与不足和它的衰落原因进行探讨和研究,一则为学术界填补"空白",二则为诗歌的实验提供一些可以借鉴的经验教训。

新诗的现代主义运动是在中国新诗的运行轨迹上勃起的。五四文学开创之初,一个共同的追求便是废除文言文,以白话文来写小说、作诗歌。胡适,这位白话诗的创始者甚至提出了"作诗须得如作文"的文学主张,他们力求彻底解放诗体和语言,为现代思想、现代情绪寻求合适的载体。应该说,这一追求在当时是有功的。然而,其中存在的偏颇也十分明显:首先诗歌与散文界限的模糊,无疑会冲淡诗的素质,致使诗歌所特有的简约美、音乐美和朦胧美在这一口号的冲击下大打折扣。其后,独领风骚的自由体诗歌更是将这一倾向推到了极端,无休无止的散文句子充塞了诗歌创作,败坏了新诗的声誉,为旧体诗词的维护者提供了不少口实。针对新诗的这种局面,新月派诗歌提出了自己的疗救方针,他们克服了草创期的浮躁与滥情,努力在英国绅士风的诗歌中汲取经验,开始为新诗"创格":闻一多、徐志摩、朱湘等诗人一边借鉴我国古典诗歌的格律特点,一边移植英美诗的韵式、诗体,从而取得了很大的成绩,对新诗流于散文化的毛病起了较好的遏制作用,功不可没。但是,新月派诗人群由于其艺术上的古典主义趣味,再次面临了与它同样有唯美主义倾向的法国巴那斯派在追求客观化和抑情主义的艺术主张下所遇到的难题。

现代主义诗歌在它发轫之初,便面临着在两条战线上作战的窘境:一方面,它要继续克服浪漫派诗歌浅白直露的弊端;另一方面,它必须摆脱新月派所陷入的困境。象征主义诗歌具有的一些特征恰好与这些诗派起着互补的作用。新诗艺术发展本身已经开始在呼唤这一流派的出现。象征主义诗人明确提出:"诗不是说明的,诗是得表现的","诗的世界是潜在意识的世界。诗是要有大的暗示能。诗的世界固在平常的生活中,但在平常生活的深处。诗是要暗示出人的内生命的深秘。……诗越不明白越好。明白是概念的世界,诗是最忌概念的。诗得有一种魔幻的力量。"[1]他们由此提出要创作"兼具造型与音乐美"的诗歌。在旋律感的追求上,他们还提出"重在对诗的情绪抑扬顿挫上,即在诗情的程度上"。正是在上述对诗歌艺术的象征主义追求下,他们接连推出了诸如《微雨》、《圣母像前》、《心》、《银铃》、《良夜与恶梦》、《红纱灯》、《骷髅上的蔷薇》、《花一般的罪恶》等诗集,充实了新文学运动的诗歌库存。

综观整个现代主义诗歌在中国新文学运动中的发展,我们可以发现,它在以下几个方面作出了杰出的贡献。首先,现代主义诗歌加强了形式的自觉。显然,这是五四新文学整部交响乐中的一个不和谐音,然而,正是这个不和谐音,在某种程度上补足了新文学本身的缺失,对其偏重内容、轻视形式的做法作出了合理的修正。20世纪世界文学一个突出的趋势就是走出了"内容"的时代,跨入了"形式"的时代,题材本身不再是衡量文学的唯一标准,甚至还不是重要标准。人们更多地注目于创作者对形式的革新,对操纵语言的技巧的重视。探索者们充分意识到语言的局限之后,戴着镣铐跳舞,力求以语言的诗意排列与组合,达到对语言的超越,象征、暗示、比喻、拟人

---

[1] 穆木天:《谭诗》,参见王永生主编《中国现代文论选》(第一册),贵州人民出版社1982年版,第81页。

等手法一再地受到诗人们的青睐。发展到后期,诗人们甚至提出"自动写作"的尝试,企求在语言常规毁灭的废墟上,产生出"陌生化"的审美效果,由此更为恰到好处地领悟生活本质上的真实。中国新诗前三十年迈出了通向世界文学的第一步。其次,现代主义诗歌增加了阅读上的难度,造就了一批美感敏锐的新读者,使他们的情感在新的艺术手段训练下,逐渐细腻、丰富,对提高民众的文化水平起到了一定的推动作用;同时读者由于部分的自身参与更加强了娱乐快感,在高级的智力游戏中获得了前所未有的享受。诗歌艺术的抽象化对读者提出更高的想象要求,也为他们的想象力留下了更多的自由空间。再次,现代主义诗歌丰富了新诗的流派,为文学的繁荣提供了各式各样色彩斑斓的奇花异葩。另外,它还对其他非现代主义诗歌的发展在客观上起了促进作用,使之在不断的相互碰撞中,时时刻刻处在一种需要不断调节自身的艺术良知,不断激活自身的艺术功能的召唤之中。而其间各流派的相互渗透和借鉴也为文学的发展日益朝着更趋艺术本位的方向逼近。

在肯定了中国新诗前三十年的现代主义的成就以后,我们必须清楚地看到它的局限与不足。这集中表现在:第一,它缺乏一个博大精深的哲学背景,中国的现代主义诗歌出现之初就暴露出准备不足的弱点。一方面,它放弃了对中国传统哲学的依恃;另一方面也没有对西方哲学的精髓进行深入的探讨,从而导致了中国现代主义诗学阙如。影响到创作上,则表现为单薄、肤浅的毛病随处可见,作品中叙述和抒发的幻灭感、倦怠感、忏悔情结等往往停留在迹近感伤主义的层次上,而不能提升到形而上的高度,以剖开社会现象表面的硬壳,进抵永恒与宇宙的内核。浮光掠影的艺术感受由于缺乏哲学的理性积淀,难以引导人们对生命智慧的深刻把握。第二,宗教感的匮乏使得现代主义诗人在人格上一直处于软弱无靠的状态之中,信仰的不稳定使得一些出于一时激情而投身这场运动的诗人无法持久地维持其艺术的执著追求。中国文化传统的知足常乐氛围妨碍着这些诗人从心灵深处去体会西方诗人深沉的原罪意识。如此,他们对彼岸世界的神往与想象也受到了限制。第三,在题材的选择上,诗人之间趋同现象比较严重。其后果便是相互间的创作常给人以重复之感,容易造成天地狭窄的效果,他们的作品时不时地留给人一种小家碧玉式的忸忸怩怩。此外,自觉的史诗意识的缺乏也限制了他们创作出类似西方现代主义诗库中的一些鸿篇巨制,如《荒原》、《年轻的命运女神》、《杜伊诺哀歌》、《十二个》那样的作品。

上述不足可以说是导致前三十年现代主义诗歌衰落的部分原因。然而它的消亡的更深刻的原因则在于以下两个方面：

其一，西方的现代主义是工业社会、资本主义文明发展到了一定阶段，由于其内部发生许多不可调和的冲突和矛盾所致。人们发现，在片面地强调理性，推崇科学，追求生产力的发展的目标下，形成了一个怪圈：一方面，生产力发展迅猛，物质财富也日见丰盈；另一方面，高度发展的大机器生产使人性受到了前所未有的异化，操纵机器的人反而变成了机器的被操纵者，机器对人性的施暴不仅是取代了人的肢体，甚至有进一步取代人脑的可能。自由竞争在人与人之间的关系上造成一种隔膜。弱肉强食的生存原则使得他人变成了自己的地狱。人们由相互的不理解，到不信任，进而发展到隐含敌意，从而产生了绝望、孤寂、疲惫等种种情绪体验。正是在这样一种审美感官普遍钝化的社会里，一部分有识者出于良知的呼唤，起而与之抗衡，希望通过政治、经济等手段来彻底解决现存的林林总总的问题；消极者则往往以颓废、玩世不恭的面目出现，更多地着眼于从精神上引导人们走出"荒原"，以病态的意识针对病态的社会，从而达成和谐与平衡，调节人与社会、人与自然以及人与人之间的关系，刺激人类的诗性智慧，以艺术的美光与新奇取代生活中的平庸与鄙俗，呼唤人性重返它的家园。然而20世纪初的中国，正处在半封建半殖民地的社会形态之中，封建主义的阴影一直在广大的中国民众的灵魂深处徘徊不定。与这种社会形态相适应的是一种与土地牵扯有密切的血缘关系的亚细亚农业生产方式，弥漫于国人头脑中的是一种保守、固执、迷信、愚昧、因循守旧、安天知命的农民意识；从经济上来看，当时中国的主要任务就是改变这种长达几千年的超稳定存在的农业生产方式，砸碎封建主义的枷锁，争取民主主义革命的胜利。显然，处在这一形势下的中国现代主义诗歌就有点因"超前"而"不合时宜"了。他们诗歌中所抒写的都市感受难以找到适切的文化市场。一般的民众虽然也有迷惘、痛苦、失望的情绪感受，但这些感受与情绪的始源与需要消除的手段和目标与现代主义之间存在着巨大的差异。犹如在一个乞丐面前侈谈吃饱喝足以后的无聊与不满，不能不落得一个横遭奚落的下场。

其二，从艺术追求上来看，现代主义诗歌所流露出的那种贵族化倾向，明显地违背了五四新文学对平民意识的自觉追求。白话文的提倡在某种程度上正隐含着迎合大众的媚俗趋势，新文学的先驱们号召诗人和作家面向大众，时时以白居易那些"老妪能解"的作品自勉，期望以此争取读者，达到启蒙与救亡的非艺术的目的。然而，现代主义诗歌的"纳喀索斯"情结却一味地驱使诗人们顾影自怜，沉溺在一己的悲戚忧愁之中，继承着古代文人的隐士风气,时时以"独善其身"来自我解脱,至自我麻醉;表现在艺术上,倾向于追求"纯诗"的境界,醉心于对纯粹语言技巧的实验。

中国古典诗歌中的"出世"倾向历来被推许为高品位的艺术标准之一,而这种"出世"的传统在无意识中又恰好与现代主义诗歌的唯美主义追求相叠合,从而面临被强烈要求"入世"的五四文学主潮加以否弃的危险。现代主义诗歌倡导张扬人性,在诗歌探索中较多地使用个人象征,强调直觉、感悟、非逻辑、反理性等等,恰好又与五四以来的理性主义要求背道而驰。五四文学一开始就表现出重视内容、轻视形式的偏激,而现代主义新诗在这方面却由于对形式本身的倾心而无意中犯了大忌。

20世纪的世界文学出现的一个十分耐人寻味的现象,就是东方和西方同时体认到自身传统的局限,企求从对方的传统中寻找到可以弥补自身缺憾的特质。东方需要学习西方文化的理性、科学和民主等因素,在艺术上,就把从西方史诗中衍变出来的再现传统加以移植、继承;而西方则努力汲取东方文化中的某些非理性、直觉、神秘主义,强调在艺术上向东方的表现传统归趋。当时中国的现代主义诗歌在接受异域文化的影响以后,返回东方来张扬西方最时髦的东西,其尴尬的处境便是被它视为无价之宝的西方新经验恰好与本国文学对自身传统的反叛精神相抵触。遭遇这种厄运,现代主义自然难以在中国得到恩宠,其被倾向于平民意识,强调理解的现实主义文学大潮冲垮可说是历史的必然。

1949年10月,中华人民共和国建立。新政权的诞生所引起的热情高涨,以及配合政治宣传的需要,使得人们对更易于翻身道情和激励鼓动的浪漫主义与现实主义投以特别的青睐,加诸当时文学界对现代主义的严重误解,由此截断了这一诗潮在大陆上的发展。实验的中心转移到四面临海的台湾。50年代,曾经是《现代》诗群主要成员的纪弦(路易士)创办《现代诗》季刊,很快集结起一批现代诗的作者。不久,他们在台北召开了第一届现代诗人大会,宣布"现代派"的成立,发布了一个由纪弦起草的文艺纲领,明确提出"新诗乃横的移植,而非纵的继承",强调知性,追求"诗的纯粹性",以实行"诗的新大陆之探险,诗的处女地之开拓"。数年后,"蓝星"诗社成立,其开创者是台湾诗坛的"元老"覃子豪、钟鼎文,他们不像纪弦等人那么激进和前卫,较为强调"民族的气质,性格,精神等等在作品中无形的流露"。把台湾现代主义诗歌真正推向高潮的是一批军中诗人,以洛夫、张默和痖弦为中坚的诗社"创世纪"。"创世纪"诗社发生影响主要在50年代末,而在60年代一领诗坛的风骚。这一批诗人提倡诗的"世界性"、"超现实性"、"独创性",

"倡导纯粹的审美经验",认为梦、潜意识、欲望等是探索人性的最重要的根源;诗人不仅要具备向上飞升的超越现实的创意,而且还要有往下沉潜至意识的最底层,如梦幻、原欲、本我等层面的能力。至此,中国新诗的现实主义已经由最初较为温和的象征主义阶段跨入激进、前卫的超现实主义阶段,成为名副其实的先锋派诗歌。

现代主义诗歌在台湾的复兴,并不是一个偶然的现象。它是由诸多因素掺和而成的历史必然。国民党当局迁移台湾后,一方面大力推行反共文学的生产,另一方面则实行意识形态的思想钳制,所造成的后果就是文学沦为政治的附庸和工具,平庸、无聊的作品泛滥成灾。这就促使一部分知识分子起来捍卫艺术的"纯粹性",反对空洞的"反共"八股。同时,亲英美的国民党当局推行"国际文化主义"政策,为西方各种文化、文学思潮的进入大开了方便之门,造成了社会上崇洋思想的普遍滋生,这为诗人们接受西方现代主义的影响在客观上提供了可能性。此外,国民党在大陆的失败给在台湾生活的知识分子的心灵笼罩上一层深重的阴影,挫折感、失落感、绝望情绪油然而生,加上远离大陆为海洋所包围的一座孤岛的地理位置,更给人一种流离失据的漂泊感。凡此种种,都为现代主义诗歌在台湾的崛起准备了必要条件。台湾现代主义诗歌是一股带有不少缺点和失误的诗潮,其致命之处就在于对民族传统,甚至五四以来的新诗传统的无知和由此造成的断裂。它的恶性发展,使得许多作品偏离了东方民族审美的习惯,重蹈了前期象征派诗歌的覆辙,流于内容虚无,形式晦涩,语义暧昧等弊病。然而,它对中国新诗发展所作的贡献却不能因此抹杀,事实证明,它的探索与追求,并不是一种浪费;当某些恶意批评家宣称现代诗的死亡时,现代诗已成了中国文学史的一部分。当我们为五六十年代中国现代主义新诗在大陆上所留下的一大块空白而深感遗憾时,那个美丽的小岛却展示出另外一种美丽,给了我们一丝慰藉。这是中国新诗的幸运,更是现代主义诗歌的福祉。

中国新诗发展到70年代,出现了一个颇为怪异的现象:当现代主义诗歌在台湾面临新乡土诗的挑战,显出了强弩之末的衰颓之势时,大陆诗坛却涌动着一股新的诗歌浪潮。仿佛在进行一场紧张的接力赛似的,现代主义这根接力棒无形之中传到了一代与共和国同龄的青年诗人手中。一场轰轰烈烈的政治运动终于幻灭,成为70年代大陆现代主义诗歌回归的时代背景。当大批显赫一时的"红卫兵"经历了"知识青年"的身份转变后,他们普遍有一种被荒谬的历史所嘲弄了的虚无感,以往盲目的迷信变为深刻的怀疑。从残酷的现实生活得到的经验使他们发出了"我不相信"这一悲愤的呼号。

中国是一个有着"诗言志"、"文以载道"的传统的国度,这多半源于民族文化史上宗教和哲学的缺席,代行其职的诗歌往往在"美"的旗帜下自觉追求"真"和"善"的目标。发端于"文革"后期的新诗潮也复现着中国诗歌的这一传统。被称为"新诗歌的第一人"的郭路生(食指),创作之初带有明显政治抒情诗特点;其后的几位代表诗人,如北岛、江河、芒克等,也是以对当时政治高压下的某种意识形态的反拨而开始其诗歌探索的。在一个政治泛化的社会里,艺术本位主义的确立必须首先通过获得某种政治权利才拥有某种可能性,这纯粹是中国国情使然。

70年代的现代主义诗歌先以暗流的形式在民间流传,他们由对以"革命"的名义背后的封建意识的反叛开始进入艺术形式的革新,顾城的名诗"黑夜给了我黑色的眼睛,我却用它来寻找光明",集中地表达了"一代人的呼声"。他们以人道主义为旗帜,从强烈的个性意识出发,创造出与此相适应的艺术表现技巧和手法,打破了笼罩诗坛几十年的单一化倾向,向新诗的现代主义传统回归,同时还表现出超越的努力。由对现实的不满,发展到要求建立另一个世界,"这是一个真诚而独特的世界,正直的世界,正义和人性世界"[1]。去构筑"一座诗和童话的花园,使人们相信美,相信明天的存在,相信东方会像太阳般光辉,相信一切美好的理想,最终都会实现"[2]。1978年12月,《今天》杂志在北京创办,标志着这一诗潮开始由原先的地下暗流浮出了地表。而它影响的扩大,有赖于理论的介入。80年代初围绕"懂"与"不懂"问题的诗歌论争,引起了文坛普遍的关注而成为思考的中心,其结果是在客观上调整了人们的诗美观念,让现代主义诗歌在中国获得了一次正名的机会。根据约定俗成的原则,这一次诗歌运动被命名为"朦胧诗",其中的强力诗人是北岛、舒婷、顾城、江河、杨炼,此外还有芒克、多多、林莽、严力、梁小斌、王小妮、王家新等,成为推动它前进的主力。

朦胧诗早期的诗美特征基本上属于对现代主义诗歌复兴的范畴。他们痛感"诗歌面临着形式的危机",让象征、暗示、通感、蒙太奇手法等等,屡屡出现在自己的作品中;部分诗人甚至还较多地留有对前辈诗人的模仿痕迹,如顾城之于洛尔伽和惠特曼,舒婷之于何其芳、戴望舒。但不久,他们就开始显露了超越的意向,其中又以北岛的探索最为成功。他以存在主义哲学作为精神底蕴,冷眼审察人情世态,运用超现实主义手法,重塑了一个他所

---

[1] 北岛:《说诗》,载《青年诗人说诗》(内部资料),1985年,第2页。
[2] 顾城:《少年时代的阳光》,载《青年诗人说诗》(内部资料),1985年,第39页。

向往的新的世界;严力属于较早地尝试超现实主义写作的前卫诗人之一,至今尚无迹象表明他可能放弃这种追求;江河、杨炼则从最初对权力中心话语的颠覆开始,转向对民族之根的发掘,致力于创造"现代史诗",成绩也颇为可观,并对一批后起之秀进行了启蒙示范。自然,这一流派的诗人各有自己的艺术个性和追求,但他们在精神实质和主导意向上存在着共同点。这表现为:"在个人与民族历史的关系上揭示这一代青年心灵历程的诗的主题;对于窒息着新的审美追求的传统艺术规范的反叛姿态;对于诗人的工作、诗人与世界的关系的带有理想主义色彩的信念……"[1]

朦胧诗的作者所处的位置实际上十分尴尬,"过渡性"的角色是他们的光荣,同时又成为他们的局限。从上述可以看到,他们的现代主义艺术追求仍然带有强烈的浪漫主义色彩,诸如人文精神的重建、理想主义者的痛苦和英雄主义的意识自觉等。强烈的忧患意识和沉重的使命感使得他们每每在实现自己的审美要求时蒙上不彻底的阴影。他们属于有过信念的一代,对生命意义的偏重,对人类价值的终极关怀自孩提起就在他们心灵深处刻下了深刻的烙印,美一直作为自由的象征在他们的入口处屹立。他们怀疑,但又不敢怀疑一切;他们对世界缺乏信任,但又不是完全不相信;他们认识到人性的邪恶,却又常常化丑为美,不自觉地对丑陋的现实生活加以粉饰。正是这些特点,暴露了朦胧诗人们根本上的脆弱,一旦他们心目中的童话世界坍塌,其神经组织也就会随之崩溃。顾城的自杀,从某种意义上说,正是人道主义的僭妄所酿成的一出悲剧。美国学者欧文·豪认为,现代主义"是对正统秩序永不减退的愤怒攻击",它"一定要不断抗争,但绝不能完全获胜;随后,它又必须为着确保自己不成功而继续奋斗。"[2] 仿佛印证着豪的这一看法,更年轻的一代履行着现代主义的"前卫"义务,以自由的创造精神向曾经是他们的偶像并给过他们滋养的前辈——朦胧诗人们发出挑战,进一步展开诗歌的实验性操作。当北岛说出"在没有英雄的年代里,我只想做一个人"这句话时,他的潜意识里仍然有着强烈的英雄意识支撑,诗中的"人"也是通常所谓的大写的"人"。"第三代"诗人不再热衷于扮演英雄,他们把诗看成与生存一样平常不过的事情,宣称:"诗人不是先知,不是布道者,不是头上有一圈灵光的圣人,诗人是凡夫俗子,他想凡夫俗子所想,行凡夫俗子

---

[1] 洪子诚、刘登翰:《中国当代新诗史》,人民文学出版社1994年版,第414页。
[2] 参见袁可嘉等编选《现代主义文学研究》,中国社会科学出版社1989年版,第170~171页。

所行。"[1]

诗歌评论界普遍认为,"后朦胧"诗人与"朦胧诗"正式决裂的标志是由徐敬亚组织的1986年10月举办的"中国诗坛1986年现代诗群体大展"。但是,事实上反叛要早于这个时间。当朦胧诗在80年代初期逐渐取得最大影响,并被诗歌界谨慎地接纳的时候,它整合不久的秩序就受到了近乎"粗暴"的破坏。诗歌重新陷入无序的"混乱"之中,平民意识的激增冲击着朦胧诗贵族式的优雅和美丽。于是,他们振臂高呼"反对现代派",其理由是:"现代派的诗歌和行为,比浪漫主义更容易败坏诗人的名声,因为它具有更大的欺骗性。诗人不过是人群中高深莫测、故弄玄虚的一小撮。从此,诗人的形象被世人彻底误解,有时甚至声名狼藉。"[2]

在"后朦胧"诗歌中,最具革命性因素,将现代主义诗歌中反传统、非理性的"造反"精神贯彻到底的是一部分带有后现代主义特征的诗人。他们在多数场合下被称为"第三代"诗人。他们拒绝崇高化制约下的规范性,提出"非崇高化"的呼吁,以抵制神性的虚伪;他们不满于象征诗的晦涩,认为其造成的语言混乱,违背了诗歌的初衷,提出"语言还原"原则,倡导口语化写作,追求诗的透明性,以语感的获取来打破语言的神秘化倾向;他们怀疑理性的真理意义,以价值重估的姿态拆解历史、政治乃至文化,期冀在反文化的基础上重构文化,释放潜意识,激发生命的原始冲动,强调体验,关注人的非理性存在。上述追求集中到一点,也就是"第三代"诗人所共有的特征:他们热衷于诗歌的"实验"性质,不约而同将诗歌看成生命存在的形式并加以重视。这以下列诗歌群体所取得的成就最为显著——"非非主义","莽汉主义","他们",以及部分地带有"解构"这一后现代主义因素的"女性自白派"诗歌。需要指出的是,"后朦胧"诗歌的成分较为复杂,并不全然如有的论者所称,是一场纯粹的后现代主义诗歌运动。与后现代因素较明显的诗派判然有别的是"现代汉诗"派,他们中间有带着新浪漫主义特点的"现代史诗"寻索者海子、骆一禾、戈麦,具有新古典主义趣味的西川和醉心于汉语语言形式的精致与透明的王家新、柏桦、欧阳江河、张枣、陈东东等。他们继续保持诗歌的神圣感,赋予诗歌以宗教的特质,企望建立一种"精神的乌托邦",重视人格的力量,以高度的责任感对待诗歌这项震撼人类灵魂的事业。这

---

[1] 伊甸:《生活流诗的若干招式》,《诗潮》1986年第2期。
[2] 尚仲敏:《反对现代派》。载吴思敬编选《磁场与魔方》,北京师范大学出版社1993年版,第235页。

—诗歌倾向表面的"滞后"实质上暗合着重整目前诗坛之无序的混乱的要求。

行文至此,笔者认为有必要指出的是,后现代主义文化本身存在着非诗的危险,它以"非中心化"的解构活动作为武器,对现存的一切价值和意义进行消解,渗透着浓重的文化虚无主义精神。它消解经典基础上的深度模式,追求作品的平面感;拒斥历史的介入,造成无根的漂泊感;以复制的形式代替昔日的创造,造成审美所应有的距离感的丧失,从而在摧毁了人的主体意识之后,也让平庸淹没了人区别于动物的那一分神圣。艺术作为适应性和沉沦性的代名词,成为"媚俗"的一种方式,完全成为生活的再现,甚至等同。实际上,谁若提倡纯粹的后现代主义式写作,最好的实践莫过于不再写作,不再谈论文学与诗歌。我个人认为,时下学人言必称之的"后现代主义"实在是一种"超前的消费"。一种文化形态的创生,必须依赖一个社会结构和形态的变迁,后现代主义文化之所以能在西方社会流行,其根源就在于资本主义文明已经发展到机械复制的时代,进入到后工业化的社会形态。反观中国的国情,现代化仍然是我们追求的目标,社会思潮的核心点还是现代意识在起作用,贫困的经济基础并不曾为我们提供一个生产过剩后的奢侈条件。有鉴于此,我坚持将"第三代"诗歌放置在现代主义这个框架内来考察,并给予其中的一些后现代主义因素以相当的重视。伴随着20世纪中国现代化过程的艰难挺进,新诗的现代主义的发展也可说是历尽了坎坷。中国有过现代主义诗歌吗?回答自然是肯定的。但是,中国的现代主义诗歌是否已经成熟?对此我缺乏断然的自信。站在世纪的边缘处,我所能给出的回答是,或许它已经终结,或许这仅仅是一个开始。

中国现代诗的成熟与俄苏诗歌

新中国成立以后,我们的文学在接受外来影响方面,曾经出现一边倒的倾向,由于政治上对社会主义苏联的成功借鉴,在文化上一度也表现出全盘接受的姿态。在文学领域内,我们大量地译介了苏联文学的作品,其中,既有一流的小说、诗歌,也有三四流的作品。在文艺理论上,我们的批评家和理论家也几乎是完全接受了苏联文艺学研究的成果。关于这一点,只要对照一下以群的《文学的基本原理》、季莫菲耶夫的《文学发展过程》和毕达可夫的《文艺学引论》,便不难发现它们在基本理论框架上的雷同和相似:它们都把文学的内容与形式分为两大块,而将重点放在内容上;在文学与政治的关系问题上,旗帜鲜明地坚持文学为政治服务的观点,十分注重文学的党性和阶级性,强调文学的主题和题材远远超过文学的形式。在相当长一段时间内,以群的《文学的基本原理》作为全国各高等院校的文科教材来使用,对中国的文学理论和批评的发展产生了很大的影响,这种影响延续至今,似乎仍未完全消除。

这种状况,一方面体现了新生的共和国强烈的求新图变的愿望;另一方面则暴露了它在前结构准备上的不成熟,缺乏判断真假优劣的能力。由于苏联国内对文学的政治功能的推崇,我们对俄罗斯和苏联作家的评价和学习便很容易强调他们的政治倾向和作品内容。以抒情诗为例,我们曾经把其中最为诗人们青睐的爱情撇在了一边,而以对国家、人民、集体的感情来替代,结果造成了抒情诗等于政治抒情诗的状况:既放弃了对人民丰富的生活的表现,同时也损害了政治抒情诗的名声,使它孤独地在政治的轨道上越走越窄。

一 革命与建设中的爱情诗

20世纪40年代成名的诗人田间在一篇文章中说道:"我们现在所要考虑的是:诗如何表现新的群众和如何掌握群众新的思想情绪语言……新时代的诗歌责任不仅要求歌颂新的主题,而且要求诗歌的语言、比喻、节奏如何也带有集体主义的气息,群众斗争的声息。"[1]新的时代不仅呼唤着新的歌手的出现,而且也对不少已成名的诗人提出了吟唱新歌的要求。从硝烟弥漫的战争氛围中过来的人们,在进入和平生活时,并没有忘记那激励和推动他们赢得战争的集体主义精神,而事实上,建设的年代,大工业生产也同样需要人们的合作与互助。正是在这种形势下,个人、个性这些曾经美丽的天鹅,逐渐变成了丑小鸭,蜷缩到了文学创作的角落里。一时之间,表现集体的生活,展示群体力量的作品成为代表作家进步的标志。所谓的"小我"逐渐被"大我"所代替,诗人们也不再吟唱个人的情感和内心体验,而更多地代他人抒发对生活的感慨。

相似的政治背景,相似的社会变动,带来了相似的生活体验,也为中俄作家提供了一个相似的写作视角、写作姿态和写作风格。以50年代传入中国的苏联抒情歌曲而论,人们在歌颂爱情这种世界上最独特、最个人化的情感时,也自觉不自觉地将它与集体、与劳动联系在一起。苏联著名诗人伊萨科夫斯基便是一个典型的例子,他的不少爱情诗作都被作曲家谱上曲而在国内外传唱,它们以清新的语言、健康的内容和崇高的精神境界博得了广大人民的喜爱,在20世纪的俄语诗歌中堪称独树一帜,如《喀秋莎》、《红莓花儿开》、《孤独的手风琴》、《灯光》等。在众多的诗篇中,《春天,拖拉机手》是一首表达爱情与劳动结合在一起的典型作品,姑娘尽管真诚地与拖拉机手相爱,不过,"要举行婚礼,还要等收割完毕"。与伊萨科夫斯基的诗歌在总体风格上相近的《山楂树》,是一首曾经流行于我国的抒情歌曲,它的旋律轻柔、优美,述说的是两个青年(一个是旋工,一个是锻工)爱上了一个姑娘,而姑娘也觉得他们都是非常出色的青年,热爱劳动,热爱生活,因此她感到难以取舍,询问山楂树,请它帮助决定。

闻捷是新中国成立以后不多的几位以歌颂爱情赢得诗名的诗人之一,他的《吐鲁番情歌》在50年代中国诗坛享有很高的声誉,《舞会结束以后》表达的也是类似的场景和情感体验:年轻的乐师和鼓手热心地伴送姑娘吐尔地汗回家,各自向她倾诉衷肠,看到姑娘沉默不语,便提出"三弦琴和手鼓由你挑选";姑娘却觉得,他们两人都十分优秀,手鼓敲得年轻人一听就想尽情地跳舞,三弦琴赛过夜莺的歌唱。可是,姑娘的爱情早已和祖国的建设者联结在了一起:"阿西尔已把我的心带走,带到乌鲁木齐发电厂去了。"与闻捷齐名的诗人李季在自己的爱情诗写作中也表露了相似的倾向,他的名诗《黑

---

[1] 田间:《关于诗的问题》,载《文艺报》第一卷第七期,1949年12月。

眼睛》以告白的方式叙述有着一双又黑又亮的大眼睛姑娘,时刻关注着"我"的劳动进展,每当"我"超额完成了任务,那双眼睛就显得分外明亮;倘若"我"不小心出了事故,它们就像阴云密布的天空一样。于是,抒情主人公便告诉那位黑眼睛姑娘:"亲爱的又亮又大的黑眼睛呵,/请你再不要对我张望;你若是真的爱着煤油、汽油,/我们欢迎你来到炼油厂;//假若你是喜欢那颗金色奖章,/真诚的劳动一定会得到报偿。"这首诗以男女之间微妙的情感作引子,凸现的却是劳动主题;在此,爱情似乎退到了一个可有可无的位置,取代它的是作者一直坚持的对建设者的歌颂。

另外,我们发现,无论是伊萨科夫斯基,还是闻捷或李季,他们的爱情诗几乎无一例外地抒发的是他人的情感;即便使用了第一人称的"我",那也只是一个借代,并非他们真正的"自我"。这种代他人抒情的方式固然有其一定的艺术根据和有效性,但永远的"无我"则难免影响到人们对其中所抒发的情感之真实与否的判断。当然,我们实在不能再去苛求这几位诗人了,因为,没过多久,他们都在各自的国家受到了批判,有的甚至还因此招来了杀身之祸。爱情似乎成了资产阶级的"专利",无产者应该如清教徒般"清心寡欲",于是,我们在六七十年代看到了"革命样板戏"中一个个慷慨激昂的"鳏夫"和"寡妇";即便是另外一半还健在,也得安排他"到上海""跑单帮"去。

二 马雅可夫斯基与中国的政治抒情诗

在俄苏诗人中间,普希金和马雅可夫斯基可能是对中国诗歌影响最为深远的两位诗人。尽管他们的时代不同、诗风迥异,甚至后者还曾经发出过"将普希金、陀思妥耶夫斯基、托尔斯泰等人从现代轮船上扔下水去"的咒语,却因他们身上一些共有的素质,如人道主义、公民性和政治热情,而为接受者——中国诗人所亲近。诚然,抒情诗人普希金的名字传入中国,与他的爱情诗有密切的关系,可是,在我们的教科书上,往往白纸黑字地写着,代表他最高成就的是他的政治抒情诗。人们经常把他看成爱国诗人、公民诗人,在私人场合吟唱他的《致纳塔丽亚》、《致凯恩》、《我曾经爱过您》、《你和您》等颇具个人色彩的爱情诗的同时,更经常地在公开场合朗诵他的《自由颂》、《致恰达耶夫》、《我为自己建立了一座非人工的纪念碑》、《致西伯利亚的囚徒》、《致大海》等响彻着自由和民主的声音的诗篇。

同样,马雅可夫斯基进入中国诗人的视野,并不是因为他是一名出色的未来主义诗人,而是一名苏维埃革命的"大嗓门"鼓动家。他早期的成名作《夜》、《晨》、《月夜即景》和《穿裤子的云》极少受到评论界的注意。人们交口称赞的是他的《开会迷》《列宁》《好》，他的传单诗和讽刺诗，他给人的印象似乎永远是一个关注重大社会题材的革命诗人。事实上，他最初是以诗歌艺术的革新者进入诗坛的，即使在十月革命以后，他也并没有彻底放弃自己的未来主义立场，仍然力图把艺术的创造与革命的现实结合在一起，在创作中继续进行自己的诗歌实验。他喜欢在诗歌中运用楼梯式的结构，节奏短促，韵脚铿锵，非常贴切地表达了革命和建设中的苏维埃人民激昂的情绪。苏联文学史专家科瓦廖夫对马雅可夫斯基的艺术特点的概括是："对巨大的社会概括的追求、形象的夸张、深沉的抒情和尖锐的讽刺的结合，表现生活矛盾时的鲜明对照、诗歌语言的革新，他那章法上的灵活性表现为诗行的自由排列，重读音节和非重读音节的灵活对比、对句子的语调上的强调，以及韵脚的重大意义等。"[1]在处理艺术与人民的关系问题上，马雅可夫斯基曾经提出"社会订货"论，认为只要社会需要什么，诗人就应该创作什么。显然，这是一种流于简单化的艺术观，却从一个侧面反映了诗人自觉地倾听社会的声音，以人民的代言人为己任的意识。他对后世的影响很大，苏联年青一代的诗人，苏尔科夫、西蒙诺夫、卢戈夫斯科依、马尔夏克、叶夫图申科、沃兹涅先斯基等都不同程度地从他的创作中获得过启示和灵感。他的诗歌声誉还越出了国界，丰富了20世纪世界诗歌，智利诗人聂鲁达、德国诗人贝希尔、土耳其诗人希克梅特都曾经向他学习过。同样，他的艺术革新精神也曾经鼓舞过中国诗人。

在新中国的诗坛上，郭小川、贺敬之与田间是公认的受马雅可夫斯基影响较深的诗人。1955年，郭小川写下了自己的第一首政治抒情诗《投入火热的斗争》，一改以往纤细、柔美的风格，以粗犷的声音唱道："公民们！／这就是／我们伟大的祖国。／它的每一秒钟／都过得／极不平静，／它的土地上的／每一块沙石／都在跃动，／它每时每刻／都在召唤你们／投入火热的斗争，／斗争／这就是／生命，／这就是／最富有的／人生。"在这首诗中，我们似乎听到了马雅可夫斯基在长诗《好》中的声音："我歌颂／人类的春天，／那诞生在／劳动和战斗中的／我的／祖国，／我的共和国。"随后，他以《致青年公民》为题，写了一组"楼梯式"的抒情诗，其中包括《向困难进军》《在社会主义高潮中》和《闪耀吧，青春的火光》等。在作品中，他发出呼唤："在青春的世界里，／沙粒要变成真珠，／石头要化作黄金"，"青春的魅力，／应当叫枯枝长出鲜果，／沙漠布满森林。"关注时代的生活，关注重大的题材，是郭小川创

---

[1] 科瓦廖夫：《苏联文学史》，张耳等译，天津人民出版社1982年版，第172页。

作的一个突出的特点。强烈的政治意识,使他在文学观念上基本定位于"斗争的文学"上。因此,在他那些歌颂经济建设的诗篇中,我们时常能见到"斗争"、"进军"、"作战般的工作"等词汇。于是,我们也就能透过诗人的身影,领略到战士的英姿。诗人曾自述:"社会主义建设和社会主义革命的伟大号召已经响彻云霄,我情不自禁地以一个宣传鼓动员的姿态,写下一行行政治性的句子,简直就像抗日战争时期在乡村的土墙上书写动员标语一样……我愿意让这支笔蘸满了战斗的热情,帮助我们的读者,首先是青年读者生长革命的意志,勇敢地'投入火热的斗争'。"[1]从某种意义上说,诗人是达到了这一目的:50年代,无数青年阅读着他那闪耀着青春魅力的诗歌,投入到了火热的建设生活中。在特定的环境下,他诗歌中鼓动性很强的政治语言起到了号角和战鼓的作用。从艺术气质来说,郭小川是一个拙于描述,长于渲染、铺陈的诗人,习惯于组织音韵和谐的句子抒发情感和阐述哲理,激发读者的情绪。60年代以后,随着个人遭遇的改变和思考的深入,郭小川逐渐放弃了"楼梯式"的诗歌写作范式,从民歌和古典诗歌中汲取营养,发展了一种辞赋体诗歌,对中国新诗的发展作出了有益的探索。

和郭小川一样,贺敬之也是一位以政治抒情诗驰名文坛的诗人。贺敬之从事诗歌创作之初,曾对陕北的民歌形式"信天游"有过较为深入的研究,并将它们的一些特点吸收进自己的创作中。后期,则比较注意学习外国诗歌中的有益成分。其中,马雅可夫斯基无疑是最具吸引力的一位。后者创作中丰富的想象力、近乎怪诞的夸张和"楼梯式"的诗歌形式,都给过贺敬之以深刻的启发。与马雅可夫斯基以"最强音"来歌颂十月革命相似,贺敬之是以自己的"放声歌唱"来迎接伟大的社会主义革命。1956年,社会主义制度在中国已经完全确立,农业、手工业和资本主义工商业的社会主义改造也已宣告完成,政治、经济和人民的精神状态呈现了从未有过的好势头。正是在这样的背景下,诗人充满激情地写下了这样的诗句:"社会主义的/ 美酒呵,/ 浸透/ 我们的每一个/ 细胞,/ 和每一根/ 神经","让我们/ 放声/ 歌唱吧!/ 大声些/ 大声/ 大声/ 把笔/ 变作/ 千丈长虹,/ 好描绘/ 我们时代的/ 多彩的/ 面容,/让万声雷鸣/ 在胸中滚动,/ 好唱出/ 赞美祖国的/ 歌声!"全诗气势磅礴,激情洋溢,具象的场景和抽象的思辨结合在一起,较好地体现了时代的特征和历史的变动。贺敬之曾经说过:"诗,必须属于人民,属于社会主义事业。按照诗的规律来写和按照人民的利益来写相一致。诗

---

[1] 郭小川:《月下集·权当序言》,人民文学出版社1959年版。

人的'我'跟阶级、跟人民的'我'相结合。'诗学和政治学'的统一。诗人和战士的统一。"[1]对照贺敬之的诗歌实践,可以说,他基本做到了这一点。在《雷锋之歌》中,他不是对英雄进行空泛的议论和拔高,而是注意将抒情主体置放在现实的生活中,让诗的意境在浓厚的生活气息中弥漫开来:"那红领巾的春苗呵/面对你/顿时长高;/那白发的积雪呵/在默想中……/顷刻消溶……/今夜有/灯前送别;/明日有/路途相逢……/'雷锋……'/两个字,说尽了/亲人们千般叮咛;/'雷锋……'/——一句话,手握手,/陌生人红心相通……"

需要指出的是,任何表现手段都会有它自己的局限,"楼梯式"的政治抒情诗也不例外:"长句拆行"的做法,在突出节奏上有它的优势;可在表达更深挚的情感体验时,则暴露了它的短处。一味的铿锵,标语口号的嵌入,都容易使人产生厌倦感,这在世界愈来愈变得纷繁复杂的今天尤其如此。此外,众多模仿者的竞相仿效,也使原本极具特色的诗歌范式在丧失了真情实感之后失去了个性,演变成了某种浮泛的观念符号。上述情况,在马雅可夫斯基那里便有所流露,在郭小川、贺敬之手中,这种弊端更有所蔓延,至于到了创造力远远逊色于他们的其他模仿者那里,诗的韵味几乎荡然无存。

三 俄罗斯现代主义诗歌与"文革"中的"地下诗歌"

在20世纪的中国新文学历史上,"文化大革命"的十年是历史上最黑暗的时期。1966年,毛泽东错误地估计了党内和国内的政治形势,发动了一场波及全国的政治运动,希望通过这个运动来肃清封建主义和资本主义的残余,以达到社会主义改造的目的。结果,造成了一场空前的文化浩劫。正如这个运动的名称所标示的,它的发端就是"文化"领域。1963年和1964年,毛泽东关于文艺问题作过两次批示,认为建国以来的文艺界"社会主义工作在许多部门中,至今收效甚微","最近几年,竟然跌到了修正主义的边缘"。这使一小撮别有用心的野心家觉得有机可乘,可以利用文艺来实现自己的政治野心。1966年2月,由江青出面在上海召开了一次部队文艺工作座谈会,会议结束以后,陈伯达、张春桥、姚文元一起合伙炮制了一个座谈会纪要。4月,他们以党中央的名义下达了文件《林彪同志委托江青同志召开的部队文艺工作座谈会纪要》,《纪要》虚构了一个"文艺黑线专政论",说什么"文艺界在建国后的十五年来……被一条与毛主席思想相对立的反党反社

---

[1] 转引自郭志刚主编《中国当代文学史初稿》上册,人民文学出版社1985年版,第433页。

会主义的黑线专了政,这条黑线就是资产阶级的文艺思想、现代修正主义的文艺思想和所谓三十年代文艺的结合"[1]。在批判"文艺黑线专政"的同时,他们还抛出了一条反马克思主义的极左文艺路线,提出了"根本任务"论、"三突出"原则和所谓"写斗走资派"等帮派文学的文艺论点。随后,《纪要》就成了他们在文艺领域内实行法西斯文化专制主义的反动纲领。自此,文艺界便时刻处在被声讨的厄运中。自1966年夏至1971年止,各类文艺刊物相继停刊,文学图书的出版也被迫中断,新中国成立后十七年来创作的绝大部分优秀作品都被罗织了各种罪名而遭到"大批判",整个民族的文化进入了一个萧索时期。到了1972年,情况略有改变,出现了少量的文艺刊物。但在江青一伙的把持下,这些公开出版物依然带有浓重的极左色彩,所刊载的作品大多数是为了配合当时的政治运动而作,在署名方式上也通常冠以"工农兵作者"或"××写作组",文学创作这一最为强调个性的活动被强行划定成集体的行为。它们或是图解政策,进行赤裸裸的政治说教;或是制造偶像,为个别野心家歌功颂德;或是颠倒黑白,歪曲历史的真实。因而,它们也往往被一些文学史专家称之为"遵命文学"。

在"文革"期间,与"遵命文学"相对立的,还有一种文学倾向,那就是"地下文学"。与当时公开出版物所体现的文化专制迥然不同的是,"地下文学"完全是由群众自发进行创作,通过非公开渠道以手抄、油印等手段进行传播的文学。真诚的创作态度、独立的思考、多元的艺术探索,构成了它的主要特征。"地下文学"的主体是"上山下乡"的知识青年——"文革"初期,他们大多是革命热情甚高的"红卫兵"。在江青一伙"文攻武卫"的煽动下,年少气盛的红卫兵们一方面积极参加"破四旧"的活动,另一方面尽情施展自己的才华,创办油印报刊,宣传自己的政治主张。从某种意义上说,正是这些油印报刊的创办对他们进行了最初的文学训练,为他们集合了不少"同志"。

1967年夏,随着"文革"斗争的内容和形式的愈来愈荒诞和愈来愈残酷,不少运动初期的骨干人物,纷纷有了一种受蒙骗的感觉,于是,自动退出了政治舞台,当起了"逍遥派"和"颓废派"。他们聚集在一起会餐、交流图书、传唱外国歌曲、学写新旧体诗歌,逐渐形成了一个地下文艺沙龙。在书籍的交流中,俄苏的小说和诗歌占有最大的比重,除曾经正式出版的高尔基、马雅可夫斯基、法捷耶夫、肖洛霍夫、奥斯特洛夫斯基等作家的著作以外,"文

---

[1] 参见郭志刚、董健等编《中国当代文学史初稿》下册,人民文学出版社1985年版,第253~257页。

革"前出版的一些"内部读物"有：拉甫列尼约夫的《第四十一个》、巴克兰诺夫的《一寸土》、扎米亚金的《多雪的冬天》、柯切托夫的《你到底要什么》、叶甫图申科的《娘子谷及其它》、艾特玛托夫的《白轮船》、阿克肖诺夫的《带星星的火车票》、爱伦堡的《人·岁月·生活》等；所传唱的歌曲也以俄罗斯民歌和苏联歌曲居多：《三套车》、《伏尔加船夫曲》、《茫茫大草原》、《莫斯科郊外的晚上》、《山楂树》、《灯光》、《小路》、《纺织姑娘》、《孤独的手风琴》等。这些作品以俄罗斯特有的沉郁、凝重和忧伤传达着当时青年们内心的失落感，同时也孕育了他们最初的文学冲动。

1968年底，在毛泽东的指示下，全国开始了一场轰轰烈烈的"上山下乡"运动，1700万青年学生先后离开城市，来到边疆和农村，这其中绝大部分是"文革"初期积极投身于运动的"红卫兵"。艰苦的生活环境、背井离乡的惆怅和一辈子扎根农村的忧虑，使得当初叱咤风云的一代社会宠儿产生了深重的幻灭感和挫折感。在这种心态支配下，知识青年们开始用他们擅长的文字来倾吐内心的情绪。其中，数量最多的是诗歌，这意味着，"文革"中的"地下文学"，其主干是"地下诗歌"。当时，流传最广的一首诗，大概就是郭路生（食指）的《相信未来》："当蜘蛛网无情地查封了我的炉台，当灰烬的余烟叹息着贫困的悲哀，我顽固地铺平失望的灰烬，用美丽的雪花写下：相信未来！当我的紫葡萄化为深秋的泪水，当我的鲜花依偎在别人的情怀，我仍然固执地望着凝露的枯藤，在凄凉的大地上写下：相信未来！"

上述诗句纯净、隽秀，带有儿童般执拗的真挚，它出现在知识青年们普遍开始厌倦政治运动，在逆境中重新思索人生价值的特殊阶段，在某种程度上起着惊醒和呼唤的作用。因此，诗歌一经完成，很快便在知青中间传抄。正如诗人林莽所称："《相信未来》是一篇预言性的诗歌力作，当'文革'的迷雾使人们陷入迷茫与混乱中，人们为命运哀叹之时，食指以一个充满希望的光辉命题照亮了前途未卜的命运。"[1]他的另一首诗《这是四点零八分的北京》，对当时的那段历史进行了定格："我的心骤然疼痛，一定是／妈妈缀扣子的针线穿透了心胸。／这时，我的心变成了一只风筝，／风筝的线绳就在母亲的手中。……／终于抓住了什么东西，／管他是谁的手，不能松，／因为这是我的北京，／这是我最后的北京。"作者抓住装载着知青们"上山下乡"的列车开出北京的刹那间，写出了"知青"们抗争命运的徒然与无奈。这在以政治抒情诗为主体的中国当代文学史上，可以说具有先驱者的勇气，因此，将

---

[1] 林莽：《并未被埋葬的诗人》，《诗探索》1994年第2期。

他称为"文革"第一诗人,确实是恰如其分的。作为第一诗人,食指的创作影响了一大批后来者,其中包括后来名满天下的北岛、江河、杨炼等。

在此,有必要提一下"白洋淀"知青群体的诗歌创作,根据杨健《文化大革命中的地下文学》记载:"1971年夏季的某一天对'白洋淀诗派'来说可能是个重要的日子。其时,芒克、岳重等人已插队一年多,芒克拿来一首诗给岳重、多多看。岳重当时的反映令多多大吃一惊,'那暴风雪蓝色的火焰……'他复诵着芒克的一句诗,像吃了什么甜东西。"[1]一年以后,岳重写下了《三月与末日》,这是一首当时地下诗坛最具现代色彩的诗歌,其中有像"春天用大地的肋骨搭成的篝火／烧成了升腾的烟／我用我的无羽的翅膀——冷漠／飞离即将欢呼的大地,没有／第一次拼死抓住大地——这漂向火海的木船,没有／想拉回它"这样的诗句。在交给多多传看时,它引发了多多对固有的诗歌技巧和写作原则的思考,促使他的兴趣由理论、哲学转向了诗歌。1973年,芒克和多多建立"诗歌友谊",相约每年年底,像决斗时交换手枪一样,交换一册诗集。结果,多多完成了《回忆与思考》、《蜜周》、《致太阳》、《教诲——颓废的纪念》和《同居》等有明显的现代主义色彩的作品;芒克则写下了《城市》、《天空》、《白房子的炊烟》、《十月的献诗》、《我是风》等,诗句自由、明媚、饱满,具有一定的超现实主义风格。这两人的"决斗"式写作,为后来崛起的"今天派"诗歌留下了第一批成果。岳重、芒克、多多后来成了"白洋淀"诗歌群落的核心人物,集聚了一批诗歌爱好者,其中包括宋海泉、方含、林莽,它的外围人员还应包括北岛、严力、田晓青、彭刚、史保嘉等。

"白洋淀诗群"是"文革"以后较早开始现代诗探索的诗歌群落。据当事人林莽称,它的时间定位应在1969至1976年,是一个以北京为"根"的知青诗歌群落。此前,人们常常将他们描述成完全与国际诗歌潮流绝缘,纯粹凭借自己的灵感和体验进行写作的一群诗人,这并不符合事实。以"白洋淀诗群"为基础发散而成的"今天派"诗歌,实际上是有他们的诗歌渊源的,这就是俄苏诗歌的影响。我们从芒克早期的诗歌中很容易找到普希金的影子,他的诗风常常在明快、敞亮中隐含淡淡的忧伤。如《天空》一诗,他这样感叹道:"谁不想把生活编织成花篮？／可是,美好被打扫得干干净净。／我们这样年轻,／你是否愉悦着我们的眼睛？""带着你的温暖,／带着你的爱,／再用你的船将我远载。""希望,请你不要去得太远,／你在我身边／就足以把我欺

---

〔1〕 杨健:《文化大革命中的地下文学》,朝华出版社1993年版,第104～105页。

骗!"后期,他的创作愈来愈接近叶赛宁:"月亮出来了,/月亮靠着一棵摇动的树。""雪地上的夜/是一只长着黑白毛色的狗/月亮是它时而伸出的舌头/星星是它时而露出的牙齿","那些从死者骨头里伸出的树叶/在把花的酒杯碰得叮当响。"对大自然细致的观察,丰富的想象力,操纵自如的语言,令我们可以直接移用高尔基对叶赛宁的评价,他"与其说是一个人,倒不如说是自然界特意为了诗歌,为了表达无尽的'田野的悲哀'、对一切生物的爱和恻隐之心而创造出来的一个器官"[1]。也正是在这个意义上,芒克堪称"直接面对人的最自然的本质,抗议对这种自然天性的扭曲"的"自然诗人"。

"白洋淀群落"的另一位诗人多多,更是俄罗斯诗歌的痴迷者。他曾经把散见于各种书刊上的外国现代诗人的作品抄录在一个大本子上,其中有不少俄苏诗歌,这些作品构成了他最初的诗歌营养,给了他许多诗歌的灵感。他的第二本诗集取名为《手艺》,其典故出自茨维塔耶娃的组诗《尘世的特征》:"我知道,/维纳斯是手的作品。/我,一个匠人,/懂得手艺。"集中的同名诗《手艺》是一首应和茨维塔耶娃的作品,他这样写道:"我写青春沦落的诗/(写不贞的诗)/写在窄长的房间中/被诗人奸污/被咖啡馆辞退街头的诗/我那冷漠的/再无怨恨的诗/(本身就是一个故事)/我那没有人读的诗/正如一个没有故事的历史/我那失去骄傲/失去爱情的/(我那贵族的诗)/她,终会被农民娶走/她,就是我荒废的时日……"这些诗句令人想起茨维塔耶娃的《我的诗行》和《我的青春》:"我那青春与死亡的诗歌,/'不曾有人读过的诗行!'//被废弃在书店里,覆满尘埃/(不论过去还是现在,都无人问津)","我的青春,我那异己的青春/青春!我的一只不配对的靴子!//眯缝起一对红肿的眼睛/就这样撕扯着一页页日历。"高傲、敏感,对诗歌艺术的敬重,是多多与茨维塔耶娃共同的特点,这决定了前者以后者为师的契合点。

除他们两人以外,"白洋淀诗群"的很多诗人都不同程度地受到俄苏诗歌的影响。后来成为朦胧诗重镇的北岛,早期的诗歌也有浓重的俄罗斯情调。据说,他能够大段大段地背诵叶甫图申科的《娘子谷》,而其作品中所流露的强烈的人道主义精神和社会责任感构成了"今天"派诗歌最凝重的底色。《回答》、《宣告》、《结局和开始》、《一切》,代表着普遍的社会良知,向非人道的政治发出了不满和抗议。国内不少论者在评价朦胧诗的时候,较多地将目光集中在诗人们对现代主义的艺术手段的借鉴上,在评论的过程中

---

[1] 转引自顾蕴璞编《叶赛宁评介及其诗选》,北京大学出版社1983年版,第17页。

往往涉及象征、暗示、隐喻、意象、通感等艺术手段的运用,相对忽视了朦胧诗与浪漫主义之间的联系,尤其是它们与俄罗斯诗歌的联系。事实上,朦胧诗诗人们有相当一部分是吮吸着俄罗斯浪漫主义诗人普希金、莱蒙托夫的诗歌乳汁成长起来的。如同普希金抨击沙皇专制统治,歌颂十二月党人的精神一样,北岛们的诗歌也渗透着强烈的公民意识和道德热情,面对"文革"期间的文化专制主义——"以太阳的名义/黑暗在公开地掠夺",勇敢地说出"我不相信"。而他们在诗歌中所表露的怀疑主义,并不像有的论者以为的那样,是什么"颓废"、"悲观"、"消极"等等;实际上,他们在诗歌中所表现出的怀疑情绪,恰恰证明了他们对所持信仰的认真和负责。倘若我们能更深入地去品味整个"今天派"的作品,便不难发现他们充盈在诗歌中的理想主义和英雄主义精神。他们希望在没有英雄的年代里,做一个普普通通的人;而在人性遭到蹂躏的时代,这普普通通的人正是"当代英雄"。也正是在此意义上,可以说,北岛和他的诗友们的作品构成了中国当代诗歌史上政治抒情诗的高峰之一。

四 诗歌作为人类精神的触角:一个必要的回顾

在介绍俄罗斯白银时代诗歌与中国现代诗之间的关系之前,我们有必要对白银时代的诗歌作一个简略的回顾。

20世纪的俄罗斯诗歌,发端于世纪初的一场文艺复兴运动,在这场被后世命名为"白银时代"的运动中,自19世纪30年代由普希金、莱蒙托夫和果戈理等开创,屠格涅夫、陀思妥耶夫斯基和托尔斯泰等发扬光大的俄罗斯文化精神得到了一个总爆发的机缘。本阶段的精神成果突出地体现在哲学、宗教和诗歌方面。19世纪80年代末至90年代初,俄罗斯诗人不再满足于本国的诗歌传统,开始向异域寻求新的营养,恰好为法国象征主义的传入提供了一个契机。1893年,梅列日科夫斯基发表了专论《论俄国当代文学衰落的原因及其新潮》,明确提出新文学的三要素:神秘主义的内容、象征的手法、艺术感染力的扩大。他呼吁要以这种典范性的艺术来对抗传统的自然主义和现实主义的艺术。与这一理论在实践上相呼应的是,1894~1895年,诗人勃柳索夫编辑出版了三卷丛刊《象征主义者》,其中收入的作品广泛地运用了象征、隐喻、启示的手法,在意绪上较多地传达了世纪末的体验,对生活的荒诞、神秘、丑陋进行艺术化的处理,由此建构了一种新的诗歌范式,那就是俄罗斯象征主义诗歌。

作为现代主义的第一个冲击波,象征主义在俄罗斯的形成和发展是值得人们深思的。俄罗斯象征派诗人在引进象征主义这一艺术手段时,并不是机械地照搬、移植,而是注意将它的潜能发挥到极致,并赋予它更为丰富的内涵。因此,俄罗斯象征主义诗歌与它的源头——法国象征主义诗歌相比,具有许多后者所不具备的质素,其中最为突出的是它的存在论色彩和宗教定向。恰恰是这两点,使得俄罗斯象征主义诗歌摆脱了对法国象征主义诗歌的简单模仿,而在更深刻的意义上有所突破。在俄罗斯象征派诗人眼中,诗歌并不仅仅是一种艺术形式或文学体裁,它在更经常的情况下,是人类精神的触角,是对历史的认识和对生存的感知。以艺术的形式关注人类的意义生存,可以说是俄罗斯象征主义诗歌的重要特征之一。以女诗人吉皮乌斯为例,她的诗歌主题是爱、自由、善、恶、偶然、孤独、绝望、死亡等。在她看来,"欢乐与痛苦原本是一体相联","最后的残酷蕴涵无限的温馨"。因此,热爱人生,不应局限于对幸福、欢乐、希望、成功、升腾、美善等正面事物的接受,同时也应容纳负面的事物,诸如失败、痛苦、失望、坠落、丑恶等。惟其如此,方才算得上对人生圆满而完整的享受,生命的高贵在行世的谦卑里呈现,无限的柔情在最后的残酷中萌生,绚丽的希望透过一无际涯的绝望迸发。显然,吉皮乌斯在此涉及的生活本质以及人应采取的姿态,与加缪在《西绪弗斯神话》里所描述的人类命运十分相似。生活的辩证法告诉我们,不论人生的酒杯斟满的是什么,我们都应该以酒神狄奥尼索斯式的豪放,一饮而尽,笑对世界。

俄罗斯民族,就其精神类型和结构而言,具有浓厚的宗教特征,它天然地不安于现实,永远向往另一个世界,向往远方的生活。这种民族性渗透到诗歌中,使得俄罗斯象征派诗人非常自然地将艺术的象征与宗教的象征联系了起来,从而,在诗歌与宗教之间找到了一个契合点。他们相信:"所有真正诗人的人的所有的诗——都是祈祷。"[1]诗歌就像祈祷一样,永远和人的心灵最内在的、最隐秘的、最深刻的核心相关联。人们通过"象征"这一中介,使不可言说的事物得到了表达。俄罗斯象征主义诗歌使纯粹的审美追求演变成了对真理的探索。继俄罗斯象征派之后崛起的"阿克梅派"诗人,反对象征主义诗歌对超验世界的迷恋,追求"主体和客体之间更大的平衡",注重描述的客观性和语言表述的精确性,要把美的幻影驱除出去,让玫瑰的美"来源于自己的花瓣、芳香和花色,而不是来自旁人怀着神秘的爱慕或其

---

[1] 吉皮乌斯:《1889~1903年诗集·序言》,圣彼得堡,1904年版,第3页。

它情感设想出来的类似物"[1]。与"阿克梅派"差不多同时对象征派诗歌进行反拨的还有未来主义,他们信奉的原则是:"艺术必须和生活一样不连续,必须释放类似机器和城市所具有的能量,以推动人类去征服时空。"[2]未来主义的主要美学问题是,努力把词从文学传统的覆盖物下解放出来,使词与文本获得自主性。正是在这些艺术构想的驱使下,他们以"达达"式的放浪不羁,打破词法和句法的规则,以模拟的方式表达非理性的世界的破碎和不协调。

由于历史的原因,白银时代的诗歌在20世纪20年代中期开始在俄罗斯本土销声匿迹,其主要代表,或者流亡到国外,或者停止了写作,或者放弃了原有的艺术追求。在社会主义现实主义几乎臻于独尊的现实中,20世纪初那种多元化的格局逐渐瓦解,文学界内部对白银时代以现代主义为主流的诗歌范式予以否定。即以20年代一度被肯定的诗人叶赛宁而言,他的作品在相当长的一个时期内被封锁。据马克·斯洛宁透露:"正当叶赛宁大大超过马雅可夫斯基享有声望不久,他就成了政治嫌疑犯。'叶赛宁情调'被宣布为社会危险品:即指道德上的缺陷和堕落、女性的软弱或是消沉沮丧与变态的艺术家的豪放不羁的一种混合体。虽然1926—1927年国家出版社出版了叶赛宁的四卷集,但是限制只能印刷一万册。许多诗都没有包括进去。以后二十二年几乎没有允许过他的作品再版。只有少量的诗在选集中出现。在苏联文学的概述中对他只是一带而过。"[3]于是,这一传统在人为的干扰下被迫中断。一些理论著作和文学史专著全盘肯定现实主义的创作和有保留地肯定浪漫主义的创作,对带有某种现代主义倾向的文学则一概采取排斥的态度,在介绍某些跨时代的诗人、作家时,往往以他们摆脱现代主义时期的创作倾向、开始趋向现实主义作为肯定的标志。例如由科瓦廖夫主编的《苏联文学史》(莫斯科教育出版社1979年版)在论述勃洛克的创作时,就首先将象征主义定性为"绝大多数的象征主义者对待社会问题表现出一种明显的漠不关心。他们对资本主义社会的不满只在他们那个狭隘的美学范围内表现出来","象征主义者的作品语言贫乏,满篇是辞藻的堆砌,和活生生的语言完全脱节",由此引出"摆脱掉象征主义的影响后,勃洛克力图

---

[1] 戈罗杰茨基:《当代俄国诗歌中的若干流派》,载袁可嘉编选《现代主义研究》,中国社会科学出版社1989年版,第806页。

[2] 布雷德伯里编:《现代主义》,上海外语教育出版社1992年版,第236页。

[3] 马克·斯洛宁:《苏俄文学:作家及问题》,转引自顾蕴璞编选《叶赛宁评介及诗选》,北京大学出版社1983年版,第87页。

继承19世纪伟大俄罗斯古典文学的传统,这个文学确立了真正的人民性,把为人民服务视作自己的天职","在他的作品中,现实主义的倾向越来越强烈地表现出来"。[1]

五 新的营养源与中国现代诗的成熟

苏联国内对本民族文学传统认识上的偏差,直接影响了白银时代诗歌在异域的传播。20世纪50年代以后,中国新文学对俄苏文学的认识,呈现一边倒的趋势,人们对这个阶段的文学的了解似乎仅限于高尔基、马雅可夫斯基(即使对这位诗人,也只是介绍他在十月革命以后的创作成就,而将他未来主义时期的诗歌视为误入歧途的标本)和奥斯特洛夫斯基等。俄罗斯"白银时代"的诗歌在中国的接受基本是70年代末至80年代初的事情。很多文学青年通过爱伦堡的回忆录《人·岁月·生活》一书了解到,在马雅可夫斯基和特瓦尔朵夫斯基之外,另有一批艺术成就很高的诗人。据诗人菲野自述:"经朋友介绍,我搞到了一套苏联作家爱伦堡的《人·岁月·生活》。""我被这本书深深地吸引,反复读了多次,渐渐觉得遗憾:为什么这个时代产生了这么多一流的大诗人,而我们却看不到他们的作品?我国翻译界从未系统地介绍过这个时代的诗歌,大多数诗人则完全没有介绍。外国文学研究和评论也对这些诗人持最大限度的缄默态度。"[2]随笔作家苇岸在介绍诗人黑大春的一篇文章中也叙述了类似的事件:"就在这一年(1980年),在爱伦堡的多卷本的《人·岁月·生活》中,他遇见了他的至爱的勃洛克。"[3]被新时期许多论者推举为现代主义诗歌复兴的"朦胧诗"的出现,开始了对这个阶段俄罗斯诗歌成就的重新审视。少数通晓俄语的文学青年不满于翻译界对这些作家和作品的漠然视之,开始从事译诗工作,而将重点放在20世纪初的现代主义诗人身上。他们译出的作品主要在诗歌圈子中流传,青年诗人们争相传阅,将它们视为自己进行创作的某种尺度和标准。

20世纪80年代中后期,白银时代的一些代表诗人的译作开始零星地出现在国内的文学杂志和诗歌选本上,引起了诗歌界和研究界的注意。1982年,诗人刘湛秋翻译出版了《叶赛宁抒情诗选》(上海译文出版社)。这既是叶赛宁诗歌的第一个中译单行本,也是除马雅可夫斯基以外的白银时代诗人的第一个中文专集。尽管在原文的理解上存在一些不足,但译笔优美,在

---

[1] 参见科瓦廖夫主编:《苏联文学史》,天津人民出版社1982年版,第102,第103,第112页。
[2] 荀红军:《跨世纪抒情·俄苏先锋派诗选》译者前言,工人出版社1989年版。
[3] 苇岸:《最后的浪漫主义者——诗人黑大春》,《诗探索》1995年第1辑。

传达原诗的精神上有其成功之处,它引起了人们对这位充满传奇色彩的诗人的浓厚兴趣。次年,兰曼、付克、陈守成翻译的《叶赛宁诗选》(漓江出版社)出版,在传达原文的意义方面更为准确,但在诗歌意蕴方面的传达上则比刘译有所逊色。80年代中期,诗歌翻译家顾蕴璞在深入研究了叶赛宁的整个创作以后,撰写了多篇研究论文,为中国读者进一步了解这位诗人提供了不少鲜为人知的资料,在此基础上完成了《叶赛宁诗选》(浙江文艺出版社,1990年6月)的翻译工作。与前述两个译本相比,顾译在"信、达、雅"方面都有明显的突破,堪称是叶赛宁诗歌的一个完美的中文译本。1985年5月,陈耀球翻译出版了《苏联三女诗人诗选》(湖南人民出版社),其中收入了阿赫玛托娃和茨维塔耶娃的作品。1987年4月,王守仁、黎华翻译了《阿赫玛托娃诗选》,由漓江出版社出版。1988年7月,力冈、吴笛翻译了《含泪的圆舞曲——帕斯捷尔纳克诗选》由浙江文艺出版社出版;1990年7月,娄自良翻译的《温柔的幻影——茨维塔耶娃诗选》由上海译文出版社出版。与此同时,俄苏文学翻译界的一批后起之秀,也着手进行该时期诗歌的全面翻译和介绍工作。1989年3月,荀红军翻译的《跨世纪抒情——俄苏先锋派诗选》由工人出版社出版;1992年9月,汪剑钊翻译的《订婚的玫瑰——俄国象征派诗选》由中国文联出版公司出版;1996年2月,郑体武翻译的《俄国现代派诗选》由上海译文出版社出版;1996年8月,黎皓智翻译的《俄国象征派诗选》由浙江文艺出版社出版;1998年3月,汪剑钊翻译的《俄罗斯白银时代诗选》作为"俄罗斯白银时代文化丛书"的一种由云南人民出版社出版。在俄苏文学的影响趋于衰微的今天,上述译本的出版,为展示20世纪俄罗斯文学的全貌,让中国读者重新认识世纪初俄罗斯诗人、作家们曾经进行过的艺术探索,以及所积累的精神财富提供了某种参照。

　　新时期诗人对白银时代诗歌的重视与他们面对世界的沉重感有关。20世纪的中国知识分子一直是厄运的承受者,世纪前半期政治上的控制使得他们始终存有自卑感。一旦政治上的束缚被解除以后,人们"终于能按照自己的内心写作了,却不能按一个人的内心生活",生命的悲剧意识在商品经济的冲击下,变得愈益浓厚。人们普遍体验到了精神的流亡。这时,俄罗斯诗人的流亡经历仿佛是上帝的恩赐,照亮了他们的灵魂,给他们以启示。90年代的重要诗人王家新在一篇访谈中说道:"我不能说帕斯捷尔纳克是否就是我或我们的一个自况,但在某种艰难时刻,我的确从他那里感到了一种共同的命运,更重要的是,一种灵魂上的无言的接近。……他在一个黑暗年代写作《日瓦戈医生》时所持的信念与所经历的良知上的搏斗,也恐怕是我们任何人都难以想象的。正因为如此,他会'找到我,检验我,使我的生命骤然疼痛',似乎他那皱紧的眉头,对我来说就形成了一种尺度,以至于使我一直不敢放松自己……"诗人自述,当他"走在伦敦的街道上",他并不会去亲近英国诗人拉金,而疏远了自己曾经以生命所爱的一切,他觉得,这是"注定了的事",就像命运一样无可改变。"西方的诗歌使我体悟到诗歌的自由度,诗与现代人生存之间的尖锐张力及可能性,但是帕斯捷尔纳克的诗,茨维塔耶娃的诗……却比任何力量都更能惊动我的灵魂。尤其是当我们茫茫然快要把这灵魂忘掉的时候"。而在伦敦读到茨维塔耶娃的诗歌《约会》的英译,令他感到一种惊慑力:"从茫茫雾霾中,透出的不仅是俄罗斯的灵感,而且是诗歌本身在向我走来:它再一次构成了对我的审判……"[1]

就气质而言,王家新并非那种机智型的诗人。这使他与英国诗歌的规整、典雅一直保持着某种距离,同时也与美国诗歌的开放、自由格格不入,尽管他先后曾旅居这两个国家。事实上,他的灵魂更接近他的肉体从未抵达过的俄罗斯。在王家新由脱离"朦胧诗"的影响,逐渐确立自己的写作风格的时候,一个意外的契机引发了他与帕斯捷尔纳克的共鸣。在一个人的尊严和自由面临被剥夺的危险时,帕斯捷尔纳克创造了日瓦戈医生。这是一个自由知识分子形象,他欢迎革命,但又无法理解革命的血腥味,因此,在风云变幻的时代里,变成了一个富于悲剧性的"多余人"。有感于此,诗人王家新在自身和民族都处在动荡的境遇里的时候,写下了《瓦雷金诺叙事曲》、《帕斯捷尔纳克》和《反向》等包含着深刻思考的组诗。在这些作品中,他以"守望者"的姿态维护着人性的纯洁、尊严和自由,以将"苦难化作音乐"的勇气面对"黑暗"与"冰雪","命运的秘密,你不能说出/ 只是承受、承受,让笔下的刻痕加深/ 为了获得,而放弃/ 为了生,你要求自己去死,彻底地死",而这种"彻底地死"的决心又与人民联结在一起:"人民胃中的黑暗、饥饿,我怎能/ 撇开这一切来谈论我自己?"他呼唤"将灵魂朝向这一切吧"。从 90 年代中国现代诗表现出的倾向来看,王家新的创作与所谓的"后现代主义"是完全悖异的,给人的印象也似乎是游离于时代之外的。可恰恰在这一点上,他的诗歌成了某种启示录,他以独立于时代的姿态最贴切地靠近了时代的内核。他的写作让我联想起 20 世纪初"白银时代"俄罗斯知识分子在抵御虚无主义弥漫时的表现。

在新时期的诗人中,黑大春堪称最为纯粹的抒情诗人。他的诗歌最初

---

[1] 王家新:《回答四十个问题》,《中国诗选》第一辑,成都科技大学出版社 1994 年版,第 412～413 页。

接受的影响是俄罗斯人民最引以为骄傲的普希金。他曾向友人描述,普希金的诗歌给了他"第一口酒和第一场恋情",让他产生了"人类发现新大陆时的惊喜"。随后,或许是不满于普希金诗歌背景的过于遥远,他把目光集中到20世纪初的象征派大诗人勃洛克身上。与后者推崇永恒的女性原则一样,黑大春在创作中的一个重要的主题便是对女性的歌颂。正如勃洛克在《丽人吟》中所做的那样,黑大春也有他的"丽人",那就是《东方美妇人》:"啊!东方美妇人/啊!统治睡狮和夜色的温顺之王/在你枫叶般燃烧的年龄中,圆明园,秋高气爽/并有一对桃子,压弯我伸进你怀中的臂膀//啊!东方美妇人/啊!体现丝绸与翡翠的华贵之王/在你白蜡般燃烧的肉体上,圆明园,迷人荒凉/并有一件火焰的旗袍高叉在大理石柱的腿上。"

如果说我们在黑大春的身上尚能明显地觉察到勃洛克、叶赛宁和巴尔蒙特的影子,另一位诗人宋遨在接受曼杰什坦姆的恩惠时则是隐秘的。在他的作品中,我们很少能发现他对心仪已久的俄罗斯诗人的诗句的袭用,他更多地继承了曼杰什坦姆的诗歌精神。在领悟了后者的写作密码以后,他在创作中拒绝成语和俗语,仿佛不经意地让很多不相干的词集合到一起,给人一种全新的艺术感受:"保险公司的煤气灯正被丝绸所刺激/见习生跟着我的石楠往上走/映照暴风雪中的呼吸/对梦实行灯火管制吧/你的眼睛正暗淡下来/燕子在睡觉/我的肉体颤抖着摸向你的泪光。"而这正是沃罗涅日"恐惧的缪斯"给曼杰什坦姆留下的写作秘诀。

中国新诗发展到20世纪80年代末至90年代初,经过了"朦胧诗"的争论、"现代诗大展"等,已经逐渐从躁狂的草创阶段走了出来。诗人们在吸收异域营养的时候,不再是无选择的盲从,而是以一种成熟的目光先行打量一番,然后予以细致的甄别,去其糟粕,存其精华,在视野上也比以前任何一个阶段都更为开阔。与50年代学习苏联文学"一边倒"的局面完全不同的是,有不少诗人抱着"转益多师"的态度来面对世界文学的大师们:他们在关注勃洛克、叶赛宁、吉皮乌斯、阿赫玛托娃、茨维塔耶娃、曼杰什坦姆、帕斯捷尔纳克的同时,还注意从奥登、里尔克、瓦莱里、艾略特、聂鲁达、博尔赫斯、帕斯、米沃什、索因卡等欧洲、美洲、非洲诗人那里汲取养料。例如,我们在深受帕斯捷尔纳克、阿赫玛托娃影响的王家新那里,可以隐约捕捉到米沃什、卡夫卡的吉光片羽;在宋遨的诗中寻觅到保罗·策兰与死亡相关的芬芳和博尔赫斯迷宫里的智慧。这充分表明,90年代以后中国作家和诗人在面对外来影响时虽然仍存在着某种"焦虑",但在缓解"焦虑"时所采取的手段是开放、理性和强壮的。这让我们看到了文学在21世纪的曙光!

在中西文化的交叉点上[1]

　　1827年1月31日,歌德在与爱克曼的一次谈话中声称:"民族文学在现代算不了很大的一回事,世界文学的时代已快来临。"[2]相隔二十年以后,马克思和恩格斯在《共产党宣言》中也重申了这一概念。他们认为,资本主义的全球扩张,使一切国家的生产和消费都具有世界性的特点。"物质的生产是如此,精神的生产也是如此。各民族的精神产品成了公共的财产。民族的片面性和局限性日益成为不可能,于是由许多种民族的和地方的文学形成了一种世界的文学"[3]。应和着这一预言,"世界文学"逐渐从它的可能性转变为一种现实。其重要标志之一便是,有着古老文化积淀的亚非拉文学纷纷摆脱各自传统的羁绊,尝试着利用人类思想由近代向现代转型的契机,建构起一种新型的文学面貌。

　　以五四精神为骨干的20世纪中国新文学是"世界文学"发展的一个极为重要的分支。可以毫不夸张地说,没有世界性的交流,没有外国文学的介入,便不能想象现代意义上的中国文学之存在。站在21世纪的入口处,回顾20世纪的文学历程,我们不难发现,自鲁迅以降,中国新文学史上的一流作家,几乎无一不通晓一种或数种外国语言,几乎无一不受东西方文化的同时熏染。中国新文化的先驱者之一茅盾,也是这样一位有着双重文化背景的人物。在中国为数不多的学者型作家中,茅盾的博学和睿智是有口皆碑的,至于他和外国文学的渊源,更为论者所重。综观茅盾的理论著述,涉及外国文学的,计有三分之一强,其中仅专著一项,便有一百多万字,重要者有:《近代文学体系的研究》、《小说研究 ABC》、《欧洲大战与文学》、《骑士文学 ABC》、《近代文学面面观》、《现代文艺杂论》、《神话杂论》、《六个欧洲文学家》、《西洋文学》(即由书目文献出版社再版的《西洋文学通论》)、《希腊文学 ABC》、《北欧神话 ABC》、《汉译西洋文学名著》、《世界文学名著讲话》等。在

---

[1] 原文副题为《茅盾与外国文学》。
[2] 爱克曼辑录:《歌德谈话录》,朱光潜译,人民文学出版社1982年版,第112页。
[3] 《马克思恩格斯选集》第1卷,人民出版社1972年版,第255页。

这些著作中,茅盾站在中西文化的交叉点上,以一种开放性、世界性、历史性的眼光,纵横捭阖,爬梳剔抉,既勾勒自古希腊罗马文学以来各种文艺思潮兴衰代谢的线索,又对那些世界一流作家和作品进行重点的剖析和鉴赏,提纲挈领地为我们展示了世界文学流衍递进的整个过程。因此,即便撇开其创作不谈,仅以上列著述而论,茅盾也堪称不可多得的一位外国文学研究专家。作为中国新文学的一位先驱者,他的成功无疑得力于这些精深的研究成果。

一 "为人生"的主张与俄苏文学

和新文学史上许多作家一样,茅盾从事文学活动伊始,就受到了俄苏文学的强烈影响:"我也是和我这一代人同样地被五四运动所惊醒了的,我,恐怕也有不少像我这样,从魏晋小品,齐梁辞赋的梦游世界伸出头来,睁圆了眼睛大吃一惊的,是读到了苦苦追求人生意义的俄罗斯文学。"[1]在世界文学史上,俄罗斯作家向来以浓重的入世精神著称,他们无不怀有悲悯的情怀,关注人类的生存境遇、生命的意义和俄罗斯的命运。俄罗斯民族和中华民族相近似的是,它也是一个道德感高于美感的民族。在俄罗斯,文学常常被视为精神探索的一个触角,诗歌往往是灵魂之升腾和坠落的预言。在绝大部分诗人和作家眼里,内容的重要性远远高于形式,因此,唯美的、纯艺术的风格追求很少能在俄罗斯找到适宜的土壤,间或有之,也只能昙花一现,绝不可能在文坛上占据主流的地位。自普希金、果戈理开始,俄罗斯文学便确立了同情下层人民苦难的人道主义传统,其对"被侮辱与被损害"的"小人物"的描写,构成了俄罗斯文学最出色的人物群像,迨至托尔斯泰、陀思妥耶夫斯基、契诃夫,对人性的张扬甚至达到了宗教的高度。

中国五四文学发轫之初,"文学研究会"和"创造社"在文学的功能问题上产生过较大的分歧,前者提倡"为人生而艺术",后者则标举"为艺术而艺术"。关于"文学研究会",茅盾发表过这样一个看法,称它"是一个非常散漫的文学集团",其"发起诸人",说不上什么"企图"、"野心",对于文艺的意见也并不一致,而且,也不曾追求过一致。"如果有所谓'一致'的话,那亦无非是'将文艺当做高兴时的游戏或失意时的消遣的时候,现在已经过去了'"。[2]茅盾认为:"文学是为人生而作的。文学家所欲表现的人生,决不

---

[1] 茅盾:《契诃夫的世界意义》,载《世界文学》1960年第1期。
[2] 《茅盾全集》第19卷,人民文学出版社1989年版,第411页,第338页。

是一人一家的人生,乃是一社会一民族的人生。"[1]由文学的"为人生",进而表现出对俄罗斯文学的亲近,这是周氏兄弟、郑振铎等一批"文学研究会"骨干的共同倾向。这批作家对文学的选择是与他们对国民性的改造、对重建人生的理想结合在一起的。作为"文学研究会"主要的理论代表,茅盾进一步申述了这一观点:"俄人视文学又较他国人为重,他们以为文学这东西,不单是怡情之品罢了,实在是民族的秦镜,人生的禹鼎,不但要表现人生,而且要有用于人生。"[2]正是由于对文学的功利性和教化作用的重视,茅盾与俄罗斯人道主义的文学的最大代表托尔斯泰产生了强烈的共鸣,力图像后者一样去反映广阔的社会生活,刻画众多的人物性格,展示时代风云中的各种复杂的社会关系,追求创作上的"史诗"风格。长篇小说《子夜》便体现了这种努力。

《子夜》是中国新文学史上第一部社会剖析派的长篇小说,作者着力要表现的是当时上海各个阶层的生活,写出了半封建半殖民地的中国民族资产阶级没落的必然命运。与传统小说的单一结构不同,茅盾采用了一种复式结构。作品围绕主人公吴荪甫,铺开了工厂、农村、公债市场等多条线索。这种写法令人想起托尔斯泰在长篇小说《安娜·卡列尼娜》中所采用的艺术手法。《安娜·卡列尼娜》的一条线索是安娜的爱情悲剧之发展,另一条线索则是列文的农村改革之尝试。至于《子夜》第二章的设置,更是与托尔斯泰的《战争与和平》的第一章有异曲同工之妙。前者以灵堂吊唁为楔子,描写作为吊客的工、商、军、政各界人士的言谈举止,让书中的主要人物一一登场亮相,同时引出民族资本家吴荪甫与买办资本家赵伯韬的矛盾这一主要线索,以及其他几条次要线索。至于后者,托尔斯泰通过宫中女官安娜·巴芙洛夫娜的家庭聚会,一一介绍了书中的主要人物,拈出了几大家族间的亲怨关系。说到人物间的相似,在这两位大师的笔下,最值得重视的恐怕是《安娜·卡列尼娜》中的列文和《复活》中的聂赫留朵夫与《霜叶红似二月花》中的钱良材。他们都怀有改良社会的美好心愿,然而,严酷的现实总令他们的好心不得好报。不过,托尔斯泰所要表现的是"忏悔的贵族"在背叛本阶级的过程中的困窘,茅盾要指明的则是资产阶级改良的不可能。

与西欧的批判现实主义文学相比,俄罗斯的现实主义文学具有更为厚重的人道主义内涵,也较多地带有理想主义色彩。这一点对茅盾是极具吸

---

[1] 茅盾:《现在文学家的责任是什么?》,载《东方杂志》第17卷第1号。
[2] 茅盾:《俄国近代文学杂谈》,载《小说月报》第11卷第1~2号。

引力的。从文学"为人生"的原则出发,茅盾以为,文学的社会职责不仅在于揭示痛苦,更需要创立"救济之法"。当他在比较托尔斯泰和易卜生这两位外国文学的大师时,其天平明显倾向于前者。这是因为,托尔斯泰"对社会之观察,乃乐观的非悲观的,彼谓社会大多数人皆为善人,其为恶者或社会制度逼之为恶,或社会之高等人临之为恶也,其说部或剧本都含此意"[1]。俄罗斯文学中有一个特异的现象,那就是在萎靡、沮丧、颓唐的"多余人"形象身边,总时不时地会有一些出色的女性相伴随。她们有的是贵族小姐,有的是平民学生,有的甚至是妓女,却无一不具有善良的天性和顽强的生命力,在受尽了社会的摧残和凌辱之后,依然不失其理想的色彩,她们在非常情况下所显露的镇静与勇敢,往往令那些沉沦中的男主人公黯然失色。在茅盾的小说中,也有这样的"新女性"群像,如《蚀》三部曲中的静、慧、孙舞阳、章秋柳,《虹》里的梅行素,《腐蚀》中的赵惠明。她们不同于"贤淑温良"的传统女性,大多具有特殊的"狷傲"性格,除带有极强的个性解放和理想主义色彩以外,还夹杂着一丝虚无主义的意味,从中显露出与恶势力决不妥协的抗争精神。茅盾在塑造女性形象时所作的这种审美选择极有可能受到过他一向青睐的俄罗斯文学的暗示。

二 科学性、写实性与自然主义

在众多关于茅盾研究的文章中,有关他和自然主义的关系向来是论者所关注的重点之一。过去有人指斥自然主义对茅盾的创作产生的全然是负面的影响,抱着"为贤者讳"的用心,将他的文学道路描绘成不断抛弃自然主义的轨迹;时下却又有人认定他就是自然主义文学在中国的代表。固然,茅盾一生的文学活动与自然主义有着不解之缘,后者既影响了他的批评风格,也帮助他确立了创作个性。但是,上述对作家所受影响的全盘否定或全盘肯定都只能给茅盾研究罩上一层迷雾,无助于对他进行正确的评估和解读。

19世纪和20世纪之交,中国一度盛行过唯科学主义思潮,它的信奉者认定,科学是取得真理的唯一途径,科学不仅可以有效地控制自然界,而且能够解答人生和社会的诸种问题。1895年,严复发表《论世变之亟》,把"科学"与"民主"界定为"于学术则黜伪而崇真,于刑政则屈私以为公而已"[2],在求新的知识分子中间得到了热烈的响应,他们充分认识到科学与现代文

---

[1] 茅盾:《文学家的托尔斯泰》,载《时事新报·学灯》1919年12月8日。
[2] 《严复集》第1册,中华书局1986年版,第4页。

明之间的密切关系,将它从单一的知识学提高到了意识形态的层次:"在国内几乎做到了无上尊严的地位;无论懂与不懂的人,无论守旧和维新的人,都不敢公然对他表示轻视或戏侮的态度。"[1]在五四新文化运动初期,知识界曾经掀起一场传统世界观与科学世界观的论战,结果以后者的胜利而告终。科学世界观的支持者认为,科学可以为人类提供一种正确的人生哲学,它的可能性起源于科学与人生的综合,伴随科学的成功,人生可以一步步趋于完善。新文化运动的急先锋陈独秀曾经有过类似的表述:"人类将来之进化,应随今日方始萌芽之科学。日渐发达,改正一切人为法则,使与自然法则有同等之效力,然后宇宙人生,真正契合。此非吾人最大最终之目的乎?"[2]陈独秀以为,科学应成为现代人的新信仰,取代以孔孟学说为核心的儒教。他的这种观点进一步影响到他对文学的认识:"写实主义自然主义乃与自然科学实证哲学同时进步。此乃人类由虚入实之一贯精神也。"[3]陈独秀的这种理解与当时茅盾的文学观念是一致的。后者也认为:"近代西洋的文学是写实的,就因为近代的时代精神是科学的。科学的精神重在求真,故文艺亦以求真为唯一目的。科学家的态度重客观的观察,故文学也重客观的描写,因为求真,因为重客观的描写,故眼睛里看见的是怎样一个样子,就这样写。"[4]

众所周知,滥觞于19世纪中期的自然主义文艺思潮曾经受到孔德实证哲学的影响。孔德认为,人类精神的发展有三个阶段:宗教阶段,哲学阶段,实证阶段。这最后一个阶段就是科学时代。自然主义文学的集大成者左拉,通过对贝尔纳医生的《实验医学导论》的研读,间接地接受了孔德的影响。左拉力图在自己的小说中体现"科学性"。在他的眼里,小说家如同在实验室中紧张地操作着的科技工作者,他摒除任何主观的体验与臆想,坚持"纯客观"的态度,如实地反映所观察到的事物的现象,拒绝对隐匿在现象背后的原因作出说明和解释。因为作者不是一位道德家,而是一位解剖学家,他只要说出他在人类尸体里发现什么就够了。显然,茅盾对以左拉为代表的自然主义文学对客观性的推崇是持赞许态度的。从文学为人生的角度来看,自然主义的"求真"更易表现社会的真实性,在揭橥时代的病症和抨击丑恶腐败的现象方面,它具有浪漫主义、象征主义等难以达到的优势。至于茅

---

[1] 胡适:《科学与人生观》,上海亚东图书馆1923年版,第2页。
[2] 陈独秀:《再论孔教问题》,载《新青年》第2卷第5号。
[3] 陈独秀:《通信》,载《新青年》第1卷第6号。
[4] 参见《茅盾全集》第18卷,人民文学出版社,1989年版,第271页。

盾对当时文坛的评估,则是"基本上还停留在'写实'以前",已有的一些长篇小说,如《官场现形记》、《儒林外史》等,虽然也触及社会的阴暗面,"却决不能算是中国的写实小说"。[1] 在茅盾看来:"以文学为游戏为消遣,这是国人历来相传的描写方法;这两者实是中国文学不能进步的主要原因。而要校正这两个毛病,自然主义文学的输进似乎是对症药。"[2]

不过,需要指出的是,茅盾当时强调向西方的自然主义学习,并不意味着他认定自然主义是最好的写作方法。那不过是他认为当时国内文学界存在着若干缺点,自然主义恰恰可以对此进行补救。因此,他才决定花费一些心力研究它,通过输入自然主义,来改变读者的口味,帮助作者获得新的写作技巧。按照茅盾最初的认识,自然主义绝非文学的最终鹄的,代表文学发展方向的是新近出现于欧美的"新浪漫主义","能帮助新思潮的文学该是新浪漫的文学,能引我们到真确人生观的文学该是新浪漫的文学,不是自然主义的文学,所以今后的新文学运动该是新浪漫主义的文学"。[3] 从茅盾心目中的文学演变来看,自然主义是文学进化的一个驿站,但中国的文学必须经过自然主义的洗礼,方有可能进入更高阶段的文学发展层次,也就是他所谓的"新浪漫主义"。其缘由则是,自然主义"能抨击矣,而不能解决;能揭破现社会之黑幕矣,而不能放进未来社会之光明。故其结果,使人愤懑而不知所自处,而终至于消极失望,或者趋于危险之思想(主义)"[4]。因此,茅盾所择取的自然主义"并不是人生观的自然主义,而是文学上的自然主义",也即吸取自然主义文学求真写实的长处。由此可见,茅盾介绍自然主义时的态度是清醒的,既不把它当成包治百病的灵丹妙药,也不因其尚存的欠缺而视同草芥。

三 现代主义与新文学的趋势

由于现代主义在中国新文学史上所遭受的厄运,评论者向来怵于研究茅盾与现代主义的关系。可以说,这也是迄今茅盾研究中的一个薄弱环节。早在1920年,茅盾便发表过一篇短文《我们现在可以提倡表象主义的文学么?》。他指出:"写实文学的缺点,使人心灰,使人失望,而且太刺戟人的感情,精神上太无调剂,我们提倡表象,便是想得到调剂的缘故。况且新浪漫

---

[1] 茅盾:《小说新潮栏宣言》,载《小说月报》第11卷第1号。
[2] 茅盾:《一年来的感想与明年的计划》,载《小说月报》第12卷第12号。
[3] 茅盾:《为新文学研究者进一解》,载《改造》第3卷第1号。
[4] 《茅盾全集》第18卷,人民文学出版社1989年版,第46页。

派的声势日盛,他们的确有可以指人到正路,使人不失望的能力。"[1]如前所述,出于文学表现人生和有用于人生之目的,茅盾竭力主张引进西方的写实主义和自然主义文艺思潮;但是,他并不认为它们能创造"最高格的文学",他的设想是"先要介绍",然后"坚决地反对",以完成文学史的进化。为此,他从文学的社会作用着眼,"开始尽力提倡非自然主义的文学,便是新浪漫主义了"。在他的心目中,唯有"浪漫的精神",方是创新的、解放的和革命的。在此,"新浪漫主义"被放到了一个与"新理想主义"同等看待的地位,似乎只有新浪漫主义才能表现未来的人生,触动人们去为新的理想而奋斗。但是,被茅盾视为"新浪漫主义"主要代表之一的罗曼·罗兰,并不是严格意义上的"新浪漫主义"(或称现代主义)的作家。于此,我们可以看出,茅盾早期对现代主义的推崇带有某种盲目性。而他对现代主义的真正把握,大致在20年代末,也即他撰写《西洋文学通论》的时期。

尽管存在着上述的盲目性,茅盾在五四初期为现代主义所作的辩护却依然显示了其艺术感觉的敏锐:"即使退一步讲,以西洋文学为尽属于'堕落派',那么,在纯粹艺术方面看来,堕落派的作品虽'有伤风化',却不必定是无艺术价值的作品。我们若也承认'美'是艺术品的一个要素,我们便没法去反对堕落派的作品。"茅盾以为,文学的发展应以"丰饶多变"为贵,"独尊一派"无异于宣判艺术的"死刑"。故此,对于近代以来灿若繁星的文学流派,不持轻率的反对态度,而是应该相信"这些流派都是构成更美的艺术国底分子",把各派"等量齐观",才能免除那些"陈见私意"对文学的健康发展的阻碍。[2]

作为人生派的作家,茅盾信奉:"文艺是人生的反映,是时代精神的缩影,时代的文艺完全是该时代的人生的写真。"人类是逐渐进化的,相应地,文艺也是愈益向前发展的,正所谓:"怎么样的社会背景产生出怎么样的文艺,怎么样的文艺是怎么样的人生反映。"[3]据此,茅盾用以评判当时流行于欧洲的三个著名的现代主义流派,"未来派"、"达达派"和"表现派"。他认为,由于20世纪初物质文明的骤然进化,机械和科学扫荡了整个欧美社会,对人们的心理产生了极大的影响。机械总是力量愈大、速度愈快,也就显得愈好,"所以一般人的脑子里也旋转着'力'、'速'两个字",未来派作家生逢

---

[1] 茅盾:《我们现在可以提倡表象主义的文学么?》,载《小说月报》第11卷第2号。
[2] 《茅盾全集》第18卷,人民文学出版社1989年版,第260页。
[3] 《茅盾全集》第18卷,人民文学出版社1989年版,第265~266页。

这样的社会背景,受到此种暗示,自然地就可能创造对力的崇拜、速度的崇拜的作品。达达派兴起的时期,恰逢第一次世界大战,人类正处于那种荒诞、无聊的战事之中,"达达派的作家,一方面亦亲身感着这种空虚的悲哀,一方面却因置身在外,反而脑筋看得清楚,看得澈、见得到"。受到人类破坏性的感染,达达派也就来破坏艺术的一切陈规,期望在这种破坏里创造新的艺术。至于表现派,与上述两派一样,同样与德国的社会现实密切相关,它是战败后的心理折射,"物质上的困难引起了精神上的痛苦"。受着悲观主义的驱使,作家们认定"人性是恶的、物质的、肉的",故此,"表现派破弃一切旧规则而努力要创新的精神,以及变态性欲的生活,都是现在这时代的人生的缩影"。[1] 通过对这三派的分析,茅盾得出一个结论,现代主义各派的兴起,并非纯然无意义的现象,也不是人们一味地好奇喜新的缘故,实在是出于"时代不同,人生各异"的原因。因此,他要求文学研究者要秉持一颗"公正心"去评判它们,认真地探求它们产生的时代背景,讨论它们的艺术价值。

在发表于1921年7月13日《民国日报》上一篇题为《"唯美"》的文章中,茅盾列举了三名唯美型的作家,英国的王尔德、意大利的邓南遮和俄罗斯的索洛古勃,比较他们在"唯美"的同一标志下,对美的使命之不同理解和不同表现,指出前面二人的精神与现代人格格不入,唯有索洛古勃具有真正的现代意义。针对后者的悲观、厌世倾向,茅盾精辟地点出:"他的悲观是对于人类希望太过了以后的悲观。他嘴里虽说着死,心里却满贮着生命烈焰","惟其渴望更好的人生,更好的世界,所以他诅咒现在这人生和世界。"因此,"他是真正人生底批评者,真是伟大的思想家"。茅盾呼吁在中国能出现一个索洛古勃式的"唯美文学家"。

在对西方现代主义的介绍上,茅盾再次把重心转向了俄罗斯。在《西洋文学通论》中,茅盾指出,19世纪末,俄国在表面上虽然仍像一个沉睡的巨人,没有任何变动;实际上,它的经济组织、社会关系和生活方式,已产生了巨大的转变,社会的重心已由原先贵族的庄园迁移到"近代式的都市"。资本家已在逐步取代以往贵族们的地位,而个人主义色彩也在社会的各个角落里愈益鲜明和强烈。但与此同时,"专制政治的铁链却又束缚得紧紧地",俄罗斯的现代主义文学便在这样的背景下得以产生。值得重视的是,茅盾在比较了西欧和俄罗斯不同的地理、种族、时代背景以后,切中肯綮地指出了俄罗斯象征主义的独到之处:"西欧的象征主义和神秘主义到了俄国,却

---

[1] 茅盾:《茅盾全集》第18卷,人民文学出版社1989年版,第128页。

又失去了'颓废'的色彩,而转入了幻想的玄学。在法国,象征主义是文艺上一种新的表现的方式,但在俄国,却又成为一种哲学。俄国的文学简直把整个宇宙视作一组的象征。宇宙间万物之所以重要,非为物的本身,而因为每物是另一物的反映或象征。"[1]除指出上述特征以外,茅盾还充分肯定了俄罗斯象征主义者在文字上的革新,将之视为"最值得纪念的事"。在他看来,与涅克拉索夫和纳德松等一批现实主义诗人相比,巴尔蒙特和勃洛克具有更大的艺术魅力;至于索洛古勃,甚至超越了一代大师屠格涅夫。在较为全面地评价了象征主义者的艺术成就后,茅盾作出了这样的断语:"这班神秘象征诗人把俄国文字的表现力提高了,扩大了,充实了,又美化了。"[2]其赞赏之情溢于言表。长期以来,尤其是20世纪40年代以后,苏联和我国对以象征主义诗歌、存在主义哲学为主体的俄罗斯白银时代的文化复兴运动一直讳莫如深,这方面的研究无形之中也成为"禁区"。近年来,这种局面有所改观,学界普遍认识到,那一时期俄罗斯知识分子的精神探索标志着欧洲近代思想的现代性转型。[3]而早在20世纪20年代末,茅盾便以自己卓越的学术洞察力,正确地评判了这一场现代主义运动,这不能不令我们这些后来者叹服。

四 接受心态与西洋文学史构成

当我们回顾以往的自在态文学史,就会发现,与这个文学史同生共死的许多事物,包括声音、色彩、运动等等,都已逝去,留下来的只是由符号形式凝固而成的一些"遗迹"。文学史本身只有一个,但却可以有无数本文学史著作去对它进行描述和解读。它们与真实的文学史相距多远?哪一部著作更正确一些呢?我们又如何来据以判断呢?评判文学史能否建立一套统一的标准?这是一些看似平常、实则深奥的问题。它们涉及的是一个"文学接受"的重大课题。根据接受美学的理论,"在作者、作品和读者这个三角形中,读者不只是被动的一端,一连串反应,他本身还是形成历史的又一种力量。文学作品的历史生命没有其接收者的积极参与是不可思议的"[4]。正是由于"接收者"这个"中介"的存在,作品才能够进入具有连续性的不断变动着的经验视野,而在这种延续性中,作品便由简单的吸收逐渐上升到批判

---

[1] 茅盾:《西洋文学通论》,书目文献出版社1985年版,第139页。
[2] 茅盾:《西洋文学通论》,书目文献出版社1985年版,第145页。
[3] 参见刘小枫《走向十字架上的真》,上海三联书店1994年版,第6~9页。
[4] 姚斯:《读者反应批评》,刘峰、袁宪军译,文化艺术出版社1989年版,第142页。

的理解,变消极为积极,从而达到一种"创造的境界"。

显然,在文学史的接受上,接受者的视角多半会与他的文化归属感和价值判断相关联。我们回头来看茅盾所建构的西洋文学史,便不难证明这一点。茅盾曾经说过:"介绍西洋文学的目的,一半果是欲介绍他们的文学艺术来,一半也为的是欲介绍世界的现代思想——而且这应是更注意些的目的……"[1]这表明,茅盾在从事外国文学的介绍和研究活动中,预设了两个目标:一个是它的艺术性,即美学因素;另一个则是它的思想性,即意识形态性。在他的心目中,后者似乎要占更大的比重。他的这种选择标准无疑与五四时期知识分子所需承担的启蒙任务相一致。他极为重视国民性的改造和人生观的重建问题,文学在此被看成完成该任务的一个较为理想的工具。同时,它也必然地受到我国"文以载道"的传统之影响。诚然,茅盾看待西洋文学基本采取了一种社会学的方法,但他并未将其庸俗化,艺术家的良知总在自觉地促发他关注文学作品的艺术层面。

正是本着这样的出发点,茅盾在《西洋文学通论》的绪言中提出了学习和研究西洋文学的四个基本观念。第一,文学并非凭空而来,也不是梦中偶得,"而是从那个深深地作成了人类生活一切变动之源的社会生产方法的底层里爆出来的上层装饰",其申说的是一个经济基础对上层建筑产生作用的原理;第二,文学家不是与世隔绝的,他应是社会的一分子,"社会的意识形态,时时刻刻在影响一个文学家","所以,'超然'之说,归根只是一句没有恶意的夸大",在茅盾看来,当时崛起于西方文坛各种"超现实"的新派,在本质上仍然是那个现实的反映;第三,初民时代,文学是属于公众的精神产品,直到文艺复兴以后,"重商主义"在欧洲抬头,"文学家在社会的地位,方由公众的退而为个人的";第四,在茅盾看来,文学史变迁的根本原因,就是"写实的精神"与"浪漫的精神"的"互相推移",它们是构成文艺的要素,不论怎样,都万变不离其宗。[2]茅盾的这四个基本观念给我们的启示是,从事外国文学研究工作,坚持历史唯物主义的观点才是一条正确之途,任何一种文学现象的产生,都不可能是孤立、单一的,它必然与社会环境、时代背景、作家个人的修养、文学的内部规律等等有各式各样的联系,唯有全面、系统地考察它的成因与结果,才能避免武断、臆测、片面。

此外,茅盾在描述文学史发展的过程中,十分注意"穷本溯源"的工作,

---

[1] 茅盾:《新文学研究者的责任与努力》,载《小说月报》第12卷第2号。
[2] 茅盾:《西洋文学通论》,书目文献出版社1985年版,第8~13页。

同时对文学新思潮的兴起又时刻保持着警觉。在各种文学样式中,他对各民族的神话传说予以了特别的关注,据茅盾晚年的自述称:"二十二三岁时,为要从头研究欧洲文学的发展,故而研究希腊的两大史诗,又因两大史诗实即希腊神话之艺术化,故而又研究希腊神话。"[1]在研究方法上,茅盾较多地借鉴了人类学派的方法,又能自出机杼,另创新的境界。他非常重视神话的科学性和史料性,力图通过对神话的研究,探讨人类社会、文化的起源。在一系列神话专著中,茅盾研讨了不少神话学的基本问题,大至神话的性质、类别、起源,小至诸神的谱系,它们的流传、演变。在中国的神话学研究史上,茅盾是较早地运用比较这一方法的学者。他注意到,虽然同属于欧洲,但由于地理环境的不同,其神话发生和内在精神也并不相同:南欧神话多,蕴涵一种欢快、轻松、及时行乐的人生观;北欧神话则具有一种"悲剧"的意味。正是这种差异性,造成了它们各自文学发展的不同方向。通过神话研究,茅盾大胆地推断出欧洲的骑士文学与北欧神话有极深的渊源关系。这一推断极富勇气,但并非无的放矢。骑士的行侠仗义中渗透的英雄主义和自由精神,与古代神话、史诗中的英雄原型非常相似;所不同的是,在古代神话中作为非主要因素出现的美女故事,到中世纪便演成了主要情节,"恋爱的信仰代替了宗教,骑士们已经不是上帝的前卫,而是美人的前卫了"[2]。除"追本溯源"以外,茅盾在文学史研究中始终保持着一个批评家的敏锐眼光,关注异域文学的横向发展。在《西洋文学通论》中,他专辟一章,对新起的"新俄文学"作了细致周密的介绍,指出新写实主义是对旧写实主义的扬弃。在全书的结束,他宣称:"将来的世界文坛多半是要由这个受难过的新面目的写实主义来发皇光大。"[3]这表明茅盾在移植外国文学方面,虽然坚持的是"思想性"标准,但是也毕竟显示了他立足于当下、瞩望未来的立场,披露了一名学者应有的人间情怀。

五 "媒婆"与"处女"——译学理论的探讨

在整个茅盾研究中,虽已有不少文章论及茅盾的翻译活动。但是,绝大部分论者很少注意到茅盾对中国翻译理论所作的贡献,这不能不说是研究茅盾与外国文学的关系领域中的一个缺憾。与许多翻译家仅埋头于翻译实践、从不过问译学理论的情况不同,茅盾十分注意翻译理论的建设工作。他

---

[1]《茅盾序跋集》,三联书店,1994年,第211页。
[2] 茅盾:《西洋文学通论》,书目文献出版社1985年版,第51页。
[3] 茅盾:《西洋文学通论》,书目文献出版社1985年版,第199页。

一方面总结自己和前人的翻译经验,另一方面和翻译界的各家理论和倾向进行讨论和辨析,提出了一系列有关翻译的主张。这些主张大多散见于《翻译文学的讨论》、《直译与死译》、《直译·顺译·歪译》、《译诗的一些意见》、《"媒婆"与"处女"》等十多篇文章中。在中国现代文学史上,能如茅盾这样下力于翻译理论探讨的作家,实属罕见。

作为20世纪中国新文学运动的参与者,茅盾和鲁迅、瞿秋白、巴金、林语堂等人一样极为强调翻译的重要性。当时,有人说,创作是"处女",翻译不过是"媒婆";意谓翻译是一项微不足道的事,只有创作才是可贵的。针对此种观点,茅盾发表文章予以反驳,指出:"翻译的困难,实在不下于创作,或且难过创作。"因为,翻译一部作品,译者首先必须明了作者的意图;其次要真正领会原作的美妙;再次,译者需要将自己沉入原作,与书中人物同悲同喜;最后,译者本人必须具有能传达原作风格的能力。故此,"真正精妙的翻译,其可宝贵,实不在创作之下,而真正精妙的翻译,其艰难实倍于创作"。"'处女'固不易得,'媒婆'这何尝容易做呀!"[1]不过,茅盾也并不以翻译之难而姑息、偏袒那些坏译本,在历述翻译的重要之后,他号召翻译界行动起来,作一个清理运动,推荐好的"媒婆",驱逐坏的"媒婆",帮助东西方文学缔结一段美好的姻缘。

考察茅盾对译学理论的建设,大致可推溯到1920年,他在《译书的批评》中认为,在翻译问题上"就同一学说而讨论其介绍之正确与否",是"最合我国现代需要而又我们现在勉能胜任的批评"。[2]他提倡切合实际的翻译批评,戒除那些貌似博学、实则空洞的主观臆断的"批评"或烦琐的论述。茅盾对文学翻译所提出的第一要求就是忠实。他坚决反对当时有人提出的"顺译"主张:"译得错不错是第二个问题;最要紧的是译得顺不顺。"[3]为此,他毫不含糊地亮出自己的观点:"在理论文学的翻译,我以为应当以忠实为第一义,'看去眼顺与否'是无关大体的。……至于文艺作品的翻译,自然最好能够又忠实又顺口,并且又传达了原作的风韵和'力'。"[4]茅盾以为,在不得已的情况下,也必须尽量传达原作的神韵,亦即"力",因为那是构成一部作品感人与否的关键。在茅盾看来,假如"原作的文学是朴素的,译文却译

---

[1] 茅盾:《"媒婆"与"处女"》,载《文学》第2卷第3号。
[2] 《茅盾全集》第18卷,人民文学出版社1989年版,第50页。
[3] 赵景深:《论翻译》,载《读书月刊》1931年第1卷第6期。
[4] 茅盾:《直译·顺译·歪译》,载《文学》第2卷第3号。

成了浓艳,原作的文字是生硬的,译文却成了流利"[1],这就没有把原作的风格体现出来,仍然是对原作的歪曲。茅盾以为,直译的东西,看起来较吃力,但不会看不懂,真正看不懂的文字是"死译的文字,并非是直译的缘故"。"我相信直译在理论上是根本不错的,惟因译者能力关系,原来要直译,不意竟变成了死译,也是常有的事"[2]。针对这后一种情况,茅盾对译者提出了三项要求:"翻译文学书的人一定要他就是研究文学的人","翻译文学书的人一定要他就是了解新思想的人","翻译文学书的人一定要他就是有些创作天才的人。"[3]在直译、硬译、顺译、意译等主张中,茅盾无疑倾向于前者,但他的这种倾向并不是毫无原则、毫无条件的。在他看来,由于中外文结构的不同,那种字对字、句对句,一个不多、一个不少的翻译,是不可能的事,因此,他提倡能够传达原作精神的"直译"。

　　正是本着上述对传达原作的"力"之追求,茅盾在译诗艺术上,灵活地采用了"意译"一说。诗歌翻译向来是文学翻译的难点。有人认为,诗是不可以翻译的,诗就是在翻译中失掉的东西;也有人认为诗是可以翻译的,真正的好诗必定是可译的;另外还有人认为,有的诗是可以翻译的,有的诗是无法翻译的,即使可译的诗,也不过是用将就的办法。茅盾的意见基本倾向于第三者,他觉得,经过翻译,原诗的种种好处,只能保留一部分,不可能原样移植。但是,译诗又是一项必须做的工作,因为借此可以感发本国诗的革新:"我们翻开各国文学史来,常常看见译本的传入是本国文学史上一个新运动的导线;翻译诗的传入,至少在诗坛方面,要有这等的影响发生。"[4]因此,他认为译诗是有积极意义的。

　　有此识见,茅盾在诗的直译和意译问题上选择了"意译"一说,这与他一贯强调译文要传达原作的"力"相一致。他主张在原诗的许多好处中挑出最为重要的部分予以保留,也就是诗的神韵。译诗并不是简单地把一种文字译为另一种文字,而是译这首诗为又一首诗,以传达原诗的音韵、意义、结构的精妙。不过,茅盾所谓的"意译"也仍然是有所限制的,它决不是"节译"、"顺译",而是要合乎原诗的风格,"原诗是悲壮的,焉能把他译为清丽"。在诗的格律上,茅盾也主张尽量能以格律传达原诗的格律美,但又不拘泥于这一原则,如果它妨碍了译诗的其他条件,"不如不管,而用散文体去翻译。翻

---

〔1〕 茅盾:《直译·顺译·歪译》,载《文学》第2卷第3号。
〔2〕 茅盾:《直译与死译》,载《小说月报》第13卷第8号。
〔3〕 茅盾:《译文学书方法的讨论》,载《小说月报》第12卷第4号。
〔4〕 茅盾:《译诗的一些意见》,载《时事新报·文学旬刊》第52期。

译成散文的,不是一定没有韵,要用韵仍旧可以用的"。[1]

此外,茅盾还对翻译中译名的标准化问题和名著的复译、重译问题发表过一系列的见解。关于前者,他以自己在翻译过程中遇到的困难为例,希望翻译界能制订出一套统一的标准,免得生出许多不必要的歧义。关于后者,他写过《〈真亚耳〉的两个译本》,比较伍光健和李霁野对同一作品的两个译例,得出结论:"真正的名著应该提倡重译。要是两个译本都好,我们可以比较他们的翻译方法,对于翻译质量很有好处。"[2]综上所述,茅盾在半个世纪以前提出的一套翻译理论,不少观点都是合理正确的,他注重翻译的时效性、翻译的质量,在具体翻译上提倡"形神兼配"的主张,迄今仍具有启迪意义。

以上分五个专题对茅盾与外国文学的关系进行了粗浅的评述。在评述过程中,面对这样一位既研究过文学史、本身又构成了文学现象的作家,我时时感到评述所需的学养和才能的欠缺。这注定了本文仅是一则"初探性"的抛砖之举,至于对这一课题全面、深入的探讨,限于时间和篇幅,只能留俟他日了。值此茅盾先生诞辰一百周年之际,谨献本文,以作纪念。

---

[1] 茅盾:《译诗的一些意见》,载《时事新报·文学旬刊》第52期。
[2] 茅盾:《〈真亚耳〉的两个译本》,载《译文》第2卷第5期。"真亚尔"即"简·爱"。

闻一多的新诗与异域影响

20世纪20年代末30年代初,中国新诗的发展逐渐从"自由化"的草创时期的浮躁、无序和放纵的幼稚病中挣脱了出来,呈现出远离瀑布冲击圈的水域之平静。诗坛表面的湍急让位于深沉的旋涡,《女神》时代的激情转化为"新月"光照下的理性沉思。摆脱诗歌与散文的混淆成了这一阶段的诗人们必须正视的现实。以李金发为代表的象征派诗人着重发掘词语背后的诗意,接受法国象征诗派的艺术观念,着眼于世界结构潜在的隐喻本质,以象征、暗示、拟人化等艺术手段进行写作,企求达到"以有限表达无限"的审美效果;与之遥相呼应的则是被朱自清称之为"格律派"的"新月"诗人群,仿佛是有意和象征派诗人对法国象征主义的"采撷"相比照似的,他们横向移植的是英美诗人的创作经验。这样,体面的英国绅士风就在中产阶级占多数的"新月"同仁中体现为一种温文尔雅、平和稳健、理性节制的艺术趣味,其视艺术为情感的形式也顺势沁入他们的诗学观念之中。

在新月派诗人中,徐志摩被公认为最有才情,但他的个性却注定难以成为该派一位成熟的领袖人物。显然,闻一多渊博的学识、刚直的性情,以及理论探索上的大胆和创作实践上的稳健,更易为同仁们所服膺,因而具有如韦伯所称的领导者的超群魅力,顺乎自然地成为新月诗群中最有影响的人物。他和诗友们所做的"创格"实验,对新诗审美价值的充分肯定,标志着中国新诗流变史上又一次较大的转型,意味着新诗已由最初的争取白话文的创作演变为对诗本身的渴求,对诗的内部规律的把握。

综观闻一多的整个诗歌创作,可以发现,诗人一直遵循的是做"中西艺术结婚后产生的宁馨儿"的道路。但是,在相当长的时期,由于某种偏见的影响,人们研究的重点较多地放在闻氏与传统文化的继承关系这根经线上,而有意无意地忽视了他得益于异域营养这根纬线。事实上,闻一多所受的外来影响,无论是济慈的唯美主义,英国湖畔派诗人的想象力至上的浪漫主义,丁尼生、勃朗宁、先拉斐尔派的维多利亚诗风,还是洛威尔、弗林彻的意象主义,等等,其利都远大于弊。在这方面,闻一多和绝大部分五四以来的中国诗人一样,在创作上极大地受惠于对外国文化的"拿来"。下面笔者拟就闻一多与异域影响这一课题逐一进行考察。

一

在闻一多与外国诗人的神交之中,最先最多被注意到的一位诗人便是济慈。《艺术底忠臣》一诗表现了闻一多对这位为艺术而献身的短命天才的敬意:在仿佛珍珠一般攒在艺术之王周围的"人臣"之中,"只有济慈一个人,是群龙拱抢的一颗火珠,光芒赛过一切的珠子"。在闻一多的心目中,唯有宣称"美即是真,真即是美"的济慈才称得上是真正的"忠臣","诗人底诗人"。其他人由于缺乏为美献身的殉道精神,充其量不过是"名臣"而已。因为他们所瞩望的仅仅是"分疆割据,属国偏安",在功利的动机下,将艺术看成手段、工具,而非目的。这是根本无法同济慈的忠诚相提并论的。显然,济慈在闻一多的眼里,是以一个诗歌神话的面目出现的。被神化了的济慈也即美的化身,它寄寓着闻一多本人的诗歌理想,寄寓着他"艺术救国"的社会使命感和责任感。

1920年10月1日,闻一多在《清华周刊》上发表的《征求艺术专门的同业者底呼声》,表明了自己献身艺术的决心。他认为:"人类目前依赖物质的文明,所得的结果,不过是一场空前的怵目惊心的血战,他们于是大失所望了,知道单科学是靠不住的,所以现在都倾向于艺术,要庇托于它的保护之下。中国虽没有遭战事的惨劫,但我们的生活底枯涩,精神底堕落,比欧洲只有过之无不及,所以我们所需要的当然也是艺术。"在稍后闻氏参与起草的《美司斯宣言》中也有类似的观点:"生命底艺化便是生命达到高深醇美底鹄的底唯一方法。"[1]此时,闻一多基本接受了蔡元培"以美育代宗教"的观点,以纠正时人过多地沉溺于生命物质的羁绊之弊。

从美的超越性出发,闻一多呼吁人们认清单纯依靠科学的危险,摆脱动物式的快感享受,真切地体验生命的美感,从而达到人类至善的伦理境界。他极为推崇"为艺术而艺术"的唯美主义艺术观。济慈在给弟弟乔治的一封信中认为:"只有极少数的人可以达到完全忘去利害的境界。"[2]在这位终生贫病潦倒,却仍然对"美"矢志不渝的诗人看来,"诗"与"伟大"恰恰诞生于

---

[1] 转引自闻黎明《闻一多传》,人民出版社1992年版,第27页。
[2] 载刘若端编《十九世纪英国诗人论诗》,人民出版社1984年版,第186页。

忘却世俗功利,舍己为人的人之中。而在闻一多看来,济慈无疑属于这"极少数人"之列;至于他本人,也希冀有朝一日跻身于真正的辉煌里。他在《西岸》一诗中特意引用了济慈的名句"他有一个充满欲望的春天,此时明晰的幻想把所有能吸收的美都吸收进来了"作为题词。相对于此岸的"没有真、没有善、没有美"的状况,闻一多渴盼着以诗的崇高来抵御现实的平庸与鄙俗,以生命的真来戳穿生活里的虚伪与欺骗,甚至不惜以诗人之死映衬出庸人之生的渺小,阐释生存的真谛。《李白之死》、《剑匣》、《黄鸟》等都蕴涵着诗人以艺术激活人生,完成"改造社会底急务"的理想。

除唯美的诗学观念以外,济慈的感觉主义对闻一多亦有很大影响,济慈在给一位好友的信中曾有如是表述:"要能够靠感觉而不是靠思想来过活,那够多好!"闻一多在给吴景超的一封信中也声称:"感觉与心灵是一样地真实。"早年的闻一多曾根据感觉的有无,在《评本学年〈周刊〉里的新诗》、《冬夜评论》、《泰戈尔批评》等论文中指出中外诗人创作上的缺陷和弱点。他本人的创作擅长捕捉瞬间的感觉,从自然景物的声色变幻的细微处入手,贴切形象地抒发自己的感情。

二

梁实秋在《谈闻一多》一文中曾经指出:"丁尼生的细腻写法(the ovnate methoa)和勃朗宁之偏重丑陋(the grotesque)的手法,以及现代诗人霍斯曼之简练整洁的形式,吉伯林之雄壮铿锵的节奏,都对他的诗作发生影响。"[1]显然,在对西方文化的汲取上,闻一多所抱的是一种"转益多师"的态度,而不拘泥于模仿某个诗人或某一流派的风格。他以自己的艺术气质、诗歌趣味为圆心,伸出各种触角去延揽各门各派的优长,以丰富和扩张自己的诗歌之圆的内涵。留美期间,闻一多曾在美术专业以外选修了两门诗歌课程"丁尼生与勃朗宁"、"英美现代诗",它们对闻一多诗风的形成有很大的启迪作用。

在整个世界诗歌史上,19世纪的英国是引人注目的。前30年,浪漫主义诗歌一领风骚,诗人们强调想象,推崇情感的自然流露,倡导以表现自我为主的创作风格,催发了一朵朵瑰丽绚烂的诗之花。1837年,维多利亚继承王位,浪漫主义走向衰落,济慈、雪莱、拜伦先后去世,湖畔派诗人也已丧失诗情,少有作品问世。新一代诗人,如丁尼生和勃朗宁开始崭露头角,英语

---

[1] 梁实秋:《说闻一多》,传记文学出版社1967年版,第37页。

诗歌的风格为之一变。诗人们由情感的自然漫溢向沉思和内省的心理深度靠拢,抑情的客观化描述成为主导倾向。与前30年诗坛的"狂飙突进"式氛围相比,这一时期的诗人们多以冷静、理性的面貌出现,躁动不安的激情,大胆的怀疑和否定,恰似深水下的旋涡,隐藏在表象的平静之下。创作的内倾化使得当时的诗人格外重视形式上的探索,除对传统的十四行诗体、英雄双行体、四行体、三行连环韵体等进行创造性继承以外,不少诗人还自创诗体与格律,取得了良好的艺术效果:如勃朗宁的"戏剧独白"诗和斯温本的"回旋曲"等,丰富了英国诗歌的宝库。总体上讲,这一时期的诗歌呈现出一种古典主义与浪漫主义冲突、折中和整合后的新态势,文学史家借用了女王在位的时间(1837~1901年),称之为维多利亚诗歌时代。维多利亚诗歌在20世纪初受到现代主义的挑战而趋于式微,但在美国大学课堂上的正统地位直到闻一多留学美国时尚未丧失。这样,影响的接受者闻氏不满于国内诗坛的喧哗与骚动,诗文不分的局面,谋求以理性对激情泛滥的状态进行制约,创造新诗的"格调",甚至以为新诗"实际就是中文写的外国诗"。这恰好与影响的施予者的现状相吻合,促成了影响由可能转为现实。

  维多利亚诗歌对闻一多的影响,除梁实秋已指出的以外,尚有两点值得注意。其一,丁尼生的唯美主义艺术实践的成绩在闻一多的心目中并不亚于济慈。前者作品中由诗意的沉思所体现的优美、宁静,略带一丝哀愁的意境正是闻一多为之倾倒和向往的。受到丁尼生《艺术的宫殿》一诗启发,闻一多创作了《剑匣》,不仅在内容上,而且在全诗所弥漫的如梦似幻的气氛上也传达了闻一多为朦胧缥缈的美献身的艺术信念。

  闻一多曾经自称他的一首名诗《忘掉她》是对蒂丝黛儿的《忘掉它》的借鉴。作为成名于世纪之交的美国诗人,她在艺术风格上基本没有摆脱维多利亚时代的影响,语言的古典意味,情感的内敛含蓄,节律的和谐对称,仿佛是克·罗塞蒂的美国版本。在此摘录后者《歌》中的一节,以供参照:

    在我死后,亲爱的,
    不要为我唱哀歌;
    不要在我头边种蔷薇,
    也不要栽翠柏。
    让青草把我覆盖,
    再洒上雨珠露滴;
    你愿记得就记得,

你愿忘记就忘记。(飞白译)

　　撇开词汇与表意的外在差异,我们不难感受到两首"忘掉"诗里那种轻轻吟诵中的痛楚,难以割舍的缠绵,大悲之后叹息一般的旋律。闻一多的另一首哀悼亡女的作品《也许》,也是"抑而扬"地由字面的凝练、语调的平静中透射出了压抑不住的深情,堪称绝唱。事实上,这些作品表现方式的肇端便起自丁尼生的《悼亡某》,一部由131首抒情诗组成的悼念亡友哈勒姆的杰作,限于篇幅,不再征引。

　　在维多利亚时代,与丁尼生"双峰并峙"的是勃朗宁。不过,这两人的诗作风格并不相同,闻一多集二者之大成,对他们既有所借鉴,又有所扬弃。诗人对勃朗宁的学习,除梁实秋论及的"偏重丑陋"以外,最重要的便是对"戏剧独白"形式的引进。勃朗宁以独树一帜的戏剧独白诗闻名于世,这种诗体的特点是,并没有固定的戏剧场景,诗人不作讲解,没有舞台背景,没有动作表演,没有对白,只是由一个剧中人独白,其他的东西仅仅在独白中流露一些暗示,由读者去补足。他的这类名作有《我的前公爵夫人》、《圣普拉西德教堂的主教吩咐后事》、《荒郊情侣》、《安德烈,裁缝之子》等。闻一多在"戏剧独白诗"领域中的尝试则有《大鼓师》、《天安门》、《荒村》、《飞毛腿》等。试以《天安门》一诗略作分析:

　　　　好家伙!今日可吓坏了我!
　　　　两条腿到这会儿还哆嗦。
　　　　瞧着,瞧着,都要追上来了,
　　　　要不,我为什么要那么跑?
　　　　先生,让我喘口气,那东西,
　　　　你没有瞧见那黑漆漆的,
　　　　没脑袋的,蹩脚的,多可怕,
　　　　还摇晃着白旗说着话……

　　独白者是一位车夫,独白的倾听者被设定为坐车的"先生",在车夫的自述过程中,似乎"先生"发出了诸如"你为什么不问一声"那样的问话。诗人在此将它有意省略,也不做铺叙和讲解,为的是使独白者保持叙述的连续性和完整性,从而通过语言的压缩增大诗歌的张力,让内涵变得更加丰富。接着,诗更进一层揭示了独白者(车夫)的心理感受。在他的眼里,学生们衣食不愁,何必要冒死"开会"(示威、请愿),"还不老实点儿"。他的二叔是因为"饿的没法儿去当兵"才挨了枪子儿的。相比之下,那些境遇远高于"二叔"的学生就等于把老命"白白的送阎王"。闻一多通过车夫之口,再一次抒写了五四以后知识者追求民主和自由的过程中的孤独感,末尾一句"赶明日北京满城都是鬼",更是写出了"车夫"与"先生"的双重绝望。

从这首诗的整体来看,由于使用的是车夫这一局外人的"戏剧独白"形式,语言上显示出被克制住的冷静。但冰雪的底层蕴藏的是一座火山,愤怒、悲哀、失望等情绪由于"抑而扬"的冷静更显出了力度。"新诗戏剧化"是20世纪中国诗人予以热切关注的一个问题,袁可嘉先生专门写过一篇论文进行过阐述,将它认做是新诗"现代化"的标志之一。[1] 闻一多较早地在实践上进行了尝试,功不可没。

三

研究闻一多的创作与西方诗歌的关系,不能不提到美国的意象派。在芝加哥逗留期间,闻氏结识了蒲西夫人,经她引荐,进入了美国诗坛的社交界,和当时的著名诗人桑德堡、门罗、海德夫人有所交往。此外,他还在一次宴会上见到了意象派诗歌的领袖爱米·洛威尔。洛威尔曾与人合作翻译过一本中国诗集《松花笺》,她对中国古典文学和东方文化有着特殊的爱好,并且,她还是两卷本《济慈传》的作者。这种艺术趣味上的同构使得闻一多在顷刻间为之所吸引。1925年,洛威尔逝世,闻一多立即赶写了一篇文章,以示悼念。洛威尔吸取了中国古典诗歌含蓄、蕴藉的特点,让意象本身说话,在写作中推崇直觉和感悟。因此,她的作品具有意象鲜明、内涵丰富、语言凝练的特点,给人以大理石一般光洁夺目的美感。《秋》与《秋雾》堪称她的两首代表作:

> 整天,我凝视着紫色的葡萄叶
> 飘落水面。
> 现在,它们仍在月光下飘落,
> 但每张叶子都镶上了银边。(《秋》)

> 是一只蜻蜓还是一片枫叶

---

[1] 参见袁可嘉:《论新诗现代化》,生活·读书·新知三联书店1988年版,第21~29页。

轻轻地落在水面？(《秋雾》)

和自己所崇拜的女诗人一样，闻一多也非常喜欢描写秋天、秋色，直接以"秋"命名的便有《秋色》、《秋深了》、《秋之末日》、《秋林》等，《废园》一诗虽没直接以秋点题，但对秋景的渲染颇能让人捕捉到洛威尔作品的那种风格：

　　一只落魄的蜜蜂，
　　像个沿门托钵的病僧，
　　游到被秋雨踢倒了的
　　一堆烂纸似的鸡冠花上，
　　闻了一闻，马上飞走了。

　　啊！零落底悲哀哟！
　　是蜂底悲哀？是花底悲哀？

两位诗人笔下的抒情主人公都是以寂寞、孤独、苦闷、敏感的形象出现，同样勾起读者神秘朦胧、空虚惆怅的心情。相形之下，洛威尔的两首小诗较为单纯，在诗意的深入上有所欠缺；闻一多自小就受到这种意象诗歌的直接熏染，其整个文化心理的内结构里有着对它的深刻体会，因此，似乎更能恰当地传达出它的微妙的好处。末两句的感叹，看似"蛇足"，实属"点睛"：由"废园"的环境之"废"，联想到"蜂"、"花"的悲哀，进而暗示出人的飘零之感，生命的无奈，从而在寓意上能提供更多的"含蓄之信息"。

闻一多所提倡的"绘画美"，曾有不少学者加以论述。其实，所谓诗的"绘画美"，主要就是指诗人对色彩的高度敏感。闻氏十分钦佩美国诗人弗莱彻，称他为"设色的神手"。据说，《秋林》一诗便是受弗莱彻的启发而创作的。闻一多这首诗多半出自率性的比附，在诗意的感染上略显逊色，但诗人对于色彩的迷恋却可略见一斑，生命因为有了色彩尤显可爱，尤有价值。闻一多致力于诗的"绘画美"的成功之作为数不少，如《春之末章》、《忆菊》、《秋色》、《稚松》、《烂果》、《口供》、《死水》等。闻一多在色彩这一原本客观的东西上，投射的是自己火一样的热情。镂金镂彩的斑斓传达的是诗人灵魂的丰富，它们在给读者留下生动鲜明的形象之后，展现了诗人独特的抒情个性。

四

　　如果说闻一多在前期主要从英国浪漫主义和维多利亚时代吸取营养的话,那么,后期则对现代主义诗学观念有所接受。这与世界诗歌史的发展轨迹、与新月派诗人的后期转向大体一致。这方面,邵洵美的《花一般的罪恶》,于赓虞所推出的几部诗集《骷髅上的蔷薇》、《孤灵》、《晨曦之前》、《魔鬼的舞蹈》等比较典型地印证了这一点。后者曾被称之为"悲哀诗人",被比附成"中国的波德莱尔"。在这样的富含现代主义气息的创作氛围里,闻一多的诗集《死水》也表现出了同样的惊世骇俗。

　　近来已有不少学者认识到了闻一多在《死水》时期的创作开始运用"化丑为美"的艺术原则。它渊源于法国象征主义的先驱波德莱尔,后者写过一首《美神颂》,描写的是他在真诚地探索美的过程中,对美的诞生不由自主地感到的一种疑惑:美来自神圣的天庭,还是黑暗的地狱?它原来是善良,抑或是邪恶?波德莱尔发现,生活中纷纭复杂的各种现象仿佛昭示出传统意义的美之纯粹的虚妄,天和地,曙光与落日,欢乐与灾祸,天使与魔鬼,似乎都是相反相成的,它们既相互撕裂又相互拥抱。在"给我以粪土,我变它为黄金"的高傲自负里,波德莱尔发动了一场美学上的革命,使审美的艺术领域里漾入了"审丑"的因素。闻一多基本把握了这一美学的精髓,如《烂果》一诗,形象地阐明了生活的辩证法:在现实生活的封锁之下,心灵仿佛在无谓的腐烂,生命在表面上受到呵护的境况下,逐渐萎缩、腐烂,最后竟变成一枚"烂果"。但是,闻一多具有直面真实的存在之勇气,看到了毁灭所包孕的新生之可能,只要最后彻底"烂破"了"监守",灵魂就可以得到自由,面带微笑地来到世上。《口供》一诗再次申诉了真实人生中伟大与渺小,美丽与污秽,神圣与卑微之间奇妙的结合,诗人在铺陈了一连串美丽的幻想之后,"招供":

　　　可是还有一个我,你怕不怕?——
　　　苍蝇似的思想,垃圾桶里爬。

　　严肃的自我解剖折射出诗人在人格上的健全和真诚。

　　《死水》是闻一多最著名的作品,它也最能恰当地证明诗人"化腐朽为神奇"的艺术思想在实践中的体现,由于已有学者作了论述,本文从略。

　　"爱与死"是20世纪现代主义诗人关注的重大问题之一,奥地利诗哲里尔克认为:"只有体味过死,才能真正理解爱。"闻一多的整个创作中也有好几首作品表现了对这两个永恒问题的现代主义领悟。前述的《也许》、《忘掉她》两诗已有诗人对"死亡"的独特理解,而进入到爱情诗的创作,他更是肆无忌惮地让"死亡"作为爱的极致而大事描叙,对爱人咏叹:"死是我对你唯一的要求,死是我对你无上的贡献",爱是"灵魂底灵魂"、"生命底生命",企求

  让我淹死在你眼睛底汪波里!
  让我烧死在你心房底熔炉里!
  让我醉死在你音乐底琼醪里!
  让我闷死在你呼吸底馥郁里!(《死》)

  其中蕴涵的依然是对美的崇拜,爱成为一座桥梁,沟通瞬间与永恒。诗人渴盼善通过它进抵理想的内核。不过,爱由于与死亡的毗邻,并非永远是美丽、和平的。不久,闻一多便体会到其中深藏着"茔墓"、"陷阱",以至于认为历来为人称道的美之化身的维纳斯也是"死魔盘踞着的一座迷宫"。为爱付出牺牲,为美酿成罪孽,逐渐确立了闻一多洒脱的死亡观,他竟然无所畏惧地表示:

  鸡声直催,盆里一堆灰,
  ===== 一股阴风偷来摸着我的口,
  原来客人就在我眼前,
  我咳嗽一声,就跟着客人来。(《末日》)

  在闻一多的一部分准现代主义作品中,《梦者》一诗透露出"他人就是地狱"的存在主义信息,《夜歌》弥漫的是"恐怖"美,忠实地履行着作者早年所信服的一个观点:"艺术的神技应能使'恐怖'穿上'美'底一切的精致,同时又不失其要质。"[1]

  综上所述,闻一多通过对西方诗歌艺术的广泛涉猎和撷取,与中国传统文化进行有机的嫁接,孕生了一个健康的"宁馨儿",其成功堪为后人所借鉴。他认识到:"本土形式的花开到极盛,必归于衰谢,那是一切生命的规

---

[1]《闻一多论新诗》,武汉大学出版社1985年版,第48页。

律，而两个文化波轮由扩大而接触而交织，以致新的异国形式必然要闯进来，也是早经历史命运注定了的。"因此，"为文化的主人自己打算，'取'不比'予'还重要吗？所以仅仅不怯于'受'是不够的，要真正勇于'受'"。[1] 20世纪已经跨入歌德曾预言的"世界文学"时代，中国新诗也已走到21世纪的大门口。当我们不惮于继承《诗经》、楚辞、唐诗、宋词这些宝贵的遗产的时候，应该清醒地认识到，荷马、但丁、莎士比亚、歌德也是我们的传统。"历史已给我们指示了方向——'受'的方向，如今要的只是勇气，更多的勇气啊！"

---

[1]《文学的历史动向》，《闻一多全集》第10卷，湖北人民出版社1993年版，第19页，第21页。

词,别是一家的风情[1]

词,最初是配合燕乐而创作的歌词。刘熙载《艺概》称:"词曲本不相离,惟词以文言,曲以声言耳",故又名"曲子词"。它播种于隋,萌芽于唐,敷衍于五代,繁盛于北宋,烜赫于南宋,散漫于金元,寥落于明,重放于清。历一千余年的兴亡盛衰,由原来的蕞尔小邦蔚然而成泱泱大国,其名家名作,层出不穷,令人目不暇给。此次,选评《千家词》,拟在纵向上寻绎词史的流变轨迹,在横向上反映各代殊异的风貌特点,令读者一编在手,而能尽览各方胜景,在怡情养性以外,得智性的启迪和良知的觉悟。

如前所述,词的发生,最早可以追溯到隋朝。隋文帝杨坚统一中国,结束了诸侯割据、战乱不断的局面。伴随着和平的出现和经济的复苏,文化也呈现了兴盛的可能,具体到诗歌艺术的发展,当时出现了"倚声填词"的现象。在统治者的鼓励下,教坊音乐十分流行。有一批文人,根据协律的要求,吸收了古乐府诗和民间谣曲的特点,创造出最初附庸于音乐的曲子词,这些作品应该是我们今天所见的词之雏形。可惜由于隋朝国运短暂,烽火骤起,并没有能够流传下来,仅留下了一些词调名,如《水调》、《河传》、《杨柳枝》、《安公子》等。

唐代是中国文化旅程中一个重要的驿站。作为人类精神最敏锐的触角之一的诗歌,在这个阶段达到它的高峰期,其诗体和韵律逐渐定型,形成以五言和七言为主的律诗。诗歌的这种定型化,一方面标志着中国诗歌已经走出了它最初的探索阶段,进入了成熟期;另一方面,它也暗含着进一步突破的新期待,在"齐言"体之外冀求以长短句式来达到抒情言志的可能。新的探索承继着有隋以来的脉络,首先在民间进行着:教坊乐工在一种自发的状态下,按照乐谱填写歌词。盛唐以后,文人的介入使词摆脱了音乐的约束,逐渐自立门户,为诗歌提供了一种新的样式。天才诗人李白的尝试,为词的勃兴起了拓开先河的作用,刘禹锡、白居易、张志和随后推波助澜,一种

---

[1] 本文为笔者选编、评注《千家词》(山西人民出版社1998年版)的序言。

崭新的诗体,自此便由暗流而浮出了陆地。

从词的发展史来看,晚唐与五代是它的形成期。在中晚唐诗人中,温庭筠不同于偶一染指的刘、白诸人,他是第一个于填词下大力的人。他的词继承晚唐绮靡的风气,多写闺情,其用辞香艳秾丽,造境幽密婉约。年代稍晚于温庭筠而崛起的词人是韦庄,他曾长期游历江南,受到清丽自然的吴歌之熏陶,在创作上追求明快疏朗的风格,而且善于化用口语入词,对矫正一味浮艳的词风起到了良好的作用。后蜀赵崇祚以温、韦二人为鼻祖,选承其余波的十八家词,合为《花间集》,对这一阶段词的成就进行了及时的总结,标志着词在中国文学史上地位的正式确立。而后,宋人便奉《花间集》为词的正宗,作词论词也常以"花间"为准绳。五代词除西蜀这一中心以外,还有一个中心,那就是南唐,它的代表人物是冯延巳、李璟、李煜,而以后者成就最高。王国维《人间词话》谓:"词至李后主而眼界始大,感慨遂深;遂变伶工之词而为士大夫之词。"[1]"亡国"的命运,加上李煜的才情,构成了词史流变中的一个重要转折点。自此以后,词便越出了宫廷和教坊的应歌而作之囿限,重新进入抒情言志的正常途径。

词进入宋代,可以说是到了它的收获期。不过,宋初词坛沿袭着花间、南唐的遗风:晏殊、欧阳修、晏几道在体制上仍以小令为主,其主题也大多是抒写离别、相思之情;其超过前人的地方,主要在于善用清丽的词句,构成情景交融的意境,在表达上更为含蓄蕴藉。柳永的出现,标志着宋词有了独立的品性。他大量创作慢词,突破了小令一统天下的格局,为细致的描写、铺张的叙事和酣畅的抒情提供了新的可能性。柳永对宋词的贡献不仅在于词调的创格上,而且在内容上进行了革新。其特出的一点便是打破了士大夫的偏见,引入"市井新声",拓宽了词的表现领域,在雅词和俚词之间找到了一个新的结合点,因而深受大众喜爱。据称,当时"凡有井水饮处即能歌柳词"。张先是与柳永同时而齐名的词人,他在创作上既如晏、欧一般多作小令,又如柳永那样创制慢曲,是宋词成长期中一位"适得其中"的人物。

北宋文坛上,苏轼是一位全才型的革新家,其诗、文均有很高的造诣,而最为人称道的是他对词格、词情和词境的全面性开拓。胡寅在《题酒边词》的序文中称:"一洗绮罗香泽之态,摆脱绸缪宛转之度,使人登高望远,举首

---

[1] 王国维:《人间词话》,载郭绍虞主编《中国历代文论选》第四册,上海古籍出版社 1980 年版,第 372 页。

高歌,而逸怀浩气,超然乎尘垢之外。"[1]后人以东坡词的"横放杰出",奉他为"豪放派"之宗。不过,需要指出的是,"豪放"固然是东坡词的主要特色,但不能概括其全貌,其不少作品亦属婉约清丽一路,因此,"刚健含婀娜"或许更能说明东坡词的成就所在。苏轼以后的主要词人是秦观、贺铸和黄庭坚。秦、贺二人继承了东坡词深婉韶秀的一面,又远绍花间、南唐遗风,进一步丰富了婉约词一路:少游词艳而不俗,方回词柔中有刚。黄庭坚在词史上的地位一直不太稳固,褒之者谓其词"唐诸人不逮也",毁之者则斥曰"直是门外汉",这恐怕与其作品的水平参差不齐有关。

苏门以外,周邦彦是北宋词坛极有影响力的人物,前人认为其"集词之大成"。他曾任大晟乐府的提举官,妙解音律,精于词法。且能博采众长,自出机杼,为词的音律规范化起了关键性作用,被南宋婉约派诸词人奉为唯一典范,比为"词中老杜"。身逢南北宋交替之际的李清照是一位承上启下的大词人,其作品以靖康之变为界,展现了两种不同的风景:她早年多写深闺闲愁,境界较狭窄;南渡以后,则多抒发伤乱忧生的感喟,于婉约中透露出豪放的气息。尤为难得的是,李清照还是第一篇系统论述词体特点的文章《词论》的作者,其"别是一家"之说,指出了诗与词的分野,极有见地。

南宋词坛异军突起的辛弃疾有"巨龙"之称,他的创作代表着爱国词的最高成就。俞平伯先生在《唐宋词选释》中有评:"向来苏辛并称,但苏辛并非完全一路。东坡的词如行云流水,若不经意,而气体高妙,在本集大体匀称。稼轩的词乱跑野马,非无法度,奔放驰骤的极其奔放驰骤,细腻熨帖的又极其细腻熨帖,表面上似乎不一致。"[2]是为中肯之论。稼轩一生以英雄许人,亦以英雄自许;其词如其人,渗透着强烈的英雄主义色彩,高亢、沉郁、悲壮;而一部分词作又能摧刚为柔,不废婉丽,显示出侠骨柔肠的风貌。与辛弃疾同时或稍晚的重要词人则有陆游、陈亮、张孝祥、刘过、刘克庄等,他们或为友军,或成羽翼,彼此声气相通,相与揖让,使以豪放为主调的爱国词派一时蔚为壮观。

婉约词衍于南宋,其最负盛名者首推姜夔。他的词与周邦彦有极深的渊源关系,却有因有革,能于"软媚"和"秾丽"之外,别出"清空"和"骚雅"之趣。白石词多咏物,但绝不滞于物,常能给人以峭拔空灵之感,所谓"野云孤

---

[1] 胡寅:《题酒边词》,载郭绍虞主编《中国历代文论选》第二册,上海古籍出版社1979年版,第360页。

[2] 俞平伯:《唐宋词选释》,人民文学出版社1979年版,第13页。

飞,去留无迹"。史达祖是当时与姜夔并称的词人,所走亦是婉约一路,其词轻盈绰约、奇秀清逸,且长于冶炼词句,故而亦能在群雄并逐的格局中放一异彩。姜、史以后,吴文英是又一位重要的词人。吴词向以晦涩幽邃著称,后人有谓其"如七宝楼台,眩人眼目,碎拆下来,不成片断"[1],亦有称其"佳者如水光云影,摇荡绿波,抚玩无极,追寻已远"[2]。两相参酌,大致可以反映出他刻意追求朦胧美的苦心。

　　宋末,词风的传承上仍呈现二派分流的面貌。刘辰翁、文天祥发扬苏、辛奔放、沉雄一面,多作壮词。刘辰翁虽间有轻灵婉丽的小令,但其骨干气息不失豪宕;文天祥词与诗一样,俱显露出慷慨激昂、刚直忠毅的风骨,深为后人仰慕。宋末的婉约派词人主要有周密、王沂孙和张炎。周密曾编《绝妙好词》,对各家词作耙梳抉剔,荟萃精品近 400 首,与黄升《中兴以来绝妙词选》并称选录南宋词的双璧。周密词格律谨严,字句优美,其作品宋亡以前多清雅婉丽,入元之后则漾入苍凉意绪。王沂孙是咏物词的高手,他与史达祖为词而词的作风不同,常托物寄兴,于隐约其词中寓涵故国之思,其风格多哀感缠绵,纡曲忠厚。张炎为南宋初中兴名将张俊的六世孙,以一豪族贵胄,历家国之巨变,其词不免多苍凉激楚之感。他的词承袭周邦彦和姜夔,人谓其"无二家所短而兼所长",可见推崇备至;其写景状物之作空灵流畅,感时抚事之作则凄恻冷隽,流风所及,达于清代浙西词派。在这三家以外,尚有介于辛派和姜派之间的一位重要词人蒋捷,他的词作中既有柔婉妍倩的小令,亦有沉郁悲壮的慢词,但由于其驾驭能力尚不到圆熟流转的程度,部分作品或流于纤巧,或病于粗率,未能取得一流作家的地位。

　　按照传统的历史分期观点,金朝并不是一个严格的断代标志,它是由女真族在我国北部建立起来的一个与南宋相对峙的政权。女真政权以武功立国,长期处于戎马倥偬、争战不已的动荡之中,其生活反映到词里,就形成了一种特殊的格调,清朗、苍凉、悲怆、伉爽。金源初期的词人大多为宋朝使臣,被强自留用不予遣返,如吴激、蔡松年等,他们身处忧患,多悲咽之声。中叶以后,词风宗苏、辛,部分作家颇能得清放旷逸之致。代表金词最高成就的是元好问。遗山生逢末世,饱经离乱,时代的悲剧和个人的身世之感,反映到他的词中,便形成了一种低回沉郁,亦浑雅博大的气象,其作品即使

---

[1] 张炎:《词源》,载郭绍虞主编《中国历代文论选》第二册,上海古籍出版社 1979 年版,第 467~468 页。

[2] 参见薛砺若《宋词通论》,上海书店 1985 年版,第 282 页。

求诸两宋名家,亦不多见,堪称金词的上驷。

词至元明,呈现散漫寥落的弱势,其原因是多方面的。元灭宋、金以后,破坏了中原的农业经济;因祸得福的是,城市经济和手工业经济却有了很大的发展。这样,代表着市民趣味的戏曲也应运崛起,成为一代文学之标志。词的主流地位顺势丧失,当时较有才情的作家,往往把主要精力投入戏曲的创作,如关汉卿、白朴、马致远等。不过,毕竟它去宋未远,流风尚存,仍有不少可取之处。尤其值得重视的是,当时出现了一批少数民族作家,如契丹的耶律楚材,高丽族的李齐贤,蒙古族的萨都剌,均有不俗的成绩,而以后者为最。萨都剌作词学东坡,清旷雄奇,名重一时。张翥也是元代著名的词人,其风格近婉约一路。

明朝实行极端的君主专制,重用宦官,广布特务,推行八股取士,竭力禁锢人们的思想。处此高压控制之下,早、中期的词坛,自然显出一派萧条的景象。迨至明末,时代与民族的危机震撼着当时每个人的心胸。爱国志士陈子龙,是去陈弊吐新声的第一人,他的词,风格悲劲苍凉,辞藻清丽韶秀,对清代词风影响很大。另一位抗清义士王夫之,是一名在哲学、史学、天文、地理学和文学方面均取得巨大成就的奇才,他的词作芳悱缠绵,沉着遒劲,是疗治此前纤靡浮艳的词风之良药。

清康乾之世,国力强盛,社会也比较安定,学术和文艺的发展都受到一定的鼓励,清词也因此而有复兴的契机。一时人才辈出,流派纷呈,其杰出的作家和作品多如繁星。清初词坛的名家有陈维崧。陈维崧少负才名,但一生落拓。他的词尊苏、辛,其笔力精悍,用词雄爽,有目空四海之概。与陈维崧词风相近者有曹贞吉,其词主独创,反模拟,兼雄浑与工丽于一体。他们创立的词派即阳羡派。当时与陈维崧并驾齐驱、别开一派的是朱彝尊,他主张以姜、张的雅淳来矫正苏、辛的直白,其宗旨一时和者甚众,形成以清空、婉约为主格的浙西派,领导词坛数十年,其声势几遍天下。纳兰性德是游离于当时各大派别的一位满族词人,他出生于贵族家庭,官一等侍卫,为人敦古谊、重然诺,为清初团结汉族知识分子做了不少有益的工作,惜英年早逝,未能充分发挥其才情。他的词宗南唐,风格清新俊逸,蕴藉自然,颇多感伤情调,尤以追念亡妻卢氏的悼亡词最称绝唱。

晚清以来,外患愈亟,内忧频仍,国势摇摇欲坠。一批有识志士蒿目时艰,不能不思发愤振作,他们大多把一腔忠愤幽怨之气泄诸词中,这就使得清末民初的词坛流荡着一种特殊的爱国主义激情。文廷式、郑文焯、况周颐和朱祖谋俱是19世纪至20世纪递嬗之际的著名词家,他们念怀国运,感叹身世，其词作或峭劲，或哀感，或轻灵，或重拙，无不折射着时代的风云变幻，即令一部分咏叹风花雪月的词作，也大多别有寄托。在19～20世纪之交的众多词人中间，王国维有着特殊的魅力，作为一名思想家，他深受叔本华、尼采等人的德国生命哲学影响，确立了"人间苦"的世界观，这一世界观落实到他的创作中，便自然地转向对人类生存之悲剧性的表现。可以说，王国维的人间词是以词这种赓续了千余年的古老形式传达现代意识的一次不无裨益的尝试，值得我们给予必要的重视。

最后，对本书的选评作几点说明。

本编取材，以作品的艺术性为主要标准，兼顾其文学史或文化史的影响，力求能较为全面、深入地体现词这一特殊的诗歌品种在艺术发展上的脉络。

作品原文，坊间各本有异，本编择善而从，酌加说明，不作烦琐考证。

注释以引证典事，疏通词意为主，简要为旨，力戒枝蔓。

评点与赏析为导读之用，避免嚼饭与人，有话则长，无话则短，适当收录重要的评语与逸闻，以供参考。

本编不是一部断代词选，而是沿循词的发生、发展、衰落乃至复兴的脉络，对其进行总结性的择录。因此，时间跨度大，涉及作家作品多，但为篇幅所限，每每在名家齐集、精品荟萃的词苑中感到取舍之难，却又不得不在较长时间的踌躇、彷徨之后忍痛割爱，及至编成，又不无遗珠之憾。其不妥和缺失之处，恳请读者批评指教，以俟他日订正。

本编是一部"踩在巨人肩膀上"的词选，在注释和评析过程中，对前人和时贤的成果心得多有采撷，恕未能一一点明，谨在此表示深挚的感谢。

在达姆鼓的节奏中跳舞[1]

非洲是世界第二大陆,共有50多个国家和地区。考察这块大陆的文化分布,可以粗略地划出三大文化区:黑人文化、移民文化、阿拉伯—穆斯林文化。后者包括埃及、利比亚、突尼斯、阿尔及利亚、毛里塔尼亚、苏丹等国,语言上通行阿拉伯语,宗教上属于伊斯兰教逊尼派,约占非洲总面积的1/3;另外2/3的土地则在撒哈拉沙漠以南,那里的居民大多属于黑色人种,他们有着大致相近的行为系统、语言特征、道德规范和宗教信仰与仪式,一般被论者命名为"黑人文化区";在这一片土地上,还存在着部分外来移民,包括欧洲人、印度人、中国人的后裔,许多移民仍然保留着原籍国家的文化传统、风俗习惯、宗教信仰,他们构成了一种特殊的文化——非洲移民文化。20世纪的非洲诗歌主要依靠上述三种文化的滋养而成长起来。

综观非洲诗歌的全貌,不难发现它的青春期特点:奔放、欢快、纯洁、天真,受原始本能驱动的生命力之强旺,等等。其中唯一的例外,是位于北非的埃及。埃及是四大文明古国之一,人类文化的策源地之一。早在远古时代,尼罗河两岸就已经出现定居者,开始了最初的农业活动。由于文字的较早发明,埃及有记载的历史可以追溯到公元前3000年。当时,人们以古奥的象形文字将诗文镌刻在金字塔和纸草上,保存下许多与众不同的古埃及文学的经典作品。通过这一途径流传下来的有古代的神话、寓言、小说、颂歌、祈祷辞、哀歌、墓志铭、谣曲。古埃及人给后世留下了一份极为宝贵的遗产,其中相当部分的作品,即使从现代角度来看,也具有很高的艺术性,甚至包含了许多前卫性的因素。诗歌是古埃及最发达的文艺体裁,许多世界文学的永恒主题,都可以从那些抒情诗中找到原型。

在埃及的神话谱系中,太阳神喇自古以来就是万神庙中的主神。古王国时期,中央法老政权巩固以后,在辖内兴起了对喇神的崇拜,而法老则被看成喇神之子。随着多神崇拜的废除,一神教的确立,绝对化了的太阳神又

---

[1] 《世界诗库》第8卷(花城出版社,1994年)序言之一,原题为《非洲诗歌简述》。

被称之为艾顿,被视为宇宙万物的创造主,它的形象常常以浑圆的太阳出现,用强烈到刺眼的光和亮赋予各种存在物以生命。所以,神的光也顺乎自然地被认作美的本质。此外,在古埃及人的心目中,美一般拥有道德主义的倾向,往往和至善、至福及其衍生物紧密联系起来。《献给艾顿的大颂》便是这类颂神诗中的名篇,作品代表了古埃及宗教诗歌的最高成就。据有关专家考证,它曾对古代希伯来文学产生过影响,其痕迹可以在《圣经·旧约》的诗篇内找到。

古埃及人热爱生活,注重尘世的娱乐和享受。在人的肉体死亡以后,他们希望生命能够继续下去,把人间的幸福携带到冥界。这样,许多艺术便与对死者的灵魂崇拜交错着发展起来,金字塔铭文诗就源出于此。为了纪念死者的灵魂,他们在死者陵墓的过道和墙壁上刻下许多铭文,它们或赞颂神祇的无边伟力,或叙述死者的功德懿行,或祈祷灵魂的安宁,或对死亡进行诗意化的描述。刻下这些铭文的目的是为了保证国王继续在冥界享受荣华富贵,并且得以死而复生。

《亡灵书》是古埃及一部庞大的宗教性诗歌总集,也是人类最早的书面文学之一,它汇编了大量的神话诗、祈祷诗、歌谣、符箓、咒语等,内容驳杂,种类繁多。它们广泛地描绘了古埃及人的宗教信仰和冥国观念,反映了初民们崇拜神灵、热爱生命和企图战胜自然的愿望、信念和行动。古埃及人认为,太阳每天乘船从东方的山峰巴库出发,最后到西方的山峰玛努降落。这便是上界。太阳落山以后继续在下界行进,直到明天重新在巴库出现。人死之后,便是到下界旅行,去经受诸般磨难和考验,合格者方能重睹阳光,登入上界,获得再生的机会。根据他们的想象,冥界共有12片国土,入口处有高大的石门和陡峭的绝壁,凶险无比。亡灵必须口念咒语,乘坐太阳神的船只,在湍急的河流中逆水前行,随时提防沿途的毒蛇或鳄鱼的偷袭。最后,来到真理的殿堂(又称"公平殿",与我国的阎王殿相类似),冥王奥西里斯高坐其上,主持对亡灵的审判。他面前放着一架天平,一端摆着象征公平的羽毛作为砝码,另一端盛着死者的良心。两侧有42位陪审官轮流向亡灵发问,那些问题基本上属于亡灵生前的善恶行为。最后决定它的命运,或升入天国,或被怪兽吞噬。为了帮助亡灵顺利地渡过各种困厄,自如地应付真理殿堂上的考问,古埃及人便预备好各种咒文、祷辞和颂歌,以象形文字抄录在纸草上,将它们置放在陵墓、棺椁之内;有的甚至还裹在木乃伊的身上,成为亡灵在冥界的生活指南。

现存的善本《亡灵书》,由27篇诗歌组成,每篇标有题目,长短不一,总计

140章。它们大多是从法老的金字塔中发掘出来的。古埃及司理丧葬事务者以一种芦杆或竹管做成的笔,蘸上调和着胶汁的烟墨,以及各种颜料,写在特制的"纸草"上,也有一些是直接写在殉葬的替身俑身上。其中,有的章节是专门对心的叮嘱,提醒它在亡灵被审判时,一定要替死者隐恶扬善;另有一些章节是为死者指出在下界旅程中将会遇到的种种危险,并告诉他们逢凶化吉、脱险得救的方法。

《亡灵书》的许多诗句气势恢宏、典雅庄严,表现了早期人类超越生死的强烈愿望,对大自然的崇拜,以及对现世生活的肯定,对物质世界的美的热爱。事实上,古埃及人是以一种暴烈的态度来爱好生命和向往欢乐的,那些亡灵的仪典之所以被描写得那样阴郁,实际目的则是为了延长那难以割舍的快乐的生命。古埃及的神学、他们的圣典和关于来生的概念,全都奠基于这样一种朴素的教义上:由永久地活着的形象表明永恒的生命。因此,《亡灵书》无疑为我们了解和研究古埃及人民的生活习俗,他们的思想意识、世界观,尤其是他们的宗教观念提供了弥足珍贵的资料。

和其他许多古老的民族一样,古埃及的各个时期都留下了一些极富哲理的箴言、训言之类的劝喻诗歌。这些作品大多出自统治者之手,有的甚至出自法老之手,是他们训示子弟、臣下如何统治人民的训谕,有些则宣扬立身处事的原则。这些作品有的宣讲个人的修身养性,有的宣讲公共的社会道德,也有赞颂王公贵族的丰功伟绩(涉及国家的军事和政治)的,还有进行宗教轮回说的说教的,等等。它们和当时的劳动歌谣、吟游诗人的琴歌一起,为后世诗歌的发展,在体裁、形式和内容上提供了足资借鉴的作用。

现代埃及诗歌,无论是地域还是文化传统,都与古埃及没有直接的沿循关系,它较多地承继了阿拉伯文学的伟大遗产,并因其与欧美文化的接触,走上了现代化的道路。19世纪下半叶,埃及诗歌开始对传统的阿拉伯诗歌进行冲击,借助英美浪漫主义的外来影响,实施新古典主义的复兴。邵基的创作不再局限于对个人经历的描写,而是将笔触伸向了社会及其周围世界的各式人等的内心领域。诗人较高的文学素养,加诸敏锐的艺术感,天才的想象力,使他具备了成为一代诗坛泰斗的必要条件,因此被时人推为"诗歌之王"。他的代表作《尼罗河流域大事记》以浪漫主义的手法展示了埃及的历史画卷,是一部史诗性的作品。与邵基堪称双峰并峙的是"尼罗河诗人"——哈菲兹·易卜拉欣。不过,他只满足于形式的浅易,追求语言的铿锵有力,不愿在内容和描写上多下功夫,因此,虽有广大的读者,却"缺乏精神的魅力"。由于他们的诗歌大多为即兴应酬之作,感情和哲理的深度不够,不久就受到了后来者的批评与挑战。总体而言,20世纪以来,埃及虽有迈哈福兹这样的诺贝尔文学奖得主,但其诗歌成就依旧平平,小说已经取代了它往日尊崇的地位。

代表北非现代诗歌高度的是阿尔及利亚。狄布的成就十分突出,他早期以创作小说为主,属于"一九五四"作家群体,受到福克纳、卡夫卡等现代主义大师的启发,注意将意识流手法与荣格的心理分析学结合起来,进行超现实主义的实验。他的代表作有阿尔及利亚三部曲:《大房子》、《火灾》和《织布机》以及中短篇小说集《在咖啡馆里》等。这些作品以深沉的笔触刻画阿尔及利亚人民在反殖民的独立战争中的命运,作者在严肃的现实主义风格中常常夹杂了对神话、象征、讽喻等艺术手段的运用。在诗歌写作中,他刻意锤炼,反复修改,令作品具有密集的意象、丰富的含义和微妙的异国情调,在略带晦涩的行文中显示出诗人创造性的想象力。比他稍晚的阿里也是法语诗人,他在民歌传统的继承上有独到之处,他尽可能准确地承袭原有的旋律和结构,同时自然地引入现代的新概念和新事物,以此使民歌传统现代化。雅辛是进行双语(阿拉伯语和法语)写作的诗人。青年时代,他不仅足迹遍布自己的祖国,还游历过欧洲和远东,从事过记者、码头工人等多种职业。因此,他又被称之为"流浪作家"。在创作中,雅辛刻意在形式领域进行探索,把个人的想象力与文化传统巧妙地结合在一起,创造了一个新的文学天地。20世纪60年代中期,新一代诗人涌现,他们的作品带有存在主义的特点,使用大胆率直的语言,对社会表示愤世嫉俗的批评态度,创作风格上追求独特的音韵,迷幻的形象。

突尼斯的夏比是北非又一位较突出的诗人,他的创作受"旅美派文学"尤其是纪伯伦的影响,洋溢着强烈的浪漫主义色彩,其作品多为牧歌式的抒情诗,运用简明、流畅的韵律,表达追求自由、解放的强烈愿望,被誉为"突尼斯民族之光"。

诗歌在利比亚的文化生活中起着相当重要的作用,传统诗歌深受宗教的浸润。写作自由体诗的加迪尔受过良好的教育,酷爱西方文学和阿拉伯侨民诗歌,善于利用外来文化充实自己,主张从世界文学中汲取精华,反映人类的善与恶。对他而言,写作自由体诗不仅仅是写作形式方面的革新,而且意味着反映世界的方式上的改变。他主要运用浪漫主义和象征主义手法,表现人的内心体验。

非洲黑人诗歌的崛起,主要在20世纪。相当一部分诗人重视对传统的文学遗产的搜集和整理,他们对保存和传播黑非洲文化起到了重要作用。

著名的史诗《松迪亚塔》便是几内亚作家尼亚奈根据民间的口头传说整理而成的。史诗歌颂了13世纪的英雄松迪亚塔一生的非凡经历和光辉业绩,展现了非洲各族人民早期的由图腾崇拜、巫术崇拜到原始宗教建立的过程,还原了马里帝国的开创过程,具有较高的文献价值和一定的艺术价值。

由于18世纪以后,整个非洲大陆大多沦为法、英、葡、西等欧洲国家的殖民地和半殖民地,本土文化传统受到大肆的摧残,诗歌这一语言的高级艺术也不得不在殖民文化的夹缝中求生存,许多争取民族解放,争取独立和自由的诗篇都是在运用了宗主国语言的状态下发展起来的。根据这一特点,为方便起见,我们把这部分非洲诗歌划分为法语、英语、葡萄牙语和土著语等类别来进行介绍和论述。

法语诗歌成就较高的有这样一些非洲国家和地区:塞内加尔、象牙海岸、马里、扎伊尔、马达加斯加、刚果、喀麦隆、达荷美、尼日尔等。

第一次世界大战以后,伴随着民族的觉醒,在文学领域内产生了捍卫民族文化的运动。1934年,巴黎的三名黑人大学生创办了《黑人大学生》杂志,他们是来自塞内加尔的桑戈尔、圭亚那的达马和马提尼克的塞泽尔。这个刊物的宗旨,在于倡导黑人的价值,恢复黑人种族的尊严,其理论核心便是"黑人性",以对抗殖民主义同化政策。"黑人性"这个词出自塞泽尔发表于1929年的长诗《还乡笔记》;其后,桑戈尔进一步赋予它以理论意义,他的界定是:"黑人世界的文化价值的总和,正如这些价值在黑人的作品、制度、生活中表现的那样。"[1]他的这一定义尽管引起了不少争论,尤其是后来一批激进的青年作家对之作出了严厉的批评,认为这一理论忽视社会的发展,把人们的目光引向过去,而且太过狭隘的非洲立场导致的全盘继承文化遗产的做法也不太妥当。不过,"黑人性"运动肯定被奴役的非洲人民的尊严,反对民族压迫和种族歧视;"黑人性"作家主张从非洲传统生活、风俗,民族的神话和祭仪中,汲取灵感和题材,展示黑人的光荣历史和精神面貌。它的意义依然值得肯定。1948年,桑戈尔编辑了一部《黑人和马尔加什法语新诗选》。法国作家萨特为这部选集写了一个长序《黑肤的奥耳甫斯》,宣称"法语的黑人诗歌是当今唯一伟大的革命诗歌",对黑人诗歌作出了高度评价。这部诗选的问世,标志着成熟的黑非洲法语诗歌的诞生,它已经独立地汇入世界文学的进程。

桑戈尔被誉为塞内加尔现代诗歌的奠基人。他出生于达喀尔南部若亚

---

[1] 朱维文主编《外国文学史》(亚非部分),南开大学出版社1988年版,第483页。

尔镇,在塞内加尔受过早期教育,1928年来到巴黎,在路易高级中学和索邦神学院就读。在那里,他与日后的法国总统乔治·蓬皮杜结为知己。几年后,他成了取得教授法语资格的第一位黑人教师,不久,又成为获得法国文法博士学位的第一位黑人。第二次世界大战以后,桑戈尔在法国居留了近16年,回到塞内加尔以后,以作家和政治家的身份从事社会活动。1960年,塞内加尔独立,他当选为第一任共和国总统。1980年,辞去该职务,专心致力于文学创作。

桑戈尔的诗歌主题主要根源于他的这一信念:立足于与欧洲平等地对话,力图在殖民主义面前证明非洲文化的合法存在,反映了高涨的民族独立意识。他的作品从以智性原则为基础的传统中获益良多,而内心感性的充盈更使其作品洋溢着空前的活力。作为一名优秀的黑非洲诗人,他的民族自尊心并不是建立在对外来文化的一概排斥上,而是倡导"文化融合"论。他认为,古老的非洲文明要保持其伟大和真实,并不是简单地让古老的传统复活就成了,而应该注意吸收其他文明——包括欧洲文明——的优秀成分。桑戈尔的诗歌有着鲜明的非洲特色,读起来能够让人们"感到黑人灵魂的呼吸":大量的非洲神话的引用,非洲式的比喻和夸张,以非洲人的感觉和眼光描绘非洲的江河、村庄、妇女、老人、舞蹈、竞技,漫谈它的古往今来,这一切无不贯彻了他的"黑人性"原则。但是,他的诗歌又是用法语写成的,包含着相当强烈的现代主义因素,如象征、暗示,以及超现实的"自动写作"等等,它们对形成诗人独特的风格起着不容忽视的作用。

他的第一部诗集《阴影之歌》1945年出版于巴黎。他以一种圣经的文体,阐述非洲往昔的文化价值观念,以浓烈的浪漫主义色彩颂扬民族的传统。这部诗集展示了他以后的主要风格和主题,史诗般的长句式,非洲手鼓的节奏感,歌颂非洲的历史,抨击殖民统治,肯定非洲诗歌传统和现代"黑人"作家创作间的继承关系。《黑女人》最具代表性,诗中把阳光灿烂的非洲大地与非洲女人结合为一个形象,让它作为美丽的祖国的象征,屹立在漂泊异乡的浪子的心目中。激情与辞采的有机交融为这首诗的成功提供了必要的元素。1956年出版的《埃塞俄比亚诗集》延续了这一风格,收入了他的一些名篇,如《缺席的女人》和《纽约》。前者利用非洲的古老传说,将缺席的女人作为一种象征,营造出神的梦幻般美的氛围,咏赞非洲的往昔,抨击现实的丑恶,渴盼"缺席的女人"的归来,重新赋予非洲人民以辉煌;后者的目的在于揭示现代文明的西方与原始古朴的非洲那种不和谐的共存状况,纽约这座大城市在浪漫主义的夸张手段下,变成了遍布石砾的荒原,诗人在作品中将黑人聚居的哈莱姆作为滋润这一荒原的泉流,明白地指出要让"黑人的血液"流入纽约的血管,给它以生机和活力。除了政治抒情诗以外,最能显示他创作活力的是爱情诗和哀诗,这些作品辞藻华丽,情感丰沛,格调雄健,内在的节奏感如同行云流水般清新自然,富有浓郁的乡土气息。

大卫·狄奥普继承了桑戈尔的诗歌方向,一方面讴歌非洲大自然美丽的风光,一方面严厉地谴责殖民主义的残酷压迫。比拉戈·狄奥普坚持非洲口头文学的传统,利用散文、诗歌和音乐的交互作用,在自己的作品中引进打击乐的节奏因素,宣传优美的"万灵论"神秘主义。

达蒂耶是象牙海岸最卓越的诗人和小说家。他对民间文学深有研究,善于把民歌的表现手法运用到政治抒情诗中,以塑造新的非洲人形象。他的作品将宗教与幽默糅合到一起,以节制的理性传递和平、友谊和爱的信息,反映了对他多年来一直关注的社会问题的看法。另一位诗人鲍涅尼善于抒发"受到压抑的激情",也是法语诗坛上的佼佼者。

马达加斯加是非洲法语诗歌的又一个重镇。老一代最杰出的诗人是雷倍里伏罗,他的作品深刻地表现了一个黑人作家在殖民统治之下的孤独感,他把传统的对话或诗歌同法国自由体诗歌结合起来,形成了自己的独特风格,充分反映了他对传统文化受到破坏而引起的焦虑与苦恼,以及宗主国知识界的断裂所引起的挫折感。第二次世界大战以后,最著名的两位诗人是拉那伊沃和拉贝马南雅拉。前者继承了雷倍里伏罗的创作风格,展示传统的口头诗歌的节奏、形象和结构,充满了幽默感;后者是一位爱国诗人、戏剧家和社会活动家,曾因参加民族独立运动,被判终身监禁,他的许多作品受到当时的铁窗生涯体验的激发,充满爱国主义的悲愤,部分作品带有神秘色彩。上述诗人在促进法语创作和维持诗人们在两种文化夹击下对所面临的难题的批评与反思,起着不可低估的作用。

位于印度洋上的毛里求斯,在文化上一直如同法国的一个边远省份,法语诗歌的普及程度远远胜过当地的克雷奥尔语和英语。泛非主义诗人莫尼克是印度人的后裔,作品有超现实主义特点,是该国最具世界影响的诗人。

尤唐西可说是主宰了刚果文坛的一位诗人。他在少年时代离开祖国,来到巴黎,接受法国的教育。这种经历使他经常体验到一个人陷入两种文化的紧张、焦虑和惶惑,其作品具有高度的象征性、超现实性,既表现了个人的极度痛苦,也表现了失根的非洲的痛苦。辛达和鲁塔尔在20世纪60年代末和70年代初崭露头角,证明刚果法语诗歌具备不容忽视的实力。

黑非洲的英语诗歌最早出现于20世纪30年代,在50年代后期,由于各国的先后独立，进入繁荣的阶段。主要国家有：加纳、尼日利亚、坦桑尼亚、肯尼亚、乌干达、索马里、安哥拉等。

加纳是非洲具有书面文学的历史最悠久的国家之一。19世纪，该国就有不少英语出版物，早期的作品模仿英国的文体与风格，如第一位加纳诗人亚纳克的创作便残留有维多利亚诗风的痕迹。1935年出生的艾伏努尔是最重要的诗人。他大胆面对许多非洲作家为之苦恼的双重文化问题，肯定厄维族文化的价值，在英语创作中保持了土著语言的节奏与语调特点，他的诗歌在形式和意象上都受到了厄维挽歌的重大影响。厄维族传说认为，那些死去不久，正在进入另一个世界的人，对生者来说，代表着一种潜在的危险，因为"肉体的损失使社会的继续受到妨碍，使社会受到解体的威胁"。不过，死亡也可以产生好的效果，它使一次成功的转世将死去的个人变成祖先而结束，这个祖先就可以成为社区或部落的有益力量。厄维族的挽歌之目的就是帮助正在转世过程中的这个个人。在艾伏努尔看来，"挽歌不仅象征一个个人和社会的过程，而且也象征诗人由不足到充实，由混乱到秩序以及由分离到结合的过程"。艾伏努尔的诗歌揭示了现代社会同传统的神话礼仪的关系，死亡与痛苦如同一根引线，贯穿在他的作品之间，驱迫个人与社会在秩序的毁灭与重建中获得新的生命。传统的咒诗和赞诗的方式把我们吸引到一个诗人兼祭司的世界，展示了人和人、人和神之间的鸿沟，以及架设桥梁的渴望。

在黑非洲英语文学中，尼日利亚占有不容置疑的领袖地位。造成这种状态的因素之一，得益于伊巴丹大学开明积极的校风。这所学校的英语系几乎成了许多西非青年作家的摇篮，学生杂志《号角》提供了发表习作的园地，使他们的才干得到了较好的发挥，尼日利亚的著名诗人大多曾是该刊的撰稿人。1957年，根据萨特那篇著名的长序《黑肤的奥耳甫斯》命名的一份杂志在伊巴丹创办，进一步推动了尼日利亚英语文学的发展。

奥卡拉是最早把非洲的比喻、哲学概念从当地语言中引进英语诗歌的尼日利亚作家之一。他的第一批诗歌发表在《黑肤的奥耳甫斯》的创刊号上。这些作品倾向于朴实的抒情和复合的节奏，早期的创作常常把本土的和异国的意象并列在一起，如油棕榈和雪花、羊皮鼓和钢琴，作为一种比喻的手段，表现西方化了的非洲人的心理混乱状态。

尼日利亚最出色的诗人当数奥基格博，他的早期创作曾受到T.S.艾略特、庞德、叶芝等现代诗人的影响。有论者认为，他的作品"与其说悦目，倒不如说悦耳，听起来比默读更给人以美的享受，因为在他看来，声音千差万别的神韵比单纯的某些确实的感觉的意义更大"[1]。这一创作特点,受到过非洲的打击乐与器乐的启发,他本人更关心的是声音的回响与象征,而不是传达一种明白的意思。尽管他的作品拒绝理性的分析和轻率的解释,但主题仍然集中在一些为人熟知的经验领域,诸如怀念非洲的过去,关心当今的社会问题、政治问题,探索爱的本质及其形式。

索因卡是非洲第一位获得诺贝尔文学奖的作家。他出生于阿贝奥库塔一督学家庭,曾在英国里兹大学留学。回国后,在多所大学担任教职,曾在英国剑桥大学和美国耶鲁大学、康奈尔大学做访问教授。1986年,被选入全美文学艺术学院,成为该院的第三位非洲人院士。他在大学时代开始写诗,早期受英国现代诗歌影响十分明显,尤其对艾略特多有模仿;晚期创作则克服了外来影响,创立了独特的风格。他多次强调,最感兴趣和关注的就是"尼日利亚和全世界的人的命运"。他的全部作品都贯穿着这一人道主义精神。作为黑非洲最杰出的诗人之一,索因卡迫切希望创造现代史诗,《奥贡·阿比比曼》是他在这方面的出色尝试。作品成功地把古非洲神话和当代生活现实融为一体,诗人以对众神的虔信描摹他们的英雄行为及其与尘世生灵的亲密关系,将崇高的伦理观念悄悄地移置在众神的言行之中,深刻地表现了奥贡身上无穷的创造力和潜在的破坏力的悲剧性格,从而塑造了一名非洲的普罗米修斯。他的抒情诗题材广泛,渗透着强烈的使命感。许多基调不同的作品证明,他不愧为大师级的非洲作家,其作品"具有讽刺、诙谐、悲剧和神秘色彩":他既表现忧郁、悲伤、沮丧,也善于用讽刺的笔墨进行调侃、揶揄,更擅长以抒情的反思来亲切地追忆似水年华。索因卡是非洲最富创新精神的作家之一。他主要以剧作家出名,作品是高雅的喜剧和笑剧直至预兆不祥的悲剧,辛辣犀利的讽刺剧,以及贝克特式的荒诞剧。他的创作反映了传统的非洲戏剧和现代的欧洲戏剧的影响,其中隐含有强烈的社会批判,这些批判又是以对人的本性有着深刻的理解为基础的。上述特点也程度不同地在他的诗歌中有所流露。1986年,索因卡获得诺贝尔文学奖以后,在答记者问时说道:"这不是对我个人的奖赏,而是对非洲大陆集体的嘉奖,是对非洲文化和传统的承认。"这表现了一个成熟的作家在荣誉面前应有的谦逊和恰到好处的喜悦。

克拉尔克是20世纪70年代非洲十分活跃的一位尼日利亚诗人,他对日

---

[1] 参见伦·克莱因主编:《20世纪非洲文学》,李永彩译,北京语言学院出版社1991年版,第178页。

常事物有敏锐的洞察力,善于准确地表达自己的所见所闻。在他看来,传统只是在个人的当代的情景里才是真实的。他的不少诗歌非常关注诗律技巧,它们描写的是人类的厄运和历史的偶然性触发的悲剧。白描的手法和源于民间的信仰有效地帮助了这位剧作家兼诗人取得成功。

卡里乌基是较早的肯尼亚英语诗人,他的作品多以个人经历为背景,描述所属民族的历史,传播民族主义的感情,抨击白人的殖民统治。比他更为年轻的诗人安基拉,对生活于第三世界的现代困境加以认真思考,以朴实、直白的诗歌风格,反映了新一代非洲人的思想和心理危机。

罗巴蒂里是马拉维艺术造诣最高的诗人。他擅长描绘非洲风物,诗风淡雅,意境深远。

南非由于有众多的移民,显现出文化上的混成性。它的英语突破了原有的英国模式,注重对当地土著语言及其他移民语种的吸收,形成一种特殊的南非英语。斯列特尔是南非英语诗歌的先驱,善于以浪漫派的手法表现非洲的风土人情。

坎贝尔在20世纪英语诗人中独树一帜,早年对英国伊丽莎白时代诗歌表现出极大的热情;其后以法国的波德莱尔、兰波、瓦莱里为楷模,接受象征主义语言表达方式;晚期作品则含有西班牙现代主义诗歌的特征。他崇拜个人英雄主义,歌颂英雄,高扬生命力。他的作品"辞藻华丽,刚劲有力,气势恢宏"。不过,他在匀称感的把握上常有失误,导致热情与魄力的不平衡。

与之齐名的普鲁密尔,具有相同的讽刺天赋,以严谨的文笔嘲弄关于南非草原的浪漫风情画,对当地的政治制度和社会制度进行戏谑性处理。他的诗歌立足于"本身的有力描写,细节结构和象征性的意象",善于在作品中刻意融进一个表示关切的外国人的观点,暗示轻松自在的内心,用局外人的超然幽默与反讽,去评述充满危险又不无美感的非洲文化。他代表着南非"抗议文学"的开端,既表现出与这个国家感情上的疏远,又对祖国的爱情注入一种新的因素。

勃鲁图斯是南非著名的"流亡诗人"。他出生于津巴布韦的索尔兹伯里,在南非伊丽莎白港长大。1946年毕业于海尔堡大学,后在威特沃特斯兰大学攻读法律。1962年,流亡尼日利亚,后移居英、美。1971年,他永久定居美国,担任西北大学英语教授。他的许多诗作都产生于他本人和种族偏见的痛苦碰撞。诗人坚持一种宽容的爱国主义,人道精神与温情贯穿于他所有作品,那种对祖国的深厚感情,促使他以一种宽容的博爱精神,向横行于南非的残酷的种族仇恨挑战。不过,作为一位著名的社会活动家,他从未破坏自己的诗人气质。他早期用辞丰富,大多描写抽象而复杂的事物;其后措辞愈益简约朴实,富于启发性。那些闲适、旷达的诗行给人留下了恬静、安逸的印象。他的诗歌虽然不押韵,却像音乐般嘹亮、悦耳,恰切地表达了诗人的感情和某种情绪,诗里的每一个单词都很有分量。无疑,勃鲁图斯是南非最卓越、最有天才的诗人之一,他的抗议诗歌证明:"诗歌技巧要对社会活动表态,但在美学方面又不能屈从于这个责任。"[1]勃鲁图斯通过自己的生活和写作,在一个公民的政治使命感和一个诗人的艺术使命感之间找到了一个完满的结合点。

葡萄牙语诗歌在非洲也有不俗的表现,佛得角、圣多美和普林西比、安哥拉、莫桑比克等国都拥有该语种的出色诗人。

佛得角主要由十个岛屿组成,距塞内加尔海岸大约350英里。15世纪,葡萄牙人登上这些岛屿,始有居民出现。1936年,该地区出现了一份杂志《光明》,掀起了一场"光明"文学运动。创办者是一位诗人,名叫巴尔博扎,他主张诗歌应该抛弃传统的"欧洲中心主义",着重表现当地人民的生活。其创作主题是描绘佛得角人民的苦难:干旱、饥饿、逃亡和与世隔绝的生活以及他们逆来顺受、听天由命的性格。

安哥拉文学的发展,主要在第二次世界大战以后,民族自决的呼声、社会抗议活动和文化上的复兴为之提供了良好的契机。1950年,《寄语》刊物创办,开始向殖民主义文学挑战。政治家内图是该刊的主要撰稿人之一。他受马克思主义影响很深,认为文学创作理应是文化革命的一个组成部分,其诗歌创作格调激昂,富于饱满的战斗精神。当时,个性、身份和异化的主题主宰了安哥拉诗坛,内图对此的看法,超越了普通的种族意义,将它们上升到了阶级的意义。桑托斯是又一位具有相当艺术水准的诗人,他的许多诗歌体现了集体的良知,注意把亲昵的"我"与集合意义的"我们"结合起来,流露了强烈的社会和政治使命感。他还善于把抒情与叙事融为一体,用一种通俗的口语描写欧化城市罗安达周围居住地的黑人生活。

莫桑比克与安哥拉在文化发展中具有一定的共质性。不过,相比于后者因与欧洲交通便利而形成的紧密联系中的开明而言,它更多地接受了南非保守思想的影响。《非洲的呐喊》是莫桑比克葡萄牙语文学的主要阵地。诺罗尼亚是该国的第一位民族诗人,他的遗著《十四行诗集》描写人民的灾

---

[1] 伦·克莱因主编:《20世纪非洲文学》,李永彩译,北京语言学院出版社1991年版,第252页。

难与不幸,捍卫非洲的民族精神。克拉维里亚尼是"黑人性"运动的支持者,他富含战斗性的诗篇在民族主义者中间赢得了光荣的地位,其中蕴涵的诗意和感伤在独立前文学的普遍冷清中展示了精湛的艺术性。建筑设计师马拉加塔纳注重诗歌的艺术技巧,融合民歌的风格,致力于艺术诗歌,也有相当的成就。

艾列格勒和坦雷鲁是圣多美和普林西比地区最著名的诗人。前者一生大部分时间都生活在葡萄牙,创作上受葡萄牙古典诗人卡蒙斯的影响很大,爱情与死亡是其诗歌中心主题,富于浓厚的浪漫情调。后者是一位地理学家,创作上受新现实主义影响很大,被公认为第一流的葡萄牙语"黑人性"作家;他曾与安哥拉的安德拉戴合编第一本黑人葡萄牙语文集,诗集《圣名岛》写出了他对出生地的怀念和对殖民统治含蓄的抗议。

除上述三种欧洲语言外,非洲的民族语言创作更有着不可低估的成就。由于翻译上的困难,这部分作品大多未能译成世界常用的语言文字,从而限制了它们的传播。不过,仅从有限的一些资料而论,其成就已令我们刮目相看了。在诗歌领域,重要的便有:南非苏鲁语作家维拉卡泽、库奈奈和阿非利肯语作家琼凯尔;坦桑尼亚斯瓦希里语作家罗伯特和姆尼亚帕拉;埃塞俄比亚阿姆哈拉语作家卡巴达;乌干达卢奥语作家普比泰克。

维拉卡泽是一位语言学家,对苏鲁语传统诗歌研究有很深的造诣,曾编写《苏鲁语英语词典》,他善于在非洲的传统形式中引进先进的欧洲诗歌技巧。库奈奈的创作以长篇叙事诗为主,作品充满激情,比喻奇特,音韵优美,格调高昂,曾获 1956 年班图文学竞赛奖。现侨居美国。

南非阿非利肯语创作带有浓重的唯美主义倾向,自 20 世纪 30 年代以来,诗歌这一名词在该语种诗人的眼中,成了一种崇高理想的代名词,被看做人类得到真实的生存的唯一工具。最有影响的诗人是琼凯尔,她那黑夜意识的预感,体验着女性沉重的宿命,进而以绵绵不绝的"内心独白"探索人类的迷失,倾吐现代人的绝望情绪。

夏巴尼·罗伯特有"东非的莎士比亚"之称,这显然得力于斯瓦希里语的"史诗"传统。他是第一位以斯瓦希里语从事创作的现代民族诗人。他献身于双重任务:一方面要将斯瓦希里语从殖民统治造成的濒临没落的困境中拯救出来;另一方面又要把现代思想和大众语言引进正式的、高深的、精粹的书面文学,以发挥它联合广大非洲人口的媒介和地方通用语的潜在能力。在 40 年代末期,坦桑尼亚民族主义运动崛起之时,罗伯特尝试用一种保守的基调写作,注意吸收"随笔"的写作方式。他的创作对于唤起民族自尊心和爱国精神所起作用殊为巨大。姆尼亚帕拉的地位仅次于罗伯特,他以基督生平为题材,创作了史诗《圣德的史诗》,由此复活了斯瓦希里语的传统形式"恩贡杰拉"(诗歌辩论)。作品通过人物富有个性的对话,塑造了与贫困、愚昧、疾病作斗争的非洲人民的新形象。不过,其中过多的神秘描写,一定程度上减小了它的读者面。

普比泰克是乌干达的双语作家,长诗《拉维诺之歌》是一部以卢奥语创作的作品,反映现代非洲因西方文明与传统的文化、伦理发生冲突而引起的一出家庭悲剧。它以女主人公独白的形式写成,文字流畅,比喻富于民族特色,洋溢着浓郁的非洲乡土气息。译成英文后,旋即在西方世界引起轰动,被称为"东非历史上第一部真正的文学作品"。

谈及非洲本土语言的文学,不能不提到散落在民间的非洲歌谣。作为世界上最古老的大陆之一,非洲具有悠久的历史。那里的人民勤劳、勇敢、富有智慧。他们在长期的生产实践和反抗民族压迫与剥削的斗争中,创造了丰富的物质财富和精神文明。正如每一个民族都在世界文学中秉有独特的声音一样,非洲人民也有自己的文化传统。但是,由于非洲各民族的绝大多数语言都没有形成书面形式,他们那些浩如烟海的文学遗产,几乎全是口头文学,靠民间的流浪艺人和行吟诗人的说唱流传下来。民间歌谣是这些口头文学中相当重要的一个组成部分,它们在艺术上凝聚了群众的艺术创造力,具有丰富的想象、深刻的寓意、幽默的语言、生动的形象、优美的音韵、强烈的节奏等特点,呈现出鲜明的非洲特色,洋溢着粗犷健康的生命力,有浓厚的生活气息和艺术感染力。需要指出的是,这些歌谣流传至今,不仅具有民俗意义上的资料价值,而且蕴涵着巨大的原生性文学潜能,对非洲现代文学的形成和发展起着不容忽视的推进作用。

20世纪的非洲诗歌多姿多彩,是世界诗歌的重要组成部分。它的特征十分鲜明,可简略地归纳如下。其一,具有浓厚的政治色彩,要求民族解放、渴望独立自主的呼声几乎无一例外地以或直白或隐晦的方式在每一位诗人的创作中响起;其二,有一种巫幻式的非洲宗教气氛弥漫于整个非洲诗坛,绝大多数诗人程度不同地从原始的神话、巫术、祭奠仪礼中汲取灵感,神秘主义的话语系统营造了一层朦胧的诗意;其三,人道主义精神始终贯穿于非洲各民族的诗歌中,初期表现为反抗殖民统治,捍卫民族尊严,尤为可贵的是,后期相当一部分诗人摒弃了狭隘的民族对立,站在宇宙与人类的角度,不再局限于对本民族利益的维护,而是着眼于世界的平等、宽容和博爱,一视同仁地对待肤色各有差别的各民族人民,以钢琴上的"黑键"与"白键"作比喻,祈求共奏一曲全人类友好相处的交响乐;其四,对其他门类艺术的借鉴非常明显,非洲的许多文化就是通过鼓声、打击乐、歌舞等手段保存下来的,音乐、雕塑和舞蹈对文学的渗透,帮助非洲诗歌建立了良好的节奏、韵律和动态的形象性;其五,它与西方文化的联系极为密切,大批诗人曾经接受过欧美的教育,熟悉西方的政治、经济、道德、宗教等意识形态,对这些国家的文学的熟知更是达到了如数家珍的地步,由此形成了特殊的双重文化背景,进而衍生出一种原始意味与现代文明既冲撞、又融合的特点,生命与死亡、瞬间与永恒、人与自然、爱与恨、苦与乐等两极性矛盾在文化的夹缝中被掺和进了新的内容而表现为一种独特的困惑。

由于大量运用本土语言创作的作品在传播上的种种障碍,非洲诗歌的丰富性还没被我们的研究者(更遑论读者)所真正认识到。不过,仅以露出海面的这部分"冰山"而论,其独特的风貌足以让它们跻身世界现代诗歌之林而毫无愧色。可以预计,随着人类历史的前行,世界文化交流的日益频繁,非洲诗歌的潜力必定可以得到充分的展示,拉美式的"爆炸"出现在那一片神奇的土地上的时刻已为期不远。

在"蔷薇园"中啼啭的夜莺[1]

在西亚的幼发拉底河与底格里斯河之间,有一块冲积平原,名美索不达米亚,意即两河流域。世界最古老的文学之一,巴比伦文学就诞生于此。远在史前时代,苏美尔人和阿卡德人即定居于此,他们利用肥沃的土地资源,从事农耕和放牧,并创造了最原始的楔形文字。由于两河流域缺乏纸草,也没有石块,居民们便用黏土制成四方形的泥板,用小棒在上面划出一些象形文字,记载了不少神话、传说、箴言、抒情诗、史诗等等。正是凭借着这些泥板,古代的巴比伦文学才得以流传至今。

箴言诗在古代巴比伦文学中占有相当重要的地位,它们往往是初民智慧的结晶,反映人类对自身最初的肯定与怀疑。苏美尔人为人与其他动物的区别而感到骄傲,同时也对或显露或潜伏在身上的种种不成熟而感到不满足,往往使用看似悖论式的语言,去思考人类的复杂性,体验它的丰富性。

史诗是古巴比伦贡献给世界文学最丰厚的一笔遗产,除却著名的《吉尔伽美什》以外,还有《阿古沙伊雅》、《阿达帕》和《伊尼娜下降冥府》等。不过,记载它们的泥板大多已散佚,只发掘到一些残片。

《吉尔伽美什》是目前已发现的世界最早的一部史诗。它的一些情节远在公元前3000年,就已经在民间广泛流传。大约在公元前18世纪,由一批文人搜集整理,最后定型,刻在泥板上,传诸后世。公元前612年,亚述帝国灭亡,尼尼微城陷落,保存于该城图书馆的《吉尔伽美什》版本也随同该馆的毁灭而被埋于地下。19世纪中叶以后,考古学家在尼尼微的遗址上,陆续发现了《吉尔伽美什》的12块泥板,亚述学者随即着手编辑这一部史诗。直到20世纪20年代,史诗的破译、注解和研究才取得了突破性进展,从而使这部沉睡了3000多年的伟大作品得以重放异彩。

《吉尔伽美什》基本上属于英雄史诗类型,中心人物吉尔伽美什是历史上曾经存在过的一位国王,是苏美尔人建立的乌鲁克城第一王朝的第五代

---

[1]《世界诗库》第8卷(花城出版社,1994年)序言之二,原题为《西亚诗歌简述》。

君主。在民间口头传说中,他是一名被注入了理想色彩的传奇英雄,拥有超凡的体貌、强悍的性格、过人的智慧、广博的见识。史诗并不避讳他暴虐、淫荡的一面,更是从正面突出地歌颂了他卓绝的功绩。它以吉尔伽美什与半人半兽的恩启都的争斗作为一个转捩点,描写两位英雄经过长久的交战,决不出胜负,因而惺惺相惜,结为生死之交,开始为民造福的光辉历程。他们在太阳神的庇护下,杀死了森林之妖芬巴巴,救出女神伊什妲尔;伊什妲尔爱上了吉尔伽美什,遭到了后者的拒绝,她认为自己受到了侮辱,立意报复,请求大神阿努制造天牛,作乱于乌鲁克城。吉尔伽美什与恩启都协力合作,同天牛展开了殊死搏斗,最后将它除掉;由于他们的行为触犯了众神,恩启都受天谴而死亡,吉尔伽美什悲痛万分,抱着超越生死的一线希望,出门远游,去寻求长生的仙草。经历了重重惊心动魄的险阻,终于见到祖先乌特那庇什提牟,后者向他叙述了当年洪水为害和其秉承神旨,营造方舟得以死里逃生的经历。当吉尔伽美什失望之下,准备离开的时候,乌特那庇什提牟向他泄露了获取仙草的秘密。然而,在归途之中,仙草又不慎被一条大蛇叼走。从此,蛇可以通过蜕皮来恢复青春,而人却没有这种永生的希望。吉尔伽美什功败垂成,只得沮丧地返回乌鲁克城。整部史诗以吉尔伽美什与恩启都的灵魂进行对话而告终。

　　史诗的动人之处在于,首先,它较早地塑造了一个悲剧英雄的形象。吉尔伽美什力图驾驭自然,探索生命的奥秘,追求永恒的价值,最后发现所有的努力只是徒劳而已。史诗以这种失败,反抗,再失败……的循环暗示了世界的悲剧,面对死亡的威胁,人类所能做的便是认真地享受尘世的生活,放弃所谓的彼岸世界的幻想。其次,懵懂无知的恩启都受到神妓的色相引诱,由女性的魅力开启了自身的智慧,摆脱了野蛮的状态,颇富象征意味,这与圣经神话中人类的知识来自邪恶的推动有着耐人咀嚼的类似,其仪式性的场景寓示着文明对于原始进化所包含的侵略性。这部史诗在艺术上取得了很大的成就,它继承了苏美尔文学的传统,在许多方面保留了民间口头创作的特点,故事的情节相互串联,发展灵活自由,神话世界与现实世界紧密结合,人被赋予神的特性,神被赋予人的感情,由此营造了一种独特的浪漫主义氛围。此外,《吉尔伽美什》的重要性还在于它拥有的世界性影响,经过许多研究者认定,其中的"洪水神话"、"英雄历险"与"圣爱"作为原型母题,曾经影响过荷马史诗、《圣经》神话、《贝奥武甫》、《天方夜谭》等世界经典文学创作,对文学史的流变起到了不可磨灭的作用。

　　文学史家通常认为,西方文化存在着两个源头:其一是古希腊文化,它以独特的神话、诗歌、哲学和雕塑记载了人类面对阳光与海水时的欢乐与希望;其二就是古希伯来文化。希伯来人是一个颇具开放性,富有创造力的民族。在古代西亚,它尽管并非政治、经济、军事方面的大国,却因注意吸收邻近各族的文化精髓,而成为文化的集大成者。公元前10世纪,古希伯来人进入迦南(今以色列和巴勒斯坦地区),建立以色列—犹太王国。公元前6世纪,它先后被亚述和巴比伦吞并;此后,又经历了波斯、希腊和罗马帝国的相继统治。亡国的耻辱和现实生活中的苦难,使得希伯来人放弃"向前看"的憧憬,养成了"向上看"的习惯,他们将"天堂"设定为人类的最高理想,由此派生出了"创世"、"原罪"、"审判"、"救赎"等理念,形成了宗教意味浓厚的希伯来文化。希伯来的语言文字属于闪米特语系,《圣经》是其集大成的一部典籍,代表着该民族文学的主要成就。从某种程度上说,希伯来文化代表着人类进入成年以后对生存的焦虑作出的反应。19世纪欧洲的无产阶级革命家李卜克内西曾经说过:"《圣经》是一张色彩鲜艳的温柔抒情的地毯,东方最神奇的幻想,灵感的热烈赞美的翱翔……《圣经》是举世无双的诗歌创作,是书中之书。"它包含了《启示录》、《福音书》、《使徒传》、《诗篇》、《雅歌》等部分,阐述生命的意义和死亡之后的希望。现在通行的《圣经》分为三个部分:《旧约》、《新约》和《次经》,其中以《旧约》的文学价值为最高;而在39卷的《旧约》之中,诗歌最为世人瞩目,其中尤以《雅歌》传诵最广,它代表着古希伯来抒情诗的一个高峰。

《旧约》中的诗歌,主要体裁有哀歌、爱情诗、颂神诗、战歌和劳动歌谣等;按形式来分,则有哲理诗和抒情诗两大类。希伯来人最初受过希腊思想的影响,较为看重人的理性能力,这一点促进了其智慧文学的发达,产生了大量的谚语、格言和箴言诗。诗剧《约伯记》和《传道书》便是诗歌与智慧合二为一的范例。虔敬的约伯以自己遭遇的苦难,证明上帝对人的严酷考验,增强人们行善的决心。它探讨的是人的自由意志与信仰的矛盾如何进行调和的问题。显然,诗剧所处的时代已出现种种不公的现象,并且已经成为人们议论的中心之一。它的答案是,善有善报,恶有恶报,全能的上帝超越人的理解之界限,以其无所不在的光辉照耀着世人。《传道书》关注的是宇宙和人生的价值问题,其中浸润着一种深刻的怀疑精神。多灾多难的民族经历了几百年的流亡生活,发现到处充满不幸与压迫,生命不过是在痛苦的煎熬之下不断的重复,日光之下无新事,万事皆是虚空;由悲观主义的人生观出发,《传道书》倡导及时行乐的生活方式,接受传道者的劝诫:"年轻人哪,快活地过你青春的时光吧!趁年轻时欢乐吧!随心所欲地做你喜欢做的事吧！"《诗篇》是《旧约》里最大的抒情诗汇集,分为五卷,共收录诗歌150首,多数作品是合乐的,其中有一部分还注有"调用麻哈拉","调用百合花","调用远方无声鸽","调用休要毁坏"等字样,这种写作方法与中国古代的填词法十分类似。《诗篇》的大部分属于颂神诗,基本主题是歌颂上帝,赞美耶和华创造万物的功德,祈求获得上帝的训诫、赦宥、庇护、保佑。"哀歌"是《圣经》诗歌中一种独特的表现形式,五章《耶利米哀歌》凄凉哀婉,悲郁恸绝,抒写了希伯来人民丧国之后的惨痛与愁苦。作者耶利米被称之为"流泪的先知",他热情善感,忧国忧民,常常预言祖国的危机,为此遭到宫廷奸党的严酷迫害,多次被逮捕和监禁,并受到叛国罪的指控。但他依然毫不动摇,大义凛然地承担起教诲民众的重要使命。耶路撒冷陷落之后,他饱蘸哀痛与愤恨之情,写下了这一组抒情诗,感人肺腑的忧患意识与高度的艺术技巧融为一体,取得很高的艺术成就,被誉为民族的绝唱。

《雅歌》产生的年代大约在公元前2世纪。它代表着希伯来抒情诗的一个高峰,它的标题原为"所罗门之歌",开篇即是"所罗门的歌是歌中之歌"一句,传说为所罗门王所作,其实他只是作品的抒情主人公而已。《雅歌》的故事背景是,所罗门王外出行猎,与美丽的牧女书拉密邂逅,顿生爱慕之意,但书拉密却为躲避所罗门的追求,遁入山林。后来,所罗门乔装牧童,用自己的歌声使得书拉密堕入情网,遂将她迎娶回宫。《雅歌》共分五个部分:一、新郎和新娘互表爱慕之情,沉浸于新婚的幸福之中;二、新郎新娘一同外出,新郎失踪,新娘焦急地四处寻找,最后得以重逢,转忧为喜;三、所罗门王驾临,新娘对他倾诉衷肠;四、新郎再度失踪,书拉密为无限的思念所困扰;五、重返乡村,满足于田园生活的安恬与美妙。《雅歌》留有受希腊牧歌影响的痕迹,它通过酬答应和这种形式建构了一个艺术整体,运用象征的手法,借助比喻、复沓、暗示、拟人等手法,细腻地刻画了恋爱者丰富的心理体验及其微妙的变化。值得重视的是,诗篇对男女形体的赞美,以及对性爱大胆而炽热的歌颂,显示出《雅歌》对正统观念的偏离,顺应了人类的健康天性,透露了生命的真实。

以《诗篇》、《传道书》、《雅歌》为代表的古希伯来诗歌包容的许多神话传说、原型母题、创作风格,不仅达成了欧洲文学传统的建立,同时也暗含了现代主义的创新潜力,成为后世文学取之不尽,用之不竭的源泉。

阿拉伯帝国时期诗歌的范围,包括用阿拉伯语写作的阿拉伯半岛、中近东和北非地区。"阿拉伯"一词的原意,即谓"不毛之地"、"荒漠"。正是这种贫瘠的自然条件,养成了这个民族粗犷、豪放、刚猛的性格,他们把一生的大部分时间消磨于游猎、赌博、恋爱和械斗之中。圣者穆罕默德倡立伊斯兰教，将这些好勇斗狠的人们聚集在安拉的名义下，创造了辉煌灿烂的穆斯林文化，向世界贡献了一种"并不惧怕承认战争、英勇、力量以及勇敢之阳刚美的宗教"。[1] 与其文化史相适应的是，阿拉伯诗歌具有突发性、宗教性、游牧性和过渡性等特征。它的发展大致可以分为三个时期：蒙昧时期、伊斯兰时期和阿拔斯时期。

蒙昧时期又称贾希利叶时期，大致时限在5世纪下叶到7世纪初，主要指穆罕默德创建伊斯兰教前的贝都因人的诗歌创作。早在远古时代，阿拉伯半岛上的牧民中间便口口相传地流行着一些民间歌谣，它们起源于牧民驱赶牧畜的吆喝声，其最初的节奏便是由骆驼行进时驼铃的节拍演变而来。令人惊奇的是，这时期的阿拉伯诗歌一开始便进入成熟的境地，并拥有赞美诗、抒情诗、诅咒诗、悲歌、短歌、箴言诗等多种形式，用以表达赞美、欣赏、崇拜、愤恨、鄙视、讽刺等喜怒哀乐的思想与感情。不过，由于当时诗人们的生活单调，思想狭窄，也导致了某些作品结构松散、布局呆板的弊病，加之想象力的贫弱，雷同重复的现象也多有出现。穆海勒希勒是作品流传下来的最早的阿拉伯诗人之一，主要创作活动在贾希利叶时期。穆海勒希勒是他的绰号，意思是"薄的"。据说，他之所以得此名号，就由于他是第一个将诗歌写得如此精致、典雅的诗人。由于他常和女人厮混在一起，又被叫做"冶游郎"。他的诗歌兼有女性的柔弱与男子的阳刚两种素质，感情直接发自内心，简单而朴实。

"悬诗"是蒙昧时期文学成就的杰出代表，它们是传世的"格西特"长诗的精华。所谓"格西特"，是一种抒写系列主题的诗体，具有固定的格律与结构，一般长20至100多行，通篇有贯穿始终的尾韵。组诗包括三个部分：引子；过渡性的赞美词，风景描写或往事追忆；最后为主题诗，或歌颂英雄的武功德行，或夸耀自己的高贵豪侠，或赞美部落生活的多彩多姿，或述说深奥的人生哲理。由于中古阿拉伯特别尊崇诗人，每年都要在麦加附近的欧卡兹举行赛诗会，评选出优秀作品，将其用金水描画在细麻布上，悬挂于"克尔白"天房的帷幕，故称之为"悬诗"，有时又被叫做"描金诗"或"项圈诗"。这类作品流传下来的共有七首，其作者分别是乌姆鲁勒·盖斯、库勒苏姆、昂塔拉、赖比德、塔拉法、海力泽和祖海尔。

乌姆鲁勒·盖斯是肯达王国的末代君主，正如史家所说："他用宝剑没

---

[1] J.肯尼迪：《东方宗教与哲学》，董平译，浙江人民出版社1988年版，第101页。

有得到的东西,用笔却得到了。他用诗歌建立了一个不朽的王国。他是阿拉伯诗歌的魁首,所有作诗者无不拜倒在他的威望和影响下。"盖斯是一名感情丰富的诗人,习惯于有什么就说什么,不受诸如品行、良心和信仰等的约束。他的创作大多率性而为,而非刻意求之,它们时而欢快,时而忧伤,时而如同暴发的山洪,时而又像潺潺的溪流。他的诗歌记载了5至6世纪阿拉伯游牧生活的一个个片断,真实地反映了当时的社会状况和牧民们的思想情感。至于他的情诗,则开创了"爱情的冒险"风格,往往以描写、叙述、对话相结合的形式回忆过去的放浪形骸及其悔恨,其中对女性的惶恐和谨慎的神态之描写表现出盖斯对女性享受不安的甜蜜的特殊心理深刻地洞察。

库勒苏姆成长于一个优越而尊贵的环境,15岁时便成了自己部落的首领。在他创作的那首悬诗里,我们可以领略到强劲有力的感情冲动。正是这种冲动,让他丧失了理智,激发了想象,使作品在自尊和豪迈的气势中显得炽烈和昂扬。在整个蒙昧时期,他的作品最富史诗特点。

黑肤诗人昂塔拉几乎一生都在征战中度过,从来不曾离开过战马、宝剑和盾牌,所到之处人们无不盛赞他的智谋、勇敢和品德。不过,军功并没有消除族人对他的女奴之子身份的歧视;同时,他与同父异母的妹妹艾布拉的爱情受到的阻挠更带给他一生难以愈合的创伤。他流传下来的诗歌约有1500行左右,内容主要是叙述对艾布拉的倾心和迷醉。他以明晰的语言,率直而热烈地描述温柔、悲愁、忧郁、纯洁、崇高的心境。

除"悬诗"作者外,这时期较著名的还有游侠诗人舍拉、宫廷诗人祖布亚尼和爱厄夏、悼亡诗人韩莎。"舍拉"的名字,意谓"胳肢窝夹着剑"。他曾经纠集一伙绿林好汉,打家劫舍,来无影,去无踪,因此,另有"飞毛腿"的诨号。他宁愿栖身荒原与野兽为伍,因为它们比族人更可亲、更可靠。在他眼中,野兽比人高贵,而他自己又比野兽高贵。他的作品多描写自己的流浪生活和作为"飞毛腿"的侠义行为,以"荒原之子,群兽之友"的形象来展示不羁的个性。

祖布亚尼是第一个受宫廷之害,将自己关押在金丝笼中的阿拉伯诗人。他把诗歌当成通向荣耀和富贵的途径,诗人也由此变成一项谋利的职业。其后,一部分诗人竞相仿效,导致相当数量的阿拉伯诗歌的影响面变窄、价值相应变小的弊端,它们带有浓重的物质色彩,日益贵族化的倾向中阿谀奉承的成分增多。诗坛上浮艳、雕饰、造作的风气趁此流行了起来。据说,爱厄夏在当时有很大的影响,"他赞颂一个人就可以抬高那人的地位,他讽刺一个人就可以使那人声名狼藉"。他的作品多以白描见长,少见生动具体的比喻,诗律明畅而严谨。

韩莎出生于阿拉伯半岛纳季德地区一个富有的部落家庭,年轻时即有诗名,曾经到麦加附近的欧卡兹市场参加赛诗活动。晚年皈依伊斯兰教。公元638年,阿拉伯人和波斯人发生战争,她送四个儿子参战,全部牺牲。她闻讯后,表示这是她的荣誉,显示了对部族和宗教圣战狂烈的热忱。韩莎是一名内心受过极深创伤的女性,她两位兄弟的夭亡,特别是萨赫尔之死,"使她的伤心泪汇成了无底河,使她从心底里吟唱出挚爱、痛苦的感情之歌"。她的诗歌,感情始终支配着思想,这使作品充满了激情澎湃的活力,也暴露了对思想的钳制,在一定程度上削弱了想象力,伤痛之情是它们的基础和源泉,其中既有低回的泣诉,又有悲怆的呼号,跌宕起伏,浑然有致。女诗人全部的才能都被用于悲悼,而不涉及其他内容,堪称一绝。

伊斯兰教崛起的初期,大力促进了能够直接服务于传教和"圣战"的散文,一度压抑了具有"异教"性质的诗歌发展。后期随着帝国的逐渐形成,城市的兴起,诗歌领域获得了复兴的机缘。爱情诗盛行一时,出现了一种名叫"加宰尔"的新诗体,一反"格西特"反映沙漠生活的传统,以温柔典雅的趣味和清新简洁的语言取代了古典诗歌那种奔放激越的豪情和铿锵有力的语汇。马杰农、拉比阿为主要代表。

类似于中国的"梁祝"的马杰农传说是阿拉伯故事中最优美动人的篇章。马杰农的真名叫加依斯·本·莫拉瓦赫。"马杰农"在阿拉伯文中意谓"因爱情而发疯者"。据说,加依斯与一位名叫蕾莉的姑娘相爱,写下不少赞美她的诗歌,引起了姑娘亲属的不满,以致对方拒绝了他的求婚要求。加依斯在失意中开始了一趟沙漠中的旅行。在途中,他获知意中人被迫嫁给了另一位行吟诗人。这令他伤心欲狂,万念俱灰,于是便漫无目的地徘徊,整日与野兽为伍,餐风宿露,靠回忆与蕾莉相爱的往昔打发时光,创作了大量忧郁、感伤的作品,纪念这次不幸的爱情。经过长期的漂泊生活,加依斯最终死于蕾莉的坟前,在沙堆上写下了给她的献诗。马杰农的爱情诗称得上是他生命的咏叹和灵魂的反映,展现了一个内心完全被情人所充满的恋人的情感天地。它们带有一种朴质的矜持和孩童的纯真,这些特点表现出诗人摆脱物欲倾向的努力,与蒙昧时期的爱情诗相比,马杰农更为加强了爱情本身的刻画,其向度更偏于精神一面。

拉比阿以放浪的城市生活为题材,专事描写香闺粉黛,挑逗朝觐圣地的美丽姑娘和妩媚少女,有"阿拉伯的奥维德"之称。他认为,美总是同一定的芳香联系在一起。于是,香料、番红花、樟脑等等,随同诗歌传统中的太阳、牛犊、羚羊,尽数来到他的笔端。与那些沉思型的诗人不同,他专写艳情诗,一味地袒露自己温和的灵魂,博取众多女性的青睐。拉比阿的作品辞藻华丽,音韵和谐,几乎所有的作品都被配上乐曲,作为民歌在阿拉伯地区流传。不过,这些给他带来盛誉的诗歌,却在无意中忤逆了不喜欢情诗的国王。国王下令将他囚禁起来,并且曾计划将他遣送到红海的荒岛上,令其失去写诗的条件。他被释放回麦加不久,便去世了。

此外,这一时期的政治诗、宗教诗和娱乐诗也大量涌现。它们的作者以"三大诗王"艾赫泰勒、法拉兹达格和哲利尔最为著名。他们的作品生动地记录了当时激烈的教派冲突和权力争斗。除了保持游牧生活的旷达、欢快的传统,鲜明的宗教政治色彩是这部分作品最大的特色。

艾赫泰勒是阿拉伯伍麦叶王朝诗人,生于台额利卜族的一个基督教部落。青年时代即有诗名,后经王储引荐至大马士革,成为可以自由出入宫廷的"哈里发诗人"。尽管他信仰基督教,在政治上却积极支持伊斯兰王朝。他的许多作品赞美伍麦叶家族血统的高贵,政绩的辉煌。他的诗观察细腻、想象丰富、描写细腻、选材广泛。

法拉兹达格生于巴士拉一个望族家庭,少年时代随父学诗,时常出入豪门权贵的府第。对于那些达官贵人,他表现出一种玩世不恭的态度,时而夸赞,时而讥诮。他的诗作题材比较广泛,除悼亡诗、咏物诗、言情诗之外,最著名的是矜夸诗和讽刺诗。他的矜夸诗大多炫耀门庭的高贵和祖先的荣誉,气势宏大,词汇丰富,具有游牧民族特有的粗犷风格;讽刺诗主要是在"诗王"之争的论诗对驳中写出的,它们记录了阿拉伯帝国初期的社会、政治、经济情况,反映了民族、部落、宗教派别之间的矛盾和斗争。他的作品对后世影响很大,被称之为"诗之源泉"。

哲利尔出生于耶马迈,在贝杜因部族里长大。少时家贫,放牧过羊群。青年时代,在阿拉伯各个地区谋生和求学,后定居巴士拉。曾经参加过当地的诗赛,表现出丰富的想象力和讽刺才能,遂进入当时著名诗人的行列。他的作品大多歌颂阿拉伯人的勇敢和慷慨,描绘贝杜因人所怀恋的沙漠生活、部落遗址和旅途的跋涉,抒写游子思乡和友人念旧之情,风格清丽、婉约、平易。他的讽刺诗和辩驳诗被认为是阿拉伯讽刺艺术的精品。相传,他曾与几十名同时代的诗人对诗。对诗分两方,一方规定格律,限韵;另一方按规定应和,双方进行激烈的对驳。最后,大部分诗人在对诗中落败,只剩下艾赫泰勒、法拉兹达格和哲利尔。因此,他们被称之为"伍麦叶王朝三诗王"。

阿拔斯王朝是阿拉伯帝国政治、经济和文化发展和鼎盛时期,其中麦蒙哈里发统治时期(813~833)又被誉为伊斯兰文化发展的黄金时代。自王朝建立初期至9世纪的诗歌,表现出上升时期的帝国特点,诗人们力图摆脱传统的束缚,锐意革新,对现实社会提出了许多大胆的看法。宫廷诗人布尔德是一名过渡性的人物,写下了大量的讽刺诗、爱情诗和颂诗,后因诗作中曾流露了无神论和异端思想获罪,被鞭笞而死。他善于运用比喻和对仗修饰诗句,巧妙地开发了阿拉伯语词法的运用范围,首倡了隐喻和明喻的文体。总体而言,他的颂诗多半趋于守旧,情诗则在内容与风格上尝试革新,经常描写骑士心目中的贵妇形象,细致地刻画出了恋爱中的各式感受,越出了前辈诗人驻足不前的雷池。

当时最负盛名的诗人是艾布·努瓦斯,他原名哈桑·本·哈尼。父亲是一名军人。努瓦斯出生于波斯的阿瓦士,在巴士拉长大。幼年曾跟随一名香料商学艺,但他的志向却在诗文方面,后随一名文士去库法深造。他学识渊博,个性豪放,主张充分享受人生欢乐,反对宗教禁欲主义。他的饮酒诗独树一帜,赞美青春、美酒和爱情,其语言和风格后人难以仿效。酒是努瓦斯真正的诗神,诗人对它的嗜好达到了相思与迷恋的程度,每每将它灌注进活的灵魂,将它看成热恋中的情人。可以说,酒是他尘世希望的全部所在,离开酒,他就无法活下去;缺少酒,生命也就失去了意义,使身心快活的是一次又一次的酩酊大醉,它驱除了烦恼与痛苦,令人忘掉生活难以承受的重负。努瓦斯的作品是那个时代放纵的巴格达精神的折射,通过他的手笔,饮酒诗成为阿拉伯文学一个完整独立的门类。他的诗歌热情奔放,想象神奇,音韵和谐,辞藻华美,突破了传统诗歌的题材与形式,为阿拉伯诗歌的发展开辟了新的空间,对当时和后世的诗人影响很大。有论者认为他是阿拉伯文学"黄金时代"最伟大的诗人。阿拉伯著名的故事总集《一千零一夜》还记载了不少他与哈里发哈伦·拉希德的幽默有趣的故事。由于10世纪文学史家伊斯法哈尼的搜集和整理,努瓦斯的诗作流传下来的有1200多行。

阿塔希叶是"阿拉伯宗教诗篇之父"。他早期是一名宫廷诗人,曾爱上了麦赫迪王后的随身侍女欧特白,遭到监禁。但他对欧特白仍痴情不断,经常赋诗抒发爱慕与思念之情,被哈里发斥为"简直是个白痴",译音为"阿塔希叶"。于是,他便以此绰号为名。他有阿拉伯、波斯古代文化的丰富知识,精通古希腊哲学,谙熟各个宗教的基本教义和各个经院学派的观点,深受摩尼教善恶二元论的影响。796年前后,他放弃了奢侈、放纵的生活,成为一名禁欲的苦行僧,创作了许多出色的苦行诗,宣扬弃绝尘世生活的禁欲主义。他早期的作品主要是颂诗、情诗、饮酒诗和悼亡诗,后期主要是劝世诗。由于良好的艺术处理和奇异的想象，他的作品跳出了教谕诗的窠臼，避免了僵滞和枯燥的毛病，带给阅读者以流畅、甜润、和谐的感觉。他与努瓦斯两人的创作恰成对比和补充。

其后，较有影响的诗人有布赫图里、鲁米和穆阿塔兹。布赫图里出生于叙利亚的门比季。他少年早慧，后来成为宫廷诗人。他的作品继承了阿拉伯诗歌的传统，尤以颂诗和景物诗见长。鲁米是著名的讽刺诗人，父亲是希腊人，母亲系波斯人。他的非正统的宗教信仰和政治观点阻碍了他的仕途，并被权贵们视为危险的异端者。鲁米试图创作一种内省的新诗体，每首诗叙述一个主题，整个内容则是一个有机的整体。此外，他还是一位风景抒情诗的大师，善于在作品中敏感地体验到心灵的创痛，与周围庸众的不可调和的冲突。在他看来，唯有自然才是智慧与仁慈的象征。穆阿塔兹是阿拔斯王朝的一位王子，自幼师从名家学习诗文，在奢侈、享乐的生活中成长，放浪不羁。王子的身份，使他能超越一般卖文度日的诗人们，自由地将传统的主题和韵律运用到新的书信体和纪事体中去。他的作品主要描写优裕的王子生活：饮酒、狩猎、调情和游戏。此外，他还写有不少风景诗。他的诗想象丰富，比喻风趣，风格明快。穆阿塔兹的另一重大贡献是，他对诗歌中的辞藻进行归类，成为第一位研究创作论诗学的阿拉伯诗人。

自10世纪初到阿拔斯王朝的末年，阿拉伯诗歌日益倾向于肤浅的形式主义，一味追求华丽的辞藻，刻意雕琢文句，流风所及，至19世纪末尚留有余痕。这一时期较杰出的诗人共有三位。

穆泰奈比曾有"中古最重要的阿拉伯诗人"之誉，原名艾哈迈德·本·侯赛因，出生于伊拉克的库法。少年时代，他曾与游牧人一起生活。早年的艾哈迈德性格自由奔放，曾自称先知，鼓动和领导过一次小规模的农民起义。据说，他因此获得了"穆泰奈比"（意为"假先知"）的称号。这次起义遭到了镇压，他本人也被捕入狱。获释后，他辗转于伊拉克和叙利亚地区，冀求以诗歌求取功名。他的诗歌题材广泛，其注意力主要放在人的生活、道德、感情和与他生活在其中的集体的关系上，较少涉及世界的起始和终极那样的形而上问题。穆泰奈比善于将阿拉伯诗歌传统与流畅的、讲究技巧的伊拉克诗风结合起来，结构整饬、语言适切，是阿拉伯诗歌革新的倡导者和先驱。他的创作反映了诗人清高、自负的个性，大多洋溢着高傲、自尊、激昂、坚韧的民族精神，少量作品也表现了对金钱、权势的追求以及对人生的悲观想法。他的不少诗句流传于民间，成为脍炙人口的格言和成语。

麦阿里是阿拔斯王朝又一名出色的哲理诗人，被称为阿拉伯文学界的

"一个孤独、意想不到的幽灵"。他自幼双目失明,青年时代曾四处游历,接触到希腊文化,饱经尘世沧桑,尝遍人间疾苦,晚年返回故乡,闭门思索何为真实的人生的问题,大胆地怀疑理性不能接受的东西,用批判的眼光看待宗教、宇宙和永恒。麦阿里早年追随穆泰奈比,后期则敢于破旧创新,创作长诗《鲁祖米亚特》(该词原意为"不需要的必需品",引申为"无需守律的律诗"),表达了他对宗教、社会、宇宙、人生等问题的看法。他的观点往往充满了矛盾,有时猛烈抨击宗教,有时却表现出了对宗教的虔敬。麦阿里的创作态度十分严谨,反对应景之作,反对因袭古人。他在阿拉伯文学中丰富和发展了探索自然、反映社会、宣谕道德和理性的诗歌传统,被誉为"哲学家诗人"或"诗人哲学家"。

本·法里德是伊斯兰教苏菲派的思想家之一,出生于开罗。父亲是一名司法官员,免职后避世隐居。他自幼受到父亲的影响,学习过教父学和圣训。作为诗人,"他的内心像一根敏感的琴弦,为任何一个美的场面——不管那是景物还是声音——而颤动。这种颤动异常强烈,甚至到了近乎失魄或痴迷的程度"。他有两首长诗最为世人推崇,其一是《酒颂》,歌颂人与神的交流,借醉酒抒发宗教精神上的快意;其二是《神秘的进程》,它被视为"神秘主义诗歌的翘楚",标志着民族危机时期出现于阿拉伯诗坛的一种新动向,作品表现了善与恶永不间断的斗争,人们受到绝对之美(即真主的光辉)的帮助而获取的最后胜利,是一首精神爱的颂歌。

这里,还要指出的是,随着阿拉伯人对西班牙南部地区的征服和扩张,用阿拉伯语言创作的诗歌在那里也广为传布。安达卢西亚地区诗人创造了若干种新诗体,如具有特殊音韵要求的民谣"穆瓦舍赫"(意为"彩诗")和"泽及尔",其中重要的诗人有宰敦和拉比希。13世纪开始,阿拉伯地区先后受到蒙古和土耳其的占领,入侵者对文化的扫荡程度几达毁灭性。阿拉伯文学从此一蹶不振,诗歌也随着帝国的名存实亡而走向衰落。

波斯是闻名世界的文明古国之一,素有"诗国"之称。它位于亚洲西部,扼守东西方交通要冲,融汇了各种文化的精髓而成大器。中古波斯文学主要指以达里波斯语进行创作的文学,包括伊朗高原通用波斯语的中亚细亚各国,地域有今天的阿富汗、阿塞拜疆、塔吉克斯坦、印度北部。在宗教上,波斯信奉琐罗亚斯德教(又称拜火教,袄教),该教的创始人琐罗亚斯德在古阿维斯陀语中亦作查拉图士特(意为"黄色的骆驼"或"骆驼的驾驭者"),是一位著名的东方贤哲。"无限的时间"和"无涯的光"是琐罗亚斯德教的两个抽象本源,它们决定着波斯人的哲学和审美观念。阿胡达·玛兹达被尊奉为该教的最高主神,火是他的儿子,教徒们认为"火的清净、光辉、活力、锐敏、洁白、生产力等等象征了神的绝对和至善",是"神的造物中最高和最有力的东西"。在古代波斯人的意识里,前者是光明之神,是宇宙之善的本源,与黑暗之神安格拉·纽曼相对立。不过,人类在光明与黑暗、邪恶与良知之间,拥有决定自身命运的自由选择权。这一点,反映到他们的宗教中,则体现为哲学上的二元论与神学的一元论两种意识形态;影响到艺术观念上,则表现为追求对立中的统一与和谐。琐罗亚斯德的圣典是《阿维斯陀》,它是波斯历史与文化的总和,其中保留了不少萌芽状态的诗歌。

雏形阶段的波斯诗歌一度有效地借鉴过阿拉伯诗歌,引进其韵律、结构和语象、修辞。至萨曼王朝,君主们将许多著名的文人召集到宫廷内,鼓励他们从事诗歌创作,讴歌民族的历史和传统,振奋民族精神。由于统治者的大力扶持,波斯文学得到空前的繁荣,出现了第一个民族诗人——鲁达基。他通过自己的创作实践,使得颂诗、叙事诗、抒情诗、两行诗和四行诗定型化,被后世尊称为"波斯诗歌之父"。鲁达基出生于撒马尔罕地区的鲁达克一个贫苦农民的家庭,但异常聪颖,八岁便谙熟《古兰经》,从小便擅长音乐和诗歌,经常自弹自唱,以此"走遍世界——唱着歌儿,像一只夜莺"。他曾应召为萨曼王朝的宫廷诗人,后因失宠而返回家乡,在穷愁潦倒的境况下死去。鲁达基一生创作甚丰,题材广泛,美女、青春、醇酒、自然、人生,无一不在他的歌颂之列。这些作品妥善地处理了激情与理智的关系,在抒情诗中阐述哲理,寓意深刻,形象鲜明。另外,他还是"鲁拜"(又译作"柔巴依")体的创始人,堪称开一代诗风的鼻祖。

鲁达基去世之时,恰逢菲尔多西在霍腊散省图斯城郊诞生。后者出生于破落的名门世家,幼年受过良好的教育,阅读过不少古籍文献,搜集了不少民间传说和英雄故事。他把毕生的精力都耗费在了《列王纪》的创作上。这部历时35年的巨著,是东方文学史上最引人注目的巨型文人史诗。全诗共50章,总计6万联(12万行)。它以宏伟的结构叙述了波斯4个朝代50位帝王的生平业绩,时间跨度为4600年,其中包括了流传民间的多种神话故事和历史传说。《列王纪》对世界文学的发展作出了不可磨灭的贡献,后世的诗歌,或以为蓝本,或采用其中的题材进行创作。它的作者也被尊称为"东方的荷马"。整部史诗充满了强烈的民族独立思想,隐含着反抗异族压迫的爱国精神,同时,它还是古代波斯社会生活的百科全书。如今,《列王纪》已被译为世界各主要文字,对它的研究已成为世界文学的主要课题之一,作品的主人公鲁斯坦姆已成为波斯(伊朗)的民族英雄。作者菲尔多西也凭借这部史诗而赢得了后人的敬仰。1934年,伊朗为诗人诞生1000周年举行了盛大的纪念活动,他的故乡也改名为菲尔多西城。

欧玛尔·海亚姆是塞尔柱王朝时期出现的一位哲理诗人,他是继菲尔多西之后又一位具有世界性影响的波斯诗人。海亚姆曾担任过宫廷的御医和天文官,主持过修订历法和天文台的筹建,是当时闻名遐迩的数学家、天文学家和哲学家。但生前并无诗名,死后其诗作更是为人们所淡忘。直到19世纪的英国诗人菲茨杰拉德的出色翻译问世,才获得世界性的声誉,影响到维多利亚诗风。海亚姆的性格狂放豪爽,极具叛逆精神,其《鲁拜集》代表着哲理诗的最高成就。"鲁拜"原意即为四行诗,一般为一、二、四行押韵,每行由五个音组成,与我国的绝句大致相仿,多表达哲理的内容,诗句凝练,意境深远。海亚姆创作的"鲁拜",语言质朴,内涵丰富,启人深思。作为一名哲理诗人,他时常怀着痛苦的心情思索宇宙和人生。他关注这样一些问题:宇宙是怎么形成的?人是从什么地方来的?人生的真谛是什么?人死以后的归宿在哪里?面对伊斯兰神学的现成答案,他对神造说和天国论表示了大胆的怀疑,借助于自己的作品对教长、教义乃至真主进行了大胆的批判,对天堂和地狱的存在断然予以否定。因此,当政的权贵和教会对他十分痛恨,将他的作品称为"吞噬教义"的毒蛇。他的"鲁拜"经常涉及的主题,就是对酒的歌颂,由歌颂酒进而歌颂盛酒的器皿——陶罐。这类作品大多具有特殊的含义,体现了诗人高于同时代的哲学观:人死之后,经过千百年,尸骨化入泥土,后人用泥土烧制器物,器物中含有先人的骨殖。由此观之,我们生活的世界是物质的客观存在,人的生与死不过是物质形式的转化而已。它们不仅闪耀着唯物主义的光辉,而且也包含了辩证法的因素。浸润在海亚姆的诗歌之中的是诗人严肃的思索,执著的信念和深沉的痛苦。因此,人们一接触到他的作品便马上被深刻的思想和优美的形式所吸引。

12世纪以后,波斯文化中心向西南地区转移,诗歌的风格与以前有明显的区别,叙事多用比兴手法,描写缜密细腻,文字典雅含蓄,注意吸收阿拉伯语汇和科学词汇,文学史上将这种新的变体称为"伊拉克体"。内扎米是"伊拉克体"的出色代表,是继菲尔多西之后最优秀的叙事诗人。他出生于阿塞拜疆的甘贾城,原名伊里亚斯,内扎米是"珍珠"与"和谐的语言"。他曾在故乡的伊斯兰经院攻读文学,精通阿拉伯语和波斯语等多种语言,对神学、哲学、天文学等均有深入的研究。此外,他还谙熟古希腊神话故事和基督教典故,尽管他是一名虔诚的逊尼派教徒。内扎米年轻时即已显露非凡的才华,可他并不追慕荣华富贵,始终没有去充当宫廷诗人。他安于清贫,专事诗歌创作,除朝觐和到大不里士有过一次短暂旅行外,一生都在甘贾度过。他擅长创作爱情叙事诗,善于把爱情描写与社会问题结合在一起,揭露君主的残暴,抨击社会的黑暗,对下层人物表示同情。作品的故事曲折动人,想象神奇丰富,人物刻画十分细致,流传至今的共有五部,分别为《秘宝之库》、《霍斯陆与西琳》、《蕾莉与马杰农》、《七美人》和《亚历山大故事》,合称为《五卷书》。其中的《蕾莉与马杰农》最具悲剧意味,堪与莎士比亚的《罗密欧与朱丽叶》、欧洲中世纪传奇《特里斯坦与绮瑟》相媲美,其影响及于中亚和印度。《蕾莉与马杰农》取材于前述著名的阿拉伯爱情故事,它充分体现了作者典雅、凝练、委婉、细腻的语言风格。长诗中有不少排比句型,其丰富的想象力在这一艺术手法的运用下,为塑造人物、描写环境、渲染气氛创造了强烈的艺术效果。他本人在写这部长诗时傲然宣称:"我要把旌旗插上诗山顶峰,挥笔展示满腹文思才情","每联诗句都似串串珍珠放射光辉,没有败笔,全篇充满艺术的韵味。"通观全诗,这似乎并非夸大之词。

13世纪的波斯诗坛出现了两大巨擘,其一是苏菲派诗歌的代表牟拉维,其二便是教谕诗人萨迪。苏菲派是伊斯兰教内的神秘主义思想派别,"苏菲"意谓"穿粗毛织品的人",其信徒否认尘世幸福,提倡禁欲主义,强调修身养性,追求抽象的真理(心主合一)。它于8世纪传入波斯以后,在城乡手工业者中间一度广为流行,并影响到波斯的社会生活、宗教信仰、道德准则和文学艺术。此后的波斯诗人几乎不同程度地受到这一思潮的影响。牟拉维最重要的作品是哲理叙事诗《玛斯纳维》,它的全名是《玛斯纳维·玛纳维》。"玛斯纳维"是一种双行韵体叙事诗,"玛纳维"意为"内涵"或"意义"。全诗共分6卷,总计26000千余行。它以故事的形式铺展开来,在夹叙夹议中穿插了大量传闻、轶事,贯穿了苏菲主义"爱"的精神,阐述了造物主与宇宙、人与真主、理性与信仰、灵魂与肉体的关系,着重描述了苏菲主义的内心修炼与感受,强调神秘主义的灵性、理性和人间伦理道德应达到完美的统一的原则,这种统一的最佳途径就是"爱","爱"的源泉是真主,人则通过"爱"回到真主的身边。《玛斯纳维》被苏菲派教徒奉为经典,享有"波斯文的《古兰经》"之美誉,被视为"苏菲主义的百科全书",对后世产生了巨大的影响。牟拉维的抒情诗主要集中于《夏姆斯诗集》中,作者通过运用寓意、象征、比喻等手法,以爱情、美女、鲜花等意象,委婉含蓄地暗示教徒与真主的关系,渲染浓厚的宗教情绪,有强烈的神秘主义色彩,因此,他又被称为"冥想世界的夜莺"。

萨迪出生于文化名城设拉子,父亲是一名下层的神职人员。后来由于得到某位权贵的资助,萨迪曾入尼扎米耶学院神学院学习,悉心攻读古兰经和古典哲学,能用波斯语和阿拉伯语进行创作,少年时代开始写诗。1226年,他开始漫长的旅行生涯,其足迹几乎走遍西亚各国,并且还到过印度。晚年,他回到故乡专事写作。1257年,他创作出《果园》,叙述了自己的漫游经历,其中穿插了一些历史人物的故事,表达诗人对真理与光明的向往。第二年,萨迪完成了最著名的《蔷薇园》。这是一部散文与诗歌相结合的作品,用各种故事穿连,记载帝王、僧侣的言行,谈论青春、爱情、智慧、教育、道德、社交等等,内容涉及社会各个层面。人道主义是这部作品的底蕴所在,它在相当程度上突破了中世纪封建思想的束缚,具有一定的民主意识,诗集中不少格言和警句至今还在伊朗流传。萨迪的语言朴素自然、明白晓畅。迄今,《蔷薇园》不仅仍是伊朗文学的典范,而且已被译成了数十种文字在世界上流传。

在萨迪之后,波斯最伟大的诗人当数哈菲兹,其出生地点也是设拉子,父亲是一名商人。他天资过人,青年时代即谙熟圣训达10万条,"哈菲兹"一名,意谓"能背诵《古兰经》的人"。与当时的许多诗人不同,他崇尚独立自主的精神,多次拒绝君主召他入宫赋诗的邀请,宁愿以托钵僧为业,浪游四方,最后在贫病交加中死去。哈菲兹身后被葬在设拉子郊外的莫萨拉附近,现在该地已修建成哈菲兹陵园,并设有哈菲兹图书馆。

哈菲兹的一生写了大量阐述《古兰经》的文章和各种诗体的作品,但使这位诗人赢得巨大声誉的是他的近500首"加宰尔"。"加宰尔"是波斯古典诗歌的一种传统形式,以前主要是一种单纯的爱情诗。哈菲兹丰富了这种诗的内涵,把它发展到了一个新的高峰。"加宰尔"一般在7个联句以上,但不超过15个联句,每联的尾音就是全诗的韵,是一种比较自由的形式。全诗不一定有一个完整的中心思想,基本上是一联或两联构成一个意思,随着思想的跳跃和想象的奔驰信手拈来,结尾的一联中要嵌入诗人的名字。哈菲兹通过这种传统的诗体,抒发自己的自由思想和对美好事物的追求,表达自己对世界的看法,赋予它以鲜明的时代精神。哈菲兹在文学史上一直被看成是一位醇酒诗人,他蔑视穿上虚伪的外衣、道貌岸然的伪君子,宁愿做一个饮酒者,手握酒杯,尝尽人间的甘美,醉眼朦胧地走到天堂。无疑,诗人这种对现实生活的歌颂和人生须及时行乐的思想,同当时教会所宣传的虚幻的天堂是对立的,也是值得肯定的。他的诗作委婉含蓄,能够给读者留下充分想象和回味的余地,真正达到了雅俗共赏的境界。文人墨客惊叹他用语的精练与巧妙,厌世者欣赏他描写的愤懑与哀愁,享乐主义者从他的诗中看到醇酒与爱情,苏菲派教徒则感受到他对真主的虔诚和对神秘主义的向往。他的作品辞藻华丽,感情炽烈,格调奔放,带有浓郁的浪漫色彩。哈菲兹借助于放浪形骸的风格,抒发对个性独立和自由的追求,以及对传统道德的蔑视与反抗。当代伊朗诗人将他与但丁、莎士比亚、弥尔顿、歌德等大师相提并论,认为他们的创作构成了世界诗坛的"七大奇观"。确实,哈菲兹不仅在伊朗本土,而且在全世界也享有很高的声誉。恩格斯曾赞赏道:"读放荡不羁的老哈菲兹的音调十分优美的原作,是令人十分快意的。"德国大诗人歌德对其更是崇拜得五体投地:"哈菲兹呵,除非丧失了理智,我才会把自己和你相提并论,你是一艘鼓满风帆劈风斩浪的大船,而我不过是在海浪中上下颠簸的小舟。"他甚至还表示:"我的愿望,乃是做你的信徒中的唯一的信徒。"

波斯文学的最后一位诗圣是贾米,他虽有一定的创造性模仿,其创作称得上集波斯诗歌之大成,却不能挽救衰颓之势。此后的诗人流于雕琢和堆砌,思想贫乏,立意平庸,用语滥俗。波斯诗坛由此走进了"沉默的世纪",亟待新鲜血液的输入,方才有复兴的可能。

中古土耳其诗歌主要指奥斯曼帝国时期的作品,它受到阿拉伯和波斯文化的影响。在诗体、题材、意象等方面都与之有极深的渊源关系,既有歌颂爱情、美酒、狩猎、复仇的抒情诗,也有劝人为善、安天知命的教谕诗,还有咏赞真主的宗教诗。土耳其最早的口头文学作品是神话和史诗,《代代·科尔库特》是一部著名的史诗,其中记载的一些传说,可以追溯到乌古斯人在中亚居住和西迁以后的早期活动,具有较高的民俗和语言的史料价值。最早的书面文学是长篇叙事诗《福乐智慧》,那是一部劝谕性的经典作品。

尤努斯·艾姆莱是13世纪的行吟诗人。据传,他诞生于萨雷乔,担任过神学教师,晚年则在土耳其各地游学,宣传神秘主义世界观。他的哲学观点属于苏菲派泛神论。这一教派认为,整个宇宙是上帝的源泉的溢出,而人的灵魂则被看成是神圣化的东西,它必将最终引导人们抵达神性。苏菲派诗歌的传统主题是通过忍受痛苦,在诗中揭示对上帝之爱和对无上幸福的寻索。诗人在当时对自己的信仰已有所动摇:"我是上帝,上帝就是我。"在一种神秘的冷色调铺叙下,他的"爱之宗教"转向了人:"我在人里面寻找上帝。"他的作品大多描写乡土风情和农民的苦难生活,作者用民间的语言、民间的格律创作诗歌,具有朴素清新的民间文学特点,新奇的比喻在其中随处可见。作为民族诗人,他自觉担当了先知的角色,以激情而富有节奏的语言呼吁各族人民相互团结,平等相处。在土耳其,流传着这样一个传说,某个显贵的毛拉决定毁弃诗人那些充满"叛逆"精神的诗篇,他命令人把一部分扔进了篝火,另一部分抛入湖水,但都不能成功地消灭它们,因为它们早已深入人心,凭借着人民的记忆,口口相传地保存了下来。

艾赫迈德·帕夏是15世纪最著名的诗人,土耳其古典诗歌的奠基人之一。他出生于显贵家庭,本人也曾经担任过宫廷大臣,后因受政敌的排挤和诽谤,被苏丹穆罕默德二世投进监狱。获释后,他被任命为波尔沙的省长。帕夏诗歌的基本激情建立在他对现世生活的肯定上,他赞美爱情的圆满、友谊的纯真、美酒的香醇,讥笑伪善的道德。诗人善于营造诗意的氛围,让情感在张力之中臻达饱和,随即迸发出来。帕夏惯用一唱三叹的手法,在诉述忠诚的心灵的刹那,击打着读者的情感之弦。他的爱情诗情感饱满,富于力度,肯定现实生活,基调明朗。

16世纪最伟大的诗人当数巴基。他出生于伊斯坦布尔,父亲是清真寺的宣礼人。巴基少时曾当过鞍工的学徒,后进入宗教学校学习,毕业后担任教师和民事法官。他擅长写抒情诗,主要作品是《诗集》,被尊称为"土耳其抒情诗之王"。他的作品敢于突破古典诗歌的传统,注意吸收大量的阿拉伯语和波斯语,丰富和发展了本民族的语言,其作品韵律和谐,风格清新,带有一定的夸饰风格。他的诗歌技巧娴熟,语言规范,将当时的宫廷文学的发展推向了一个高峰。巴基的传世作品还有《卡努尼挽歌》,表达了作者对密友卡努尼苏丹逝世的悲悼之情。

17世纪中叶,奥斯曼帝国逐步走向瓦解,土耳其的讽刺诗歌在这一时期得到了发展。纳比的《仁爱集》堪称精粹之作。18世纪的抒情诗人纳吉姆代表着土耳其古典诗歌的终结,他描述爱情与世俗生活,摒除了以前诗歌传统的神秘主义色彩,流露出较浓厚的及时行乐思想,其创作发展了城市罗曼司,闪现的是古典的"帝范体"最后的余光。

近代西亚恰逢社会的转折时期,封建制度逐渐开始解体。西方殖民主义者在18世纪对中近东国家实行侵略,19世纪以后掌握了大多数国家的政治、经济和军事的命脉,使之沦为殖民地、半殖民地。殖民者的入侵,给这些地区的人民带来了巨大的灾难,摧毁了绵延数千年的文化传统。与在屈辱和苦难中挣扎的中近东人民的命运相仿佛,诗歌在经历民族危机的同时,也必须面对自身的危机。古典诗律的拘谨板滞,难以适合正在觉醒的人文主义精神;语言的陈腐,比喻的程式化,限制着诗人们的自由创造。文学内部的变革要求已经产生,加之西方文化伴随着殖民统治的到来而传入,在东西方文化的碰撞下,中亚、西亚的诗歌复兴拥有了某种可能。

在近代中亚诗坛,许多诗人都注重把个性自由的思想与民族解放的目标联系起来,在创作中表现出反对封建道德、揭露剥削压迫、要求民主和向往自由的思想。在艺术倾向方面,以玛赫图拉库利为代表的土库曼斯坦、塔吉克斯坦等国诗人,使用民族诗体,力图在创作中摆脱阿拉伯—波斯诗风;而格鲁吉亚、阿塞拜疆、亚美尼亚等外高加索国家以及哈萨克斯坦等国的诗人,则更多地受到俄国作家的影响。如19世纪格鲁吉亚最杰出的诗人巴拉塔什维里、采烈杰里、亚美尼亚的图曼尼扬、伊萨克扬以及哈萨克斯坦最伟大的诗人库南巴耶夫等,在不同时期表现出与俄国以及西欧文艺思潮的联系。巴拉塔什维里的作品具有同时代俄国作家的浪漫主义色彩,伊萨克扬则与同时代的俄国作家一样,表现出鲜明的现实主义和革命民主主义倾向,认为只有反映"民族的精神、痛苦、欢乐、习俗"的文学,才是真正属于人民的文学。

进入20世纪之后,中亚各国文学更普遍地受到俄罗斯文学的影响,许多杰出的诗人坚持现实主义创作方向,在表现社会主义建设、反抗法西斯战争以及爱国主义等主题方面,以自己的创作丰富了苏维埃文学,成为苏联文学不可缺少的组成部分。

20世纪,西亚诸国的文学家在民族解放运动的此起彼伏之中,逐渐摆脱封闭的形态,积极从西方近现代文学中吸收有益的养分,对本民族文学传统创造性地继承,先后出现了浪漫主义向现代主义的文学转型。许多作家受到弥漫于欧洲的世纪末情绪的影响,在世界文学的主要潮流影响下,他们横向移植法国象征主义的诗学观念,来表现"小亚细亚"的孤独与绝望。民主的思想和悲观的情绪在自由体诗歌中得到了较适切的体现,以阿拉伯本土为中心的文学格局受到极大的冲击。这一时期西亚诗歌的特点是:发展不平衡,自由体逐步取代格律体,主题以反帝、反封建为主,歌颂爱情、自由、人性,东西诗学呈现融合的趋势。

20世纪的西亚诗坛,伊朗和土耳其因其丰厚的艺术积淀,而处于领先地位。在形式和语言方面较多地继承了波斯诗歌的优秀传统的最重要的诗人是巴哈尔,他是民主立宪运动的活跃人物,曾主持出版民主党刊物《新春》。少年时代即能熟练地运用"加宰尔"进行写作,曾获"诗歌之王"的称号,其作品感情炽烈,笔锋犀利,洋溢着爱国主义和人道主义精神。密尔扎和帕尔温也属于这一倾向的中坚人物,他们同情人民的疾苦,在诗中传达同胞们受侮辱、遭迫害的哀愁之情。20世纪20年代,伊朗的自由体新诗派领袖是尤什赫,他主张口语入诗,力图摆脱传统格律的限制,倡导以自由的形式表达个人无限的情感空间。塔瓦拉里是继尤什赫之后伊朗诗坛的后起之秀,他和肖姆鲁、穆什里较多地受到欧洲文化的影响,在现代主义的形式下描写古典的永恒主题。

土耳其诗坛在19世纪末受到法国象征主义诗风影响,以《知识宝库》杂志为据点,主张"为艺术而艺术"的唯美主义,尝试着对土耳其诗歌进行改革,作品大多歌颂自然、爱情和个人的内心体验。"知识宝库"派最重要的代表是泰·菲克雷特。他的早期诗歌多描写风景与爱情,富于浪漫主义抒情色彩;后逐渐转向象征主义风格,力求运用西方的主题和诗体,作品多涉及社会性和国民性问题,对土耳其现代文学的发展有较大影响。20世纪初,最著名的诗人当推艾·哈希姆,他早年旅居法国,在研究法国象征主义诗歌以后改变了自己的写作方向。在他看来,诗歌是介于普通语言和音乐之间的一种语言,应反映人的内心情感,幻想世界要高于现实世界,其喜欢的主题是爱情与自然。他的成名作是《月光之诗》,描绘的自然现象皆出自幻想,与原来的形状和颜色不同,仿佛通过了水的折射一般。与哈希姆差不多同时的还有凯马尔,他也比较注重诗歌的音乐性,在创作中追求融合东方的传统和西方的哲学思想。

1923年,土耳其共和国成立,现代文学趋于繁荣。这一阶段,执诗坛牛耳的是"七火炬派",他们的作品多表现个人在宇宙和社会中的孤独、绝望与痛苦,对20世纪40年代雄踞诗坛的维利、勒法特和安达伊产生很大的影响。而以后者为代表所形成的"怪诞派"对土耳其自由体诗歌的发展作出了很大贡献。

希克梅特是土耳其最具世界性声誉的现代诗人。他出生于萨洛尼卡一个贵族家庭。中学毕业后,进入海军学校学习。1920年,因参加学生运动而被开除。次年,他赴苏联,在莫斯科东方共产主义大学学习。回国后,因政治原因被捕,判处徒刑28年。1950年,身陷囹圄17年之后,经世界和平组织的营救出狱。之后,流亡苏联。1963年,在莫斯科病故。早期,他的创作大多抒发个人的一己情感,创作面较窄,后期转向现实生活,以自由体反映社会生活与政治问题。他的创作深受马雅可夫斯基的影响,关注和平与自由两大主题。他在狱中所写的史诗《我的同胞们的群像》,将诗歌与散文有机地结合起来,塑造了工人、农民、资本家、政客、诗人等各式人物形象,折射了20世纪初至第二次世界大战之间的土耳其社会和政治的风貌。希克梅特的诗歌风格曾引起许多青年诗人的竞相模仿,达拉尼贾、厄尔嘎兹、加基尔也创作了不少社会抒情诗。差不多同时代的达拉尔贾不属于任何流派,是一个派外离心分子,他那些抽象的哲理性作品风格十分独特。20世纪50年代,针对"怪诞派"的简洁与单纯的风格,一批青年诗人发起"第二代新诗"运动,试探着用变幻不定的词汇去建构新的节奏和新的意象,更新美学和哲学观念,写作"抽象诗"和"空洞诗",故意追求晦涩深奥。休列亚是这一运动的代表。

20世纪初,侨居美洲的阿拉伯作家掀起了"旅美派"文学运动,他们在纽约成立文学团体"笔会",并在巴西和阿根廷设置分会。"笔会"倡导"从生活的土壤、阳光、空气中汲取养料的文学",力图"摆脱僵化的状态和传统的束缚",以自由和革新为宗旨,表现个性解放的渴望,描写阿拉伯人在新大陆的追求与奋斗,抒发海外游子的思乡之情。他们对后来的阿拉伯文学的繁荣和发展起了很大的促进作用,引起了国际上的广泛重视。这一流派最重要的人物是黎巴嫩的纪伯伦。他是一位多才多艺的诗人、小说家和画家,生于卜舍里山乡,12岁随母亲来到波士顿,两年后回到祖国,学习阿拉伯文、法文和绘画,后因发表小说《叛逆的灵魂》触怒当局,被逐出黎巴嫩,漂泊于欧美国家,在此期间曾在艺术大师罗丹门下学习雕塑。他的这种经历为诗人日后兼收并蓄东西方文化之长,打下了有利的基础。纪伯伦青年时代以小说为主,定居美国后从事散文诗创作。《先知》是其公认的一部代表作,它以智者临别赠言的形式,论述了爱与美、生与死、理智与激情、婚姻与家庭、善良与邪恶、世俗与宗教等一系列问题。作者以饱含诗意的语言,形象的比喻,娓娓道来,阐述了许多平易中见深义的道理,成为"东方赠送给西方的最好礼物"。与他的散文作品相比,纪伯伦的诗歌在思想内容上要显得更为广阔、更为丰富,诗人超越了对一时一事的愤世嫉俗,转向对人生世事的理性思考。在纪伯伦看来,爱是一种宗教,是生命的原动力。他本人就充满了无限的爱,爱大自然、爱生命、爱人类、爱祖国、爱艺术。诗人借"先知"之口告诉人们,一个人要彻底了解自己的灵魂,了解生活的本质,就必须在圣火中经受考验,进行彻底的奉献。以爱为出发点,用爱的目光去发现美,把发现美作为生活的目标,而去赞颂自然之美、生命之美、心灵之美。进而,他又由爱生恨,揭露和鞭笞一切丑恶的东西,为此,他十分喜爱雷霆万钧、涤荡世间尘垢的暴风雨,将它作为"运动创造生命的诸多因素"来歌颂。无疑,纪伯伦的诗歌闪烁着智性的光辉,而这些光辉又与其神秘主义的冥想有着不解的血缘关系。他认为,所有人都来自宇宙尘埃,宇宙在我们的心灵深处,我们被包容在宇宙之中,人应成为"自己的上帝",而上帝便是"那种淳朴的精神力量",当人接近这种完美时,人性也就升华为"神性"了。那时,罪恶被弃置一旁,人类灵魂中的崇高与善良则可以得到充分的表现。这些观点贯彻到作品中,为他赢得了"阿拉伯世界的布莱克"之荣名。

纪伯伦深受《圣经》、苏菲派诗歌和尼采的影响,他是阿拉伯世界第一个创作散文诗的作家。这些作品文笔轻柔优美,言词凝练舒展,色彩绚丽夺目,"具有东方苏菲精神、由火样燃烧的感情、由《圣经》所启示的奇特想象力"。在散文诗的写作中,他表现了杰出的驾驭语言、驯化语言、选择语言的功力。他的诗作有着强烈的旋律感和节奏感,迷人的语调传导出一种淡淡的哀愁和神秘的气息,创造了"水晶般的奇异风格";同时,它们还具有绘画的色彩感,意象清新,以及启示录式的暗示功能和极强的感染力。特殊的艺术魅力形成了一个旋涡的中心,将读者无可抗拒地卷入其中。迄今,它们已被译成50多种文字在各国流传,为阿拉伯诗歌跻身世界文学之林作出了重大贡献。

20世纪50年代以后,西亚诗坛最值得注意的诗人是以色列的阿米亥、伊拉克的白雅帖和叙利亚的阿杜尼斯。耶·阿米亥是出生于德国乌尔茨堡的犹太人,后随父母迁居巴勒斯坦地区。第二次世界大战期间,他曾在英国军队中服役。战后,进入希伯来大学学习。毕业后,阿米亥曾在中学教授希伯来文学和《圣经》,又应美国加州大学之邀为访问诗人。他的写作关注时间与历史,带有一定的玄学特征,善于运用反讽、悖论手段,以及奇崛的意象,来加大诗歌的张力,在冷静、理性的文字中传达生存的艰难与严酷,同时又不失高贵的抒情性。在中国读者的阅读视野中,白雅帖最初是作为革命诗人或现实主义诗人被介绍进来的,强调他"运用诗歌的现代形式表现革命的内容"的特点。其实,白雅帖早期的写作属于浪漫主义的范畴,后期则转向了存在主义,他的诗集《不死的话》、《火与话》和《生活中的死亡》等,以短小的篇幅表达了对人生的真切体验,对苏菲神秘主义进行了颇富现代意味的阐述。阿杜尼斯毕业于叙利亚大学文学院,1956年入黎巴嫩籍,早年参与创建黎巴嫩作家协会,曾担任贝鲁特大学教授、综合性文学杂志《立场》和文艺周报《白昼报》的主编。他在阿拉伯诗坛最早自觉地打破传统的格律体束缚,倡导自由诗的写作,其先锋性实验始终贯穿着传统的苏菲神秘主义与现实的人道主义精神,作品的节奏自然、文字质朴,但又不乏新鲜的意象。近年,阿杜尼斯的国际性影响日益彰显,多次获得诺贝尔文学奖的提名。不过,我想,对于已届耄耋之年的诗人而言,恐怕已不太会在乎这一类近乎游戏的评选活动了。是啊,什么样世俗的荣誉能高过诗神本身对他的眷顾呢?

邪恶披着一袭悲伤的长袍[1]

"哥特"(Goth)一词最早可以追溯到公元前6世纪。当时,古日耳曼民族居住于北欧的斯堪的纳维亚半岛,它的一个重要分支就是哥特部落。哥特部落的族人骁勇善战,自认是战神的后裔。公元410年,哥特人攻占了罗马城,在城里连续烧杀劫掠了三日,使灿烂的罗马文明毁于一旦。以此为标志,欧洲进入了所谓"黑暗时代"的中世纪。哥特人一直保持着游牧民族的特点,尚武轻文,基本没有留下关于本民族的文字记载,这也给后人留下了"野蛮"、"残暴"、"落后"和"愚昧"的印象。

12世纪中叶,巴黎北郊的圣丹尼修道院院长苏热尔主持了大教堂的重建工作。他提出了"光、高、数"的理念。"光"象征着上帝对人的光照、引领和爱;"高"要体现人们期望灵魂摆脱尘世的罪孽、向往天国的升腾愿望;"数"则代表了中世纪经院神学对理性主义精神的推崇。在这一思想的指导下,建筑师提出了向高处延伸、增大窗户的设计构思,建成了世界上第一座石砌的冲天大厦。

不过,向来以古希腊罗马文明继承者自居的意大利人却对这种建筑不以为然,将其贬称为"哥特式(意大利语Gothico,法语Gothique,英语Gothic)的作品",认为那是"野蛮"、"未开化"、"缺乏教养"与"黑暗"的象征。此后,这个称谓就被沿用了下来,特指一种建筑和艺术的风格,后来则用于与之相关的文化。实际上,哥特式建筑或艺术与哥特人并无直接的联系。

哥特式教堂刻意突出建筑的高度,优先考虑垂直线和水平线,通常建有一个高而尖的拱门或拱顶,仿佛一束燃烧的火焰直冲云霄,因而享有"燃烧的哥特式"之名。哥特式艺术的另一个重要特征,就是十分强调建筑的装饰性,整个建筑的内部如同被雕刻出来一样。另外,哥特建筑对彩色玻璃的使用形成了一种半透明性,目的并不是使光线黯淡,而是让建筑变得多彩。它们在阳光的照射下,自然形成了朦胧而又绚烂的效果,含蓄地表达了对"阳

---

[1] 本文为《丽姬娅——世界哥特小说选》(中国华侨出版社2008年版)的序言,原题为《西方哥特小论漫谈》。

光的渴望"。

这样,哥特艺术在法国有了最初的尝试,随即扩展到整个欧洲。如前所述,哥特式艺术在文艺复兴时期被看成中世纪"黑暗"的象征遭到了否定性评价,在16世纪开始走向衰落。直到18世纪末19世纪初,由于人们对浪漫主义的认识,中世纪的文化和艺术被重新评估,这种艺术风格才拥有了再度复兴的可能。事实上,从欧洲艺术史的发展来看,相对罗马式艺术而言,它是一个可喜的进步和发展。可以说,没有哥特式艺术,就没有后来的文艺复兴,尽管后者是作为哥特艺术的对立面而发展起来的。

18世纪中叶,一位名叫贺拉斯·沃尔浦尔(1717~1797)的英国贵族反感于理性主义的时风,迷恋中世纪的文化,喜爱旅行和收藏,对哥特式建筑和民间故事十分感兴趣,甚至还将自己的别墅改造成哥特式的风格,取名为"草莓山庄"。1764年,他发表了一部小说《奥特朗托城堡》,作品以意大利南部一座城堡为背景,讲述了一个因果报应的故事。这部小说甫经问世便引起了极大的反响,著名的批评家威廉·沃伯顿认为:"书中精彩的想象力借助判断力使作者升华了主题,完全达到了古典悲剧的目的,即通过怜悯和恐惧净化了感情。"在小说的第二版,作者添加了副标题"一则哥特式故事"(A Gothic Story),从此开了哥特小说的先河。

《奥特朗托城堡》的成功引来了不少追随者和模仿之作。根据有关文史专家统计,自1764年至1820年,英国总共出版了约5000部哥特式小说。其中著名的有威廉·贝克福德(1759~1844)的《瓦塞克》,安娜·拉德克利芙(1764~1823)的《乌多尔甫的奥秘》、《意大利人》和马修·刘易斯(1775~1818)的《修道士》等。贝克福德是一名著名的收藏家,仿效沃尔浦尔,他也为自己建造了一座哥特式建筑——丰特希尔修道院。他的写作进一步发展了哥特小说的幻想性层面,并把它与东方情调糅合到一起,借鉴了欧洲历史上的浮士德原型,描写一位东方国家的哈利发为追求知识与权力而成为魔鬼的门徒,醉心于各种残暴与放纵的行为,最终却为自己带来了无尽的痛苦。拉德克利芙注意把"恐怖"故事同感伤主义情调和美丽的风景相结合,以安详、宁静的风格吸引了大量的读者。这种形式使她的创作与18世纪人们对大自然的歆羡与倾心勾连了起来,被司各特称为"第一个富有诗意的小说家"。她的创作发展了哥特小说的一个倾向:感伤型哥特小说。刘易斯则沿循贝克福德所发展的另一极——恐怖型哥特小说传统,对人物内心的矛盾心理刻画与对恐怖场景的描述均有独到之处,具有很好的审美效果。另外,这部小说所具有的准色情意味,对当时的公众伦理和美学原则也提出了很大挑战。

哥特小说在流传中很快便越出了英国本土,对法国和德国也产生了影响。在法国小说史上,普罗斯佩·梅里美(1803～1870)以善于创作富于异国情调的浪漫小说著称,《高龙巴》、《卡门》、《伊尔的美神》都是享誉世界的名作。他的短篇小说代表作之一《吕克莱斯夫人街》以罗马为背景,讲述了一个阴谋与爱情的故事,全篇笼罩在一种神秘、诡异的气氛中,渲染了放纵的激情所引发的毁灭性危险。

在19世纪初叶的德国浪漫主义文学中,恩斯特·霍夫曼(1776～1822)是唯一获得了世界性声誉的作家。他的小说致力于表现生活中的"黑暗"层面,语言具有强烈的"灵异"特色,常在怪诞中流露出少许的机智和幽默。笔下的人物经常被一股幽灵式的力量所控制,在无奈中走向悲剧的深渊。《克雷斯佩尔顾问》跟他本人曾经的音乐活动大有关联,小说描写的是一个艺术天才被扼杀的故事。作者以浪漫、夸张的语言为我们叙述了一个行为乖张、反常的怪人克雷斯佩尔与恋人安冬妮,在离奇的故事背后,刻画了一颗高贵、善良的灵魂。

哥特小说的兴起也推动和丰富了英国历史小说的发展,最著名的例子便是瓦尔特·司各特(1771～1832)的创作。他创作的长篇小说展现了历史的恢宏场面,刻画了形形色色的历史人物,重现了苏格兰和英格兰人民关于英雄及其功勋的集体记忆,因而使司各特跻身于最伟大的欧洲小说家行列。短篇小说《挂绣帷的房间》可算"小试牛刀"之作,它描述了英格兰一位名叫布朗的将军在挂有绣帷的卧室备受鬼魂骚扰的故事。不过,恰恰在这个短篇小说中,司各特矫正了其长篇小说因篇幅问题而容易出现的拖沓与不够严谨的弊端。

1818年,玛丽·雪莱(1791～1851)出版了《弗兰肯斯坦》,叙述了一个人造生命——活跳尸的故事。科学家弗兰肯斯坦在实验的过程中,利用不同的尸体拼凑了一个机械的怪物。怪物具有人的智慧和力量,但外貌丑陋不堪,这使他内心那些美好的愿望和追求不仅得不到满足,还经常受到周围人的歧视和嘲笑,从而滋生了畸形的人格、心理。不久,怪物就开始向弗兰肯斯坦等人进行报复,最终与它的创造者同归于尽。作者聚合了哥特小说的多种元素,探讨了科技文明高度发展后的伦理问题,成为世界上第一部真正的科幻小说。该书是哥特小说艺术的一个集大成者,也是该类小说至今仍拥有广泛读者群的最著名的作品。成熟往往意味着衰落的开始,《弗兰肯斯坦》的出版其实也标志着哥特小说"古典"时期的结束(事实上,简·奥斯丁的遗作《诺桑觉寺》也在同年正式发表,这部小说一方面对时代青年的爱情给予了关注,另一方面则通过戏仿对哥特式小说进行了强烈的抨击)。

哥特小说在内部的发展中逐渐形成了一些大体固定的模式和叙事元素。总体而言,它们带有所谓"黑色浪漫主义"的特点,怪诞、反常、非理性,故事不可思议、令人惊恐不安,大多弥漫着阴郁、恐怖的气息和莫名的激情,某种不祥的预兆或诅咒贯穿整个小说,不时地作出暗示以威胁和破坏人间的正义与和谐的社会秩序。小说的背景一般为遥远的古代,中世纪是常见的年代选择(有的尽管没有中世纪的背景,但情节荒诞、离奇、恐怖、惊险)。在这类小说中频繁出现的情节是:神秘的失踪,阴谋,暗杀,家族诅咒,苦恋,乱伦,弑父等;小说的场景多为城堡、教堂、废墟或乡村墓地,其内部包括:可以滑动的嵌板,隐蔽的通道,密室,阁楼,地牢……小说的主人公则经常体现为正义和邪恶的极端典型:鬼怪,疯子,修士,医生,恶棍式英雄,冷酷的美女等等,即便在一些单纯、天真的人物身上也不乏特殊的危险性,有的还携有畸形、变态的心理疾患。

上述艺术特征的理论依据出自 18 世纪英国的"崇高"美学,该派的代表人物伯克(1729~1797)认为,恐怖是一种"最强烈的情欲"。在人们的生活中,艺术形象和现实危险同样令人产生恐怖的感受,但它们的恐怖"调质"并不一样。后者只能产生痛感,而前者却在痛感中夹杂了快感,因为,"如果处在某种距离以外,或是受到了某些缓和,危险和苦痛也可以变成愉快的"。

从心理学角度而言,哥特小说使用的实际上是一种"示范脱敏"法,亦即对恐惧刺激加以想象,逐渐地增强对它的容忍度和免疫性。例如,儿童第一次听恐怖故事的时候会滋生恐惧感,但这种恐惧感可以通过故事的不断重现而淡化,他们会逐渐克服恐惧,进而抑制它。当恐惧感变得可控制时,愉悦感也就油然而生。

毋庸置疑,哥特小说在数百年间的嬗递、流变中始终保持着特殊的魅力,作者们神奇、诡秘的想象力不时磨砺着读者日益钝化的感受力,而对非物质的事物肯定则应和了人们在精神上的追求,吻合了对"生活在别处"的向往。从文学史上考察,哥特小说极大地影响了英国的浪漫主义诗歌和历史小说。这一点,我们在其后的英国文学史乃至世界文学史中随处可以看到它那或明或暗的痕迹。即以勃朗特姐妹为例,《简爱》里的罗切斯特庄园,男主人公恶棍式的粗野、蛮横,旷野上的感应与呼唤,阁楼里的疯女人,神秘的大火;《呼啸山庄》里的中世纪特征,画眉田庄的对比,极端的激情,超自然力的存在,复仇的阴谋等等。另外,像狄更斯的小说《荒凉山庄》、《远大前程》、《雾都孤儿》、《双城记》都在不同程度上烙有哥特式的印记。

1880年到20世纪初,可以称为哥特小说的"复兴"时期。这一时期的代表作首推英国的布拉姆·斯托克(1847~1912)创作的《德库拉》(1897),它被奉为西方吸血鬼故事的经典之作。小说《德库拉》讲述年轻的律师乔纳森·哈克受雇与德库拉伯爵洽谈一桩房地产买卖。进入古堡以后,他发现了一个可怕的秘密——德库拉伯爵原来是一具千年吸血鬼!于是,他和自己的朋友便开始一次又一次的殊死搏斗。最初,德库拉占据着上风,还吸干了哈克女友米娜的朋友露西的鲜血。但最后哈克终于逆转了先前的颓势,在米娜、范赫尔辛博士等人的帮助下,战胜了这个吸血鬼伯爵。《德库拉》的出版为斯托克赢得了很大的声誉,当时便有评论家将它与艾米莉·勃朗特的《呼啸山庄》相提并论。小说被后世改编成戏剧与电影得以广泛流传,其中最著名的是1992年科波拉拍摄的同名电影(中文亦译作《惊情四百年》),此片成为电影史上里程碑式的作品。选入本书的《法官的宅邸》也是斯托克的短篇名作之一。

蒙塔古·詹姆斯(1862~1936)是一位著名的语言学家、中世纪历史学者和《圣经》学者,先后担任过剑桥大学的国王学院及伊顿公学院院长。然而,他的声誉主要建立在哥特式灵异小说的写作上。凭借自己精通欧洲语言和中古历史的优势,詹姆斯以考古学式的精密,逼真地复原了众多远古的精灵鬼怪的画像。《阿尔伯瑞克修士的交通簿》和《马格纳斯伯爵》等小说的出现,以令人发指的自然主义描写让哥特式小说踏上了一个新的台阶。詹姆斯的风格影响了后来许多灵异小说家的创作,他本人被称为"最伟大的超现实主义小说家"而受到推崇与模仿。

美国小说在19世纪末的崛起恰好与哥特小说在英国和欧洲各地区的广泛传播相吻合,这使美国小说家先天就感染了哥特式的叙事特征。美国南方特殊的地理风貌和强大的奴隶制基础为哥特小说提供了肥沃的生长土壤。因此,哥特小说随着美国南方文学的繁荣发展了起来。

华盛顿·欧文(1783~1859)享有"美国文学之父"的美誉。他出生于纽约,是一个富商的幼子。少年时代曾在律师事务所研习法律,但他对文学更感兴趣,关注市井的奇闻轶事和穷乡僻壤的风土人情。早年以《纽约外史》和《见闻札记》赢得名声,得到了司各特和拜伦的赞赏。其后,欧文在短篇小说领域更是展示了杰出的才华,在优雅的文笔中流露了温和的幽默,其清新的浪漫主义气息为怪诞小说添加了另一道风景。代表作《睡谷》(即《无头骑士》)是《见闻札记》中的名篇,作者描绘了一个桃花源式的世界——睡谷,可是,这里却发生了一桩连环谋杀案。当地居民都相信那是一个骑着黑马的无头骑士的作为。年轻的警官克莱恩奉命调查此事,他并不相信小镇居民的传言,决意揭露其中的真相。最后,克莱恩发现了传言居然属实,便以一颗善良与纯洁的灵魂破解了无头骑士的咒语,把这名冤魂送回地狱,为自己的爱情赢得了一个大团圆的结局。《鬼新郎》则写一个已死的新郎寻找未婚妻的故事,情节荒诞却不乏浪漫的气息,以此反衬了爱情的力量,也堪称他短篇中的佳作。

美国小说的另一位开山人物纳撒尼尔·霍桑(1804~1864)深受新英格兰的清教主义传统的影响,他一生都在这个传统的规范和戒律中摇摆。著名的《红字》袒露的便是缠绕作者一生的思想矛盾,作品以监狱与玫瑰花拉开序幕,结尾以墓地绾结全篇,极富象征的深义。他的短篇小说注重象征、比喻、寓意和意象,因之也留下了"晦涩难懂"的弊端,其中的不少作品也颇具哥特式写作特征,着力于摹写人的"心理传奇",发掘那些的近乎绝望的痛苦。《爱丽丝·多恩恳求》涉及了乱伦、弑父、凶杀、爱情等多重主题,表达了作者对伦理、个人、社会、心理、历史的深刻思考。《裹寿衣的老小姐》在浪漫的底色上渲染了死亡的神秘与可怖,在写作技巧上为后人留下很多值得借鉴之处。《埃莉诺小姐的斗篷》重申了《圣经》中"骄矜"的原罪,小说中的主人公宣称:"我用骄傲把自己包裹起来,就像使用一顶斗篷。"结果,她带来了可怕的瘟疫,本人也成为这场灾难的牺牲品。

作为诗人,爱伦·坡(1809~1849)是一个先知式的天才,生前贫困潦倒,最后在幻觉和酒醉中默默离开人世。他的名作《乌鸦》以沙哑的嗓音喊出了"永不再"(nevermore)的预言,从而拔除了浪漫主义夜莺的最后一根羽毛,宣告了现代主义时代的来临。坡的短篇小说为美国文学开辟了两个新的领域:恐怖小说和推理小说。前者体现的便是我们在这里谈及的哥特式风格,作品的主人公常常具有"自我毁灭"的倾向,有时也让厄运殃及亲人,给爱与死的古老主题增添新的注解。坡自认《丽姬娅》是他创作中的上品,小说在丽姬娅复活的瞬间戛然而止,让美与恐怖同时停留在读者的阅读体验里。《厄榭府的崩塌》曾被列为世界最优秀的短篇小说之一,它也是一则幽灵重生的故事,全篇情节紧凑,没有任何多余的枝蔓,始终以悚然的气氛紧扣读者的心弦,最后,以大厦的轰然坍塌完成了叙事者心祭的仪式。

20世纪以降,哥特小说的重镇由欧洲转移到了美洲,尤其在美国的"南方文学"中大放异彩。

使安布罗斯·比尔斯(1842~1914)闻名遐迩的是奇书《魔鬼辞典》。在这本手册中,作者对世间一切事物极尽揶揄、谐谑之能事,语言的智慧在幽默、讽刺的文笔中淋漓酣畅地体现了出来。他的短篇小说《空中骑士》和《墙那边的三次叩问》情节怪诞、笔调冷静,其对死亡和恐怖主题的处理极富世纪末色彩。

威廉·福克纳(1897~1962)是美国"南方文学"的重要代表,由于"对当代美国小说艺术作出了杰出的贡献",在1949年获得诺贝尔文学奖。《纪念艾米莉的一朵玫瑰》是其短篇代表作。小说开头便是艾米莉小姐在一幢19世纪风格的木屋里死去。她在世时"始终是一个传统的化身,是义务的象征,也是人们关注的对象",她的死就像"一个纪念碑倒下了",于是,全镇人都去送葬。由此,伴随着尸臭与花香,一个神秘女人的生命之谜依次展开……福克纳以精美的小说语言作为祭献的"玫瑰",为没落的美国南方贵族献上了一曲挽歌,同时也渲染了人类最深刻、最隐秘的孤独。

弗兰奈莉·奥康纳(1925~1964)是第二次世界大战后美国最重要的女作家之一。她也十分推崇哥特小说,针对人们为何热衷于在小说中展示和表现恐怖、阴郁的事物,她曾经作出这样的回应:"对于耳背的人,你要大声疾呼;对于视力不清的人,你不得不画出大而惊人的人物。"她的短篇小说《河》隐约弥漫着某种亦正亦邪的气息,把神秘的宗教情感与悲苦的现实联系在一起,力图寻找"时间、地域和永恒"的"汇合点",在此基础上构筑了一个荒诞的隐喻世界,昭示了人性荒漠中那些扭曲的灵魂。

光荣与遗憾[1]

诺贝尔文学奖是由瑞典文学院下属的诺贝尔文学奖评选委员会进行评比和遴选的一项文学大奖,每年颁发一次,以表彰该年度为世界文学的发展作出突出贡献的优秀作家。自1901年在斯德哥尔摩颁发了第一次诺贝尔文学奖以后,迄今已有来自世界五大洲的近百名作家获得过这一殊荣(其间曾因两次世界大战的影响,而有七年未授奖)。在全世界名目繁多的文学奖项中,该奖项由于遴选制度的严格,奖金数额的巨大(约100万美元),涉及地区的广泛,已经确立了相当的权威性,在某种意义上,成了一个世界性的文学事件。如今,诺贝尔文学奖已有百年的历史,我们恰好也已站在了一个新千年纪的门槛上,这种时间上的巧合仿佛在冥冥中作出暗示,我们应该对这一举世瞩目的文学评奖事件进行自己的评估和鉴定。

一　一份独特的遗嘱

1896年12月10日,瑞典著名的"炸药大王"和"石油大王"诺贝尔在意大利圣雷莫的别墅逝世。或许是出自切身的体验之故,诺贝尔在生前认为,过多的遗产未必是一件好事,它们带来的副作用可能会对人类的发展形成障碍。因此,一个人应该只将少部分财产付与亲属或与自己有关的人,至于子女,除了必要的教育费用以外,另外再留给他们多余的遗产,是错误的,它所造成的后果只不过是奖励懒惰,磨蚀他们的进取心。于是,他在留下一份数额巨大的遗产的同时,也留下了一份独特的遗嘱。

根据他的遗嘱,除少部分遗产由亲友们继承以外,遗嘱执行人应将其余可转变为现金的财产买进安全的债券,"将所得的资本设置一种基金,其利息以奖金的形式,每年分发给那些在前一年里曾赋予人类最大利益的人。上述利息分成相等的五份,其分配方法如下:一份给予在物理学领域内作出最重要发现或发明的人;一份给予作出最重要的化学发现或改进的人;一份

---

[1]　原文副题为《百年诺贝尔文学奖评述》。

给予在生理学或医学领域内作出最重要发现的人;一份给予在文学方面创作出具有理想主义倾向的最杰出作品的人;最后一份给予曾经为促进国家之间友好,为废除或裁减常备军,以及为举行和促进和平会议尽到最大努力和作出最大贡献的人。……我明确希望,在颁奖时不必考虑获奖候选人的国籍,不管他是否为斯堪的纳维亚人,谁最符合条件谁就应该获得奖金"。这份遗嘱体现了一个纯粹意义上的发明家的明智和良心,它使遗产的意义远远超越了金钱的囿限。在其后的一百年,诺贝尔奖金便成为各国科学家、文学家、社会活动家从事本行工作所能得到的最高荣誉和鼓励,它对人类的精神发展起到了一定的积极作用。

二 诺贝尔基金会与文学奖评选程序

1900年6月29日,经瑞典国王批准,诺贝尔基金会正式宣布成立,与此同时,颁布了《诺贝尔基金会章程》,对遗嘱中规定的条款进行了解释,制定了可供实际操作的细则。其中,如对"文学"一词,解释为"不仅包括纯文学,而且包括在形式和风格上具有文学价值的其他文学作品",从而使文学奖扩展到了整个人文学科的范畴;而对"前一年里曾赋予人类最大利益"的规定,则从实践的角度解释为"应该为遗嘱中所提及的学科领域内最近的成就,和那些最近才显露出重要价值的较早的工作进行授奖"。为了使奖金能真正起到鼓励人们的创造活动的作用,诺贝尔奖不考虑已经去世者,无论其多么杰出。不过,倘若在结果已经出来,但获奖者在尚未接受奖金之前去世,则仍然予以颁发。

就文学奖而言,按照诺贝尔委员会的规定,有权推荐获奖者的人员分别是:1. 瑞典文学院的成员,以及与该院等级相同的人文科学院、研究所和学会的成员;2. 在各高等院校任职的文学史或语言学教授;3. 诺贝尔文学奖获得者;4. 能代表本国文学活动水平的作家协会主席。推荐材料应在每年的1月31日前送达诺贝尔委员会。一般来说,评奖委员会每年都会收到400~500份这样的推荐提名。此后,由委员会下属的研究所对所推荐的材料进行调查研究,初选出100份左右,在经过详尽的分析和慎重的筛选以后,评奖委员会成员在4~6月之间向瑞典文学院提交5至7名获奖候选人名单。然后,再由颁奖机构对各位候选人及其成果进行评议,撰写评选报告;9月份采用秘密投票方式决定评选结果;10月中旬公布评选结果(最迟可以顺延到11月15日)。评选结果一旦公之于众,即便有所失误也不再更改。诺贝尔文学奖的授奖仪式安排在当年的12月10日,亦即诺贝尔逝世纪念日举行。瑞典国王不仅每次都会参加隆重的授奖仪式,并且要亲自为获奖者颁发奖金。在每届授奖仪式上,获奖者将得到的奖励是:一张写有获奖评语的奖状,一枚刻有诺贝尔头像的金质奖章,一张用以兑付奖金的支票。在此期间,获奖者应就自己的工作发表一次演说,其内容将收入诺贝尔基金会每年出版的诺贝尔年鉴。

三 文学奖的标准:主题与变奏

20世纪的文学史证明,已有不少具有世界性影响的作家进入了诺贝尔文学奖获得者的行列。但是,正如任何一种奖项都无法做到绝对的公正和恰如其分一样,评选委员会也遗漏了不少堪称世界一流的作家,而将评选的标准和尺度倾斜给了某些相对比较平庸的作家。显然,这其中有许多原因在起作用,涉及审美趣味、文化传统、政治、道德、时代、语言等各种问题。从100年来诺贝尔文学奖的评选结果来看,它在指导原则、道德标准和审美趣味等方面,存在着一个大致的标准——奖励"赋予人类最大利益"者,亦即在文学领域中创造出最杰出作品的作家。不过,在实际操作中,这一标准又是随着时代的变迁,不断地在修正,不断地在调整,力求趋近诺贝尔设立该奖时所确定的目标。

(一)"保守主义者"的"理想":诺贝尔终生对文学抱有浓烈的兴趣,本人也写下了不少诗歌、小说和剧本,他非常推崇浪漫主义文学,尤其喜爱雪莱的诗歌,熟悉这位诗人的作品几乎达到了如数家珍的程度。无疑,雪莱歌颂云雀、呼唤西风的理想主义色彩深刻地影响了诺贝尔对文学的看法。故此,他在遗嘱中留下了关于"具有理想主义倾向的"的要求和"最杰出的作品"的理解,这也对诺贝尔评奖委员会给出了一个最基本的标准。正是凭借着对这个标准的理解,委员会对世界范围内的优秀作家进行了严格的筛选。

但是,在最初的10年中,以沃尔森为代表的瑞典文学院希望自己成为"一个具有文学理智和保守主义的桥头堡"。由于他们保守的道德趣味和审美习惯,对"理想主义"狭隘的理解,剔除了相当一批举世公认的伟大作家,致使第一次颁奖成了诺贝尔文学奖历史上最具争议、最为人所诟病的事件。它根据的原则是"高尚和纯洁的理想",要求获奖者"不仅在表现手法上,而且在思想和生活观上真正具有高尚的道德"。这里,道德的标准明显凌驾于文学的高度之上,留给人的印象是,"在这个时期的文学方面的诺贝尔奖首先不是文学奖"。保守的理想主义和古典主义的美学原则(有人甚至认为,它是以19世纪人们的价值观来要求20世纪的文学家),使得他们在第一年度否决了左拉,在第二年度否决了托尔斯泰:前者被认为他的创作中"没有灵魂,往往是粗鲁的冷漠";后者被否定的理由是他表现了"宿命论的特征","夸大机遇而贬低个人主动精神的意义",近期创作"有可怕的自然主义描写"和"带有消极的禁欲主义"成分。

上述原则一直沿用到1910年,评奖委员在撰写关于哈代的评议报告时,再次出现了相似的评语:"刻薄的宿命论"和"很少对上帝怀有尊敬"。或许是处于摸索阶段的缘故,诺贝尔评奖委员会在最初10年的表现并非尽如人意,他们所作出的某些决定,有时甚至与诺贝尔生前的言行相背离。事实上,诺贝尔本人就是一个无政府主义者和宗教的怀疑论者,并且,恰恰在这一点上,他与托尔斯泰和哈代之间存在着深刻的共鸣。

(二)"中立"政策下无奈的"平庸":20世纪二三十年代,获奖者较多地集中在北欧和一些较小民族的国家,两次世界大战使得诺贝尔文学奖评选委员会在文学评选中也不由自主地奉行了一种"中立国"的政策。据说,在充满国际仇恨的年代,为了尽量避免给国际冲突火上加油,评奖委员会曾经考虑过给交战国双方平分诺贝尔文学奖的做法,尽管这种想法最终未能实现。这个阶段,他们将诺贝尔遗嘱中的和平意愿理解为"首先要防止采取任何支持或反对的民族主义立场",鉴于当时极少数的作家能够超然于民族和国家利益之上,文学的桂冠自然就落到了某些政治立场中立、其创作成就相对比较平庸的一批作家身上。根据评奖委员会事后所做的调查,在整个获奖者名单中,被认为不合格的作家以这一时期为最多。

同时,评奖委员会在美学趣味上,则由前阶段的"保守",转向了"大众"的立场,开始偏爱"简单性"和"通俗性",希望奖励能够"一目了然"地读懂的作品,这使他们拒绝了瓦雷里、霍夫曼斯塔尔、克洛岱尔、维多夫罗、普鲁斯特、乔伊斯等"孤高"、"晦涩"、"朦胧"的现代主义诗人和作家。他们声称"为了普通人"的目的,就是要把整个现代派诗歌和以此为目标的一小部分人拒诸门外。因为,"像瓦雷里这样一种特别有意晦涩的作品出现在诺贝尔奖的广大公众面前将会造成意外的局面,小部分倡导者当然除外"。

(三)文学"先锋"与道德观的"宽容":第二次世界大战以后,各国文学进入了一个新的探索时期,文艺思潮此起彼伏,艺术上的创新者璀璨如群星。这一阶段,诺贝尔评奖委员会采取了相应的调整措施,开始注意敢于大胆创新的作家。1948年,在给艾略特的评奖理由中,出现了这样的措辞:"表彰他作为开拓者在当今诗歌领域里作出的卓越贡献",它标志着评奖委员会也进入了"开拓"的时代。在评奖程序中,关注探索性和现代主义的传统。1950

年,在弥补上年空缺的意图上,评奖委员会再次把荣誉授予了一位伟大的文学实验者——福克纳,奖励他"对现代美国小说在艺术方面做出的相当独特的贡献",授奖词中的"独特"一词,所指示的便是作家那"永不停歇的革新",以及由此获得的"高超的小说技巧"和"纯熟的语言知识"。沿循这一原则,在其后的岁月里,黑塞、纪德、帕斯捷尔纳克、聂鲁达、佩斯、米沃什各自显示出的先锋派特征,得到了广泛的承认。

1969年,在对贝克特的评选过程中,再次显露了评奖委员会对艺术创新的鼓励,同时在道德原则上显示出前所未有的宽容。这位具有黑色幽默特点的剧作家,倘若放在20世纪的前十年,恐怕根本不会进入考虑的人选。然而,评奖委员基耶洛夫在报告中却认为,黑色的观点同样蕴藏着"内在的净化和充满生命的力量","它包含着一种仁爱,这种仁爱在丑恶的东西中陷得越深,被人理解得也就越深,它包含着一种必须使痛苦达到终极的绝望,以便发现,同情是没有极限的"。这里,形式对内容的创生作用得到了充分的理解,它代表了评奖委员会对"化腐朽为神奇"的文学手段的认可。在随后的调查中显示,这一阶段的获奖者所包括的20世纪的文学大师最多。

(四)风险投资与发掘"潜质":20世纪70年代以后,诺贝尔文学奖评选委员会发现,无论他们如何努力,都无法使奖金的授予囊括文学领域里最优秀的作家。因为,作家和研究人员的质量实际上根本不能定量分析。"在没有统一标准的情况下,无法评出最优秀的——只是优秀的",要满足诺贝尔在遗嘱中"最杰出的"的初衷越来越困难。这样,他们就发展出了一套"实用主义"的遴选原则,诺贝尔文学奖不再是一种荣誉,而是一种投资和赌注,他们对诺贝尔的遗愿再度进行了诠释,认为"捐赠人的愿望是把奖金授予处于一生中富有创造性阶段的人,以便他的活动得以继续并受益于奖金"。于是,诺贝尔文学奖的颁发目的被再度强调为向前看,支持探索,鼓励创造,落实到实践中则是,评奖的着眼点在于奖励一部新作而非对某个作家终生进行盖棺定论。

显然,比较之下,评奖委员会的这种转向是富于建设性意义的:它可以帮助那些具有创新精神,但缺乏创新所必需的物质支撑的作家继续从事创新的工作,可以让一部分相当有潜质,但长期被忽视的文学趋向受到重视和支持。确实,对于那些已经建立了"世界声誉"的作家而言,诺贝尔文学奖的奖金除了能够增加他的遗产以外,没有其他的用途。因此,与其这么做,还不如用这笔钱作为投资,"资助那些为生计而苦斗因此使抱负受阻的梦幻者",而"借助这项令人瞩目的奖金广泛介绍那些重要但没人充分注意的作品,无疑是一种较为理智的使用奖金的办法"。自然,这包含了很大的风险,它不能保证获奖者最终肯定能够进入世界一流大师的行列。但是,比起那种没有任何创造的平庸的失误来说,由此而出现的失误或许是一种更有价值的失误。

四 全球性的僭妄

迄今为止,诺贝尔文学奖的获奖作家总共有96位,他们在各个国家中的分布是:

法国12 美国10 英国8 德国8 瑞典6 意大利6
西班牙5 苏联4 爱尔兰4 挪威3 波兰3 丹麦3
瑞士2 希腊2 智利2 日本2 芬兰1 冰岛1
比利时1 南斯拉夫1 以色列1 印度1 澳大利亚1 危地马拉1
哥伦比亚1 捷克1 尼日利亚1 埃及1 墨西哥1 南非1
圣卢西亚1 葡萄牙1

他们的洲际分布则是:

欧洲72 北美10 南美6 亚洲4 非洲3 澳洲1

相当长一段时间,诺贝尔文学奖一直局限在欧洲范围内,这显然有违诺贝尔设立该奖的初衷。当他在遗嘱中强调,奖金应授予创作出最杰出的作品,而不必考虑其国籍,不论其是否斯堪的纳维亚人时,便透露了该奖的世界性意图。但是,这一意图由于评选机构的局限而未能得到充分的贯彻。瑞典是一个靠近极圈的国家,它偏远的地理位置和单薄的文学传统,使得诺贝尔文学奖评选委员会在完成这一任务时存在着致命的缺陷。因此,它不能不借助那些文化强国,尤其是欧美国家(如法、英、美、德、西班牙等)的影响,来弥补自己在艺术触角和文学视阈上的不足。这样,它所依据的美学标准、伦理原则也基本是按照那些文化强国所给出的传统和习惯作出评判的。这种推荐和评选的价值取向明显有利于欧美作家以及深受其影响的其他地区的作家。这一点,在推荐材料使用的语言上,也得到了充分的证明:它要求用瑞典语、英语、法语、德语和拉丁语写成。这样,作家所属的文化圈和语种在评选过程中便是一个相当重要的因素。

只要稍做考察,我们便可以发现,在全部获奖作家中,纯粹使用非欧洲语言写作者仅有如下4人:马哈福兹用阿拉伯语写作,阿格农用希伯来语写作,川端康成和大江健三郎用日语写作。其余作家都是用法语、英语、德语、西班牙语、斯拉夫语、波兰语等主要欧洲语言从事写作的。据说,1913年授予泰戈尔文学奖,其主要原因也是与获奖者得到英国皇家文学学会一名会员的推荐,而非来自印度方面有关。了解这一点以后,我们便不能不联想到泰戈尔的英国留学生身份和他的诗歌的英译本在传播过程中的优势。

从欧洲中心论的角度出发,有的评奖委员甚至怀疑:"那些地区(指亚、非国家)至今到底有多少可取的东西?"他们武断地得出这样的结论,那里的文学还没有达到在自己特定范围以外有真正意义的发达水平(包括艺术、心理和语言)。有的评奖委员甚至公然宣称:"诺贝尔奖现在仍然是一种西方的奖,自然不可能以西方的角度以外的评价颁发",希望"那些遥远地区的文学能够赶上大步在前的西方文学,以便能够完全加入全球性文化大军的行列"。文化霸权的嘴脸真可谓昭然若揭,且不论在文学领域内是否确实存在西方"大步在前",东方必须一溜小跑地跟上的状态,即从他以"西方"标准来衡量一切文学来说,便透露了诺贝尔文学奖在实现"全球性"的意图上的"僭妄"。

五 光荣与遗憾

最后,对于一项延续了百年的文学大奖,我们可以作出这样一个初步的评估,那就是:光荣与遗憾并存,公正与偏见互现。从总体上看,这项文学奖对促进世界文学的发展而言,应该说是起到了积极的作用,奖励了不少在文学领域内作出了突出贡献的诗人和作家。同时,一批批获奖的作品被汇集到诺贝尔这面旗帜下,奠定了一个文学的基本高度,它们为后来者,尤其是一批在途中的作家们,提供了某种参照系和某个可以努力的目标。但是,也必须看到,该奖项在20世纪曾经遗漏了不少堪称大师级的作家,这自然给作家们造成了极大的遗憾,可更大的遗憾是诺贝尔文学奖本身,它丧失了无数次证明自己权威性和公正性的机会。所幸的是,我们看到,几乎所有成熟的作家,都没有被文学奖的标准所左右,得奖也罢,不得也罢,并不因此改变自己的选择,只是一如既往地按照自己认定的道路在跋涉,从而推动文学本身的发展。

"绝对自由"的僭妄[1]

萨特是法国存在主义乃至整个存在主义哲学最著名的代表,他是以"自由的捍卫者"的姿态出现在世人面前的。存在主义之所以被某些思想家命名为"自由哲学",无疑与萨特为张扬"自由"这一概念所作的努力分不开。也可以说,"自由"是萨特毕生关注的一个问题。萨特在其皇皇巨著《存在与虚无》中所推导出的人的价值选择、责任、谋划、行动、烦恼、孤独、绝望、自欺等一系列的概念和原则,都是围绕着人的自由这一中心建立起来的。

有鉴于此,我们拟就萨特的自由观作一粗浅的论述与分析,以期从中寻找出它的合理因素及其与马克思主义理论的分歧所在,实现"取其精华,去其糟粕"的拿来主义主张。

一

在论述萨特的自由观之前,有必要先探讨一下萨特对人的本质的看法。我们知道,"存在先于本质"是得到所有存在主义者首肯的一个著名论点。萨特自不例外,他在《存在主义是一种人道主义》这一长篇论文中对它的全部含义作了这样的解释:"所谓'存在先于本质'是什么意思?这话的意思就是说,首先人存在、露面、出场,而后才说明自身……世间并无人类本性,因为世间并无设定人类本性的上帝。人,不仅就是他自己所设想的人,而且还只是他投入存在以后,自己所志愿变成的人。人,不外是由自己造成的东西,这就是存在主义的第一原理。"萨特为了进一步阐述他关于人的本质的看法,又说:"人首先是一种把自己推向将来的存在物,并且意识到自己把自己想象成未来的存在。人在开端就是一张有自觉性的设计图,而不是一片青苔,一块垃圾或……一朵花,没有什么东西存在于这张设计图之前……人,只是循人的计划而成的东西。"[2]

上述萨特的观点向我们表明,人的存在先于人的本质,生活中的每个人

---

[1] 原文副题为《萨特的自由本体论伦理学述评》。
[2] 萨特:《存在主义是一种人道主义》,上海译文出版社1988年版,第11页。

首先作为一个单独的"自我"存在着,在自己的存在过程中将目光永远投向未来,永远不满足现有的东西,不断地渴望和探索新的东西,在对现实的否定中选择自己的本质。这种永不间断的选择唯有面临生命的终结时才会停止,盖棺定论,人才有可能获得非他莫属的本质。我们从萨特对人的个体由不断的"虚无化"过程中得出的所谓本质来考察,可以发现,在萨特的心目中,人不是作为现实性而存在的,他永远是作为可能性而存在的。所谓人的本质,说白了,不过是没有本质而已。萨特据此强调,人最初不过是一种纯粹的主观性存在,它的本质的确立是与整个社会、自然,甚至与人与人之间的相互关系以及社会实践都毫不相干的。

由上面的论述中可以看出,这里,萨特存在着一个很大的失误,就是把人的存在与其本质人为地割裂了开来。这一做法所引起的消极性恰好把对18世纪的机械唯物主义乃至以前的唯心主义的批判所具有的积极性两相抵消。萨特曾正确地指出,以往的哲学,无论是有神论,还是无神论,其最大的失误就是设定了一个"本质先于存在"的命题,并且将之普泛化,从而将人这一自为的存在贬损到物(自在的存在)的地位,因之使其丧失了人的尊严。应该说这一指责是成立的。以往的哲学确实存在着从先天的、抽象的人的概念出发来解释人,从而抹杀了人的主观能动性,使之永远摆脱不了宿命论的阴影这一严重错误。

然而,萨特在解决这一哲学难题时却从一个极端走到了另一个极端:"存在先于本质"在另一个方面宣告了其理论依然存在着将本质与存在这两个概念进行人为割裂的明显缺陷。与他的批判对象殊途同归的是,萨特在此依然是站在人的存在之外去谈论人的本质的。事实上,本质与存在两个哲学概念根本不可能在空间上或时间上被割裂开来。在茫茫宇宙之中并没有一种叫本质的哲学实体,除非真的能如宗教信徒所认为的那样,有一个全知全能的上帝存在(无神论者的萨特对此是截然否定的)。本质必须与存在共时地存在,它们并没有时间和空间的顺序,正如不能从本质中分泌出存在一样,也不能由存在中流溢出一个叫本质的东西。需要指出的是,萨特在人的本质这一问题上所产生的迷误将直接动摇其自由本体论的伦理学体系的建构,关于这一点将在评述其自由观时论及。

马克思主义认为,人的存在与其本质是不可分割地联系在一起的。事物的存在与本质、现象与本质是对立的统一体,人的存在和人的本质也是一个对立的统一体。同样,人与自然界、社会也是密不可分地联系在一起的。从根本上说,人是自然界的产物,也就是说,他是作为自然的一部分出现的。

然而,从自然历史的发展来说,人与社会是共时地产生的,哪怕是处于原始状态中的人,也不可能脱离与之相适应的集团性和公共性的社会。这就是说,人总是社会的人,人总是生活在与一定的生产力发展水平相伴随的生产关系之中,这是别无选择,不以人们的主观意志为转移的。"不管个人在主观上怎样超脱各种关系,他在社会意义上总是这些关系的产物"[1]。这就是说,每个人都是他所处的时代的产儿,都是生产关系、阶级关系、民族关系、家庭关系、政治关系、宗教关系、法律关系以及其他各种关系的体现者。据此马克思在《关于费尔巴哈的提纲》中提出了一个著名的论断:"人的本质并不是单个人所固有的抽象物。在其现实性上,它是一切社会关系的总和。"[2]

二

我们在扫描式地评述了萨特关于人的本质所作出的解释之后,再来看一下萨特的自由观伦理学。

什么是自由呢?萨特从他的"存在先于本质"这一命题出发,推出了"自由就是人的存在的本体论"这一论断。我们从前面的论述已经得知,萨特认为"人的存在先于人的本质",这论点之所以成立,就在于"人注定是自由的","我们被判定了自由这一徒刑"。[3]

萨特认为,人的自由先于本质并使之成为可能,人的本质寓于他的自由之中,我们所说的自由是不能同"人的现实"的存在相区别的,人并不是首先存在着以便后来成为自由的,在他的存在和他是自由的两者之间并没有什么区别。他在此强调了人是绝对的自由。萨特告诉人们,人的存在本身就是自由,自由是一种超乎任何本质、任何动机的一种主体存在。因此,对自由的理解,不可能诉诸人的观念认识,而必须从人的存在的主体论这一角度加以理解。同时,人的存在又是一种自为的存在,这种存在的自为性又隐含着行动的特性,也就是说,自由只能放入人的存在与行动中去理解方能洞悉自由的基本意义。这样,我们就被告知,萨特的自由概念必须被放在行动中进行考察。

首先,我们来看自由与行动的关系。萨特指出:"对人的实在性的初步观察告诉我们:对于人的实在性存在,我们可以把它归结为行动……实在性

---

[1] 马克思《资本论》第一卷,人民出版社1975年版,第12页。
[2] 《马克思恩格斯选集》第1卷,人民出版社1995年版,第56页。
[3] 萨特:《存在与虚无》,陈宣良等译,生活·读书·新知三联书店1987年版,第565页。

不是先存在,而后行动,……而是存在即行动;停止行动,就是停止存在。"〔1〕在萨特看来,正是行动本身才维护着人的存在,使他能与世界保持一种最基本的关系,从而不断否定过去,超越现在,以获取个人的意志自由这一人的本质。

萨特又认为,行动并不是盲目的行动,它具有意向性。行动,意味着要去改造世界的面貌,使用各种手段和方法去创造出一个结果。他在《存在与虚无》中举例说明:一个抽烟者由于不慎掉落烟蒂而引燃了炸药库,这一事件不能说抽烟者行动了,因为它并不是通过意向性的原则实现的。然而,一个工人服从命令去炸采石场,引起了一场预定的爆炸,这就可以被称之为行动了,因为其中有意向性。萨特据此证明,这种行动的意向性,是人的自由特征的一个标志。它说明,人的自由行动,不仅具有自由的发生前提,而且还具备独特的意向性,也即行动者的自由自觉性。

接下来,萨特又在行动具有意向性的基础上,进一步肯定行动拥有目的性:"因为意向是一种目的的选择,因为世界通过我的行动而显露,它是对显露世界的目的的意向性选择,而这个世界已被选择的目的显露为这样或那样(或在这样或那样的秩序中显露)。目的照亮着这个世界,它是一种将被获得的状态,而不是正存在着的状态。"〔2〕萨特在此将人的行动和目的看成世界存在意义的根本所在,实际上是希冀通过人的行动的目的性,来说明主体的至上的地位,从而进一步高扬人的主体性地位。

萨特又进一步指出,人的行动是选择的行动,人的自由之所以为自由,实际上在于人的选择永远是自由的。自由并不是某种给定物或某种属性,它只能在自我选择中存在。这样,所谓自由的行动就是选择的行动,"我们有选择的自由,但是我们的自由却不是选择而来的",正是在选择的行动中,自由获得了它的意义。自由选择是人的在世的选择,人为了生存就要不断地更新,必须不断地进行自我选择。人的一生就是一个不断地选择的计划,人一旦被抛入尘世就不得不进行自由选择,不断地向着未来的道路自己造就自己,从而不断创造着自己的本质。在萨特看来,主体的这种选择是绝对的,由此他推导出自由本体论的又一原则:自由选择的绝对性原则。萨特又指出:由于主体的绝对自主性,他所做的自由选择也可能与其存在本身一样,具有某种荒谬性;人的存在没有根基,没有依凭,也无法证明。正是这种

---

〔1〕 萨特:《存在与虚无》,陈宣良等译,生活·读书·新知三联书店1987年版,第560页。
〔2〕 萨特:《存在与虚无》,陈宣良等译,生活·读书·新知三联书店1987年版,第562页。

存在的荒谬性,决定了人具有的主体性的绝对自由和选择的无条件性。如同人的存在毫无根据一样,人的选择也没有事实性的根据,人的这种无根据的、不能不选择的选择,正是其选择的荒谬性所在:一方面它是人的绝对自由的证明,另一方面又判定了人的自由存在的宿命。在此,萨特显然是在为20世纪以来欧洲的非理性主义思潮张本。

萨特从对自由、行动、选择这几个概念的循环论证中,逐步建立了他关于人是绝对自由的这一自由本体论的伦理学说。他在给自由下定义时曾说过:"所谓自由,就是这样一种人的存在,它在分泌自己的虚无时使自己的过去失去作用。"[1]自由在这里明显包含有虚无化和否定的因素。在萨特心目中,世界并不存在必然性,充斥的只是偶然性,难以理解的荒谬性和非理性。在1952年的《答加缪书》中他写道:"自由是不能被限制的,因为它没有轮子。它既无爪子,也无领可放嚼环,由于它决定了自身的行动,它的限制在于这种行动的性质之中。"[2]

毋庸讳言,从萨特对主体的绝对自由之强调来说,其所建立的伦理学必然缺乏一种准绳,故而被有些论者称之为一种"模棱两可的伦理学"。萨特在《存在与虚无》中也这样说过,"人是一种无用的热情"[3]。因此一个人独自酗酒也好,当国际领袖也好,到头来都是一样。在萨特看来,自由是不具有任何客观内容的、无意识的本能冲动。正是前述的这种无用的激情推动人们去行动,一切人的存在都不过是这样一种激情。统一的人类价值是没有的,人本身就是一个道德主体,它并不囿限于所谓的善与恶的伦理概念、公正与否的行为。这意味着,人在价值面前是自由的,选择与不选择都取决于人当下的冲动。

看来,萨特本人并不讳言他的伦理学的模棱两可性。在《存在主义是一种人道主义》一文中,他举了这样一个例子。据说,德军占领巴黎期间,有一名过去的学生来探望萨特,希望从老师那里求得一个道德问题的答案。这位青年的兄长在对德战争中牺牲了,父亲则当了德国人的走狗,母亲一直为长子的死亡和丈夫的失节而心境不安。这样他就成了母亲唯一的安慰。可是,这位青年出于爱国主义的热情,有意逃出沦陷区,去参加自由法国军队,而这样做,他就不得不抛弃自己的母亲;倘若他为了侍奉母亲,不至于令她

---

[1] 萨特:《存在与虚无》,陈宣良等译,生活·读书·新知三联书店1987年版,第65页。
[2] 参见柳鸣九编《萨特研究》,中国社会科学出版社1981年版,第50页。
[3] 萨特:《存在与虚无》,陈宣良等译,生活·读书·新知三联书店1987年版,第785页。

绝望，为她消愁解闷的话，他就不得不放弃报效祖国的愿望。"一边是同情的道德、个人忠诚的道德；另一边是范围较广、而妥当性比较可疑的道德"。这位青年必须在两者之间作出选择。有什么东西能帮助他选择呢？

萨特认为，事实上在这种场景下是没有任何人可以对他的选择提出建议的。据此，萨特作出了这样一个回答："你是自由的，那就自由创新吧。"这句话的意思是，你不能决定，我也不能决定，你要怎样决定就怎样决定，你爱怎么选择就怎么选择，反正你是"自由"的。或者，你也可以不作任何选择，因为"不选择就是选定不选择的一种选择"。

由此，我们也可以看到萨特论述自由的观点的脆弱性。他的学生希望摆脱困境，在进退两难的境地作出必要的选择，却被自己的老师以一种耍滑头的态度愚弄了。他不仅没有消除人生烦恼加在身上的羁绊，反而又被蒙上"自由创新"这一美丽炫目的光圈而变得更加不知所措。不自由也就是自由，不选择也就是选择，存在主义者萨特在对自由进行大肆张扬之后，又不得不回到他自己不自觉地挖掘的那个陷阱，所谓的对人的主体性地位的高扬也由于其不能自圆其说而沦于虚幻。

马克思主义认为，人的意志自由既不是先验的、与生俱来的，也并非固定不变的，它是随着社会的进步与发展而发展的。社会越是进步，为人类的意志自由所开拓的前景也就越是广阔和美妙。因为，从人的本质来看，人是社会的人，一个人自生至死的行动，甚至他的孤独与寂寞都与社会有着密切的联系。这一点，英国作家笛福都早已意识到，他在其传世之作《鲁滨孙漂流记》中，为孤岛上的鲁滨孙找了一个"星期五"与之相伴。这就是说，自由必须受到客观社会的制约，个人不可能是纯粹意义上的个人存在，他作出的决定和选择必须受社会限制，他在行使其自由时必须受到客观规律的制约，并不存在臆想的随意性。

当然，我们承认必然性的存在，并不排除人的主观能动性，也绝不排除人的自由。马克思主义认为，在客观条件所限定的范围内，人可以，而且也应该充分发挥人的主观能动作用，在斗争中争取自由，这种自由就是对必然性的认识和利用。这里需要声明的是，马克思主义在对客观必然性的承认上与机械唯物主义存在着极大的分歧。机械唯物主义虽然也承认客观必然性，但他们却否定了人的行动方式的自由选择，人的意志的自由表现的可能性。因此，他们的理论具有宿命论的因素，其中确实存在着将人贬低为动物的危险。马克思在《关于费尔巴哈的提纲》中对机械唯物主义做了这样的批评，认为："从前的一切唯物主义——包括费尔巴哈的唯物主义——的主要缺点是:对事物、现实、感性,只是从**客体**的或者**直观**的形式去理解,而不是把它们当作**人的感性活动**,当作**实践**去理解,不是从主观方面去理解。所以,结果竟然是这样,和唯物主义相反,唯心主义却发展了**能动**的方面。"[1]

三

由于萨特的伦理学说坚持意志的绝对自由,并带有很强的个人主义色彩,这样,表现在行动上就带有很强的无政府主义色彩。1968年5月,法国巴黎爆发了以左派大学生为主体的自发的学生运动,他们反对政府,反对现时的教育制度。学生们抨击资本主义的种种弊端,呼吁自身的解放和独立。后来,工人也参加到斗争行列中去了。学潮震撼了整个法国社会,沉重地打击了法国政府,导致戴高乐提前离开总统职位。这次运动不仅在法国,而且在西欧各国都产生了巨大的影响。萨特高度评价了"五月风暴"的历史意义。然而,他的肯定只是基于对他自己理论的证明上,将它看成是个人的存在主义的自我实现。他在接受记者的采访时说道:"如果人们重读我的全部著作,他们将会明白我在骨子里并没有改变,我始终是无政府主义者。""我从来没有接受过人家对我行使任何权力,我始终认为无政府主义,即一种没有权力的社会,是应该得到实现的。"萨特坚持不在任何情况下与官方合作的态度,其最引人注目的一次行动,便是拒绝领取1962年授予的诺贝尔文学奖奖金。

萨特特别强调自由的无条件性、无根据性与荒谬性,这使人们感到对萨特那种"自由"的斗争难以把握。他的斗争矛头时而对准资本家,时而对准共产党;一会儿揭露资本主义,一会儿又抨击社会主义。显然,在萨特看来,革命是必要的,然而革命的目标是无所谓的。这样,他的所谓革命,多半只是强调了革命所包含的破坏作用,而忽略了其更重要的建设意义。否定被当成了目的本身,而不是解决正面问题的手段。在此,"自由出于什么"的问题变得似乎高于"自由为了什么"的问题。这一点,具体反映在他的文学作品中。比如剧本《死无葬身之地》,剧中描写了五个游击队员由于领导指挥失误而被捕,在被关押期间,他们面对法西斯的严刑拷打和威逼利诱,拒不招供,甚至为了避免泄密还掐死了一个可能由于经不住恐惧的折磨而招供的十五岁的小游击队员。显然,他们的行为称得上是英勇顽强、宁死不屈的英雄主义。然而,他们的这种英雄主义行为,在萨特的笔下,并没有很明确

---

[1]《马克思恩格斯选集》第1卷,人民出版社1995年版,第55页。

的目的。据剧中人自己宣称,支持他们的只不过是一股"傲气",甚至认为法西斯折磨他们也仅仅是为了打击他们的"傲气"。

萨特的这种没有明确目的,盲目追求所谓的自由,表现在行动中,往往会把造反、破坏、制造废墟当成快乐的自由,非常容易导致"左"的倾向。对此,萨特也承认:"如果战后有过一个极左派运动,我马上就会加入的。"萨特的这一观点对前面我们提及的"五月风暴"中的左翼知识分子和青年学生的影响很大,也导致运动出现了不少偏差,蒙受一些不必要的损失。

萨特的自由观有着鲜明的个人主义特征。尽管他一再宣称,他是从总体来把握个人的,但他的总体性,不过是对个体的存在和行为的一种暂时性和多重存在结构的存在主义理解,其基本点依然落在"个人"身上。

萨特认为,人作为绝对的自由存在,本身是超出动机的,重要的不是去追究支配人们行为的原因,这是没有意义的事情,因为人本身就意味着绝对自由,其行为之中并不含有超出自由的某种动机。所以,探究个人自由存在和行为价值实现的社会途径和具体条件才是最重要的问题。因此,萨特的伦理学,并不是一般所谓的利己主义;它表现在追求自由的行动中,必然导致每个人的自由与其他人的自由的冲突。在自我与他人、个人和集体的关系中,它就表现为对他人和集体的彻底拒斥的自由。萨特有一句名言:"他人就是地狱。"这句话一语道出了他在追求个人的自由时,排斥和干涉别人自由的看法。

萨特在《存在和虚无》中反复述说:"从我存在的时候起,我就在事实上对'别人'的自由设定了界限,我就是这个界限。""对别人自由的尊重乃是一句空话。而且即使我们能够对别人的自由投以尊重,我们对别人所采取的每一个态度,也会是对于我们想加以尊重的这种自由的一种侵犯。""每个人仅仅在反对他人的时候,才是绝对自由的。"显而易见,萨特在此将个体的自由视为某种不言而喻的先决前提,它超越人的社会存在条件,游离于人类社会历史发展的客观必然性规律之外,成了一种绝对、至高无上的行动现象。这必然引出他的所谓自由不得不由于泛滥成灾,最后导致贬值的后果。其原本所期待的将人作为"自由的、自我创造、自我超越的主体"的愿望,也被迫宣告破产。

这一点,我们在萨特有关囚犯的论述中可以看出。他认为,一个囚犯永远拥有选择离开监狱的自由:尽管他没有摆脱监狱的自由,他也是自由的。不管在什么条件下,他都可以设计自己的行动,或者是越狱,或者向敌人投降,他永远有选择行动的自由。萨特在这里所说的实际上仅仅是一种精神反应的自由,自由被限制在主观意识的领域内。不言自明,自由在此实际上只是一个美丽的虚构。因犯尽管拥有想象中的自由,但其事实上的枷锁依然存在。这种一厢情愿的看法,足可以看出萨特的自由即人的自由选择,或人的选择的自主性的虚妄性和自欺性,其毁损人的意志之功效与鸦片和大麻也几无二致。

马克思主义并不一概笼统地反对"主观性",而只是反对那种主观万能,主观决定一切的唯心主义说教。人的主观性是跟人的意识相联系的。而人的意识是作为"被意识到了的存在",作为对存在的反映与关联而存在于人的头脑之中。所以,人的主观性决不是超验的、纯主观的东西,更不是从虚无中产生的主观随意性。马克思主义经典作家认为,历史的必然性是通过人而起作用的,历史是由人创造的,但人们的行为是受客观条件制约的。自由是对必然的认识。恩格斯指出:"意志自由只是借助于对事物的认识来作出决定的那种能力。因此,人对一定问题的判断愈是自由,这个判断的必然性就愈大;而犹豫不决是以不知为基础的,它看来好像是在许多不同的和相互矛盾的可能的决定中任意选择,但恰好证明它的不自由,证明它被正好应该由它支配的对象所支配。"[1]自由并不意味着不存在制约人的行为,首先是调整人们在社会基础和社会经济中的关系的客观因素,不应该把自由理解为人摆脱历史的客观必然性和他所生存的现实世界的因果关系,也不应该理解为人自发地产生出他对世界的认识、他的理解和目的,而应该把自由理解为人按照这些理解和目的行动的可能性和能力的程度。

四

人在他同整个社会的关系中不只是一种手段,而且与其说是手段,不如说是一种目的。社会生活的意义在于创造人类生活的新颖的和独特的形式,而不在于简单地再现自己的存在条件。人生的意义在于他的生命体现,个人的创造力的旺盛是真正的集体主义的重要条件。集体的内在统一只有当它与组成这个集体的个人的发展联系在一起时,才能产生并巩固。但是,个人创造的丰富多彩只是证明它的独特性和价值,并不表明它的非社会性。单个人的活动,只有在社会中才是可能的,如果不与其他人交往,这种活动是不可思议的。"只有在集体中,个人才能获得全面发展其本能的手段,也

---

[1] 恩格斯:《反杜林论》。载《马克思恩格斯全集》第三卷,第112页。

就是说，只有在集体中才可能有个人的自由。"[1]

总而言之，假如自由指的是个人的绝对任性，个人的行为不受约束，那么自由的概念就是毫无意义的。这样的自由排除了人的具体感性存在的决定性，换句话说，就是排除了人唯有在其中才能生存的那些现实条件，所谓的自由也就因现实条件的被排除而不再存在。匈牙利马克思主义者卢卡契对萨特的批评堪称一针见血："萨特关于自由概念的假设，夺去了自由本身的全部意义。"

---

[1]《马克思恩格斯选集》第1卷，人民出版社1995年版，第82页。

随笔

"白银时代"：谁是命名者

"白银时代"一名最早见之于古希腊人赫西俄德的教谕诗《工作与时日》，他把古代人类的文明史划分为"黄金时代"、"白银时代"、"青铜时代"、"英雄时代"、"黑铁时代"。以后，历史学家便不断借用这些概念，以指称各个时期、各个国家文化发展的繁荣与衰落。20世纪80年代中后期，我国的外国文学工作者开始涉猎19世纪末20世纪初的俄罗斯文学。为了概念的简明和行文的方便，中国学者引进了"俄罗斯'白银时代'"这一命名。此后，它便不断地重现在我们的各种文学选集、专著和论文中。1998年，云南人民出版社、学林出版社、作家出版社、中国文联出版公司先后出版了四套以"白银时代"为名的丛书，在读书界掀起了一股"白银时代"热潮。但是，在"究竟谁是这一概念的首倡者和命名者"的问题上，国内不少译著和专著不是语焉不详，便是从各种俄罗斯"白银时代"文选的序言和引文中得出结论，从而在可信度上大打折扣。

1998年9月，笔者利用在圣彼得堡做访问学者的机会，带着这一疑问，走访和请教了当地一些专事"白银时代"文学研究的专家和学者。出乎我意料的是，原本以为在俄罗斯境内轻易就能解决的这一问题，却由于"转益多师"的缘故，获得了数个迥然不同的答案；而且，这些答案往往因为出自转述而无法证实，问题不能得到真正的解决。其中有人认定是著名的人格主义哲学家别尔嘉耶夫，并言之凿凿地告诉我，它首次出现于别氏的哲学自传《自我认知》中。事有凑巧的是，笔者此前曾翻译过《自我认知》一书，该书对19世纪末20世纪初的俄罗斯精神文化活动有非常精辟的概括和论述，但在概念和术语上，自始至终都没有出现过"白银时代"一词，在行文上与之对应多次出现的一个概念则是"精神文化复兴"。也有人认定是侨民作家和艺术评论家谢·马科夫斯基，为此，笔者专门去彼得堡国立图书馆翻检了马科夫斯基的著作，找到1962年在慕尼黑出版的《在"白银时代"的帕纳斯山上》。这是一本带有回忆录性质的文集，作者在书中以见证人的身份叙述了以《阿波罗》杂志为核心的一些代表人物的生平与创作，其中包括弗·索洛维约夫、斯鲁切夫茨基、吉皮乌斯、安年斯基、勃洛克、古米廖夫等,作者的文笔生动,视点独到,常常能在寥寥数笔中为叙述对象勾勒出一幅栩栩如生的肖像素描,是研究"白银时代"文学,尤其是"白银时代"诗歌的极有参考价值的历史文献。但是,马科夫斯基在该书中也没有为"白银时代"的命名问题作出详细的交代,只是在前言中根据传闻注明是别尔嘉耶夫提出,相呼应于普希金的"黄金时代"。也有人传说是阿赫玛托娃的儿子列夫·古米廖夫,据说,有一次,阿赫玛托娃家中来了几位诗歌界朋友,大家在一起朗诵诗歌,谈论当代文学的现状,它与俄罗斯古典文学的关系,等等。小列夫在似懂非懂地聆听了大人们发表的各种高深的话题后,突然说了一句:"你们如此向往普希金的时代,把它称之为俄罗斯文学的黄金时代,那么,你们就是白银时代了?"此语一出,当时就引得在场众人的一致首肯,事后"白银时代"的说法就慢慢地流传开来了。不过,这一传闻缺乏任何可考证的材料,无法据其作为信史。在请教了多位专家而没有得到令人信服的答案后,我感到,这一问题就像伏卧在彼得堡各个风景点的众多司芬克斯雕像一般,由于赝品太多,很难寻找出其中的真迹。

有道是"山穷水尽"、"柳暗花明",正在我陷入失望,决意不再为它伤神费心时,到书商加琳娜家的一次拜访却为我解答了长久郁结在心头的疑问。11月的某个下午,我去她家中拿取以前预订的别尔嘉耶夫的《自由精神的哲学》、《论人的使命》二书。在翻检她的存书时,有一本随意抛掷在书架底层的平装书引起了我的注意。它是1994年由圣彼得堡逻各斯出版社出版的"俄罗斯境外文学"丛书的一种,书名为《时间的海洋》,作者奥佐普。奥佐普是后期阿克梅派的重要诗人、批评家,古米廖夫的同志和追随者,1894年10月23日出生于皇村。对此诗人非常看重,曾不无得意地说过:"皇村实际上是一座缪斯之城,普希金和安年斯基的城市,对于一名未来的诗人来说,这难道不是一个理想的出生地吗?"1913年至1914年,奥佐普留学于巴黎大学,听过柏格森关于时间是"绵延之流"的讲课。十月革命后,曾参加过高尔基领导的世界文学出版社。1921年,出版诗集《冰雹》。1922年侨居国外,先在柏林,后迁居巴黎。1926年,出版诗集《在烟雾中》。1930年创办文学杂志《数》并担任主编,该杂志不仅内容丰富,而且装帧精美、用纸考究,团结了一大批流亡在国外的诗人和作家,在俄罗斯侨民界享有很好的声誉。1958年12月28日,他在巴黎逝世。《时间的海洋》是奥佐普的作品选集,收录了一部分抒情诗、一部数千行的自传体长诗《诗体日记》和一组关于同时代人的回忆录文章,其中有一篇题为《俄罗斯诗歌的"白银时代"》的文章。

正是从这篇文章的注释中,我知悉,早在1933年,奥佐普便提出了"白银时代"的概念。该书第609页对这篇文章作了这样一个注释:"该文的结论部分曾以《白银时代》为名发表在杂志《数》的第7、8期合刊上,针对别尔嘉耶夫在《自我认知》(1949年,巴黎)中所称的20世纪初俄罗斯精神文化复兴,出现了一个并行的术语'白银时代'。奥佐普在1958年11月19日给诗人、批评家尤·伊瓦斯克的信中写道:'顺便提一下,您能否写信告诉我,别尔嘉耶夫在何时何地将我们的时代称之为"白银时代"。我觉得,我拥有命名这个术语的版权。'(原件存美国耶鲁大学珍本书籍和手稿图书馆)……"正是这一意外发现,驱使我毫不犹豫买下了这部厚约600页的书,让奥佐普和别尔嘉耶夫同时进入了我的图书收藏行列。

至此,根据所掌握的资料,我们大致可以清理出"白银时代"这一概念由首创到流行的整个线索:它于1933年首次在奥佐普的文章《白银时代》中出现,作者在文章中以"白银时代"作隐喻,指出勃洛克、别雷、古米廖夫、阿赫玛托娃的创作实践是俄罗斯诗歌的又一高峰,堪与普希金、莱蒙托夫、丘特切夫为代表的"黄金时代"相媲美;20世纪40年代,阿赫玛托娃在长诗《没有主人公的叙事诗》中重现了世纪初彼得堡知识分子的精神探索,并以"白银的月亮在白银时代的上空灿烂地凝固"的意象,预言了20世纪近乎毁灭性的灾难,使"白银时代"由概念进入到了形象传播的层面;1962年,马科夫斯基在《在"白银时代"的帕纳斯山上》再度使用这一概念,由于其叙述对象与别尔嘉耶夫所指称的"精神文化复兴"阶段基本吻合,便逐渐为文学史家所接受并引入研究术语中;1987年,七卷本的《俄罗斯文学史》把"白银时代"列为单独一卷出版,编者之一乔治·尼瓦甚至发表了这样的看法:"从今天的观点来看,俄罗斯文学的'白银时代'似乎是俄罗斯文学的'黄金时代'。"1989年,艾特肯德在第12期《星》杂志上发表了《"白银时代"的整合》一文,从诗歌、散文、音乐和绘画等诸方面论述了"白银时代"的成就,指出新世纪的主人公是面对永恒、死亡、宇宙和上帝的孤独的个人,各种艺术或多或少都包含了宗教与哲学的因素。该文在俄罗斯学术界引起了很大反响,赞同者有之,反对者有之,争论各方纷纷撰文发表自己的意见,从而把发端于"白银时代"的诗歌研究真正引向了更深入、更广阔的文化研究范畴。

白银的月亮照耀着白银的时代

俄罗斯文学的"白银时代",其时间涵括一般是指19世纪90年代至20世纪20年代。这一命名,最早见之于后期阿克梅派诗人奥佐普发表于俄侨杂志《数》1933年第7~8期合刊上的文章《白银时代》(该文后来收入诗文集《时间的海洋》一书,题作《俄罗斯诗歌的白银时代》)。在这篇文章中,作者以"白银时代"作隐喻,指出勃洛克、古米廖夫、阿赫玛托娃的创作实践是俄罗斯诗歌的又一高峰,堪与普希金、莱蒙托夫、丘特切夫为代表的"黄金时代"诗歌相媲美。20世纪40年代,阿赫玛托娃在长诗《没有主人公的叙事诗》中重现了世纪之交彼得堡知识分子的精神探索,并以"白银的月亮在白银时代的上空灿烂地凝固"的意象,预言了20世纪人类近乎毁灭性的灾难,从而使"白银时代"由概念进入到了形象传播的层面。1962年,马科夫斯基在《"白银时代"的帕纳斯山上》一书中再度使用这一概念,由于其叙述对象与别尔嘉耶夫所指称的"精神文化复兴"阶段基本吻合,便逐渐为文学史家所接受并引入研究术语中。1987年,由多国学者编撰的七卷本《俄罗斯文学史》将"白银时代"列为单独一卷出版,这可以被认为是国际学术界对它的普遍认可和接受的标志。

20世纪80年代中后期,中国的外国文学工作者开始涉猎19世纪末20世纪初的俄罗斯文学作品,出于概念的简明和行文的方便,他们引进了"俄罗斯'白银时代'"这一命名。此后,它不断地重现在我们的各种文学选集、专著和论文中。1998年,云南人民出版社、学林出版社、中国文联出版公司、作家出版社先后出版了四套以"白银时代"为名的丛书,在读书界掀起了一股不小的"白银时代"热潮。最近,花城出版社又推出了由著名的俄罗斯诗歌翻译家顾蕴璞先生主编的《俄罗斯白银时代诗选》,表明我国对这个阶段俄罗斯文学的翻译和介绍不仅是方兴未艾,并且已经由"面"转向了"点",开始向纵深的方向发展了。一段文学的历史或一种文学现象,之所以能引起人们持久的关注,必定有其特殊的魅力。那么,白银时代诗歌究竟有一些什么特征,或者说,它究竟有哪些独到之处,迄今还吸引着我们呢?

笔者以为,首先必须提及的是"白银时代"诗歌的精神性。或许是这个民族承受了太多的苦难之故,俄罗斯人无法满足于现实,因而永远向往另一种生活,渴盼另一个世界。他们已经习惯于在贫穷的物质背景下,构筑自己丰富的精神世界,这注定了它的文学从来都不能仅仅局限于纯艺术的领域内,诗人和作家的探索总是自觉或不自觉地越出自身的范畴,由诗歌转向哲学或宗教。在这样的艺术世界里,美并非一个孤立的理念,而是和真、善密不可分地联结在一起的存在。因此,对于"白银时代"的诗人来说,诗歌不是终极的目标,它只是他们寻求真理、守护良知的路标。其中相当一部分诗人,甚至会对两性之间的爱情作出形而上的解释,竭力淡化其色欲成分,把它看成是人与上帝之间的某种契约。在他们看来,诗歌是一种祈祷,"对韵律、对说话的音乐、对内心颤栗体现为正确的语言的声色变幻——永远和祈祷的、宗教的、另一个世界的意向,和人的心灵的最神秘的、最深刻的核心联系着,所有真正是诗人的人的所有的诗——都是祈祷"。这一点让人不能不想起古希伯来诗歌中的"雅歌"传统。在社会的大变革时期,"白银时代"的诗人们似乎再一次充当了先知和祭司的角色,他们的这种艺术认识和实践,从一个侧面加深了其作品的精神底蕴。

这里,我们谈及"白银时代"诗人的精神膜拜特征,并不意味着可以忽略他们的形式探索。固然,"白银时代"的诗人们从来不会躲进"象牙塔"内精镂细刻自己的"珐琅与玉雕",但是,作为诗人,他们在诗歌面前并不曾丧失应有的敏感。倘若仅限于诗歌领域内部来看问题,可以说,他们依然秉持着"为艺术(诗歌)而艺术(精心钻研诗歌的技艺)"的态度。"白银时代"诗歌之所以能够成为俄罗斯诗歌史乃至世界诗歌史上的一座高峰,无疑与它在艺术上所达到的高水准有关。这些诗人分别属于象征主义、阿克梅主义、未来主义、意象派等不同的流派,他们在各自的艺术追求、审美趣味和价值取向之间存在着很大的差异,但他们都有一个共同的倾向,那就是对语言的诗性特征和生成能力的重视。他们认为,对于"饥饿的文化"而言,"词,就是肉体和面包";为了获得诗歌的"陌生化"效果,诗人应该善于捕捉词与词之间隐秘的联系,让平常不相干的词、相距十分遥远的词,在自己的作品中相遇并组合在一起,以碰撞出崭新的心理体验。只要稍稍浏览一下整个"白银时代"的诗歌,我们便可以发现,当时成熟的诗人几乎无一例外地对"词"有过独立的思考,从而在形式和风格上体现了自己的个性,让后人在字里行间感受到吉皮乌斯的神秘、索洛古勃的颓废、安年斯基的准确、勃洛克的优雅、马雅可夫斯基的奔放、叶塞宁的纯粹、曼杰什坦姆的坚硬、赫列勃尼科夫的怪诞、霍达谢维奇的典雅、阿赫玛托娃的婉约、帕斯杰尔纳克的晦涩、茨维塔耶娃的尖锐等等。

"白银时代"诗歌值得我们注意的第三点,是它在纵向继承与横向移植上所展示出来的姿态。尽管也有个别诗人曾经发出诸如"把普希金、陀思妥耶夫斯基、托尔斯泰等等,从现代生活的轮船上扔出去"的虚无主义口号,不过,在总体上,"白银时代"的诗人却真正实践了某位伟人所提倡的"去其糟粕,存其精华"的主张。一方面,他们注意横向地移植异域文化的经验,从但丁、歌德、诺瓦里斯、波德莱尔、马拉美、魏尔伦、王尔德、爱伦·坡等诗人那里汲取创作的养料,充实自己的武器库;另一方面,他们在进行自己的艺术创新时,并不简单地否定本民族的诗歌传统。当然,在学习和继承的过程中,"白银时代"的诗人也表现出了他们的独特性,他们关注最多的是俄罗斯诗歌传统中以往不太受重视,却更具现代性潜力的那部分非主流诗人,如巴拉廷斯基、丘特切夫、费特、迈科夫、波隆斯基、阿普赫金、巴甫洛娃、斯鲁切夫斯基等。至于那些主流诗人,他们也更加注意发掘其身上那些非主流的成分,例如,在普希金那些优美、和谐的诗行中,发现"我"与"非我"的分裂与对抗;而在涅克拉索夫同情劳动人民的诗歌中,出人意料地找到象征主义最初的萌芽。他们的这种做法,借用布罗姆的概念,可以说,既没有被笼罩在"强者"诗人的阴影中一味地"焦虑",又不妄自尊大到意欲在一片空地或废墟上建造诗歌的大厦。在这方面,"白银时代"诗人面对自己的诗歌"父亲"和异域"叔叔"时表现出来的理性与热情,尤其值得当代中国的诗歌书写者们借鉴。

诚然,除上述特征以外,"白银时代"的诗歌还有不少值得我们讨论的话题。例如:"白银时代"诗歌的知识分子特征,诗歌的存在论本质、道德立场和审美判断的问题,诗歌创新与政治革命的异同,现代主义与现实主义、浪漫主义之间的关系,等等,不过,这些已不是本文的篇幅所能容纳的了。最后,需要说明的是,20世纪20年代初,在俄罗斯本土,由于种种原因,"白银时代"诗人草创的相当一部分新传统,或者被迫中断,或者转为潜流,其残余部分则在俄罗斯侨民文学中得到了赓续。所幸的是,后者那种"心灵长在肉体外"的赓续,反倒意外地成就了俄罗斯文学对世界的影响。如果说,普希金他们把世界文学的精华引进了俄国,因此而确立了民族文学的传统;那么,可以说,"白银时代"的诗人们以其更具现代性的思考和探索,超越了地理和语言的囿限,使本民族的文学走向了世界。相比之下,后者的功绩更是不可低估。或许正是在此意义上,一位文学史家断然认为:"从今天的观点来看,俄罗斯文学的'白银时代'似乎是俄罗斯文学的'黄金时代'。"

"钟摆"似的"俄罗斯理念"

"我所有的'我'像钟摆似的摇动,/振幅很长,很长,/摇动,穿梭,不断交替——/时而是希望——时而是恐惧。/……上帝,莫非是你判定了/这疯狂的摇摆的痛苦?"这是俄罗斯"白银时代"女诗人吉皮乌斯在一首题为《钟摆》的诗中写下的句子。尽管她原本述说的是抒情主人公个人的体验,却如谶语一般道出了俄罗斯民族两极性的特征。俄罗斯地处欧亚的交界,属于西方文化和东方文化的结合部,这使得它在文化构成上表现出明显的无根状态。在探索民族出路的时候,知识分子一直习惯于像钟摆那样向两极晃动,而很少会居中停留。综观俄罗斯历史上的西欧派和斯拉夫派之争,无不是这种民族意识的集中体现。最近,由浙江人民出版社出版的《俄罗斯思想》一书,再次印证了俄罗斯精神面貌上的"钟摆"特征。

该书由马斯林教授主编,出版于 1992 年,收集了 27 位俄罗斯思想家的文章,上自 11 世纪基辅的伊拉里昂主教的布道辞《论法律与天惠》,下迄伊里因发表于 20 世纪 50 年代的专论《论俄罗斯理念》,是一本专题性的文集。书名的原文为"русская идея","идея"是一个外来词,相当于法语的"idée"和英语的"idea",在狭义的情况下,指的是理性观照下的一种观念或概念;如果作广义的理解,也可意指一种普遍为人们接受的关于世界和人生比较固定的看法。中译本译作"俄罗斯思想",虽与原文稍有出入,却似乎更贴近这些文章本身的特点及其的涵括量。因为,收入文集的那些思想家文章尽管强调了俄罗斯应具有的独特的精神、独特的理念,却没有一个人真正对"什么是俄罗斯理念"进行过明确的界定和阐述,更多的还是各方在思想上的争论。所以,中译者把它们放在"俄罗斯思想"大框架中,这种理解或许更切合其本义。中译本节选了其中 16 篇文章,基本保持了原文集的精粹,既有霍米雅科夫从东正教的生命力论证俄罗斯自我肯定、自我完善的道路的文章《新与旧》,阿克萨科夫的《论俄罗斯观点》和陀思妥耶夫斯基从斯拉夫主义角度对普希金的解读;也有恰达耶夫言词激烈的《一个疯子的辩护》,别林斯基鞭辟入里的《彼得大帝以前的俄罗斯》和赫尔岑在流亡中对革命和无政府主义之关系的探讨；此外，还收入了相当一部分19世纪和20世纪之交的宗教哲学家如索洛维约夫、特鲁别茨科伊、别尔嘉耶夫、弗兰克和布尔加科夫和社会主义思想家拉甫罗夫、卡列耶夫等人的文章。

19世纪以降，俄罗斯思想家围绕着什么是"俄罗斯理念"，进行了深入而持久的探讨，其出现的分歧之大、争论程度之烈，可说是世所罕见，以至于形成了在政治和哲学上著名的斯拉夫主义和西欧主义这两大派别。这两个对立思潮的出现与俄罗斯民族内在的二律背反特征有很大的关联。

别林斯基指出，早在彼得大帝出现以前，俄罗斯人民在精神结构和民族特征上便表现出不可思议的双重性："有力量却很软弱，有巨大的财富却很贫穷，有头脑却无思想，有灵气却很蠢笨。"别尔嘉耶夫在《俄国魂》一文中更明确地剖析了本民族的悖论性特征。俄罗斯民族盘根错节的性格之谜，甚至连俄罗斯人自身都无法理解，以致每个人都能在充满矛盾的现实生活中，寻找到与自己内心欲求相吻合的生活方式和信仰的根基。俄罗斯人既高傲又谦卑；既对人怀有真正的基督之爱，又伴之以对人的仇恨和无情；俄罗斯人天然地信奉无政府主义，却又建立了世界上幅员最辽阔的国家；他们富于自由的精神，却又时不时地屈服于官僚政权的专制。俄罗斯在对待民族问题上，也表现出深刻的二律背反性：它竭力反对沙文主义，知识分子们一直在宣扬纯粹超民族的理想；同时，它又是世界上最具民族主义情绪的民族，时刻以"第三罗马"自居，不忘扮演救世主的角色。它的自大甚至到了这种程度：俄罗斯的一切都是正确的、美好的和神圣的，是唯一的基督教国家，即便"俄罗斯有罪"，"它依然是有罪的神圣国家——以圣洁的理想为生的圣徒的国家"。作为一名熟谙西方思想史，而且一直在孜孜寻求俄罗斯出路的俄国哲学家，别尔嘉耶夫对国民性的揭示堪称深刻而精辟。而尤为深刻的是，他还指出了产生这种双重性的根源：俄罗斯始终笼罩在阴柔、女性的宗教氛围里，它的宗教是平原的宗教，是圣母的宗教，可以孕育上帝，但本身并非上帝。因此，这个民族永远像待字闺中的少女一样，被动地期盼自己的新郎到来，引领她走上探索真理的道路。

上述这些悖论性的特征，同样体现在对彼得大帝进行改革的功过评价上。西欧主义者恰达耶夫从求真的信念出发，表明了自己世界主义的立场，他认为："爱自己祖国固然是件好事，然而爱真理则更是件好事。爱祖国产生英雄，而爱真理则造就智者和至善之人。"他进一步还分析，狭隘地爱一个国家，有时会造成民族的隔阂，引发民族仇恨，给全人类带来巨大灾难；爱真理则能够使知识的光芒照彻大地，引导人们去亲近上帝，因此，"通往天国的路，不是通过祖国，而是通过真理"。在这个意义上，他肯定了彼得大帝的功绩。正是这位俄国历史上最伟大的沙皇,冲破了民族的偏见与束缚,与野蛮、愚昧的旧俄罗斯划清了界限,从先进的西方汲取营养,把后者世代积累起来的成果完整地移交给本国人民,把世界的未来看成是民族的未来,从而开创了一个新的时代。斯拉夫主义者霍米雅科夫虽然认为彼得"是一个有钢铁意志、有极高智慧的人",但是,他认为,由这位伟大的君主开创的事业却造成了俄罗斯内部的分裂,使人民背离了自己的故土,丧失了健全而自然的本性,变成了一半欧洲人一半俄国人,结果既不是欧洲人也不是俄国人;并且,由于彼得本人过分推崇权力和国家,在实行其改革意图时使用了粗暴甚至残酷的手段,使全体人民屈服于自己的个性,因此,抑制了人民的精神力量,压制了他们的自由创造,其犯下的错误使得这位改革者灿烂的光辉"黯淡"了许多,须知,"只有在有爱的地方才有力量,而在有个性自由的地方才有爱";至于彼得用强力结成的整个联邦,表明的是"人们彼此间的疏远、冷漠,其中尽管还不到敌对的地步,但也不会有相互的爱"。从霍米雅科夫的言述中,我们不难领会,他倾向以善的原则为俄罗斯人内在的灵魂,这种观点代表了大部分斯拉夫主义者的立场。西欧主义者与斯拉夫主义者的争论以外在的形式凸现了俄罗斯民族真与善之间内在的隔膜。

或许是俄罗斯民族在民族文化和心理积淀上存在着这些充满矛盾的特征,通读整个文集以后,我们依然很难就"俄罗斯理念"获得一个清晰的概念或定义。我们所能看到的共同的东西,只是这部分思想家在探索"俄罗斯理念"时的激情,他们对祖国的爱,他们在进行理论探索时那种圣徒般的执著。

近年来,在"开禁"与"回归"的浪潮中,人们重新审视了发生于20世纪20年代俄罗斯侨民界的"欧亚主义运动"。"欧亚主义"者不再一味地强调俄罗斯纯粹的"西方性"和"东方性",而是立足于它特殊的地缘出发,不回避俄罗斯对东西方文化都有所承传的历史,指出由这种独特的地理与历史形成的"欧亚文化"——"俄罗斯文化既不是欧洲文化,也不是亚洲文化中的一种,也不是二者成分的加合或机械的结合。它是一种与欧洲文化和亚洲文化对立的中间性质的欧亚文化。"尽管在表述中,它还强调了俄罗斯文化与欧洲文化和亚洲文化之间存在着"对立"的东西,但已经表露了力图综合东西方文化的努力。最近,俄罗斯国家"杜马"通过了新的国旗(三色旗)、国徽(双头鹰)、国歌(苏联时期的国歌)和军旗(红旗)的议案,也显示了俄罗斯在寻求摆脱社会危机和民族危机时走"中间道路"的思想。看来,好走极端的俄罗斯民族正在用综合、折中的方式来建设自己的未来。它是否真的能中止"钟摆"式的思维模式,走出它飘荡不定的困境?我们将拭目以待。

"恰似一股透明的玻璃水"

19世纪末20世纪初,是俄罗斯诗歌由古典向现代转变的一个重要的十字路口,史称"白银时代"。在整个"白银时代"的诗歌中,占主导地位的是一些现代主义的思潮和流派,如象征主义、阿克梅派、未来主义、意象派等等。它们都在不同程度上以反传统的姿态出现,声称要进行艺术上的革新。其中尤以未来主义为甚,他们要"把普希金、陀思妥耶夫斯基、托尔斯泰等等,从现代生活的轮船上扔出去",借此"给社会趣味一记耳光"。在这股现代主义潮流的喧嚣与骚动之外,却存在着一位秉承古典遗风的现实主义大诗人,他就是普宁。这一现象再次证明了"流派的渺小和诗人的伟大"。

提起普宁,中国读者往往就会想起他那脍炙人口的小说《苏霍多尔》(中译为《故园》)、《米嘉的爱情》、《从旧金山来的绅士》和《阿尔谢尼耶夫的一生》等。1933年,普宁因其"严谨的艺术天才,使俄罗斯古典传统在散文中得到继承"而获得该年度的诺贝尔文学奖,从而成为俄罗斯民族赢得这项殊荣的第一人。平心而论,授奖词是恰如其分的,普宁是一位当之无愧的俄罗斯散文文学的集大成者;略嫌不足的是,它忽略了普宁对俄罗斯诗歌作出的杰出贡献。在俄罗斯文学史上,普宁实际上是以诗人和小说家的双重身份进入文坛的,正如刘文飞先生在他的专著《20世纪俄语诗史》中指出的那样:"作为一个诗人的普宁,和作为一个杰出小说家的普宁相比,是毫不逊色的。"这一点,笔者在近日编译《俄罗斯白银时代诗选》时,体会尤深。当我硬着头皮译完未来主义诸诗人的作品,回过头来翻译普宁的诗歌时,那感觉仿佛是走出一个充满了喧哗与骚动的冶炼车间,来到了广袤而清新的旷野。大自然的恬静和温柔,以及隐约闪烁其中的感伤,散发着一种独特的美:

> 密林里有隐秘的簌簌声,
> 微风吹来一阵阵暖意,
> 屋前高耸挺拔的杨树,
> 在月光的辉映下,

仿佛出自液态的玻璃。

黑黝黝的密林镶上
一个金镜似的圆框。
杨树流淌着银辉，
整个儿颤动不已，
恰似一股透明的玻璃水。

这首诗题名为《月儿初升》，它并不属于普宁最著名的诗歌作品，但已显露了作者在描摹山水风景方面的过人之处。普通人面对自然时，一般仅有两只眼睛：月光是月光，杨树是杨树，玻璃是玻璃，它们是各不相干的存在。诗人则不同，他拥有第三只眼睛，凭借着这只眼睛，他看到了我们通常所忽略的宇宙中万物之间的联系，它们与人内在的沟通。然后，又通过语言表达出来，慨然无私地将自己的"第三只眼睛"赠予读者，让读者看到平日看不到的东西。为此，我们在领略了《月儿初升》一类作品的魅力之后，应该感谢普宁的第三只眼睛。普宁出身破落贵族，由于家境贫困，仅念到中学就中途辍学了，后来完全靠自学得以成才。1895年，他因短篇小说《去天边》而引起当时文坛的注意。而真正帮助他跻身俄罗斯文学大师行列的，则是1901年出版的诗集《落叶集》，它荣获了当年的普希金文学奖。两年以后，普宁因翻译美国诗人朗费罗的诗歌《海华沙之歌》，再次获得普希金文学奖。综观普宁一生的创作活动，他都不曾放弃过对诗歌的追求，诗歌迷人的韵律和节奏始终吸引着普宁。它们甚至影响到他的散文创作，他大量缠绵悱恻的诗意小说，在某种程度上，可以说是诗歌在散文世界里的折光。

1920年，普宁侨居国外以后，写了不少怀念故国的乡愁诗，倾诉自己漂泊异国的孤独与痛苦。在一首诗中，他这样写道：

鸟儿有巢，野兽也有穴，
当我走出父辈的院落，
辞别出生时的小屋，
年轻的心呀，多么痛苦！

野兽有穴，鸟儿也有巢，
当我走进租来的房子，

画着十字，放下破旧的背包，
我心潮起伏，无限地忧悒！

　　《金蔷薇》的作者巴乌斯托夫斯基在论及普宁离开他唯一心爱的国家时说:"但只是肉体上离开。他这个人，自尊心特强，为人严正，至死都怀念俄国，愁肠百结，在巴黎和格腊斯的异乡之夜，曾悄悄地为她流过不少眼泪。这是一个自愿流亡国外的人的泪水。"前面所引的这首诗便是一个印证，它浸泡着普宁在夜深人静时候流淌的泪水。1953 年 11 月 8 日，普宁逝世于巴黎，终年 83 岁。这位 20 世纪俄罗斯的经典作家，肉体虽然已经死亡，其精神并没消失，它们分别以诗歌和小说的形式向世人呈现着独异的存在。

我的工作就是写诗

一名诗人,以写诗作为自己的工作,这是否具有合法性?

针对这样的问题,人们或许会惊讶地反问:"谁呀,竟然会提出如此愚蠢的问题?"

然而,它却是真的,而且就出现在20世纪60年代苏联的司法案卷中。

1964年2月,诗人布罗茨基在列宁格勒的一个区民事法庭接受审讯。负责审讯的法官责问他:"您为什么不工作?"布罗茨基回答:"我的工作就是写诗。"法官又问:"您大致的专业是什么?"他继续回答:"诗人。诗人兼翻译家。"对此,法官再一次责问:"谁承认您是诗人的?谁把您列为诗人了?"诗人诚实地回答并反诘道:"没有人。那谁把我列为人类了?"正如人的存在无须证明、无须被他人认可一样,布罗茨基坚信自己是一名诗人,写诗是自己的固定工作,天才和勤奋给了他这份自信。因此,他声称:"我写诗,这就是我的工作。……我坚信,我所写的东西能为人们服务,而且不光是对现在,还有益于将来的一代人",而"共产主义的建设,这不仅仅是在一架机床和一具耕犁旁站立的姿势。它还是知识分子的劳动"。可是,审讯的结果出人意料,诗人竟然因写诗而以"不劳而获"的"寄生虫"罪被判处五年流放,流放地则是位于苏联北方的阿尔汉格尔斯克州。

这个判决是严厉而荒唐的,它严重混淆了劳动的基本内涵和分类,无视知识分子的职业特性及其劳动自由,把工作粗暴地理解为单纯的体力劳动,不可否认,其中隐含着对人类的智力和知识的轻慢。精神的创造渴求在这里受到了无情的打击。对一个初露头角的诗人来说,它尤其显得残酷。阿赫玛托娃为此曾发出这样的感慨:"他们给这个红头发的小伙子制造了怎样的一份传记啊!这经历他似乎是从什么人那里租用来的。"在人类文明高度发展的20世纪,布罗茨基再一次承担了普希金、莱蒙托夫、陀思妥耶夫斯基等前辈在19世纪曾经背负过的命运。判决在当时的苏联引起了很大的震动,文化界的许多著名人士纷纷为布罗茨基鸣不平,进而不顾个人的安危,投入到营救工作中去。他们集体向当局递交了一份请愿书,在上面签名的有阿赫玛托娃、肖斯塔科维奇、马尔夏克、帕乌斯托夫斯基、楚科夫斯基、格拉宁等。他们的努力部分地起了作用,并影响了当局的最后裁决,布罗茨基于1965年11月提前结束刑期,回到了列宁格勒。俄罗斯知识分子的良知在"布罗茨基案件"中再一次得到了传统性的体现。

考察布罗茨基的文学生涯,最引人注目的应该是他的流亡者身份,他和索尔仁尼琴曾分别被列为俄罗斯流亡文学"第三浪潮"中诗歌和小说两大文体的最重要的代表。前述流放归来以后,布罗茨基不改初衷,依然从事诗歌的写作,并成了当时地下文学的主要骨干。1972年6月4日,他被视为"不受欢迎的人士"驱逐出境,从此再也没有回到故乡。流亡,对于一位诗人来说,是一柄双刃剑:诚然,由于摆脱了先前的种种束缚,他赢得了相当大的自由度,物质生活有了很大的改善,人身安全得到了保障,写作的时间和空间也不再局促;但与此同时,他也开始陷入某种新的孤独状态,在新的社会里,他找不到从前的对抗物,失去了一定的精神张力,无足轻重的身份认定使他的自我面临着被剥夺的危险。在异国的天空下,就对环境的适应性和生存的能力而言,作家和诗人或许还赶不上那些普通的打工者或偷渡客。

在布罗茨基看来,"流亡"首先是一个语言事件,"他被推离了母语,他又在向他的母语退却。开始,母语可以说是他的剑,然后却成了他的盾牌,他的密封舱"。诗人和语言之间所构成的那种亲密的关系,那种情人式的隐私,变成了宿命性的存在。语言的流亡使他与现实和未来之间横亘了一堵高墙,他极易把目光投向过去,沉浸在对往事的回忆里。这样的生活方式会让不少诗人面对稍感陌生的环境就激动不已,"有时,一片枫叶就足以使他感怀",但我们应该知道的是,"每棵树上有着成千上万的枫叶"。由流亡而造成的疏离状态会延缓一位作家的风格进化,让他日益趋向保守的写作意识。

对于后者,布罗茨基始终保持了极高的警觉性,他时刻葆有诗人的敏感和进取心,认为自己的归宿不是西方,也不是美国,而是诗歌和语言,唯有诗歌和语言才是他真正的精神故乡。这里,对比一下身居海外的部分中国诗人,或许是一个耐人寻味的话题。与俄罗斯诗人不同的是,相当部分所谓的中国"流亡"诗人表现出极强的机会主义特征,他们十分认同居住国的物质优势,难以承受远离故国的孤独和寂寞,积极参加各类大大小小的会议,不加选择地接受来自各方的采访,有时甚至以各种非常极端的言论迎合西方某些政治势力的诱导,缺乏对自身处境和使命的清醒意识,在喧哗和骚动中日益耗尽了自己的创造力。于此,我们大致可以找到他们在整体创作上的衰退之症结所在。

在自传中，布罗茨基认为："一个人既不是成人也不是孩子，他大概小于'一'。"他的这个"小于'一'"可作双重理解，一方面，它说明人的发展并非直线型的，也不是按照时间顺序向前滚动的，"我"很早就潜伏于躯壳之中，并不受时间的流逝所影响，因此，作连贯性的叙述是没有意义的事情；另一方面，它指称人的未完成状态，任何一个人都无法把真正的自我和盘托出，完整地展现自己的生活和感受，他永远在小于"一"的状态里呈现。但是，正如《布罗茨基传》的作者刘文飞先生所说："一个人，当他具有空前丰富的经历和体验，并将这样的体验幻化为审美的对象和诗歌的结晶时，他也是有可能大于'一'的。"

据说，在1964年那场庭审结束时，布罗茨基曾高傲地说道："我不但不是一个不劳而获的人，反而是一位能为我的祖国增添光彩的诗人。"当时，旁听的很多人对他发出了哄堂大笑。但历史证实了诗人的预言性宣告：在20世纪的诗歌史上，布罗茨基以他的美学经验及独特的个性与风格，为俄罗斯和俄语赢得了举世瞩目的荣誉，值得他的祖国为这个大于"一"的存在而骄傲。

我是"不朽"的同龄者[1]

1907年6月25日,阿尔谢尼·塔尔科夫斯基出生于叶利扎维塔格勒。塔尔科夫斯基自小生活在一个具有高度文化和进步思想氛围的家庭中,父亲是一位民意党人,曾长期被流放于雅库茨克,具有很高的文学修养,经常带着小阿尔谢尼参加"白银时代"的著名诗人谢维里亚宁、巴尔蒙特、索洛古勃等的诗歌聚会;母亲是一名中学教师,也非常热爱诗歌,特别是俄罗斯古典诗人的作品。诗人在童年和少年时代便大量接触了普希金、莱蒙托夫、拜伦、巴拉廷斯基、费特、涅克拉索夫、斯鲁切夫斯基等诗人的作品。1925年至1929年,他在诗人协会下属的高级文学进修班学习。在此期间,他为《汽笛》报撰写政论、杂文和讽刺短诗。1931年,开始在苏联国家电台工作,开始写作长诗《玻璃》。其后,曾在多家报刊担任编辑工作。

塔尔科夫斯基在从事诗歌创作的同时,翻译了不少阿拉伯、中亚、外高加索民族的诗歌,他在这项工作中,与其他语言文化进行了创造性的对话,不仅追溯了东方诗歌的传统,而且丰富了自己的内心体验。对于塔尔科夫斯基而言,选择东方诗歌作为自己的翻译对象,是出于一种有意识的考虑,他自述道:"我喜欢从事那种与我没有任何共同之处的工作,但是,随后显露的是,共同性依然存在。"我们知道,就整体而论,俄罗斯诗歌属于西方诗歌传统,习惯在骚动、冲突、激情的氛围中以夸张、华丽的语言方式来处理艺术题材;相比之下,阿拉伯诗歌的伊斯兰背景,它所蕴涵的哲理思索,中亚民族和外高加索民族因长期的游牧生活而形成的粗犷、豪放和率真的性格,各以其异质的特点为诗人提供了新鲜的写作资源。

1940年,塔尔科夫斯基加入苏联作家协会;秋天,与茨维塔耶娃相识。次年,女诗人的自杀深深刺痛了他那颗敏感的心灵。在一首献诗中,他写道:"我多么害怕忘掉你,/害怕在一个瞬间里／将一根闪烁磷光的直线,/

---

[1] 原文副题为《20世纪俄罗斯诗哲塔尔科夫斯基》。

置换成两倍、三倍的／韵脚，／——而在你的诗歌里，／再一次将你埋葬。"卫国战争期间，他以大尉军衔奔赴前线，在战斗中受重伤被截去右下肢。1946年，在诗人申格里的家中，与阿赫玛托娃相识，引为诗歌上的知音。同年，在日丹诺夫代表联共中央宣读了《关于〈星〉和〈列宁格勒〉的决议》之后，原拟出版的诗集《历年诗选》未能通过书刊审查，已排定的纸版被销毁。自此，他的创作便失去了公开发表的渠道，他的诗歌主要在地下流传，由亲友们在口头记诵和传抄。无疑，这种缺乏掌声和鲜花的处境，促使诗人进入一个更为自觉的写作状态，克服了很多苏联时代诗人身上隐秘的自恋主义倾向，打破了作为易碎的"陶罐"的"自我"，离开僵硬、冷漠的灵魂，不再期待来自自身的信息，站在"自我"之上，向"我"不再存在的一切致意："你好，你好，我冰结的铠甲，／你好，无我的面包，无我的美酒；／／夜晚的梦幻和白昼的蝴蝶，／你们好，无我的一切，无我的大家！"直到1962年，55岁的诗人才正式出版了第一部诗集《降雪之前》。此后，还出版有诗集《给大地以尘世之物》(1966)、《信使》(1969)、《魔山》(1978)和《冬日》(1980)等。1989年5月27日，诗人在莫斯科逝世；该年，因诗集《自青春至老年》被追授了国家文学奖。

就风格而论，塔尔科夫斯基属于以丘特切夫、巴拉廷斯基、安年斯基为代表的抒情哲理诗的传统，关于自然与人生的思索构成了他艺术世界的重要元素。在诗人的心目中，自然是横亘在人类面前的司芬克斯，高居于人的想像力之上，人类可以不断地猜测它，不断地接近它，但不可能彻底地认识它，更遑论什么征服它。那么，人类应该如何与自然相处呢？他选择的方式是，与自然进行对话，在对话中达到与自然的和谐。因此，诗人自觉地激发自己童真的天性，"从一个小小的花盆中看到天空"，凭借诗性的逻辑去超越理性的逻辑，以灵感的火焰去点燃生命的经验和生命的智慧，和星星、小草、玫瑰、蝴蝶、燕麦、土地、石头、鱼儿、云彩等自然界中的万物亲切地交谈，学会"聆听圆润苹果那圆润的语言"和"聆听白云的白色演说"；最终，生命之谜融入宇宙的大秘密，自然回归于自然。无疑，他面对自然所流露的这种诗性关怀，对于人类在剥夺世界的过程中自身不断被剥夺的异化现象，可以起到某种警戒和治疗的作用。

在生与死的问题上，塔尔科夫斯基的思考也极富启迪性，他认为，"只要我还没死，我便是不朽"。在茫茫尘世间，肉体的存在给灵魂划出了一条界线，人必有一死，任何人都无法在肉体的消亡以后还能保有鲜活的灵魂。体认到这一囿限，诗人并不企求生命以外的不朽，"我是人，我不需要什么不朽，非人间的命运是可怖的"。人是追求意义的动物，意义之所以有意义，是在生命的过程以内。事实上,没有了生命,不朽也并不存在;许诺在生命以外人可以获得不朽和永恒,只是一个虚妄的谎言。因此,诗人强调的是生命本身的意义:只要我活着,我便是不朽的同龄者;只要我活着,我便能冲破物理时间和空间的有限性,去扩张精神的空间,让个体的生命向无限性逼近;只要我活着,我便能以自身有限的经验去拥抱人类历史和文化的经验。他宣称:"尘世间不存在死亡。众生不朽。一切不朽。不需要害怕死亡,无论是十七岁,还是七十岁。…… 在这个世界上,没有死亡,没有黑暗。"在人们普遍为死亡的恐怖而忧惧,盲目地追求不朽的时代,诗人以自己对现实的深刻理解,表现出了一种生存论意义上的乐观主义精神。一个人倘若没有对世界与人事的彻悟,没有坚强的生存勇气之支撑,是很难臻达如此境界的。"活着就是不朽",这是一个热爱生活,并且真正生活过的人的信念,有着这样信念的人,堪称"不朽"的同龄者。

天堂只是狗的吠叫[1]

摇滚乐最早出现在 20 世纪 50 年代的美国,它与欧美的后现代主义语境有一定的关系,是当时流行音乐的派生物。1955 年,一个名叫比尔·黑利的青年在吸收了美国乡村音乐与黑人音乐的元素以后,创作了一首题为《整日摇摆》的歌曲,令数千万青年男女为之倾倒,从此开创了一个新的音乐时代。在随后的几十年间,摇滚乐冲出了美洲大陆,在全球各地迅速传播开来,并由早期的亚文化或准文化逐渐演变为一种令人瞩目的世界性文化现象。

在俄罗斯,并没有发生过严格意义上的"摇滚革命"。不过,俄罗斯诗歌一直有吟唱的传统,20 世纪 60 年代,奥库扎瓦和加里奇的弹唱诗歌风靡一时。奥库扎瓦和加里奇的创作继承了 19 世纪俄罗斯诗人柯尔卓夫,白银时代诗人克留耶夫、克雷奇柯夫等的传统,在民谣的曲风中引入对现实的讽喻和调侃,取得了不俗的成绩。不久,维索茨基也加入了弹唱诗人的行列,他以其特殊的影响力,为俄罗斯的行吟传统推波助澜,掀起了一个不小的高潮,被西方媒体称之为苏联的"鲍勃·狄伦"。维索茨基曾是塔冈卡剧院的一位优秀的演员,曾在莎士比亚的《哈姆雷特》中担任主角,在世界各地巡回演出。60 年代初,他弹奏着七弦琴开始以类似摇滚方式进行自己的吟唱活动,创作了不少脍炙人口的歌曲。在一首题为《大地之歌》的作品里,他张开了先知似的歌喉:

> 土地的母性不可消除,
> 不可剥夺,就像海洋取之不竭。
> 是谁相信,土地被彻底烧毁?
> 不,她只是因痛苦而焦黑。

> 四下躺着开裂的堑壕,

---

[1] 原文副题为《俄罗斯摇滚诗歌片谈》。

弹坑,就像伤口在闪光,
……
土地——这是我们的灵魂,
决不能让皮靴践踏灵魂。
是谁相信:土地被彻底烧毁?
不,她只是暂时隐匿。

维索茨基创作的不少歌词针砭时弊,对丑恶的社会现象进行猛烈的抨击,成为60年代苏联的诗歌档案。特别需要提及的是,他的诗歌吸收了大量的民间口语,以前诗歌中极少见到的市井黑话、切口,乃至广告、新闻用语,都伴随着他的歌声飘飞了起来。遗憾的是,1980年,维索茨基因心脏病发作而悲剧性的去世,使得这一传统受到了重创。

与中国流行音乐早期发展的进程相类似的是,俄罗斯摇滚乐最初是通过"走私"的方式传入的。保守、僵化的苏联官方认为,摇滚乐属于西方资本主义社会的腐朽生活元素,根本不是什么音乐,只是文化的垃圾,是资产阶级道德沦丧的体现。因此,他们拒绝进口一切来自欧美国家的摇滚乐唱片。不过,禁令并没有真正阻拦住人们对一种新的音乐形式的兴趣,不少音乐爱好者经常在苏德边境从一些走私商人那里购得磁带和黑胶唱片。而在当时的莫斯科黑市上,一张甲壳虫的黑胶唱片能卖到20个卢布,这相当于当时一个高级工程师半个多月的工资。据说,最早的一批唱片是夹杂在医疗器材中被偷偷贩运到苏联境内的。七八十年代的俄罗斯青年,在接过传统的行吟接力棒以后,又在欧美摇滚音乐的刺激下,着意创建具有本土特色的摇滚音乐。这样,有着丰厚文化底蕴的圣彼得堡再次成为俄罗斯的诗歌重镇,先后出现的摇滚乐队或组合有"时光机器"、"星期天"、"电影"、"水族馆"、"自动满足"和"分组承包"乐队等,一度还成立了俄罗斯摇滚乐的协会。正是在这样的背景下,出现了如苏加乔夫、什诺罗夫、亚·伊万诺夫、斯彼林、拉艾尔茨基、尼科诺夫、卢季扬诺夫、索波列夫、安东·索亚、米哈伊洛夫等家喻户晓的俄罗斯摇滚诗歌的重要代表,为20世纪后期的俄罗斯诗歌史添加了新的页码。在传统诗人正在为某个句子、某个段落苦心孤诣地经营和搭配,立意建立一个优美、和谐的诗歌世界时,摇滚诗人率直地以沙哑的嗓子喊出了对社会的怀疑和批判:

你是否看见周围发生的事情?

人们只是在饕餮、杀戮和撒谎。
为什么你无动于衷?
为什么呀,所有人无动于衷?

在他们的眼里,牧歌式的世界已一去不返,天堂是"狗的吠叫",浩瀚的海洋不过是"黑暗"与"泡沫"编织而成的存在。灵魂找不到自己的故乡,现实中走动的人们只是"行尸走肉",他们的身上只有"混凝土"和"玻璃"。至于生活,已变得日益难挨和令人恶心:

生活抻长像一条鼻涕……
绞索从天花板上生长出来……
可诅咒的渗透!
大麻让灵魂麻醉,
而大地把身体占为己有。

偶尔,他们也会采用戏仿的手法,对一些经典作品进行解构,赋予其崭新的含义,例如什诺罗夫的一首诗:

夜。街道。路灯。药店。
售货棚。警察和夜总会。

就是对勃洛克的名诗的"窜改",这首作品的原型如下:

夜。街道。路灯。药店。
无聊和幽暗的灯光。
哪怕你再活二十五年——
一切照旧。没有出路。

你会死去,然后重新开始,
一切也会重复如初:
夜,运河上冻结的波纹,
药店。街道。路灯。

勃洛克的原作是组诗《死亡的舞蹈》中的第二首，它以并列的名词，不露声色地暗示20世纪初俄罗斯死寂的现实，在节奏的循环里，点出了"没有出路"的沮丧和绝望。仿作袭取了最著名的一行，添加了20世纪末俄罗斯更为人熟知的名词，使读者在重温经典时，感受到现代性的压迫。"警察"与"夜总会"的同时现身，在滑稽的词语效果中复制了一个错乱、迷茫的生存环境，仿佛预示着人类更可怕的未来。

综观俄罗斯摇滚音乐的发展历史，可以发现，俄罗斯的摇滚大多属于慢摇滚，这或许与该民族的艺术欣赏习惯有关。摇滚歌手在冲击时尚与传统的过程中，时不时地会流露出某种温情，偶尔会以一种浪漫的抒情声调来关注日常生活的主题。在具体的创作中，他们结合了美国摇滚、俄罗斯传统谣曲、拉丁音乐和爵士乐的元素，然后，加入重金属和朋克的思想，由此形成了颇具俄罗斯特色的摇滚诗。于是，在音乐的革新中，诗被重新唤起，那些意蕴深湛的歌词表明，摇滚不仅是一种新音乐的形式，它同时还意味着一种新的思想，其中混杂了虚无主义、无政府主义和个人主义等各种元素。诗人们出现在酒吧、咖啡馆，甚至地下通道里，以最为大众化的方式传播前卫和先锋的精神，表达他们对既存的规范、制度和秩序的反叛，以及对新的生活方式、新的意义世界的呼唤。其中有不少作品着力于对性主题的描述，声称"性是这个世界的青春"，甚至连"永恒"也开始大跳"脱衣舞"。在用词上有意引入俚语、俗语和粗口，以近乎赤裸的语言袒露生活的真实，其惊世骇俗的程度，甚至越过了波德莱尔在《恶之花》中所划出的底线。它们在对主流意识形态的颠覆方面，有着其他诗歌不可取代的能量。

值得注意的是，欧美摇滚歌手大多出生于底层，不少人原本就是流浪汉、无产者，他们在一定程度上表现出对知识、文化的厌恶。与之不同的是，俄罗斯接受摇滚的最早一批人是接受过高等教育的年轻人，其中相当一部分人来自理工科院校，个别人甚至是专业音乐院校的毕业生。这使得他们的创作在反文化、反机械文明的同时保留了一定的文化和理性特征，避免了因彻底的颓废行为而造成的非理性、偏激、极端和虚无，从而以一种略显折中的方式告诉人们，摇滚并不只是歇斯底里的吼叫和莫名其妙的发泄，更不是无意义的噪音。因此，我们经常可以看到一些悖论式的糅合，那些粗犷的号叫在呼唤强力的缝隙中也间或夹杂了哀婉的叹息，一些失望的怨诉和讽喻依然保存了终极的希望：

不论怎样我不相信，

所有的人——是野兽!

　　因此,在诗人的眼中,每一个人都是孩子与鲜花,他们充满了美德,都是美丽的创造。

"智慧"的转型,或狼与狈的故事

在很多聚会的场合,经常有相熟的或初识的朋友向我问道:"俄罗斯现在怎么样了?""俄罗斯文学的现状怎样?有什么作品值得向我们介绍的?"通常,我也会尽自己所知谈上那么一点。不过,由于我的学术兴趣和关注点主要在"白银时代"的诗歌上,对于俄罗斯当代文学基本停留在一知半解的程度上,因此,上述的介绍多半显得捉襟见肘,有时甚至很不得要领。最近,一部名为《"百事"一代》的长篇小说在中国的翻译和出版,对此给出了一个比较圆满的回答,恰好可以帮助我摆脱诸如此类的困窘。

这部小说的作者是维克多·佩列文,他在俄罗斯被称为20世纪60年代人中"最著名、最神秘的作家",创作有《昆虫生活》、《奥蒙—拉》、《高斯普拉尼王子》、《黄色箭头》和《蓝色灯笼》等中长篇小说,据称,其作品是当今俄罗斯严肃文学中"唯一的畅销"。《"百事"一代》初版于1998年,它的时代背景便是当今俄罗斯的社会现实。综观整部小说,它的后现代主义特征十分明显:暧昧的主题、模糊的文体、对中心意识形态的消解、破碎的故事情节、大量有出处或无出处的引文、对经典文本进行戏谑式的复制和仿写,以及口语、书面语和专业术语的叠合使用,等等,这些东西给人留下了一种"杂糅"或曰"综合"的特征。显然,作者并非要为我们塑造"一个典型环境中的典型性格",而是要一反传统的"高于现实"的方法,以一种更具"现实主义"之"真实"的笔触,来展示当代俄罗斯人混乱的生存状态,反映他们被物质异化了的精神。

小说的主人公——塔塔尔斯基,属于喝"百事可乐"成长起来的一代新俄罗斯人,他们对"百事可乐"的选择,品尝所谓"自由的滋味",正如以前父辈们选择勃列日涅夫一样,是别无选择的选择。塔塔尔斯基毕业于高尔基文学院,正当他雄心勃勃地准备成就一番文学事业的时候,适逢苏联解体,这样,他先前关于诗歌的理想主义一下子被现实撞了个粉碎。为谋生起见,他不得不放弃纯文学的追求,加入了商品经济的大潮。起初,他受雇于一名车臣商人,在小售货亭里卖香烟。后来,一个偶然的机会,他成了一名广告人,利用以前创作诗歌的功底,先后为"雪碧"饮料、"国会"香烟、"奔驰"轿车、"雀巢"咖啡、"丹碧丝"卫生巾、"耐克"运动鞋等产品撰写广告词,颇得上司的赏识。与此同时,他经常出入各种声色场所,赌博、吸毒和嫖妓,甚至亲眼目睹了多起暗杀事件。正是在这样的工作环境和生活环境中,他逐渐放弃了自小建立起来的那一套价值观和信仰。小说的结尾,塔塔尔斯基已经跃升为广告界的巨头,为掌握着业内的生杀大权而踌躇满志。但是,作者又以女神伊什塔尔时常更换自己的"人间丈夫"并将其前任勒死为隐喻,既暗示了成功背后潜伏着的危机,又向世人披露了广告业内部竞争的残酷和无常。

在小说的插叙中,作者告诉我们,在当今的俄罗斯存在着这样的异化现象:一个人需要100万美元,目的是为了在富人区买一幢房子;之所以需要这幢房子,是因为能拥有一个可以穿着红鞋子走路的地方;而需要一双红鞋子,则是为了获得自信和平静。这种平静和自信又能够让人挣来100万美元,而挣钱是为了买房子,买房子是可以在那里穿着红鞋子走路,因此而获得平静和自信。这令人不由得会想起蛇咬着自己的尾巴转圈的著名寓言,而人们的精力和智慧就这样消耗在了许多无谓的活动中,以至于当他看到照相馆展出的一张假扮武士的照片,"想到的不是浪花和胡须所表征的高傲的哥特精神,而是这样一些问题:摄影师要价高不高,为这张照片付给模特多少钱,当模特用自己隐私的润滑剂弄脏了公家的春装裤子的裤裆时,他是否交了罚款"。

正如作者在用作代序的《致中国读者》一文中指出得那样,《"百事"一代》着力描写的是"商业的和政治的广告",它们与电视的普及密切相关。我们知道,一台电视机在未被打开仅仅是被置着的时候,它只是普通的客体,是一个嵌有玻璃屏幕的匣子,它与一块石头、一株草、一棵树没有什么区别。某人把视线投向它时,控制眼睛之运动的,完全是内在的神经冲动,他可能会发现屏幕上布满了灰尘和苍蝇屎,会考虑擦拭一下或重新购买一台新的。但是,一旦人们打开电视机,它就成了一种完全不同的现象,此时,作为纯物质客体的电视机迅即消失,它仿佛成了一个具有某种主体意味的存在,把观众吸纳进去,让他的心理发生"共振",使他觉得自己也参与了另一个空间,不由自主地切换自己的心理运动,来迎合电视摄制组由技术切换而造成的图像变化。

事实上,这只是一个虚拟的主体,是不存在的存在。然而,恰恰是这个虚妄的存在,对现代人构成了一种新的专制。在日常生活中,人们迷恋电视节目,却像害怕瘟疫似的害怕广告,面对节目中间突如其来插播的一则则广告,便不停地切换频道,以逃避它们矫情的轰炸。即便如此,观众依然无法找到自己的避难所,伴随着一次次的频道切换,他本人的生理与心理过程也在被切换;而且,无论他怎样切换,都不能摆脱导演、摄影师、剪辑师所制造的效果,他面对的仍然是一种潜在的广告(它们可能不是商业的,但往往会是政治的、道德的)。

  当前,广告对人类智力生活的侵蚀,已是一个不争的事实。在古典主义和浪漫主义时代,人类的智慧主要被用于创造诗歌;但是,在当今社会,智慧也进入了它的"转型期",诗歌的智慧主要被消耗在了广告词的撰写上,人们"为了用它剩余的最后几个非商业形象做生意,已经无数次擅自出卖过这种浪漫"。在现代人的生活中,电视与广告之间狼狈为奸式的同谋,使后者拥有了史无前例的文化自信和文化傲慢,其中尤以美国"百事可乐"的广告最具代表性。在此,"百事可乐"似乎已不再是一种普通的清凉饮料,它甚至具备了意识形态的品性,而倘若我们赞同作者在书中发表的看法,"每天拖着国家驶向这个想象目的地的火车头,就是电视";那么,不妨再引申一下,"百事可乐"的广告和以它为标志的价值观与生活方式,就是坐在这个火车头中操纵方向盘的"司机"。

我是神的一片叶子

多年以前,我读过一本书,书名叫《境界线的美学》。该书的作者岩井宽是一位日本精神病学专家,热爱艺术,尤其精通美术史。他通过病迹学的案例分析,探讨了艺术史上一些介乎癫狂与天才之间的人物的创造本源。在这本书中,岩井宽借助亚斯巴斯和巴什拉对人的意识的界定,把正常人的精神世界比喻成一个"现实"的圆。认为精神残缺者的世界不是一个圆,因为他某个或某些方面存在着缺损,形成了凹陷的部分。不过,由于这种缺损,精神残缺者就必然会在其内心世界给予某种补偿,如此,就使得智力在某个方面形成明显的凸出。观察精神残缺者的世界,我们可以发现,从整体上看,它的圆心与边缘的距离不能相等,某一点距圆心很远,而其他的点则比平均距离更近。这凸出的部分进入艺术的范畴,便构成了创造的可能,因为,精神残缺者虽然在平均指数上属于低能者或者白痴,但他们在内心的某一点上却拥有超常的天才。目前,我案头上的《尼金斯基手记》展示给读者的便是这样一个典型的案例。

尼金斯基是20世纪初俄罗斯天才的舞蹈家。在他短暂而辉煌的舞蹈生涯中,他成功地塑造了"欲火中烧的埃及奴隶"(《希赫拉扎德》)、"花的精灵"(《玫瑰花魂》)、"受尽折磨和歧视的木偶"(《彼德罗什卡》)和"狂欢中的丑角"(《狂欢会》)等角色。在舞台上,他能够以最轻盈、最动人的技巧,跳出最具难度的舞步:例如,在一次腾空中,两腿迅速完成交叉并在落地之前完成击打十次的高难度技术动作;尤为难得的是,能够做到"下降时的速度比他上升时更为缓慢",以此展示了刚毅的男性气概,摆脱了以往男性舞者的配从角色,极大地提高了男性舞蹈家的地位。另外,作为出色的编导家,他的代表作《牧神的午后》和《春之祭》已成为现代芭蕾的经典:前者淋漓尽致地展现了青春期的骚动和人类的欲望与理性、梦幻与现实的冲突;后者首创了双脚内扣、动作顿挫、群舞为主的编导原则,并模拟性媾动作来象征生机勃勃的春天,这成为后世编导家竞相效仿的对象。由于上述突出的艺术成就,在世界芭蕾舞蹈史上,尼金斯基享有"最伟大的男演员"、"世界第八奇观"的称号。喜剧大师卓别林在自传中描述他观赏尼金斯基的表演时说:"在我生活的世界上,我只见过少数的几个天才,尼金斯基便是其中的一个;他仿佛有一股催眠力,像神一般;他的沉着暗示着超乎于世的心境;他的每一个动作都是诗,每一个跳跃都是进入奇异幻想之境的飞升。"

令人遗憾的是,1919年初,不到30岁的尼金斯基身上出现了严重的精神失控现象。与此同时,他开始写日记,记录他对世界的感受和领悟,他对情感和理性的探索,以及他平衡内心生活的各种尝试。不久,他被确诊为精神分裂症,送进精神病院,从此便彻底陷入他个人的世界。在以后的三十年中,他对什么也不再感兴趣,常常仰面望着天空,不作一声,不回答任何问题。在精神彻底分裂前所留下的这部手记中,他这样说道:"我写这本书不是要人们观赏我的文字,我需要他们了解我的思想。我为了表达思想才写这本书,而不是为了表现我的文字。"这表明,手记应该是他试图跟这个现实世界沟通的最后一次努力,它也为后人了解这位癫狂的天才提供了最重要的阿莉亚德娜之线。

根据精神病学的分类,主要存在着四类精神疾病:精神分裂症、躁狂症、癫痫病、神经症。在这些病症中,神经症接近于正常一侧,而分裂症则接近于精神崩溃一侧,如此,在神经症和分裂症之间,便存在一个临界的区域,也就是岩井宽所称的"境界区域",从而在异常和正常之间展示了某种流动性。尼金斯基写作手记时,正处在一个天才舞蹈家的终结和一个精神病患者的开始的特殊时段,也就是岩井宽所谓的"境界区域"内:一方面,他面对精神错乱的现象,和自己的幻觉交流,生命本能像洪水泛滥似的挤占了理性的位置;另一方面,这些呓语般的表述又对客观世界作出了独到的反映,具有自身的逻辑轨道,它们在形式上符合理性的原则,尤其是作者经过了意识特殊过滤所认定的理性。在手记中,尼金斯基写道:"我被情感附身,这种附身就叫做理性。"

尼金斯基所理解的理性与情感和感受力密不可分,"能够深刻感受的能力,就叫做理性。我能深刻地感受,所以我是个有理性的人"。这里,我们就触及了他写作中的一个关键词——"情感"。他曾经表述,他要写一本有关情感的伟大著作,那本书将记载他的全部生活,说出一切真相,其写作目的就是向人们解释情感是怎么死亡的。在他的笔底,"情感"一词享有特殊的恩宠,它和它的变体"感受"、"感受力"不断地出现,如同一部交响乐中的主旋律,"我喜欢美丽的书写,因为含有情感。我喜欢书写,但我不喜欢没有情感的书写。……""我是生命,生命就是人相互的情感";"我妻子爱我胜过任何人,她置我于一切事物之上,可是她就是无法深刻地感受到我";"我喜欢简单的人,但我不喜欢愚笨,在愚笨中我看不到情感。愚笨并不是一个人的情感,我知道愚笨的人无法深刻感受"。

正是从情感的定律出发,尼金斯基抨击了"聪明",断定那是一种严重的缺陷,妨碍真正的理解;至于"思考",仅仅是人的头脑的活动,会切断人与自己的本质的联系;只有感受和感受力,才能帮助人理解周围的事物,与神、自然和其他人交流。据此,他发表了对艺术和美的看法:"聪明的音乐是一种机器,有情感的音乐是神。我喜欢用情感弹奏的钢琴家,我不喜欢没有情感的技巧。"他认为,人们不应该讨论美,也没有必要去批评美。美属于创造,它是无法被评论的,只能被感受,因为,"美不是相对的,美是神。神在情感和美之中。美在情感之中"。由此,我们可以发现,尼金斯基判断力的深刻与偏执俱在,那种情感主义至上的冲击波必然会打破日常理性的堤岸,它们造就了他辉煌的创造,也暗示了他逸出正常世界的必然性。

如前所述,手记所反映的精神面貌,正好是一个人处在正常与异常之间流动的临界点上。沿循这种流动性,尼金斯基将自己的想象力发挥到一个极限,他通过幻觉和妄想,对世界进行变形、颠倒、重组,形成了一套独特的语言。这套语言断裂、跳跃、尖锐、反常,为我们提供了一个惯性思维以外的知觉世界,以正常人难以抵达的情感强度阐述了自我的体验,以极端的方式表现了人的共性、普遍性和超越性。全书传达了一种启示录式的感悟,他如是述说着对人的绝望和与神相沟通的愿望,"我活着,而生命一点一点流逝","死亡就是生命,人因为神而死,神一直在运动,所以死亡不可避免。人的肉体死去但理性仍继续存在"。在永生和不朽的愿望驱使下,尼金斯基把自己想象成"神的一部分"或"人群中的神",宣称"我是神的一片叶子",而"神爱我并将在死亡中给予我生命"。

一代人的文学肖像

在中国的读书界,康斯坦丁·格奥尔基耶维奇·帕乌斯托夫斯基的名字也许是与《金蔷薇》这本书紧密相连的。这是一本曾经为几代读者所倾心的书,著名学者刘小枫在随笔《我们这一代人的怕和爱》中记述了他初次接触该书的经历,这束文字的"金蔷薇"为他播下的是俄罗斯精神羞涩和虔敬的种子,成为他的灵魂再生之源,开启了他内心深处"怕"和"爱"的生活。直到 20 世纪 90 年代,刘小枫和朋友们在阐述理想与受难的关系时,仍然把重温《金蔷薇》当成一门必修课,可见其影响的深远。

正是在这本广为流传的《金蔷薇》中,帕乌斯托夫斯基提到,他打算写一本难度很大但又很有意思的书,它"应该由许多卓越的人物轶事组成","而这些轶事又必须是短小生动的";其中,还要包括"几个最普通的人的轶事",他们多半是为一种激情所控制而忘我工作的人,"虽然默默无闻,早已被世人遗忘,但其实并不逊于那些声名显赫、众人爱戴的人物"。如今,呈现在我们面前的《文学肖像》就是帕乌斯托夫斯基当初那个愿望的实现,从某种意义上说,它应被视为《金蔷薇》的姊妹篇。

与《金蔷薇》一脉相承,帕乌斯托夫斯基在撰写《文学肖像》时,仍然把关注点集中在"人"的身上。在他的心目中,文学与人的精神世界有着密切的关系,它产生于人的内在需要。只有服从于这种内在需要指令的人,才有可能创造出不朽的作品。因此,在收入该书的 25 篇文章中,作者着意凸现的便是"人",刻画的也是"人的灵魂或精神"意义上的"肖像"。当帕乌斯托夫斯基说"爱伦堡,这是一个比作家更为伟大的现象"时,他意指的便是作家本身作为人的存在的价值,首先是一个人,其次才是一个作家。

由此出发,帕乌斯托夫斯基显露了自己对人生深邃的洞察力。这种洞察力体现在他的创作中,便是多种角度的透视和多种笔法的运用。例如:在评价布尔加科夫的时候,他强调了作家身上特有的"表演"天赋。他认为,布尔加科夫不仅是一个大作家,而且是一个大演员。在小说创作中,布尔加科夫"扮演"自己的主人公,代替他思考,和他谈话,将他带进自己的生活,直到最后，主人公完全占据了布尔加科夫的心灵，作家也就再现为主人公。这是布尔加科夫能在小说和戏剧两个领域取得同样成功的秘诀。而在介绍罗马尼亚诗人托佩恰努时，作者将他与苏格兰诗人彭斯相对比，结论是彭斯是一个有着单一的爱和单一的痛苦的人，像黑麦一般普通，像清泉一般清澈；而托佩恰努则是复杂的，他善变、深刻，时而快乐，时而忧郁，在他身上，经典式的准确和表演般的漫不经心、严肃及轻浮出人意料地聚合在一起。

有时，帕乌斯托夫斯基如实地记载他人向自己讲述的故事，让主人公自己来说明白己。诗人卢戈夫斯科伊向他记述过一件趣事，他去电信局打电话，有一片枫叶紧紧地跟着他，在他的脚旁奔跑。诗人停下，它也停下；诗人快走，它也快走。但是，它未能走进电信局的门槛，因为，"那可是一个单位"，"不允许秋天的树叶进去"，于是，它就在门口留下来等着诗人。诗人"摸摸"它的背，它就在门口留下来等着。显然，有人把它赶走或者踩碎了，于是，诗人感到非常难受，仿佛自己背叛了它，没有保护好这位"小朋友"。卢戈夫斯科伊对任何事物都会产生热情，他善于赋予生活中的一切以神话、史诗、童话和抒情小说的特征。试想，倘若这里没有帕乌斯托夫斯基忠实的复述，卢戈夫斯科伊人格上的这种诗性特征很可能就被无情的岁月之波给湮没了。

当然，在这本"很有意思"的书中，帕乌斯托夫斯基使用得最多的仍然是肖像画的方式。例如，他这样刻画格林："比语言更能说明格林生活本质的是他的外貌：这是一个瘦得异乎寻常的人，他身材高大，有些驼背，脸上刻着成千上万道皱纹和伤疤，双眼充满疲惫，这双眼睛只有在阅读或构思不同凡响的故事时，才闪烁着美丽的光芒"，"格林并不漂亮，但充满着含蓄的魅力。他走起路来很沉重，就像那些被工作累坏了的搬运工。"只是寥寥数笔，作者便拈出了一个活生生的人物形象，而这样的例子，在书中可谓俯拾即是。

无疑，就整体风格而论，帕乌斯托夫斯基的创作渗透着强烈的现实主义精神；但在气质上，帕乌斯托夫斯基却属于浪漫型的作家，他本人也从不讳言这一点（而要知道，在"社会主义现实主义"盛行并且几近独尊的苏联时代，敢于旗帜鲜明地承认自己是一名浪漫主义者，是需要超常的胆识和勇气的）。根据他的自述，他在青年时代曾经迷恋过异国情调，中年以后，虽然放弃了对异国情调的迷恋，但并没有远离浪漫主义。因为，"在浪漫主义中包含着一种使人变得高尚的力量"，"浪漫性是包括科学和认知在内的一切事物所固有的。人知道得越多，他对现实的接受就越全面，他和诗歌就靠得更近，他也就越幸福"。在他的心目中，浪漫主义情怀与对现实的兴趣和热爱并不矛盾,在人类生活的所有领域,都潜伏着浪漫主义的种子。只有具备浪漫主义情怀的人,才可能真正地热爱生活,关注现实;反之,他就会因为缺乏对未来的希望而被生活吞噬。

和许多充满了幻想的浪漫主义作家一样,帕乌斯托夫斯基希望自己能够参与人类所有激情的碰撞,并把这一希望转化成了一种幻想:从事一项包罗生活万象的职业。这样,写作就成了一个别无选择的选择。他非常看重"作家"这个称号,认为它"集世界上所有迷人的职业于一体"。这意味着,对一名作家而言,"任何东西,哪怕是最微不足道的东西,都不会白白地从身边走过"。这段话令人不由得想起罗丹的名言:"生活中不是缺少美,而是缺少发现。"显然,他并不缺少罗丹所赞叹的发现能力,凭借着这种能力,他把所有人的痛苦和快乐都转化成了自己的财富。他在积攒了这些财富以后,又用热情的笔墨将它们回报给了财富的创造者——成千上万名读者。

上述能力主要体现在帕乌斯托夫斯基对文学语言的把握上。据译者介绍,"他使用的是纯正的俄语,来自于俄罗斯民间的语言",是"真正的俄罗斯语言",其中没有"当今俄语中泛滥的外来词、不规范词汇以及过剩的形容词"。这一点,即使是面对已经实现了语言转换的译文,我们也仍然能隐约体会到作者的语言魅力(这自然得力于译者扎实的中外文根基,不过,更与作者所提供的优秀蓝本有关)。在艺术上,帕乌斯托夫斯基有着独特的实验,他的文章较多地以"断想"式文体出现,段落大多不长,最短者甚至只有一行,十分切合"散文"的"形散神不散"和"随笔"的"随意、自如"特点。另外,他的文字基本是感受性的,而不是分析性的,这使得他的文章带有很强的抒情特征,读来饶有诗意。《金蔷薇》如此,《文学肖像》也仍然保留了这种风格。或许,正是这些特征的存在,为我们保证了阅读的快感和对思想的启迪。

"我的事业除了歌还是歌"[1]

与相当一部分中国读者相似,在充满遐想与浪漫的大学时代,我曾满怀热情地诵读过勃朗宁夫人的抒情十四行诗,沉醉于爱情战胜死亡的颂歌,并且以为,那激发了女诗人点得着火的热情的人,只不过是一个抒情的对象或一个灵感的来源而已,根本没有意识到他更是一位维多利亚时代的伟大诗人。只是到了研究生阶段,在修习《外国诗歌史》课程时,才从导师的口中得知,倘若一个英国读者只知道勃朗宁夫人是一位诗人,却不知道勃朗宁先生是一位更伟大的诗人,那情形就好比一个中国读者只知道鲁迅夫人是一位作家,却不知道鲁迅是一位更伟大的作家。事实上,只要一翻开路易·卡扎勉的《英国文学史》,我们便可以知道勃朗宁在英国文学史上的地位:"勃朗宁的作品无疑属于英国文学在实践心理学方面所提供的最丰富最深刻的篇章。勃朗宁在英国文学中不仅是最富想象力的作家之一,而且也是最伟大的作家之一。"法国作家、诺贝尔文学奖获得者纪德,对勃朗宁更是推崇备至,他认为:"尼采、陀思妥耶夫斯基、勃朗宁、布莱克是同一星座的四颗明星。"在英国,或许除了莎士比亚,再没有人能像勃朗宁那样对后世拥有如此广泛的影响。迄今为止,关于勃朗宁的学会、俱乐部和博物馆已达数千个之多,文学教授和研究生们纷纷对其诗歌遗产投以青睐,从中选择了丰富的题目来研究。据有关人士统计,在第二次世界大战以后的25年里,英美研究界便发表了关于勃朗宁的专著、论文600余种。他的不少名诗已被编入大中学生的教材而家喻户晓。

1812年5月7日,罗伯特·勃朗宁(Robert Browning)生于伦敦市郊的坎伯韦尔,父亲是一名银行职员,但热爱文学和艺术,有一个藏有7000册图书的藏书室。他为人随和,心地善良,曾因不满奴隶制度的残酷,而放弃了在西印度种植园的继承权,这一行为令儿子终生为之骄傲。母亲热爱音乐,

---

[1] 原文副题为《罗伯特·勃朗宁与他的"戏剧独白诗"》。

弹得一手好钢琴。她是一名新教徒,在信念上接受加尔文的教义,但不接受其中愚昧的预定论,因而其思想带有人本主义的色彩。她对大自然怀有深厚的感情,自然界中的一切山川草木、花虫鸟兽,似乎都是她的朋友。父母的这些性格特征和爱好,对诗人世界观与个性的形成都起了积极的作用。1828年,勃朗宁进入新创办的伦敦大学学习,由于不习惯严格的上课制度,刚过半年便自动退学,放弃了家庭为他选择的法律专业,宣布要做一名诗人,认定自己的事业"除了歌还是歌"。

  1833年,勃朗宁出版了一本匿名的长诗《波琳》,该诗受浪漫主义诗人雪莱的影响很深,有很强的自我倾诉特征。哲学家穆勒针对此诗写下了尖锐的批评意见,认为作者似乎"被一种强烈的、病态的自我意识缠住,这种意识是我在意识清醒的人身上从未见过的"。这一批评对勃朗宁写作风格的定位所起作用很大,诗人决定从此专写客观的、戏剧的诗,做一个揭示别人心灵的人。1835年,勃朗宁署名出版了长诗《帕拉切尔苏斯》,受到了伦敦文学界的承认与肯定;在一次酒会上,大诗人华兹华斯也举杯向这位后起之秀祝酒。1841年,勃朗宁开始出版总题为《铃铛与石榴》的戏剧与诗歌合集,共分八册。第一册是戏剧形式的长诗《碧葩走过了》。次年,出版诗集《戏剧抒情诗》(《铃铛与石榴》的第三册)。1845年1月10日,勃朗宁写信给伊丽莎白·巴蕾特,表示爱慕之意。5月20日,在勃朗宁的一再恳求下,两人初次见面,双双坠入爱河。爱情创造了奇迹,使瘫痪在病床上很久的伊丽莎白站立起来,并且写下了一部传世名作《葡萄牙人十四行诗集》。据说伊丽莎白写过一首以葡萄牙大诗人卡蒙斯的爱情故事为题材的抒情诗,勃朗宁非常喜欢这首诗,私下里常称呼她"我的小葡萄牙人",伊丽莎白以此名之,既是为了这种隐私性的纪念,也是为了掩人耳目,给人以葡萄牙诗歌译作的印象。这部诗集记录了女诗人在爱情来临时所流露的惊慌、兴奋,她对命运的哀叹和内心的挣扎("请不要这样指责我:我在你面前露出一副太冷静、忧郁的面容;你我原是面朝着两个不同的方向,那普照的阳光照不到两人的前额");她对示爱者的感激和眷恋("我爱你以我终生的呼吸,微笑和泪珠——假使是上帝的旨意,那么,我死了我还要更加爱你");以及由于自身的痼疾而不得不沉默的痛苦。同年,勃朗宁出版了《戏剧罗曼司和抒情诗》。由于勃朗宁过于关注人的心灵发展,忽视了外在世界的铺排,他的剧本缺乏动态的戏剧元素,行动与场景很少,容易给观众或读者以冗长单调的感觉。所以,在八册《铃铛与石榴》的合集中,人们对作者本人寄予希望甚高的五册戏剧的反应平平。可出乎预料的是,其中的三册诗集却大受欢迎。早期的一些名篇《我的前公爵夫人》、《圣普拉西德教堂的主教吩咐后事》、《波菲利雅的情人》、《西班牙修道院里的独白》和《在贡多拉船上》等,更为人们称颂不已。勃朗宁截取了戏剧中的独白体裁,以客观的笔调描写因压抑而扭曲的心灵。在作品中,他让主人公的激情与作者的克制达成了一种平衡,取得了很好的艺术效果。这部分诗歌的问世,标明勃朗宁已经真正确立了自己独特的写作风格。

伊丽莎白的父亲是一个清教徒,他的宗教观念偏执到了一种疯狂的程度:他说上帝是一个嫉妒的神,女儿是按照神的形象造的,他的家庭不能因为婚姻而破裂,因此,伊丽莎白快到四十岁了,还不敢提出结婚的事。1846年9月,勃朗宁和伊丽莎白·巴蕾特秘密结婚,随即赴法国和意大利。他们辗转数地后,在佛罗伦萨定居,继续诗歌与爱情的甜蜜生活。1855年,出版诗集《男男女女》,收入勃朗宁许多最优秀的戏剧独白诗,其中有《安德烈,裁缝之子》、《罗兰公子来到了暗塔》等。1861年6月29日,伊丽莎白去世,给这段诗歌姻缘画了一个不无遗憾的句号。安排好了夫人的丧事以后,诗人返回伦敦。1864年,出版诗集《戏剧人物》。在1868至1869年,出版了规模宏大的长诗《指环与书》,全书共分四册,每册三卷。《指环与书》以17世纪末发生在罗马的一桩凶杀案为素材,叙述善与恶、美与丑、爱与恨之间的斗争。这部长诗是勃朗宁探索人生和艺术的一部总结性作品,它凝结了诗人所有的智慧、知识和技巧。长诗出版以后,在文坛上引起了不小的轰动,引出了无数赞扬和肯定的评论,评论家约翰·莫利甚至认为:"《指环与书》不仅是我们这个时代在诗歌方面无可比拟的最高成就,也是莎士比亚以来英国最宝贵最深刻的精神财富。"从此,勃朗宁便成为与丁尼生双峰并峙的维多利亚时代两大诗人之一。在读者的心目中,勃朗宁、丁尼生、狄更斯就是那个时代英国最伟大的文学家。1879~1880年,出版《戏剧田园诗》两集。1889年,《勃朗宁诗歌作品》十六卷集出版,12月12日,诗集《阿索朗多》出版;同日晚,勃朗宁在意大利威尼斯儿子的家中逝世。12月31日,诗人葬在伦敦威士敏斯特大教堂名人墓地的诗人角。葬礼十分隆重,参加者有英、美许多大作家和要人,抬棺人是牛津、剑桥的学院院长,皇家美术学院院长和丁尼生的儿子(代表他父亲)。评论家戈斯对此的描述是:"半个伦敦都来了。"

勃朗宁的诗歌题材十分广泛,政治、宗教、伦理学、艺术、科学,无所不有。诗中的主人公更是形形色色,除现实人物与历史人物以外,原始人、外星人、仙女、魔鬼等等,甚至连盗贼、赌鬼、杀人犯,这些以往不能入诗的下贱、粗俗的角色,也堂而皇之地进入了勃朗宁的诗歌殿堂。与这些角色的身份相对应,勃朗宁采用的语言也是口语化的,赤裸、粗俗,结结巴巴,随意跳跃。这在维多利亚时代以罗塞蒂、王尔德为代表的唯美主义气息浓厚的诗歌氛围中,无疑因其很大的超前性而显得惊世骇俗。不过,勃朗宁之所以成为大师级的诗人,除了上述特点以外,与他独创的诗歌体裁"戏剧独白诗"有很大的关联。1997年3月,在北京文采阁召开的20世纪90年代诗歌研讨会上,针对90年代中国现代诗如何继续向前发展的问题,笔者曾发表过这么一个看法,当代诗歌或许可以向戏剧学习点什么,从中汲取有益的成分,因为:"戏剧有更大的空间,有丰富的对话,它更善于表现多元的社会。一种多声部的诗歌将有助于我们捕捉这个时代多元、混乱的本质。"勃朗宁的创作实践似乎证明了这一意见的可操作性。

早在19世纪中期,他便开创了一种称为"戏剧独白诗"的诗歌形式。在这一形式中,诗人通常这样设置,主人公进行内心独白,以此交代时间、地点、环境等背景材料,至于独白过程中产生的事态发展的细节等,则由独白者在看似不经意中透露出来。由于全诗以独白形式展开,作者一般只提供必要的线索,它们常常是片断式的,需要读者自己来穿连和补足。与传统抒情诗的独白不同,它是一种具有戏剧性的独白,因此,勃朗宁的独白包含着潜在的对话性,它们在大多数情况下是有对象的(自然,这些对象都是由抒情主人公的独白中巧妙地暗示出来的)。这样,我们在聆听独白时,仿佛能听到另一个声音,隐约感觉到那隐匿在"我"内心深处的另一个"我"。有时,当读者面对勃朗宁的诗歌时,会发现有些独白似乎存在着自相矛盾的特点,殊不知,这又是诗人的匠心独运之处:因为这些主人公的独白有些是真实的流露,有些则是带有掩饰性的谎话,它们往往越是掩饰,就越是绽露马脚。而读者可以沿循这些线索,通过自己的分析、对比和判断,最终清理出全诗真正的寓意所在。

勃朗宁为什么会选择"戏剧独白诗"的体裁呢?论及此点,不能不谈到他对作品的"客观性"的追求。勃朗宁是在对浪漫主义的反拨中成长起来的。他认为,浪漫主义诗人过于强调人的主观性,诗人本身介入过多,以至于出现了直白、脱离现实等缺点。因此,他主张:在写作中,诗人应该超然于作品之外,亦即"人"和"诗人"分开。在给伊丽莎白的一首献诗中,他以月亮的正背两面对生活和写作中的私人性和公众性作了形象的比喻,暗示了自己对客观性的追求。我们知道,诗歌需要一定的抒情性加以支撑,但倘若抒情意味过浓,就会给人甜腻甚至虚假的感觉。因此,以戏剧的形式适当地增加诗歌的客观性,就可以起到某种补救作用。勃朗宁正是在这方面进行了成功的尝试。

在整个英国维多利亚时代,勃朗宁属于那种哲理化倾向很强的诗人,以至于在诗人去世后的十年间,有不少评论家甚至把他的作品当成哲学来解读,他本人则被看成"哲学和宗教的教师"。那么,勃朗宁究竟在诗歌中阐述了怎样一些哲学或宗教观点呢?首先,在世界的完美与否的问题上,勃朗宁接受达尔文的进化论观念,认为一切事物都处在进化的过程中,从不完美走向完美,不完美是人必须面对的现实。这样,诗人并不苛求事物的完美,而更关心一个人的成长,用一种发展的眼光来看待人生和艺术。他反对古典主义对完美的绝对追求,在《荒漠中的死》一诗中,借圣约翰之口说道:"一盏灯会死,当油满溢,它焖灭;/一个胃会死,当食过分,它饿毙。"在他看来,不完美是进化,是活的,也是好的;完美则是停滞,是死的,自然也是不好的。正是有此识见,他对尘世间随处可见的恶作出了独特的理解:恶是人生的考验。"恶无足轻重,它是包含声音的寂静;善仍将是善,因为有恶而有更多的善"。人的心灵可以通过战胜恶而变得更为美丽、更为和谐。

作为曾经创造世界文学史上最动人爱情佳话的诗人,勃朗宁对爱情有着超越于普通人的深刻理解。他肯定"爱"是人类内心最为神圣的东西,爱和被爱是生命的本源和支撑,人生在世,没有爱情滋润是不可思议的事情。在他的心目中,面对恐怖的死亡和疾病,唯有爱可以超越、可以战胜。在早期的诗歌中,勃朗宁感动于耶稣为拯救世人而走上十字架的牺牲精神,经常借用耶稣的事例来宣传神对人的爱,证明人需要一个慈爱的上帝。但随着时间的流逝和阅历的增长,他对基督教的教义产生了怀疑,尤其是《旧约》里那个动辄屠城灭族的上帝,更是让人感到恐惧多于爱。在他的后期作品中,表现神爱的内容越来越少。对爱的原则的信奉,促使诗人将目光从天堂转向了人间,在对人间爱的体会中肯定生命的价值,"原先的宗教内容开始转变为人生、道德内容,对上帝负责变成了对良心负责"。正是有了这一转向,诗人开始对教会和神父们以爱的幌子抑制人性的做法进行了辛辣的讽刺和抨击,《西班牙修道院里的独白》、《圣普拉西德教堂的主教盼咐后事》、《忏悔室》、《异端分子的悲剧》和《忏悔》等都鲜明地反映了作者放弃"天国入场券"的人道主义立场。

相当长一段时间,我们与西方在文学上的沟通与交流存在着严重的障碍,以至于会出现笔者在开篇所描述的那种闭塞和无知。现在,英国的"鲁迅"终于有了一个比较完备的中译本,这是中国诗歌界和翻译界的一大幸事。这里,有必要对勃朗宁诗歌的翻译和中译本独特的体例赘言几句。有过翻译体验的人大约都知道,翻译难,文学翻译更难,至于诗歌翻译则更是难中之难(极端者甚至认为诗歌是不能翻译的,所谓诗歌,就是那在翻译中失去的那一部分东西)。因为,诗歌的翻译并不仅仅是语义的兑换,它还包含着对声音、节奏、韵律、词序的移植和内在神韵的传达。所以,它除了需要翻译者对作品原文有透彻的理解,能够以流畅的译文进行表达以外,还对翻译者的诗歌悟性提出了更高的要求——从某种意义上说,一个不具备诗人气质的人,是无法胜任这项工作的。倘若以严复的"信、达、雅"标准来比附的话,诗歌是对"雅"最为讲究的一种文体。从《勃朗宁诗选》的译序中,我们知道,译者从事这项工作,耗费了整整十年时间,在急功近利的世风甚嚣尘上的今天,译者对待译事的这种严谨态度不能不让我们产生崇高的敬意。而更令我们感到欣喜的是,综观整部诗选,前述笔者提及的译者的诗歌悟性,也达到了与这种"十年磨一剑"的精神相匹配的高度——无论是文字的转述、节奏的安排、韵脚的移植,还是诗歌的内在神韵与气息的传达,中译本都提供了不少堪称范例的译文,可说完全达到了以诗译诗的标准。此外,诗选所附的解析性文章也颇有特色,它们与坊间曾经流行一时的"鉴赏文"不同,而是译者多年研究和译解的心得,"根据国外百余年来勃朗宁研究的成果,向读者提供翔实的'语境'和有启发性的参考资料"。我们有理由相信,在读者进入"晦涩之王"勃朗宁的诗歌迷宫后,这部分文字能够很好地承担起"阿莉亚德娜之线"的功效。

诗是来自痛苦经验的运动

心是一片绿叶,飘荡在时间之树的枝头,忍受过寒冬,也享受过阳光。如今,这颗心已经衰老,行将凋落,仿佛晶亮的泪珠扑簌簌地滚出圆睁的双眼;哪怕云彩依然温柔地躬着脊背致意,小蜜蜂还在辛勤地前来问候。这是奥地利女诗人巴赫曼的诗作《凋落的心》经过笔者的稀释以后溢出的一星半点散文。而在原本分行的节奏里,诗人如是吟唱道:

然而,你的心已经证明了什么?
它在昨日和明日之间悬摆,
无声而异样,
它跳动时,
已经凋落于时间之外。

全诗借绿叶比喻人心,意在揭示人美丽又脆弱的生存处境,凸现它的有限性、瞬间性,以及它在昨天与明天、天和地之间悬荡的无奈与被动。

在巴赫曼看来,时间是人的宿命之根,而"诗是来自痛苦经验的运动"。她最具代表性的一首诗歌《废除缓期支付的时间》则再一次重申了面对时间的敬畏之心。诗人在开篇第一句便强调"更严酷的日子即将来临",接下来以凝重的声音宣叙"废除缓期支付的时间 / 已隐约在地平线上闪现",渲染出一种末世论的情调。德语 gestundete 的原意为"缓期支付"、"推迟付款",它原本是一个金融词汇,这里被借用来暗示人的处境,暗示人拥有的生命都是从时间那里借贷而来。一方面,它通过"支付"、"兑现"等内涵赋予抽象的时间以某种具体的感性;另一方面,"废除"一词则说明事先约定的"缓期支付"已经结束,欠债必须偿还,昭示了生存的严酷性。我们由此认识到,时间是无情的贷方,而人类就像举债度日的借方,每日所拥有的每分每秒都不过是借贷而来的,到一定期限必须交还。接下来,诗句"不久,你将系紧鞋带"自然地道出"启程"的意向。需要指出,这样的"启程"实际包含了积极和消极的两面,既是迎向未来生命的进步,也是行将步入死亡的投足。

海德格尔曾说过,"存在就是提前到来的死亡"。另一位哲学家蒂利希则认为,死的焦虑决定了人关于命运的焦虑,尘世间一切具体的焦虑都是围绕它而展开的,怀疑、悒郁、孤独、绝望等情绪无不根源于此。但人是一个自由的存在,这种自由赋予他创造的可能性,那创造的能量甚至使他能够勇敢地接受死亡与命运。因此,对一个存在主义者而言,重要的是有接受"存在"的勇气,化被动为主动,在怀疑中确立信仰,由否定去完善肯定。巴赫曼曾以研究海德格尔的论文获得博士学位,因此,她的作品顺乎自然地打下了存在主义哲学的烙印,体现了向死而生的智慧:

> 你别左顾右盼,
> 系紧你的鞋带,
> 把狗赶回家,
> 把鱼扔进大海,
> 吹灭羽扇豆的光亮。
>
> 更严酷的日子即将来临。

《废除缓期支付的时间》一诗语言干净洗练,节奏自由流畅,准确地传达了第二次世界大战后弥漫在欧洲的世纪末情绪,因而传诵一时(2000年,英国作曲家彼得·皮拉姆还为它谱上了曲子)。1953年,同名诗集出版,为作者赢得了很大的名声,她被誉为德语诗歌星空上的"一颗光彩夺目的新星","将完全有可能载入文学史"。

20世纪60年代初,三十出头的巴赫曼把写作的重心由诗歌转向了小说,其最初一批成果就是小说集《三十岁》的出版。由于前述的诗歌与哲学的训练,巴赫曼的中短篇小说大多带有抒情和沉思的特征,如《渡船》、《梦的交易》、《一切》、《海妖温蒂娜走了》、《同声》、《三条通向湖滨的路》等。至于她的名篇《三十岁》,更是一个很好的例证。但丁在《神曲》中说过:"正当我生命的中途,我发现自己置身在黑暗的森林,因为那笔直的小路已经迷失。"这部小说描写的也是类似"中途"的疑惑和思索,与之不同的是,作者只是在"地狱"和"炼狱"之间徘徊,并没有许诺出一个天堂。

巴赫曼在《写作中的"我"》的讲演中认为,某个人如果居高临下地对人们说"我告诉你们"时,这个"我"实际上已经发生了变化,"会脱离讲话的人,变得流于形式和言辞考究。讲话人一旦脱口,就根本无法保证还能否约束这个说出口的'我',是否能够涵盖它"。因此,她在小说《三十岁》中使用了"他"与"我"交叉进行的叙述方式,以"他"来模拟某种客观性,再以"我"的口吻来仿制"他"的内心独白,其中的抒情段落为整体的叙事增添了湿润度。

作者告诉我们,人只能活一辈子,只有这个"自我"可以做赌注,用它来渴望美,追求幸福,成就一切的辉煌。30岁以前,因为有着年龄的优势,人们觉得他与世界的约定随时可以解除,自我的方向也是随时可以调整的。但是,30岁这个"坎儿"却残酷地告诉他,实验自此结束,往后的一切都不再能更改。正是处在这个年龄的临界点,主人公"他"的体内滋生了一种"回忆的能力"。这种能力不像以前那样是"突如其来的"或"出于某种意愿"的回忆,而是"带有一种痛苦的压力回忆他所有的岁月","他抛撒开回忆的大网,抛撒到自己身上并拖着网子,集捕获者和猎物于一身,抛撒到时间和地方的坎儿上,来看看他是谁,变成了谁"。

在这种回忆下的主人公具有什么性格特征呢?他"不愿意像某普通人那样生活,也不想当一个特别的人。他想伴随着时间往前走,和时间抗衡。……他想忍耐,又忍耐不了。想恨,也恨不起来。不会忍耐,也不会憎恨"。在这种无所适从的心态下,他对自我进行了重新认知,结果得出的结论是:"我,就是一束反射,外加一个良好的愿望;我,被历史垃圾所滋养,是来自欲望和本能的垃圾;我,一只脚踏在荒野里,另一只脚踏在通向永恒文明的大街上。我,捉摸不透,是由一切材料混合而成的,纠结在一起分解不开,不过尽管如此,还是能被仰头大睡消灭掉。被人折腾成沉默不语的我……"困惑似乎在无根的反思中变得更加难解,"自我"的多重性也被发掘了出来,人成了被异化的动物,"我"的非我性在一种怀疑的语调中得到了渲染。

值得注意的是,巴赫曼在整部小说中都不曾告知读者其主人公姓甚名谁,只是以一个模糊的第三人称"他"来标示,却借"他"之口说出了"莫尔"这么一个名字,更增添了某种存在主义的意味。作者告诉我们:"这位曾经致力于探索和寻找的莫尔,受到他上代人知识的滋养,也消化了知识,现在又反刍所吞下的东西。莫尔的理论体系。莫尔的无可非议。莫尔就是艺术评论家。莫尔,一个冷面无情、厌恶粗俗的人;莫尔,一个丧失了语言并为此从其他语言中抽出了两千根孔雀羽毛到处炫耀的人;莫尔,一个再也读不了小说的人;莫尔,一个把诗歌看得没有前途的人;莫尔,一个主张阉割音乐和摆脱油画的人。""莫尔"严格按照内心的钟表生活,他运用自己严密的思想为钟表上发条,而这个钟表却推着他的思想往前走。他是工具理性的牺牲品,又是工具理性的帮凶和刽子手。莫尔就像《浮士德》中的靡菲斯特一样,代表着生命中否定的一面,"忠实地保留了他的种种失败和劣迹"。更为恐怖的是,莫尔就像时间派放出的一个神秘间谍,生活在每个人的世界中。"莫尔"无处不在,就像一条九头蛇,如果砍掉它的一个头,在新的地方又可能长出十个头来;并且,我们每个人或许都是莫尔。

据说,在出版了小说集《三十岁》以后,巴赫曼有过近十年的沉默。在这些沉默的日子里,她一直致力于"死亡形式三部曲"的构思和写作。1971年,长篇小说《马利纳》作为"三部曲"的第一部出版,它形式上的探索性和超前的女性意识在当时引发了很大的争议,批评者认为它是"一片混浊的汪洋",作者"陷入了自我主体意识而不可自拔"。但随着时间的推移,这部作品的美学价值和现实意义得到了越来越多的肯定,被认为"丰富和发展了现代小说创作"。可惜,人民文学出版社仅为《巴赫曼作品集》提供了不到400页的篇幅,因此我们未能见到《马利纳》的中译,只能在此怀抱一个美丽的期待了。

"我对着美看得太久"[1]

在人类的语言符码中,隐喻绝不仅仅是一种修辞手段,它在很大程度上还意味着人对自己存在的诗性发现:既是人对世界加以符号化的过程,又是人超越自然、超越自身的精神努力。而从更广泛的含义上说,我们所使用的语言本身便是人对世界作出的一个隐喻。正如当代中国一位批评家所指出的那样:"隐喻在人类的精神存在中,牢牢地保留着人与自然的原始关联。隐喻以此种方式包藏着诗,美和真理。诗是以隐喻为基础的。""隐喻不仅是诗的根基,也是人类文化活动的根基。"[2]由此可见,隐喻对于诗歌的重要性几乎是不容置疑的,它们为诗歌的蕴藉、深邃、丰富与复杂架设了众多隐秘的路径。尤其近代以来,隐喻几乎已成了浪漫主义诗歌和现代主义诗歌的基本元素之一。

可是,19世纪末走上诗坛的卡瓦菲斯却自觉地走上了一条放弃修辞隐喻和语法隐喻的书写道路。这位被埃利蒂斯认为与艾略特"并驾齐驱"的希腊现代诗人在诗中基本不使用隐喻和意象,而是遵循最基本的语言表达方式,自觉地挖掘词与句在沟通和交流过程中的原生态,也很少使用形容词与感叹词,力求回到语言的原初意义上从事创作。例如,他描写一扇"窗":

> 在这度日如年的黑屋里,
> 我走来走去,希望能找到
> 几扇窗子。哪怕只开一个窗子
> 也该是不小的安慰。
> 但窗子并不存在,或者只是我没有看见
> 它们。看不见也许更好。
> 也许到头来,光只是另一种暴政。

---

[1] 原文副题为《希腊诗人康斯坦丁诺斯·卡瓦菲斯》。
[2] 耿占春:《隐喻》,东方出版社1993年版,第5页。又见河南大学出版社2007年版,第4页,第5页。

谁知道会有什么新的事情败露出来。

全诗通篇使用的都是描写和铺陈的语言,诗歌惯常的抒情被还原到小说式的叙事性,体现了直白和明晰的特征。这种明晰性恰好建造了一间理解的"黑屋",以"看不见"来见证更大的"光",接下来的"也许"则像一个小孔,隐约透露着"光是另一种暴政"的说辞。显然,卡瓦菲斯的写作带有某种现象学的意味,现象学的口号就是"面对实事本身"。"现象"的本义就是显现出来的"物",而"物本身"的现象学理解就是世界本身,而非传统哲学所理解的现象背后另外存在着的本体或本质。现象学的重要方法便是"还原",而所谓的"还原"包含了"悬置"、"本质还原"和"先验还原"三个步骤。以此抛弃一切先入之见,把认识重新集中到纯粹的原意识领域,抵达认识的客观和始源,重新找回真实的实在性、具体性。这一方法与卡瓦菲斯"返璞归真"的诗歌理念非常吻合。

无独有偶,20世纪80年代中期,一位中国诗人也曾经发出了"拒绝隐喻"的呼声,他觉得:"隐喻后依赖于历史,它具有文化专制主义的一切功用。它是强迫的、权力的,它强制读者接受那些'喻体'。……它是生活在一个以集体无意识为基础的'相似性'世界中的读者们的'快乐文本'。它的垂直性和封闭性导致奴性的读者。"[1]作者觉得,由于文化的积淀使得诗人无法在一个词本来的命名意义上来使用它,因此,他希望抛弃一切文化的束缚,摆脱语言的惯性,回到口语,回到人的日常性中,倡导一种具体的、片断的、细节的、档案式的写作,企冀在"零"的起点上重建一个崭新的诗歌世界。

那么,诗人拒绝了隐喻和明喻后如何从事写作,这种写作会在何种可能性里营造诗的意蕴,又会在多大程度上损害诗歌的抒情性?这无疑是诗歌美学的一次冒险。如前所述,语言的存在,便是人的存在一个最根本的隐喻。放弃语言的隐喻性,意味着诗人必须完成一项审美还原的工作,他面临的是近乎上帝在虚无中创造世界一般的巨大困难。那么,卡瓦菲斯在这条实验之路上又能走多远呢?

遗世独立的卡瓦菲斯在诗歌作品里极少涉及风景,给人的印象是仿佛他对大自然的山川万物向来熟视无睹。这种有意无意的"忽略",即便在一首题为《清晨的大海》的"疑似风景诗"中也不例外:

---

[1] 于坚:《拒绝隐喻》,载吴思敬编选《磁场与魔方》,北京师范大学出版社1993年版,第309~310页。

让我在这里停下。让我也看看大自然。
清晨的大海,无云的天空那明媚的蓝色,
金黄的海岸;全都那样可爱,
全都沐浴在光里。

让我站在这里。让我假装我看见了这一切,
(其实在刚刚停步的一刻,我真的看见了)
而不是我在这里做过的那些白日梦,
不是我的记忆,也不是那些肉欲的想象。

在这首诗中,没有比喻、没有意象,也没有渲染,只是像一个被美丽的大海所震撼的旅人在喃喃自语。不过,第二节的后半截"让我假装我看见了这一切"是一个极富深意的句子,看似漫不经心,却折射着语言的可能性与局限性。作者把描述的现实带入了怀疑的场域,指出语言在敞开的同时,也宿命地存在着屏蔽的功能,它在表达真实的同时也不自觉地歪曲着真实。有此识见,卡瓦菲斯便在使用了极简单的形容词以后,以否定句来肯定自己的"大海",对浪漫主义的"白日梦"、失真的"记忆"和"肉欲的想象"予以清除,恢复其"真的看见"。

卡瓦菲斯对自然风景"无动于衷",却对历史充满了浓厚的兴趣,尤其是远古的神话和传说。浏览他的作品,我们不难发现,他的用典之多在现代诗人中恐怕无出其右。这就不能不提及他的出生背景。1863 年,他出生于埃及的亚历山大城,父母是居住在君士坦丁堡的希腊人。少年时代,他曾求学于英国伦敦。16 岁返回亚历山大。不久,随母亲去君士坦丁堡居住了 3 年,重返亚历山大城。此后,除了因病到法国、英国、意大利和希腊做短期旅行外,他都一直居住在该城市。诗人生命中的大部分时间都供职于当地公共工程部的水利局,直至 1922 年退休。其间,他偶尔也从事股票交易以补贴家用。他生前不曾正式出版过任何诗集,作品也极少在公开刊物上发表。

需要指出的是,诗人所居住的城市亚历山大曾经是埃及文化与希腊文化冲撞、交错和混融的一个重要空间。公元前 305 年,马其顿国王亚历山大的部将托勒密占领了埃及,随后自立为王,从而开创了埃及历史上的托勒密王朝时期。鼎盛时期的托勒密王朝包括埃及本土、地中海的一些岛屿、小亚细亚的一部分、叙利亚、巴勒斯坦的一些地区。托勒密一世在位时即鼓励文化事业,发展工商业,在埃及推行希腊化。首都亚历山大城内矗立着著名的亚历山大灯塔、世界一流的图书馆和地中海沿岸闻名遐迩的医学院等重要建筑,著名学者阿基米德、欧几里德等都曾经慕名来此从事研究。除文学、艺术、哲学和历史以外,数学、力学、地理学、天文学、解剖学、生理学等学科的研究也在当时居于世界的领先水平。可以说,它是当时世界文化和商业的中心之一。与灿烂的文明相伴随,亚历山大城的享乐主义风气也首屈一指,其骄奢、绮靡和颓废的程度令世人瞩目,以至让罗马派来的使臣乍见之下大为震惊,留下了"亚历山大城是爱神阿佛洛狄忒之宫,其中万事皆备……"的文字。公元前30年,罗马大军攻入埃及,女王克里奥帕特拉七世自杀,托勒密王朝随之灭亡。繁华的亚历山大城也在战火中毁于一旦,昔日的辉煌仅留下一个众所周知的名字和地址。

希腊的血统和亚历山大的出生地,对卡瓦菲斯的心灵引发的是一种特殊的东方主义想象,一种骄傲与伤感、光荣与耻辱并存的感受。《托勒密王朝的荣耀》一诗指示的也就是那一段历史。诗人借"拉吉底斯王"之口,大加赞颂一个崇尚物质和肉体欢乐的强大帝国,恣意炫耀权力和财富给他带来的快乐和名声。但是,接下来话锋一转,一语道破使托勒密王朝光耀千秋的秘密:不是由于它发达的商业和高筑的城邦,而是因为在亚历山大城有一位名叫克利奥帕特拉的"泛希腊世界的女王",有"最辉煌的一代宗师",并且汇聚了众多的知识与艺术的天才。这样,对一个王朝的凭吊被巧妙地融入了关于历史的思考。

卡瓦菲斯自称是"历史诗人",确然与诗人渴望还原历史的雄心有关。但考察他作品中的"历史",则更多地诞生于作者的想象,其艺术成分显然大于事实或科学的成分。作者关注的并非历史的那些宏大场景,也不是著名历史人物的传奇,而是历史的细节和局部,甚至缩微到一个点;或者说他更关心历史中的个人,以及个人生涯的某一个特殊的生活片断。逸事和趣闻更能触发他的灵感,他通过对历史的考古式修复,挖掘散居在历史残砖与断瓦缝隙处的诗意。正是在这一点上,他区别于伟大的荷马,从而体现了一个现代诗人的历史观。

公元前480年,波斯国王薛西斯一世率军进攻希腊,渡过赫勒斯滂海峡,分水陆两路沿色雷斯西进,迅速占领北希腊,南下逼近德摩比利隘口。斯巴达国王列奥尼达率希腊联军约7000人,率先扼守地势险要的温泉关。这是从希腊北部南下的唯一通道,其关口极其狭窄,仅能容一辆战车通过,可谓"一夫当关,万夫莫开"。波斯军队连续发动进攻,但因地势险恶,收效甚微。但两天后,在叛徒的帮助下,薛西斯的一支部队趁夜沿着迂回的山间小道插到了希腊人的后方。列奥尼达获悉后,命令各盟军队伍向雅典撤退,本人则和300名士兵一起留守山口。他们四面受敌,最后在白刃格斗中全部阵亡。

关于希波战争中的这次战役,当时和稍后的不少诗人都写有献诗,其中最著名的是西摩尼德斯的《温泉关铭文》:

> 陌生人,请给斯巴达人捎个口信:
> 我们长眠于此,遵守着他们的训令。

这首诗简洁,不仅为勇士们建立了一座超越时空的纪念碑,也为自己赢得了不朽的荣誉。

卡瓦菲斯的《温泉关》则在西摩尼德斯等人之外另辟蹊径,并不从以往人们称颂的"勇敢"、"坚毅"等品质切入,而是着眼于温泉关勇士们日常生活的信念。这些古老的勇士坚持"在所有事情上始终如一,恪守公义","同时又体现出同情与怜悯","慷慨于点滴之间"。更难能可贵的是,他们自己一辈子只讲真话,却并不憎恨那些背信弃义的人,从而显示了平凡中的高贵和世俗间的忠直。死亡对于他们而言,不过是他们走向永恒的一个出口。他们肉体的被消灭恰恰反证着人性和真理的胜利。

卡瓦菲斯对典故的特殊癖好令人想起中国宋代的黄庭坚。这位江西诗派的创始人在给朋友的一封书简中写道:"老杜作诗,退之作文,无一字无来处,盖后人读书少,故谓韩、杜自作此语耳。古之能为文章者,真能陶冶万物,虽取古人之陈言入于翰墨,如灵丹一粒,点铁成金也。"[1]为贯彻自己"点铁成金"的诗歌写作理念,黄庭坚发明了"换骨夺胎"法。所谓"换骨",就是借鉴古人的诗意,用自己的语言表达出来;至于"夺胎"法,大体上就是点窜古人诗句,在相近的词句之重新排列中表达与之不尽相似的含义。依循这一写作理念,他搜猎奇书,掇拾异闻,在佛经、语录、小说等杂书中寻找生僻的典故、稀见的字词,有时甚至违背通常的诗词格律,不惜用拗句、押险韵、造硬语,在反常性里挖掘诗意,以"拗体"自成一格。黄庭坚的理论和实践深为同时代诗人和后世诗人赞同,在他身后形成了一个声势浩大的宗派——江西诗派,杨万里、陆游、姜夔等著名诗人都不同程度地受其影响。该派的余波一直延及近代的"同光体"诸诗人。

---

[1] 黄庭坚:《答洪驹父书》,载郭绍虞主编《中国历代文论选》第二册,上海古籍出版社1979年版,第316页。

与黄庭坚相似,卡瓦菲斯的不少作品所使用的也是"换骨夺胎"法。根据《马太福音》记载,莎乐美受母亲希罗底的唆使,设计杀死了施洗的约翰。在《圣经》中,它叙述的只是一个虔诚的信徒为布道作出牺牲的故事。不过,这个故事所蕴涵的艺术元素却远不止于此,它那潜在的衍生性、辐射性不断地成为后世很多诗人和艺术家进行创作的原型。著名画家卡拉瓦乔、莫罗、克里姆特、亨利·勒尼奥都曾经以莎乐美为题画出了自己的杰作。海涅、福楼拜和马拉美等分别以此为题材写过诗歌和小说,其中,最著名的是爱尔兰诗人王尔德创作的一出独幕剧。比亚兹莱为该剧本所作的插图则更突出了莎乐美身上骄蛮、妖艳、肉感、邪魅的特征。后来,理查·施特劳斯以王尔德的作品为蓝本创作了歌剧《莎乐美》,借助音符使这个艺术形象得到了更加广泛的流传。

莎乐美的故事在19世纪末已基本定型。她是古巴比伦国王希律的继女,在巴比伦的神庙里,她得到了一个神谕:"世界上只有两种感情能把人永恒地联系在一起,要么是爱,要么是恨。如果他不能爱你,那么就让他恨你吧。"某个偶然的契机,莎乐美对施洗的约翰一见钟情,渴望能够得到他的一个亲吻,但约翰却高傲地拒绝了她的请求。不久,在希律王的生日宴会上,希律王要求莎乐美为自己跳舞,并承诺可以答应她的任何要求,哪怕是自己的半壁江山也在所不惜。而此刻的莎乐美则由对约翰的示爱被拒绝而滋生了极端的仇恨,绝望的怒火让她成为一个"复仇女神"。于是,她在希律王面前跳起了著名的七纱舞,这段舞跳得美妙绝伦,令希律王心旌摇荡,魂飞九天。舞毕,莎乐美提出了割掉约翰人头的要求。最终,希律王被迫兑现了自己的诺言。莎乐美亲吻着心上人失去了生命的嘴唇,发出了"爱之神秘远比死之神秘更神秘呵。爱才是唯一应该考虑的","人们说爱情有一种苦味……不过那又怎么样?"[1]的感叹,并被约翰的追随者们以盾牌击杀。

《莎乐美》一诗则从传说故事的结尾处展开,卡瓦菲斯虚构了一个热衷于思考诡辩论哲学的青年智者,并让莎乐美爱上了他,进一步说明莎乐美之所以砍掉约翰的头颅,目的只是为了取悦这位"智者"。可是,这位习惯了智力游戏的智者对莎乐美的感情无动于衷,并对她开了一个玩笑,"我更希望带来的是你自己的人头"。结果,信以为真的莎乐美在第二天居然真地砍下了自己的头颅,派仆人给他送去。可惜,这名智者早已忘记了自己说过的

---

〔1〕 王尔德:《莎乐美》,韩石译,载赵武平主编《王尔德全集》第二卷,中国文学出版社2000年版,第376页。

话。诗人的描写在此冷静到了残酷的境地：

> 他看到滴下来的血，觉得恶心
> 他令人把这个血淋淋的东西
> 从他的眼前拿开，继续钻研
> 柏拉图的对话录。

一个"继续钻研"把他内心的冷漠，或者说冷酷极其生动地摹写了出来。诗人捕捉了一个情感和理性的死结，以极端化的方式来状写一种反常的心理，进而抨击异化了的人生，对极端理性的反生命特征予以揭露。如果说莎乐美炽烈的情感像脱缰的野马那样无法控制，最终不惜用死亡来攫取情人冰冷的嘴唇和亲吻，那么，这名"对爱无动于衷"的"年轻智者"，恰恰从相反的一面，证明了极端理性的疯狂。表面上看，年轻智者绝对不会像莎乐美那样为爱情丧失理智，但他的冷酷无情也揭示出，在摒除了情感以后，技术理性至上的人无论做什么，都会像怪眼的墨杜莎一样，令它的目光接触到的一切事物变成冰冷的石头。

如果说关于历史和神话的爱情诗歌为卡瓦菲斯戴上了一个模糊的面具，使作者的主观动机隐匿在客观化的描述中，那么，涉及他个人隐私的那部分爱情诗则要求他摘下面具，赤裸裸地呈现自己，袒露诗人最具个性特征的那部分灵魂。考察他的这些作品，我们可以看到，它们依然留有克制、客观（或者说模拟客观）、理性的特征，但直白的描述却使欲望以更灼热的方式膨胀着，甚至略微夸大了感官的刺激，带有暧昧的色情意味。这自然令人联想到他的同性恋经历。或许正是这种非常态的性取向使诗人在道德上天然地拥有叛逆的支点，为他语言上的惊世骇俗编制了一份独特的词汇表。

在《伊梅诺斯》中，卡瓦菲斯借用信札的口吻表述："更应该珍惜的是通过病态而腐朽的方式获得的快感"，因为，"它偶然地揭示，肉体能感知它到底需要什么"，那种方式"能制造通过健康的性取向无法产生的色情强度"。另外两首抒情诗《在那座房屋外》和《进来安睡》描述的是情欲的诱惑，前者以"漫步"故地的场景催生往日情爱的回忆，赋予"店铺"、"人行道"、"石板"、"墙壁"、"阳台"和"窗子"等物以爱欲的意味，让它们在爱的魔力下闪烁异样的美丽。后者描述的是一则热烈的情欲事件——"肉体的欢乐在两件敞开的衬衫之间展开"。这里，我们遇见了卡瓦菲斯诗中罕见的一个比喻：

> 那是迅速绽放的肉体,像一个梦
> 翻越二十六个岁月
> 来到这首诗中安睡。

这里,卡瓦菲斯让他的创作不由自主地回到了抒情的起点。可以说,在叙事的悬崖边,抒情为他架设了一座跨越天堑的桥梁。在这首诗中,抒情与叙事被有机地结合了起来,而由"像……"牵起的明喻获得了隐喻的意向性。诗歌在美的熏染下摆脱了世俗道德的羁囿,而在想象的烛照下,放纵的欲望获得了思想的过滤,喧嚣的现实被引向了精神的安宁,历史作为现实融进了生活,恰似法国作家尤瑟纳尔对他的评价:"肉体的模糊回忆使艺术家成为时间的主人;他对肉欲体验的忠实最终引向一种永恒。"[1]

综观卡瓦菲斯的整个创作,可以得知,诗人对隐喻的拒绝,实际只是一个策略而已,如果将它推到极端,无异于彻底取消诗歌、取消我们的语言。就骨子里而言,他是一名抒情气质极为浓厚的诗人,但是,他在创作中有意地压抑了它们,而以理性、冷静和客观的姿态来从事自己热爱的诗歌写作,令情感在反弹中产生了更大的能量,从而获得了理性与激情相互交融、相互提升的美学效果。他的独特魅力也在于此。因此,必须指出的是,他的诗歌道路实际上布满了大大小小的陷阱,如果无视其抒情的底色,一味去模仿那些叙事意味浓厚的作品,极有可能把诗歌的亚元素夸大成基本元素而误入歧途。

---

[1] 尤瑟纳尔:《时间,这永恒的雕刻家/遗存篇》,东方出版社 2002 年版,第 322 页。

诗歌的乌鸦时代

对于诗歌而言,这是一个乌鸦的时代。

老实说,这句话憋在我心里已经很久了。2001年,我应春风文艺出版社之约,编选一本20世纪90年代的现代诗选,拟与《朦胧诗选》、《后朦胧诗选》配套出版。但是,诗选编成送交终审时,该省出版集团某位领导认为,其中有个别作品调子灰暗,不宜出版。更糟糕的是,他并未说明究竟是哪一首或哪几首作品。这样,我和责任编辑也就不知从何处予以调整。他的这个意见使得这部诗选至今还搁浅在那里。这是让我一直耿耿于怀的一件事情,我内心深处总觉得自己辜负了朋友们的信任,对不住那些把稿子寄给我的诗歌兄弟。也正是在获知这部稿子被"枪毙"消息的刹那间,我突然萌生了一种感觉:在这个时代,诗歌是一只乌鸦。

在中国,乌鸦向来被当成不祥、凶险的象征,民谚里就有"喜鹊报喜,乌鸦叫丧"的说法。一个人清早出门,倘若碰上乌鸦在聒噪,就觉得晦气透顶;在日常生活中,偶然有乌鸦粪掉落在某人身上,更被认为是倒大霉的先兆。乌鸦在西方的名声也不大好。在古希腊的神话传说里,乌鸦便是因为懒惰和不诚实而受到了惩罚。据说,阿波罗曾经拿出一个大银杯,命令乌鸦到河边舀一杯净水给宙斯上供。谁知乌鸦跑到一棵无花果树上打起了瞌睡,直到一个熟透的无花果落在头上,惊扰了它的好梦。乌鸦吓了一跳,嘴里衔的大银杯"啪"的一声掉下去,正好砸在一条大蛇的身上。于是,乌鸦就叼着那条蛇飞回来。阿波罗责问它,它就撒谎说:"这条蛇跟我捣乱,所以我没能舀上水。"阿波罗知道乌鸦在撒谎,就狠狠地惩罚它,把它原本一身漂亮的银白羽毛变成了黑色,同时让其优美的鸣叫声也变得嘶哑难听。至于拉封丹的寓言《乌鸦和狐狸》更是让乌鸦愚蠢、自大的坏名声流播甚广。

之所以认为诗歌(在更多的情况下,实际是指称诗人)是一只乌鸦,无疑与诗歌在当代社会的地位和处境有密切的关系。无须否认,由于处在一个非常态的转型期,人的自然性和精神性正遭受着严重的剥夺,以诗性为代表的人性化生存方式面临着崩溃的危险。从某种程度上说,我们的精神内部出现了一种极端主义的变异:一方面,政治继续在行使它的"领导权",对文学和艺术竭尽其控制和压迫的可能,迄今为止,我们许多文学作品仍然是某种政治意图和导向的注解;另一方面,经济已经崛起,并逐渐成为一个时代的艺术形式,人们以往用来创造诗歌的智慧,而今被用在广告词的撰写,至于从前进行绘画、雕塑的才华和技能,则被消耗在了大小建筑的装修中。

在这样一个时代,选择诗歌作为自己的人生目标,很像福斯特那个著名的比喻,是拆除了现实的屋子,来建造一座虚构的城堡。或许任何时代的诗人都生不逢时,但当代的中国诗人对此可能体验更深——他们天性里的浪漫精神很难找到一块纯净的浪漫主义天空——太阳已经下山,月亮尚未升起,玫瑰的花魂也已逃逸,留在世间的只有现代主义的乌云和暧昧不明的后现代主义黄昏。于是,即便是雪莱、济慈、普希金、海涅再世,他们都不再可能是讨人喜欢的夜莺。但是,如果他们依然渴望发出自己的声音,那么,不论愿意与否,都只能充当"乌鸦"的角色。

正如乌鸦在误解中受到歧视和排斥一样,现代诗和诗人们同样因为理解上的困难而饱受世人的指责。我们记忆犹新的是,朦胧诗出现之初,最为人诟病的一点,便是"读不懂";二十多年过去了,这"读不懂"的傲慢似乎仍然盘踞在我们读者(包括不少评论家)的脑海里。根据他们的逻辑,"我读不懂,该负责任的肯定是你","连我都没读懂,可见你就是没写好"。他们从不检讨自己是否做好了阅读的准备,从不问自己为阅读现代诗付出了多少努力。就是在这种阅读心理定势的驱使下,人们把诗歌的前卫性当成"妖魔化"的事物拒之门外,因此,他们也顺带着放逐了与前卫性相伴的诗歌创造。这种现象的存在,在评论家那里,主要出自他们虚妄的话语权力:由于早期的工作成绩为其设置了一个浮出地面的高台,他们也就天真地觉得高台上的自己有着思想上的"高身材",可以居高临下地评判一切。在普通读者那里,则与20世纪一度风行的文学"大众化"运动有很大关联:一个原本以普及为主题的短期目标,在特殊的年代里,得到了无限地扩张和延伸,在各类文学教科书中,甚至被界定为一个终极性的追求。显然,这种做法所引发的后果就是:丰富的向简单的压缩,前锋撤退到后卫的位置,纵容了思维的惰性和精神诉求的平庸化。

上述傲慢和惰性,与现代人在快速转型的生活里产生的浮躁相结合,造成了当今文化素质普遍下滑的趋势。试想,在一个误以为麦当劳和肯德基就是正宗的西式大餐,从而拥有比满汉全席更大诱惑力的时代里,诗歌如何能从卡通剧和肥皂剧那里争取到它的受众呢?

诚然,不祥、阴郁、绝望、颓废、虚无、神秘等等,是现代诗所着力体现的一些情绪。但这恰恰是一些凝聚了现代人生活特性的真实情绪和体验。高科技的发展和普及,使我们的现代生活出现了更多的可能性,但也暴露了比那些可能性更多的缺陷和断裂,从而打破了从前的和谐与平衡。今天,我们放眼望去,随处可以看到的是:高分值的希望带来了难以承受的失落,对意义的追问遭遇了越来越多的讥讽与嘲弄,现实生活中的偶然与荒诞加大了认识上不理解的外延,等等。现代诗作为对现实的表现或折射,必然要涉及这部分内容。因此,生活在现代的读者指责现代诗在调子上灰暗并因此否定其存在的合理性,无异于一个病人指责诚实的X光镜泄露了他严重的病灶。不幸的是,指责是那样的理直气壮,在恐怖和灾难降临的前夕,我们的诗歌就这样被看成了一只讨厌的乌鸦。

相传,乌鸦的血可以擦亮人们的眼睛,得知这一点,我们的诗人大概可以得到少许的慰藉——或许,由于他们的存在,人们可以看清被世俗生活所蒙蔽了的真实。另外,鸟类学家告诉我们,乌鸦具有不少优点,譬如:杂食性,忠诚,反哺。与之相对照,现代诗似乎同样具备这些特性:首先,它有一个强健的"胃",就内容而言,举凡生活的方方面面,诗人们都敢于吸纳进来;在形式上,叙事性、戏剧性、口语等因素作为亚体裁纷纷出现,诗歌越来越体现出某些综合性的特征。其次,新时期以来,诗人们在自己的领域里孜孜不倦探索着汉语言的艺术,作出的贡献可以说超过了任何一种其他文体。至于说到反哺,青年诗人调整了相当部分老一代诗人的诗歌观念,并且还为后者的写作提供新的艺术经验,也是屡见不鲜的事情。

1845年,现代诗的鼻祖爱伦·坡发表了一首题为《乌鸦》的诗歌,笼罩着全诗的是一种忧郁、恐怖、绝望、神秘、阴沉的气氛。在这首诗中,不断重复出现的一句话或者说一个单词是"永不再"(nevermore)。它仿佛是一则谶言,预示着诗歌的浪漫主义时代"永不再"。而在一个浪漫不再的背景下,做一只说明真相的乌鸦,应该是当代每一位诗人的宿命和光荣。

诗歌的意义蕴藏于人性

生存激发了人的劳动本能,劳动则不断地錾刻着进化的人性。诗是人性在语言艺术中的隐喻,是美在现实生活中的文字呈现,亦即人类文明的标志之一。从某种意义上讲,一个没有诗歌的民族是一个野蛮的民族。

上述这一点,从诗歌的发生学中可以得到证实。根据专家的考证,最初的诗歌便起源于劳动者的号子,人们在繁重的劳作中发现,有节奏的呼喊不仅可以减缓疲劳的压力,而且可以唤起共同的感受,与自然和他人建立一种隐秘的联系,让内蕴的生命潜力得到尽情的发挥。于是,人类最早的文学体裁由此诞生,形成了一套有别于日常话语的言说方式。应该指出的是,诗歌在诞生之初便与人们内在的精神生活密切相关,它是人类整个精神发展史上不可或缺的重要章节。

中国是一个诗歌的泱泱大国,诗歌对本民族的精神传承起过至关重要的作用。诗歌的读写能力曾经是古代知识分子怡情养性、安身立命、治国理家的基本功之一。诗歌语言的精练、简洁、丰富和内敛,长期在汉语中占有优先的地位。考察一部中国历史,我们不难得出结论,倘若没有诗歌,中国的文明成果便会大打折扣。

可是,诗歌在中国古代社会中的隆崇地位恰恰也为自己埋下了一个暗礁。众所周知,在相当长一个时期内,诗歌因其表达的快捷性,人们赋予它一些原本并不具备的特质,把政治学、宗教学、伦理学应该承担的责任安放到了它的头顶。它也因此而承担了许多本不属于它的义务和职能,以致在现实中沦为政治简单的传声筒、道德和宗教的庸俗代理,以及各种文字娱乐和游戏的工具。这种做法所导致的后果便是,诗歌最根本的品质——抒情和审美的功能严重受创。于是,我们看到,在那种氛围下"创作"出来的诗歌,除了外形(分行、韵律等)以外,总体上已被那些非诗的成分包裹了起来。这样,诗歌的外延由于不加节制地膨胀,它也就在不知不觉间丧失了自己的本性,并最终削弱了人们对这一文体的尊重和热爱。

近年来,伴随着中国经济的高速发展,一种功利主义思想和生活原则受到鼓励,悄悄地滋长起来,甚至占据了舆论的主导地位,许多人的价值观和生活方式逐渐向物质一极倾斜。于是,他们短视的目光便由从前的"诗歌万能"的误区转向了当下的"诗歌无能"的误区。应该承认,当今我们社会的物质生活水平在整体上已有了很大的提高,可与此不相适应的是,精神生活却表现出一定程度的下滑趋势,在功能上受到误解的诗歌更似乎被有意无意地忽略了。想象力的萎缩、思维的简单化和幼稚化驱使人们轻易就选择了快餐性的读物,有时甚至更愿意在"读图"的快感中消磨自己。尤其可悲的是,普通读者和专家们在对待诗歌的漠视上似乎如出一辙。每次走进书店,便不能不尴尬地看到,在琳琅满目的各种实用性、消闲性的印刷品中间,诗歌已成了一个比灰姑娘更可怜的角色,往往蜷缩在十分尴尬的位置上。

　　这里,我想说的是,诗歌目前的这种困境并不意味着诗歌不被人们所需要。恰恰相反,置身在一个缺乏诗性的时代,或许最需要的就是诗歌的出现和存在,这正如在荒漠中最需要的是水和绿色一样。如前所述,诗是人性在语言艺术中的隐喻,是美在现实生活中的文字呈现。我们知道,人与动物的最大区别就在于:人有思想,有感情,有想象力,有对美的事物的敏感,有对超现实空间的向往,并且渴望人与人之间精神上的沟通。所谓"文学是人学",也正是在这一基础上确立的命题。因此,诗歌作为"文学中的文学",更是不容放弃的事业。

　　其实,在人们的心灵深处,诗歌仍然是生活的核心内容之一,是他们渴望抵达的一种境界。这从"诗意"这个词被广泛地运用就可以得到证明,它几乎成了世间一切美好事物的代名词。而在日常生活中,一部分诗歌的智慧甚至用到广告词和手机短信的写作上。因此,我们说,只要这世界有人类存在,诗歌就不会消亡。

　　诗歌的意义就蕴藏于人性,我们则通过诗歌可以看到最美好的人性。

迟到的,是我们的美学

本文的题目,缘起于我拿到北岳文艺出版社最近出版的《阿姆斯特丹的河流》,当我随手翻阅着"黑皮诗丛"之一的这部诗集时,油然产生了一种感慨:多多是中国新诗史上迟到的一名诗人。在咕哝着把这种感觉落实到句子以后,我又觉得,这句话似乎有点儿不太妥当。是我的感觉出了问题,还是语言表述存在着障碍?寻思良久,我才醒悟到,实际的问题是,相对于中国新诗的发展进程,多多的写作恰恰是超前的;而迟到的,恰恰是我们的时代,是我们的趣味,或者说,是我们的美学。

在被称为朦胧诗的一代诗人中间,多多是较早意识到诗歌的形式问题的诗人之一。1972年,当他仅仅在爱伦堡的《人·岁月·生活》中读到有关俄罗斯诗人茨维塔耶娃的生平事迹,得知这位女诗人创作有一册名为《手艺》的诗集时,受到了如下诗句的启迪:"去给你自己寻找那些轻信的女友吧,/她们没能把奇迹改为数字。/我知道维纳斯是手的产物,/我是手艺人——我懂手艺。"他便以和作的方式写下了属于自己的《手艺》:"我写青春沦落的诗/(写不贞的诗)/写在窄长的房间中/被诗人奸污/被咖啡馆辞退街头的诗。"对照茨维塔耶娃题为《青春》的一首诗:"我的青春,我那异己的/青春!我的一只不配对的靴子!/眯缝起一对红肿的眼睛,/就这样撕扯着一页页日历。"在描写青春病这一点上,两位诗人无疑有着非常深刻的共鸣:他们都悲叹青春的虚掷,感慨着与社会的格格不入,抒发着年轻人特有的感伤、无聊、寂寞的情绪。不过,就意象而论,茨维塔耶娃的笔墨似乎要更为浓重一点,给人的审美刺激也更强烈一些;多多则显得更朴素一些,其宣叙的意味要大于描述和暗示。可是,即便在这首早期的作品中,就已经显露了这位青年诗人在把握语言上的成熟,诗中出现了"咖啡馆"与"辞退"之间的组合。在我们的日常经验里,这是两个距离较远的词,多多却越过了思维的惯性,捕捉到了隐藏在它们内部的联系,从而产生了一种陌生化的艺术效果。

多多以后的诗歌所沿循的基本是一条"纯诗"的道路,他在写作上非常注意追求一种类似口语的节奏,在提炼了口语清新、流畅的特点以后,却剔除了其絮叨、琐碎、累赘的弊端。多多这种独特的音乐性与他的准自动写作方式有很大的关联,这种方式不同于超现实主义纯粹的自动写作,不是那种彻底放弃了创作者的主动性,完全受无意识的驱使,在纸上作梦呓式的书写方式(超现实主义的一个最大的问题是,在摆脱了理性和逻辑的束缚以后,又完全受制于非理性和反逻辑的束缚);而是利用意识与无意识之间的互动作用,在声音的惯性中,跟随着语感的滑翔而滑翔,随着词语的自然生长而生长,并不时地以理性的方向盘进行调控,在貌似不经意间抵达语言和存在的核心。例如:"四只小白鼠是我的床脚 / 像一只篮子我步入夜空 / 穿着冰鞋我在天上走。"(《冬夜的天空》),用词突兀、空灵,把一个醉汉在冬夜里的幻觉极其形象地描摹了出来。而在《一刻》这首诗中,他则如是叙述道:"街头大提琴师鸣响回忆的一刻 / 黄昏天空的最后一块光斑,在死去 / 死在一个旧火车站上。"接下来,他便描述了"大提琴之后只有寂静"——树木的静、孩子的静、船的静、瓦的静和空气的静——随后,又出人意料地写道:"而此刻,苏格兰的雨声突然敲响了一只盆。"多多不动声色地挪用了古典诗歌以动写静的手法,但传达的却是现代人的生命意识和宇宙意识。

  中华民族是一个哲学意识相对淡漠的民族,缺乏对于真理探索到底的传统,人们对事物的认识一般只求"知其然",而不太追究"其所以然"。因此,哲学的一部分功能经常性地会为其他的学科,诸如政治学、伦理学或文学所替代。这样,在日常生活中,我们往往能看到,于哲学缺席的时刻,诗歌充当了它的代言人。20世纪80年代是人们精神生活的大转折时期,经过了十年"文革"非理性的疯狂之后,人们的价值观、思维方式、信仰和精神内存都面临着一个全面调整的问题。但是,我们在应该从事思辨的时候,响起的却是抒情的歌声。与此同时,"文以载道"的写作传统和"诗歌是旗帜和炸弹"的诗歌教育,养成了人们在诗歌中寻求解决现实问题的习惯。在这种思维定式的支配下,诗歌的形式,它的美学要求,它的语言、韵律、节奏,统统被摆放到了一个十分次要的位置。诗歌的一些次要功能被拔高到主要的位置上,人们读一首诗,关注的是它的哲理内蕴、它的教诲功能、它的社会作用、它的现实意义。诗歌当时的轰动效应也与它再一次负载了自身以外的职能有关。于是,在社会上普遍传诵的是这样一些诗句:"卑鄙是卑鄙者的通行证,/ 高尚是高尚者的墓志铭。"(北岛《回答》)"我只能选择天空 / 决不跪在地上 / 以显出刽子手们的高大。"(北岛《宣告》)"一切的现在都孕育着未来,/ 未来的一切都生长于它的昨天。/ 希望,而且为它斗争,/ 请把这一切放在你的肩上。"(舒婷《这也是一切》)"我常常想／生活应该有一个支点／这支点／是一座纪念碑。"(江河《纪念碑》)"黑夜给了我黑色的眼睛,／我却用它来寻找光明。"(顾城《一代人》)

那是一个人性逐渐复苏的年代,人们注重的是对作为"类"的人的重建,尚无暇顾及作为"个体"的人的确立。至于社会,需要的也只是气势磅礴的合唱,而不是更具个性魅力的独唱。"集体主义",作为一个冠冕堂皇的口号,可以被利用来诛杀一切被称之为"个人主义"的"异端"。更令人尴尬的是,当时的某些评论家甚至无法解读"九叶"诗人之一杜运燮的《秋》,他们的感受力迟钝到了几乎把现实主义以外的所有作品都目为"古怪"的程度,由此,发起了对所谓的"朦胧诗"的讨伐。在经过了一阵子"懂"与"不懂"的争论之后,评论界有保留地肯定了北岛、舒婷、顾城、江河、梁小斌等人的创作,所依据的仍然是艺术从属于政治的原则。在这样的背景下,多多的不合时宜几乎是一种宿命。1987年元旦,在北京大学的艺术节上,北岛、顾城、多多和北大的学生举行了一次座谈会。据说,座谈会开始了很长一段时间后,多多一张纸条都没有收到,而座谈会临近结束时递上的一张纸条,所提的问题竟然是关于他的笔名的来源。这大大地损伤了他的自尊心,以致他在随后的发言中认为,这次座谈会不存在交流的可能,而只是一种仪式。

我不知道多多在此后的十多年中有没有再次踏进北大的校园。倘若有的话,情形会是怎样的呢？或许仍然是一种冷落。因为,当初趋之若鹜的诗歌爱好者,如今已经坐进了隔壁的教室,正在凝神聆听"股票与期货"的讲座。不过,所谓"脱尽豪华见真淳",或许正是在这种普遍漠视的状态下,寂寞的诗歌更有可能摆脱外在的喧哗和骚动,走向自身。证据之一就是,年青一代的诗人正在对多多的艺术追求作出回应:"如果我们承认诗歌是一门艺术,那么就不能否认它具有人为和反自然的性质。为了追求(貌似)自然的表达,需要更卓越的技艺。"(西渡语)

趋近"纯诗"的智慧

与海子的诗歌道路不同,欧阳江河是由史诗写作转向对纯诗(抒情诗)构制的。早期的《悬棺》虽然为他带来了一定的名声,但并没有使他摆脱江河、杨炼这两只巨大的翅膀所曳下的阴影之笼罩,直到《白色之恋》、《天鹅之死》的出现,才标志着欧阳江河作为独立的创作个性的存在。这两首诗述说的都是在冷酷的暴力时代对美的崇拜与向往,以生命和鲜血献身于所倾心的艺术或爱情的悲壮。

"尤其在雪天一次散步会导致一种白色感动",《白色之恋》起句便由语词的相互触摸而引入诗意的轻舞,诗人观察世界的敏锐通过他对语言的体悟而细腻地延伸出来:

> 什么样的天空在梦着断翼之飞翔
> 什么样的睡眠空出一个裸体白昼
> 在海滩一个躺下的姿势会使你成为鱼美人
> 从衣裳里你脱掉皮肤如一段肢解的流水

显然,欧阳江河的作品与优雅的舞蹈和舒缓的音乐有极大的关系。《天鹅之死》是对"天鹅之舞"的印象所生发的沉思。古典美的象征海伦是传说中美丽的天鹅,她与大神宙斯的恋情引发的却是灾难和战争,刚猛的暴力与诗意的柔弱相映对照,把人类性格的不确定性摆放到了时间的天平之中。生命是可爱的,它的呼吸吐纳是一种自足的舞蹈,死亡是它最后优美的造型,而"天鹅之死"更加标示出它的高度。欧阳江河的诗观如是说:"水是用来解渴的,火是用来驱寒的——这些都与诗无关;要进入诗就必须进入水自身的渴意和火自身的寒冷。"(《中国当代实验诗选·作者的话》)要达到这一点,诗人需要具备一种幻觉的能力,幻化为水或火本身,揣摩和体验生命内核中的悖论性存在,由此捕捉大自然中暴虐背后的柔情,邪恶底部的美光和死亡极限里的生命:"天鹅之死是不见舞者的舞蹈。"

生命原本就自成一种天趣,因此能在世事的万变中不变,欧阳江河深知"词带给他的委任与重压,他太尖锐,有着针在痛中的速度"。从词语走向音乐的心路历程,其销蚀的力度如同刀锋在旋转,生命仿佛在静止中湮灭,又从无言的废墟中再生,这一点以《一夜肖邦》堪称绝唱:

  把肖邦弹奏得好像没有肖邦。
  可以让一夜肖邦融化在撒旦的阳光下,
  琴声如诉,耳朵里空无一人。

  是的,"真正震撼我们灵魂的狂风暴雨,可以是最弱的,最温柔的"。欧阳江河的大量作品表现了对于"纯诗"的努力,"珍贵而脆弱","它们在字词的偶然性以及精美的、纯净的技巧中,一点一点地确立起诗歌秩序和自我意识,使人们在置身其间的时候发现一个由词语、音乐、光线、阴影、呼吸、天气和晨昏变化组成的符号世界,沉浸在与置身大自然相似的纯诗的感受中"(欧阳江河:《对抗与对称:中国当代实验诗歌》)。
  《汉英之间》和《玻璃工厂》被认为是两首后现代主义因素非常浓厚的作品。前者叙述的是语言、文化、历史、民族等等对人类的支撑和摧毁、限制和超越的双重性,弥漫的是"幽居"在汉语里的中国人面对世界的迷惘与困惑的气氛。它与诗人往昔的优雅大相径庭,显示出节奏的断裂与破碎,暗示着现实与文体的对应性"真实",描述"存在于两者的分离或迫近、差异或貌似的关系"(同前)。让读者感受到文本的"压迫",以获得对现实的真切体验。后者展示的实际上是后现代工业文明中精神与物质的对抗:生产与创造,火与冰,瞬间与永恒,真实与虚幻之间在形而下的排斥和剥夺的表象里,包含着形而上的涵容与接纳。不过,作者惯有的机智并未在这两首后现代主义作品中丧失,对纯粹的语言之诗意敏感使它们仍然闪烁着现代主义乃至浪漫主义的美丽。
  比较而言,《手枪》一诗的后现代主义"味道"似乎更浓烈一些。它把世界上发生的一些严重的现象与事件以调侃、戏谑、揶揄的口吻"言说",把骨子里的"沉重"变形为一种肉体的"轻松"。词的自由组合指向世界的积木性质,无常、荒诞、非中心化等因素以喜剧的形式出现,道破人类悲剧的宿命,"神圣存在"的虚无:

  而东西本身可以再拆

直到成为相向的向度
　　世界在无穷的拆字法中分离。

　　生命成了一次长时间的"谋杀",因为,"永远的维纳斯"在石头里拒绝了人类,仿佛预示着末日的来临。

海子:殉道的圣者

海子是后朦胧诗人中第一个殉道的圣者,他以自己的天才和创造"全力冲击文学与生命的极限",最后以自杀的方式告别了大地,飞向众神所在的天空。海子在生前自述:"我的诗歌理想是在中国成就一种伟大的集体的诗。我不想成为一个抒情诗人,或一位戏剧诗人,甚至不想成为一名史诗诗人,我只想融合中国的行动成就一种民族和人类结合,诗和真理合一的大诗。"(《倾向》1992年第2期)正是出于这一宏大的理想,海子构思并部分地完成了一部集史诗、神话、悲剧、启示录、抒情诗为一体的作品——《太阳》。

从海子渴望创造"伟大的诗歌"这一愿望判断,他几乎所有的抒情诗都成了"大诗"诞生之前的准备,其中《亚洲铜》和《以梦为马》便因其在短小的篇幅中所流露的"大气"而成为后朦胧诗歌的名篇。

> 亚洲铜,亚洲铜
> 祖父死在这里,父亲死在这里,我也将死在这里
> 你是唯一的一块埋人的地方
>
> 亚洲铜,亚洲铜
> 爱怀疑和爱飞翔的鸟,淹没一切的是海水
> 你的主人却是青草,住在自己细小的腰上,守住野花的手掌和秘密
>
> 亚洲铜,亚洲铜
> 看见了吗?那两只白鸽子,它们是屈原遗落在沙滩上的白鞋子
> 让我们——我们和河流一起,穿上它们吧
>
> 亚洲铜,亚洲铜
> 击鼓之后,我们把在黑暗中跳舞的心脏叫作月亮
> 这月亮主要由你构成

《亚洲铜》以充满激情的想象,把"黄土地"由平面的铺展立体化,变成具有雕塑凝固之可能的"亚洲铜"。诗的第一节由"死亡"写出家族的谱系,子孙繁衍的结果仍然逃避不了生命的归宿;第二节述说的是与人类声息相通的自然之生命的自由与疑惑;第三节则由白鸽联想到诗化的人生,将诗的笔尖直抵源头,表现出回溯的意愿,其中蕴涵着对远古人类的诗性智慧的向往与膜拜;末节"我们把在黑暗中跳舞的心脏叫作月亮",象征着诗人对生命炽燃之后的平静、和谐、理性的追求。月亮是人、自然、历史的心脏,又是诗的节奏所在,海子用十二行诗句勾勒了一部史诗作品的提纲。

《以梦为马》的另一个题目是《祖国》,它体现的是诗人对史诗语言的尝试性把握。

> 我要做远方的忠诚的儿子
> 和物质的短暂情人
> 和所有以梦为马的诗人一样
> 我不得不和烈士和小丑走在同一道路上

诗人是世界残存的最后一批骑士(武士),与远古的先人相比,现代骑士所要从事的斗争更为艰苦卓绝,那最致命的考验便是在物质的贫困中保持高迈精神的品性,继续"以梦为马"的永恒事业。诗人作为"白日梦"(诗歌)的驭者,奔驰在世界的暗夜里,从刀口上滑过去,去建筑高耸入云的堡垒和烽火台。

> 万人都要从我刀口走过 去建筑祖国的语言
> 我甘愿一切从头开始
> 和所有以梦为马的诗人一样
> 我也愿将牢底坐穿

海子的这首诗已着手摒弃流行于抒情诗的"轻灵",呈现史诗语言的"原始"和"笨重"。杜夫海纳说:"史诗,是命运的诗。作为命运的诗,史诗是按照它所讴歌的行动的节奏前进的,带有顽强的朴素性。"(杜夫海纳《美学与哲学》,第176页)海子几乎所有的作品都具有这种"顽强的朴素性"。"太阳"的形象在《以梦为马》中多次出现,"我的事业,就是要成为太阳的一生":

> 太阳是我的名字
> 太阳是我的一生
> ……
> 我必将失败
> 但诗歌本身以太阳必将胜利

激越、奔放的复沓,令人想起俄罗斯的"太阳"诗人——巴尔蒙特,后者声称:

> 我来到这世界,
> 为的是看看太阳。
> 我们将像太阳一样。

在这位俄罗斯"白银时代"的"诗歌王子"看来,永远年轻的太阳珍藏着"美"的遗言,有着永恒之火一般旺盛的生命力。

海子无疑有着与巴尔蒙特相类似的想法,为此,他把自己全部的长诗,都归入一个篇名:《太阳》。诚然,由于诗人过早地离世,构想中的"诗歌全书"留下的是许多断章和残片。但仅就已出版的《土地》而言,它们在对古典文学的吸收方面,便包容了古埃及的《亡灵书》、荷马的史诗、印度的神话与史诗、古希腊的悲剧、波斯的拜火教经典;其诗体也相当繁多,三行体、两行体、长句、短句,应有尽有,堪称是一部丰富的史诗性作品,对当代诗歌的实验产生了强烈的震撼。

爱向爱本身致意

如果提一个近乎苛刻的要求,去寻找唯一的一个词来点明蓝蓝的诗歌创作,那么,我要说,这关键词中的关键词无疑便是——"爱"。尽管这是一个人们耳熟能详的字,几乎被各方天才和庸人们使用到了"滥"与"俗"的境地;但不可否认,爱迄今仍然是世界的中心,是人性的本质所在,而蓝蓝那至情至性的诗歌便是这"中心"和"本质"的形象化体现。根据我的理解,爱不仅是她的诗歌的出发点,同时也是其写作的终极目标。当今社会,欲望如同对草原的沙化一般在戕害着人类的情感,与此相伴随的是,男女之间的关系常常蜕变为"性"对"爱"的吞噬,以及"身体"对"灵魂"的覆盖。在这样的背景下,蓝蓝的写作向度似乎有点不合时宜,但惟其如此,也更昭示了她的可贵。

众所周知,爱不是一个空洞的存在,不是刻板的哲学概念和冷漠的科学定理;它应该是火热的实践,是兴奋的行动,是生命在具体时空中的鲜活证明。在写作手记中,蓝蓝对此做过这样的陈述:"当一切有价值的事物都在飞速逝去的今天,爱就是:我在。我在。"这句话表明了蓝蓝对爱的当下性理解:关心周遭的世界,把握飞逝的每一个瞬间,从中发掘日常生活的诗意。本着上述理解,蓝蓝怀着敬意,向大地弯下腰肢,从卑微的事物中提炼其高贵的品性,从渺小的现象里捕捉到伟大的根源。为此,她不惜"接受平庸的生活":"接受并爱上它肮脏的街道 / 它每日的平淡和争吵 / 让我弯腰时撞见 / 墙根下的几棵青草",因为,她知道,"生活就是生活 / 就是甜苹果曾是的黑色肥料"。

也正是在爱的驱使下,蓝蓝对现代人的物欲化倾向进行了深刻的反省与批判,她告诉人们:"朴素的生活过于昂贵 / 你须学会放弃 / 连同可理解的野心。"在她的心目中,朴素是一笔真正的财富,它包含了比通常人们所理解的物质数据丰富得多的内容;而要得到它,人们就要学会放弃奢侈的享受,卸除出人头地的野心,学会在巨大诱惑面前的拒绝。从对朴素的认识推演开去,简单、纯净、透明、安谧、自然等,都是她向往的生活境界。在一首诗中,她宣称只要一棵"狗尾巴草"或者"毛地黄",因为它们有一对葱绿的翅膀,能够带动沉重的大地,在时光中奔跑和飞翔,打开内心的天堂之门。

在写作过程中,诗歌的想像力是与对生活的感受力成正比的,而一个人砥磨感受力的唯一途径就是深入生活,深入到生活的每一个细枝末节。只有这样,他才能有超常的发现,才能有独特的创造,使浪漫的天性秉有现实主义的底蕴。这一点,我们在蓝蓝那些动人的"情书写作"中再一次得到了证明。不过,作为一名优秀的诗人,仅有想像力和感受力还是不够的,他必须拥有确切地传达它们的技术支持。在这方面,蓝蓝同样显示了她的个性魅力。粗略地打量蓝蓝的诗歌,人们非常容易对之留下一个全无技巧的印象,那些词、那些句子、那些片断仿佛是以原生的状态裸露在读者的眼前,以至于让某些评论家在失语之后不得已使用了一个"近乎自发的民间方式"来作出界定。殊不知,这"无技巧"的境界原本是作者丰沛的感性叠加了大量的阅读和写作训练的结果,它的背后有着非常丰富的"知识分子"库存。事实上,蓝蓝的写作有着极高的技巧,只不过这些技巧往往被她敏锐的感受力和流畅的语感掩饰了而已。换言之,她在运用诗歌技巧时具有很强的隐蔽性,而这隐蔽性又恰恰是诗人成熟的表现。

抑或是出自技术上的高度谙熟,蓝蓝对技术主义有着足够的警惕,从而避免了 20 世纪 90 年代中国诗歌一度流行的那种"炫技"恶习。在她的诗歌中,我们很少接触到夸张的比喻,怪诞的句式,华丽的辞藻,我们也不大见到相当多的诗人常用的判断性或结语式句子。这,当然跟她谦虚、温和、恬淡的为人有关,但更多地关涉到她的写作认知和技巧。在大部分作品中,诗人对世界的看法借助于"描述"的面目出现,例如,她写《春夜》,"我就要是一堆金黄的草","就要是熟睡的小虫的窠","就要成为夜里写下的字";写《儿童节》,"女儿们换好了花衣裳。她们互相看着抹胭脂的小脸哈哈大笑。扭着嫩豆芽般的小腰";写"忧郁","一只接雨的灰瓦盆被押往深夜滴答"……正是这种"描述",帮助她摆脱了抒情诗人极易陷入的自我中心、自恋癖、滥情主义的陷阱。在她的笔底,生活并非依靠形容词和比喻让人们抽象地了解到它们的美丽与芬芳,而是较多地运用名词和动词,使其自行活动起来,以平易、自然的方式进入读者的眼耳口鼻,让后者在不知不觉中被她所营造的诗歌氛围所感染。

另外,应该指出的是,在当代中国诗人中,蓝蓝恐怕是在自己的作品中使用"你"字最多的一位。稍加分类,我们便可发现,这个"你",有时是抒情的对象,有时是抒情的主体,有时是潜在的阅读者,但更经常的是一个虚拟的存在,而非能够坐实的"某人"。从某种程度上说,"你"是一个身份有点暧昧的精灵,她以变幻的姿态出现,顺应着作者的表达,然后刺激读者的想象力。这个被人所忽略的人称代词,承载了那种伴随诗行的敷衍、伸展而持续不断的呼声,她轻柔、缠绵,时不时地带有细微的战栗,几乎如迷香似的沁入一个人的心灵深处,从而使得她的诗歌拥有了一种特殊的语调。她们在一定程度上催生了蓝蓝创作中的对话性,读来亲切、随意、温馨,富有质感,并且令人浮想联翩。

在一首题为《盲者》的诗中,蓝蓝如是写道:"看,就是触摸。/ 手指下造物的一颗心脏的跳动 / 就是嘴唇从泥土中升起 / 然后说—— // 就是增殖的一片国土漫出瞳孔 / 又朝向它自己围拢。/ 就是爱向爱本身致意 / 比它更大 / 更辽阔。"这称得上是诗人的爱之宣言,前者的"爱"是她的日常行为(包括写作);后者的"爱"则是生命存在,亦即她的"我在"。这样的爱,可以穿越黑暗,穿越生死的界限,在现实世界之外另创一个美丽的新世界,而这一切都根源于蓝蓝细腻、深刻的生命洞察力。读到上述诗句,我便觉得,除了聆听便不可能再有更多的言述;或许,此刻最明智的选择就是——沉默,因为,她说过:"沉默中有一只最大的耳朵。"

抵御虚无的存在

20世纪即将跨入最后十年的一个冬天,诗人王家新写下一首题为《瓦雷金诺叙事曲》的献诗,它与写于次年12月的《帕斯捷尔纳克》共同构成了诗人个人写作的一个新的精神向度。有感于时代的价值迷失和意义缺席,他发出了对信仰和良知的呼唤——具体到诗人身上,便是重提久已遗忘的责任与使命,在黑暗的岁月里争取光明的权利。著名的俄罗斯存在论哲学家别尔嘉耶夫说过:"俄国文学不是产生于愉快的创作冲动,而是产生于人和人民的痛苦以及多灾多难的命运,产生于对拯救全人类的艰苦思考。……这表明俄国文学的主要动机是宗教性的,作为它的特点的怜悯心和全人类性震撼了整个世界。"(别尔嘉耶夫:《俄国共产主义的由来和意义》)俄罗斯人民对精神价值的虔敬,对人类受难的悲悯,对艺术拯救世界的信念,形成了其厚重的民族性之底蕴。帕斯捷尔纳克及其创作正是这样的体现。王家新出于"一种灵魂上的无言的亲近",准确地把握了《日瓦戈医生》作者内心的搏斗,感到"作为这个时代的诗人已别无它求",于是,他呼吁:

> 写吧,诗人!就像不朽的普希金
> 让金子一样的诗句出现
> 把苦难转变为音乐。

然而,我们生存其间的时代,令诗人经常性地体会到"写作"与"生活"的脱节:

> 终于能按照自己的内心写作了
> 却不能按一个人的内心生活。

于是,诗人的命运只能是"为了生,你要求自己去死,彻底地死去"。毋庸讳言,这两首诗都显露着某种英雄主义的意味。这原本属于古典主义范畴的诗歌尺度,在平民意识(在更多的情况下,则是市民意识)普泛化的今天,却闪耀着特殊的光辉。王家新在这一阶段对良知与信仰的坚持,从表面看,似乎有悖于这个物质主义肆虐的时代,然而,却在本质上发出了时代最真实、最迫切的呼唤:在一个没有英雄的时代,更需要英雄的出现。"最高的神是人的未来",而英雄应该是这中间的过渡。

如果说,以《帕斯捷尔纳克》为代表的一部分诗作较鲜明地展示着王家新在时代的风雨中所坚持的"守望"立场,贯穿着里尔克式的"挺住,意味着一切"的意志;那么,其后的《反向》、《词语》、《另一种风景》以及晚近的《叙事》则标志着诗人以文本的形式对应于时代的"隐秘的激情"。在王家新看来,"词语"之于诗歌,其重要性等同于"灵魂"、"精神"之于人。从词语入手,有着进入真正的诗歌的可能性,仿佛我们在灵魂的感召下,才得以把握一个人最本真的生命存在。他希望通过这些"诗片断"的写作构成一种双向运动,与时代既相联系又相区别,以完成当代诗人的使命,"在一个扼杀精神的时代闪耀起诗歌的明亮"。

瓦莱里在《纯诗》一文中曾经提出一个问题:"我们能否创作一部完全排除非诗情成分的作品?"这位法国诗人觉得,"这个目标是达不到的"。因为,任何诗歌都不过是企图接近这个理想境界的尝试而已,我们所谓的诗歌仅仅是一些"纯诗的片断"。或许是出于在某个时刻与这位法国诗人精神上的"相遇",或许如作者所述,受到聂鲁达和米沃什的启迪,王家新在认同人类和语言的局限以后,寻求一种"自由、开阔"的表达,"使诗歌的语言形式从一种过紧的束缚中松开而延伸到日常话语中,但又保持着诗本身的意味和光辉","在不采用诗的完整形式的同时又力求使之成为诗歌的文本,可以编号的'作品'"(王家新:《回答四十个问题》)。

在诗人的心目中,这种诗片断形式,可能更为接近诗歌本身,因为"它迫使诗人从刻意于形式的经营转向对词语的关注",亦即关注诗本身。诗人希冀剥除外在形式的羁绊,让诗的意味在除去杂质的过程中呈现出来,片断和片断之间的空白如同音乐的停顿,嵌入意味深长的哲学沉思与诗性启迪,在词与词之间的相互共鸣之中指向"纯粹",在时间的喧嚣里抓住与诗有关的那些声音(音乐)。阅读《反向》、《词语》、《另一种风景》和《叙事》等作品,我们可以从文字的简洁感受到一种朴素,以及朴素背后隽永的诗意。诚然,这些片断性的文本大多可以扩展而衍生许多更为"完整"的诗歌,但王家新似乎无意于此。断臂的维纳斯自有其内在的完美,这些文本也同样拥有"残缺"所折射的完整。

既然诗的可能性已经由这些片断的词语组合放射出来,我们还有什么必要进行"蛇足"式地修补,去磨蚀和消除诗意的可能性呢?王家新要做的便是,在词语的精简中增加诗意的可能性,这是由"临海孤独的房子"到"临海的房子"这种变异所证实的,他倾心于文学如何形成它自身的"秘密",期望在人与文学的斗争中,"以个人的失败来换取文学的胜利"。王家新对我们这个时代的特征有着清醒的认识,面对各种话语力量的冲突、纠结和融汇,原有的文学分类逐渐模糊和消失,他确认当代的写作方向将是一种"奇妙的混合写作"。在历史和文化的强大语境中,个人是渺小而微不足道的,"我"必将离去,诗歌的海洋永远在人类的流放中闪耀着精神的光辉,这是《临海孤独的房子》的作者给我们的"启示录"。

"把鱼钩扔回给偶然性"[1]

我曾经在一部诗选的"诗观"里有过这样的表述:一个人,只有在35岁以后还矢志不渝地从事着诗歌写作,才称得上是真正的诗人。因为,在这个年龄时,他智力上的成熟是不言而喻的事情,而难能可贵的是,此时他作为诗人的生活激情,他对美(或诗性)的追求并未减退;惟其如此,他才能坚持着这项已被昔日的同志们所放弃了的工作。或许这就是我所理解的、被欧阳江河称之为"中年写作"的诗歌活动。在当代中国诗坛上,臧棣是不多几个在写作和批评上都有出色表现的诗人之一,这充分证明了他成熟的理性和活跃的感性。

在人类的进化史上,语言的出现是一个质的飞跃,它在世界的具象和抽象之间架起了一座桥梁。从此,人类逐渐摆脱自身的"纯物质性"状态,开始演变成"精神的动物"而区别于其他动物,拥有了成为"万物的灵长"的可能性。在我看来,语言最有魅力的地方,或许就在于它能在抽象的词与词、句与句的组合中,展示形形色色的具象,通过理性的筛子选择最有潜力的感性,使现实摆脱原生的状态,上升到精神的层次,从而抵达诗意的境界。对此,臧棣有着清晰的认识,他在一份书面采访的回答中认为:"语言的抽象性是特别值得珍视的,它就像是高贵的灵魂的试纸。"

正是从上述认识的前提出发,他进行着这样的诗歌实验:"我们把鱼钩从角色中拔出,扔回给偶然性","我们曾比赛着看谁吃寂静吃得快,仿佛它是幽灵做给我们的怪味零食","洗完手绢后,接着洗孤独,洗掉它和岛屿的押韵,直到洗出它那发着冥光的公转和自转。"在这首题为《小岛》的诗中,作者刻意把一些抽象的词和具象的词杂糅到一起,使语言的抽象性得到最大程度的凸现之后,展示了别具一格的具象性,留给读者可感可触的新鲜印象。而伴随着这些交替出现的抽象词和具象词,他们的思维受到了强烈的刺激,仿佛直接穿行在生活的物质与精神之间,得以更深入地思考生活的本质。

---

[1] 原文副题为《臧棣的诗歌小议》。

我们知道，对于一名诗人来说，想像力的丰富与否，几乎是衡量其才能的最重要的标准。他只有具备了超群的想像力，才能从前人很多滥俗到平庸的比喻中突出重围，找到最恰当地表达欲表达的事物的妙喻，从而显示出深刻的智慧和幽默，以及面对普通生活时的敏感。在这方面，臧棣有着令人激赏的才能。例如：他描写春游时野草划过皮肤时的印痕，"像昆虫盲目的歌喉。……更像是一些繁体字简化后被遗弃的笔画"（《计划外春游》）；描写"黝黑的洞穴"，"像一只松开了鞋带的皮鞋"（《签名》）；他告诉我们，并排放着的水泥管子，"像一对露宿在小站上的夫妻——颠簸的生活已将最中间的部分完全掏空"（《堆放在汽车站旁的水泥管子》）；至于"鸟"，则是"树的另一种叶子……它的啼叫点燃了你身体里的一盏灯"（《这个时辰里的灯是如何点亮的》）。在朦胧诗之后，诗歌界一度曾经为文化虚无主义的情绪所笼罩，诗人们竞相以"拒绝比喻"、"拒绝象征"为荣。在这一氛围里，臧棣对比喻的大量运用表明了他作为一名知识分子诗人的文化个性。这些比喻以其新颖、独到、深刻，甚至略带晦涩和怪诞，但又合理而贴切的特点，在证明了文化给予人类的巨大恩惠的同时，也显示了作者本人杰出的语言才能。

在20世纪90年代以后的诗歌写作中，诗人们对日常性的关注是对以往诗歌那种"空洞"的"宏伟"的修正，但是，也有一部分作者在写作中出现了矫枉过正的弊端，过度地沉溺其中，导致诗歌写作中的粗鄙化、平面化。实际上，这种所谓的"零距离"写作是一种"返祖式"的倒退，因为，倘若诗歌等同于（或混同于）现实的话，它也就失去存在的价值和必要性了。臧棣也写有相当一部分关注日常性的诗歌，但这些诗歌并不仅仅停留于反映具体的细节，以镜子般的所谓真实不分精芜地来说明事物；而是借助写实的优势，凸现某一点，让日常性漂浮在词语的水面上，闪烁水珠般晶莹的光泽。例如《风中的树》一诗，他这样写道，在风中摇曳的那棵树，经常被人们赋予了它所不具备的特质，承担了它所不应承担的责任和意义，而实际上，"它抖得这么厉害，很可能／并不是因为风越刮越紧／而是树下埋着一个被寻找多年的／失踪者，他偶然翻身／使我们的集体无意识失去了平衡"；而在另一首诗《菠菜》中，作者运用点铁成金的技艺，在使用了夸张的比喻之后，向我们揭示了平凡生活的美丽内核，而支撑着这美丽的则是"繁琐的力量"。他告诉我们，生活中还是会有奇迹的，只是这奇迹并不在我们对天空的翘首仰望中来临，而是悄悄渗透在我们脚下这片结实的土地内。

在文学的各类体裁中，诗歌向来被看成语言建设的先锋，它不仅为文学自身发掘着最大的可能，也为语言承担着丰富化、纯洁化和标准化（绝非封闭化,随着社会和时代的变更,标准的定量也会转移)的任务。这就要求我们的诗人在开放地对待语言的同时,十分注意诗歌语言的建设,清除词语的污染和病毒,在简洁和明晰中增强诗歌的表现力。也就是说,相对于其他文体而言,诗歌的语言更带有"提纯"了的特点,它应该是内蕴最深、活力最强的语言。在具体的实践中,它甚至要求诗人秉持一种"工匠的态度",在词语和词语的组合与结构的过程中,像木匠打造家具似的,把写作上升到专业化的高度,抹平艺术品的毛边、赘物、细刺,最后,摆脱"斧凿"的技艺痕迹,使之变得饱满、光滑、圆润、晶莹,在诗意的明朗中引入生活的神秘。臧棣的诗歌明显吸收了口语的优长之处,亲切、平易、自然、随意,这一点,我们仅从他许多作品的标题就可略窥一斑,如"替人做作业"、"看起来没有发生什么"、"没有地方报销"、"为什么我要这样说起手"、"为什么我要这样说到在星空下"、"为什么我要这样说起雨"、"为什么我要这样说到风"、"这里是临近水的地方",等等。倘若我们仔细品读一下他的作品,又会发现,这些诗歌语言都是一种经过提炼的口语,其中渗透着诗人选择时的精心和慎重,已经去除了日常口语的芜杂、累赘和混乱,既达到了书面语的精确和规整,又避免了后者的僵凝与封闭。

  从总体风格看,臧棣的诗歌具有很明显的智性特征,他的抒情诗更多地属于克制的抒情,或曰理性的抒情。诗歌的抒情问题是20世纪80年代中期以后经常受到指责和诟病的问题,走极端者甚至提出"反抒情"或"放逐抒情"的口号。但是,"反"也罢,"放逐"也罢,抒情毕竟是诗歌的本质特征之一,谁也无法把它们干净彻底地清除出去。因此,对现代诗的写作者而言,更明智的做法,就是解决如何抒情的问题。在一篇批评文章中,臧棣对20世纪80年代后期两位卓有影响的抒情诗人海子和陈东东进行了对比性研究,认为前者的写作实际是"把诗歌变成一种艺术行动",这样,"诗歌的写作不再表现为对语言的精雕细刻,而是表现为对语言的超级消费",从而体现出诗歌写作中的行为主义倾向;而在后者那里,诗歌变成了"本文的本文",由于专注于本文的快感,"意指着一种诗歌想象力的欢悦,一种从容、自如、优美、飘逸的诗歌感性",在抵御意义对诗歌本身干扰的同时,让意义在本文的表层"堆积、分解、游移、转化,从而最终呈现出一种单纯的、宁静而又引人入胜的诗歌意蕴"。由于写作策略的缘故,他对这两种写作各自所存在的弊端没有作出说明,但我们还是能从文章的字里行间感觉到某种保留。

  这种保留在臧棣自己的抒情诗写作中则体现为综合两者的努力,他在自由地享受着书写的快感的同时,保持着对语言迷乱的警惕。因此,在臧棣的作品中,我们看到的抒情是以一种"慢"的形式出现的"理性抒情",它带有十分明显的克制倾向,语调缓慢、矜持、清晰,没有一点杂质。显然,这不是我们以往所见到的那种暴风骤雨式的情感宣泄,更不是无病呻吟的"伪抒情",而是通过理性的过滤,把情感凝聚在一个点或一条线上,以内敛的方式扩大了激情的内存,增强了它直指人心的犀利程度,较好地解决了抒情诗容易引发的"滥情"的弊端,而又没有一般智性诗歌习见的枯干、无趣。目前,我尚不能断定,臧棣的"理性抒情"是否会成为今后中国现代诗写作的一个方向,但就当前"军阀混战"一般的所谓"后现代"诗坛而言,其建设性的意义不可低估。

怀念纯诗的价值

在当今中国诗坛上,倘若要列举几位写作"纯诗"的诗人,我们恐怕不能不提及写作过《犀牛走动》、《雪地里打鸟》、《宁静的艺术》、《空巢》、《大鲸》等诗篇的南野。就我所知,他的生活状态和写作心态也似乎比较接近于他那唯美的艺术追求。南野曾经在自己的随笔中引用过美国诗人麦克里许的一句话"一首诗应该默不出声",并将其视为写作的准则。我想,在这一引用里,深藏的一句潜台词或许便是:"一个诗人更应该默不出声。"因为,在他看来,关注诗歌本身远远比关注诗人的名声更为重要。正是在这种沉实的状态下,他写下了一首又一首精致、优雅、幻美(有时甚至会呈现出一点妩媚)的诗歌,在为自己赢得了诗名的同时,也形成了一种独特的"纯粹与宁静"的风格。

出于对美的眷恋,南野倾心关注美的事物,关注"美的发生或者相反"。和唯美主义的先驱们一脉相承,南野非常重视诗人把握形式的能力,他把这种能力称之为"幻象的辐射":诗人首先为一个幻象所迷醉,继而展开联想,以向心的方式辐射出去,逐步推进诗歌的结构,最后,让最初的幻象由原点变为焦点,抵达一种"整体的表述"。南野的好多作品,如:《大鲸》、《荒原上的库房》、《那骏马》、《海岬》、《乌鸦》、《黑鱼和其它》、《铁》、《黑夜里的马头》等,都堪称这方面的范例。

这里,我们试以《色彩》一诗为例略作分析。在这首诗中,南野抓住"色彩"这个原点,然后,逐步展开自由的联想,向外辐射开来:"红色"在躯体的内部弥漫,这是由血液流动激发的"欲望",它和"玫瑰"、"疯狂"结合在一起;"蓝色是明亮",它与"鱼群的光斑"有关;"金黄色"的"菖蒲花",被比成"绿色"平原上的牡马偷窥浴女的胴体;"白衣人"在暗影中凸现,并且手持着"春光"……每一种颜色都从"色彩"这个"原点"出发,沿着各自不同的方向向外扩张,共同构成了一幅斑斓的生命图。最后,诗人以"书籍"的"灰色"暗示出生命的黯淡,并以"其它一些事物也是如此"作结,语调由热烈而归于冷静,仿佛瀑布冲在岩石上似的完成了这首诗的结构。我们所领略到的诗意,就是这样凭借着自身的结构,凭借着作者在词与词的组合中对幻象的离心力(南野称之为"扩展力")和向心力的推进,逐步呈现了出来。在过于强调写作随意性的今天,南野对诗歌的形式和结构的重视无疑更具建设性的意义。

最后想说的是,南野的作品最吸引我的是他对时间的独到理解,在这部诗集中,直接以时间为题的就有《超越时间的书写》、《时间的指针》、《新时间》和《在时间的前方》,其他如《回忆春天的细节》、《冬天里坚硬的水》、《瞬间的居住》、《黄昏时回家》、《中午的观点》、《房屋的春季》等,也都与时间有着密切的关系。他认为,"每一时刻都是自立的","我甚至不能说我是前一时间的我的连续,因为在前一时间那里已经一片空无,没有一个曾在的我。存在着的只是现时的我,永远如此,直至我死亡,消失"。于是,他如是描述:一只麻雀在阅读报纸,另一只鸟在雪地迷失方向;一边是河,一边是房屋;螺旋桨停息,轮船仍在滑行,海鸥的身躯一直冲过黑夜去;荒原上,爱好沉思的动物,老虎、狮子与公牛,各自怀着恐惧……正是出于对时间的独特理解,他决意甩掉历史的包袱,创造"新时间"。他告诉我们,"一个衰老的人"之所以能够"书写少女",是因为"没有人真正得到过每一刻的美丽,唯有书写"。南野希冀"在永远的未来中获得自在",而就上述诗歌的实践而论,我们可以说,他已在书写和创造中获得了部分的"自在"。

六十年代人的精神碎片[1]

诗人黑大春送我一套《蔚蓝色天空的黄金》,这是20世纪60年代出生的作家的作品汇编,分诗歌、散文、小说三卷。书名取自俄罗斯象征派诗人别雷的一部诗集的名称,据编者声称:"它不仅表达了编者对文学与作家的某种理想看法,同时也愿以此激励和鞭策我们的年青一代的诗人与作家。"怀着一种强烈的认同感,我读完了其中的每一篇章,由此体会到这一代人生存的尴尬。长期以来,我一直试图描述我们这一代人的生存状况和内心体验,渴望从多种角度、多个层次去把握他们。但付出的努力愈多,我的心情愈为沮丧。我经常在自以为深刻地理解了他们以后发现,其实我仍然一无所知。

20世纪60年代,是共和国劫难重重的时期。三年的自然灾害,使从那段历史走过来的人们普遍残留着关于饥饿的记忆。因为物资的紧缺,人们自觉地养成了在票证中安排生活的习惯,具体的生活被抽象化为一系列概念性的存在,生活的内容被简化为一次次粮票、油票、糖票、烟票、肉票、布票的交付,"越穷越光荣",贫穷成为一种体面的装饰。而比物质的匮乏更为可怕的是,数以亿计的老百姓普遍陷入了精神的贫困。"破四旧"割断了我们与传统的联系,"反帝、反修"把民族主义推到了极端,在盲目的自我陶醉情绪驱使下,将苏联"无产阶级文化派"的虚无主义口号付诸实践:"烧掉拉斐尔,捣毁博物馆,踩碎艺术之花。"一部分别有用心的人则趁机以伪古典主义为基干,杂糅了伪现实主义和伪浪漫主义的零星元素,炮制出一套所谓的样板文化,粗暴地将几亿人的精神生活纳入一个模式。

上述情况带来的后果极为严重,它们几乎使整个民族都患上了一种精神萎缩症,其中尤以20世纪60年代出生的一代人受创最深。根据弗洛伊德的研究,童年记忆最可能影响一个人的生活道路。而这一代人的童年绝大多数是在物质与精神双重的贫困下度过的,他们的生命孕育期正处于"瓜菜代"的岁月过去不久,先天的营养不良加上后天的调理不足,使得他们很难

---

[1] 原文副题为《有关〈蔚蓝色天空的黄金〉的随感》。

真正拥有一个健康的身体,这种身体上的羸弱甚至引发了他们心理上的病态。与这种物质供应的亏欠相比,他们所受到的精神启蒙更为可悲,在各类中外名著被尽数宣布为毒草以后,他们面对的是一片文化的废墟。《蔚蓝色天空的黄金》的作者们几乎都在自传里提到,缓解他们精神饥渴的是这样一些作品:《艳阳天》、《金光大道》、《虹南作战史》、《飞雪迎春》、《西沙儿女》、《闪闪的红星》等等(据说,它们能够纯洁人们的灵魂)。不论它们有多么虚假和粗糙,甚至多么不值一提,当时却给了60年代出生者最初的文学启蒙,"正仿佛一块残破和布满灰尘的镜子,仍依稀能映出天空的蔚蓝"。毕竟,《艳阳天》等作品向他们展示过文字神奇的魔力。

近来,常常听到人们数说着20世纪60年代人的幸运,认为他们生逢其时,可以读自己想读的书,干自己想干的事,玩自己想玩的游戏,而完全忽视了他们郁结于灵魂深处的创伤。抱有这种误解的,尤以50年代出生者为甚。他们往往以受难者的形象出现,以过来人的口吻略嫌傲慢地教训后来者:"我们当红卫兵的时候"、"我们大串联的时候"、"我们上山下乡的时候"、"我们大返城的时候""如何如何"、"怎么怎么"。殊不知,当50年代人追忆似水年华,陶醉于他们当红卫兵的荣耀时,60年代人正为他们的红小兵情结而苦恼。与50年代人行动先于思想不同,60年代人大多是一些思想大于行动的人。当"文革"的风暴席卷神州大地的时候,50年代出生的红卫兵们叱咤风云,以空前的热情投入一场陈胜吴广式的造反运动,成为整个社会的中心和推动历史车轮的英雄;而60年代出生的红小兵们却空有参与的热情,只能充当旁观者的角色。他们在尚未拥有思考能力的年龄被迫进行沉思,生活过早地把一个超重的负担压在他们幼稚的心灵上,它所留下的后遗症至今不曾痊愈。

一般而言,20世纪60年代人大多给人以随和、温顺、羞怯的印象,他们似乎天生具有某种亲和性,作为50年代和70年代中间过渡的一代人,无可奈何地扮演着承前启后的角色。但是,在他们柔顺的外表下,潜伏着一种疏远他人的本能,谁若不知趣地靠他们太近,便会很容易伤害他们,或被他们伤害。他们的生命状态基本处于分裂的边缘。90年代的中国呈现出由激情走向理性的递嬗迹象,这恰好是60年代人由青年步入中年的转折期。然而,那本该付诸行动的力量早已过多地丧失在大脑里,这不能不说是他们内心脆弱的表现。《蔚蓝色天空的黄金》的作者们一再声称:"在公共场合腼腆沉默,退回到自己的世界后才把积郁心中的无尽情怀倾洒诗中,性格刚毅,但时而软弱,经不起很大的折腾","我是内向的,我很听话,我很乖"。退回内心,使他们感到安全、温暖、静谧。怀疑一切的态度使得他们不能接受空想色彩太浓的旧理念,而过于内倾的性格又令他们无法趋附行动主义至上的新潮。这种上不着天、下不着地的无根基性,破坏了日常生活所需要的和谐,使得他们在为人处事时显得十分笨拙,不得要领,但又为他们冷静地审视社会提供了一个较好的视角。

由于较多地摆脱了意识形态桎梏的束缚,20世纪60年代出生的作家大多领会了按照内心律令从事写作的奥义。他们维持着文学的先锋性,确立不断反叛的信念,探索个人写作姿态下的个性化言语的方式。毋庸讳言,他们的作品有许多纯属精神的碎片,这自然存在着个人的原因。但在我看来,它们更多地属于对破碎的社会之反响。如果不带偏见地看待这些作品,还是可以体会到,虽然它们表面上游离于时代之外,却在更深刻意义上折射着这个时代的无本质和无中心。《蔚蓝色天空的黄金》的编者做了一次美学的冒险,为我们收集了这些精神碎片,使我们真切地听到了60年代人内心的声音,让读者在接触每一个复杂、矛盾的艺术个性的时候,再一次领略到90年代中国文坛的丰富多彩,的确是做了一件功德无量的好事。至于其中留下的遗憾,则只能有待它们的续集来弥补了,好在各位编者对此已有先见之明,正在准备"下一个球"。

1997年1月10日

守望者的倾听

中国新诗在20世纪90年代进入一个前所未有的"沉寂"与"繁荣"时期。说它"沉寂",是因为这个阶段,诗歌似乎远远地离开了大众传媒,甚至远远地逸出了公众的视野,变成了一项寂寞的事业,写作的"个人化"几乎成了一个标志;说它"繁荣",则是因为,恰恰也在这个阶段,中国新诗的现代性获得了最充分意义的凸现,诗人们进入了比以往任何时候都更为自觉的诗歌写作状态,并且取得了前所未有的丰收。90年代诗人在"写什么"和"怎么写"的问题上,都有了重大的突破,诗歌的触角上天入地,几乎无所不在:大到时事政治,小到吃喝拉撒,让不少以传统眼光来看不能入诗的题材和主题都进入了诗歌的圣殿。与此同时,诗人们对形式的重视也达到了空前的程度,他们在形式上的自由选择尤其为新诗的发展提供了更多的潜能。

西渡是为20世纪90年代诗歌作出了突出贡献的重要诗人之一,他的诗歌表现出理性抑制激情所生发的张力,有很强的形式感,善于在普通的句式和词语中提炼典雅的意蕴,一部分作品甚至具有水晶般的雕琢痕迹。近年来,西渡在写诗之余,撰写了不少与诗歌有关的论文和随笔,在诗歌圈内引起了一定的反响。这次,他将这些文章结集为《守望与倾听》出版,为读者全面和系统地了解他的诗歌观提供了一个良好的契机。

相对于20世纪90年代诗歌实践上的丰富,我们不能不承认,诗歌批评有着明显滞后的倾向,其单调、枯燥、教条主义,时不时出现的隔靴搔痒式的外行话,使人们不能不以一种怀疑的目光来审视批评家的艺术感受力。由于我们的文学教科书一直教导说,文学的功能是描写了什么什么,批判了什么什么,对时代作出了什么什么反应,有着什么什么教育和启迪意义。在这样的教育体制下熏陶出来的批评家们习惯以主题、题材、情感和趣味来对诗人进行考察,从而得出一些主题是否新颖、题材是否重大、情感是否强烈、立意是否高尚等等于当代诗歌写作无补的结论。事实上,在"写什么"和"怎么写"的问题上,后者恰恰是更能考验一个作家和诗人之所以是一个作家或诗人的关键。按照西渡的话来说,"应该去考察诗人在他的主张下,把他的活做到了什么程度,他对主题、题材、情感的处理表现出了多少才能和技艺","应该深入到诗人的技艺、才能的客观方面去",而做到这一点,恰恰也是"考察批评家自身的才能的尺度和标准"。批评家仅仅是出于政治的嗅觉和道德的惯性来发一通不着边际的议论,如果不算渎职的话,起码也是暴露了自己的无知。

不知从什么时候开始,中国的诗人便患上了形式的恐惧症,生怕一谈形式就会招致"形式主义"的骂名。至于"形式主义"的作品,在某些人看来,必然在内容上空洞无物——所谓"华而不实",写这样作品的人在日常生活中一般也活得空虚无聊,等等。对此,西渡认为,在那些现代诗的发展已有一定历史的国家,如欧美,过分地推崇形式,可能会产生对既有形式的因袭,认同某种已成定势的艺术趣味。"但是在我们这样一个只有极其短暂而且单薄的新诗历史的国家,没有任何现成的形式等着我们去继承,对形式的尊重,反而意味着一种冒险——专注地投入自己的勇气、才华、热情和耐心,从而创造一种崭新的形式"。在这里,我们可以看出,西渡在为形式辩护时尽管仍心有余悸,但已显示出一个诗人批评家对形式特有的敏感。正是从上述立场出发,他指出了坚持形式虚无主义的诗人的失误:"一个以破坏作为其创造力的保证的诗人,不过是一个名为破坏的传统的懒惰的学生,既失去了创造的雄心,也失去了创造所必不可少的耐心。"

现代诗应该注意形式,这就是说现代诗人应该注意自己的技艺,因为:"技艺不止意味着表达的技术,而与表达的质量、创造性体现为互为表里的关系。……从某一角度看,技艺即诗歌的灵魂。"诗人的技艺之直接地体现于他对语言的把握和调动语言的能力。在西渡看来,一个诗人应该对语言抱持一种谦卑的态度,"诗人是词语的仆人,而不是主宰"。"语言先于我们的强大存在以及它和人类个体的关系,体现了人的一种宿命"。在词和词之间,有着隐秘的、内在的亲和力,它们虽然各自不同,并为表面的间隔所阻断,却像热恋中的情人一样"彼此吸引"、"彼此相亲","而它们的结合还将产下它们更加强大的下一代";因为,"一个字、一个词、一个句子不但存在这种与其它字词结合的能力和可能性,而且它们自身都有一种发展成为一首完整的诗的渴望,好像语言本身就是为了诗歌而产生的(就像颜料之于绘画,砖之于建筑一样)"。诗人的职责就在于接受这种宿命,响应词语的这一要求,把自己的才智和心灵投入到由词语向诗歌转化和发展的工作中去。

口语写作,是由"第三代"诗人提出的口号,作为一种写作策略,它对冲破新诗诞生七十年以来逐渐归趋于政治抒情诗为正统的"革命话语"无疑有着积极的作用。但是,倘若因此而将它奉为唯一的写作准则,不仅在写作实践中会出现把诗歌降低为顺口溜和俚俗小调的可能,更可能会引发新的话语霸权,是对诗歌在语言中自由翱翔的其他可能性的限制。作为生活在当下的诗人,毫无疑问要从日常口语中汲取新鲜的养料;不过,这种"汲取"的前提是,必须经过"选择"和"提炼"的工序。只有经过"选择"和"提炼"的口语才会赋予诗歌以诗意,因为,日常口语"是散漫的,缺乏表现力和充满了自我耗竭的倾向,它是一种随时被消费的废话",不加选择地在诗歌中滥用口语,"事实上是放弃了诗人对语言的责任"。诗歌的语言"是一种介于口语和书面语之间的对话语言或者自我交谈的语言",它具有口语所没有的严肃性,并且始终处在对话的紧张关系中,具有明确的方向性。

近年来,我参加过不少诗歌朗诵会,发现绝大多数诗人喜爱的只是自己的倾诉,而不太习惯认真地倾听,诗人的狂傲和自大几乎成了某种痼疾。我们这个时代,有太多的发言者,却只有极少数的倾听者。西渡把自己的诗学随笔集命名为《守望与倾听》是颇有深意的,它体现着西渡面对当代诗歌所愿意承担的使命以及对语言所抱有的敬意。他自述道:"写诗意味着某种程度的放弃自身,去倾听语言的发言,阅读同样意味着放低自己的位置,去倾听词语的声音。""对我来说,批评不过是倾听语言发言的另一种方式。批评的幸福在于能够倾听到优美的歌唱。"在价值混乱和精神涣散的时代,诗人仿佛接受宿命一般将成为一个守望者;而在时代的众声喧嚣中,诗人应该是一个倾听者,要从各种喧嚣中倾听来自诗歌本身的密码,倾听来自同行的声音。记得海子死后不久,陈东东在《丧失了歌唱和倾听》一文中说道:"与海子的歌唱相对应的,是一禾优异的倾听之耳。""对于诗歌来说,歌唱和倾听是同样重要的,有时候,倾听对于诗歌甚至是更加根本的。"在陈东东看来,正是骆一禾恳切而挑剔的倾听,鼓励和磨炼了海子的歌唱,使得他的嗓子变得越来越悦耳。

看来,陈东东的这一意见对西渡是深有启发的。如果把20世纪90年代的诗歌看成一部交响曲的话,西渡卓越的听力使得他能够在一片声浪中,分辨出其中的小提琴和中提琴、单簧管和双簧管、三角铁和排钟各自不同的音质以及混杂其间的各种杂音,给予恰如其分的界定。例如,他认为,韩东的诗"不是大树,而是从树上截取的一个断面,切口还淌着鲜嫩的汁液";在论及张枣的写作创新时,拈出了其"唯美、细腻、文言辞藻的活用、抽象与具体的并置"的特点;而在谈论清平的风格特征时,将它概括为"简洁到只剩下骨头的优雅";而在对比北大几位诗人的诗歌节奏时,内行地指出,"骆一禾、海子的节奏是歌唱的、飞行的,西川的节奏却是朗诵的,被赋予一种整齐的、行进的步伐,臧棣的节奏则是说话式的,属于私人的散步"。上述点评,倘若参照他们的作品来看,读者便不难发现西渡确实具有一双善于倾听的耳朵。

  对20世纪90年代诗歌的评价,西渡表现出了学者般的审慎和严谨,在总体把握上,他更强调它的延续性,而不是很多批评家执意概括的独特性。就中国诗歌的生长期而论,他认为,与其用"变化"这样的词来命名90年代的诗歌,还不如用"发展"、"延伸"、"拓展"这样的词汇去描述更为准确一些。在回答关于20世纪90年代诗歌想像力的问题时,西渡举出了两个特征:其一是它的具体性,诗人通过想象,来亲近日常经验,赋予它们以意义和价值,这使得我们生活中的大大小小事件以奇特的方式进入诗歌,从凡庸的日常经验中剥离出来,上升到想象的层次,因而获得它们的真实性和完整性;其二是它的理性精神,自浪漫主义诗歌以来,诗歌的想像力一直被笼罩在非理性的迷雾中,人们总习惯于把它同直觉、灵感、潜意识,甚至与病态的幻觉联系在一起,而忽视了它与理性之间的联系,忽视了理性对精神的支撑。实际上,诗歌的存在,原本就是给无序的历史和现实以秩序,以理性的精神来梳理原始的、非理性的想像力,使它们于意识的控制下发挥恰当的作用。也正是在这个意义上,"理性应该始终成为非理性的看护者和守门人"。在一个诗歌建设的时代,对诗人而言,理性和节制肯定要胜于激情与放纵的。

守住抒情的本质

诗歌的本质应该是抒情。20世纪70年代以前,这一本质是中国绝大部分诗人所认同并坚持的。但是,到了80年代中后期,它却受到了相当程度的质疑和挑战。一部分诗人出于对此前"滥情"现象的不满,起而"放逐抒情",乃至"反抒情",极端者不仅否认了抒情的本质,甚至希望把抒情的功能都驱除出去。诚然,诗人们对抒情功能的滥用给予适度的警惕,无疑是必要的——当抒情成为无病呻吟的矫情时,极有可能走向它的反面而流于浅薄、虚假和滑稽。不过,把抒情从诗歌中彻底驱除出去,将"哲理性"、"叙事性"、"戏剧性"这些原本是辅助的元素夸大成主要的元素,也显然是本末倒置的行为。这种做法混淆了文体之间必要的界限,对诗歌造成了极大的伤害,使其在表面的所谓扩张之后,丧失了凭靠的根基,从而引发了自身的消亡。

论及具体的诗歌创作,我们必须承认,一个诗人的抒情水准之高低与他的想象能力有极大的关系。一个想像力匮乏的诗人,其抒情只能停留在较肤浅的层次上。由于想象上的局限,他难以把握一首诗真正的内核,而为了表达自己被现实中的人与事所刺激起的情感,其惯常的做法便是添加一连串的形容词,对人们熟悉的意象进行拼贴与黏合,最终,在制造华丽表象的同时,暴露了自身的平庸。需要强调的是,我们现在所面对的这位诗人决不在这平庸之列,他有着极其丰富的想象能力,这种能力帮助他在自己的诗歌中寻找到了最贴切而生动的比喻,《月光进入秋天》便是最好的例证:"月光进入秋天/就像滤去了杂质的水/把村庄渐渐洗干净/仿佛一朵花一样地渐渐升起来。"开篇以极其朴素的语言,做了仿佛不经意的精心布置,把读者带到了一个美到透明的境界。接下来,诗人便把读者引领到了现代人久违的村庄,指点着"浪游的鸟"、"村庄的远树"、"老牛的低哞"、"农具的幽光"、"澄黄的谷子",写出了"午夜的心跳"。

当然,我们说诗人有了丰富的想像力以后,并不意味着他一定能坚守住诗歌的抒情本质,这里牵涉诗歌的一个语言问题。众所周知,诗歌是语言的艺术。20世纪80年代,中国诗人先后提出过"诗从语言开始"、"诗到语言为止"和"诗就是语言本身"等口号,虽然都存在极端和偏颇的弊病,但也从一个侧面强调了语言的重要性。一个诗人,如果缺乏自如地操纵语言的能力,那么,即便有超常的想像力,也难以找到准确的表达方式和手段,只能使想像力停留在原生状态,进入不了诗的领域。在这方面,我认为,东方浩也显示了比较扎实的基本功,他的诗歌语言简洁、准确,善于进行词与词之间的创造性组合,但又避免了这种组合易犯的生涩之弊。

每一个成熟的诗人都会有他特定的语言风格,都会拥有一本他常用的"词典"(或者说"密码本")。倘若人们仔细地翻阅一下东方浩的那本"词典",就可以发现,他的词源主要来自两个部分:一部分来自他对现代汉语的学习,尤其是对日常口语的汲取和提炼;另一部分,就是他对古典诗词的熟稔。后者显示了一名现代诗人面对传统的那种成熟的态度,他既不一味地膜拜传统,做传统祭坛上的奴隶;也不妄自尊大,以为可以凭空在废墟上建筑现代的诗歌大厦;而是尊重传统,在传统中寻找堪为当代利用的资源,期盼自己像"石拱桥"似的"一头倚在古典的水域","一头倚在现代的爱情"上。在《桑叶青青》这首诗中,他运用了古诗中叠词的手法,其自然的节奏堪称《诗经》时代之古风的回响,而他笔下那些采桑叶的"妹子"则令人想起我国诗歌经典中荡漾在"田田"荷叶间的"采莲女"。另一首诗《慈母手中线》,则从孟郊《游子吟》一诗的诗意铺展开来,把某种永恒的情感放在现代性的背景下,用现代汉语再一次诠释了慈母的爱心与浪迹天涯的游子的敬意。作者以"缝成一个永远的结"翻陈出新,为这一主题增添了新的重量。

就气质而言,东方浩属于典型的南方诗人。根据我的理解,所谓南方气质,大约应该包括儒雅、温和、睿智、谦逊、圆润、通达、敏感、多情、恬淡、节制、理性等等。无疑,这些素质有助于一个人身心的健康成长,而它们的综合构成极易成就一名优秀的抒情诗人。这里,我想说的是,上述素质东方浩大多具备,并且在既往的诗歌中已有充分的表现;或许,今后的他,需要做的只是守住抒情的本质,"百尺竿头,更进一步",完成终极意义上的诗歌使命。

留住可以留住的东西

"诗歌就是那在翻译中失去的东西"(Poetry is what gets lost in translation),这是美国诗人罗伯特·弗洛斯特给诗歌所下的一则断语。它虽说有些极端和偏激,却从一个侧面道明了诗歌翻译的艰难和翻译者的尴尬。文学是语言的艺术,在这门艺术中,诗歌被公认为最讲究语言的艺术,亦即最能体现语言之微妙的艺术;因此,它常常被世人称为"文学中的文学"。或许正是在这个意义上,诗歌存在着弗洛斯特所称的不可译性:任何一个译者都无法原封不动地把一种诗歌语言转化成另一种诗歌语言。

但是,随着世界各民族间文化交往的日益频繁和扩大,翻译已经成为一座必不可少的桥梁,而诗歌翻译更是其不可或缺的组成部分。既不能放弃这项兑换的工作,又做不到完全等值的兑换,这就使得诗歌翻译成了一项"知其不可为而为之"的工作。在两难的处境下,译者势必要作出某种取舍,对原诗释放的那些高密度的信息进行梳理,寻找并首先传达该诗最应该传达、最有可能传达的那部分信息。譬如,原诗在语义上有过人的表述,译者就应该着重进行语义的转换;原诗在语词搭配上有创造性的组合,译者就应该积极地予以引进;原诗的重心在意象、比喻的新奇上,译者就应该把注意力倾注在意象和比喻的复现上,等等。然后,再来考虑其他信息的转达。

根据十余年的翻译实践,以及对众多的外国诗歌译本的阅读,我发现,诗歌翻译在模仿原诗的韵律和节奏上所作的努力几乎是无效的。西洋诗歌中常见的"抱韵"、"交韵"、"随韵"、"抑扬格"、"扬抑格"、"抑抑扬格"、"抑扬抑格"、"扬抑扬格"等,移植到汉语中以后,实际上很难再现原诗所具有的音乐效果,有时甚至还会出现因韵害义的现象。有鉴于此,我在近年的诗歌翻译中,不再拘泥于对原诗的韵脚和音步的照搬和仿制,而把精力更多地放在语义、意象、比喻、词语组合等方面的转换上,追求一种更自然的节奏传达。令人欣慰的是,这种转变得到了从事诗歌写作的一部分朋友的赞许,他们从现代诗的发展期待上给了我鼓励和支持。

在当今的读者乃至诗歌界人士中间,有一种看法颇具代表性,那就是认为新诗由于不再讲求格律,不再押韵,不再注意平仄,丧失了朗朗上口的优势,以致丧失了诗歌的音乐性,同时也丧失了诗歌的美感。事实上,这是一种非常陈旧和保守的观念,它忽略了新诗相对于旧诗所体现出来的种种优势,诸如流畅的语感、准确的表情达意、自然的节奏、自由的文字组合等等。我们知道,美是自由的象征,而旧体诗最大的弊端就是对表达自由的束缚,这种与它在形式上对韵脚的讲究有很大关联。按照古典诗词的格律,在词尾只能出现与前面诗句相押的字词;再者,每个韵所拥有的字多者几十个,少者才十几个,势必造成很多重复的现象。于是,由字词的重复带来的意境之陈旧、诗意之贫乏也就不可避免。一个人在背诵过几十首或几百首古典诗词以后,便拥有了"诗歌写作"的"资本",可以像玩积木似的随意编排字词和搭配句子,拼凑出讲究韵脚、合乎平仄的"诗"来。可是,在这样的"诗"中,人为的节律往往破坏了自然的节奏,其后果就是诗意的流失。"熟读唐诗三百首,不会作诗也会凑",这句近乎调侃的俗语实际透露的,也就是中国旧体格律诗所陷入的困境。

  五四时期,胡适、郭沫若、康白情、汪静之、冰心等人的诗歌创造,便起始于对旧体诗在格律上的不满:"旧诗里音乐的表见,专靠音韵平仄清浊等满足感官的东西。"认为正是这些东西压抑了人们的真性情,使得大部分旧体诗笼罩在一片虚假的迷雾之中。在他们看来,"若是必要借人为的格律来调节声音而后才成文采,就足见他底情没发,他底感兴没起,那么他底诗也就可以不必做了"(康白情《新诗底我见》)。"形式上的束缚,使精神不能自由发展,使良好的内容不能充分表现,若想有一种新内容和新精神,不能不先打破那些束缚精神的枷锁镣铐"(胡适《谈新诗》)。因此,他们提出了建设不押韵的自由体诗歌的主张,致力于破除一切桎梏人性的陈套,只求其不背离诗歌的精神,最终写出流露真性情、展示自然美的作品。自五四诗人最初的"尝试"迄今,经历了八十年的风风雨雨,自由体诗取得了不容小觑的成绩,并且逐渐形成了一个新的传统,它取代旧体诗而成为诗歌写作的主流,已是不容置疑的事实。

  我们知道,就诗歌翻译的目的而言,它首先应该为我国的诗歌创作提供某种借鉴。这项工作的进行和完成,应该有利于推动中国诗歌的繁荣,新诗发展的历史似乎也证明了这一点。因此,正如新诗创作应该追求自然的节奏、自然的韵律,我们在诗歌翻译中也应该提倡一种自由的、开放的风格,而不应局限于对原诗在字词方面的刻板对应,也不对原诗的格律做机械的移植,注意捕捉内在的神韵,以自然、流畅为准则,力求在更本真的意义上译诗为诗。如果经过了这样的语言转换之后,读者见到的译诗仍然可以被确认为是一首优秀的诗歌,那么,我们似乎可以说,诗歌就是那经受了翻译考验的东西。当然,这有赖于我们的翻译工作者留住了可以留住的东西。

荷马、但丁也是我们的传统

中国的现代诗在 20 世纪 90 年代取得了巨大的成绩,诗人们在摆脱了诸种非诗的意识形态的干扰以后,其写作的自觉与文体的自觉达到了前所未有的高度。他们愈来愈注重诗歌本体意义上的创造,推出了不少堪称一流的优秀作品,形成了风格、形式和流派上的多元化格局,在这一点上,我们无须妄自菲薄。但是,我们也同样应该看到,中国的现代诗并不是一枝孤独的玫瑰,不是在完全与外界隔绝的状态下发芽、含苞并绽放的,实际上,在它的成长史上始终潜伏着一段翻译诗的历史,后者就像根须一般滋养和支持着它,就某种程度而言,翻译诗已经成为中国现代诗的一个重要的组成部分。我们必须意识到,诗人们借助翻译家的辛勤劳动,汲取了不少有益的异域营养。因此,我们不妨在诗歌领域里旗帜鲜明地倡导一下世界主义。

诗歌不是政治,它的世界主义不是帝国主义,不是霸权主义,更不是什么投降主义和买办主义。中国当代诗人应该以自信、开放的姿态面对世界,兼收并蓄各民族先进的文化成果(尤其是它们丰富的诗歌经验),来铺造一条跨越民族文化隔阂的艺术道路。这里,我们有必要指出目前过分强调诗歌的民族性的危险。诗歌的民族性问题实际是一个假问题,也就是说,它是不成为问题的问题。因为,任何诗人从事写作都无法摆脱他的民族之根,自从他呱呱落地开始,本民族的文化、语言、思维方式、生活习惯,等等,就像一日三餐的饮食,潜移默化地融入了他的身体里,成为在脉管里流动的血液似的存在。正如一首流行歌所唱的那样,哪怕他穿上了西装,都无法摘除那颗中国心(而倘若真出现了极端的例子,一个中国诗人能够写出一首可以称得上优秀的"美国诗歌"、"俄罗斯诗歌"或"法国诗歌",只要它本身确实是一首优秀的诗歌,我们又有什么理由不允许它存在呢?我们大可不必那么在乎那首诗歌的"国籍",就此滋生亡国亡族的危机感)。

文化上的民族主义不可避免地带有一定的褊狭性。为了保持所谓的纯粹性,它从特性的定义到具体的实践必然会呈现某种封闭性,从而显露出拒斥异质事物的姿态。我们的历史已经证明,在文化上一味地强调纯粹的民族性,对外来文化持怀疑、排斥和拒绝的态度,实际违反了人类资源共享的原则,造成的是文化资源和精神资源无谓的浪费,既不利于自身的发展,也无益于全人类的进步。经济上的闭关锁国,导致的是物质上的匮乏;而文化上的故步自封,引发的后果就是精神上的萎缩和脆弱。因此,我们应该接受历史给我们的启示,呼应现实对我们的期待,自觉地加入诗歌的WTO。

1827年1月31日,歌德告诉自己的秘书爱克曼,这段时间他正在阅读一部中国传奇,觉得受益匪浅,认为那是一种很值得注意的文学现象。后来,他就这个话题又强调:"我愈来愈深信,诗是人类的共同财产。"在这次谈话中,他指责了当时德国人的那种自大和封闭,认为倘若不跳开周围那个狭窄的小圈子,到外面去看一看的话,就会陷入"学究气的昏头昏脑"之中。正是在这同一天里,他提出了"世界文学"的概念:"民族文学在现代算不了很大的一回事,世界文学的时代已快来临了。现在每个人都应该出力促使它早日来临。"

如今,历史已经跨入21世纪,距离歌德生活的年代已有将近两百年了,当年的理想已经成了现实,高科技时代的交通工具和通讯设备之发达,尤其是互联网的出现,大大改变了人们的时空概念,它把以往相互隔绝的民族紧密地联结到一起,仿佛生活在同一个村落——地球村里,使他们体验到了唇齿相依的相互关系。当前,世界各国在政治、经济、教育、体育等领域里的合作日益频繁,而文学与艺术的交流更是空前的活跃。生逢此际,倘若我们再抱残守缺,褊狭地划分什么"你们"的传统和"我们"的传统,无疑是不明智的。事实上,正如屈原、李白、杜甫是我们精神上的父亲,荷马、但丁、莎士比亚就是我们精神上的叔父,那也是我们的传统;至于策兰、布罗茨基、帕斯、聂鲁达、阿特伍德、希姆博尔斯卡等,更是今日我们诗歌大家庭里的兄弟姐妹。当我们走过翻译这座桥梁,在汉语的空间中与他们相遇的时候,相互之间能够满怀亲情地展开一场精神的对话,恐怕是最合情合理的选择,而这也是我们编选这部译诗集的初衷。

下面,我想就外国诗歌的翻译稍作说明。众所周知,翻译难,翻译诗歌更难,而最令人尴尬的则是,后者还是一件吃力不讨好的事情;所幸的是,我们一直有一批献身者在"知其不可为"而"为之",取得了不可小觑的成就。早在20世纪80年代初,卞之琳先生便断言,译诗艺术已经进入了"成年",相比之下,90年代的诗歌翻译,在整体质量上又有了明显的提高。这表现在如下几个方面:首先,与现代诗的写作同步,诗歌的译者愈来愈注重文学的本体性,精心传达原作的艺术层面,力求在穿越语言的隧道之后依然保持其主要的诗性元素,"留住可以留住的东西",亦即还诗以诗。其次,在翻译对象的选择上,译者大多摆脱了以往的盲目性和被动性,在进行这项活动时,往往挑选与自己气质和性情上接近的诗人和作品,这使得他面对另一个精神世界时,能够自如地进入与返回,由此"再创造"出来的译作也更可能让神韵得以还原。再次,从事诗歌翻译的队伍正在扩大,除一批专门从事外国文学研究和介绍的专家们以外,一部分诗人的加入也使翻译诗的整体面貌有了很大的改变:一方面,由写作实践积淀下来的经验,使诗人们在外语诗歌转换成汉语的诗性还原上占有很大优势;另一方面,诗人与翻译家之间的沟通,有助于全面地体现翻译"信、达、雅"原则。最后,我们应该看到,诗歌翻译的风格也出现了多样化、个性化的趋势,这是一个可喜的现象,"直译"派、"意译"派和"形神兼顾"派的主张,以及各种翻译倾向和意见的并存,可以起到一定的互补作用,共同服务于中国现代诗的繁荣。

在这里,我不想对选入本书的作品进行具体的评述,因为,这是一项很难胜任的工作。维特根斯坦说过:"对不可言说的事物,最好保持沉默。"在各种文学体裁中,诗歌恐怕是最无法言说的东西,当一个人试图用散文来表述诗歌的内涵时,即使没有出现严重的曲解、误读,属于那种最忠实的诠释,也无法避免语言的掺水和稀释行为,由此造成的后果可想而知。记得我在上研究生的时候,导师飞白先生曾经传授给我们解读和鉴赏诗歌的一个"秘诀",那就是从诗的三个层面——"情、理、美"入手。前两个层面与通常所称的诗歌内容比较接近,当我们接触到某首诗时,首先应该用心体会这首诗所表达的情感——这种情感是否真挚、强烈,是否具有普适的意义,能否令人产生共鸣;其次考察它表现的是怎样的理趣,立意是否新颖、独特、高远,思考是否深刻,能否给人以心智上的启迪,等等。第三个层面是诗美或艺术性,也就是通常所称的诗歌形式。诗歌之所以是诗歌,自然有它不同于其他文体的特点,这些特点就分布在它的结构和语言之中。因此,我们应该认真地去品味作者如何遣词造句,如何进行句子和段落的排列,如何经营它的比喻、象征、意象、典故,其中的节奏、韵律是否协调,它们是否完整、妥帖地传达了作者所预设的"情"与"理"的目标。我个人以为,对普通读者而言,这一"秘诀"迄今仍有很强的适用性。在此,我把它公之于众,希望此举能有助于大家对诗歌的欣赏和借鉴。

翻译的尴尬和委屈

最近,人们对翻译工作的批评逐渐多了起来。这自然是好事,它表明读者的素养越来越高,阅读的眼光越来越成熟,鉴别力也越来越准确。他们已摆脱了最初对翻译文本的盲目信从,开始以一种理性的眼光来打量阅读的对象。我想,这必定有助于提高翻译著作的质量。但在众多的批评中,我仍然感到,似乎缺少那么一点对译者的理解与宽容。这里,我想站在译者的立场上,讨论一下造成劣质译文的原因之一。或许,换一个角度来讨论问题,更能切中潜伏其间的症结所在。

众所周知,对于从事翻译工作的人员来说,他必须具备两种语言的操控能力。第一种自然是对他意欲翻译的语种的掌握,即除了对该语种的语法、修辞等项目的熟练掌握之外,同时还要求他了解该语种背后的整个文化构成,包括它的历史、政治、宗教、伦理,以及形形色色的风土人情等。第二种则是最基本的,但实际也经常是被忽略的语言能力,那就是熟练运用译文所呈现的语种。在很多情况下,这一语种通常就是我们的母语,亦即被我们称为最广泛的交流工具的中文。有过翻译实践的人应该都清楚,要达到上述这两条,需要付出巨大的努力。

翻译有时甚至比创作的难度更大,这是我的一点个人体会。譬如,我创作一首诗或者草拟一篇文章,遇到我觉得陌生的或者把握不定的词儿,我可以想办法绕开它,去找一个与之相似或相近的词。福楼拜说过,创作,就是去找到那精确描写的唯一的词。事实上,在创作中,这种情况在不得已的情况下是可以敷衍过去的。但是,在翻译中,我遇到类似的事例就没有任何可以"绕开"的借口和权利,职业道德要求译者必须去寻找到那个"唯一"。只有这样,他才能无愧于"翻译",而不是"改写"。如果有人采取省略不译的做法,就等于是在"偷工减料",难免不是"中饱私囊"的"舞弊"行为。因此,我本人翻译某部作品,一旦遇到了陌生的单词或难解的句子,在检索词典和多方求教也梳理不好的时候,只能"半途而废",即便此前的译文十分精彩,也只好忍痛割爱。尽管如此,翻译中的错译和误译还是在所难免,它们就像某位前辈所比喻的那样,是"猫身上的虱子"。

人们常常把编辑的工作比喻成"为他人作嫁衣",并因此而打抱不平。殊不知,就某种程度而言,译者更像私人作坊里的织工,而且其承受的辛苦和压力恐怕更甚于编辑,他往往被派定了只许成功不能失败的处境。在出版社或杂志社的催逼下,我们的译者"知其不可为而为之",夜以继日地进行文字的转换和缀连工作,千辛万苦地完成一件新"嫁衣"——译文。如果成功了,人们记得的大多是作者的名字;倘若不幸失败了,译者需要承担的罪责可就大了,口诛笔伐的批评让译者遭遇到尴尬和委屈之后,只能把"打落的牙齿"往自己的肚子里咽,并且几乎从此不敢再妄生翻译的念头。

在国外,以对某部名著的翻译获得研究基金的资助是常见的事,甚至还出现过以翻译某部重要的作品取得博士学位的例子。在国内,我们也常常可以听到不少肯定翻译的重要性的言论。例如,"如果没有文学翻译,中国新文学就不可能有现在这样的收获";"倘若没有新时期以来各类政治、宗教、伦理、经济、历史等领域书籍的翻译,就不可能有近年学术界的繁荣,更遑论什么理论的创新和突破";"一部好的翻译著作,其影响可能大于很多平庸的同类专著",等等。

但是,在这些肯定翻译工作言论的背后,整个社会对翻译工作者的忽视,却是令人心寒的。前述对翻译的基金资助几乎阙如;不但如此,而且在各高校和科研单位,翻译著作通常不被认作科研成果;即便是承认,它们的分值也远远低于论文和专著,哪怕实际上前者具有影响学术的理路和视角,掀开了新的写作气象,而后者只是没有什么创见的拼盘操作。而在与翻译联系最密切的出版界,这种现象似乎就更严重了,封面上有作者署名,没有译者署名或者把译者署名不负责任地弄错的图书,几乎俯拾皆是。至于稿酬,译作一般也要低于所谓的"创作稿"。举一个现成的例子,新中国初期,翻译一部《青年近卫军》所得到的稿酬可以买下北京的一座四合院,如今,翻译相同篇幅的作品,大约还买不了相同位置的塔楼建筑内的一个卫生间。至于奖项,与名目繁多的小说奖、诗歌奖、散文奖相比,极少有翻译奖的出现,偶尔设立,也只不过起个点缀作用。在这样的背景下,相当一批优秀人才的翻译冲动就被人为地抑制住了。但与此同时,由于翻译尚可以获得一定的物质利益,遂诱引一部分素质较差的人员进入了该领域。他们与部分急功近利的编辑"狼狈为奸",炮制出了不少低质、劣质的译文,狠狠地给翻译界抹了一道黑。

最后想说的是，我吐了这么一番苦水，目的自然不是要为翻译的错误辩解，更不是为充斥坊间的各种劣质译文寻找存在的借口，而是期望从一个基本的层面入手，改变"低报酬（包括精神和物质）低产出"的现状。我认为，只有整个社会和有关方面切实认识到翻译问题中人的因素的重要性，确立一个良好的制度，既注意培养从业者的自律态度，也自外部给他们提供良好的环境和氛围，从而滋养起这部分人的敬业精神，让他们安心并乐于翻译的工作，同时不断吸引出色的人才来充实这支队伍，才能从根本上提高整体的翻译质量。否则，我们的翻译工作恐怕只能长期停留在一个较低的水平上。试想，在没有精神与物质有力支持的境况下，有多少人能够顶着漠然的眼光，饿着肚子去"十年磨一剑"呢？而没有"十年"的时间和精力投入，又如何能挥出作为精品的"一剑"？

译文

关于爱情的成功叙事(中篇小说)

[俄]马卡宁

> 狭窄的地方！狭窄的地方！……他简直是疯了！……他其实到底想说什么呀？
>
> ——摘自读者关于中篇小说《出入孔》的对话。

在人生的末途……历经沧桑,头发斑白……作为一个女人,一辈子只爱过的唯一一个男人,会有什么感觉呢？……哦,什么都没有。绝对是什么都没有。在任何情况下,她,拉丽莎·伊戈列夫娜,什么特别的感觉都没有(抱怨命运？不,一点都不)。毕竟有过多年的婚姻生活,嫁过别的男人。眼下,单身一人生活(已经离婚)。这种单身生活已经过了很久。

婚姻让她生了一个女儿。这一点很幸运。一个优秀、出色的女儿！她当然已经成人了,并且离开了。做了一名医生,在梁赞生活和工作。

塔尔塔索夫,拉丽莎·伊戈列夫娜曾经对他有所暗示(交谈过)——据说,她爱了他一辈子……含笑作出反应,活跃而粗俗:"关于重大爱情的成功叙事,——非常罕见！……但也可能会发生。完全可能！"

也就是说,在他这个写作者身上是可能发生的。塔尔塔索夫还在补充,寻找托词来辩护(像往常一样):"据说,是可能的。但文学正在死亡……唉！"

拉丽莎·伊戈列夫娜享受着孤独,品尝着它,从柏油路走到了泥地上。多么惬意啊！从小路往左拐,现在往前走,(经过菩提树)听着树叶的簌簌声。

噢？什么意思？……拉丽莎·伊戈列夫娜发现地上有一道裂缝。正对着她的眼睛。裂缝仅仅是一道裂缝,不太深,在黑色土壤上不易察觉。黑土。但一个突如其来的比较让她感到了不安,她想:这是什么……这是她母亲的怀抱。我的上帝呀！什么念头呀！……拉丽莎·伊戈列夫娜不由自主地缩紧了身子。迷信正在寻找惊恐？……为什么会这样呢？为什么突然在今天？

形而上学的深度,我们大家都从那里来,似乎是塔尔塔索夫微笑着说过……当然,深度。谁还能有异议！她,拉丽莎,为这位写作同行操够了心。他们(他也同样如此)花了太多时间用隐喻来训练她的灵魂。运用形象思维！一切都很平常,哪怕母亲的怀抱。畜生！……

她也责骂自己。为了过去的事情……所谓近朱者赤,近墨者黑。

但是,她的眼睛还继续在扫描草丛、土地。现在,眼睛在自行搜索这些标志性的可怕裂缝。拉丽莎·伊戈列夫娜努力把眼神从土地上移开,目不转睛地看着前方……看着附近建筑的窗子。五层楼的窗子没有一点个性。

塔尔塔索夫在屏幕上显得很亲切,尽管已不太年轻……打着领带,穿着得体,主持着颇有名望的谈话节目《茶座》(电视作家),稳重,有文化。举例来说,和著名的作曲家谈话……哪怕是和时髦的写生画家——抽象派画家谈话。

塔尔塔索夫总操有提出稳妥问题的胜券。在电视谈话节目的高峰时期,一个接一个……这一刻,上百万观众看着蒸汽在茶杯上缭绕,在他们的两只茶杯上缭绕。而应邀的嘉宾,音乐家或画家,没精打采的,本来在想,电视台并不全然是那么政治化和粗鄙化。原来可以大胆地披露一下。说得充分一些,机智一些……贵宾已经完全放开了,随意地伸出手来抓糖果,去拿高脚盘里的巧克力……就在此刻,塔尔塔索夫问道:"可最后您难道不想回答一下,您(您个人)觉得是以往生活得糟糕呢——还是现在生活得糟糕？"

这可来了个出其不意。

二者必居其一的选择总是轻率的。而越是轻率,来宾就越是温和。那么,怎样回答才会恰到好处呢？……如果说在共产主义制度下生活得很好,那肯定就是在说谎(而且也显得很愚蠢)。但要称赞如今的生活也有点儿不太合适。真有点不知所措。面对上百万同胞,面对半饥半饱的医生们、教师们……

谈话者露出了一脸的惊惶,声音也起了细微的变化……激动地要说出无法述说的内容。手也不知道怎么处理刚才拿过来的糖果。而塔尔塔索夫则微笑着,眼神很温和,默不作声——强化了这种停顿。

观众当然很熟悉这种含刺的问题。清楚地知道这不好回答(一切很合我们观众的心意。卑劣、可鄙和空虚都成……但要有趣。我们本来就是卑劣的,有什么办法呢！)。上百万人,也许更多,预先在荧屏前激动起来了,预感到某种快感……但要知道,让观众萌生热狂并不是好事！应邀而来的名

人把手伸向巧克力,勉强(一个特写)够着浅褐色的小方块,问道:

"唔?……过去——或者现在?"

名人陷入了困境,有点儿含糊其辞。而我们还记得,上个星期二,那个钢琴家是怎样地结结巴巴的。身材瘦削,棕红色头发……棕红头发的男人脸色通红!他感到窘迫不堪!……我们是孩子,我们是小伙伴,而电视是我们的骰子(可惜太大了,无法在手心里滚动)。

当然,被邀请来《茶座》的都是一些著名的和傲慢的人(同样是孩子,只不过经过了打扮而已)。过分忙活自己的事情,他们不太关注别人在电视上的失误。他们并不知道,问题会重复再提。就像打扮得很漂亮的孩子,总是在同一块石头上碰疼。塔尔塔索夫也是个淘气的顽童,微笑着。过去?或者现在?……请回答。回答。别支支吾吾的!

这一次,雕塑家波一夫在把手(一只大手)伸向糖果时,又遇到了那个永恒的问题。要知道,惊惶失措了!像所有人一样,僵坐在这里。像他们所有人一样……可怜的人……甚至开始发出牛叫似的哞哞声。

在给了观众一个窘迫的停顿(照例是半分钟的游戏节目)以后,塔尔塔索夫赶紧拯救自己的对坐者,自己的"茶座"客人!亲爱的朋友!……现在,塔尔塔索夫竭力鼓励他……帮助他浮出水面:据说,我知道,我知道,在以往是如何的!……受到监视的痛苦,受到书刊审查的痛苦,怎么会不知道呢!你们雕塑家受了多少的责罚啊(就像我们这些写短篇小说和中篇小说的人所受到的责罚,就像所有,所有,所有……)。

"……我们,写作的人",塔尔塔索夫提醒(观众)道,"书刊审查官从中篇小说里勾掉句子,整页整页,甚至独立的章节!你们是怎么挨整的?他们是否放大了裸体人像的那片无花果树叶?或者加圆了希腊式的小乳房?……或者这些老爷们(停顿……)折断了你们的维纳斯的手臂?"

唉,雕塑家没能理解这提醒中的调侃口吻。

"唔——唔唔",发出了哞哞叫的声音,好像在逗乐似的。

而要知道,浮起了垂直的空气,无法修改,也无法切割。

让一个人窘迫——乐趣并不大。刚摆脱了雕塑家,一个人待在那里,塔尔塔索夫便有点垂头丧气:每档节目都要重复关于过去的相同问题,他脑子里那个萦绕不去的想法更强烈了,人类的努力完全是徒然。而今,另一种沉默报复性地挤压着他本人……

恰恰是这样!谈话者的惊惶失措就像一下击打在某种超硬的物体(过去的时间?)上的反击一样,过于迅速地返回了,把慌乱带进了自己的灵魂。

那么,他,塔尔塔索夫在过去又过得怎样呢?……他现在过得怎样呢?(他已江郎才尽,不再写一行字。"糖果茶座"的荒诞绰号粘在了他身上)。为了给自己的生活辩护,塔尔塔索夫斥骂过去的岁月,刽子手编辑,批评家——这些被皮带绑在一起的母狗,总是步调一致地(与年龄并进)慢慢改造(戕害)他的天才,而如今呢?……恰恰是这样!还是那个问题,还是那个找不到答案的问题。好像自己在电视茶座的挖苦中措手不及的(中了埋伏的)是他本人,塔尔塔索夫痛苦地发出了哼哼叫的声音:"嗯——嗯,嗯——嗯。"

离开工作室以后,他顺便拐到了一家小咖啡馆。在大街的尽头……对,对,抓一下糖果,在屏幕上挑逗观众(支支吾吾的雕塑家才吃了一颗糖,就被呛住了,可怜的人)。那样,按照预先设计好的,在下一位先生的谈话节目上,电视工作人员还会在热水瓶中灌满茶水,在桌上摆好糖果。开了封的巧克力很快就会老化,会起一层薄膜,就像裹上了青铜的铜锈似的。别让它在桌上摆得太久,有人提醒过塔尔塔索夫。

让他知道——很快拿起糖果,并且和随便什么人去分享(这点小便宜微不足道,但也让人心烦)。就在咖啡馆里,塔尔塔索夫先喝了点伏特加,冷静了一下思绪,重新开始喝茶,一杯接一杯。直到只剩一个人。想呀,想呀……但什么也没想出来。越来越进入想象中的离群索居,向嘴里抛进一块又一块巧克力。

当然啦,他很高兴于时代的变化。生活变得更加匆忙,更加富裕,也更加明朗。我们要说,女人们再也不做审查员(在所有的思想中)。是呀,变得更好了,但……但怎么了呢,就个人而言?……这个贪得无厌的"个人"!一个活人是否适合将过去的个人的东西和现在的个人的东西拿来比较呢?运用什么标准呢?

审查制度是没有了,但青春呢——同样没有了。请原谅,他怎么选择?……是的,是的,来自上头的号令越来越少了,排长队的情况越来越少了,对生活的兴趣越来越少了(脑袋上的头发也越来越少了)。开始老了,已经老了。比较也罢,不比较也罢!已成了阳痿症患者,也还在途中……时间已到,时间已到!(进垃圾场吧)

又扔了一颗糖进嘴里。怎么也没法让情绪好转过来。可巧克力的颜色突然让他想到了嘴唇(通常如此)。浓妆艳抹,可以。或者,可以……在嘴唇上不露痕迹?拉丽莎?……拉丽莎·伊戈列夫娜。我们到那边休息一下?

看来,他今天很疲倦了。度过一个完成了工作的夜晚……

他冷笑一声:"她也会了解糖果的。"

又一次拿起了那个轻巧的小盒子,里面还有两三块巧克力。味道还不错……她夸赞道。

塔尔塔索夫是个老鳏夫,给儿子挂了个电话——趁他还没下班,告诉他,自己今晚会迟点儿回家。

挤出(或者说挣脱出)纵横交错的地铁,塔尔塔索夫最终走到了一条人烟稀少的街道,不理会四周的情况,忧伤地想……文学正在死亡!再过一二十年,文艺作品就完全消亡了,这很清楚。漂来……可是,如果在他的灵魂深处还有不由自主的改头换面呢?离开和终结的虚假心理学?(从人性角度而言是可原谅的东西)难道不是她而是他正在死亡?唔,是的……她同样不会彻底结束。他,塔尔塔索夫的生命正在结束?!……奇怪的想法。这想法更明了和简单,但要知道,也更悲惨!也更痛苦!……塔尔塔索夫走着,走着,也不选择道路,两只脚自己在引路,它们就像忠诚而不倦的马儿似的在引路。

眼前竖立了一栋板式——赫鲁晓夫时代的老房子(我们的时间飞逝得多快啊!)。灰暗……显然,没有一点吸引人的地方。但就是它:建筑的第一层新上过漆!而通向台阶的入口也显然刚打扫和清洗过。入口的大门惹人注目地写着装饰性的题词:宾至如归……五颜六色的招徕小标语零散地布满了大横幅,写着重要的(对每个男人而言)建议:洗,熨,缝拉链……纽扣……家庭式咖啡……而沿着斜线出现的是完全快乐的新题词:我下国际象棋。

在最近的一个窗口应该能够看见拉丽莎洋溢着笑意的脸庞。有点显老,但依然可亲……可那里并没有一个人。她走了,怎么回事,去哪儿啦?

但是,与之平行的第二个窗口的小窗帘已经拉开了。塔尔塔索夫走向前去,他移近了些——个子高——踮起脚尖,可以向窗子里窥探:拉雅……衣服没完全穿好……坐在那里,似乎正在做值班的表格,还不时思索地用铅笔搔搔耳朵。

在第三个窗口,塔尔塔索夫被发现了——加丽雅看到他的脸,一下子跳到窗前……是的,穿着长工作衫的加丽雅。而光看那梁赞式宽大的后背,有点儿像梁丽雅。这两人都摇着头:"不,拉丽莎·伊戈列夫娜这会儿没在……"

他自己也看清楚了。

在这栋板式——赫鲁晓夫时代的房子后面,是一排白杨树,他也同样很熟悉它们。那里还有一张长椅(在哪儿等待都没什么区别)。可是,今天选择长椅并不是最好的方式,坐在那里,突然从脚下钻出一个毛茸茸的东西,是一只受惊的野狗,正在长椅下打盹。

塔尔塔索夫看到吓跑了野狗,有点儿歉意……微风在人行道上驱赶着枯黄的树叶,树叶轻轻地发出簌簌声。这会儿发出簌簌声是为什么呀!塔尔塔索夫望着它们,被驱赶的树叶中的每一片都有忧郁的秋意。

在人行道旁——有一片低矮的小草地,草儿长得参差不齐。地上的坑凹,有点儿像小洞。多么希望旋进这个小洞躲起来(孩子气的愿望),唉!……倘若此时(目前)此地并没有拉丽莎的话,塔尔塔索夫上一次就可能成功地发现它了。完全可能。

他的眼睛紧盯着小洞,开始有意识地向它旋进,动作不快,慢——慢——慢地……越来越深地挤进去了,塔尔塔索夫弯曲着肩膀,蹭破了一点皮。在那个狭窄的地方,响起了嗡嗡声和吱吱声,它们急切地拽住了塔尔塔索夫。他加快速度,向后飞去,进入了以往的生活。

他仿佛又回到了家里——还是那五层楼的,但根本不再是肮脏不堪的房子。不是模板的,不是灰色的,而是漂亮的、气派的、良好的古老结构(虽说是五层,但量起来有九层高)。也不是在偏远地带,不是远离地铁站,而是在市中心。可时间的翻转是怎样可恶啊——塔尔塔索夫依然在等她!

狭窄的地方根本不能保证和允诺丝毫不差的命中率。过去的地方,但不是专业定制的地方。不论出现在哪里——一切都很好(就像射击一样,射击手迷失在雾中)。

塔尔塔索夫在屋里乱转,感到寂寞,但要知道,很年轻!30岁左右!……不时在入口的大门旁抽烟。那时,塔尔塔索夫抽烟很凶(当然身体也特别棒)。

但就是她,快步走来,飞一般!拉丽莎戴着蓬松的带耳罩的皮帽子,冬天!帽子下面的头发也是蓬松的。脚步很快……拉丽莎把存放着手稿的公文夹紧紧地抱在胸前。不是太厚(中篇小说),用(白色的)带子把公文夹捆上,迎着冬天的风儿。

她跑着,没看见他。他喊道:"拉丽莎!"

尽管那时有审查官,严格,最严格的审查官,但依然能得到女性的青睐!她神采奕奕! ……她怎么能不神采奕奕呢,从黑洞中(带着中篇小说),从审查的大楼里跳出来。走出五层楼的旧楼的大门,大楼装有威严的铁栅栏(入口处还有两只狮子)。

"行了!行了!行了!"她叫喊着扑进他的怀抱。

年轻的她,说话也显得很年轻,气喘吁吁的。中篇小说,他那部出色的中篇小说已经整个儿被审查通过了。乌拉!他那部精美的中篇小说,口袋里装有无花果(带着自由主义的毛病的),中篇小说已经……那样一部中篇小说……是那样为它担心、不安,但被通过了,被允许了,乌拉!它的细节(所有的暗示——毛病)已处理了。个人对它的关注,而这意味着,拉丽莎的胜利。仿佛从肩膀上卸下一座大山……

他们步行着,沉醉在欢乐中。年轻的塔尔塔索夫轻轻地拥抱她,粗鲁地拥抱她,听她的心跳,很快。等得太久了!我们坐车回家,回家……噢,来了——拉丽莎,你的无轨电车(某种程度上也是我们的无轨电车)。尽快回你的家。

但是,在无轨电车的停靠站,她的同事不合时宜地出现了,她似乎也是审查员,也要回家。和拉丽莎一样,刚结束了服务工作。拉丽莎的微笑马上消失,嘴唇紧闭,像缝上了线似的。推开……塔尔塔索夫闪在了一旁(男子汉?男子汉并不重要,重要的是审查员。高大的男人,夹着公文包,里面装满了短篇小说和中篇小说)。可以认出塔尔塔索夫的脸。当然,明天就会说,就会宣布,就会敲打一下(可能是无意),关于她和作者的直接接触,关于个人的、密切的关系,抨击中篇小说,在整个五层大楼会像雷鸣般响起……关于拉丽莎(辞退……那么,接下来呢?那么,爱情怎么办呢?)。如果她丢失了最珍贵的位置,塔尔塔索夫怎么还能长期和继续与她友好地交往呢?问题似乎是存在主义式的,没有答案。

曾经,塔尔塔索夫第一次吻她时,开玩笑式地问过,拉丽莎诚实地回答,她是干什么的,在哪里工作。那样的职业——他甚至不相信。不可能有这样的职业。就是这样的——如同四月一日诚实的铃声,就像天赐的甘露。某个令人迷醉的场景使他们更亲近了!……

如今也是这样,拉丽莎珍藏起他的中篇小说(和自己奇妙的工作地方),隐身在无轨电车中,坐着车,和这个愁眉苦脸的原型——同事闲扯。她们同路。她给了塔尔塔索夫一个暗示,希望他别走,等下一班无轨电车……希望很快就能赶上她,他知道停靠站(对她的家更熟悉了)。他一切都看得非常清楚,像以往一样在她身上最主要的东西——通过审查的中篇小说正贴紧在胸口上,还有手提包。就这样坐车:一起!

幸福的塔尔塔索夫跟着无轨电车向前步行着。那时,没有运输工具也能步行向前走,那时,成功……轻松和那么敏捷!他走呀走,踩到了积雪。突然,嘎吱嘎吱响。正是冬天。

而如今是秋天……五层大楼爬满了青苔,第一层醒目而俗气地上过漆(还有标语"宾至如归"),周围依然是忧郁的秋天气氛。拉丽莎办公室的窗帘放下来了。塔尔塔索夫不止一次地在那里坐过。是呀,办公室不大。通风的小窗敞开着……拉丽莎·伊戈列夫娜仍然不在。

但是,在与之平行的第二个窗口,加丽雅正向外张望,眼睛盯着秋天褐色的树木,发现了在树木的上空(在它们的树冠上空)是一片阴郁的天空。她也发现了塔尔塔索夫。

"萨恩·萨内奇",她舔着厚嘴唇(刚喝完一杯咖啡)招呼道,"萨恩·萨内奇!你怎么不到这儿来?"

她又提高了声音喊道:"到这儿来吧,干吗还坐在长椅上!"

塔尔塔索夫(甚至连买咖啡的钱都不够了)停顿了一小会儿,才回答,有点儿懊恼:她最终想起来,他叫谢尔盖·伊里奇!而通常!……通常是,亲爱的,他希望和拉丽莎聊天。这就对了。那么,然后呢?……然后,我们走着瞧。

加丽雅来自梁赞省;那里的人都是乐天派,舌头很灵。

"看吧,可别看漏了!"

就在窗口消失了。

但又探出头来,喊道:"我们这儿有个醉鬼。脾……脾气不太好!捉弄傻瓜,他像个艺术家似的……两只手都握着画笔。就这样!左手一支,右手一支——用两支笔很快就画出来了。"

然后,她就笑了起来。梁丽雅似乎也在她背后笑了起来;找乐子!……帘子拉上了。

塔尔塔索夫开始感到寂寞了。

他似乎有点生气了。试想,我等啊等。那里呢,过去……(如今,原来的生活让他感到神往了!好记性!)我这个性急的人,为什么不愿意在那里生活?我肯定已经赶上了拉丽莎,如果乘下一班无轨电车的话……就可以来到她面前,已经可以拥抱她了。

他又开始寻找缝隙,草丛中的小缝,窟窿,漏洞——任何一个狭小的坑凹都成。他从长椅上站起来,随着神经质的、敏锐的眼睛引导,向前走去。

在脚下树叶的簌簌声(秋天的音乐)中,一个小洞显露了出来,老鼠洞。小动物正在从里面往外搬家,预先做过冬的准备:搬进最近的地下室,准备过冬。这就有了我们见到的小洞!……塔尔塔索夫稍稍扒开小洞,用树叶围成一艘小船的形状。噢,就是这样。一边想一边旋转着进入……嘿!

……在小洞深处出现了一个狭小的空间,塔尔塔索夫又被它拽住了,衣服也被突出的硬物挂破了。

由于越来越快的速度,全身心地向前(有时往后,向着过去),耳朵像是被堵住了,吱吱响。突然,袖子被拽住了,塔尔塔索夫身上的短大衣被扯落了,口袋也被撕开了……成了那边的一块抹布,飘在风中!在呼啸着的反常天气里。

通常说来,过去了的事物不会等我们,但这一次,塔尔塔索夫非常幸运,他的遭遇还不错。哪里是什么扣子和扯落的口袋呀!破大衣,无轨电车车票,钱,一切都微不足道!塔尔塔索夫躺在床上,拉丽莎在旁边。年轻的……

当然,他已丧失了最初的感情冲动。稍稍迟到……但前方是整个的夜。塔尔塔索夫的耳朵不再堵塞,鸣响也消失了。拉丽莎的闹钟还在抽屉柜里,在屋子的深处熟悉地滴答响着。衰迈的丑八怪吃力地追赶着时间的脚步。

"你怎么会那么冷?感到凉?……去厨房了?"拉丽莎问躺在她旁边的塔尔塔索夫,感到很奇怪。

温存地移动着的双手——覆盖了她全身的那种温暖便来自它们,那种抚触的温柔也来自它们,由于它们,又重新萌生了疾速的肉欲。唉,就是这种肉欲!……她用手指抚摸他的脊背,胸口。她愈往下伸,变得愈加温柔、愈加柔软。时而在右边,时而在左边温存地刺激着(而不是暴风骤雨式的)他结实的肚子和腹股沟。塔尔塔索夫感到呼吸紧张。手指在他绷紧了的皮肤上划出了很难觉察的细线……在寂静中,只能听到闹钟在叩击着心脏。

陶醉的感觉越来越强,但什么事都有极限。塔尔塔索夫忍受不住了,他抓起了她的手,她的手指。一个男人长期的忍受转变成了期待已久的爆发。或许,其中存在着那些时刻和她那两只手的真理?……然后,是一阵粗鲁的、难以言状的激情,持久、强壮,于是,两人都沉入到迷狂中,沉入到梦中。

但是,早晨,她敏感的、忘却一切的手指——记起了一切。那样清晰!(多亏这特殊的记忆力和清晰性,拉丽莎才可能自个儿稍早一些起来,坐在桌前看稿子,穿着单薄的长衫)显然,塔尔塔索夫还在床上,做着知识分子的梦,辗转反侧,却没有力气睁开眼睛……拉丽莎一小口一小口地喝着清咖啡,读他的中篇小说。一只严酷的手(就是那只手,那些手指)从稿子中勾掉了鲜活的生命,同时自然也勾掉了这个或另一个碰上的句子的美。她判决道:"对不起,亲爱的。这是——不行的。"

一个段落吸进了一小口咖啡。她重新抿抿嘴唇,重复道:"这也是不行的!"

昨天很温柔的那只手,用粗大的审查用红铅笔勾掉了一个又一个句子。

"但你得听我解释一下",塔尔塔索夫在床上跳起来。

他被激怒了,突然发作,冲着她大声喊出一些放肆的侮辱性粗话。她呢,不听他的(也没听清),只顾自坐在桌边,穿着单薄的长衫……眼睛继续快速地浏览稿子。

她的头甚至都没抬起来。半梦半醒的塔尔塔索夫很快就一声不吭了。他那容易受伤的灵魂突然变得清醒,安静了下来。好也罢,坏也罢,被勾掉的总共也就四行,还有五六个单词。幸运儿!并没被毒眼给看坏!是怎样的幸运儿啊,和自己的女审查员睡在一起,还有……愤怒!似乎,已经忘了别人是怎样全神贯注地勾掉他(和其他所有人一样)那些页码的。

他坐在床上,而她在勾画。

"醒了?……亲爱的,马上!咖啡马上就端来。"

她年轻,每天清晨都发出银铃般的笑声,响亮而清脆……她坐到了床上,靠近他,递过来一杯黑色的甜饮料。嘴唇给烫着了。与此同时,她的脸色每秒都在变化——从早晨的快乐转向更大的早晨的幸福。女人啊!半醒状态的塔尔塔索夫看起来就像被施了催眠术,不明白……

他有些迟钝,目不转睛,但并不是盯着芬芳的咖啡液,而是她递杯子的手。这只手已不再是冷酷的手,也不是央求的手,而是突然重新变得虚弱的手,虚弱的女性的手。是的,是的,它甚至在一只小咖啡杯的重量下也会微微颤抖……

塔尔塔索夫陷入了沉思……可接下来怎样呢?……他需要重新回到自我!(回到现在)

"所以,我后来和她在一起。终于等到了!可以设想,我在那里(秋天的长椅上)等到了她。"塔尔塔索夫想道。

他喝完了咖啡,拉丽莎从他手中拿走杯子。她出现了一瞬间的不安,难道知识分子就不滴东西了(黑色咖啡汁滴在了床上)。现在,她平静下来,完全并排地坐在那里,非常温柔。

"你怎么就能集中注意力呢?"她问道,唧唧喳喳,就像一个女大学生。

"马马虎虎而已。"

"你盯着某一个烟囱?某一个小洞?"

"不一定。"

塔尔塔索夫解释道,一切都出自习惯,并且通常各不相同。从这个时间进入另一个时间的难度是技术性的——你可以给自己选择任何一个圆点。哪怕是画布上的作品。试想,在这个圆点的背后存在着某一个过程……狭窄的地方,逐渐逐渐地(有意识地)在它里面巩固起来。你就像钻头似的往里旋进去,深入。然后,突然转瞬就跳进了另一个时间……

"在画布上?小圆点?"拉丽莎兴奋起来,她马上就想试一试。

但她仍然用发针在画布上扎了一个小洞。她做得轻而易举。那个小洞——就像一个狭小的针孔,牵引着目光,以及投向黑暗某处的思想。

"嘿",她问道:"你想和我在一起吗?"

两个同时在衰老的人,进入熟悉的五层板式大楼。

"宾至如归"服务中心还在营业……姑娘们对业务很熟悉。加丽雅正在建议一位中年男子理发——又精神又时髦,而且自然,递给他一杯咖啡。机灵的拉雅在给自己的顾客洗衬衣。吹了一小时热风后,衬衣奇迹般地平整变干了。顾客(在这一个半小时中)躺在拉雅宽大的沙发床上,让自己的灵魂和肉体得到休息。

在前厅,还没进到拉丽莎的领导办公室,塔尔塔索夫说出了自己期待已久的愿望(拉丽莎·伊戈列夫娜用钥匙打开门)。塔尔塔索夫咳嗽一下,清清嗓子说道,今天他想梁丽雅了。

在办公室里,拉丽莎·伊戈列夫娜坐在自己的桌前,拿出两只精致的杯子。塔尔塔索夫坐在对面。她给他倒了一杯波尔若米矿泉水。但是……仍然没有回答。

"我明白……钱。"塔尔塔索夫的高额头起了皱纹。

鼻梁的垂直线赋予他的脸一种紧张的神情,思想的期待(电视观众们非常熟悉这种寻思的皱纹)。

他重复道:"该死的钱。文学正在死亡……"

他越是让额头紧张,那著名的皱纹便越明显。正在死亡的文学是否在那里面,还是一个谜。但如果塔尔塔索夫一涉及钱,他的思维总是变得相当困难。

"是呀,亲爱的。我明白。"最后,拉丽莎·伊戈列夫娜轻轻叹息着说。

又轻轻叹息一下,以他目前的缺钱状态,和梁丽雅未必会有结果,而且,和其他人也同样如此——难道能劝说他找一个新的……

塔尔塔索夫感到很愤怒:他毕竟是有品位的!……并不是什么人都成。市场系统的变化不能使作家滑落到去追求低能儿和瘦干的女人!

他想要梁丽雅。

"请你提醒她,我是个著名人物。可以说,名气很大。"

"她们没听说过你,也不读书。对姑娘们来说,作家什么都不是。根本不值一提。你自己还在屏幕上说:文学正在死亡。"

"是的。文学正在死亡,但我——活着。"

塔尔塔索夫重新把话题转到高贵的梁丽雅身上。姑娘啊!……某个时候,梁丽雅,还有她,拉丽莎·伊戈列夫娜,他依然记得这一切。在某个时候,他会有钱的!

"这某个时候已经到了。唉,谢廖莎。不可能……我担心,甚至一个新的都未必愿意。"

"简直是疯了。"

"难道……"拉丽莎低垂一下肩膀。不,不,她不会建议他找自己。尽管有些人对她还有兴趣……一个半老徐娘是不可能吸引一个疲倦的(对生活感到厌倦的)男人的。尤其是在那样不安的背景下,有梁丽雅或加丽雅。不是半老的自己,而是那个 30 岁左右的自己。在过去……

"什么?"

"难道……"拉丽莎打住了话头,不……塔尔塔索夫往鼻子里吸口气,变得沮丧不堪。他又开始沉浸到过去的年代,又在随着时间胡思乱想。

突然,传来一声尖叫,就在附近的地方……在邻近的某一间房子里。

拉丽莎·伊戈列夫娜马上从桌子前站起来。

"对不起,亲爱的。工作,这是她的工作……这是阿拉的工作。"

拉丽莎·伊戈列夫娜——后面跟着还在抱怨的塔尔塔索夫——走出办公室,向那个房间走去,很快就走进了那房间,而棕红头发的阿拉还不曾停止抗议的尖叫声。

她那里还有一位顾客,看起来像一名现代艺术家。一般说来,是个讨人喜欢的年轻人。确实,肥头大耳的,有点醉醺醺。穿着三件套的西装(上半身),百慕大的裤衩(下面)……他正在画阿拉,两只手整个地不放下画笔,在笔尖上湿漉漉地玩弄着颜料——蓝色的和黄色的。阿拉赤裸着身子,身上涂满了颜料,抗议着,不—不,她叫道。她感到冷!冷!

"创新……"年轻的创作者劝说道。他用很柔软的线条在阿拉的臀部上画小鸟,似乎,还想加深底色。模仿生活——是创新的灵魂。当艺术家开始说服塔尔塔索夫时,理念就在于,在隐秘的和依然增长的运动中,画在臀部上的小鸟会复活——时而离别,时而靠近,尖喙吻着尖喙。

"模仿——生——活……"

"不行,这是错误的举动",拉丽莎·伊戈列夫娜严厉地打断他的话。

阿拉得到了支持,又一次号叫起来:颜料让她的屁股感到冰凉。

"不行,不行!……我冻坏了!快成冰了!"

"丑陋不堪!"拉丽莎·伊戈列夫娜用画笔指点着阿拉的臀部,从大腿到脚后跟都是颜料的痕迹。

醉醺醺的年轻人完全不理会拉丽莎·伊戈列夫娜的话,但认为他们对他有利,向阿拉走得更近,对着她的左腿弯下身子,很快地舞动两只手(两支画笔),他画了鸟形的生殖器。

不论怎样,年轻的艺术家非常大胆,他在叩问永恒的秘密(他在大腿上用很淡的线条画了两只鸽子)。那是什么意思?他想到,——他一直在艺术上勉励年轻人——用尖喙相互亲吻。亲吻最温柔的小鸽子的尖喙!只要大腿一挪动……

"丑陋不堪!我禁止——够了!够了!"半老的女审查员在年轻人和阿拉中间嚷道。可那个人并不明白。

拉丽莎·伊戈列夫娜寒着脸,走到了前厅。不一会儿,提了一只新桶回来,里面装了半桶水。

"知道这水用来干什么?"拉丽莎说不上是对谁大声问道(似乎这很重要)。于是(大家都默不作声)——她就把桶里的水冲着醉醺醺的顾客泼过去,将他淋了个透。她做得平静而专业。瞧我,多棒啊!

那个被淋湿的人马上就垂头丧气了(还不是真正的艺术家)。从其他房间里跑出来的姑娘们把那个他掐着脖子推了出去。宾至如归。驱除出国——塔尔塔索夫想道。创作者很快被穿好了衣服(下半身),挨了几个耳光,这会儿被送到了台阶上,滚!滚!……快滚,公山羊!

到了大街上,肥头大耳的年轻人像根柱子似的在大楼附近站了两分钟左右。他困惑莫解地望着双手(我的画笔哪去了?)。不过,醉醺醺的他,在大街上摇摇晃晃地走起来,迟疑地停住湿漉漉的双脚。

邻近大楼的小孩子跟着他奔跑,喊道:"嗨!嗨!洗澡了!海象,海象!"

"掉进厕所里了。臭死了!"

"臭鼬!"

或许,孩子的辱骂(和身上刺骨的寒冷)让年轻人慢慢地清醒了过来……他,不被理解的创作者,四下打量。全身湿透了,水还在滴。在大街的车行道上,他精神抖擞地挥舞双手,展示着脏乎乎的手掌(黄的和蓝的),呼吁出租车司机们怜悯他,搭救他……

拉丽莎·伊戈列夫娜回到办公室。在愚蠢的冲突之后,她突然感到有点儿虚乏。坐在桌子前,久久地望着波尔若米矿泉水疾速翻腾的气泡,然后,望着塔尔塔索夫带来的糖果盒。难道茶已喝光?她抬眼望着塔尔塔索夫。但他正好站起来说:"我就去。我要试一试……找梁丽雅。"

吹着口哨走了出去,鼓足勇气……可拉丽莎·伊戈列夫娜知道,这肯定会碰壁。梁丽雅是颗硬核桃。

伤心吗?……是,也不是……拉丽莎·伊戈列夫娜决定把波尔若米矿泉水喝光,望着画布出神(画布已经褪颜色,应该换一下)。顺便说一声,屋子里的被褥也应该换了。同时……需要买……唉,操心!——现在她很怀念过去的时光。现在她需要等待塔尔塔索夫。

或许,她将捕捉到远古时代的他。我们试一试吧……拉丽莎·伊戈列夫娜盯着画布上的斑点。正好在那个点上,有意识地旋进去,伴随着吱吱声走进了往事。

唉,她碰上了不快的日子。在格拉夫利特(审查机关的官方招牌)的大楼里,有一个大机关下面都会有的小卖部。那里也一样,与小卖部平行有一个台球室,供午餐后的休闲之用。在台球室里发生过这么一件事:在比赛中,格拉夫利特的局长在打出一个又一个台球时,突然倒在台球桌绒布上,脑袋和整个上半身扑通一下栽倒,在那儿中风了(左眼还紧张地盯着前面)。但还在喘气,还能稍稍听得到腮帮子擦着台球桌布的声音。医生被叫来了,白大褂刚出诊回来。在他的示意下,人们把局长轻轻地、轻轻地移开,先是离开台球桌。小心,应该用手抓住他,移出台球室——有五个在那会儿出现的同事按照示意在这么办,拉丽莎也在其中。

她抓住一只脚,一只大皮靴。

"小心,小心!"瘦小而机敏的维尤仁指挥着挪移的行动。他本人抬着局长的脑袋,一颗巨大的、可以说狮子似的脑袋。这颗脑袋躺在一双稳定而瘦小的手中,躺在掌心。

从台球室狭窄的出口往外走,有三级陡峭的台阶——往上走格外要小心。那时,他们都觉得,这是最麻烦的事,都是屏住呼吸往上走。一步一步,大家用低声而关切的对白使步调取得一致。还有两小步,还有一小步。

三级往上的台阶似乎非同小可。其中,所有抬移的人都跟局长的死(很快)联系到了一起,都被附加了责任(而且还不止是他们)。台阶决定了他们的命运。

副局长升任局长。按照惯例,局长助理坐了副局长的位置。其余人等就各显神通了。变动甚至波及(蔓延)了清洁工。出现了很多出人意料的新可能性。我们得说,就迈了一二级台阶,他们那瘦小而机敏的维尤仁总共也才迈了三级台阶。就是他,成了第一副局长。

据说,维尤仁还可以当局长,他没当是因为他不想(他不想太惹人注目),不想负太多的责任。局长当然很显眼,而维尤仁恰好又是那批人中间的一个,他们已经预见到了不可逆转的巨大改革。所有人很快将面临生活和拥挤。地方越来越狭窄,现在,只有纯粹的傻瓜才会谋求局长的位置。

拉丽莎也得到了提升。从见习人员转为正式的工作人员,升了一个台阶。二月份,她受命审查手稿。那时,拉丽莎拿到的第一部稿子就是塔尔塔索夫的中篇小说。她就这么给撞上了。她就是拿着它,拿着中篇小说(怀抱着公文夹)蹦跳着,冲进二月的那场小风雪——冲向那个可爱的人。他正在围着高高的院墙栅栏原地踏步,在那里时而躲避着飞雪,时而躲避着人们的眼睛(行还是不行?……塔尔塔索夫抽着烟,跺着脚,等待它的结果)。

"行了!行了!"她一看见他,就嚷道。

她坐在办公桌前哭开了,哭得声音很低,略带愧疚感,揉搓着手帕。

特罗巴金走了,斯特洛科夫和济明娜走了。最后,在这个狭长的肠形房间里所有人都走了,所有人,除了那个不断咳嗽的阿尔申伊奇,他正瞧着哭泣的拉丽莎,认为在那样的错误中,他正好可以教她点什么(他眼看着也快要领退休金了)。她在哭,他在咳嗽。

老阿尔申伊奇压根儿就没想到,拉丽莎在稿子中发现错误的能力一点都不比他差,甚至还强一些,敏锐一些。她能够在一分钟内从稿子中发现错误,倘若……

"工作并不复杂,这是一个只需要敏锐的工作。可是,您需要证明自己——您的青春,我亲爱的。有什么可哭呢!"年迈的看家狗劝说道。

"我……我……"

"安静,安静。失误没什么大不了的,失误只是上了一课而已。"

"他是个作家,而我……"

拉丽莎把手帕揉成一团,时不时地擦着抽泣的鼻子。

"塔尔塔索夫很狡猾,和所有的作家一样……他们的命运就是这样,那是他们的十字架,拉丽莎,可以这么说。他们在每一页上都塞进了自由主义的棍棒。您瞧,瞧这儿……"

老工作人员丝毫不偷懒,重新翻开文学杂志,那上面有她太过熟悉的塔尔塔索夫的中篇小说,上面的每一页都过迟地打着标记,有时是问号(不好),有时是惊叹号(完全不好)。

官方警告……警告……当拉丽莎尝试着向塔尔塔索夫叙述发生的丑闻时,她又一次被眼泪蒙住了眼睛,萌生了某种新的情感(它来自何方?)——女性温柔的情感。甜蜜的情感!……没有感伤,没有冲动。不过是像所有时代发生的无可避免的生活事件……"女人的牺牲"这几个单词本身听起来有点儿矫揉造作,拉丽莎从来不用这几个单词。可是,塔尔塔索夫非常理解,却不能说他赞赏它。要知道,他秘密地掌握着自己的王牌。好样的。不是摆骠骑兵的派头。据说,当有人问他,怎样才能迅速通过审查,怎样才能成功?……他就会捻着胡子讥笑。但这跟牺牲有什么关系……他只是稍稍(半秒钟)思索一下,难道在审查恐慌中就不能创作小说了?关于爱情的……请求她描述一下阿尔申伊奇(这是背景,背景),他的爱情话语,他是个什么人,智慧老人以什么为生——突然来了灵感!

她根本记不起来怎样给他描述的背景,难道阿尔申伊奇常挂在嘴上的"第二条假肢总是更漂亮一些"的话——可那是什么意思?

那时,老审查员的教训本身就不过是令人乏味的东西。她的手帕湿漉漉的,很小,像一块小抹布,鼻子肿起,但阿尔申伊奇还在唠叨:

"……作者都很狡猾,突然皱起眉头,对您说——哎,我很严肃地写这部稿子。哎,我会除去多余的东西!那些修饰语啊什么的,让我叫苦连天!……您感觉到了?"

"感觉到了。"拉丽莎哽咽着说。

"那样的唯美主义者,那样的为简练而奋斗的斗士!结果怎样呢?拉丽莎,结果是,语言自己在筛选,语言自己挤到一起,语言自己闭合起来。主人公突然获得了完全不同的、致命的性格……"

有许多、无限多的东西会掉落在两个单词之间的缝隙里(老阿尔申伊奇向她解释)。有经验的、狡猾的作者会把多余的东西扔在那里。某部著作的本质——就是在语言中间这种无底的缝隙。世界、整个世界会掉进那里,还有时代、文明!……什么都没有了。一点痕迹都不留。这是一个狭窄的地方,这是在两个邻近的单词之间的天才而诡谲的接口!……在这些接口中,在这些缝隙中,诞生了写作的动力学,诞生了文学,而与文学相连(或在文学之中)诞生了精神的高度和思想的标准。

……塔尔塔索夫毫无收获地从梁丽雅那里回来了,努力掩饰着沮丧的心情。可怜的男人!现在,他正和拉丽莎·伊戈列夫娜聊天。无所事事……

拉丽莎可怜他，不难了解到他在那里说的废话。他和梁丽雅的谈话（后来和加丽雅）多么无聊。没有钱……死乞白赖，喋喋不休，嘴角流着口水。

"女儿怎么样，拉丽莎？"他又问一遍。还能够像平常一样交谈。

"跟所有人一样……她在梁赞。做医生。报酬很少，也不按时支付。但她也不抱怨……"

"你贴补她吗？"

"贴补。"拉丽莎停顿一下，也感兴趣地问道，"那你的儿子怎么样？他可是个电脑专家呀。"

塔尔塔索夫摆了摆手："只是说说而已，电脑专家是个时髦、挣钱的事儿。他却什么都不是，给熟人打打工罢了……哈——哈！他的朋友在克格勃工作。现在是老板！就这么回事儿！……儿子在他们那该死的地下室里已经工作了一星期，修理了一台又一台计算机——至于有没有报酬，还不知道。"

拉丽莎·伊戈列夫娜（只要有人一诉苦）就成了一个乐观主义者："他们这一代不会再灰心丧气。他们从年轻时起就挤过了狭窄的地方——一二三！习惯了！"

"狭窄的地方？"

"对呀，我这么称呼我们这个全球性的变化。"

从其他房间传来叫声、喧哗。透过墙壁，传来一个醉醺醺的男声在唱：

"我的快乐住——住——住在……"

欢呼的声音更加有力。然后，是乌拉——拉——拉！高脚杯碎裂的声音（怎么回事？），快乐、年轻的本能的笑声。挤过去！整个儿！……那里就是真实的生活，在墙壁背后。

"我的快乐住——住——住——住在

高高的阁楼——楼——楼上……"

"楼——楼上"，塔尔塔索夫模仿道。

"在第五层楼上，又是在阿拉那里。"拉丽莎·伊戈列夫娜仔细听了一下，说道。

她渴望温存，她渴望年老的塔尔塔索夫伸出手来，爱抚她的脸颊，哪怕一会儿也成，就像曾经有过的那样！……他在看……他猜出她的感受了？可能有一点。男人一点记性都没有（为什么他有那往事？梁丽雅，加丽雅，阿拉——她们有多少啊！）。

塔尔塔索夫还是感到了点什么:"而你爱过我。疯狂地爱过,是吗?"问过以后,便笑了起来。

她点点头,轻声说道:"你也爱过我呀。"

于是,他(她提醒了他)变得忧郁起来,开始谈论自己:"脑袋空空如也,口袋空空如也。我一行字都写不出来。还是个勤劳的人!……要不是在电视上转播,我或许也会唱歌,在地下通道里,面前放个帽子。"

拉丽莎·伊戈列夫娜激动起来:"喂,喂,谢廖莎。打住!……那你为什么不再写作?"

"没有了思想,没有了场景。能写的,已经写了。我还可以写什么?"

"人们逐渐在衰老,就会写点什么。"

"人们正在唱歌呢!"

塔尔塔索夫把脑袋歪向墙的一侧,在那堵墙的背后清楚地传来快乐的歌声。"我们——我们——在自己的时代快——乐——乐……"

墙背后的声音非常大。

煮茶的时间很长,拉丽莎·伊戈列夫娜又给谢尔盖·伊里奇倒了一杯波尔若米矿泉水。喝吧,亲爱的。怎么了?啊?两个人突然向墙壁转过身,眼睛盯着画布……寻觅明显的圆点(和过去的岁月)。

当他们被往事拉拽进去的一刹那,她紧紧地抓住塔尔塔索夫的手。至于他(男性的渴求,抓住一切的欲望),并没有放下手中盛着矿泉水的杯子。他想把它喝完。(还有这个!)迎着呼啸的风儿,从这个狭窄的地方出去(飞出去)时,塔尔塔索夫还在匆匆地将杯子举到嘴边……痉挛着,她没有制止。他们的手变得很烫……叫着他,努力让他别停下。手已经伸出去了,但那里究竟是什么地方!……过去(不论他们被抛到哪里),唉,他们似乎总是不能在一起。在最后一刻!……他们被拉拽着,他们被拆散了整整四天。

塔尔塔索夫(刚受到惩处)撞上这四天,他完蛋了:他已经不再能写中篇小说了,也找不到任何可替代的事情干。他的书已经不会再版。他的身上一个戈比都没有了……一则广告……塔尔塔索夫在地铁电话间里不断倒换着左右脚,大声喊叫:"我快完蛋了!快完蛋了!"

家里的电话因为欠费而被停机了。塔尔塔索夫跳着,击打着残破的电话间,弄出一个又一个声响。恍然大悟!眼前的生活变了……他打电话,大声嚷嚷,恳求朋友们给他找一个哪怕是夜班的工作:

"我准备去当排字工人……读者来信工作处职工!我准备在编辑部里拖地擦桌子。我和儿子,我们俩,我们什么都不是。我可以给孩子们念广播……我,说实话……我曾经写过很好的童话。关于老鼠和尺子的故事……我……"突然,塔尔塔索夫失去了自制,鼻子对着话筒不雅观地抽泣起来,一个男人粗鲁的抽泣。

外面有人在不断地催促他,用硬币敲击电话间的玻璃。

拉丽莎(在那些日子)自然也无处可去,她准备校对所有的稿子。作为新手,守在电话旁边,校对……誊写……突然,有人要她帮忙办理一下图书馆的图书租借手续,可是……可是,领导看见了她俩。从上往下,很清楚。很快就知道了,过去的女审查员非常适合挣图书管理的口粮。啊哈!拉丽莎马上和要求她过来的另一个人对换了位置,一个带着两个孩子的妇女,命运更为普通的妇女。

拉丽莎的同事当然既不沾报纸,也不跟大量的出版社联系,甚至连图书馆都不来(对过去的审查员而言,这是真正的位置。天职。注意散落的书页!)。人人无处可走,而瘦小的维尤仁和他的自由主义的机敏被完整地保存了下来。还有呢!他突然挤进了领导层,在电视台的其中一个频道高居要职。她来找他,一见面很快就发现了那对自信而好嘲弄人的眼睛,那种笑容!……当然,开始秃顶了。

她本人什么都不是,到这儿来只是为了帮塔尔塔索夫在电视台谋一个职位。他一贫如洗,不再写作,正在挨饿!……

维尤仁目光锐利地看了一眼,问道:"你讲到他时的呼吸还是不太稳定?"

不,维尤仁对他们的过去并不知道。他只是从反馈回来的情形猜了出来,快速地推断出了他们当时的秘密生活(如果早知道的话,她恐怕早就被赶出了审查机关)。

"那有什么关系。有那么一个位置。你猜得到是什么吗?"

"我听说过。"

他沉默了一下——说道:"你可能还记得,拉拉,我一直很喜欢你。这个星期我们再见一次面,成吗?"

一个很沉重的停顿,她点了点头。

她红着脸,点了点头。维尤仁轻巧地在一张正方形的纸条上写了一个地址和电话——他一个出国在外的朋友的房间。

这就成了。我忍受(而灵魂在躲避,仿佛它并不属于我)……在赴这个约会的房子的路上,她还在想。每个女人都会有这样的时刻。或迟或早……她和他在一起会更冷一些!更孤单一些,更平静一些。站起来的时候——抖一抖,就像古典小说告诉我们的(像预先允诺的那样):不留一点痕迹。

走进地铁以后,她还在为此眨巴着眼睛!闭上眼睛,像所有的女人一样体会这一时刻。每个女人都有自己的时刻……她躺在他的怀抱中,想起了塔尔塔索夫,思考着女性的温柔。她笑了起来(有意地),当那个男人气喘吁吁,汗流浃背,越来越猛烈地抽动的时候……拉丽莎微笑地面对那种尝试(消解这笑容)。但并没奏效,这个男人显得更有经验。

他外表看来很温存和虚弱,其实很世故。他长久地、困难地和明显地引导的不是自己,而是引导那个狂热地叫喊的她。不论愿意不愿意,从那个时候起,女人失去了知觉,放弃了自我。只要她一走开,尝试着呼吸一下凉爽的空气,他又会起来,更自信地、更强硬地引导她到达甜蜜——痛苦的圆点上,喊叫起来。他就像耕地似的工作。慢慢地、慢慢地……牵引她的灵魂。既然获胜了,她也痉挛起来。但他,就像钳子似的,压住她的肩膀:躺着,不能动弹——他继续做自己的事情。她的喊叫透过齿缝传出来,嗯,呻吟,嗯,央求。突然,变得气喘吁吁(那样,她也不成功。闭着眼睛,就像在浴场。躺在那儿,考虑着牺牲)。颤抖着,她又一次出卖了塔尔塔索夫,丧失了思想,漂浮着。男人做他想做的事,将她引向自己的"我"完全丧失的境地。但是,在这以后,现在,像个主人似的收获自己的东西。他突然很快坐起来,喝了一杯水,懒洋洋地起身,走进厨房——嗓子似乎在冒烟!她被留在了床上,他什么都不是。

独自一人走了出来,带着那种感觉,似乎在这两个或者三个小时中她艰辛地坐了一趟火车。全身疼痛,腰酸背疼,感觉不像是自己的身体!不是自己的灵魂。有一个小时,整整一个小时都没精打采的,当她脑子里浮现当时的情景……她几乎是暗自好笑地走进这屋子——按动电梯。

拉丽莎像踩着棉花似的向地铁走去,蹲在护栏上,坐在一个弧形的管子上,管子周围稀疏地爬了一些小草。像小鸟似的飞落下来……像小鸟似的蹲在细小的护栏上,没有力气等待。没有力气等到回(飞回)家。

在这里点了根烟抽起来(那时,她抽烟)。在地铁的入口处,像大家一样。她从不允许自己这样,但不得不这样做了。痛苦如烟雾。她难以克制自己,就坐在那里抽烟,任凭别人看她,任凭别人走过去,爱谁谁。一种痉挛的声音从肺里往外窜,她还是把这个声音给吞了下去,自己给控制住了。她也很想买一瓶啤酒,喝上几口,对着酒瓶喝,像现在那些流落街头的年轻人一样,但没有这么做,还是没这么做,只是抽烟……

那么,塔尔塔索夫呢?他反正是不再写作了,也没法写作了。灵感枯萎,也不再恢复。他已没法再粘连和修补新的东西了,但是……但是,得到了新的位置。说是,转眼就是了。

那些天,为了这个位置,他还特地买了一件很好的灯芯绒上衣(顺便说一句,或许,这可能是最后一批货了)。拥有了电视台热门的谈话栏目的位置,作家塔尔塔索夫派头十足。哎呀一呀! 公正占据了上风。现在,他对此深信不疑。非常自信! 他认为,是他的短篇小说和中篇小说,过去创作上的功绩为他赢得了这个灵活的位置。这些写作的下流坯是多么快地放下了自己的笔啊! 他的微笑、他的表情、他的步伐、他的手势与得到的这个位置多么匹配啊,而位置——与庄重的话语相匹配,而话语——与上衣相匹配。仪表堂堂的男人……

她还依然爱着他。她已厌倦了自己的生活,但还是爱着他(他的生活)。那种情感还没过去。

拉丽莎·伊戈列夫娜与塔尔塔索夫的关系公私分明,不失分寸——仅仅在生活上友好相处,不逾越界限! 和他这个讨厌鬼相反的是,克制得很好,喜怒不形于色。傻头傻脑的老东西! ……那又怎样呢? 感到郁闷? (轻微地挖苦一下,嘲笑一下他,是可以的,但作为叔叔——被梁丽雅和加丽雅拒绝呢?)

他那抱怨的(不满的)声音盖过了她。

"拉丽莎,你到哪里呆了那么久? ……一会儿在这里! 一会儿在那里!……"

"我就在这里。"

塔尔塔索夫一口又一口地喝着矿泉水,问道:"工作进展如何? 累吗?"

"不。"咦! 难道她真的不累? 在动荡的时期,呆在讨厌的机关里难道会很轻松?

"我们为什么要郁闷呢?"他问。

不为什么。当她感到心口愁闷的时候,她就多看看窗外。那里有一片灌木丛,风儿拍打着树梢。

"不为什么。"

他开玩笑似的说道:"我倒是希望能回到过去。"

但拉丽莎·伊戈列夫娜不喜欢那种过去:"可我——不。"

"真的吗?"

"真的,我当然不像小姑娘那般单纯",她沉思了一下,"那碗饭不好吃! 你知道吗,谢尔盖·伊里奇,我现在觉得自己活得更有尊严,比那些日子要有尊严得多,那时,我在勾画段落和句子,包括勾画你的稿子。在每一页中,寻找细微的自由主义暗示——你那些特殊的无花果!"

"无花果?"

"对呀,口袋里的无花果。人们这么说过,你忘了?而有时,我会指出并彻底勾掉那个出色的、激奋的句子。我的心都麻木了。"

"我不知道。"

"我也不知道。只是随着时间的流逝才明白的。"

小小的办公室变得很安静。

塔尔塔索夫发出了"呣"的声音,让他的男中音发出了随后的附和声:"是呀,那是可厌的时期。"

"我们毕竟挤过来了",拉丽莎·伊戈列夫娜继续说道,声音疲惫但蕴含了对正义的坚信,"我们挤过了这个出入孔:挤过了狭窄的地方。不论愿意还是不愿意,我们都变了。你以往是个什么人,干什么工作,最终留在了过去。已经没那么重要了……狭窄的地方。你应该同意的是,它改变了我们大家。"

"在好的一面呢——或是在坏的一面?"

"每个人改变的方面不一样。"

"我没改变。"塔尔塔索夫高傲地仰起头(有点儿迟钝)。

她继续说道:"……我还记得,我的朋友中有人是怎样在寻找工作,或者完全是从头学习。所有人都过得很艰难,所有人都在拥挤。你作为作家,说说看,为什么有时还需要成年的叔叔和阿姨们重新出生,啊?"

可是,作家讨厌哲学化的说法:"狭窄的地方……""过去和现在……"有多少可能呢?!我们不是在电视上!塔尔塔索夫(思考着)已经被激怒了。她身上的女审查员并没彻底死去,她身上的过去还在发出汩汩声。

审查员永远是道德家。他怎么会不记得!就是这个深夜抚爱着他的女人,白天用毫不颤抖的铁手……但是,塔尔塔索夫不想公开发怒,他顾虑重重。

他咳嗽了一下,问道:"好吧!我们再往下考虑……梁丽雅怎么样?"

她默不作声。

"好吧,好吧,不说梁丽雅,说说加丽雅。请告诉加丽雅,我现在在电视台。"

拉丽莎·伊戈列夫娜耸了耸肩膀:"你为什么呀?亲爱的,这么少出现在自己的节目上,它是叫《糖果茶座》吧?……哪怕你念念新闻也好,或者做个游戏！猜一猜旋律什么的。哪怕是在早晨也行，总应该在屏幕上经常地露面。现在，人们也看早晨的节目……"

"我——是作家。"

"亲爱的，她可不理解这一点。眼下，没有人理解这一点。"

"我可以给她带一盘今天的电视录像带。"

"竟然还要这样！那种东西遍地都是。你别惊讶！……甚至这里就有录像带。顺便说一句，还是非常出色的带子！录像带是为预先浏览作准备的（为吹毛求疵的顾客准备的）。你是否知道你的梁丽雅有什么样的录像带？……啊哈！不能给你看……"

"当然是裸体的带子了。"

"只戴了副眼镜。在飞机的机翼上跳舞。"

"那么，飞机在飞。"

"是，飞机在飞。可怕的雪花在降落。暴风雪。可她在跳舞……"

"还戴着眼镜？"

"是。"

"听着……让我看看这副眼镜。"

"不，亲爱的。你没有钱。你会吐口唾沫，粘她粘得更紧……业余爱好者的录像带，自拍的录像带……"

塔尔塔索夫感到受侮辱了，但……但重新消解了一下（不论怎样，生活还在继续）。他只是皱了皱眉头。

"谢廖莎。你生气了？"

塔尔塔索夫不做声。

"谢廖莎！"

塔尔塔索夫不做声。在这个可恶的缺钱时刻，和过去的审查员没什么可谈的。眼下，他没词儿了。审查的……否则，就是沉默和塔尔塔索夫式著名的停顿，能够抓住任何一个面对面的机会（有利于自己交出主动权——扔掉主动权）。能够沉默一分钟，能够沉默五分钟……

拉丽莎·伊戈列夫娜叹了口气，从桌旁站了起来："行了，谢廖莎，行了。别发愣了。"

她走了出去，想帮助他，去尝试着说服那个新人。唉。

"……不！不！我见过他！"姑娘大发脾气，"我认出来了：他年纪又大，又阴沉沉的。一头公山羊。我不干。"

塔尔塔索夫透过墙壁听得很清楚。

"没钱我可不行。我不愿意……拉丽莎·伊戈列夫娜,亲爱的,您也曾经年轻过。应该记得,曾经多么希望,男人是有意思的,希望笑起来很年轻,发自内心,如果他没有钱,希望他也快乐!哪怕爱他一点点——对吧?……拉丽莎·伊戈列夫娜,您应该还记得……我请求您。"

拉丽莎·伊戈列夫娜不再坚持,突然同意了她的观点:"我明白。"

她回到办公室来,寻找说辞。但塔尔塔索夫马上平静地告诉她:"不用复述了,我全听见了。"

拉丽莎·伊戈列夫娜坐在对面,不知道往下干什么。

两人都默不作声……

"你怎么寻找狭窄的地方?"

她已经问过这个问题(忘了)。

他笑了起来:"用眼睛呗。"

她想给他点怜悯,但又怕自己的怜悯,怕伸出手去触摸他的肩膀。触摸吧,你整个儿会融化。最初的眼睛流出泪水……

她建议道:"一起吗?"

但是,当他们飞行着(手拉手)通过狭窄的地方时,塔尔塔索夫又开始使性子了——男子汉又怎么了!反正他既不是这也不是那的。

风儿拂过嘴唇,在耳边呼啸,他开始对着她喊。口不择言!片断式的!——更深一些……沉入到过去……为什么?……希望按照时间由此往下走。他俩越年轻就越好!"更深一些!拉丽莎!听我的",他大叫道,据说,那里他们感觉会更甜蜜,树木会更葱绿!太阳会更灿烂!……男人永恒的贪婪,与他们永恒的信心不足是同源的。

塔尔塔索夫往前……抓住了气流,还在抽搐。她把双手伸直了——而他也赶了上来,还是没抓住。迟了!……又要分开,人啊!

"谢廖莎!"她在狭窄地方的出口处喊了一声,已经迟了。

独自一人飞行,她突然感到伤心(没有他的过去跟她有什么关系?),她尝试着转弯和迫降。似乎——不远……几乎……几乎很快就在狭窄的地方背后了。

就在那一天,拉丽莎从早上起走(跑)了两个编辑部和三个图书馆:都是白费劲……一天又一天地寻找。甚至连一个苦行者(晚间诵读者)的差事,一个僧侣的差事都找不到。双腿疲乏极了……没有位置,尊敬的女士!到别地儿找找看。

突然找到了一个位置。对,就在地铁旁。就是那个护栏——用弯曲的管子做成的矮栅栏。坐在那里痛苦地思索!(抽烟。)大概有十到十五个人就这样坐在护栏上。他们都没猜明白(没找到)生活中的某些东西,不知道下一步往哪里走。同样,有人……衣着邋遢,眼睛发直(茫然却坚定)——在草丛里,在柏油马路上,穿着尖便鞋……

现在,她也抽起烟来,深深地吸一口苦涩-甜蜜的烟。可是……拉丽莎把烟扔了,站起来,又坐下去……就这样突然给我们来了一个毅然的决定。对,对,她已不再抽烟。圆点。不抽烟!……把整包烟从包里拿出来,扔了。

坚定地控制(自己)。似乎拉丽莎在自己帮助自己——自己命令自己。喜悦的波涛……也出现(同时)了奇怪的痛苦:压迫着肩膀、胸口、大腿——她被挤压得喘不过气来。似乎她,拉丽莎被套上了一件窄小的东西。似乎是衣服,坚硬的,似乎是塑料的——不是衣服,而是管子。并且不是别人给她套上的,而是相反(相对我们的感觉)——是她自己,自觉不自觉地,挤进了相当狭窄的过程中。

非常清楚:她正好落在狭窄地方的背后。一步之遥。眼下,按照时间的运转,她又得体验它(狭窄的地方)。按照生活的运转……脉搏加快,拉丽莎微微张开嘴唇,张开嘴呼吸,挤进了新的时间。

这以后,狭窄的地方呼啸着加速前进。这以后——如同穿行在隧道里。这以后可以伴随着微风飞驰向后或向前十年……但目前很沉重,目前在吱吱响……疼痛……腿刮破了,恶心。

她想(还来得及思考)——不是我一人,所有人,我们大家,整个城市。我们挤压灵魂,同时(必然地)也挤压肉体。呼吸困难……难以控制恶心的感觉……当你和时间一致的时候,时间的进程多么缓慢啊!

她松开了合拢的大腿。拉丽莎·伊戈列夫娜呼吸更均匀一些了。她已经从护栏上起来了,向前走……第一步就跨进了新的时间,跨进了地铁的入口。

她——也不是她。

如果仅凭外表,拉丽莎·伊戈列夫娜看起来是另外的模样:更严肃,更干巴巴(也不抽烟)。已经是另外一个女人了。但目光更精神、更平和、更慈爱……可是,我们的感情,爱情呢?……是的,她还爱着。

拉丽莎·伊戈列夫娜继续爱着。狭窄的隧道把她拽进了新的时间,同时也拽着延伸了的情感。让她挤进去。但感情同样被刷洗过,某些东西被剥掉了(镀金)。感情变得很敏锐,感情学会了观察:是的,她爱过……那个怪诞而没钱的谢尔盖·伊里奇·塔尔塔索夫,爱过那个喜欢吹牛的、喜欢夸口的,几乎不再写作的男人,他有一颗不太漂亮的脑袋和一个瓮声瓮气的男中音。

但是,现在她对塔尔塔索夫的爱已经有点儿距离了。感情仿佛被压在柜子式的记忆里。

就在这里,在地铁的出入口,拉丽莎·伊戈列夫娜听到了一个怯生生的、清脆的女孩声音:"大男人!不想认识一下吗?——我是梁丽雅。我叫梁丽雅……"

回过头去,拉丽莎·伊戈列夫娜第一次(在自己簸箕形的生活中第一次)看见了那样的姑娘。非常年轻,翘鼻子,一张明朗的脸庞,站在地铁旁的柏油路上,向走过身边的那些个伊万·伊万诺维奇和彼得·彼得罗维奇们介绍自己。她忍着饥饿,瑟缩着,袜子上有几个洞……

塔尔塔索夫(不走运),更深地进入自己的过去,碰上了牙科医生。坐在那里,从一把椅子到另一把椅子往前挪。受尽了痛苦的折磨,这个大男人在那些时刻就是这副模样,坐着排队……

灰心丧气,他已经意识不到这些时日自己的遭遇(要知道,是偶然的!要知道,可以再玩一次!)。他像被施了催眠术似的靠近那扇门。一把椅子,又一把椅子——越来越近。终于进了诊室。两个健壮的男人是那么重地敲击他的牙齿。就是那第六颗(至今还记得)咬合的牙齿。两个人一起,敲裂,弄碎,欢呼着把它们拽出来,噢,好样的!……胜利者!……塔尔塔索夫走出诊室,坐下,还在哆嗦。

他弯腰对着垃圾桶一点一点地吐着唾沫,垃圾桶里,血迹斑斑的棉絮几乎堆到了桶口。垃圾桶的边上铺着一块开裂的亚麻油地毡。就在脚下。窟窿让他觉得寒冷与黑暗。只有到那时,他才猜出来。就是它!(为什么不在半小时前,他坐着排队的时候?)塔尔塔索夫集中了精力……从不愉快的往事中挣脱出来,向着窄小的缝隙的黑暗旋进。

在一个偏远的房间里,非常安静(姑娘们可以在这里松弛一下,抽抽烟)。拉丽莎·伊戈列夫娜的声音……是的,在请求。是的,在向她们请求,听上一分钟。

"姑娘们……谁愿意为作家尽义务?你们要知道,他有时上电视。一个好人。"

短暂的停顿,一个姑娘的声音问道:"有钱吗?"

"没钱,没有钱。"

于是，传出了嘻嘻的笑声。然后，她们中的某一个（加丽雅？梁丽雅？出乎意料！）第二次挖苦地问道："喂，作家算什么?！为什么要给作家尽——义务？在我们这个时代，贫穷难道不算恶习吗？"

塔尔塔索夫推开门走了进去。他非常愤怒。他期待诚实的宽容。可她们！……难道她，一个年轻的废物，就一点都感觉不到？哪怕人性的，哪怕最普通的友好的东西？

"梁丽雅……"

他美妙的男中音颤抖着。

"梁丽雅"，嗓音更浑厚、更深沉了（多么痛苦的嗓子的颤抖）。

可姑娘却默不作声。

塔尔塔索夫气恼地吼道："我就走，再不来了！"

他转过身子，缓慢——缓慢地走出去。这几位今天的受难者好笑地望着他的背影。吸血鬼。他等待着梁丽雅的反应——但一点都没有！她，加丽雅都没动。和她们站在一起的拉雅，一声不吭。这些金钱的狂热爱好者……这些躁狂症者望着他的背影。甚至还有点儿高兴。抽起了烟卷！……

塔尔塔索夫砰一声关上门，走了。

但没走多远，他在街上感到了一阵疑惑，几乎很快就感到了。而且，正好在电话间的旁边……从口袋里找了一枚硬币，塔尔塔索夫不再着忙，给自己的老朋友打了个电话，也是个文学家。

萨莎·萨文，青年时代的朋友，终于拿起了响个不停的话筒。年迈的长篇小说作家（属于自负的一代），萨莎有点疲惫地对塔尔塔索夫说："是我。"

塔尔塔索夫向他借钱。

是的，是的，他非常需要钱！借钱！眼下他很需要钱！……知道是萨莎以后，他不能不讨好地给他脸上抹粉，不停地许诺。几天以后，对对，过两天，他，塔尔塔索夫安排萨莎上电视，邀请做《茶座》的嘉宾。做什么？……他们在一起坐坐，谈谈艺术，没别的什么……一点儿乡愁……只是，老朋友现在需要在钱方面帮助一下塔尔塔索夫。

萨莎请他原谅。

"请原谅"，他说，"谢廖莎，我完全不理解你。我是个现代人。我也毫无办法。所以，先拿走你的糖果，钱——以后再说。"

塔尔塔索夫有点着急了："萨莎，眼下我真的很需要钱。别忙挂。"

萨莎沉默一会，想了想："请原谅，老伙计。我是个现代人。钱——以后再说。"

塔尔塔索夫骂了一声,扔下话筒,有点心疼那枚硬币。

说实话,两边都有点模棱两可。塔尔塔索夫自然不可能绕过上层人物,让随便什么人上《茶座》节目,上层人物也喜欢津津有味地看那些响亮的名字,他们中间谁上了糖果茶座的节目,谁没有上。他们自己也作决定。

可是,对塔尔塔索夫而言,萨莎根本不能为之增色。曾经受够了贫穷,萨莎干脆神气活现起来了:他没有钱,根本没有钱。

"……你在哪里?你到底在哪里?!你怎么了——不相信自己的姑娘们?……你疯了!或者你现在正在窥探她们?你要磨炼她们的才能?"

"我在工作,亲爱的。"

塔尔塔索夫依然怒气冲冲——难以想象!在三个房间里呆那么长久!喔,对对,她有一套三居室的房子,但隔成了六个小房间和两个厨房——简直跟迷宫似的!

嘟哝(为了排遣)了一小会儿,塔尔塔索夫开始央求哪怕是拉雅奇卡来尽义务。

"我的上帝。这花朵多么难看!她的膝盖多么寒碜……"

"她很优雅。"

"她的膝盖最好遮一下。为什么你允许她穿迷你裙?"

拉丽莎·伊戈列夫娜叹了口气:"你自己和她说吧,亲爱的。"

"我去说?……你跟她说吧,感化感化她。你跟她说,我是电视台的。你能够影响她们。对她们而言,你是一切——荣誉和良心!自己的母亲!……"

"你别夸大了。"

"钱,钱!只要有钱就行!……"塔尔塔索夫激动地说。

人们心理状态的变化本身让他感到愤怒:他一生都在发问,但现在却被迫在讨价还价。怎样的堕落啊!……可要知道,这一切都很微不足道,这一切——对富人来说,对这些脑满肠肥的人来说。俄罗斯文学对他们的激烈抨击难道都是枉然。果戈理、陀思妥耶夫斯基为此曾揭露和针砭过他们,神圣的时代!

拉丽莎·伊戈列夫娜有点犯愁:"我还记得你最后一部中篇小说。你出色地描写一个女人……在火车上……在火车的车厢里……她……其中你还描写了她微微战栗的笑容。出色的、令人悲伤的句子。"

"我记得,你好像不太欣赏这些句子。"

"我喜欢它们。"

"喜欢？"

"是的……但我那时是工作人员——亲爱的，我真蠢。我蠢透了。"

拉开桌子里的抽屉，拉丽莎·伊戈列夫娜拿出一本塔尔塔索夫的老书——又旧又破。从那本书里露出三张白色的书签。塔尔塔索夫问……这些夹着书签的页码……想必是了解得烂熟的页码？不，拉丽莎·伊戈列夫娜否认道，在他的中篇小说中恰恰是这些地方给忘了，其他所有的东西，还能背诵……

塔尔塔索夫发出"嗯——唔"的声音。

他发现，陷入到回忆中，拉丽莎·伊戈列夫娜开始闪烁着小小的泪花。他又一次望着墙壁——望着带有圆点的画布，似乎在瞄准。女人……难以满足……难道又想回到过去？嗯—唔。

在她的房间里和办公室里挂上画，都很正常。画布一点都没有压迫感。愉快的，但不能说是轻快的（审查机关么），它们让眼神感到愉快。

"啊——啊！哦——哦！"突然听到……激昂的声音……又是在房间里。已经在吼了！

拉丽莎·伊戈列夫娜全身紧张，马上朝着喊声赶过去。

塔尔塔索夫甚至没去看一眼。他感到郁闷、无聊。同样的事情！……他喝着波尔若米矿泉水，浏览着自己的老书（稿子真好，真的很好！）。而在墙壁背后又响起了有点像加丽雅的声音："拉丽莎·伊戈列夫娜！拉丽莎·伊戈列夫娜，帮帮忙！"……一阵喧哗……吵吵嚷嚷。醉醺醺的男人的叫声。不满的叫声！（他们被赶到了门外。）

仅仅过了十至十五分钟，拉丽莎·伊戈列夫娜回到了塔尔塔索夫身边，气喘吁吁，脸色煞白……却是获胜的神情：是呀，是呀，正常了。太吵了？——请原谅，请原谅，亲爱的！在我们的瑞典房间里发生了冲突。那里总是喧声不断。

"在瑞典房间里？"

"现在，我们就是这么叫的。我们的这个房间（拉丽莎·伊戈列夫娜解释）——有一堵瑞典墙。哦，想起来了，还有一个运动楼梯……"

姑娘们跟着教练学习。挺直脊背，锻炼腹肌……很重要！对年轻女人来说，柔韧性十分必要。拉丽莎本人也一样，为了控制衰老，每天早晨做操来锻炼身体，做一个多小时……

明亮而整洁的房间！试想，两个顾客，莫斯科郊外讨厌的倒霉蛋，要了两个并排相连的房间。马上谈妥（或者是事先谈妥了）。联合起来。是的，是的，在这个神奇的，但有点儿吵闹的房间里相遇。尝试着（你想想！）安排一次性交，一次群交，无聊而无情。在瑞典墙上。四个人一起。他们让姑娘们光着身子爬到天花板上，把手松开，倒挂在那里。

"技巧运动员？"塔尔塔索夫感兴趣地问道。

拉丽莎·伊戈列夫娜勃然大怒，技巧运动员，登山运动员！你在开玩笑，但拉雅受不了这高度……嗨，怎样？怎么能够四个人一起呢？这些蠢货想出一个什么名字，"香蕉协会"——当然，在这个天花板下，拉雅受不了，头晕。她希望低一点，他们不答应……和她并排挂在一起的加丽雅告诉道，拉雅满含泪水，手脚发抖，那样一种香蕉！她连屁都被吓出来了。加丽雅（你也听到了）开始喊叫！我赶紧过去，勉勉强强解开了拉雅。我的手都在抖。嗨，就像从十字架上解救人似的！我使劲掰开她的手指，可怜的姑娘，紧紧抓住横杠，跟个木头人似的。这些个坏种，醉鬼，先一个劲地夸她——回来让她爬那么高！

好在其他房间的姑娘们不忙，过来帮忙，赶走了他们……醉鬼们在街上大声唱歌，而一名警察微笑着站在街角，他觉得很好玩。

故事很紧张，她也讲累了。塔尔塔索夫同情地觉得，拉丽莎的钱挣得不容易。他给她倒了点波尔若米矿泉水。

"我想歇一歇。"她说。

而塔尔塔索夫把巧克力的糖盒向她推近："吃一点！味道很好！医生说，甜味可以卸除心头的负担。"

加丽雅！……敲敲门，走了进来。就一分钟……她用近乎耳语的声音说道，想跟拉丽莎·伊戈列夫娜讨教一个建议，私事……瞟了一眼塔尔塔索夫。

"好吧，"他站起来说，"我去看看梁丽雅。"

边走边跟拉丽莎说："泡点茶，浓一些。"

原来，加丽雅并没有什么私事：不过是今天来了一个不寻常的电话。一个小时前。拉丽莎·伊戈列夫娜刚好不在……一个加丽雅不太熟悉的男声……但从发音来判断，是个有教养的人。对，他也这么介绍自己。

拉丽莎·伊戈列夫娜问："谁？"当她在电话里听到说出来的姓时，差点儿没喊出来：维尤仁。他要干吗？……没事，只不过关心一下。问一问，拉丽莎·伊戈列夫娜过得怎么样？……问一问，她的生活是否很顺利？工作怎么样——是固定的吗？……很想和您聊聊。可是，您拉丽莎，刚好不在……

"已经打过两次电话了。"加丽雅边走边说。

剩下独自一人,拉丽莎·伊戈列夫娜感到脸红了起来:我的上帝!这个维尤仁以为她还没有固定的位置……想起她来了!可能,她需要一份编辑部的工作,在电视上露一个自己的镜头,或者在报纸上……大人物维尤仁。知识分子!不会忘记!

但是,内心的激动(脸上的红晕)没停留多久:拉丽莎·伊戈列夫娜再也不想回到那个世界去了。她已离开那里。她甚至不希望别人记得她。

她站在窗前,伸直脊背,自己工作着的肩膀。她的工作不甜蜜,也不高雅,但很诚实。对,诚实。如果需要给维尤仁先生答复,她不准备诉述生活的困难,不想支支吾吾……她不希望那样。过于狭窄的地方。她不想回到他们那个下流的世界,下流的,下流的!(她痛苦地重复道,为过去感到痛苦和羞耻)——在那个空格和句子的下流世界里,在那个地方,爱情……尊严……良知……仁心……——一切,一切,一切都落进了狭窄的空隙,掉进了两个单词之间的缝隙。

塔尔塔索夫回来了。可以大口大口地吞下多少矿泉水呀!肠子都冒烟了……她没在……她又去了哪里?这就是她们,今天的职业妇女!塔尔塔索夫气恼地寻找着拉丽莎·伊戈列夫娜,在前厅跺着脚。

房间……房门严实地关闭着。

"这是错的!错的!"从左边房门传出了一个姑娘不满的声音。

一个男人低沉的声音:"那怎么办?"

"我说,是错的。"

"那为了过错——专门付出代价?"

她哭诉起来:"我马上去叫人!叫拉丽莎·伊戈列夫娜!"

男人的声音(不满,却尽量压低了):

"好吧,好吧!你被吓坏了,可怜的人!"

"梁丽雅",塔尔塔索夫叫道。

但对姑娘来说,尽义务是很可笑的事。"塔尔塔索夫叔叔"很讨厌。而如果让他四肢着地,叫两次"咩咩……"——就是一头公山羊!……听到他的叫声,她们稍稍转过优雅的脑袋。

她们生气地说:"您看见了,我们正在休息!我们只不过松弛一下……您有没有良心啊?"

梁丽雅、加丽雅和棕红头发的阿拉在这个僻静的房间里喝咖啡,抽烟。她们在休息。那么,休息的主要内容是什么?抽一根"万宝路"香烟,笑一笑！交换一下新闻,心满意足,唧唧喳喳。

"……去第四个房间。今天,我想在那里听听录音机。希娜喜欢音乐。希娜会来找我。"

"你好,加里克也来找我！他也爱好音乐。"

"加尔卡,停住,停住——别忙走！……没人可以和希娜相比。希娜——就是希娜。对我来说,希娜——简直是海滨疗养院。"

"我们都能听到海浪的喧嚣了！"梁丽雅俏皮地说,三个人都笑了起来。

塔尔塔索夫已经忘掉了她们的讥笑。一个叉给勾掉了！坏事他都不记得……站在窗口,他招呼加丽雅(正面对着他)。过来,近一点。哪怕是加丽雅,到这里来……半分钟也成！

加丽雅手里夹着一根正在冒烟的香烟,走了过来。

塔尔塔索夫低声说:

"我在电视台主持一个节目。我可以给你看看。不定期的……"

"那您在那里做什么?"

塔尔塔索夫试图向她解释什么是《糖果茶座》。

"我甚至无法想象！"加丽雅哼了一声,"为什么会在屏幕上展示像您这样的人?"

塔尔塔索夫生气了:

"什么叫——展示！笨女人！……是我展示这个或那个人。"

"往下呢?"

"什么——往下?"

"您展示我——是吗?"

"在电视上展示一个人——这要给人一大笔钱。我也只是尽义务……"

姑娘把烟头掐灭,叫道:"蒙孩子啊！在电视上展示我们——为什么?"

"去你的！"

棕红头发的阿拉调皮地问:"光着身子展示?或者是穿着泳装呢?"

三个人都嘻嘻笑起来,但塔尔塔索夫用手指指着她们,气愤地说:"既不光身子,也不穿泳装！这是个严肃的节目！"

拉丽莎·伊戈列夫娜向房内望一眼,叫道:"谢尔盖·伊里奇。喝茶了……"

姑娘们马上停止了嬉笑。

她把塔尔塔索夫领到自己的办公室,让他坐到桌前。茶确实已经煮好。泡得很好！拉丽莎·伊戈列夫娜递给他一杯。

把盒子往前推了推:"您的巧克力,谢尔盖·伊里奇。就着茶吃……确实——它的味道很好!"

塔尔塔索夫不做声,脸上表情很痛苦……对生活的怨恨,对耗尽的才能的懊恼,同时压倒了一个男人。额头,下眼窝……脸颊交叉布满了一些小小的皱纹。

他不时地喝上一口茶。拉丽莎·伊戈列夫娜走到窗前,但又转回身来……站在背后,爱抚男人的后脑勺,脖子,抖落肩膀上的头皮屑。

"生活流逝了,谢廖莎。"她同情地说。

"流逝了——好吧!"塔尔塔索夫先生粗鲁地说。

突然,他不再阴沉着脸色。他寻索着坑凹的地方(在哪里都行)。啊哈,在门上!不久前换了锁……一个刺激想象力的黑色小洞让他感到惊奇。作为一个狭窄的通道,它引向门背后广大的空间。

"我找到了。你怎么样?"

"我也找到了。"

空气在颤抖……

通过飞行,塔尔塔索夫显得更年轻,驱除了心头的忧伤,飞进了狭窄的地方——拉丽莎·伊戈列夫娜跟在后面。过去可能使他们再度分手,但这一次,拉丽莎·伊戈列夫娜还来得及,她抓得很紧。

"一起?!一起!……"她大喊道,大口大口地吃着身边的狂风。

手——抓住他的手,(紧紧地)手指勾着手指,他们在呼啸声中穿行在喉咙似的收缩着的隧道里。拉丽莎前面是一个未完成的建筑。她飞呀飞……有时会碰到拱顶,有时会在收缩了的空间里碰破自己的腰肋。但她一刻都没有放开男人的手,明显能感觉到它正在减肥(手越来越年轻)。

"放开我的手……"

他们躺在一起(就这样)……在她的房间里,在她的床上,互相爱着对方(这就是一切——对,对,对!),拉丽莎一分钟都没清醒过。并不像曾经期望的那样。这种亲热稍早些时候有过(有过。已经……)休息。

可是,一起……闹钟在抽屉柜里熟悉地滴答响。留有已经变凉的咖啡渣的杯子在桌子上寂寞地放着。

"睡了吗?"

他没回答。

在他们的爱情活动以后,疲乏的他喜欢沉默一会儿,安静下来……每一次,拉丽莎都会抚摸脸颊,检验自己的青春,有没有皱纹。微笑。是的,年轻……

"睡了吗?"她揪了揪他的耳朵,希望年轻的塔尔塔索夫不要在这一刻把思绪飘到过远的地方,像很多男人在亲热之后做的那样,希望他别忘记这一刻的义务。别睡,别睡。

他没睡着(没睡着也没忘记)。但他已将脑袋转向了另一边,那里可以听得到她的闹钟。我们这是多长时间一次?

拉丽莎想说点温存的话,想絮叨一番,但做不到。怎么回事?……唉,就这样!原来,在那个晚上他们小小地发生了可爱的争吵。拉丽莎想跟塔尔塔索夫解释……承认错误……但没能……

她什么都改变不了,张开嘴巴,磕巴嘴唇——没有声音(注定要在这种极其微小的争吵中生活)。

她背对着他躺着,塔尔塔索夫(无意地?)用嘴唇碰了碰她的背、肩胛骨。碰触在她不能算完全的和解,但还是温柔的,激动的!……拉丽莎啜泣起来。她试图回忆他们那种可爱的争吵是多长时间一次(它们有多少次)。一周?甚至是两周?……我的天哪!

塔尔塔索夫同样明白,过去——并不按照别人的意思。那里同样是多元论。而返回——是风险,也同样是寻找……是的,是的,一个人应该在往事中寻找自己的东西——用双手在松脆的沙子里翻寻!……并排躺着,听得到双方的气息。身体的气息在逐渐地耗尽(活过)。

拉丽莎翻了个身,很近,眼前——是她的背脊,她雪白的肩胛骨,胎记……身体白得让人吃惊。塔尔塔索夫打断了思路,用嘴唇去轻触她凸起的肩胛骨。

嘴唇在轻触,它们自己温柔地合拢。还是需要——拉丽莎没有睡着,起了反应,微微颤抖,啜泣起来。但或许是感觉如此。

他的动作很慢。她的脸上保持着幸福的意味——含着一点笑容,每次他躺在她的床上都这样。

但是,幸福逐渐在融化。可在墙上……那里是什么?……塔尔塔索夫不安的思想又开始沉入到更深、更深的地方(更深的过去。他希望那样)。

拉丽莎同样用嘴唇轻触他的脊背(他听到,她犹豫了两三秒)。现在,是他背对她躺着。应该想到,他的肩胛骨是粗糙的(或者显得高一些)……所以,她的嘴唇先是伸长了,然后,嘴唇轻触肩胛骨下面悄悄战栗的凹陷处:男人最危险的地方。

塔尔塔索夫瞟了一眼胖乎乎的闹钟。

拉丽莎也看了一下。现在,她想问——他怎样在寻找狭窄的地方?

没等拉丽莎发现,他就不见了。很快!……

她迅速找到了某个通道——紧随其后,目不斜视地快速通过狭窄的地方。耳朵被堵塞!……

已经到了狭窄的地方,很快,塔尔塔索夫抽搐着,为了拐个弯,为了重新回到过去。需要多少时间才能回到过去的日子……更深!……不走运……

但是,他似乎还不太远(勉勉强强在糟糕的日子后面)。似乎又在那个破旧的电话间里……他往某处打电话,不间断地——询问某次火车——他为什么要这样呢?——再度激动地向某人大声谈论可诅咒的金钱。

稍晚,他给出版社打了电话,试图说服他们,他的中篇小说很好,很适合当今时代。他的中篇小说《在所有时代》,难道不是吗?……可是,这些笨蛋只是客气地嗯哼几声。显然,他们非常怀疑……"我已经被遗忘了!被遗忘了!"塔尔塔索夫嚷道,在电话间里犹豫不决。解释,无耻地恳求……心情沮丧和唇干舌燥地叫嚷。

在电话间里玻璃和金属的衔接点,塔尔塔索夫偶然发现了一道缝(它后面强邀的黑暗)。一看见它,他很快就冲出了时间!去他的,什么火车,金钱,狂饮无度的老乡!什么书的再版,散文编辑部变样了的聪明人!你看!他呼啸着向后疾驰,向后!朝着相反的方向!稍稍减速……原来,还是不远,还是那些日子,那些个日子。他娘的!

不知是灵魂的离散,还是狭窄的地方不让塔尔塔索夫更深地进入他的过去。不让……没有给他一个幸福的时刻,当他的脚步还很矫健和轻松的时候……当他不断推出短篇小说和中篇小说的时候。当年轻的妻子……当他和可爱的女审查员偷情而血液沸腾的时候……

一点一滴。

"天气真糟糕。"塔尔塔索夫嘟哝着走出电话间,踏上黑黢黢、湿漉漉的街道。

时间糟糕——天气也糟糕……顺便暖暖身子,顺便喝一杯(压缩预算)。塔尔塔索夫掏出钱包,又把它藏起来。难道啤酒……

"值得转向!"他想道。不论你寻找怎样的洞……不论旋进得怎样深(有意地),你都不可能在青春的遥远岁月里浮出来。一切不过在近旁,一切都围绕着风儿呼啸着的窄小的洞口。时间不允许。对塔尔塔索夫先生而言,不再有朝向那些日子的通道,当……家庭,妻子,小儿子,和……文稿。唉,文稿(早晨快点来吧——成了一张白纸!)。一切哪去了?……哦,时间,停留一下！——先知请求道。那么,等什么？有什么可等？……

怎么了？——还想试一试？……我们再尝试一次回到过去？……她的母亲在哪里,裂缝在哪里？

哎哟,哎哟。塔尔塔索夫在自己的过去中又出现在某个电话间里,在那里冻得要命,拨电话,借钱……骂人！

下流。

"你在哪里呆那么久？"

"嗯,嗯",塔尔塔索夫答道,由于走得太快,呼吸还没调匀。

"多冷啊,潮湿……"拉丽莎·伊戈列夫娜坐在桌前,冷得抖动着肩膀。

塔尔塔索夫没精打采地叉开手："秋天了。"

拉丽莎·伊戈列夫娜（职业妇女,家庭主妇！）埋头在稿纸上,勾掉数字,添上数字。

她抬起眼睛。

"我从来没有给你读过……你最后一部中篇小说。你想吗？我喜欢的页码。"

"不想。"

不就不。她又一次凑近稿纸。

"你在研究预算？支出——收入。都是你自己干？"

拉丽莎·伊戈列夫娜留心听了一下：屋子里很安静,她的姑娘们非常可爱,打扮得很好,一切都好,一切都正常……还是她自己！计算——核计！（检查一年的预算）在她简单的工作中,经济应该是节俭的。

"茶怎么样？"她问。

"茶,哦,茶,多少都行！"他嘟哝道。

预算归预算,拉丽莎·伊戈列夫娜想道,塔尔塔索夫不会消失,没地方可躲（他就坐在那里）,突然觉得那颗富有生命力的心脏一阵抽紧。抽紧……现在又甜蜜地松弛了。要知道,这是爱的器官！（它工作和忠实地服务了多长时间了！）塔尔塔索夫不能谈论第三者：譬如某个其他的女人……女性心脏的不变特性——他突然被触发灵感？谈论那时到维尤仁那里去的牺牲。哪怕是一种暗示。

不安,带点惊恐,（不,不！男人是不会理解的！）她给自己倒了一杯波尔若米矿泉水。有人敲门。

拉丽莎·伊戈列夫娜用嘴唇去贴气泡,不安尚未消失。预感？（门又被敲了一下,又一下）拉丽莎·伊戈列夫娜喊道："请进！"门又被敲了一两下。

进来的是……加丽雅。

加丽雅穿着一件白背心,乳房和肚子绷得紧紧的,看上去非常有朝气。她长得很匀称(喝完了咖啡,抽过了香烟,眼下显然有点儿郁闷)。

于是,郁闷的她来到这儿:"这位大叔在哪儿?……有什么义务?"

站立在门口,加丽雅没敢走进办公室(出于对拉丽莎·伊戈列夫娜的尊敬)。她只是远远地冲他挥挥自己的纤手:"来吧,演员!"

"作家,我是作家,"塔尔塔索夫纠正她。

"没有钱什么都不是。"

她用鞋后跟咯噔咯噔踩着前厅的地板,瞧都不瞧一眼,回到了自己的房间——塔尔塔索夫咽下了一口憋了很久的唾沫,跟在她身后走了。

拉丽莎·伊戈列夫娜一听到他快速的、担心被加丽雅落下的脚步声,马上就感到不安(但要知道,不是像当初没有这个人就难以生活的年月里的不安)。"需要!我仍然爱……"她想道,摸了摸胸口,心儿感到了刺痛。

主要的是——别马上抱怨。接下来我们就有能力。我们超过……

她竭力露出笑容,又喝了点波尔若米矿泉水,饮料真棒!(应该订一箱)

又有人敲门了。

"您好!"

一个男人。衣着考究。秃顶。眼神非常、非常熟悉……我的天哪!他怎么在这儿?

拉丽莎·伊戈列夫娜对他在这里出现,与其说是窘迫,不如说是惊奇:他属于那类人,属于有权有势的那类人!通常在昂贵的浴池里寻欢作乐,在内部富裕的膳宿旅馆里……因为那里有一些赤身裸体的姑娘来安抚他们——两三个一起。……粘贴受损的东西。他在这里干什么?在她安静的、普通的小店里?

维尤仁,养尊处优,衣着高档(他,他!脑袋谢得光光的!),微笑着,压低了嗓音,重复道:"你好,你好,拉丽莎!"

他开始讲述,怎样费尽周折地找她,怎样打电话,她的姑娘们(隐藏得很深!)对一切保密。怎样的隐秘啊!怎样的训练有素啊!……但他依然从她们那里获悉了地址,眼下,很高兴、很高兴、很高兴地看见了她——你好啊!你好!

拉丽莎·伊戈列夫娜扫了一眼窗外,发现那里停着他的小车。气派的小车,但并不豪华(作了伪装)……没有司机——自己一个人来的。

"一个人,一个人!"维尤仁察觉了她的眼神,笑着说。

在那样一种新的情势下,拉丽莎·伊戈列夫娜不知道怎样面对旧相识和老同事,表情很严肃,很生硬。这种举止总是帮她摆脱困境。她很高兴,她很高兴见到他。可她这里很平常,姑娘们很普通、很朴素。没有任何新花样和过失。这里宾至如归。很高兴接待他……很高兴看见您……

"用你,就用你来称呼……拉丽莎!别不好意思!"

"很高兴看见你。"

她继续说——她已听说他令人眩晕的提升,知道他在当今上层的位置,但是……但是,她的姑娘普通、平常。他要她们干什么?(如此青云直上的领导想到某个地方消遣)

"什么姑娘们!我找你。你,拉丽莎……"

她根本没法相信这一点。愚蠢。

"你别不相信!我记得。是的,忘了……是的,时间……但不论怎样我还记得我们的约会。你想……我突然知道了你在哪儿,仿佛突然冒出了火焰。敏感的冲动,转瞬间的冲动。但是,是那样一种力量!"

她不知道想什么(他要她)。

维尤仁感到自如了一些,脱下自己漂亮的浅色大衣。从纸包里拿出一瓶重重的香槟酒……上面有红色的广告条和斜贴的标签。

"按照惯例,拉丽莎。我们将在一起……你允许吗,啊?"

她要作选择:愤怒地大吼?或者是轻轻地挖苦?制止这个男人(她能)——最普通的做法是嘲笑。

但维尤仁似乎早有准备,说道:"顺便说一声,电视台现在正是干部换班。精简。要赶走老人们——其中包括赶走塔尔塔索夫。"

这句话让拉丽莎·伊戈列夫娜脸红了,触动了她的记忆……马上感到不好意思。但她明确而严肃地说:"我对塔尔塔索夫早已心凉了。"

"我明白。但毕竟……按照惯例的话,你大概不希望他被赶走吧?"

她耸了耸肩膀,想道:"我,不知道。谁知道呢!……"沉默着,有意拖延着回答。但她还是说道:"我不希望。"

"这就是了。要知道,这很重要……你知道,这对我们大家都很重要。就是正在逐渐衰老的我们大家,相互支持是很重要的。尽管有距离……"

维尤仁又问道:"根据惯例,啊?"

她点了点头,先走一步,抓起电视台男爵的手,带出办公室……她尽自己的努力,臆想了一个男爵……甜蜜一些!微笑着控制住自己,但是,有点儿恐慌地陷入到意外的情景中(塔尔塔索夫和维尤仁可别撞上了)。拉丽莎·伊戈列夫娜牵着维尤仁的手,带着他。

"到这儿来。"她心情沉重地把这个男人带到了备用房间。但这里更简朴一些。没有她的招呼,姑娘们和其他人不会进到这儿来。拉丽莎·伊戈列夫娜在这里休息。

他没忘了抓起香槟,带有广告条的……小心地把酒瓶放到桌子上。

"美妙的房间。这里很温馨,这里很安静。"维尤仁低声说,已经开始想温存了。

是的,安静。

她推开他的手。

"我去给你带一个出色的姑娘,梁丽雅。"

"不。"

"你会喜欢的。"

"不,不!"维尤仁坚决地(但声音很低)对她解释,他是一个老男人,不是那么简单。他有一些问题——什么问题?——那样的问题,例如,他没法和陌生的女人。已经不行了。不行,也不想。任何姑娘。只有和以前的熟人。他嘿嘿笑道:只是按照惯例……

维尤仁,仪表堂堂,魁梧,秃顶,(曾经瘦小、敏捷!曾经多么机灵啊!)用颤抖的双手去脱拉丽莎·伊戈列夫娜驼色的短上衣。他说,我着急,急不可耐了。那时,拉丽莎·伊戈列夫娜坐在床上。她通常在这里休息。床很干净、整洁。你别着急,我自己脱……

但他依然急慌慌的,说道:年老的维尤仁的问题不仅是对过去那牢固(放不下)的记忆,不仅是必须和过去熟悉的女人发生重复的爱情,而且还在于,一年一年(随着年龄增长)他和熟悉的女人做成功的事也愈来愈少了。最近一次成功的只是著名的"总统式"性交,经常性的变态……带给女人……口交的幸福……——是的,胡搞,你说的对!胡搞,怪癖,倒错,否则就没意思,无法满足。一切都是徒劳……

"怎么会这样呢!要知道这不好……"拉丽莎·伊戈列夫娜望着他。

她既生气,又伤心(为他)。饱经沧桑的女人很不乐意地理解这些变态的床上新花样。胡来。愚蠢的怪念头!(从来不怪罪男人的愚蠢的怪念头)但是,她忍住了。关于牺牲的想法让她感到窒息。而维尤仁急忙向她解释:"你要理解,整个世界都这样,拉丽莎,这是灾难。我请求你,你要理解!所有高官,部长们,所有显要人物都染上了这种病,我们的灾难……办公室的灾难……我们需要同情!"香槟酒咝咝地响,维尤仁一口喝掉了半杯。"你要同情我。同情……我很可怜!……找了你很久。我补偿……"他嘟嘟哝哝,很快从身上脱下三件套的西装,突然解不开领带了。

当她更明白一些的时候,她也变得更简单一些。他的生活应有尽有。"可怜?"她疑惑地想道,用双手捂住感到凉意的乳房。

在墙壁那边,塔尔塔索夫也在试图向加丽雅表白自己复杂的感情:

"……如果是尽义务的话,你能以特别的感受来体会一个女人。嗨,我……我已经全新地感觉到你的乳房……你的腰肢,屁股……完全是另一种感觉。来,再来一次……嗯!……嗯……舒服吗?"

"哦,哦。"

"嗯——嗯。"

"哦。"

"嗯——嗯。"

"哦。"

"嗯——嗯……我想弄明白:为什么……嗯——嗯……义务做这事那么快乐?尤其是第二次……嗯——嗯……为什么?有点儿像贷方的生活,啊?……嗯——嗯……你怎么想?"

"我想,你不过是个吝啬鬼,叔叔",加丽雅说道。

但差别在于:这一次,拉丽莎·伊戈列夫娜在和维尤仁的过程中没感到自己的屈辱(而没有屈辱——也没有牺牲?)。相反,不是她,而是男人似乎事先有罪。温存着……他的手指是那样柔软、细心,触摸着她的大腿和肚子。她甚至明确地认为,对,对,有罪,受屈辱——他是因为自己赤裸的缺点(看不到领导的痛苦)而有罪,而受屈辱。他自己也知道,很屈辱——否则他为什么发抖,像灯旁的螟蛾,在她的膝盖中间拍打。

他还在嘟哝,絮叨——不连贯的喊叫:"这是奇迹。奇迹!我又……我……重新感到了生活。太棒了……我……"

他的词语冲了一个出来,又被另一个截断,可面孔依然埋在她的怀抱里,沉浸在她并不完全明白的接触中,这接触意味着某种缓慢的爱抚的开始。

如果低下眼睛,拉丽莎·伊戈列夫娜的目光马上就会撞上他那颗巨大的秃脑袋。看起来似乎是她的肚子鼓了起来,就好像那个时候的肚子,伊戈列夫娜怀着自己的女儿……跟那时的肚子丝毫不差。雪白!耀眼!……就像这样轻微地蠕动,感觉。哦,不不,它敏感地抖动,就像这颗有罪的秃脑袋一样抖动。

"别,别!"她低声叫道,那里出现了轻微的(明显是偶然的)刺激性的触摸。所以,那个男人更为自己有罪而不安:"请原谅……请原谅……拉拉。"

为了说出这几个听得清的字眼,他应该移开一会儿。慢一些……喂,你看,你看,我多温顺,多听话。她看了一眼,眼神马上碰到那颗秃脑门,看见那个男人胆怯地抬起来的幸福的眼睛,战栗着的玫瑰色的舌尖闪了一下,嘴巴张开了……那个男人大口大口地喘气……

她能够允许——也能够不允许。看需要而定!这让她心驰神往……一生之中,她,卑微的女审查员,原来也可以成为伟大的审查官,自由地决定给还是不给,给或者不给生命……

女始祖的怀抱?……数百万人(未来的)直接依靠着她以往卑微的生命。通过她的女儿,她的外孙,往下,往下!简直会疯了!……伟大的母亲的想法,最不可能是拉丽莎·伊戈列夫娜本人的想法。因她而陶醉的维尤仁,为这个想法而生活(不由自主的心灵感应着她)。他感到幸福,在这一刻喘不过气来……着急地……他的秃脑袋耳根的头发看起来好像抖动着的蜜蜂的翅膀(像采集花蜜的蜜蜂)。挪开……但只是一小会儿……眼睛紧盯着拉丽莎的眼睛,也可能更高些,盯着庄严的白色天花板,也可能是盯着窗外的天空——欣喜地喊道:"你们,女人——真幸福!拉丽莎!每个女人都有这个奇迹……这个狭小的……奇迹,奇迹!"

他埋头沉浸在自己的享受中,而拉丽莎·伊戈列夫娜把手放下去,宽容地爱抚着巨大的光脑袋(它已经平静了,变普通了)。她轻轻地在耳根抚摩着它(脑袋),温柔地奖励……好好活,喝吧,畅饮吧,愿你幸福。

感觉到温柔的传送,维尤仁又马上挪开,抬起了圆脑袋,又用断断续续的声音说:"你可知道……人,垂死的时候……钻进一个隧道。狭窄的大门,狭窄的门!那里——是第二个奇迹。我们的生命的第二个主要的秘密……"

他调了调呼吸:"我们走了(离开生命)和我们进来(进入生命)都通过一个狭窄的地方……这就是最最深邃的哲学深度,其余的一切都是虚无,尘埃,鳞片……生命中只有两个奇迹——而其中之一,那第一个奇迹——就在我面前!……拉丽莎!我……"

厌倦了听那些杂乱无章的话语,她用双手温柔地抱住秃脑袋,贴近自己,堵住絮絮叨叨的嘴唇:"别说了,好朋友!够了!"

"哲学的意义……"他大声叫道。

但她轻轻地拍了拍突然抬起来的秃脑袋。别动,喝吧,畅饮吧……

躺在床上,眼睛看腻了白色的天花板,她回忆起年轻的自己,动人的自己！（在男人空虚的、忙碌的眼睛中寻找爱情的回应，多么长久了啊！……）可现在，他们全在这里。年轻的……强壮的……老人和青年。著名的和无名的。棕红头发的和黑头发的。成百上千的男人，（又是这个想法……或者其他的？）数百万，聚集在她怀里，就像在入口处。请求着进去……现在，她爱他们所有人，因为她爱塔尔塔索夫，这就是关于她的爱的叙事。

维尤仁抬起头，可那是怎样的心灵感应！激动……潮湿的嘴唇，吧嗒着——他要干什么？

"你知道……告诉你。确实，有人希望塔尔塔索夫丢掉他的位置，赶走他（如果没有人帮助他的话），他们已经瞄好了替代他的人。"

她不做声，严厉地（从上往下）看着：那你就帮助他吧。

他明白了："我会帮忙，拉丽莎。我发誓……要知道，他们很快就会找到代替者。让维加·叶罗菲耶夫上。这人不笨，也同样会重复，文学正在死亡……"

"为什么要重复这个？"

"什么为什么？……影响的范围。适合电视的是，人们不是阅读。人们阅读得越少——意味着，观看得越多。我们正在让文学凝固起来。"

男人的双手不由自主地（一想到工作上的事情）马上变得更担心和更粗糙，搂紧了她的大腿。但很快又松弛了——重新变成了温柔的、爱抚的双手。

"奇迹……这是怎样的奇迹！不，你是女人，不可能明白！"维尤仁大声嚷道，重新低下头，"嗨——嗨！嗨——嗨！"他在那里，在深处嗨嗨叫着。

"好像从来没有到过那里，可怜的人，大人物！"拉丽莎·伊戈列夫娜（微笑着）提心吊胆地想道。

她在喉咙里吞下了一团不重的、幸福的东西。那时，那个男人也进展顺利……努力。她体验到了一阵微妙的、不雅的高潮。那里干燥，进去时嘎吱响；平淡，但仍然成功了。他行了。

他似乎有点累了，大口喘气。

"可以谈一谈吗？"他马上抬起了光脑袋：

"这么说，塔尔塔索夫——你有时和他睡在一起？"

"不，很早就没有了。（唉，确实……）但这并不重要。你不论怎样都掌握着他的位置。别让他给赶出来，别让他丢了那份工资。为什么他还得过忍饥挨饿的日子呢？"

维尤仁点点头：当然，当然！……可他的眼睛还想要，还想要。喂，直接说么!……当他面对怀抱的秘密,面对最普通的圣经中树叶伪装下的这个秘密——在女人大腿柔软的曲线中的秘密,她间接地感到了这个男人奇怪的紧张与恐惧。

维尤仁,像所有身居高位者一样,最主要的是,他过去不知道,现在也不知道旋进、钻入狭窄的地方的可能性(将我们混沌的时间转变成某种东西)。他现在也不知道,很好,拉丽莎·伊戈列夫娜这样想道。

怀着如此高亢、激动的喜悦(亦即在哲学的迷狂中),他似乎作出了马上离开的轻率决定,去沉浸在他找到了的奇迹中……把时间改变成——没有时间。走,到一切尚未出生的地方去,那里有也不会这样出现在世界上的东西……那里有非生命的无限性本身。并且,那里有一切最遥远的——沉默。

文论三篇

[俄]西尼雅夫斯基

散文的空间

去年夏天,有一次,我在《新世界》上阅读某个作家的小说时发现,社会主义现实主义已经终结或者正在终结。就这一事实而论,可做的只是向苏联文学表示祝贺。社会主义现实主义已经给艺术带来了非常多的危害。我把社会主义现实主义的公共形象想象成一只沉重的铁皮箱子,它占据了提供给文学做居住场所的整个屋子。由此剩下的是,或者爬进箱子,在警惕的箱盖下生活;或者不断地撞击这只箱子,碰伤,倒下,偶尔艰难地侧着身子挤过去,或者在它下面爬行。如今,这只箱子还存在着,但也许是墙壁已经移开,也许是箱子挪到了一个更加开阔、更加通风的处所。而且叠放在里面的衣服不知怎么的已经破旧、腐烂了。换句话说,社会主义现实主义的准则和公设是那么陈腐和讨厌,以致没有一个严肃作家还会运用它们。"金星勋章"的偶像已经散落成灰烬。人们已经厌倦了目的明确地向着一个预先设定的方向发展。大家都在寻找绕行的出路,有的人跑进了森林,在林边小草地上追逐着玩耍。这是走出大厅的乐趣,而在大厅里还摆放着死气沉沉的箱子。这么做要更容易些。这就是我当下要涉及的文学。

我不想涉及著名的暴露散文,这种散文自然是美好的和有益的事情,对此我们所有人都深怀感谢。但是,我老实说:我很少对传统精神上的现实主义和苏联文艺与反苏联文艺的教化任务感兴趣。今天的散文吸引我去注意那些更不为人知的现象和艺术视角。我试图指出这种最新散文的几个共同特点。

第一个特点,就是关于人的本性,关于善与恶的复杂化了的概念。在维雅切斯拉夫·皮耶佐赫的短篇小说《票》中,伴随第一个句子主人公便这样被定下了基调:"比奇·巴夏·勃日……"这样的命名使我们感到十分惊讶。

人们通常以"比奇·勃日"[1]来指称那种席卷整个国家和村镇的灾难,仿佛这些是不劳而获的寄生虫,是被诅咒和鄙视的社会渣滓的现象之证明。但是,我们的主人公,虽说他的绰号来自词的游戏(长鞭和上帝的),却是一个崇高得多、优雅得多、敏感得多和相当诚实的劳动者,他挖掘亲生父亲的坟墓,希望从死者的口袋里找到彩票。根据巴夏·勃日的哲学,正是倒霉蛋、灾难、流浪汉和背弃者维护着民族不至于麻木和退化。他说:"如果不是名副其实的灾难,谁是那个耶稣基督?"

您可以看得出来,主人公,正面主人公的探索,令人惊讶地从主要干道挪移到了历史的边缘。但文学就是这样生存的,它时不时地从现成的大路绕行到边缘。

现代散文发展的另一个明显的倾向是,希冀稍微揭开生活那隐秘的幻想性。要知道,斯大林时代的社会主义现实主义的灾难,其中部分地在于,斯大林把作家们禁锢在现实之中,就像曾经把农奴禁锢在领主的土地上一样。摆脱禁锢的形式之一是被看成更深入地把握现实的手段的幻想现实主义。可以举为例子的是米哈依尔·库拉耶夫的《吉克什坦恩船长》——副标题为"幻想中篇小说"。严格地说,这部中篇小说没有一点幻想性,可情节却非同寻常。参加过喀琅什塔特起义的一名水兵,获救以后,被叫做了另一个人的名字,亦即他几乎根本不了解的吉克什坦恩。这样,他就顶着生命虚幻的影子,使自己去适应那个异己的、陌生的个体。他成了另一个——夸大了的正直、诚实、认真的一个,尽管这一切都是在那个漂亮的名字——吉克什坦恩的影响下被他臆想出来的。实际上,"性格"这个范畴本身并不适用于由两个人所构成的,同时又似乎不存在,并且丧失了自身人物的表征的人。这不是人,而是幻象。革命历史的场景与我们时代恶劣的日常生活的细节,无力填补形成于灵魂位置上的真空的细节融合在一起。甚至他的死也是非常奇特,仿佛他仿效着那个遥远的"同名者"的死,尽管后者是在偶然情况下被击毙的,而我们的主人公是经过了40多年以后,由于心力衰竭而平静地死去,当时他还拎着两瓶啤酒尚未到家。关于这两个人有如是描述:"早已死去的他倒了下去。"这就是说,主人公死了两回。

周围环境的分裂也十分相似。他现在生活的加契纳也改过好几次名字——时而是特洛茨克城,时而是红色近卫军城。他出生的那个小镇也同样如此:谢尔吉耶夫镇更名为扎戈尔斯克,以革命家扎戈尔斯基的名字来命

---

[1] 比奇,俄语"鞭子"的音译;勃日,俄语"上帝"的音译。

名,但他的真名似乎不是扎戈尔斯基,而是卢鲍茨基。这种名字的交换和更替与我们的主人公的生活非现实的、臆想的形象是相匹配的。

这个按照作者的表述最靠近首都的偏僻地方,加契纳的生活和建筑—历史的形象幻想式地分裂了开来:"左边是历史的自鸣钟有节奏地迈着那威严的步伐,右边是命运的细沙粒在安谧的永恒之钟里散落,散落……"整个城镇就这样荒唐地分裂了,一部分在遥远的过去,一部分在单独的建筑物里,一部分在结构严整的总建筑群中。除了主人公分裂的历史相似以外,建筑轮廓创造了并存于唯一的整体空间中的几个时间断面的形象。在此,库拉耶夫继承的是果戈理的传统。果戈理把自己的文学结构比做风景和建筑。中篇小说的题词也得自果戈理,指示着空间的形象,指示着人的命运的新奇性和幻想性:"不过,那是怎样荒凉的地方和怎样偏僻的角落!"

于是,我们就接近了另一个方面和问题,我觉得,对今天的散文来说,它们特别有意思。一大批作者努力达到的地方可以被称之为散文的空间。大量的词本身似乎拥有了空间的参数,而这些参数原本是建筑和造型艺术所固有的。在弗·马卡宁的中篇小说《落后者》中,这一空间是在时间的移动和交叉中被创造出来的。傻头傻脑的小男孩廖沙,并不怀疑能够发现金子,于是定期地落在淘金队的后面。被心爱的姑娘遗弃了的当代英雄时常复述着这则古老的传说。而他俩都落在了原本着急地去接近的那个营地世界的后面;那个没有等到平反便死去的老流放犯落后了;那个来到他墓前祭奠的妻子落后了;主人公的父亲每晚都做一个同样的噩梦,梦见自己落在了货车的后面。当作者到《新世界》去找特瓦尔朵夫斯基时,他再次落后了:特瓦尔朵夫斯基已经不在那里了——他已经被免职。总之,所有人都由于各种原因而落后了。这些"落后"事件一桩接一桩地叠在一起,像水的涟漪一般,形成聚散的空间。"落后"的情节经历了数次复述,每一次都被更新,增添了新的细节和解释。由于上述情况,印象逐渐加深了。这是关于生活和艺术的寓言故事,有时,人落后,意外地碰到黄金,生活在它的痕迹上弯弯曲曲地前进。在我们这个加速度的世纪,阅读"落后者"是令人愉快的。重音的变化是那么愉快:从前,苏联文学的主人公是"先进的战士",而如今才明白,他们是"落后者"。

另一种拓展散文空间的方法是借助于语言——这是达吉雅娜·托尔斯泰娅在自己篇幅不大的短篇小说中提出来的建议。她的句子丰富,有时是灿烂的,我甚至要说,像一棵树一样枝叶繁茂,充满了大量的物事。有时,在一个简短的句子中,会有来自日常生活各个层面的词与物的合拢:"埋葬她的那一天,冰块沿着涅瓦河面流过。"植物油堪与阿拉伯沙漠的沙粒相比。猎取男人的兴趣(亦即出嫁的愿望)和猎取猛犸的兴趣彼此很接近。达吉雅娜·托尔斯泰娅的语言世界是透明的,仿佛是——在空气里眼看着马上飞起来或生长起来。与此同时,它们惊人地具体,充满了易碎的形象,比如:医生"取过又长又细的,比蚊子的尖叫声还细的针头,放在低矮的小桌上,放在那医用玻璃小方块上"。这个世界非常特别,非常神秘,孩子般地奇异:"'据说,在湖面上可以看见完全赤裸的人……''那么,您看到什么了?''一切'。"童话透过语言的编织物,透过句子叉开的手指冒了出来。

达吉雅娜·托尔斯泰娅有时被指责风格的过剩。我的看法是,类似的责难——是意识的谬差,后者过分习惯于看到摆放在平面上的文学。而在托尔斯泰娅那里,"过剩的"风格——这是一个拓宽了的圆形世界,是穿透人的生活的巨石。让渺小的人,甚至是可怜的和无足轻重的人——他囿于自身的世界(有时是不自由的)——变得非常巨大。

阅读和重读达吉雅娜·托尔斯泰娅,你可以猜到,在作品的情节和语言那里有各种不同的任务。情节或故事的目的——是在高度紧张(攥紧拳头,咬紧牙关)中抓住读者的智慧和注意力。而语言的目的不仅是连贯地和引人入胜地叙述情节,而且在其他的、边缘的,有时甚至是在完全不相干的事物中,弱化和分散这种注意力,最终在情节和语言的联合中,诞生由作者安排的新世界的诗性形象。

达·托尔斯泰娅的世界之所以迷人,并不是因为像以往教导给我们的那样,是反映了迷人的现实。艺术首先表现的是自我。艺术是从猜谜开始的。而谜语永远是陌生化。我们以一则最普通的俄罗斯谜语为例。"两个圆,两头尖,中间一个是钉子?"谜底是:剪刀。可是,剪刀不是说出来的,而是作为谜语用语词和声音描绘出来的。我们仔细搜索所看到过的事物(尽管还根本不明白)。在这种情况下,剪刀被陌生化地塑造出来了。艺术看到,一切,周围的一切是绝对的、奇异的、有趣的、独特的和审美的。艺术那享有盛誉的敏感性,还有它的善,道德因素,都由此构成。艺术在现实的镜子中看到自己,感到非常吃惊。这不是唯美主义者的自恋。这是对上帝和自然的感恩,因为在所有的缺陷中,他们创造和完善了艺术的世界。或者,像达吉雅娜·托尔斯泰娅描述的那个沉睡了一生翻然醒悟的主人公那样:"他向生活感恩地微笑——这生活是飞驰的、冷漠的、徒劳的、欺骗的、可笑的、无意义的、异己的——迷人的、迷人的、迷人的……"

在上述作家中(当然,不止这些作家,我挑选他们只是为了举例,把他们看成朝着新散文不同方向发展的各个分支)最终出现了艺术形式提升了的情感。请问:当代苏联文学向何处去,朝着哪个方向发展?幸亏预测这一发展进程是不可能的。艺术是沿循偶然性的道路发展的,因为它本身是偶然的。可我要说出我希望的、我幻想的东西。我希望,不论怎样都应该改变当代苏联的阅读意识和写作意识;因为,那样可以出版从前未能出版或删节发表的帕斯捷尔纳克、布尔加科夫、纳博科夫、阿赫玛托娃、米·库兹明和赫列勃尼科夫的作品。须知,出版这些作品,不是简单地弥补过去的疏漏,不仅仅是完成重新评价被遗忘和被驱逐的作家的责任。最终,每个感兴趣的读者和作家通过努力和少许描述,去熟悉这些20世纪50年代和60年代的文本。但如今这些文本不再是犯罪行为,出版这些书籍纯粹是心理上的问题,是架设从今天和明天通往俄罗斯"白银时代"文化轻便的吊桥。我们从世纪末架设通往世纪初、繁荣时代的小桥。断裂——是难以置信的。但是,它可以改变流动在文化躯体中的血液结构。首先,它复活了世纪初所秉有的提升了的形式感。

1925年,当时已经侨居国外的霍达谢维奇指出了自己的功勋:

> 使每一行句子脱白,
> 透过散文追赶每一个诗句,
> 让古典的玫瑰终究
> 去嫁接苏维埃的野果树。

霍达谢维奇沉醉于此。人们嫁接了"古典的玫瑰",只是除他之外。在20世纪20年代的苏联文学中,生长的已经不是那种"野果树"。但是,以此类推,我问自己:留下来嫁接那种好东西的是什么?我的回答是:由于加深了出现于其中的形式感,面对古典的苏维埃玫瑰——需要嫁接现代主义和后现代主义的"野果树"。

有时,发生这样的情况,在散文的发展中加入诗歌和绘画的因素。在20世纪初的俄罗斯文化中,诗歌和绘画占据领先地位,而散文的发展要更缓慢、更滞后一些,严寒攫住了它。这种散文在30年代未能被继承,似乎被社会主义现实主义冻结和摧残殆尽,因之我们收获也少之又少。现在,这些幼芽正在解冻,敢于评判从世纪初开始的艺术了。上帝保佑,他们把这些嫩芽种植在新的土壤里。

据说,现代主义和先锋派早已经过时。请允许我反问一句:那么,难道现实主义要更新一些？而在19世纪,俄罗斯的现实主义至少就有两种倾向的体现。一个方向是屠格涅夫、托尔斯泰、契诃夫——主要是用逼真的形式来复制现实;而与之平行发展的艺术(为简明起见,我称为夸张散文)方向——是果戈理、陀思妥耶夫斯基、列斯科夫,现代主义继承了他们的传统,更晚一些,像扎米亚金、左琴科、布尔加科夫、巴别尔等苏联作家也有所继承。这些传统被粗暴地中断了。我非常高兴的是,它们现在得到了恢复。

在古巴比伦的陶片上,记载了这样的楔形文字:"神祇们对巴比伦怒气冲冲。世界末日正在临近。孩子们不再侍奉父母,每个人都想写一本书。"让这个预言应验吧。

艺术与现实

首先,我要感谢毕恩纳活动的组织者,感谢欧洲知识界与苏俄和东欧的持不同政见者的聚会。就我个人而言,我特别珍视和乐意会见阿尔伯托·莫拉维亚。我想提醒的是,在西方作家中,阿尔伯托·莫拉维亚是最初起来捍卫苏联持不同政见者的人士之一。我指的是对我和丹尼艾尔的诉讼案。我向他这位作家对我在落难时给予的帮助表示深挚的谢意。

显然,我们所有人都应该有互不相同的美学的和政治的看法。但在所有不同的声音中,重要的是人们的团结一致,尤其是——就最初阶段而言——作家们的团结一致和相互帮助,不论他们有什么样的观点和爱好。只有这样,才能建立起对话,在这个社会到另一个社会,在这种文学到另一种文学之间架设起桥梁。不是根据党派原则,而是根据友谊的基础。尽管就最初阶段而言——只是文学的友谊……

我觉得,最近一段时间,我们正置身于一种奇特的和相当罕见的现象之中。在俄罗斯,戕害文学与艺术的漫长过程,突然转变为它们颠倒的和派生的生活。俄罗斯文学摆脱了国家和社会的检查,沿循独立的、平行的道路向前发展。这时,你观察这一现象,不由得就会发现自己有某些荒诞离奇的想法。关于文学和艺术的问题便在这些想法中产生了。

问题在于,伴随着这些被称之为持不同政见和反审查制度的文学,"地下出版物"和"境外出版物"的出现,产生了很多解决这些社会学美学问题的视角和转折。它们——这些转折——似乎让我们得以稍稍更新艺术的性质,更新它的存在之意外的、不可思议的道路和命运。而这并不是因为在每一步中都能创造出伟大的和出色的作品,而是因为艺术突然显露了它非同寻常的生命力。每一次,我们都在多种多样的,甚至是偶然的材料中,证实了艺术的这种生命力。对研究者——语言学家或艺术史家而言,这是非常有意思的,甚至在科学的层面上也是有意思的。请您设想一下:艺术已经死亡,一切都被蹂躏和榨干了,它突然悄没声地出现在废墟上,在似乎完全不适应的土壤上。于是,你问一下自己:这一切究竟意味着什么?

正如在远古时代,文学为了延续下去,通过手抄的方式得以流传。而诗歌为了抵达听众的耳朵,就借助于吟唱的方式。实际上,民间文学并没有消失,不过,众所周知的是,知识圈可以成为它们的创造者和拥有者。同时,不留痕迹地消失的和年青一代十分陌生的作者、书籍与传统正在复活。米哈依尔·布尔加科夫和普拉东诺夫,马列维奇和康定斯基开始获得了第二次和加强的生命。或者,假定被 обэриут 移植在俄罗斯的,但它同样无法在自己的时代抵达读者的荒诞艺术,也同样形成了当代的发展进程。须知,时代的艺术状况不仅是在今天被创造出来的,而且克服了时空的断裂,特别强烈地从过去进入我们的知觉。我要提醒的是,地下出版物产生于对阿赫玛托娃和帕斯捷尔纳克诗歌的传抄。曼杰什坦姆和茨维塔耶娃只是在今天才成为我们的同时代人,因为他们生前并没有能够扮演这样的角色。而纳博科夫和列米佐夫也是在死后,作为新的、今天的财富,从侨民界返回自己祖国的。在过去和现在之间,在东方和西方之间,在彼此分裂和文化枝杈的断裂之间,产生了价值的交换。

结果,甚至在我们的会议上,在这里,在威尼斯,我们不由自主地反复回到了艺术的性质和它的起源问题上。在这方面,我们倾听和发表各种理论——从马克思主义到弗洛伊德学说,从艺术作为交流手段到艺术作为传声筒和号角,让人与社会表达隐秘的、潜在的意向等观点。突然呈现出来,普希金和莱蒙托夫、陀思妥耶夫斯基和马雅可夫斯基原来也是持不同政见者。而如果扩大一下这个概念的外延,那么,新时代历史上的每一个艺术家,在对待生活和某种衰落的传统时,都毫无例外地永远是"持不同政见者",仿佛持不同政见是艺术的同义词。

关于所有这些概念和类比,可以有很多争论。但是,我觉得,事情不在于这个和那个观点的正确性或争议性中,而是在于,这些观点的显露和尖锐化,因为我们大家一次又一次地在考虑什么是艺术,在考虑由此引发的后果。在此意义上,在我看来,俄罗斯持不同政见者所起的是催化剂的作用:它激励思想,以一种自己的非法存在的行为来刺激知觉力。

当苏联因为书籍而审判作家,把他们投入监狱,而西方作家挺身维护他们,质问苏联当局,怎么可以去审判作家的时候,当局对此的回答是一个借口:"这是些什么作家！这不是作家,而是——刑事犯！"当我第一次听到这个时,应该承认,我体验到的不是屈辱,而是内在深深的满足感。可不是吗！艺术同等地看待一切罪行。甚至不仅是政治罪行,而且是刑事罪行。艺术同等地看待偷窃和谋杀。这意味着,它有某种价值！它——是现实性！而或许,实际上——艺术,整个艺术——是犯罪？面对社会的犯罪。面对生活本身……如此,它是哪样的艺术？它的善与恶在哪里？

总之,持不同政见者甚至在狭义的美学和哲学层面上,把我们摆放到了新的、意外的问题面前。在让我们能够按照新的模式看待事物的众多视角中,我希望选择的只是一个瞭望台,在上面稍作逗留。而恰恰是那水淹没不了和火焚烧不了的艺术的自我价值的主题吸引了我的注意力。当你或多或少地凝视这一点时,奇怪的情感和我想要表述的异端思想就产生了,艺术在某些地方高于现实和比生活更重要的感觉就产生了。这并不是因为它高耸在某些云霄之外的范畴里,也不是因为它鄙视弱小东西。我指的并不是唯美主义。大概它也还是合法的,尽管在这个艺术普遍高居于现实之上的状态中很不起眼。恰恰相反的是,我指的是艺术,它有时降低到生活的洼地,更多地谈论生活,远远超过那生活本身所知道的。可它依然独立于生活。

在被称为持不同政见者的作品中,我们看到了这一点。自由的艺术比生活更强大,也比创造这些事物的作者们更强大。而在此意义上,它高于现实。

为了不至于陷入过分的夸饰和哲学的抽象,我允许自己在此引入一则趣闻。这是一则关于艺术的趣闻。

一名百万富翁的女儿,以强烈的激情、广泛的兴趣和丰富的想象力而出众。长话短说,她连续不断地制造性革命。那时,为了使自己唯一的女儿不至于陷入彻底的淫荡里,老百万富翁花钱雇佣了一名演员,让他去扮演一个又一个情人,以满足女儿那花样翻新的任性要求。开始,百万富翁的女儿要求在床上拥有一名普通英国水手。演员出色地扮演了这一角色。他穿着肮脏的皮鞋,躺在饰有花边的被子上,喝威士忌,抽着香烟,不停地骂娘。很快她就对他厌倦了。她又需要配置一个文雅的东方王子。于是,那个演员便扮演王子的角色,她与他快活了一阵子。然后,她又要求另一个,第五个,第十个。一名演员扮演了所有这些角色,满足其愿望。这样持续了相当长一段时间,直到有一次她走进了剧院。她在那里看到了自己的心上人在舞台上,突然明白,出现在她面前的所有这些面孔,都是由一个人扮演的。那会儿,她就对他说:"亲爱的,我再也不要什么英国水手,什么东方王子……在生活中,我要的只是你,唯一的你……"

"呵,夫人,"他回答她,"那不过是艺术的力量。而在生活中,在生活中,我只是一个阳痿病患者……"

我叙述这则伤心的趣闻——就艺术与现实的关系而言——目的恰恰在于,艺术高于现实。

但根本不需要沉迷于它。我个人认为,艺术工作,甚至最出色的艺术工作,将导致在社会中的某些决定性的改变和前进。我们在此交谈一阵,随后分道扬镳,我们富有感染力地来书写任何艺术作品,而社会却不论怎样都在朝着自己的光明结局前进。在这方面,我是个悲观主义者。而用苏联的话语来表述,我不相信教育的(原文似有脱落)。

当然,我们大家都知道,文学有时是如何地影响人们的行为。可我们没有能力去清理和调整这种影响。谢天谢地……我在集中营里的时候,有一个老刑事犯告诉我,他17岁时读过高尔基出色的短篇小说《切尔卡什》,去做了小偷和强盗。我们知道,由于歌德的《维特》,某些年轻人甚至开枪自杀了;正是这同一本《维特》使另外一些年轻人摆脱了自杀的念头。阅读,深入地阅读莱蒙托夫的《恶魔》,可以成为一个神秘主义者,但也可以成为一个无神论者。举个例子,我的父亲阅读了陀思妥耶夫斯基的作品,背叛了贵族家庭,成了一个革命者。而我认识一些男孩,在阅读了马雅可夫斯基以后,从共青团员转变为持不同政见者。而甚至可以仿效这同一个马雅可夫斯基,去枪决持不同政见者。

艺术就是这样具有扭转乾坤的力量。但是,与实际结果无关,这种力量仅仅集中于艺术本身,集中于那种艺术之中。

另一方面,为了使我们不至于自我陶醉,需要牢记,人类和人可以没有艺术,没有艺术也能生存。没有食物,我们不能生存;没有土地,我们不能生存;而没有警察,没有工业,也不能生存。在这些成规中,唯有艺术是快乐的和非必需的。倘若我们,世界上所有的作家,在一刹那全部陷入地狱,那么,什么特别的事情都不会发生。在监狱里,有人向我证明,社会主义的一个标志是,所有的作家都应该关进疯人院,为的是他们不再妨碍人类平静和正常地生活。

但是,如今与上述情况相对比的,不是我们所设想的我们的现在,而一般的是整个人类的历史——没有艺术……我们此刻不是坐在威尼斯。而且也没有什么威尼斯,没有什么意大利,没有什么俄罗斯。在历史上甚至什么都没有保存下来。我们仿佛是匈奴人,是什么也没有留下,什么也不曾创造,早已灭绝了的奥勃尔蛮人。

所以,我认为,艺术高于现实,比现实更重要。也就是说,艺术——是存在于世界上的最微不足道、最不被需要的东西。与此同时,它,亦即艺术,包含了整个存在、整个起源的精髓和意义。

那种矛盾、那种二者必居其一性来自何处?在我主观地看来,这一切只有唯一的解释,艺术植根于世界、自然、历史、社会和任何存在的开端。艺术存在于开端中,然后,现实就来临了。

这里流露了一个观点,这种艺术可能是人必需的梦幻,它使人得到休息和在形象中投射自己的意愿和情结。然后,人重新返回到现实中。我想推翻这种理论。这指的是,作为猜测,作为假设,是值得怀疑的。而倘若这种艺术,究其本质,是唯一的现实?而如此指称的现实已经是梦幻,或者,倘若乐意的话,是艺术之上的上层建筑。没有艺术,在艺术之外,现实本身什么便没有任何意义,毫无价值。倘若没有艺术,也就没有任何现实。所以,作为残余,或者如苏联政权所说,作为颠覆活动,意识形态的颠覆活动,它是非法的,是有罪的,艺术时而显露出来,展示自己,仿佛从地底冒出来的火舌,仿佛生活的艺术本原。需要提醒的是,什么是历史和什么是自然。

这就是苏联艺术持不同政见者的可能视角之一和局部意义之一。

论批评

我不准备做什么主题性的报告。首先,因为我没有任何主题性的思想,而且,我也不相信我们需要那些主题思想。这多半将是"舞蹈的邀请",一般对话的开端,我在其中希望说出的,或许是主观的,在很大程度上是有争议的,如你们所猜想的,是痛苦的和不愉快的事情。我将谈论文学批评,而且是在一定背景上,也就是在两种文学的关系和相互影响的背景上:从苏联文学这一面和从另一面——侨民文学,或持不同政见者的文学。噢,这就是说,我将站在我们侨居的不幸与病态的立场上来谈论它。

我事先说明,正像其他许多人一样:我赞同这样的观点,在所有的历史断裂和分歧的情况下,俄罗斯文学仍然是统一的,而我一般地使用"两种文学"的概念,不过是为了主题和术语的方便而已。与官方的意识形态相决裂,部分地来到了西方(如果不是凭借了作者们,那也是凭借了文本)的"第二种文学"——或许是我们时代俄罗斯文学发展中最重要的事件。除了我不想涉及的"第二种文学"自身的成功,在单独的作家们面前,在整体的文学面前,甚至某种程度上在苏联政府面前,它以自己的出现设置了某种二者必居其一的难题。与这种文学的产生相关,在苏联的作家那里出现了选择和成为自己的可能性,不仅只是伏案工作,为自己或者为子孙工作,而且在今天已经出门去迎接历史的寒风。不错,作家在此冒着什么危险。可文学通常就是冒险的事业。

与此相应的是,文学的党性原则已经动摇,在新的阶段,或许赫鲁晓夫,这位对待创造的知识分子就像严厉的主人对待自己的客人一般的人物,有过最清楚的表述:"还有蘑菇馅饼——藏起牙齿后面的舌头。"尽管这个原则和这个馅饼还在继续成功地发生作用,却依然暴露了危险性,一部分客人受到主人的羞辱,在他的话音中四散走掉。而主人——国家尽管一点儿也不改变自己的本质,进行苏联文学中更隐蔽、更柔顺的游戏,却不得不顾及这种情况。有的人门槛都不让靠近,有的人被踹出桌子边,而透过手指缝观察那些不是完全可靠的客人,装成没有任何特别的事情发生,一切照旧,社会主义现实主义像往常一样庄重地端坐在政府的桌子背后。如此一来,地下出版物和境外出版物存在的事实本身,就对国家出版物产生了某种影响。于是,政府有时也违心地容许某几个天才作家拥有相对的独立性,仿佛达成了相互的妥协,因此,他们也不再更自由化和人道主义化。

另一方面,不经审查制度的文学也影响了并不属于其中的单个作家,这种影响更经常地不是以直接的方式,而是以间接的方式,仿佛故意刺激尖锐的和半禁止的主题,作用于那自由的和不羁的思想形象和风格。最终,文学状况将变得比信仰右倾的作家和叛徒的通常划分更有意思和更为复杂。所有这些复杂性,所有这些细微差别和变化,都迫使侨居在境外的我们更为认真地、更为个性化地去看待在那里的文学身上,在自己的故国所发生的东西。不论怎样,毕竟是那里,而非这里,才是我们应该尽可能去推动的文学之未来的发展和革新的源泉。可是,在近来俄罗斯境外出版物上发表的文学批评文章和概述中,在那里和这里的文学所出现的事物中,有时划出了一条过分生硬的和武断的界限。在"这里"一词中,我也同样指称那些在那里写作的,而在这里发表的东西。于是,有时就出现了这样的情况,在那里,在审查制度的文学中,甚至最优秀的作品也很糟糕,因为那里的作家不能或者不愿意放开喉咙来阐述全部的真理,像侨民作家和持不同政见作家们所做的那样。而那被称之为中间文学(已经出现了那样的术语)的半真理,仅仅被当局看成是有利的交易和装饰物。关于这一点,尤·马里采夫写过一篇相当有意思、尖锐的文章《中间文学和真实性的准则》:

被允许的真理,由于它被允许的事实本身而变得可疑。意味着,当局有重要的意图,为的是,允许这个真理以此来掩饰另一个更重要、更可怕的真理。(《大陆》,第 25 期)

尽管我本人更认可被禁止的文学,我还是觉得,诸如像作品的艺术真实性的评价的准则是极端狭隘的。因为,国家允许发表不仅因为对它自身有利,而且因为它是被迫允许的,或者从它的角度来看,是中立的,安全的等等。这样,就有出现数十种版本的可能,每一种版本都要求具体的审查。把文学划分为对国家有害的和有利的做法——是荒唐的。让苏联政权,而不是持不同政见的侨民们,去这么做吧。我想,索尔仁尼琴出色的《癌症楼》没有及时在俄罗斯发表,不是因为它是有害于国家的东西,而是因为我们的国家很愚蠢,它远不是一直都明白,什么是有害的,什么是有利的。这样,尤·马里采夫作为试金石的全部真理,并不是一本书的艺术价值的唯一准则。在当今的俄罗斯文学(审查制度的和非审查制度的)中,存在着优秀的作品,它们的意义远不是其中阐述的全部真理所能掩饰的。例如,布拉特·奥库扎瓦的《半吊子旅行记》,或者,特别是曾经以其修辞性和建筑感震惊了我的安德烈·比托夫的《普希金之家》和他的《医生的葬礼》。至于对诗歌而言,半真理和全部真理的概念几乎完全不适用。难道不发表约瑟夫·布罗茨基的作品,是因为他过分拥有真理?而发表萨莫依洛夫的作品,是因为他没有真理?

但是,尤·马里采夫走得更远,向中间派的作家们——诸如特里丰诺夫、舒克申、拉斯普金等人——提出了政治指控:因为他们远离政治。"幼稚地声称,这些作家仿佛一般不想参与政治,而是希望悄悄地从事自己的职业。今天世界,任何一个人的意识都是被政治化了的,政治已经成为生活中不可分离的部分……漠视这一点——意味着正好参与了有利于政权的政治。"

这不是有点类似我们仍然记忆犹新的苏联政权对不问政治的作家,诸如帕斯捷尔纳克或阿赫玛托娃的抨击吗?据称,他们希望脱离政治的意图也是政治,那是世界帝国主义的帮凶,他们的无党派性恰恰是资产阶级党派性的隐秘形式。如此如此——照此逻辑:谁不和我们在一起,谁就是反对我们。这又怎么能不回忆起阿列克谢·米·列米佐夫这位比其他人都更晚地离开俄罗斯的作家呢?他于 1923 年在柏林写道:"这种不幸的政治揉搓和混淆了一切。须知,在那种时候……这里的人们谈论留下来的我们……说:

'已经卖身投靠了布尔什维克!'而这是我用自己的眼睛读到的;至于我们这儿,通常会说:'已经卖身投靠了世界资本主义!'这需要怎样恶毒的想象力,在内心保存怎样的琐碎事物!"

按照党派政治的标志划分文学,不论从哪方面说,都会激发我的反感。这不是因为我多么喜欢中间倾向的苏联作家。不过,我个人认为,没有一种与艺术不相干的东西(政治、伦理、哲学,甚至宗教,甚至"真理","全部真理")能够拯救一个作家。其中最不可能的——是政治。最好的政治也不是艺术性的准则。更经常的是,我们知道,马里采夫所着重强调的,因为据称它如今是每个人都有的,所有人脑子里都有的"政治化了的意识"——除很少的例外,不可能结出文学的果实。政治化了的意识,在"所有人"那里——难道还少吗!作家,按照茨维塔耶娃的说法,是所有人中间的一个,有时是一个人支持所有人和反对所有人。或者,按照康·列昂季耶夫的说法,"美学家"(亦即具有艺术天赋的人)在民主制度中感到自己是一个权威,而在专制政权下,他——是一个民主主义分子;在无神论时代,他是一个宗教信徒;而在伪善的宗教时代,他是一个自由思想者。简而言之,艺术的道路——是不可预测的。每个人自己选择,他怎样写得更好些。

要求生活在苏联的作家必须介入政治和公开地反对国家,这无疑是不道德的。不论怎样,这会把人送进监狱和使他侨居国外。既不禁止侨居,也不要求所有诚实的作家离开俄罗斯——是不可能的。而这也不可能给俄罗斯文学带来任何好处。

或许,通常我们已经到了拒绝长官命令的时候,不再服从什么作家应该怎样,他应该沿循怎样的主要道路前进的指示。文学应该向何处发展,让它自行发展就是。

马里采夫以流落国外的作家——持不同政见者(一般是在国外)为目标,希望特里丰诺夫、拉斯普金和其他作家,像季诺维耶夫那样,走无情地揭露政治的道路。与他的观点相反——索尔仁尼琴所持的是完全不同的看法。他不相信有文化的持不同政见者,而是指望"边缘地带",指望没有渗透知识分子意识的土壤,认为那里扎根着真正的、人民的、民族的和积极的因素。在BBC广播对索尔仁尼琴著名的采访中,他说道:"恰恰在我被驱逐出来的这些年,俄罗斯文学最让我感到震惊和愉快。它不是在自由的侨民界中获得成功,不是在那被称之为自-我-表-现的广阔天地里——而是在我们的祖国,在思想高压下。"像以往那样,他说得非常有力和独到。注意到这一点是很有意思的,但是,通常是无根的侨民和持不同政见者的文学——

吞吃了这枚药丸。而不是什么你的自－我－表－现！接下来,索尔仁尼琴界定"俄罗斯文学的主轴":"这——是所谓的乡村文学,而实际上,"索尔仁尼琴说道,"这是我们的经典作家的工作中最困难的方向。""达到农民内在想象的水平,像农民那样去感受周围的土地、自然、自己的劳动;在人民生活中生长起来的非虚构的、本质的形象性;那种诗性的、慷慨的民间语言……那是俄罗斯经典作家们(无论是屠格涅夫、涅克拉索夫,还是托尔斯泰)孜孜以求,却从来未能达到的水平。因为,他们并不是农民。农民第一次来自己描述自己。"(《俄罗斯艺术导报》第127期)

我个人高度评价索尔仁尼琴所谈论的那种倾向的几位作家。但这里对艺术创作的理解本身却让我感到相当困窘。须知,同意这种看法的话,莎士比亚不是王子,他就无法描述王子的心理。索尔仁尼琴的观点让人想起了无产阶级文化派的理论。根据后者的理论,无产阶级要比任何知识分子——"同路人"更能感受自己的工厂和机床,因此,应该自己来创造新颖的无产阶级文学。而且,在19世纪末,在苏联政权下,我们已经产生了农民用自己的力量创造的农民文学。堪可列举的有苏里柯夫、波吉雅切夫、伏里诺夫和其他许多人,还有更优秀的——克留耶夫、克留奇柯夫、叶塞宁。不,并不是农民第一次来自己描述自己。而是在最近几年,我们第一次听说,苏联农民作家在想象农村方面已经赶上了经典作家们。倘若连托尔斯泰本人都赶不上庄稼汉的话,格列勃·乌斯宾斯基、契诃夫和普宁又算得了什么!

但要知道,这可是轰动一时的消息啊!这是文学的变革。而对这一变革,我们的侨民批评界不知怎的几乎没有任何反应。不知是不想和索尔仁尼琴争论,还是大多数人都同意这种发现。但要知道,倘若同意的话,就应该随后马上去研究、思考和分析这种极其罕见的和独特的经验。须知,不是某个普通人,而是索尔仁尼琴界定了俄罗斯文学发展的"主要道路"。或者,还有所争议。但是,非常遗憾,我们几乎没有对于这方和那方都需要的开阔的和熟练的文学批评。

这是侨民界由来已久的不幸。倘若浏览一下老的侨民杂志,那么,一个沮丧的结论就会像副歌似的重复响起。然而,却没有人注意到"我们没有批评"。仿佛其他的一切都有。例如,高雅的文化,我们唯有投以嫉妒的优秀作家群体;我们应该大书特书的出版事业。更为众所周知的是,俄罗斯的宗教—哲学思想在侨民界获得了论证和发展,出现了一批出色的书籍,它们迄今还在,而且将来很长时间都会为俄罗斯提供营养。唯独不知怎么地缺乏真正的文学批评。或者像季·吉皮乌斯在1930年代初所写的那样:"我们的批评不切时机,不合地点。甚至我们最有才能的文学家的批评文章也显得空洞乏味。"

或许,没有批评的缘故是,批评永远是活泼和骚动的文学运动及其发展的见证人和参加者。在侨民界没有这种运动,尽管存在着很多具有创造性的个体。或许,批评的缺乏与读者的缺乏有关,对此侨民作家不止一次地抱怨过。须知,批评可是作家和读者之间的中介者。倘若没有读者,它和谁去中介呢?在这一层上,我同意格·伊万诺夫1931年那篇题为《没有读者》的文章的观点。尽管那篇文章谈论的是第一代侨民,仍对我们具有现实意义,因为它所描述的环境,实质上就是我们来到西方所陷入的环境,可以为我们提供一个令人不快的警告。按照格·伊万诺夫的说法,存在作家,但不存在读者,因为读者大众被抹上了一种色彩——"单调的倦怠",和"在文学中寻找娱乐和安慰"。于是,作家最终也向这一环境妥协了。

"再也没有一种氛围比和善的冷漠和可敬的死寂的氛围更令人窒息了。在那种氛围中,不论你是谁,你自己都会变得和善—可敬,一点点地变,不知不觉地变,越是不知不觉,就越是没有希望"。"倾向于坚定不移地针对从'作家写一阵,读者读一阵'的公式中挣脱出来的一切进行的自我审查制度,已经自行形成,并且揽取了一切大权。"这一制度仔细地修剪试图从它下面冒出来的长缕,尽管后者已经枯萎了。究竟是谁安排了这种审查制度?最为可怕的是,"没有人"——自行形成……不论其如何努力,任何一个本肯多尔夫和任何一个波别多诺斯采夫,都不能把俄罗斯文学贬低到"家庭阅读"的水平——而曾经有过多少努力和使用过多少手段呀。对之进行过高压,而被压得半死的它依然重复道:"我想推翻世界。"如今,在几乎是抽象的自由的条件下,它有意识地、自愿地"放开喉咙"喊道:"我想成为庄稼地的附庸。""……在俄罗斯侨民文学面临的惊人的衰落中,存在着它曾经努力和正在努力成为类似于'亲爱的安息者'——侨民读者的东西。而侨民文学也不再(自己也没觉察,轻微地,'刹住了车')是多多少少在俄罗斯'水平'上,在它的世界意义中的基本根据之一。""于是——我们就得正视真理——它在哪里,这种俄罗斯文化?它身处何方?在字母的不可动摇性中?存在于那种情况下——侨民界出版的在未成年孩子中'可以流传'的任何一本书,如果不能流传,就自然应该说,这本书是无耻的。而另一方面,在精神的、宗教的和社会探索的领域中臆想的'艺术阅读'水平之上的一切……被判定为有害、无用的'颓废的东西'。在我们这种'窒息人的烟雾'中,我们哪怕设想一下恰达耶夫和他关于俄罗斯的'特别的观点'的例子。没有尼古拉一世，也没有本肯多尔夫，或者他们非常安静。难道可以怀疑，'整个俄罗斯境外文化'能够众口一词，不会宣布恰达耶夫再度发疯？不容怀疑。于是，按照自己的意思，按照自己的逻辑和它竭力迎合的自己读者的逻辑，宣布它是对的。但我们要坦率地问道，那个俄罗斯在哪里，哪怕是尼古拉一世的俄罗斯，它毕竟还出现过恰达耶夫？"

不论怎样，对1920年代像帕斯捷尔纳克、马雅可夫斯基、赫列勃尼科夫、巴别尔、左琴科、曼杰什坦姆、普拉东诺夫、特尼雅诺夫等等这些重要的新人而言，几乎错过了与他们同时代的及其侨民界的理解与接受。而像玛琳娜·茨维塔耶娃、列米佐夫、霍达谢维奇、纳博科夫这样本身属于侨民界的作家，没有在同时代人那里得到应有的隆重的和多样的光辉。正是这同一个格·伊万诺夫，敏感的诗人和内行的文学研究者——如此评论纳博科夫，《卢仁的防守》和《玛申卡》的作者——"这是一个我们所熟悉的自古就有的，有才能的、刻薄的摇动笔杆的下流记者"，是"一个扮演成'伯爵'的'厨娘的儿子'"。侨民们对新的西方文学的接受也不是很顺利。一个例子就是优秀作家伊·施梅廖夫把普鲁斯特比作上世纪的俄罗斯三流作家阿里波夫："不能把普鲁斯特看做我们时代最伟大的作家。普鲁斯特为严格的读者所做的事情很少……倘若普鲁斯特的专家和推崇者试着读一下我们的阿里波夫，他们就会在那里找到丝毫不差的精细和冗赘的——准普鲁斯特的——风格……同样令人厌倦。但是，在阿里波夫那里还有飞升和对人的怜悯，还有上帝，还有引导读者的道路。普鲁斯特要引向何方呢？他信奉怎样的上帝呢？我们的文学过于复杂和杰出，以致使影响变得含混不清。我们的道路是有里程标的大道，无须走向专供散步的小林荫道。"

如今这恰好应和了索尔仁尼琴在那篇采访中所声称的："任何先锋主义都不再存在——这不过是空虚无聊的人们的臆想。应该感受我们的母语，祖国的土壤，祖国的历史。"

文学根本没有沿循施梅廖夫所指示的有里程标的大道前进，也仍然没有陷入绝境。比我们现在要更为辉煌的第一代侨民文学，在1922年宣布，随着它的出境，在俄罗斯再也没有什么有创造性的东西留下了。而它自己的生命并没有超过十年，它应该认清自己深刻的危机。其中原因很多。或许，衰落的原因之一是，文学过于沿循有里程标的大道，熟悉的大道前进，也就是说，它按照惯性生活，不寻找新的道路。倘若我们和你们一起更少地铺设有里程标的大道和主要干道(它们会使文学片面发展),就会工作得很出色,否则文学就会死气沉沉。

　　与第一代侨民相比,我们第三代浪潮有很多不足。但存在着一个不加利用就是罪过的优势。日益向上的当今俄罗斯(这在那里的文学中已有所体现),对我们而言,不再是陌生的和封闭的国家。我们的读者不仅在这里,而且也在当代俄罗斯。而更广泛些考虑,今天的侨民与自己故国的联系要比以往紧密得多。我们的任务是巩固这些桥梁,架设新的桥梁。国家从各个方面设置的障碍、批评可以成为活泼的交流形式之一——它不再去审判和评价,而是更严肃地、多视角地,与此同时具体地对文学现象进行分析。

诗与人

[俄]娜杰日达·曼杰什坦姆

一 读者

曼杰什坦姆从来没有作过任何努力去迎合读者。他需要的是交谈者，是第一流的听众（他们通常只有不多几个），而不是读者。他并非如象征主义者那样，去培养读者，也不是如后来成为"列夫"[1]分子的未来主义者那样，去四处招徕读者。我觉得，他尊重自己潜在的读者，而倘若你尊重他的话，就不需要什么培养和招徕了。曼杰什坦姆是把读者当做平等的人，甚至是更出色的人看待的，他对后者的期待是"同情的实现"。实际上，他甚至都不使用"读者"一词。1937年关于"读者、谋士、医生"的号叫是由人为的隔离引发的，当时，不仅不允许发表诗歌，而且甚至在大街上向熟人朗诵它们都不可能，因为大部分人都努力装成不认识我们。在比较正常（我不使用一般的"正常"一词，是因为我们从来没看见过它）的状况下，他需要的不是读者，而是人们——"人们保存着"，"倘若人们需要，他们自己会找到——他们总是能发现自己需要的东西"……在1934年被捕前不久，有一次，他说道，他非常希望"为人们做点什么"，否则，他便算是浑浑噩噩地活了好多年。他仿佛在寻找人类的疼痛点（"那折磨着他们的东西"）和治疗它的手段，后者是"他们活的心灵所需要的东西"。说这番话的时候，他已经明白了，所有人"都在考虑群众的脉搏，相信群众"，但与人们的联系、与群众的联系，并不意味着去迎合它。在群众之喧嚣中，在"时间之喧嚣"中，有很多构成因素——深层的、表层的、暂时的、偶然的、永恒的和稳固的因素，为了捕捉这些和那些成分，就需要事先调节好听力。在偶然的事物中经常存在着恒定的因素——而需要的就仅仅是倾听和理解。艺术家对事物的捕捉，依靠的是他的精神结构，他的内在整体性和系统，依靠他的个性筑基其上的基本理念。从曼杰

---

[1] "列夫"，俄文"左翼艺术阵线"的缩写。

什坦姆的角度来看,允诺考虑"群众的脉搏"和宣布要"我行我素"地工作,这两者之间是不矛盾的。我认为,这两个声明面对的是群众之喧嚣的不同层面。艺术家的孤独和"远离城市"的自由,与他和世界(没有它,他就不可能生存)的联系并不对立,尽管这种二重性经常会被他当成内心的矛盾来体验。艺术家总是生活在自己的时间里,尽管他消失和融化在今天的群众中,但是,作为群众之喧嚣那强健的捕捉者,他同时也远离群众,实际上,他从来都不可能是任何人的同时代者。

群众会轻易地丧失与过去的联系,也看不到未来;而艺术家依凭自己的天性,并不追逐时尚,他不仅生活于流逝的时间中,而且还生活于未来的时间中,与过去的时间紧密相连。因为他是把自己的前辈诗人当成交谈者、老师和朋友来看待的,他们永远是他真正的同时代人。从这个角度来看,任何纯未来主义的观点都是可疑的——它在本质上是虚无主义。一个真正的艺术家的基本理念,按照柏格森的说法,当然应该是在一个"公开的"社会里形成的,它吸收着群众之喧嚣的养料(一个"封闭的"社会也是从那里汲取养料的),他使用的语言也来自群众。但倘若你仔细想一想,社会、群众,从来都不可能是完全"封闭的",甚至半个世纪的隔绝,也无法彻底铲除理念和认识。尽管它们被歪曲、被压扁和变形了,但我们的文化形成于其上的事物的痕迹依然存在,并隶属于"公开的"社会。群众会被遗忘,但某种人类的东西会被保存下来,一旦头领对它动用私刑的时候,它就会感到痛苦。世纪之初,我们那些野蛮人相互争斗,把人们分割成许多零散的部分,确实显得十分恐怖,但他们还不像在各种会议上高呼消灭自己的同类的驯顺的群众那么令人厌恶(1938年,我在莫斯科郊外的一家工厂做工。有一个场景让我感到安慰,女工们从被强制性地赶进去的会场跑了出来。我在过道上欣赏过不少这样的争吵场面,一大帮娘儿们勇敢地把拦路的值日干部推倒在地。可惜这些娘儿们是普通百姓,而不是那些当干部的"怪物")。

在操场上或在大厅里拥挤地聚集在一起的群众,与分散在其他空间——在城市街道和乡村大道上、在城市和乡村里、在大楼和房间里的群众是不一样的。分散的群众也组成社会,一个在我们国家没有什么可凝聚的东西的社会,因为所有历史地组成的联盟已经瓦解了,而吼叫着的拥挤人群并没有私人的脉搏和话语:控制着他们的是头领——按照老的说法,是蛊惑家。这些群众的吼叫和面对他们的恐惧,刺激很多知识分子转向了"路标转换派"〔1〕。受过尊重民权的教育的人们,倾向于接受群众吼叫的意见,而不太考虑头领的角色。倘若没有头领的话,自发的运动从来都不可能是稳固的。

曼杰什坦姆说他"我行我素"地工作,适用于任何时代,因为它们出自艺术家的双重性状态——内在自由的和与群众密切相连的状态。在我们的时代,关于"艺术家与群众"的问题,被最简单化地处理了:文学,按照我们的说法,是"上层建筑",必须为"基础"服务,亦即必须服从主管长官的领导。最初,文学和其他艺术与科学一样,是"阶级的",而当这个词被磨损以后,取代它的是另一个词——"人民的艺术"。什么是"人民的艺术"呢?我们听到的解释是,它是"党性原则"的同义词。意识形态的操纵是赤裸裸的和轻而易举的,它们不值一驳。但没有人尝试着去做一下,而论战的火焰却不给曼杰什坦姆以安宁。我相信,在曼杰什坦姆的天性中存在着论战的癖好。在我看来,它得到了发挥,因为我们生活在一个疯狂的时代,在这个时代里,欧洲的文化,也可以说是俄罗斯的文化——时间、历史和个性的基督教概念——赖以生存的社会生活,已经被连根铲除。

在曼杰什坦姆发表在《阿波罗》〔2〕上的几篇早期文章中,也没有什么喜好论战的痕迹。他在与象征主义者的比较中阐明了自己的立场,使用的不是论战的方式,而仅仅是划界的方式。在这一点上,维雅切斯拉夫·伊万诺夫〔3〕对阿克梅主义产生过影响——他和别雷一样,是象征主义的理论家。阿克梅主义者与象征主义者,主要是维雅切斯拉夫·伊万诺夫划清了界限,以此阐明了自己的立场。

在《阿波罗》上刊登了三篇文章——论交谈者、恰达耶夫〔4〕和维庸〔5〕。在第一篇文章中,曼杰什坦姆说,诗人面对的不是邻近的读者,而是遥远的读者。对遥远的读者不可能进行培养和使之理论化。在这篇文章中,曼杰什坦姆反对自以为是"精英"的象征主义者的奉献和教化的立场,当时,这种"精英"意识弥漫于整个"白银时代"。在论恰达耶夫的文章中,他阐述的是另一个、但同样迫切的主题:接触过西方思想的俄罗斯思想家,总是会返回

---

〔1〕 "路标转换派",20世纪20年代出现在俄国侨民中的一股思潮,它对俄国革命和新政府进行重新评价。

〔2〕《阿波罗》,20世纪初创办于彼得堡的一个文学杂志。

〔3〕 维·伊万诺夫(1866~1949),俄国象征主义诗人。

〔4〕 恰达耶夫(1794~1856),俄国思想家。

〔5〕 维庸(1431或1432~1465),法国诗人。

到俄罗斯的土壤上,而唯有在这个条件下,他才能获得内在的自由——"俄罗斯大地最好的馈赠。"(要知道,俄罗斯思想家实际都拥有内在的自由,那是任何专制政权都无法干涉的。当然,我指的不是植根在群众中的奴性和那时引导他们的头领的那种虚无主义的智力)。一旦在青年时代意识到内在自由的意义后,曼杰什坦姆就不可能再轻易地拒绝它,成为群众的"同路人"。曼杰什坦姆早熟的智慧使得他不可能与新的意识形态和平相处。在20世纪最初十年里,文章的迫切性有所不同:象征主义是一个与传统的俄罗斯诗歌和思想决裂了的流派。它是一个极端的西方化流派,某几个诗人的斯拉夫主义和对异教的罗西的倾向,拯救不了它……尽管在表面上有着与其说是民族的,还不如说是民族主义的外壳,"左倾"的流派很容易和西方被称作"先锋"的流派完全相融。这种情况在诗歌和绘画中都有(难道在音乐中就没有吗?)。

  第三篇——论维庸的——文章,同样体现了曼杰什坦姆反象征主义的立场。与象征主义者背道而驰,他认为,艺术家应该分担世界的原罪,他并非上帝选中的客人,而是和大家一样的罪人。俄罗斯文学有一个教化的传统(难道还有什么它不去教化的吗!?):"教导——是文学的神经,"曼杰什坦姆这样写道,"所以,对文学家来说,底座是必要的。诗歌是另外一件事……对他(诗人)而言,必须成为自己时代、自己的社会最好的……"在这三篇文章中,曼杰什坦姆指责象征主义者的自怜自艾。在论述维庸的时候,他突然自行承认自己与维庸之间的亲和性:"他喜欢城市和游手好闲,""生活在巴黎,像转轮中的松鼠,一刻都体会不到安宁。他喜欢自己身上那只贪婪的和枯瘦的野兽,珍视自己破损的皮毛……"曼杰什坦姆在自己身上也感受到了那只枯瘦和皮毛破损的野兽,实际上,他也跟这只野兽惊人地相似。要知道,我也喜欢他身上那只不安分的野兽,从不厌倦地看着他像一只转轮中的松鼠那样旋转。

  在文章中,曼杰什坦姆还附有关于工作方法的意见,这一方法与他本人的非常接近,却与象征主义者的相对立。曼杰什坦姆还在里面谈到了其他的夙愿:"月亮和其他中性的'物体'彻底地被驱逐出他的诗歌词汇。但是,一旦话题涉及加了调料的烤鸭或他从来都没有放弃希望据为己有的永恒福祉,他就变得活跃起来。"在我们这个时代,不可能出现谈论烤鸭的话语。对曼杰什坦姆而言,在最好的阶段,需要用煎牛排来代替,而在其他时间——煎鸡蛋和罐头食品是宴会上最美妙的东西。

  曼杰什坦姆没有在诗歌中谈论过永恒的福祉,只是思念过"时间不再奔跑的小草坪"。但是,希望从来没有离开过他,总是以特殊的方式纠缠着他:在将来的生活中,诗歌的正义感,它在大地上良好的自我感觉,是否能保存下去。他知道,音乐将会存在,因为但丁相信这一点。诗歌的正义与保存诗歌遗产的思想密切相关。在关于维庸的文章中,曼杰什坦姆还阐述了一个基本的思想,那就是他对时间与诗歌的理解。我在当下谈论的瞬间,亦即与流逝的瞬间对应并烙印在诗歌中的瞬间,既是大地上未来的瞬间,也是永恒中的瞬间。"真正的瞬间能够忍受数百年的压力,仍然是那个'现在'……从某种角度来说,它面对的是永恒,把它当做永恒的'现在'、圣餐仪式与和谐来理解('和谐——是晶体化了的永恒')"。他与神秘主义者的思路并不相同,后者否定"时间中的永恒",他却把永恒的"现在"当成时间来理解。我相信,大地上已有的东西,在此被发现的和谐都是存在于永恒中的精神形式。换句话说,无论是诗歌,无论是音乐,都不会消失,哪怕它们从这个地球上被消灭了,因为,它们已被烙印在为永恒生命而存在的和谐的持有者身上。"游戏和精神愉悦"——这是艺术家赖以生存的东西,倘若他仅仅是一只枯瘦的野兽,就"不会有热血流淌"。

关于流逝的瞬息的话语,是与象征主义者对立的;后者竭力要从时间中挣脱出来,目的是在此岸世界感受到永恒。对曼杰什坦姆来说,流逝的时间,"现在"——是一个伟大的馈赠,他并不打算拒绝它,他甚至通过这个"现在"的快乐来认识永恒。或许,他能够尽情地生活于当下,为瞬间而纵情狂欢,不去关心令人忧愁的"瞬间",亦即纯世俗的事务,不去为自身破损的皮毛而恐惧,其原因盖在于此。倘若不是这种生活于当下的能力,他就不会在1937年还在写作诗歌,那时,他已十分清楚,毁灭并不遥远,就在脚下。我们能够苦中作乐,是因为他总能以自己的快乐来感染我,不让未来的大灾难将阴影投向自己最美妙的当下瞬间。有人可能会觉得,既然曼杰什坦姆已经能够写出那样明朗的诗歌,他在1937年的生活状况肯定比以前有所改善了。这是一种无法想象的恐怖,我之所以没有倒下去,仅仅是因为我和一只不可思议的野兽生活在一起。这是一个充满了精神快乐与和谐的人,他知道,是"死亡使我们的世界之布帛焕然一新",所以,他并不惧怕毁灭,而是把"艺术中的精神活动"理解为"自由地在救赎的基本自然力中进行自我确认"。那种自我确认与个人主义毫无共同之处,而恐惧恰恰会使个人主义者丧失活动的能力。

在早期的文章中,曼杰什坦姆并没有去捍卫自己内在自由的权利,因为他已经拥有了它。他没有与占据主流地位的流派——象征主义去论战,而仅仅是与它划清界限。这些文章是一个年轻诗人所需要的,因为他在其中讲述了自己从来不会放弃的基本思想。令人诧异的是,它们写于22岁至24岁这个年龄。那种成熟是从哪里来的呢?

曼杰什坦姆的文学主题总是与世界观和历史学的主题密切相关。这种联系是牢不可破的。对他而言,诗歌是开垦时间之土层的耕犁,也就是战胜时间。它赋有神圣的特性,所以,诗人也就为自己的每个词,对人们,亦即潜在的读者负有特别的责任。人们什么都不亏欠诗人,而对他来说,存在的只是禁令。他可以戏弄人们,他像其他人一样犯罪,不过,其中没有致命的罪孽。但诗人不能成为诱惑者。诗人是普通的人,他像其他人那样所知甚少,所以,一切专制和教化的立场都会变成诱惑。当你自己迷失了道路的时候,就不允许把人们带在自己身后:"像毛拉[1]玷污自己的古兰经一样,我玷污了自己迷茫的生活。"诗人自身需要这种权威,寻找它,亲近它。诗歌是神圣的,而诗人却是——有罪的人。诗歌从来都不等同于启示——曼杰什坦姆从来没有忘记过这一点。他为什么需要读者呢?为了让诗歌来检验他的听力,然后,一起喝光一瓶葡萄酒去散步。在迷茫的生活中,你还能拥有朋友是一件非常惬意的事……

对曼杰什坦姆而言,诗歌倾向是世界观的倾向,而不是纯粹的文学事件。未来主义在智力上的贫乏,象征主义华而不实的意图及通向永恒的桥梁,都令他感到惊讶。他理解绘画的流派意义,也理解音乐的流派意义,可对诗歌的流派却持怀疑态度。他认为,任何一个诗歌的声音都是不可重复的,就像个性一样,所以,他拒绝重复。他尤其强烈地反对"仿阿克梅主义者"写作的诗歌,而那样的作品在1920年代多如牛毛。大概,他仅仅宽容地对待过古米廖夫的诗歌教学,但那更多的是出自友谊的偏袒,他可从来没有认可过古米廖夫的学生。对他而言,不存在任何关于"风格"的问题,因为"风格"——是功能的现象,依靠的是诗人一般的倾向性。单词"形式"和"风格",就像"创作"一样,在他的词典里是找不到的。我从来没有从他那里听到过这些单词。老实说,我也觉得它们是难以启齿的。

对诗歌的那种独特的态度是他与同时代人发生分歧的根源。我们的时代提供现成的世界观,它在作家那里期待有着丰富的语言和风格的形式,而形式主义流派研究"手法"、"风格化的词"和文学流派的影响。我们后面将谈论的在"保守派"(乡土派)和革新派之间的斗争,沿循的也是官方文学所

---

[1] 毛拉,伊斯兰教的神职人员。

走的道路。它与主流的、被正式承认的流派的区别不是在本质上,而是在程度上。那不过是些没什么文化的人。当然可以运用任何方法来研究诗歌,只是应该发现某些实际存在的东西,但是,虚假的现象只能屈从于机械的小钳子。形式主义者如此不厌其烦地谈论森可夫斯基[1]和别涅季克托夫[2]并非出于偶然。他们最喜欢的一个人是普希金的朋友——丘赫柏凯尔[3],梯尼雅诺夫[4]对他推崇备至。

从1922年开始,曼杰什坦姆的文章便出现了强烈的论战特征,每一次谈话都转变为令人绝望的争论。他不由自主地站在了与时代和自己的同时代人对立的立场上,而当初他是把他们当成整个世界、当成新世纪来接受的。他在一首诗中说得非常清楚:"我们歌唱,反对世界的浓毛,我们制造竖琴,仿佛又在匆忙地滋生蔽体的羊毛……"正因如此,曼杰什坦姆非常喜欢左琴科。在后者的那些感伤的中篇小说中,人滋生了兽毛,挖掘通向森林的洞穴,为的是能像野兽那样号叫,他努力制造的甚至已不是竖琴,而是一个最普通的人的生活。

1920和1930年代——是"新生事物"的鼎盛时期,它获得了普遍的同情和支持,而曼杰什坦姆却被人们当成完全落后于时代的人看待。因此,那时就有一些好心的群众真诚和友善地帮助曼杰什坦姆进行"改造"(像在中国一样),克服自身和重新做人。参加这一活动的有想象自己是马克思主义之未来的知识界小男孩,"列夫"的活跃分子,什克洛夫斯基[5]、鲍勃罗夫[6]。后者曾经感到诧异的是,为什么自己会迷恋像《第二部》中的诗歌那样的破烂货。还有以肖姆化名著称的基尔沙诺夫[7],艾亨鲍乌姆[8],甚至还有梯尼雅诺夫,更不用提像雅洪托夫[9]和他的妻子莉莉·波波娃那样的成百上千的无产阶级青年和私人朋友了。在苏联,文学家被分成了两种类型:一类是如何找到与时代共鸣的主题(基尔沙诺夫、莉莉·波波娃和一群群小男孩),另一类是怎样用读者明白的语言来说话。

---

[1] 森可夫斯基(1800~1858),俄国作家。
[2] 别涅季克托夫(1807~1873),俄国诗人。
[3] 丘赫柏凯尔(1797~1846),俄国诗人。
[4] 梯尼雅诺夫(1895~1943),俄国文学理论家、作家。
[5] 什克洛夫斯基(1890~1984),俄国文学理论家。
[6] 鲍勃罗夫(1889~1971),俄国未来主义诗人、画家。
[7] 基尔沙诺夫(1906~1972),俄国诗人。
[8] 艾亨鲍乌姆(1886~1959),俄国文学理论家。
[9] 雅洪托夫(1899~1945),演员、文学家。

曼杰什坦姆整个一生都伴随着这种音乐。在1920年代,它依然在刺激着神经,因为他被迫相信,"新生事物"可以持久地存在下去,它拥有自己的基础。在1930年代,他愉快地使用被周围所有人"自愿和愉快地遗忘的"语言说话,针对好心人的建议,他报以玩笑的回答。只是在很少的时候——非常短暂——他被麻醉剂所迷,自言自语道,那个独自反对众人、看不到大家所看到的东西的人,莫非是个瞎子。

我甚至能扳着手指头数出当时保持着清醒的脑袋,前来提醒曼杰什坦姆的人。首先要提到的是斯杰尼奇[1]、马尔古里斯[2]和奥列依尼科夫[3],后者是一个命运坎坷的人,他比所有其他人都更早意识到我们陷入的是一个怎样的世界。三个人都已牺牲——两人死于刑讯室,另一人死于集中营。阿赫玛托娃认为,生活中的朋友就是同盟者。当然,读者远远多于知音,书籍一下子售罄,但在购书者中,有多少人能理解他所阅读的东西,而不认为巴格里茨基[4]是比曼杰什坦姆更好的诗人。后者不了解生活,也不能够改造好自己。如今,年轻的同时代人关心的题目是——曼杰什坦姆的小个子(爱伦堡记者式的下流),他的傲慢、心胸狭窄和滑稽的举止。当他们跑来给出善意的忠告,得到的回答却是令人惊讶的、经常是苦涩的玩笑时,他们还有什么可回忆的呢?他们不可能相互理解,因为曼杰什坦姆生活和运用的概念已经被宣布为毒草,在同时代人的意识中被铲除了。就像发生在巴比伦塔建造者身上的情形一样,突然使用的是根本不同的语言。曼杰什坦姆没有参与建造巴比伦塔,建造者们也更加不能理解他。

巴比伦塔的建造者们自觉或不自觉地姑息了时代的整个罪孽。为了实现这些罪行,就需要有一个同心协力的坚强后盾。建造者中间有少数人醒悟了过来,不过——我没和他们照过面,而许多人都已牺牲于1937年。与第一批建造者群体一起牺牲的有曼杰什坦姆,和其他一些什么也没建造过、永远被驱赶的人。曼杰什坦姆在自己所处时代中的毁灭,被看成是一个完全正常的现象。他既没有在从事艺术和文学的人们,也没有在读者头脑中留下哪怕最微小的印象。在"伟大的苏联",难道这样的落后分子还能拥有生存的权利吗?为了生存的权利,就要向意识形态和风格的宝库作抵押。当很多抵押者被消灭的时候,曼杰什坦姆却满不在乎。那些没有抵押的人是

---

[1] 斯杰尼奇(1898~1938),俄国翻译家,批评家和诗人。
[2] 马尔古里斯(1898~1938),俄国文学家,翻译家。
[3] 奥列依尼科夫(1898~1942),俄国作家。
[4] 巴格里茨基(1895~1934),俄国诗人。

无处可去的,他们只能觊觎集中营里的吊床。可是,在我们的集中营里,就像在德国人的集中营里一样,没有吊床,只有铺板。

对我自己来说,我觉得,集中营的简易房要比作家协会的别墅更好。可对曼杰什坦姆而言,只要可诅咒的简易房不是在世界的尽头就很好了。窒闷、臭气、尘土和斑疹伤寒,饥饿与耻辱,恐惧和卫兵,瞭望塔和铁丝网……脚上挂彩,那伤口反而是救星,可以休息。当这一切永远陪伴着我的时候,还能够活下去吗?

二 不相容性

在曼杰什坦姆的文章中,保留了他活生生的语调,但是,他的谈话却充满了玩笑、出色的抨击和尖刻、有时是粗鲁的俏皮话。有关他的公开演说,我只是从那些听过它们的人那里了解一些。无论是我,还是阿赫玛托娃,他都不让去参加诗歌晚会和公开演讲。我们出现在大厅里会让他感到困窘。他很少出席演讲——要知道,从演讲会一开始就充斥着官方人士,不可能出现自由的言论。我只有一次在场,那就是在国家文艺出版社,他卷入了关于"科学诗"的争论,此事我在前面已经谈及。曼杰什坦姆的发言非常激烈,对"科学诗"这个概念本身进行质疑。纳尔布特高兴地说:一次真正的文学聚会。萨尼科夫[1],这种诗歌形式的第二位信徒,则气得脸都发黑了。他支持安德烈·别雷的圈子,厌恶他在那里声称的"曼杰什坦姆身上精神性的完全匮乏"。我们没有例外地受到了所有圈子的谴责。代替1920年代热闹场面的是"文雅"的偏向,半音阶和鸽子叫。马尔夏克[2]找到了通俗易懂的声调,气喘吁吁地谈论对艺术的爱,谈论大写字母的诗歌。大家都被钓上了这根鱼钩,认为用自己的命名方式来称呼事物是不体面的,生硬的逻辑被当成过分的粗鲁来接受。

曼杰什坦姆的发言吓坏了我——里面有许多东西会触怒长官们。大厅里当然有许多告密者,但他们相当无知,什么都领会不了。我担心的是速记记录,不过,幸运的是,速记员在记录活生生的话语方面还比较生疏,里面有一些纯粹是胡说八道。曼杰什坦姆感到十分不快,准备自己来记录所说的东西,我好不容易才阻止了他这么做。即便如此,已经有许多告密者包围着我们,注意每一个单词,但是,由于无知,单词在他们的理解中已经丧失了整

---

[1] 萨尼科夫(1899~1969),俄国诗人。
[2] 马尔夏克(1887~1964),俄国诗人。

体性的含义。这帮匪徒是极度愚昧的。

女速记员已经不再努力记录了——须知,她们很清楚,我们的行为不会有任何实际意义。我有幸旁听过列夫·古米廖夫[1]对伊琳娜·普宁娜[2]的起诉,她偷窃了阿赫玛托娃的档案,但在法庭上,她的偷盗却被判决为是合法的。我在这里作的记述,算不了什么。在列夫的事件中,它们也没有起什么作用。但是,阿尔朵夫[3]的一封信却起了决定性的作用,他叙述了对老古米廖夫——因为不妥协而被枪决——和儿子——受父亲的牵连被关进集中营——的命运的审判。阿尔朵夫建议把普宁娜认作阿赫玛托娃的女儿,因为她是一个真正的苏维埃人,不同于那个集中营罪犯的儿子。这份文件是阿赫玛托娃的履历中最重要的证明。她配上了这样的诗行:"被监视着,仿佛圈进了无形的木桩。"在阿尔朵夫的房间里,我们有意识地不作任何谈话——这个人能够把需要记录的东西全数记录下来。当着他的面,我们也不说任何不谨慎的话。言多必失,在曼杰什坦姆关于"科学诗"的发言之后,我接连几个晚上都没有睡觉⋯⋯

我毕生只有一次亲耳听到曼杰什坦姆公开朗诵自己的诗歌。这还是1919年在基辅的事情。那时,我们的友谊才开始。某些聪明人决定在正排练着《羊泉村》的那个剧院举办一个诗歌晚会,就在这里,观众们曾经为导演兼翻译的那些幼稚的招数而发出过喝彩的欢呼声。诗人们已经找到了新的职业——小型节目的演员。我在此谈论的不是诗歌晚会,而是小型节目的手段。在20世纪最初十年里,最能招徕听众和读者的是——未来主义者,像谢维里亚宁,就把自己看成一个特殊的未来主义者。当时,晚会的对象主要是歇斯底里的高等女子讲习班学员和做作的新思潮的爱好者。1920年代,马雅可夫斯基是舞台上的王子,倘若在外省,听众不够的话,晚会的组织者拉福特就会喊来不戴钢盔的消防队员。叶塞宁也纠集了一群人。在1920年代中期,有一次为了让阿赫玛托娃顺利入场,警察好不容易才控制住疯狂的要冲进大厅的人群。这是大众化的顶点了。

在1919年——在基辅——人们还不知道什么叫晚会。剧院来了一小部分"赫拉姆"餐厅的常客,其中有人到那里去是出于好奇心——想看看艺术

---

[1] 列夫·古米廖夫(1912~卒年不详),俄国东方学家、民族学家和地理学家。阿赫玛托娃和尼·古米廖夫的儿子。

[2] 伊·普宁娜(1921~),俄国艺术史家。阿赫玛托娃的最后一位丈夫尼·普宁与前妻所生的女儿。

[3] 阿尔朵夫(1900~1976),俄国幽默作家。

家和文学家长什么样。有声望的客人更愿意去演员俱乐部,那条街上有一家不错的大饭店。这些人没有光临诗歌晚会。不过,为了启蒙和鼓动,他们赶来了一大帮红军战士。诗人们一个接一个地走上巨大的舞台——他们还能干什么呢?——朗诵应时而作的、附有标语辞藻的诗歌,喧闹的、鲜明的和舞台式的诗歌。很难想象,他们竟然能够拿出如此糟糕的东西,但事实是,大部分人做了充分的准备,其他人则是装点门面而已。现在已经弄明白的是,只有一点——在诗歌中要有出自新库房的熟词——当时,只有像洛佩·德·维加[1]笔下为苏维埃政权而斗争的农民那样的诗人,才会被当成自己的诗人。当瓦利亚·斯杰尼奇带着他关于人民委员会的诗歌上台的时候,整个大厅欢呼了起来。这是一个过早地明白一切的人,他创作了聪明的诗歌,反映着一个历史的瞬间——时间的切口,以及它的内蕴。但群众不是对所朗诵诗歌的含义作出反应,而是对孤立的单词、对它们的声音,对"人民委员会"这个单词作出反应,仿佛面对红布片一样。群众已被训练出了这种反应。这一过程快速得不可思议。

我通常走进剧院时,不是去大厅,而是去化妆室和道具室。除了布景格架,我可以看见舞台和成群的艺术家。从那里——四层或五层的高度,可以非常清楚地看到,演员们躲在幕后,等待着上台的标志,神情紧张,随时准备精神抖擞地冲上前台,很快进入状态。演员戴着假发,从后台走出,成为舞台造型的中心,进行一套公式化的表演,提台词者激动的脑袋在幕后紧紧跟随——多么可怜啊!还有舞台的形式,还有永远微微颤动的大幕……可是,我们把诗歌晚会看成一件严肃的事情,大家聚集在第一层或第二层的楼座上。当曼杰什坦姆突然走上舞台时,我从楼座上看见了他。

他完全没有戏剧化,而是悖逆着戏剧和大舞台的要求,仿佛走在大街上似的慢慢走上去。他的步伐节奏准确,镇定自若,手里也没有拿着可以轻轻地挥来摆去的小棒。他走近脚灯,没有扯开嗓子,可声音非常洪亮和清晰。为了不遗漏任何一个单词——显然,他早已习惯了公开演说——他朗诵了一首《石头集》中的短诗:"上帝,我错误地说道,说得是那样不假思索。上帝的名字,像一只大鸟,飞出了我的胸膛……"大厅里,观众们倾听着,甚至还有掌声——当然,这完全是礼节性的掌声——而我突然感觉到,这个人根本不适合在舞台上,也根本不适合面对公共的智力水平朗诵诗歌。

按照约定,在他登台之后,我穿过侧幕,从好心的管理员那里直接拿到

---

[1] 洛佩·德·维加(1562~1635),西班牙戏剧家、诗人。《羊泉村》是他的代表作之一。

了报酬,又像在过去的美好时光一样,我俩匆忙蹦到了大街上。我们有一句喜爱的口头禅——我不记得,它是何时冒出来的:"在大街上永远更美好……"在大街上,确实要更美好,我问曼杰什坦姆:"为什么您选择朗诵这首诗?"他回答道,这是一首好诗,他喜欢它,不准备放弃它……更多的,他就没再说了。我们走进"赫拉姆"餐厅花掉了刚拿到的报酬。工资是按莫斯科确定的,而价格还是乌克兰的,所以,晚餐似乎还不错。直到家庭突然破产(当父亲告诉我,家中已经四壁如洗,再没有一个子儿的时候,我大吃一惊)以前,我还没有体会过真正的饥饿,而曼杰什坦姆在饥饿的1918年的莫斯科时已经挨过饿了。一位姓马尔金[1]的布尔什维克活动家帮助他来到了乌克兰(这个人死于1937年。而波伏罗茨卡娅,什克洛夫斯基的女邻居,是一个胖胖的告密者,她是将军的女儿——这尤其令人厌恶。尽管我知道,她也是由于恐惧才扮演这种角色——在二十大以后,她来到检察机关,希望拿回自己的证词。爱伦堡的熟人中有人和波伏罗茨卡娅关系不错,他为她辩护:"你从哪里知道她是一个告密者呢?"我确实没有见到文件,没有人向我们展示过它们。可是,这个女人,绝对的白痴,从检察机关回来以后,就到瓦西里莎·什克洛夫斯卡娅那里去抱怨了。不久,她得了瘫痪症。我们不知道自己的告密者——"国家应该知道自己的英雄"——尽管没有人让我们了解档案材料)。马尔金为曼杰什坦姆弄来了制服上的肩章,这在那时已经非常困难,以后就根本不可能了——制服只为那些大人物和外交官准备了。他还慷慨地给了一把在乌克兰急剧升值的纸币。到基辅时,曼杰什坦姆的钱已经所剩无几,他在哈尔科夫时几乎全部花掉了。我甚至还责备他:难道您不想一想,我还在等着您……不过,剩下的几张纸币还可以买不少樱桃饼和煎牛排。我们还年轻,也不指望其他的东西。经过莫斯科的饥饿以后,曼杰什坦姆在哈尔科夫的一个月期间已经吃胖了。最初的饥饿十分难熬,但没有留下不可抹除的痕迹。阿赫玛托娃说过,她有过三次医学意义上的饥饿。第三次饥饿是战争期间在富足的塔什干,因为工资是莫斯科的,而物价是塔什干的,亦即很昂贵。她忘记了,在战后的列宁格勒,没有多久,这第三次饥饿还在延续。而我已经弄不清我挨过多少次饿,多少次处在半饥半饱的状态中。只有在赫鲁晓夫时期,外省才保证了供给。在此之前,商店里主要出售大麦咖啡,有时,"投放"一点什么商品时,就出现了要命的排队,我没有作过挤入这个队伍的努力。或许,挨饿是一件好事,因为饱食会引起动脉硬化。

---

〔1〕 费·马尔金(1890~1942),编辑。

我要重新回到曼杰什坦姆在剧院朗诵过的那首诗上来。它听起来很不协调，而大厅里也没出现闹哄哄的场面，仅仅是因为基本的听众是被从营房里赶来的红军战士——他们还没有掌握政治常识。这是一些青年农民和庄稼汉，每个人的奶奶都曾经在圣像前点燃小灯，向上帝祈祷。政治指导员永远比普通青年少得多，而青年总是记得自己的奶奶，所以，丑闻没有发生。但是，"上帝"这个词在当时已经成为嘲弄的对象了。忘不了这个词的人们，会遭到最初满怀热情地发现伟大真理的人的践踏和蔑视。国内战争已经过去了半年，那些没有文化的青年，虽然在为曼杰什坦姆的诗歌鼓掌，但已经知道怎样对被称为"宗教宣传"、"蒙昧主义"和"毒害人民的鸦片"的东西作出反应了。政治指导员通俗、准确和仔细地告诉他们，现在没有上帝，将来也不会有上帝，而青年们对指导员的信任也超过了对奶奶的信任。正是在那些岁月——在新的科学的世纪（它决定消除一切宗教仪式）的早晨，听众们倘若稍许不那么纯洁，就会用起哄和嘘声来对待曼杰什坦姆了。纯洁的听众总是响应着宣传，永远迈着"前进"的步伐。世纪在革新，疯狂地反对所有的旧东西：不仅是上帝，而且连诗歌、思想、激情、同情心和怜悯心都很快被放进了档案袋里。"没有傻瓜"的生活开始了。难道仅仅只有我们才如此吗？新时代并不是由我们选择的，但在我们这里出现了政治指导员和响应的听众，他们能够利用历史环境和公共的智力水平。

曼杰什坦姆的言谈举止给人的印象是，似乎任何政治指导员甚至听众都不存在。人们在那里，他就在他们当中，是他们中的一员，是一个作为人的人。他并不期盼任何需要为之起劲地朗诵的听众。他生活，独立地存在着，写作那无法抑制、奔涌出来的东西，而倘若能够抑制的话，就不去写作。他说话，思考，"我行我素"地工作。他从来不会从侧面来看待自己。他的神情看起来似乎是漠不关心的……当我喂他一口鱼子酱，请求他高兴一点时，他忘掉了女性的无辜和死心眼，平静地踢一脚，把我推到一边，说道："这是干什么！"好在我不属于那类做自己丈夫天生的保育员的女人，大部分女人可都是这么做的，所以，我很少与他亲昵。他根本不认可那种女性的、政治指导员式的培育，他总是在思考和反应。当他思考的时候，他的脸很特别，就像穿着绒线衫的那张照片那样。当他表达自己的信念，例如谈论伊万诺夫·拉祖姆尼克[1]的红色恐怖时，他的表情相当冷漠和生硬。在1920年代上半期，这是他脸上最经常出现的表情。他时不时地接受决定或反对什么。

---

[1] 伊万诺夫·拉祖姆尼克（1878～1946），俄国文学家。

我不知道那时他想些什么,但时不时地听到他做了什么论断。他在谈话中触犯了"新生事物"的信徒,招致了他们的嘲笑。在他们看来,曼杰什坦姆因为不满现实或落后病而在痛苦。有时,我开始在想,其中确实存在着不满现实的气息:怎么能否定一切,不论是卢比扬卡[1],还是新经济政策下普洛宁[2]("野狗俱乐部"过去的主人)的小旅馆?

我没有发现在新经济政策的沙龙与阿格拉诺夫[3]和卢比扬卡之间的联系。倘若我要到沙龙里去,就是中断了生命——在这种恐惧中无法生存,那还不如一死了之,多么糟糕啊……换句话说,我恰恰是因为对现实的不满而感到慰藉,可曼杰什坦姆甚至不允许自己有这种慰藉,或许,他甚至不需要慰藉。他对我说:为什么要把脑袋藏起来呢?生活是怎样,就应该怎样生活,我们别无选择……这些谈话的回声闪现在诗歌中,可那时我并没有发现它们:青春只对韵律,对整首诗作出反应,而不是对思想作出反应。曼杰什坦姆在诗歌中拒绝把自己看成是任何人的同时代人,他说道:"那又如何,倘若我们不能和另一个汇融,那就将我们铸进这一个世纪……"这意味着,他同样受到对现实不满的诱惑,可是,他克服了它,不允许自己拒绝生活,无论是怎样的生活。

他要"铸进这一个世纪",甚至不在对现实的不满中寻求慰藉,任何情况下都是精神饱满的。在我认识的所有人中间,曼杰什坦姆是唯一不妄自尊大、不装腔作势的人。有一次(已经是1930年代了),他毫不羞怯地对我说,女人总是有点自我夸张,不是完全自然的(矫揉造作的):"甚至你和安娜·安德烈耶夫娜……"我只能叹息,他总算猜到了!关于我,当然不用说了——但安娜·安德烈耶夫娜对现实的不满,不仅是与生俱来的性格,而且是她精心培养的态度,像涅朵勃洛伏[4]按照自己的妻子,"真正的贵夫人"的模式进行训练那样,她注意调整自己的语调、步态和手势。多亏了这种有刺激的、显然也愉悦着涅朵勃洛伏的疯狂的姿态,和她天生的桀骜不驯,否则,她成不了第一流的诗人。他们永远是疯狂和桀骜不驯的。没有这一点,就没有诗歌。

曼杰什坦姆不知道这种所谓的"姿态",所以永远使自己的词语与行为

---

[1] 卢比扬卡,苏联时期"契卡"与"克格勃"的总部所在地。
[2] 普洛宁(1875～1946),俄国演员、导演。20世纪初著名的文艺俱乐部"野狗俱乐部"的创办人。
[3] 阿格拉诺夫(1893～1938),苏联人民委员会国家政治保安总局负责人之一。
[4] 涅朵勃洛伏(1882～1919),俄国批评家和诗人。

只和情感与思想发生作用。他对虚伪、愚蠢,尤其是我们每走一步都会碰到的卑劣作出强烈的反应,其原因盖出于此。有时,我也附和他的反应,但更经常的情况是,我希望他能滑头一些,来点马尔夏克式的委婉,能够与希望魅惑谈话者的亲切的熊稍微斡旋一下。

完全没有姿态、糊涂的本性,以及让在哪儿就在哪儿的僵硬性(这是道德的,而非社会的立场),对一个人来说是不合适的,是解除了他的武装,使他遭受了无谓的考验。这是某种缺陷,如同你想什么就说什么。富人和独立的人大概能够这么做,倘若他们不是处在自己圈子的压力下。或许,在俄罗斯的老爷中,你只能找到别祖霍夫[1],他能够躲在乡村,忘掉自己的老爷身份。在贫穷岁月里,对长官的充分依赖,普遍的粗野和起初是自愿的、随后是被迫的受奴役,是毁灭性的特征。1920年代初,曼杰什坦姆与人们保持着距离——为的是记住我们周围是些什么人——使用的是某种防御性的面具,一种独特的彼得堡式礼貌。但是,一旦他真正成熟起来,就揭下了面具。他既对自己的诗歌,也对他人说过这样的话:"老家伙,邋遢鬼,到了我踹你一脚的时候了。"那些年,我们收到父亲寄来的100卢布的汇单,它可以在外宾商店使用。曼杰什坦姆有了一身莫斯科一流裁缝制作的西装。穿着这身西装,他要"踹一脚"就容易得多,因为没有什么东西妨碍行动。可以在口袋里装很多乱七八糟的东西,却依然不显得鼓鼓囊囊。如今,世界上还能有这样的裁缝吗?1934年,当曼杰什坦姆被带往卢比扬卡时,他有意穿上了这件西装,可是,在那里,甚至是苏联外交官的制服大衣都无济于事。

他离开基辅去爱伦堡居住的克里木时,我按照事先的约定,没有同往。当时,我很少想到他,但每一次回想,我都仿佛看见他站在剧院舞台上,面对秘密的和愚昧的群众。我总是觉得,群众撕裂了他,可危险并不是躲藏在群众那里。群众要比与顺民联系在一起的组织生活安全得多。

三 两个极端

有一次,曼杰什坦姆把职业称为与自己的天性对立的东西。事情发生在雅尔塔。我们朝着俄瑞阿斯山去散步,凑巧遇见了莫斯科的一位叫P的熟人,他是一名出身牧师家庭的布尔什维克,有人说,他现在依靠撰写反宗教的小文章度日,可他以前依靠什么生活,没有人知道。他是一个对什么破烂都有收藏热情的人,说话像出谜一样,换了好几任妻子。碰上我们以后,

---

[1] 别祖霍夫,托尔斯泰的长篇小说《战争与和平》中的主人公。

他硬拉着曼杰什坦姆和我去见他现在的妻子,后来我才知道,这是他最后一位妻子。在最困难的年份之一,她拿走了所有的收藏品,把他赶出了家门,而他随后也消失了。作为一名印度学专家,她坚定地相信,甘地支持工人阶级。她如我所想的那样,很少来我们这儿串门。碰上像P那样的人,她能做的也只有勒索了。他过分喜欢收集破旧玩意儿,为的是可以在搬家时自由地扔弃它们。显然,他是一个说话像出谜似的神秘人,无法忍受心爱的女人在烦心时的唠叨,他也不相信报纸。在这种如阿赫玛托娃所称的"素食主义"时刻,这就足够毁掉一个人了。他在1930年代初被流放到这儿。P往后的命运如何,我就不知道了。他要想安然无恙只有凭借奇迹了:作为知识分子和经常说点笑话的聪明人,他属于最早的一批革命干部,不可能不在战前年月里牺牲掉,当时正在进行机构的大换班。

当我们在俄瑞阿斯山相遇时,我们只是朦朦胧胧地对未来有所感知,希望(就像今天——1970年所有人希望的那样)残酷和羞辱已经到顶,往后应该轻松一些了。傻瓜们总是寄予希望。P似乎对什么都不寄予希望。他比我们更清楚地知道,问题在谁那里,于是,像许多人那样,用轻微的讽刺来开解自己。傍晚,我们站在屋前俄瑞阿斯山干燥的土地上。它使曼杰什坦姆想起东方的海岸,没有柏树和廉价的南方布景的真正的克里木。P高兴地讲述——他喜欢粗俗的故事——在俄瑞阿斯山为什么没有开辟出豪华公园:亲王们的招数,社会的保险,照明和基金……撒谎也罢,真话也罢,我都姑妄听之……谈话非常安全,甚至当着那位印度学专家的面。她正露出微笑,摆动着大腿,因为阴影毕竟是被投射到革命前的俄罗斯那已熨平了的土层上。我很嫉妒"印度学家",她无所顾忌地摆动着大腿,曼杰什坦姆平静地倾听着P的瞎扯。不过,我们也听到了一些我俩感兴趣的东西。P说道,他昨晚在雅尔塔和一个与曼杰什坦姆的专业相对立的专业的人住在一起。曼杰什坦姆按自己的习惯,点了一下头,什么也没问。在回家的路上,我好奇地问道,对立的专业是什么。"或许是演员",曼杰什坦姆说道。我更倾向于认为,P指的是契卡人员,可曼杰什坦姆却怀疑地认为,属于这个组织的人算不上有专业。或许对P来说,他只是简单地把狱卒和潜在的囚犯对立了起来。不论P怎样想,对我来说,都不重要,可实际是,曼杰什坦姆只是把演员看成诗人的对立面。

我想,曼杰什坦姆把演员的劳动和诗人的劳动相对立,他首先指的是对待词、对待诗歌的态度。演员对曼杰什坦姆诗歌的朗诵被他称之为"猪嘴的朗诵"。当我们和雅洪托夫(他是我们在皇村时一墙之隔的邻居)认识以后,曼杰什坦姆很快就着手消除他的散文中,主要是诗歌中的演员腔。雅洪托夫多少与马雅可夫斯基有些相像,喜欢在晚会上朗诵作者的作品,而在小剧院和艺术剧院则朗诵普希金的作品。曼杰什坦姆喜欢雅洪托夫朗诵的果戈理和陀思妥耶夫斯基,而雅洪托夫本人看起来不像演员,而是"文学的自己人",充满了阿加基·阿加基耶维奇和马卡尔·杰乌什金的意味,成了他们在新生活中的代表。从此,开始了他们的友谊和不断朗诵诗歌的工作。在曼杰什坦姆的生前,雅洪托夫确实没有用演员腔朗诵过诗歌,但是,为了获得斯大林奖(或许那时已经叫列宁奖),也为了不违拗上司,又开始模仿卡恰洛夫[1]的语调。他最终没能获奖——这证明了,类似的努力永远是无用功。

卡恰洛夫的朗诵与曼杰什坦姆完全是背道而驰的。有一次,我们去参加卡恰洛夫的音乐会。我不记得怎么会出现这种情况。我们是应邀前往,否则,不会费力去参与这种违背常理的事。当卡恰洛夫刚开始朗诵诗歌的时候,曼杰什坦姆就站了起来,走到台上,对朗诵者摆了摆手。音乐厅很小,听众也不多,这么做意思非常明显。我至今还记得卡恰洛夫惊讶和委屈的眼神。我责备曼杰什坦姆的无礼:"你就不能等到幕间休息的时候吗!?"——但他像往常一样,根本不在意我的话(只会说"我们有一个聪明的娜津卡——什么都懂"或者"聪明人儿——我给你个建议!"——用老一套的方式逗弄我)。倘若不听女人合理的劝告,为什么还要娶一个妻子呢?他建议我发个电报到上海:"聪明人儿,我给你个建议。去中国吧,看看中国人吧。"我绞尽脑汁说明,可怜的卡恰洛夫受了委屈,还讲述了阿赫玛托娃讲述的故事。卡恰洛夫在听到叶塞宁死亡的噩耗以后,来到她家,整晚朗诵着诗歌,没有一点演员腔。可曼杰什坦姆甚至开始嘲笑起阿赫玛托娃来了:聪明的女人,之所以愿意听卡恰洛夫的朗诵,只是不想破坏与艺术剧院的关系。那里的气氛温文尔雅,有贵夫人和绅士……糟糕的只是一点:尤其是当他侮辱像卡恰洛夫这样可亲的人,"丹麦王子",我却并没有什么建议可给,也无法责骂他。后来,我慢慢明白了,倘若他做了什么出乎我预料之外的事情,多半是他对某些事情作出了断然的决定。例如,为了去克里木,他会丢掉好不容易得到的工作,用最后的钱为我购置一件外衣,买一份纪念册和五瓶葡萄酒,然后,一个子儿不剩地坐在那里。他不是按照女性的逻辑生活的,我呢,也不在乎——那样甚至更快乐一些。有时,他甚至带我上剧院,但这种情况很少。

---

[1] 卡恰洛夫(1875~1948),俄国演员,曾扮演莎士比亚的悲剧《哈姆雷特》中的哈姆雷特。

我们很少上剧院,但我不想说,曼杰什坦姆不喜欢戏剧。他很容易沉浸在场景魅力和戏剧效果中。他非常喜欢梅耶荷德导演的《钦差大臣》中的长桌子和沉默的舞台,以及从观众席上看起来仿佛在颠簸的船甲板,还有肖斯塔科维奇的歌剧《麦克白夫人》中的侧幕。我很容易就能计算出我们去剧院的次数——最多的时候是在沃罗涅日,当时,莫斯科的剧团到那里巡回演出。在那里,我们甚至还去看过《炉子上的蟋蟀》(根据英国作家狄更斯的同名小说改编的一部戏剧),而在莫斯科哪会有这样的事儿呢?就是在基辅,我们第一次见到了在巡回演出中的米霍艾尔斯[1],他是曼杰什坦姆真正着迷的演员,后来,我们在列宁格勒还见过他。我们和阿赫玛托娃一起去观赏过几个短剧,她颇为自己对剧本的理解而自豪,对米霍艾尔斯赞不绝口,但使用的仍是契诃夫的标准。不知是不是就在那时,曼杰什坦姆第一次大声嚷道:"怎么能把阿赫玛托娃与艺术剧院分开呢!"她和我们一样,也很少去剧院,主要是为自己的熟人捧场。她说拉涅夫斯卡娅是个好演员,我同意,但她对电影演员巴塔洛夫[2]的赞美,却令我生气。不过,阿赫玛托娃并不是随便发表意见,巴塔洛夫也是一个驰名世界的演员。我尽管存有疑问,却无可奈何。谁为什么如此著名,关我们什么事呢?是外在的成功触动了我,就像去年的雪一样,但让我不快的是,甚至晚年的阿赫玛托娃也屈从于这种软弱。对拉伊金[3]过高的评价也令我好笑,阿赫玛托娃从来没在舞台上见过他,难道是通过电视。对巴塔洛夫和拉伊金的崇拜来自阿尔朵夫家(巴塔洛夫——是前夫的儿子,拉伊金——是阿尔朵夫的上帝),而阿赫玛托娃美丽的身影——偏见——被白白利用了。

对我们大家来说,剧院是一个陌生的东西,我们无法评价剧院。在我们的生活中,剧院几乎不起作用,但它走进了城市的日常生活。而曼杰什坦姆,这个"城市居民",甚至还留下了几篇关于戏剧的论文,其中包括对米霍艾尔斯的评论。曼杰什坦姆对米霍艾尔斯的着迷,超过对任何其他演员。应该说,它与曼杰什坦姆对犹太人的兴趣有很大关系,他听着演员用陌生的语言背台词,不可能弄清楚演员的语调。我不知道,米霍艾尔斯是否有演员腔。好像没有……

我想,诗人与演员之间的对立,不仅是因为他们对词的态度不同,而且

---

[1] 米霍艾尔斯(1890~1948),俄国犹太演员和导演。
[2] 巴塔洛夫(1928~),俄国电影演员和导演。
[3] 拉伊金(1911~1987),俄国演员。

还有其他问题。诗人凭借词生活,他寻找并找到它,词的遗失在他是一场大灾难,对他来说,词与思是密不可分的。对演员来说,存在的不是词,而是剧本和角色。剧本由词组成,但它在里面只有附属的功能。演员和诗人的语调本身是不同的,就像他们有不同的嗓音一样。但是,我觉得,差别不是由此而来。在所有方面——主要的和次要的方面——诗人并没有演员劳动时的那种特殊性。帕斯捷尔纳克在一首诗中曾经拿自己和演员相比,阿赫玛托娃也有类似的对比:诗人有"一盏竖在脚下的脚灯","橘黄色寒冷的火焰给额头打上烙印"。曼杰什坦姆更强烈地感觉到演员和诗人之间的对立性,我的解释是,他面向的是遥远的,而非离他很近的听众。恰恰因为如此,他无法感觉到脚下的脚灯,更不用说什么橘黄色火焰了。诗人知道的只是直接的"第一流听众"圈子,亦即朋友们。他只知道书籍印数的情况,这不能让他建立与公众的联系。须知,他无法通过书籍印数的统计,也无法通过收到来自各式各样的写作狂的来信,来判断自己的读者……阿赫玛托娃突然感到自己在充满人群的黑暗大厅中的光辉形象,我只能用表面的和造作的类似现象来解释,而无法用活生生的体验来解释。哪怕是在诗歌晚会上,并没有与诗人对立的表演性——大厅和朗诵者被照亮,置身于同一纬度和同一生活中,也是如此。他们相互交谈,而唯一的区别在于:谈话对象不是一个,而拥有多重面孔。演员感觉不到这种多重性:对他而言,漆黑一片的大厅就是唯一的整体——听众。

我不太了解戏剧,但十分清楚演员和诗人之间的区别,首先是在演员和观众、诗人和读者之间的关系。演员是为了观众席而表演的,他应该竭力把观众吸引到自己身上,用他的感情——去感染他们,那不是自身的、而是表演出来的感情。谢尔盖·布尔加科夫说,演员"挑逗"观众的感情。诗人,正如曼杰什坦姆在给自己的父亲的信中所说,是"为自己"而工作,而读者则接受或反对他的劳动。为读者而工作的诗人,属于"杂志诗人",亦即属于按照诗歌格律写作的文学。诗人当然像所有人一样,和同时代人存在着联系,但这种联系完全不同于演员引诱观众的联系。诗人并不引导同时代人,但总是知道他们的反应。对此,阿赫玛托娃说过:"我是你们的声音,你们喘出的热气,你们面部的表情。"与"挑逗"情感的演员相比,诗人依赖自己的同时代人,其程度要大得多。他用自己的思想和情感感染人们,和他们作斗争或屈从于他们。在剧院中,是剧作家,而不是演员,置身于和同时代人的那种关系中,尽管为了迎合"脚灯",他比诗人承受更多的诱惑。诗人的自由在于,能够评判同时代人的情感,他们的行为、观念和思想,他正是在这方面建立了自己的个性,让一部分人接受,另一部分人反对。我不知道演员的自由在那里。

诗人的工作——是自我认知,他总是寻找自己的生活之谜底。我害怕哲学的密林,但我觉得,哲学家的工作和诗人的工作有某些共通之处。他们都是希望在这个"物"的世界里去努力理解自己的"我"之秘密,而这只能通过主体与客体之间相互凸现的途径。诗人的外在经验是他的精神的部分实现,是某种改变着和更新着个性结构的东西,因而成了诗歌的对象。我觉得,在时间中,逆向的相互关系是可能的:逐渐成为诗歌对象的经验,慢慢地会给个性结构带来变化。换句话说,生产和体现为词的诗歌,逐渐向诗人开启经验的深层意义。最后出现的情况是,当诗人做好了经验的准备,对它有所预料时,就能够把握它的本质了。诗人就是如此,他"练习死亡",预先死亡,让时间中止,为的是体验延长的瞬间和重新返回生命(难道曼杰什坦姆不是把延长的瞬间理解为永恒的吗?)。在一首与翻译彼特拉克[1]的十四行诗有关的小诗里,他说道:"一天有一千次,真是怪事,我应该真的死去,就这样异乎寻常地复活。"曼杰什坦姆的用词并非如风吹一般轻飘飘。他所说的一切都有着自己的体验。而我觉得,他对复活、对筑基于实际的死亡和复活之体验的未来生命,有着坚定的信仰。当生命中事业已经完成,只是在等待终点来临的时候,我赞同他的信仰,尽管我既不了解死亡,也不了解复活。我和他一起分享着生命,分享那现实的和爱情(在恐惧和期待中丧失了意义)中的快乐的生命,分享美丽的生命。

在一个诗人的工作范围内,存在着自我认知不同的程度——从诗歌的醒悟直到游戏。"启示"这个词针对的是认知上帝的范畴,但在某种程度上,人以各种方式对肉体的(眼睛——是思考的工具)和精神的东西,对智性的和诗歌的存在的把握,也被看成是人的特殊禀赋和某种形式的启示。很少有这样的情况:诗歌的思维显得比哲学的和科学的思维更为深刻,因为存在着一些对纯理性封闭的领域。我说的不是关于彼岸世界或内心的东西,而是更为普通的东西。纯理性被抽象化了,所以,不能容纳,有时甚至忽略了流逝着的生活之体验,而诗人保存着精神的和肉体的存在之整体性,把来自所有具体事物的外在体验转化成了内在的和精神的体验。在科学认识中,或许也有游戏成分,但其程度远远不及在诗歌中,后者就像曼杰什坦姆表述的那样,实际上是游戏和精神愉悦。诗歌中的整体性,内在体验和精神体验

---

[1] 彼特拉克(1304~1374),意大利诗人。

与外在体验的完全统一,亦即永恒与瞬间的融合,恰恰就是游戏——孩子与父亲之间的游戏。游戏产生被称为"轻率"的快感。没有这一份著名的"轻率",诗人就不存在,所以,诗人们总是不满足于沉重的秩序维护者,尤其是文学价值的保存者,他们是诗歌最大的敌人。

在游戏中,诗人总是显示出自发性和自娱的特点。因此,他也被社会秩序看成危险分子——不让他发表"早已被允许的言论",因为不知道他将说些什么。在此,又出现了与演员的差别。演员的自发性是受角色和表演程序限制的。在演员那里,个性化的开头必须和他所扮演的角色,以及与角色的语言相符合。在演员身上存在着两个人。他不是在游戏,而是要把自己想象成不是他本人的角色。演员不为他所背诵的语言负责,因为那不属于他,而是属于与他相关的角色。而诗人永远对一切负责。他只为自己,也只是出于自我而说话。在客观化了的诗歌种类中,在叙事诗中,或者在作为诗与史料的混合体的谣曲中,诗人们仍然保存着自己的嗓音和自己的面貌。对此,曼杰什坦姆在论述维庸时说:"抒情诗人——就其天性而言,是双性的存在,善于以内在对话的名义进行不计其数的裂变。"曼杰什坦姆在维庸身上发现了这种被他称之为"抒情的雌雄同体性",但他本人却没有这种特性,他只为自己说话。帕斯捷尔纳克在中篇小说《柳维尔斯的童年》中,无疑与自己笔下的女主人公的声音相融合,体验伴随着少女成长的一切事件。这种融合,在他早期的中篇小说中要比在后来的长篇小说中,有更深的烙印。在拉莉莎与日瓦戈医生的对话中,帕斯捷尔纳克是在用自己的语言和不同的说法讲述同一个故事(我很喜欢这部小说,对它的评价远远高于许多经过精心构思,但里面只有一些木偶或人体模型在活动的长篇小说)。或许,帕斯捷尔纳克有一种强烈的客体化(他希望看见作为客体的自我)和裂变(从自我中分解出其他的成分)的愿望。这促使他形成了客观化的风格。在纯抒情诗中,内在的对话最可能被描写成正在寻求统一的精神之二重性。

演员还有另一种方法来达到自我与他扮演的角色的统一。演员仿佛为了角色而牺牲了自我,因为他只能把自己的"我"的碎片带入角色。米霍艾尔斯要求化妆不能歪曲、只能突出他的脸部特征。他避免了明显的伪装和面具,可是,它们依然存在,尽管化妆保存了他的脸部特征。没有伪装,就没有演员,否则,一个人不可能在一辈子的舞台生涯中扮演他所接手的所有角色。不久前,一个年轻演员在报纸上写道:他的任务是隐蔽在角色中,他的自我就在每一个角色中,因为他每一次都在扮演他本人。这是合二为一的著名观点,但在扮演的过程中,仍然有二重性的参与:"我",被置放在特殊的情景下,要体现另一个人的特征。为了使演员胜任所扮演的角色,每一次的"我"与"他"的融合都必须有一定的比例。

  演员的表演,当然不是像朗诵者或音乐家那样,是纯粹的完成;因为剧院建造了一个舞台时间和空间,也就是生活的幻觉,恰恰凭借这一点,他刺激着观众的情绪。(在一本美妙的书中,我读到一位戏剧观众关于自我陶醉的论述:"……剧院为我的满足感提供了一个可爱的地方,而陶醉——是精神和心灵虚幻的要求。为什么人们喜欢同情在剧院中上演的可怜和悲惨的事件,而自己却不愿去承受它们?凭借所有这一切,观众参与了这一痛苦,而痛苦本身给了他以满足感……但是,请你们说说看,面对虚构的、舞台的行为,人们给出的是怎样的同情?"接下去,他谈到一位被剧院大厅的集体情感所打动的朋友:"他变得不像自己,不像那个来这里看戏的人;他与群众融为一体,成为无数观众中的一员……和其他观众一视同仁地看戏,鼓掌,叫嚷,忘乎所以……")他对世纪初剧院的描述,令我回想起人民革命的群众,他们丢掉了个性,然后,转化出集会中毫无差别的大众,每个人都努力完成所接受的命令。剧院培养人们去除个性,使他们转变为普通大众,转变成大厅,导演们控制着所有的人。

  诗歌——是对死的准备。在舞台上慢慢死去的演员,不会复活,只是变回自己,扔掉那个与伪装联系在一起的别人的命运。演员在相当程度上可以和小说家,和那种实际上毁灭个性,把个性带入一个臆造的和虚构的世界中的文学相提并论。没有人会把演员等同于他所扮演的角色,但是,人们确实要求诗人为自己说出的每一个词负责,因为诗歌永远是"命运之歌"。可是,在我们这个野蛮的时代,一切都是可能的。爱伦堡向我转述过赫鲁晓夫讲述的一则故事,斯大林看着电视上演员布奇玛[1](我突然想到,这是关于乌克兰的优秀演员布奇玛的故事)扮演的叛徒角色。演员所表演的叛徒打动了他。斯大林宣布,能够如此扮演叛徒的人,只能是在生活中也是叛徒的人,所以,他要求采取适当措施。他把这道命令交给了赫鲁晓夫和马林科夫,他们没有经过任何商量——商量永远是危险的——就在一段时间里,去哄骗主人说,已经对布奇玛进行了监视,为的是很快抓获所有的叛徒。他们忙活的时间不长,因为死亡拯救了他们。我不知道是谁先死的——斯大林还是布奇玛,但可以肯定的是,布奇玛安然无恙并属于正常死亡。那种幸运通常只会发生在演员身上。我高兴的是,他的运气还不错。这种情况之所

---

[1] 布奇玛(1897~1957),俄国演员和导演。

以会发生，只是因为年轻的领袖们经常光顾剧院，并与尊重演员的观众融为一体。他们不会接触诗人，诗歌与他们是格格不入的。诗歌的"共鸣"刺激读者的个性，深化他的个性，让读者参与诗歌的事业，但对那些受命运支配的人们和人民来说，这是不可能的。

四 文学理论

在长远目标上，把诗人比成演员，恰恰是一种著名于当时和流行于现今的——文学理论，它给诗人添加了一些与演员相类似的特点。对所有的诗歌研究者而言，这一理论具有极大的诱惑力，因为它给出了忽略作者，他的成长、思想、情感、犹豫和动力的可能性。这一理论诞生于1920年代，当时，充斥文坛的是黑白的颠倒、理智的混乱和个性的萎缩与毁灭。发明这一理论的是梯尼雅诺夫，他的手轻轻一挥，这一理论就扩散和流行了开来。这一理论的立足点是，诗人的讲话不是发自内心，而是使用喇叭，使用在自我和读者之间的中介物。人们把这个中介物称之为"文学主人公"，并说明诗人可以按照需要改变这个主人公。今天诗人是创新者，明天他就是保守者（保守者也可以是最主要的创新者，但他们不是西方派，而更像乡土派），而后天又是别的什么了——一切都依赖于文学的流派、读者的要求和公众的智力状态。之所以会出现扔掉旧喇叭，代之以新喇叭的情况——是因为诗人从这一思潮转入了另一思潮。"奥波雅兹"[1]的成员非常喜欢把曼杰什坦姆解释成早已一只脚踏进了未来主义的诗人。怎么会这样呢？须知，他们熟读过所有未来主义者——上自马里内蒂[2]下至布尔柳克兄弟[3]和勃里克夫妇[4]的宣言，熟读过未来主义者的出版物和曼杰什坦姆的文章与诗歌。他们之间有些什么共同之处呢？

梯尼雅诺夫赋予文学流派以巨大的意义，建构了文学"发展"的理论，从中看到了它取代文学思潮的原因。或许，他并不知道，"发展"的概念是与进步的理念联系在一起的。而他所想象的嬗递变化中的流派，惊人地扩展起来，近似于在压制着诗人个性的正常成长，损害他的"年龄"和成熟，以及对

---

[1] "奥波雅兹"，20世纪初活跃于俄国的"诗歌语言研究会"的缩写，其成员大多为未来主义者和形式主义者。
[2] 马里内蒂(1876~1944)，意大利未来主义诗人。
[3] 大卫·布尔柳克(1882~1967)，俄国诗人和画家。尼古拉·布尔柳克(1890~1920)，俄国未来主义诗人。
[4] 奥西普·勃里克(1888~1945)，俄国文学理论家、诗学专家和戏剧家。莉莉·布里克(1891~1978)，俄国文学家；奥·勃里克的妻子，马雅可夫斯基的情人。

经验的积累。诗人与文学的志同道合者的联系是不可怀疑的,但其程度和形式并不是梯尼雅诺夫所设想的那样。

配合自己的理论,梯尼雅诺夫选择普希金作为例子。他故意忽略了普希金对青年时代、在贵族学校期间自己的"抒情主人公"的放弃,然后——是新的取代,普希金从创新者阵营(卡拉姆辛[1]等、"阿尔扎马斯"[2]成员)中脱身而出,来到保守者(卡杰宁[3]、丘赫柏凯尔)那里,这是一些真正的创新者。在说明"抒情主人公"的第二次嬗变时,梯尼雅诺夫叙述,普希金来到卡杰宁面前,把自己的手杖交给他,希望他教训自己……诗人当然向自己所有的同时代人学习,也向过去的诗人学习,可是,难道他非要把手杖递给他们中的每一个人,只有通过手杖的方式才能建立与其他诗人的联系吗?"奥波雅兹"的成员过于喜欢和相信趣闻轶事了。

诗人不仅变换自己的"文学主人公",而且,与这种变换相联系的是,可以按照新的方式来修正自己的履历。梯尼雅诺夫在研究了浪漫主义者和古典主义者以后,得出了这一结论。按照他的观点,浪漫主义者要比古典主义者更经常地重构自己的另一种履历。如此说来,作为浪漫主义前驱的古典主义者,也同样在更改着自己的履历。按照梯尼雅诺夫的观点,诗人在从一个流派转向另一个流派时,其表现就如同刚刚接手一个新角色的演员。来自表演术语的词并非偶然地像潮水般涌入梯尼雅诺夫的文章中。他直接论述过普希金在贵族学校的"化妆",后者洗去了"化妆",因为他改换了流派。有一次,在和我的谈话中,梯尼雅诺夫十分严肃地建议我要注意在曼杰什坦姆一生中"使他成为文学现象的东西",其他的东西可以忽略不计。

关于"抒情主人公"的理论明显地反映着时代,亦即1920年代的情景,人们为了哪怕一点儿幸福,在进行"大规模的路标转换"或向胜利者的仁慈屈服。人们自觉地改变自己的"履历",努力按照新的生活方式生活,只要命运之神还没有捻断生命之线。天才体现为对厄运的躲避能力。梯尼雅诺夫本人的适应能力也比其他人差,他也经历了不间断的清洗,一直没能动笔撰写可能大受欢迎的长篇小说。"庸俗社会学家"猛烈抨击他,因为他忽略了阶级斗争,要寻找文学发展的特殊方法。实际上,他的问题所在是,他赋予了我们时代一种在现实关系中的厄运,将它称为"面具"。确实,面具只要一戴

---

[1] 卡拉姆辛(1766~1826),俄国诗人、作家和历史学家。

[2] "阿尔扎马斯",诞生于19世纪初的文学团体"俄罗斯语言爱好者座谈会"的缩写,其主旨是反对古典主义的追随者,宣传感伤主义和浪漫主义思潮。

[3] 卡杰宁(1792~1853),俄国诗人。

上,就摘不下来,而在以前的岁月里并不需要它。倘若允许私人生活存在,社会也就不处心积虑铲除异端分子;倘若他们不卷入公开的斗争,为什么还需要面具呢?1920年代,人们实际上都戴着面具,而面具也具有粘住人脸的奇怪特性。如今,这些面具还在代替着许多老一辈作家的脸。

梯尼雅诺夫信奉"文学主人公"的理论,信奉面具,按照流行时尚为自己精心选择了一个面具。我们在大街上遇见他时,他还正领导着这场运动。曼杰什坦姆对我低低说道:"他把自己想象成了格利鲍耶朵夫[1]……"他已决定不再做丘赫柏凯尔了——太可怕了。做格利鲍耶朵夫同样不是一件美差,但他毕竟能喘上一口气,能够不是为自己,而是为别人而牺牲,那样永远能更轻松一些。梯尼雅诺夫死于一种无法医治的怪病,这种病在圣经上曾有过记载。不应该去惩罚像他那样的人。他属于我们同时代人中那一部分较好的和最纯洁的人。我们的最后一次会面,永远都不会从我的脑海里抹去。他坐在沙发椅上,清瘦、憔悴,有着一颗聪明的大脑袋,兴致勃勃地谈论着诗歌。关于继承性,他勾勒了两条线索:一条是来自茹科夫斯基的、追求旋律感的线索;另一条是思考性的线索——普希金的线索。当他站起来准备送我们走的时候,我发现,他的双腿已干瘦得如同柴棒一般。他拄着拐杖,慢慢挪动着,突然"扑通"一下倒在了彼得堡住宅狭长的过道里。听到跌倒的声音,他的妻子(我觉得简直像一个巫婆)赶了过来,骂骂咧咧地扶他起来。他挣扎着还要送客,可是,巫婆把无助的、丧失了送客能力的丈夫拖了回去。撕碎新格利鲍耶朵夫的不是在陌生的暴乱城市中的东方人,而是自己的妻子和疾病。

尽管梯尼雅诺夫因为自己的文学理论而遭到抨击,像很多人一样被指责为落后,但他的理论与时代的联系远远比某个文学家的理论更为紧密。"面具"和按照自己的愿望更改的履历——不过是"抒情主人公"理论中的配件。在它的根基上潜伏着这样的推论:所有信念都不可靠,缺乏某种信仰,人不可能成长,不可能去深化和坚持他所追求的东西。这就是梯尼雅诺夫所强调的、他在生活中看到的一切。这一理论只有在个性崩溃的年代才能出现,那时,发现一个人的缺陷要比相信他漫长一生中的一致性要容易得多。梯尼雅诺夫把文学履历比成破碎的曲线,"文学的时代截断和修正了"这条线。按照梯尼雅诺夫的说法,断裂正好符合文学立场的变化,符合从这

---

[1] 格利鲍耶朵夫(1795~1829),俄国诗人、剧作家。曾担任驻波斯的全权大使,死于德黑兰的暴乱中。

个流派向另一个流派的转换。他看到了眼前所有履历中的断裂,但给出的解释却非它们原本所是。我不知道,他是否准备承认,他和他的朋友出于自我保护,也截断了自己的履历。在大灾难降临之初,他们所有人都还年轻,都还没有确立坚定的世界观,这使他们轻而易举就被截断了。他们中的大部分人都出生于人道主义尚朦朦胧胧地处在萌芽阶段的家庭。他们没有什么东西可探索和坚持,因为时代也不鼓励探索。

对梯尼雅诺夫而言,诗人不是个性。他感兴趣的只是诗人在"进化行列"中的位置,他自由地以"进化"一词来套用诗歌和文学。"进化"、"进步"和"发展"——是一个系列的概念。在作为整体的诗歌、文学和社会的历史中,它们起过什么作用呢?

梯尼雅诺夫是纯理性主义时代之子。这个时代相信,一切都可以有意识地和完好地建造起来:包括历史形态、社会结构、文学和个人履历。他是少数人之一,真诚地在丘赫柏凯尔、格利鲍耶朵夫、普希金,以及他的长篇小说中的主人公的履历中,寻找他在自己的同时代人身上发现的那些特征。他相信自己理论的不可动摇性,因为它们像马克思主义者所建议的那样,经历了实践的考验。显然,对他而言,一个作家最基本的东西,不是他对世界的理解,而是他的风格和使用的手法。

我只能叹息的是,当初没有适时听从梯尼雅诺夫的话,让曼杰什坦姆(能让他吗?)换上一副面具,变换一下履历和抒情主人公。不过,更好的做法是,戴上一副面具,买一个小木墩和一套工具,做一名鞋匠:丈夫有活干,妻子也有鞋穿。据说,左琴科在经历了对他和阿赫玛托娃的宣判以后,就改变了自己的履历,做了一名鞋匠。苏联人有很多理想是很实际的,但现实非常冷酷,没有让它们实现。我们履历中存在最多的变化是——不断地变成苦役犯,亦即集中营犯人。我和曼杰什坦姆品尝过贫穷的滋味。但无论是他,还是诗歌,都没有因此而有所改变。履历变化的原因并不是"文学主人公"的嬗递,因为在曼杰什坦姆那儿根本没有什么主人公。

"文学主人公"的理论有很强的生命力,一直被秘密地运用着,因为只有它还能与"阶级立场"和谄媚文章相对立。有时,人们从"抒情主人公"理论中摘取片言只语,还能成功地摆脱对作者的打击。人们就像演员一样生活在双重的生活中。但是,演员的二重性和面具,是他的艺术的条件,而梯尼雅诺夫的同时代人则把它们当成自卫的武器了。"抒情主人公"与诗人让自己和扮演的角色同化,但从中出不了什么好作品,诗人与演员毫无共同之处。倘若演员也努力像诗人一样,那也没什么益处。这是两种不同类型的活动——戴面具的和不戴面具的。

五　被承认的诗人

在这个地球上有太多东西是无法给出定义的,其中也包括诗歌。无论你怎样挠破脑袋,诗歌的定义都不会有,将来也不会有。同样,也没有什么范畴能够区分什么是真正的诗歌,什么是空洞的和虚假的诗歌。诗歌爱好者就像下赛马的赌注一样,时而投这一匹,时而投另一匹。但是,与赌博不同的是,他们最终都不知道,谁是最后的赢家。据说,时间能证明一切,但它也经常犯错,轻信同时代人的先入之见和闲言碎语。为了让一切水落石出,就需要某个期限。现在,露出水面的是四个人,四位诗人——阿赫玛托娃、帕斯捷尔纳克、茨维塔耶娃和曼杰什坦姆。难道永远是这样吗?……谁也不知道。与此同时,人们几乎都不读普希金了。有一个问题自然呈现出来:倘若读者已经如此疏远诗歌,已经忘掉了普希金,又会怎样安置这四位如今齐名的诗人的诗歌? 出现了一个假设:没有人再去读什么了,只是在表面上漂浮着四个名字,四个模糊的传说,后者在成功的时候可以成形,它们也会逐渐扩大,但最后会消失。简直不可想象:或许,人们不再阅读,书籍也化为灰烬;或许,他们不再相互交谈,代之以恐怖的号叫来交流。有时,我觉得,会有那么一天。须知,我们是在一种有条件的和虚伪的语言中学习说话,这种语言掩盖了我们的思想。后代们会对此进行报复的,他们会扔掉语言,只会大喊大叫,像足球场上的球迷一样。只是不知道他们是否还有这种力量?要知道,力量可是变得越来越小了。

论及阿赫玛托娃的高尚品质,我们应该指出,她从来都没有看重过自己在 20 世纪最初十年和 20 年代取得的成功。她说道:"那是常有的事,可这说明不了什么。"曼杰什坦姆丝毫都不考虑自己身后的未来,仅仅从事着他的事业而已。显然,应该如此。我觉得,茨维塔耶娃也是那样的人。既然找不到任何客观的标准,也应该那样做。帕斯捷尔纳克竭力探索着某种标准。有一次,他对我说,与他相比,"阿赫玛托娃和曼杰什坦姆更好地表现了自我"。这还是曼杰什坦姆生前的事,我把帕斯捷尔纳克的话转述给他。他笑了起来,说道:帕斯捷尔纳克并不这么想,他只是说说而已——为的是调节一下气氛……阿赫玛托娃也有自己喜爱的模式,例如:"同样美丽的……"对此,我们也没再说什么了。

帕斯捷尔纳克对诗歌下过一个定义,从此便被当成了一个标准:"这是——充满张力的呼哨声,这是——瓦解的冰块相互撞击的咔嚓声,这是——给树叶披上冰霜的夜晚,这是——两只夜莺比试高下的决斗。"诗歌的目的是:"以湿漉漉颤抖着的手掌将一颗星星带进养鱼池……"这就是整个的帕斯捷尔纳克,在深夜游泳以后,他甩着湿漉漉的手掌,为天空的反光而感到惊奇。他关于谁更好地在诗歌中表现了自我的观点,涉及另外一句诗,当时我听起来觉得像官方的报告:"创作的目的——是自我奉献。"我记得,"创作"——是一个被禁止的词。倘若一个艺术家能在傍晚的时候说道:"今天我创作了很多……"或"创作之后好好地休息一下",那是很美妙的事。自我奉献或自我表现似乎并不能成为目的,不论它们如何公开,在那里面都存在着某种隐秘的东西——隐秘的自我确认。如果能够永远拒绝标准、目的和定义,尤其是自我膨胀,难道不是更好吗?你生活在世界上,得到言说的秘密馈赠,这人类拥有的最好东西,确实是一个奇迹,诗歌的种子和根基也就在于此。《生活,我的妹妹》表现的难道不是这一点?这可是一部关于认识世界、感恩和快乐的书……

甚至那些最伟大的诗人也不知道如何指出诗歌明显的特征。歌德"絮絮叨叨"地说了很多,但依然没说清楚究竟什么是诗歌本身。对诗歌的认识,你只能相信这个或那个诗人。我一直坚定地相信这一点,尽管我知道,女人,尤其是妻子,会比所有人更可能犯错。可是,文学的钦定法官要比女人和妻子更容易犯错,而且,他们的错误有更大的危害。在我的记忆中,有多少被公众舆论和专家们吹捧起来的假伟人啊!如今,他们都已成了过眼烟云。那些有时信任自己的丈夫、朋友和情人的才华的可怜女人,怎能与专家们相比呀……

代之以思考自己的文学命运的是,曼杰什坦姆和阿赫玛托娃寻找着哪怕在诗歌中有一点点接近的人们,因为他们不希望被抛弃在真空中。着迷的曼杰什坦姆经常在那些不模仿阿克梅派和不使用"阿克梅式词句"的人们中间"发现"诗人。他与阿赫玛托娃一起想出了一个游戏:他俩各自拿一叠证明去认可别人为诗人。可她是个吝啬鬼,把自己的证明收藏了起来;而他却把最后一张证明给了老头兹韦尼戈罗茨基[1],希望能够换取一个,哪怕半个诗人……她确实把证明收藏了起来,但到晚年时却开始随意分发——左一张,右一张。我担心她最后那几年分发的证明有不少是伪造的。真的不太可能拿得到。应该让大家辨别一下,谁手里是真的,谁手里是假的。我倒觉得无所谓,可是,证明能起作用吗?……

---

[1] 安德烈·兹韦尼戈罗茨基(1878~1961),俄国诗人。

有一点，我非常相信，曼杰什坦姆的最后一张证明不是白扔的。或许，恰恰是它拯救了老头兹韦尼戈罗茨基。1930年代初，他来我们家，朗诵了不少可爱、老套，但非常纯粹的诗歌。曼杰什坦姆感觉到老头生活得很困难，热情地称赞了他。然后，他就去找所有可能或不可能帮助这个不幸者的人，张罗申请救济金的麻烦事，而在扯皮的时候，他又好不容易给老头弄了一张到作协食堂就餐的证明。那里是官方的价格，按照我们简单的生存要求，还算凑合。那可是饥馑年代，所有人都依赖着食堂。老头拿到救济金的时候，我们已经在沃罗涅日了。我依稀记得，似乎是帕斯捷尔纳克这个无权无势的人最后做成了这件事。我们有一些朋友间相互帮忙的事，最后能够起作用的，一般都是些无权无势的人。

不论怎样，兹韦尼戈罗茨基成了作协的正式会员，甚至还参加了某些专门委员会，例如普希金研究会什么的，他在作协中为此还非常骄傲。由于他的贵族血统，他甚至不敢指望有这么圆满的结果。他的血统确实是贵族的——他曾经详细地告诉我们，兹韦尼戈罗茨基的家族史比罗曼诺夫的还要古老，而他这个最后的子孙，心脏不像普通人那样长在左边，而是长在右边。由于长久的饥饿，他的皮肤隐隐地闪着蓝光，甚至在他拿到食堂的就餐证和救济金以后，这种蓝光也没消失。

这位安德烈公爵，尽管已经丢失了封号，被剥夺了一切贵族的权利，却依然刚愎自用。有时，他上我们家来，还带着自己的外孙，一个可爱的小茨冈。小男孩并不姓兹韦尼戈罗茨基，是和安德烈公爵生活在一起的妹妹的孙子。不过，小茨冈的心脏非常出色，也长在右边。兹韦尼戈罗茨基并不为他的血液和茨冈人的血液相混合而羞愧——已经有三四百年没有在公爵们身上发生过这样的事情了！……灾难还并非仅止于此——茨冈女人从岌岌可危的家庭逃了出去，而父亲在长久的搜查之后被抓走。安德烈公爵用自己的半份作家口粮抚养着小茨冈，颤抖着——他总是颤抖——讲述搜查的细节：为了搜查那永远都不可能有的武器，他们撬开了一块块木地板，把炉子拆开。倘若不是兹韦尼戈罗茨基的外甥成了刑事犯（他本来是有机会活下去的，但卢比扬卡的人盯着他），我就不会知道他有这样的命运。安德烈公爵本人的寿命很长，在为妹妹送葬以后，他甚至还和一个出身"好人家"的女人结了婚，这是他在战后告诉我的。他来到我短暂逗留的什克洛夫斯基家，当时我被内务部和命运向这个国家的各个角落驱赶着。我们用青菜招待他，因为除了青菜，他已经什么都吃不了啦。他专程赶来，为的是在临死前向我转交他手抄的一份早期手稿《论德语口语》。曼杰什坦姆曾经向他口授过这份稿子,说过:"就留在安德烈·弗拉基米罗维奇这儿吧。"他仿佛有预感,老头会比他活得更长。兹韦尼戈罗茨基把稿纸保存了下来,尽管在残酷的年代,人们唯一会做的是烧毁档案,倘若没有炉子,也会把稿纸扔进厕所。我为老人的长寿感到高兴,曼杰什坦姆的最后一张证明没有白白浪费。须知,老头靠自己的那份救济金不仅养活着自己,而且还养活着出身"好人家"的妻子。在那样的老太太那里,除了赤贫以外,什么都不会有。

　　证明——是一项可爱的游戏,但我发现,曼杰什坦姆相信某种像证明或与此含义完全相同的东西。他不喜欢某位相当著名的诗人,后者在辈分上要年轻一些,观念也完全不一样,尽管根据那绝对可疑的理由,那人还属于"浪漫主义者"和阿克梅派继承者的行列。我想,曼杰什坦姆对他的厌恶部分地还因我而起,因为我向曼杰什坦姆转述过诗人的亲戚所讲的一个故事,当时周围的人被逗得哈哈大笑,我却被它给激怒了。当"浪漫主义者"还住在外省的家乡时,有一次,他的女邻居,一位将军夫人,像很多失去了丈夫的将军遗孀一样,生活得很艰苦,前来找他,带了将军的一个表坠儿——一只翘着喇叭似的小尾巴的金熊,希望"浪漫主义者"买下它。那人久久地把玩着表坠儿,向她问了很多问题,涉及家庭、将军和所有的不幸。他一直同情地叹息着,而不习惯被人同情和胆怯的将军夫人,在这种友好的气氛下,也变得笑逐颜开了。她相信,善良的诗人出于怜悯会买下这件奇特的小玩意儿:要知道,他已经讨价还价过,而她也作出了让步。这些可怜的遗孀们通常会把最后的希望寄托在自己的破烂货上,总是会开上多三倍的价钱。但是,突然,浪漫的诗人换了一副语调说道,她可以走了。将军夫人问道,表坠儿呢?他把那只小熊递给她,建议她:坐到熊屁股上去——让它可以吹一下喇叭。诗人的朋友和亲戚很乐意记住这个场景,向很多人讲述过它,把他看成能够说高级俏皮话的典范。这是一伙趣味低级的聪明人,他们竭尽所能地开心逗乐。自从听过这个故事以后,曼杰什坦姆再也听不得"浪漫主义者"的名字,断然拒绝认为他是一个诗人……但是,他拒绝的原因,倒并不是那只熊,不是诗歌的质量,也不是它们那些无耻的内容(这位真正的或虚伪的诗人有过许多卑劣的行径,使自己捞到了可观的好处,得到了官方的承认)。而是因为,在老一辈的诗人中,没有人承认过他:"要知道,我不承认他,阿赫玛托娃不承认他——他就不敢称自己是诗人……"

　　诗人是成群出现的。一部分人用"阿克梅式的语言"写作,另一部分人则不然,但曼杰什坦姆却根本不在乎他们怎样抬高自己,而他也不喜欢听到捕熊的猎人的故事。"那么,谁承认你呢?"我问他。"古米廖夫承认我",曼杰什坦姆回答（他们像小孩子似的相互承认——难道这不是一种证明？）。"那么，谁承认古米廖夫呢？"我追问道。"勃柳索夫承认古米廖夫"，曼杰什坦姆勇敢地宣称。我知道他对勃柳索夫的态度，他曾经如何在后者那里搜寻，却找不到一首可编入选集的诗。我嘲弄他们这种假设的继承关系，说道，他想出的是某种按手礼似的东西，或者，甚至是骑士的献词，后者是我们在儿童时代的历史小说中读到过的。他坚持自己的观点，我也就让步了，确实，在成熟的男人身上也有幼稚的和孩子气的东西。他们难道不是借此而保持着"新鲜的感觉和锐利的洞察力"，在生活中作出了成绩吗？他们能够比女人看到和听到更多东西，而后者在少女时代就变得很成熟，开始用一种可鄙的清醒观瞧着世界……

但是，曼杰什坦姆本人实际上并没有获得过象征主义者的承认，就像阿赫玛托娃所写和我所见的那样，他们从来没有承认他，对他的态度一直很敌对（只有勃洛克一人还有所犹豫，但在日记中也只是记下了关于犹太鬼和演员的话）。先锋派也不承认他。阿谢耶夫在临终之前还坚定地声称，要诅咒所有在他生前纪念曼杰什坦姆的人。1932年，在《文学报》编辑部举行了一个曼杰什坦姆的诗歌晚会，后来，报纸还刊登了一些在手抄本上——当时已经出现了地下刊物，但还是在一个比现在窄得多的小圈子里——流传最广的作品。在晚会上，什克洛夫斯基有所动摇，但基尔沙诺夫拽住了他，提醒他必须遵守小组的纪律和保持步调一致。但什克洛夫斯基还是退了场……基尔沙诺夫关心的这个小组，其成员还有雅各布逊·罗曼[1]，阿拉贡[2]一家。如今，他们似乎是动摇了，但那是狡猾的手段。我倒是希望他们能恢复正常的状态，仍然敌视曼杰什坦姆。

在生命的最后阶段，曼杰什坦姆忍受不了啦。他在给梯尼雅诺夫的信中说道："我把重要的东西跟一些废品搅和在一起，漂向俄罗斯的诗歌，已经有四分之一世纪了；可是，我的作品很快就要和它融为一体了，或多或少会改变一点它的形态和结构。"我当时不知道这封信是否保存在梯尼雅诺夫的档案里。事后很快就知道了——没有保存下来。倘若不是梯尼雅诺夫本人出于恐惧，那么，也是他的妻子或女儿，烧毁了这张有着自我确认的可怜的信纸。在那个时代，人们首先会把它藏在小匣子里，娜塔莎·什丹比尔[3]

---

[1] 雅格布逊·罗曼(1894~1982)，俄国语言学家、文学家。

[2] 阿拉贡(1897~1982)，法国诗人。

[3] 娜·什丹比尔(1910~1988)，曼杰什坦姆夫妇的朋友，当时是沃罗涅日的一位大学文学教师。

留了一个副本。它就这样留存在了我的信件和稿纸里。梯尼雅诺夫没有回信。责备他是不应该的——那个时代太可怕了。没有人会对这封信作出回答。曼杰什坦姆的出版者感到奇怪的是，几乎所有的信件都是寄给我的。曼杰什坦姆习惯于和我说话——哪怕是通过信件，但在正常的情况下，他未必愿意受这种限制。不管人们怎样猜测，都无法想象，我们如何说话，在哪里生活。甚至连德国人都不了解，或许，在德国人占领地区中的犹太人可能会了解。我和曼杰什坦姆也不知道我们在哪里生活，我们置身的是一个巨大而丧失了理智的国家。

在给梯尼雅诺夫的信中，我们可以体会到曼杰什坦姆称之为诗歌正义感的东西。曼杰什坦姆在青年时代就已经把握了这种情感。诗歌正义感的拥有者不需要承认和骑士的献词，对他而言，诗歌——不过是普通的家庭作业。他为"自己"工作，并不把自己的工作与人们联系起来，让他们作出最后的判决："倘若人们需要，就会保存它们。"

诗人通常是不被承认的，因为他只为"第一流的读者"所需，而后者永远生存于每一个从事诗歌写作的人身上。为诗人的位置而引起争论的，不是诗人，而是读者。

（译自娜杰日达·曼杰什坦姆《回忆录·第二部》，莫斯科工人出版社1990年版）

诗歌

白太阳

白色的太阳
褪尽金色的羽毛
世界屏住了呼吸
期待一个神秘的仪式
天空不再是一张幕布
从背景走到前台

杳无人迹的雪原
谁遗落下一枚红果
一枚散发着腥味的红果
晕眩是此刻最真实的感觉
时间失却飞动的箭矢

想象之鸟无法飞抵奇迹栖息的高度
雪人儿似的女孩翩然而至
舞动宽大的绿袖
雪的反光轻轻托起红果
悠悠然上升

红月亮　红月亮
黑夜里孤独的玫瑰
白太阳最后一根羽毛
最末一次燃烧

1997 年 1 月 4 日

雪

雪是冬天的灵魂
而灵魂是虚无缥缈的东西
光秃的枝桠指向空寂的天堂
疲惫的躯壳
灌满可疑的情感
一只无形的手
弹奏空气

让不存在的存在
让不可能的可能

梦幻是天赋的权利
想象一名红衣少女坐在身边
欲说还羞的笑意
金丝鸟的嗓音
痴迷的眼神传递非人间的暗语
点起一根大红的蜡烛
让幽香随意浮动
于是，忍受孤独
成为一种幸福
忧愁
开放成一朵恬静的玉兰花

雪终究要化作水
灵魂也会离开肉体
以语言的韧性对抗老去的时间

水可以成为空气
空气将凝结为雪尘
远游的灵魂是精神的微量元素
生存是虚无之书漂亮的封面

   1997年1月10日

无伴侣的咖啡

你需不需要伴侣
不,或许黑咖啡更为纯粹
那么,加点音乐怎么样
音符便开始在杯中旋转
《亚麻色头发的少女》轻盈地飘起来

八年了,八年可以打一次抗战
八年有八年的腥风血雨
在看不见的战线上出生入死
鲜红的花朵枯萎成黑黄的伤疤

别来无恙,别来无恙
少女时代的忧愁仿佛已随空气飘散
只是眼底尚留有少许昨日的梦痕
像西天残存的一滴晨露

德彪西的《月光》牵动八年的沉默
我如约而来,期待
再一次的邂逅带来
再一次的激情
咖啡的苦涩蕴涵受虐的快感

那么,给咖啡加点糖
或许掺点儿酒更为合适
没有伴侣的咖啡
葡萄酒可以代替最好的情人

你欺骗我欺骗世界也欺骗自己
真理是无数欺骗的总和
流浪是孤独者的美学
自由是不堪承受的行囊

我们都已走进理智之年
不要轻易去伤害无辜

不再有当年分不开的亲吻
握个手就一身轻松地告别
而咖啡还在冒着热气
音符的舞蹈还不曾中止

   1997 年 1 月 13 日

月光下的乌鸦

这座大楼比棺材更幽闭
一小步的错失
从生命的走廊踏进死亡的广场
女巫在喑哑的花丛里狞笑
睡着的是眼睛　醒着的是心脏

写作中的我
像一只月光下的乌鸦
尖喙轻叩白纸
不祥的尾巴划过斑驳的墙壁
洞开一扇窄门
任凭想象的肉体自由进出

牙齿老去舌头依然健在
祖父的亡灵低低告诉我
关于坟墓中迷人的游戏
牙齿与舌头一辈子的争斗
柔软磨蚀了坚硬

我面前的这张纸
透显大片神秘的空白
一个单词的降临
宣示人间莫名的奇迹

我知道我最终将老去
如同死去的乌鸦

闻不到蔷薇的芳香
散落的羽毛是零乱的叹息

大楼在晨曦初绽的片刻轰然倒塌
传说里的蝴蝶并未出现
写作中的我不动声色
仿佛一切出自我的阴谋
羽毛斜插在月光缺席的地方

   1997年2月22日

孤独的冬妮亚

林务官的女儿情窦初开
忧郁的眼睛凝视风中的杨树
栗色的鬈发秘藏朦胧的情愫
蓝色的水兵服闪烁纯洁的浪漫
手中摊开一本彩色的图书

罗密欧与朱丽叶的故事
焦灼地等待失踪的主人公
在工人和贵族决斗的间隙
一种名叫初恋的液体寻找它的归宿
谢别托夫卡的原野在燃烧

冬妮亚　热情的冬妮亚
你的前身是十二月党人的妻子
但是普希金被掐住了歌喉
西伯利亚的天空
从此失去了迷人的星光

冬妮亚　忧郁的冬妮亚
你拒绝了波兰的爱情
却遭到杜罗哈诺夫岛的愚弄
你的美丽成为主义的芒刺
个人的爱情受到集体的诛杀
幻想的列车瘫痪在波雅尔卡车站

冬妮亚　哦孤独的冬妮亚

保尔是等待冶炼的钢铁
野孩子的青春纯洁而勇敢
一个理想要求他再度保持童贞
热烈的灵魂在冰冷的枕木下安息
你在红色与白色之间徘徊
孤独是你的不治之症

冬妮亚是新一代温柔的琼玛
这儿只有牛虻没有亚瑟

    1997年4月27日

芬芳的灯

芬芳的灯凝聚无限柔情
抚摸子夜的石头
石头温软一如少女的躯体
默不出声
灯流溢内心的芬芳
许诺乌鸦变成天鹅的奇迹
一些黑暗的词句被点燃
漫不经意地飘落
吮吸远古的幽香
子夜应和灯的祈祷
绽开寂静的枝蔓
在黑雾弥漫的时刻
子夜的石头是含苞待放的花蕾
芬芳的灯凌空高悬
仿佛普罗米修斯衔在口中的天火

1997年5月12日

在公共汽车上

我离开讲授古希腊神话的教室
从荷马密集的诗行里钻出来
在 345 路公共汽车上
我被一名乡村少女的美所打动
海伦　我们再度相遇
为了你淡紫色的存在
值得重开一场十年的战争
我在澄明如溪水的眼睛里寻找
森林寻找潘神的那一管长笛
而周围猩红色的唇膏和
掺和着狐臭味的香水
模糊了我的视线
伴随一声紧急刹车
我幻想的场景碎玻璃似的
纷
纷
坠
落
希腊的海伦　德伯维尔家的苔丝
你曾经遗世独立的美人
在驶向城市的公共汽车上
已经感染了机械时代的病菌
吹气若兰的红唇
倾吐市场经济的爱情
欲望如同通货膨胀的纸币

1997 年 5 月 18 日

天才的秘密

天才的秘密
恰恰在于一个人平庸到极点
达利的胡子
仿佛资本主义的尾巴
向上高高翘起
掩饰内心的柔软
这条加泰罗尼亚的公狗
在线条和颜色中进行偏执狂的批判
分泌鱼子酱的舌苔
搅动生命最后的叹息
血比蜜甜是凌驾于逻辑之上的
真理
爱情的解剖学
张开美洲豹的利爪
抚摸订婚的玫瑰
弹奏镶嵌在珊瑚中的岩石钢琴
音乐的贝壳一片片
飘向麝香竹泛滥的孤岛
在临海制作奶酪的作坊里
达利奋力撑起旗杆
旗子上画满了卡拉的裸背
和青春期肺结核的乳房
疯子达利是受虐狂的天才
偏好悲痛的游戏
用手指描画梦的照片
软钟潜意识地腐烂

1997年7月16日

命运从相反方向疾奔而来

生活的真实永远高于理念
命运习惯于
从相反方向疾奔而来
分手多年的恋人
在无名的火车站不期而遇
君子兰代替玫瑰花迎风舞蹈
孩子的笑容初恋一般纯洁
高音喇叭正播送马斯涅的《沉思》
黛依丝厌倦了神女的生涯
脱离滚滚红尘皈依上帝
修士阿纳塔尔不堪情欲的折磨
在郁金香燃烧的迷宫里彷徨
埃及的沙漠遍布流浪者的磷火
法老的陵墓毗邻奴隶的沟坑
窃情者与盗墓贼相互勾结
在生与死的临界点各取所需
在错位的哲学时空里
响起司芬克斯冷冰冰的问题
命运像五条腿的疯狗
从相反的方向疾奔而来
扑向窥伺已久的目标
古堡深处的檀香木床上
正在做爱的是丧失爱情的
一对中年男女
而一则宣传香皂的广告
如同混入精美诗行中的病句
截断性幻想的高潮

1997 年 11 月 28 日

雪花在黑夜里腐烂

风的声音裹挟沦陷北方的我
枯叶如同溃散的败兵走投无路
我与孤灯并肩共读卡蒙斯的遗作
葡萄牙古语诡秘一如天书
我伸出汉语的手指
触摸诗歌的根须
寂寞像板结的土地坚硬异常
生存的艰难已经潜入语言
我放弃词语组合的游戏
想念白昼邂逅的美人
揣摩在彬彬有礼举动下的暗示
表白无疑是一次鲁莽的冒险
或许是爱情的路标
或许是友谊的墓碑
连上帝也无法妄加裁定
在沉默中品味忧伤的甜蜜
不见创伤的疼痛给人受虐的快感
而雪花正在黑夜里腐烂
无耻的黑正在吞噬最后的白
哦　美貌是一种剧毒
比见血封喉的箭毒木更为深入人心

1997 年 11 月 30 日

写作的秘密

精神在虚构的巡洋舰上
举行一次祈祷的仪式
沿着每个词的腰腹
轻轻抚摸语言的罗盘

尤利西斯的海面
白帆仿佛灰色的航海日志
风暴的中心
栖息着最静止的声音

月亮吸纳水的魂魄
呈现透明的神秘
海鸥张开寂寞的翅膀
鼓动蓝色的气流

远岛茂密的橄榄树
摇曳成引航的一盏盏绿灯
恍惚间终点近在咫尺
海啸的拥抱中断了航行

英雄的铁锚如同
灯芯草一样被吞没
贫穷的美人鱼一声叹息
收留溺水的黑肤青年

1997年12月6日

波莱罗舞曲

子夜的波莱罗舞曲如同飞鸟的羽毛
轻柔地拂过我的耳根
西班牙女郎的碎玉裙角
抛掷一个个优美的象形文字
镌刻
在青脆的芭蕉叶上
三拍子的波浪踩着交叉步
涌入蓝色的高脚杯
浸泡倦游归来的红珊瑚
成双作对的贝壳
挥舞着锃亮的头盔
在云沫般飘动的音乐网中
摇摆起纤瘦的身躯
黑黢黢的帐篷收敛起羞涩的花瓣
以最隐蔽的方式阐述
沙滩的欲望
和海水的真理
星星的呼吸点燃白色的火焰
我十指箕张
描摹季风的形状
狂吻虚无那礁石般起伏的脉搏

    1997年12月9日

童话的现在时

童话如雨点击打梦幻蓝色的森林
骑白马的王子青面獠牙
指挥影子侍卫捉对儿厮杀
林中空地萎缩的手掌心
漾起针尖一样的月光乳汁
灰姑娘腋窝下窄小的水晶鞋
盛满黑蜘蛛继母的秀发
修道院的铁钟回忆矿井深处的前生
一株小巧玲珑的鼠曲草
费力地翻译来自火星人的密码
白桦树的舌尖舔破了岁月皇帝的新衣
祈祷的言辞仿佛一串串金币
在神甫铅质的嘴唇间活泼地跳动
七个小矮人接受天使的差遣
扛起白天鹅美丽的脂肪
在幽灵遍布的陵园里找不到
一块未曾翻垦过的墓地
而骷髅的微笑绊倒白马的前蹄
王子的傲慢跌落如一堆枯草
青蛙公主腆起丰腴的小腹暗自窃笑
制作童话的驼背艺人乱了方寸
溜过白昼疏于防范的眼睛堡垒逃之夭夭
却不小心把一只旧鞋遗落
在磨损的寓言门槛上

1997 年 12 月 10 日

与 X 有关的中秋夜

中秋夜的少妇是月光手指捏成的美学
被夏天的手术刀解剖成岩石的宗教

荒凉的嘴唇渴望潮水漫过腰部漫过头顶
地狱一般的黑眼睛蠕动着信仰的迷雾

初尝禁果的青年弹奏一把蓝色的竖琴
骑竹马的郎君错过了高音区的女孩

杜鹃的啼啭打磨着灌木丛的寂寞
骚动的杨树叶喃喃重复晦涩的短语

比海洋更广阔的天空漂浮抒情诗的残片
失眠的星星肆意在迪斯科广场狂欢

爱撒谎的天使像羊羔一样纯洁
让深褐色的台阶吐露玫瑰的芬芳

一条战栗的小路秘密地指向空寂的教堂
走到终点发现主题词仍然停留在原地

1997 年 12 月 12 日

十二月的来客

  1
乌黑的夜溶化成蔚蓝色的空气
穿过月亮的耳朵
若即若离地引诱子夜的灯

  2
一棵剃光了脑袋的槭树
仿佛上帝残存的一根肋骨
在嶙峋的寒风中伫立
打着寒战思念脱落了的肌肤

  3
马路的两侧不断闪过
暗绿色的邮筒
它们勉力鼓起的肚子
期待着情感的残渣

  4
烙刻着黥印的诗人
沿着哲学的歧路向西行走
流浪了整整七个昼夜
发现　家永远在背后

  5
白皑皑的大雪
在乞丐牙关咬不住的哆嗦中

褪成比世界更宽广的黑色

      6

天使堕落的一刹那
星星飘飞得比羽毛更轻盈

      7

弹钢琴的哑巴女人
被音乐课的海藻
缠住了蔚蓝色的灵魂
每天去零售白色的肉体
赎取黑色的琴键
呵　声音是如此的诱人

      8

正前方有墓地灿烂地开放
恰似世纪末的鲜花
不由得诧异
北风呼啸时罕见的宁静

      9

在寒风拂过面颊的时候
黄色的标签
穿过不透明的空气
粘贴起绛紫色的棉袍

      10

电脑屏幕呈现模拟的夜空
你在变幻线上寻找落脚的空隙

      11

钢轨插入柔软的建筑群

旅途无限地延伸
倦游的浪子在误点的火车上
回忆离开故乡的瞬间

　　12
一夜风流的情人去向不明
白色的月亮仿佛狂欢的气球
轻浮地飘荡在树梢
牵线人的手掌布满彩色的玻璃碴

　　13
被剧毒的常春藤缠绕
神经错乱的凡高
哼起了里尔克的《杜依诺哀歌》

　　14
十二月的末梢
如何辨认
谁是旷野上的来客

　　15
踮起脚尖
你是否能听见雪花的声音

　　　　1998 年 1 月 10 日

我在你的诞生中诞生

生活不再是公式叠加的算术
数字化的关系卸除了抽象的外壳
溶解成琐细的单词
等待造句的灵感
婚姻磁场的两极受到另一种磁力的吸引
掉转按照惯性行驶的方向
停泊在中关村的小岛上
你嘹亮的啼哭仿佛透明的萨克斯管
呼唤洞穿花岗岩的仁慈
从你的身上我寻找
儿时遗留的各种习性
见到你孤独无助的模样
温柔像羽毛初丰的翅膀一般
在僵硬已久的两肋下生长
你眼睛纯洁无邪的流转
荡漾神秘的水波
比地球的自转更为生动
你嘴唇的翕动
诉说非人间的语言
发送携自天堂的密码
不出声的微笑是你与这个世界的
第一次交流
把你的小手给我
让它安谧地躺在我的掌心

呵,当天空被一张黑幕遮蔽以后

请让我像深夜的守林人
呵护你比树叶更繁茂的星光梦
我沉睡已久的灵魂冲破
茧壳包裹的肉体
呼唤六翼天使的来临
女儿,我前程未卜的女儿
我在你的诞生中诞生

   1998年5月8日

黑天鹅

椎间盘突出的喀山大街尽头
隐约闪现的路灯像散漫的野鸭子
在漫漫无边的夜雾中漂浮
乞丐贵族把破烂的皮靴夹在腋下
潜入伦理学打制的道具箱
想象自己是英俊的王子西格弗里德
为纯情的背叛寻找毛茸茸的借口
呵 黑天鹅浪迹天空的黑天鹅
你经历几番生死的足尖
又踩动哪一根敏感的琴弦
你昂起修长的颈项
眺望哪一块绿洲
你丰满的胸膛蕴涵什么样的本能
在爱情的三角或多角竞争里
陪伴你一生的劣势
正如无法褪去的胎记
总给你难堪与苦涩的记忆
种族的歧视像苔藓一般爬满
宗教裁判官乜斜着的眼角
呵 从禽兽中脱颖而出的人类
在权力欲严密的三段式推理中
随意演绎黑天鹅金子的激情
可怜的奥吉塔 你的妹妹或姐姐
在天鹅营的轮盘赌中
像掷出的骰子滴溜溜旋转
无论是白色的哀鸣还是黑色的舞蹈

顷刻间都成为祭品
呵　奥吉莉娅妹妹或姐姐
天鹅的芭蕾脚尖在彼得堡的心脏上旋转
羽毛一样的眼泪在翅膀下飘飞
流经柴可夫斯基行板如歌的运河
音乐的湖泊感伤地暴涨
淹没玛林斯基剧院枯涸已久的厢座

　　　　1998 年 12 月 12 日

夏园的雪

夏园，情人节的彩排
仿罗马的雕塑在寒风中裸露
伪古典的情欲
大神朱庇特的情人
在空中挥舞激情的羽毛
雪花如豆连接幻想的森林
覆盖春天在陶瓮里点灯的故事
蓝衣公主楚楚动人
在现代艺术的论稿里寻找
普希金艳情日记中的白色佚诗
远离母语的汉字在流浪
自由的精神飘飞如一面旗
相互依偎的目光凝聚在黄昏的掌心
最初的吻　最初的雪在口中溶化
仿佛最初的蜜最初的呼吸
不远处三面环水的米哈依尔古堡
像独臂骑士提着断剑
伫立凛冽的寒风
马尔萨沃空地的白雪
点燃了青铜箭头上的灯盏
白纱红裙的新娘提醒彼岸的春天
屏息静坐在夏园森林的长椅上
我们聆听枫丹卡河畔的萨福
吟唱失传已久的琴歌

1999 年 2 月 5 日

以撒克教堂

蜷伏了半个世纪的雪堆
在阳光淡黄的斑点和污泥之间
寻找最后的出路
长满粉刺的以撒克教堂瞪大眼睛
俯瞰亚历山大广场
看年迈的青铜骑士腾空跃起
失控的四蹄如何跨越
冰凌峭立的涅瓦河

世纪初最后一位乡村诗人
在芬兰湾的石舫上
精心编织一根意象纷乱的丝带
告别了
胡髭遮没红唇的黑桃皇后
踏上荨麻花开放的小路
回家
在空气的皱褶里
隐匿着铁锈的芬芳[1]

莫依卡河静静地流淌
阿斯托利亚宾馆的侍者笑容可掬
迎请大腹便便的以撒克广场
教堂左侧的售货亭
那比地狱入口更幽暗的小窗

---

[1] 1925年12月27日午夜,叶塞宁在以撒克教堂附近的阿斯托利亚宾馆5号房间内自缢身亡;近年,也有研究者认为,可能是谋杀。

出售进入天堂的门票
五个卢布
一尊基督的塑像

  1999年3月21日

在加契纳与娜斯嘉谈论丁香与梅花

加契纳肥沃的黑土地上
紫色的丁香花在开放
东方系的大学生娜斯嘉
亭亭玉立折射出银湖的光彩
金色的发辫沾染有丁香的芬芳
我告诉她唐诗的瑰丽宋词的幽香
还有那著名的梅花
她说她知道并读过全本的《金瓶梅》
她惊讶中国历史的漫长
性革命的历史也有那么古老
她结结巴巴说着我的母语
口音中略带南方少女的生涩
举手投足分明出自蒲松龄的《聊斋》
她的友谊有狐狸的爱情气息
碧眼隆鼻酷似美丽的女鬼
在愉快的交谈中我走神片刻
沿着语言的通道返回故乡
不由得回忆起
在母语中呼吸的少女
和南方温湿的泥土
不再说梅花不再谈高洁的化身
只是手指一枝加契纳的丁香
告诉她在雨巷中踯躅的诗人
抄袭南唐中主李璟缠绵的空结

1999 年 5 月 16 日

柯马罗沃[1]的月亮

八月,我告别缪斯钟情的城市
寻找柯马罗沃诗歌的月亮
电气火车像一匹识途的老马
蹒跚在通往柯马罗沃的道路上
黑压压的人群像原野上盛开的勿忘我
像伊斯兰的信徒向往神圣的麦加
途经白岛我勉力回忆伊拉描述的路线
率直的松林遮掩着浅浅的水池
松鼠笨拙地追扑红嘴绿胸的鸟儿
矢车菊无拘无束地开放
采蘑菇的老者再次指点我彼得堡的骄傲
诗歌史的常识告诉我
聆听过但丁口授的秘密
阿赫玛托娃注定要下地狱
我见过她在野狗俱乐部里纵情跳舞
和枫丹卡河畔屈辱而幸福的秘密写作
一部没有主人公的叙事诗
在圣徒们双手合十齐声赞美的时刻
低低的叹息便足以成为当代英雄
十字架上的泪水彰显一位母亲的高贵

1999 年 8 月 22 日

---

〔1〕 柯马罗沃:圣彼得堡附近的一个小镇,阿赫玛托娃生命中最后五年时光(1961~1966)的见证者和永远的安息地。

观念艺术

现代之后的老屋
被迫拆迁
本世纪最后一次清仓
杂耍一般
挥泪大甩卖
一次性行为就是一次性的艺术
在杜尚的尿盆里放血
把纯粹误读成纳粹
出售天价的观念
具象出古典主义肥腴的腰肢
在空心的时间平衡木上
酒瓶和烟蒂操练自由的体操
不见阳光的五星级宾馆
筹划
废物如何得到利用
附设饰有花边的走廊
美丽的孔雀赶赴坐山雕的宴会
作出姿态站稳立场
新贵有钱就可以自由地出入
哪怕头脑如洗空的皮囊
混迹在熙来攘往的人群中
悠闲地踱步东瞅西瞧
然后气宇轩昂地走出来
面对极端主义的自我
高挂大红的灯笼
走在最前面的是一袭新衣
至尊的国王不知去向

1999年12月24日

梨子的启示

一只梨无法去称量另一只梨,
但是一个人却能够
裁判另一个人的行为。
耶稣说:谁无辜如羔羊,
谁就拥有投掷石块的权利。
面对惊惶不安的妇女,
曾经散去的人群
重新集合在正义的旗帜下。
梨子滚落地下,
跌破的伤口
仿佛梨化的前生。
青藤般的想象力
爬满了记忆的手臂,
劣迹斑斑的一生
像蛀虫蠕动其中的水晶梨,
混合着甜蜜与
腐朽的气息。
大自然循环往复,
一只梨子缺乏对另一只梨子的权威,
一个人却可以
让另一个人滚动成为
烂梨。

      2000年5月21日

昨夜有风

昨夜有风
从茂密的暑热中
勉力挤了出来
窗前的柳树
矜持地拨动脑袋
而你叽叽喳喳的小手
像鸟儿一般
敲打着树墩一样的
电脑键盘
文字像黑色的羽毛
一样滚落
沉吟着删去思想随笔
多余的结尾
让另类小说盛不下的激情
逆风而行
在星星与星星相思的距离中
敷衍成
反抒情的诗章
使虚构获得想象力的赞助
扑出球门
去迎接
生活那滑溜溜的价值
我进入梦乡
恍惚中被告知
上帝
头脑发热

他的爱情滋生了
一大群苦恼的蜜蜂

2000年6月18日

建设工地随想曲

推土机挺着肚子走过的时候
死人不得不再死一次
枝叶茂盛的枥树，霍然倒下
比上一次更加彻底
明代的陵墓一声惨叫
蹦出秦砖与汉瓦的灵魂
这里，新世纪的大厦将拔地而起
一条病魔缠身的野狗
不知所措，在小路的尽头
声嘶力竭地吠叫
仰望着苍白的新月
想象着，那是最后的家

    2000年8月3日

镜子

天大的镜子
其实就是天本身
透过一层层透明的云雾
看穿我们每天的生活
像盗墓贼一般挖掘
我们内心的奥秘
信徒们指着天
高声吟唱值得膜拜的上帝
而初升的太阳
像没心没肺的顽童
撒开无数光脚丫
踏碎温柔的白莲花

  2000 年 10 月 4 日

穿牛仔裤的杨贵妃

荒诞电影一路旋转
放映到尾声
推出穿牛仔裤的杨贵妃
苹果在丰腴的大腿上滚动
而西装革履的高力士
满脸堆笑谦恭地
从事乡镇企业的开发
空运岭南的荔枝
在五星级饭店逐串散发
盼咐手下兢兢业业
仿佛当年统领大大小小的太监
华清池水依然滑腻
只是已经挂上桑拿的招牌
做不成比翼连理的美梦
唐玄宗自然愤怒异常
麦当娜与耶稣的母亲同名
把纯洁巡回播撒到狂野的边缘
世界摇摇晃晃地走出黑白
在复杂的彩色中迷失
撒旦是堕落的天使

  2000 年 12 月 2 日

晦涩的爱情

今夜，我晦涩的爱情必须走到尽头
仿佛曲折的小路绕过了
太多的山峰
把青草和绿树撇在身后
去跨越时间之刃切割的悬崖
在瀑布中沉没
后山坡上
千年古刹曾经矗立的地方
连废墟都没有留下
松鼠惊动树枝的瞬间
我故作大胆地搂紧纤柔的腰肢
你却弹动莲花的舌尖
不住地念叨"阿弥陀佛"
借故仰望星星
仿佛数点一颗颗滑溜的佛珠
"进尼姑庵去吧！"
（怎么会是哈姆雷特的声音？）
而禁欲的手指中间
看不见的蜡烛熊熊燃烧
在人工的世纪坛上
我将寂寞一点点溶入孤独
让忧伤沉没于痛苦
仿佛雪块，最终默默地走进寒冷的水流
呵，不得不独自回家
我看到一颗颗脆弱的灵魂
正在沿途收集骷髅舞的磷光
拼凑明天的太阳

2001年1月1日

堕落天使

天使堕落的那一个晚上
我是唯一的目击者
在印满唇吻的梦露俱乐部里
美元皇帝在雪白的操场上训练
忐忑不安的卢布卫兵
放肆地堆砌物质主义丰腴的山峰
大张旗鼓地搜索人性的峡谷
彼得堡音乐学院的女生
手臂修长大腿浑圆
把身体交给形式主义的运动
腰肢在狂热地扭摆
眼神比涅瓦河的浮冰更加冷漠
呵,天使堕落的时刻
我是唯一的目击者
神情恍惚地旁观
芭蕾的足尖触及命运的脱衣舞

    2001年1月7日

当女人成为白雪的比喻

当女人成为白雪的一则比喻,
纸上的温柔
便应和着星光坠落的声音,
悄悄地飘起来。
冬天的屋子,
隔着镜子,一双眼睛
呆望着另一双眼睛,
仿佛孤独痴迷地凝视着寂寞,
触动柔软的感觉按钮;
刹那间,
北京的忧郁
便开始酝酿废墟背后的激情,
它们足以温暖
街头女郎冻结的腰肢
和麻木的眼神;
雾气里的夜色虽说还那么僵硬,
却已经显现了某种透明
以及溶化的可能。

2001年1月25日

两本或一本书

手中的这本书
是某部禁毁小说的下册。
因此,我已经读到故事的结尾,
却不知道故事如何开始,
更无从了解造成悲惨后果的
究竟是什么缘故。
当然,这样也不错,我可以拥有
很多自由发挥的空间,
让多余的想像力催产素似的
找到用武之地,在空白处
设计夸张的绣像封面。
而阅读着的我何尝不是另一部书,
被什么人阅读着,
或者
被随意抛掷在某间书斋,
任凭秋风和尘粒随意翻动,
略微不同的是,它只有残缺不全的上册
而且,就像坊间遍布的盗版图书——
印刷得有些儿潦草,
不少段落留有执笔者马虎和敷衍的痕迹,
甚至,散乱的书稿开始发黄,
周边滚起了丑陋的皱角。
但丁说,他的旅行已经走到了中途,
于是,开始撰写自己的喜剧
(并没有后人添加的"神圣")……
呵,我(出自习惯)多么想做一点修改,

不过，鹅毛笔已经丢失，
我不能参与"我"的写作，
在时间的掌心，我只是写作的对象，
拥有的至多只是阅读的权利。
夜深人静，一遍遍重温它平庸的楔子，
蘸着思想的泡沫，
煞有介事地追忆污水的年华，
却无法预料它的结尾，
而伴随那犹豫不决的"延宕"，
关于幸福的理想一次次成为不幸的笑柄。

2001年2月2日

胡同深处的雪

胡同深处的雪
像一个被继母遗弃的孤儿
蜷缩在污水与烂泥的合唱中
臃肿的雪堆
爬满蚂蚁似的黑点
呵,那可不是诱人的雀斑
而是溃烂的冻疮
院门吱呀呀打开
走出脊背佝偻的老人
拄着年代模糊的蛇头拐杖
用布满皱纹的手掌挡住白光
真冷啊,他无力地叹了一口气
想起童年时代母亲的胸怀
如今,他的年迈已经超过了母亲
绕过最后的审判
他们也很快就会见面
那折磨人的思念自然就会戛然而止
他低头瞧了瞧门前的积雪
吃惊地发现
自己已经做了七十年的孤儿

    2001年2月4日

切·格瓦拉

一个阿根廷人
却在古巴建立了永垂不朽的功业
神秘地失踪
然后,被热带丛林所谋杀
这让人想起
加拿大的白求恩——
不远万里,来到中国
在陕北的窑洞里
疗治人道主义的伤口
最终被伤口所吞噬
给国际主义列车添加了亮丽的车皮
革命曾经是如此诱人
而今,他们都被装进百事可乐的瓶子
和耐克鞋的爱情一起
走进没有差异性的后现代
广告上的
享乐更加诱人

    2001年2月9日

漏气的足球

城市的腐败
从一只漏气的足球得到印证
它奄奄一息
在顽童们恶作剧的踢打下
挣扎着
进行不规则的滚动
体育馆附近的地中海酒吧
飘浮着吉他手
无根的欲望
人民币像一名狙击手
在手掌心里
警惕地守伺着温柔的野猫

射门
漏气的足球轻飘飘地撞在门框上
无力地
倒
在
——左前锋的脚下

2001 年 4 月 24 日

裸足女人

赤脚在地板上走动的女人，
像玫瑰花瓣在葡萄酒中漂浮。
放任探戈的激情，
吐出蛇信子一般的触须，
试探理想之水的深浅。
电话铃声骤然响起，
像战争年代的警报器，
把那个曾经熟悉而今陌生的声音
一字不漏地送达。
爱情的夜莺已经飞远，
友谊的森林尚未如期长成。
躲起来吧！
红舞鞋仍在刀尖上旋转，
又怎能掩饰伤口？
在四壁的镜子映照下，
把手臂伸出去，
抓住空气，
仿佛抓住最后的希望。
当伤痛像树叶般凋落的时候，
寂寞被浓缩成
孤独的酒精，
浸泡赤裸的双脚，
还原一个女人的纯粹。

    2001年8月16日

扫地的蚂蚁

从公园出来,
走在回家的路上,
女儿稚嫩的声音突然喊道:
"蚂蚁在扫地!"
我惊奇于她的发现
是如何地与我麻木的感觉不同,
劳动的快乐
像一颗种子深藏于内心。
世界存在着,
枯瘦的石头冲破泥土的芬芳,
迫不及待地说明一切。
在现实通往理想的羊肠小道上,
三岁的女儿
趔趄地牵着我
走在回家的路上。

    2001 年 8 月 18 日

双龙潭

最坚硬的岩石
感动于迟到的爱情
流泻出尘世间最柔软的水
地心展示种种诱惑
在斜坡上
飞溅起
饥渴的浪花
绿叶像情人的絮语一般生长
沾满泥土的传说
如同遍布山坡的野花
荒诞不经
却有诱人的芬芳

一条娃娃鱼
不知深浅地向着淤泥挺进
遭遇的不是激情
而是鹅卵石的抵抗
小鸟在细枝上天真的歌唱
蟋蟀在陡岸上发出同情的共鸣
三只螃蟹躲在浅滩
涎着脸坏笑
偷窥龙的神秘

2003年8月16日

火车

那列载着你的火车，
如同一头盲目的怪兽，
呼啸着滚动无情的轮子，
在僵硬的铁轨上，
从鲁谷的家门前飞驰而过。
但我还滞留在途中，
不曾抵达留有你气息的家，
这让我甚至来不及在阳台上眺望
白衣飘飘的你，
那早已烙刻在心中的身影。
迟到，迟到，这是一个
学生时代曾令我惊恐万分的单词，
仿佛玫瑰丛中埋伏的荆棘，
一次又一次扎进我记忆的皮肤，
使我痛苦而麻木，
直到丧失抒情的触须。
子夜，伸出黑色的舌苔
舔湿羞答答的黎明。
哦，爱情有自己的时刻表，
迟到的遗憾滋生疯狂的加速度，
卸除历史的蛇皮车厢，
闯过衰朽的红灯，
不惜与天才的时间赛跑。

2003年9月4日

花园中的豹子

豹子,伸展着腰肢,
被一种历史的激情驱使,
越过洁白而光滑的栏杆,
走进安谧的花园。
仿佛小鸟找到了它温暖的归巢,
仿佛倦游的浪子,
又一次回到母亲的怀抱,
在水样清凉的月光的鼓励下,
它炫耀美丽的斑纹,
踏进柔软的青草地,
一次次跃起,
体验珠穆朗玛峰高远的晕眩。
在世界性的战栗中,
集聚狂野的力量,
贯注到一个溶洞般深邃的目标,
进行生命最原始的抒情,
倾泻比乡愁更深刻的眷恋。
哦,这是豹子的爱情,
一种神与人都倍感陌生的爱情,
顷刻,花园的上空,
乌云,闪电,雷鸣,
一阵饱满的雨点
印证大自然最纯朴的本质,
而强韧的豹子踩动软蹄,
在暴雨的节奏中,
倾诉它滚烫的思念

和洁白的欲望，
而后，安静地枕靠着
一枝处女般纯洁的凤尾兰，
疲倦的目光
掩饰着沉醉的愉快。

  2003 年 9 月 12 日

十月十九日

绿灯。屏住呼吸。睁大眼睛。
四车厢,第六个窗口。
火车驶过,仿佛是逃亡的鸟群,
又似乎是追击的猎狗,刮起一阵飓风,
抛下声嘶力竭的笛鸣,匆忙得
像走火的步枪放出一颗流弹,
击碎了一个热切的期待。
心脏失重,飘起来,仿佛一片碎纸,
在刚愎自用的风口无力地挣扎。
时针不动声色,指向十五点零六分,
北京,西郊,沉浸在情感的迷茫中,
呵,灰蒙蒙的天空,蠕动着
病恹恹的乌云和乱纷纷的尘土,
秋意萧瑟,下午的阳光
比冬夜的星光更加衰老;
红蝴蝶的女儿耷拉下翅膀,
眼底闪动着黯然的波光,
失望的黑痣凸起在稚嫩的耳根。
顺着铁轨紧走几步,石子
硌痛了脚板,蹲下身子,
抓住的只是掌心的一把空气,
震荡耳膜的是铁与铁的撞击声。
又一列火车驶过,它肯定与我无关,
却同样会经过我关心的那座城市,
转回脸去,前方已亮起一盏红灯……

2003 年 10 月 19 日

金鱼之死

月光扎进土地的一刹那，
金鱼
在小小的花瓶里
翻动，
缓慢而滞重。
缺氧——
不停地喘息，
吐出一个又一个
梦想的气泡，
已经是生命边缘的弥留；
鳞片在痉挛，
蜕却
比太阳更鲜艳的皮肤。

玻璃空间
制造透明的幻觉。
金鱼，它的腹鳍在颤抖，
嗓子发烫，
鼓突起眼珠，
终于看清命运的尾巴。
一切即将结束，
只抛下一个微不足道的问题：
水和水那么拥挤，
美丽的金鱼如何能流出
濒死的泪？

2004 年 2 月 4 日

睡眠

我的睡眠是一只美丽的瓶子,
比床小,比世界大。

悄悄刨开黑暗的沃土,
培植梦幻的花。

翻身,按动时间的遥控板,
调整音量,
让喋喋不休的小鸟
学会
花朵的沉默。

那是轻到
不能再轻的声音,
却能穿透一切的喧哗,
包容
整个死亡的平静。

2004年2月5日

最后的情人节

情人谷。莲花桥。月台。
秘密地站成一条焦虑的直线。
出租车。反光镜打着呵欠，
颠簸着锯齿形的记忆。

浪漫的节日，摆脱不了悲剧的
胎记。两个人面对整个世界。
被历史的洗涤液浸泡，感染了
特殊的忧伤，二月的玫瑰，
剥除护身的软刺，微微敞开
花瓣，抓紧一只孤独的手，
透过指缝，疯狂地吮吸
曙色中的露滴。

拥挤的人群，像无序的树枝
在候车室里自由地生长。
玫瑰哽咽着吞下早春的寒意，
沿着黑色的柱子徘徊；
月台无动于衷，就像一个失忆的
老人，习惯了陈年的灰暗。
绝望地抓住一片衣角，却抓不住
离别的汽笛声。

情人节的火车
沿着铁轨的理性向前滑动，
咔嚓，咔嚓，压碎满地的泪花……

2004年2月14日

生日献词

1

寒风。裁纸刀
放肆地划分生日蛋糕，
人造奶油
在星空的屏幕上
跳舞，
时间的蜜，溶解成
微妙的颗粒，
——飞翔，
香槟色的玫瑰花
开始模拟啁啾的鸟鸣，
从一个人的手，
滑向另一个人的口，
美是柔软的，
带着体温
扑进善的诞生地。

2004 年 2 月 4 日

2

我坐在子夜的滑轮上，
任凭人与事相互
纠缠，
一层又一层包裹着无名指，
黯然的眼神
测试白昼的阳光穿透玻璃的角度，
怂恿情人节的十朵玫瑰
点燃

三枝绛红色的蜡烛。

记忆的潮水推动
一根朽木,
撞击冬末初春的血色船舷,
海鸥大口呼吸冷风,
低低地诉说,
偶然性的光束
如何划破孤独的黑外套,
爱,如何从概念的子宫脱落,
返回一片葱绿的高粱地,
在原野上
绽放
《兰花花》温柔的幼芽。

那一天,
地球肯定有过片刻的停转,
我南方的胸口失控,
走失了一根稚嫩的肋骨。
从此,便宿命地佝偻起腰背
寻找——
向西,向北……
哦,如今应该向南……
在一条大河边
停留,
仿佛是休息
(也许是等待?)。

我面对的这堵墙呈现空白,
如同一面镜子
映照我有缺陷的胸口。

2004年2月17日

雨夜

在雨声中想念一个人,
放慢文字的节奏,
似乎这样就能重温历史,
把相聚的时间
延长;
雨点一次次撞击阳台,
碰碎,
成为更细碎的水珠,
溅往另一个可能的方向。

晾衣绳上的睡裙
随风飘动,
告诉我孤独的现实;
初春,天气阴雨,
我依旧洗净我汗酸味的背心,
挂在它的近旁,
仿佛羞怯的单恋者
悄悄靠拢……

我知道,明天
阴到多云,
裙子和背心湿气袭人,
棉布与丝绸
多么柔软,
从纤维中渗出水滴,
比密集的雨点
沉重。

2004年4月29日

恋爱中的乌鸦

我爱你,我学习去傲慢,
泄密,是为了彻底的忠诚,
只要有足够的耐心,
你单眼皮的大眼睛就可以发现
我羽刺下谦虚的美丽。

我嗓音沙哑,
这说明,
我已成功地渡过
伤感的变声期。

我迎接成年的放逐——蜕除了
合唱队的尾巴,
把白色的茸毛归还给
喧嚣的白昼,进入
一个人的黄昏。

我的孤独如同夜雾
疯狂生长,
却并非与生俱来,
我那有黑色素的纯洁
依然渴望缠绵,
渴望呱呱声里隐秘的狂欢。

为了撩开
月全食的面纱,

我科学地焚烧黑色的羽毛，
用泣血的尖喙
顶起一轮红色的月亮。

  2004年5月8日

夏天,我羡慕一片绿叶

玫瑰,不事声张,
悄悄伸展四肢,
通过笔管秘密的隧道
浮现,一张女人的脸,
即便美本身,也
相形见绌。

爱,那隐蔽在心脏深处的
心脏,
除去比喻的塑料裙,
赤裸着自身,恰似
语言诞生之初的第一个动词,
缓
缓
降
临,
呵,孕育这女王的,
必是一位伟大的女始祖,
或许无名,或许
被现实的草丛与历史的尘土
淹没,却有
时间铣床磨损不了的
高傲——这玫瑰中的玫瑰。

此刻,我痴痴地想:
那片包裹玫瑰的绿叶多么幸福,
吻和被吻,不为人知……

2004年6月7日

七月七

月亮,拧了一个高髻,
水淋淋地浮出云岩……
各守一方,情人
依然在河的两岸遥望,寻找
比影子更诚实的光点……

这是桂树飘香的季节,
九朵红玫瑰,九朵白玫瑰,
怀揣十八个秘密的心愿,
前呼后拥,鹅黄色的
星星草,淡蓝的野菊花,
响应爱情的亲和力,
一再分泌绿衣信使的温柔,
快马加鞭……错失的
目的地是一间空屋。

迟到的主人又一次迟到。
中国的爱情,好事
为何多磨?
紫色的勿忘我迁出旧居,
一声叹息,吐出郁积的闷气,
放任神话的织梭
在记忆的网格里舞蹈。

十六光年,计算器
弹出科学的真相,无意识的

时空，堆砌成
一个黑色的包袱，
压住喜鹊灰色的翅膀，
秋雨，绵密
如同受伤的羽毛，
斜
  斜
    地
      落
      下
      来。

2004年8月22日（阴历七月七）

一个人的中秋节

月亮,昏黄如豆,
在云层里漫游,
仿佛年幼的孤儿
披着常年不洗的外套,
回忆春天,
杜鹃花盛开的季节,
人工的路灯
放射忧伤的光线,
龙爪槐庇护紫蓝相间的野菊花,
思念么,淡淡的,
飘散在淡淡的夜雾中,
一把胡琴
在漠然的石椅上咿咿呀呀,
仿佛欲言又止,
空洞的啤酒瓶东倒西歪,
唯有少许的泡沫
在草地上绝望地挣扎,
一个人的中秋节,
快步走过孤独的走廊,
走进自我的囚笼。
月亮,毛茸茸的圆轮
是一个半透明的靶心,
若隐若现,等待
一颗子弹——划破
墨迹斑斑的天空……

2004 年 9 月 28 日(中秋节)

门

七单元,四〇一,
靠左,木头与铁,
被警惕的眼球经常忽略,
静止的框架,
像一座方形的桥拱,
布满世界的空,流动着
物与人:据说,物质不灭,
那么,人有什么可以丢失?

变化,一个残酷的游戏:
……进来,出去……
出去,进来,
……进来,出去……
第四层,侧面对着楼梯,
就像弗罗斯特的岔路口,
画出了阴险的十字。

天使抖动翅膀,发出白银的
一声声脆响,魔鬼戴上彩色面具,
旋转并交换舞伴,争取
我摇曳不定的意志……

停顿,在楼梯狭窄的拐角处,
普通的缝隙漏出神秘的光。
于是,好心的长者开始回顾
肉身的来路,帮助

堕落者猜度灵魂的去向。

门,提醒铅灰色的存在
——锁把的必然,
以及铜制钥匙的某种可能。
斑驳的锈花,潦草地
记录夕阳坠落时刻的匆忙,
具体性稍显凸起的门槛
磕绊了我周密的抽象。

一首诗可以容纳多少精神?
我们意识中的美,不断
打磨,学习死亡的入门术,
蜕变——简单的真,
而复活,文字的网格
再度敞开了一扇扇小门。

   2004年11月25日

朗诵会

咖啡屋。座无虚席。闻风而来的
人们或站或坐。黑色话筒像破旧的自来水管,
滴答滴答着主持人的声音。
作为礼貌,也是向女权主义者致敬,
我挪出位子,逸出众人的视线……

黄色的指针略带讥讽地移动,
借助空间刻录时间,
默读桌椅的撞击和衣裙的窸窣。
我目空一切,等待……
今夜,只为一个人存在!

她的嗓音开始清点沙粒,我
从一本书中走出,推开玻璃门,快步
闯进了她的第三节,恰好踩中
弯曲的韵脚——这决非某种刻意营造的
巧合,却有命运的分量。

沉默像一盏灯,趴伏在她的脚下,
惊诧于人性的节奏,聆听
余下的诗节在空气里
流淌。置身灯光不到的黑暗,
我的傲慢穿越黄昏、烟圈和啤酒的泡沫,
去证实一个女人的美。

她的微笑,挤过裸露的手臂,

拂过我的脸颊,仿佛是一种赞许。
起身,递来一杯茶水,像高举
沙漠里的圣杯,小小的涟漪
荡漾着绿色的谦卑,唯有
这小小的谦卑才配得上
——黑衣女子秘密隆起的鬓发。

"当我们老了",临近终场……
在一个衰老的时代,我们——
是的,我们——正在消费着叶芝,
把年轻的妄想症吸附在数码的机械上,
毛德·岗,一个美丽的名字,
早已蜕变成寄生的政治,
龙沙赞美过的纺车摇摇欲坠,
猩红的嘴唇咀嚼着口香糖,阴险地
嘲笑着白发的星星。

就这样,在后现代叙述的非高潮中,
我闯进了她的第三节,
一首诗的心脏,柔软的纯粹——
由外向内的转折。
走过沙漠,她将朗诵"死者
——没有永垂不朽",
作为骆驼的注解,沙粒的日期模糊,
而我还想再一次饶舌:
不朽是存在的,它就在生命的根部,
就如同水,作为活着的
词根而存在。

2005 年 4 月 21 日

后记

人到中年,不免多了几分理性,看问题、看世界也就相对客观和从容了一点;值得庆幸的是,自己似乎还保留了一部分青春的激情,这使得我对诗歌,以及与诗歌有关的事物仍然保持了近乎理想主义的信仰。以上是我重读这部书稿所得出的自我印象。这本自选集主要由论文、随笔、译文和诗歌等组成,它们记录了我20世纪90年代以来关于人性、关于诗性、关于生活和阅读的一些思考和与这些思考相伴随的情感。

我本科时在杭州大学外语系学习的是俄罗斯语言文学专业;在硕士生阶段,师从杭州大学中文系飞白先生修习外国诗歌史,其后一直从事世界文学和比较文学的研究与教学工作;博士生阶段则跟随武汉大学中文系陆耀东先生研读中国新诗史。毕业时进入中国社会科学院外国文学研究所工作,调至北京外国语大学任教后也不曾中断对中国诗歌动态的关注,愿意尽一己微薄之力,以自己的理论批评和现代诗写作自觉地参与中国现代诗的发展进程。本书收入的大部分有关中外诗歌的文章和原创作品,既可以看成是我离开师门后向两位先生提交的工作汇报,也可视为一位晚辈对他们所开创事业的某种继承。

本书的论文部分收入了数篇序言,对此请允许我略作说明。

《词,别是一家的风情》是我为山西人民出版社出版的《千家词》所写的序言。序言以概述的方式介绍了我在学习"词"这一中国独有的诗歌文体期间的认识与心得,并对它进行了历史的梳理,对重点词家给予了勾勒性的评析。评述中虽不敢说有重大的突破,但"见贤思齐"的用心是渗透于字里行间的。朋友们谈论我的时候,一般总会提及俄罗斯文学对我的影响,大多忽略了另外两个来源,其一就是我对唐宋词的迷恋。在中国诗歌的发展史上,"词"对形式的重视,对语言的唯美主义迷恋,可说是空前绝后的。古代诗人对文本的亲近,在遣词造句中的钻研,所谓"吟安一个字,拈断数茎须"、"两句三年得,一吟双泪流"的精神,在"词"这一载体中得到了最充分的表现,并为其内在的文学性作了最可靠的保证。众所周知,中国新诗是在与古典诗歌传统断裂的基础上发展起来的,当代诗人几乎无一例外地吸收过外国文学的营养。可是,其中的绝大部分却对源远流长的中国诗歌缺乏了解,以至于接受媒体采访时对西方文学如数家珍,涉及自家传统则时有"数典忘祖"的现象,这不能不算是莫大的遗憾。在我看来,他们的表现极其类似于捧着祖传的金饭碗到邻家去讨要果腹的米汤。正是出于这种自觉,我努力给自己补课。

我在写作中的另一个源头是非洲诗歌,这自然与我曾经编选过《世界诗库》中的"西亚非洲卷"有关。非洲诗歌气韵悠长、节奏强烈,具有明显的青春期特点:奔放、欢快、纯洁、天真。这或许正是目前整个欧美诗歌,乃至中国诗歌所缺乏的元素。西亚诗歌有强烈的宗教特征,他们的苏菲神秘主义传统和现代诗人在融合古典与现代的努力中所取得的经验和教训恰好可以成为我们的镜子。当今中国,学人们在反对文化霸权主义时,经常指斥的便是"欧美中心论"。但饶有意味的是,我们往往可以看见中国批判者所取的视角、所使用的理论资源,多半来自作为批判对象的欧美;相比之下,处在经济弱势的亚洲和非洲,则一直处在被省略和忽视的处境。20世纪90年代初,我们在搭建《世界诗库》的框架时,就意在突破这一局限,让"诗库"真正获得它的"世界性"。这里的《在达姆鼓的节奏中跳舞》和《在"蔷薇园"中啼啭的夜莺》,便是《世界诗库·西亚非洲卷》的两篇导言。我在撰写它们时所耗费的心血实际上远远超出对其他一些论文的付出。鉴于国内迄今似乎尚不见关于这两个地区的诗歌较全面的专论性文章,兹将它们收录在此,权为抛砖引玉之举。

至于两篇与哲学有关的文章,是我试图站在文学以外对生命和存在的关系进行清理的尝试。别尔嘉耶夫和萨特的学说尽管同具存在主义色彩,他们也都拥有社会承担的理论和实践,但分别属不于同气质的哲学家类型:前者的俄罗斯式的沉重、悲悯和谦卑与后者法国式的标新立异、激情和骄傲给各自的自由主义学说打下了鲜明的特征,这些特征自然会在我的文章中被择取来进行评述。从中,细心的读者大约就能看出我内心深处对于他们的亲近与疏远。

至于书中的一部分学术随笔,可称为思想的边角料。它们不甚起眼,更没有什么"珠玑"式的光彩,但也有自己的硬度与棱角。希冀它们可以为转型期的中国思想之路铺上几颗小石子。

另外,我的译诗大多已有单行本在坊间流传。为节约篇幅起见,本书收录的只是几篇译文。这里,我想就它们的作者赘言几句。马卡宁有"当代果戈理"之称,他是俄罗斯最负盛名的后现代主义小说家。其创作既有对文体的探索,也不乏对俄罗斯现实的反思和批判,被誉为"祖国文学活的经典"。《关于爱情的成功叙事》是他的代表作之一,它是一部"暗道密布的作品"。在小说中,爱情、政治、性、权力、社会变革、道德、欲望等等,相互纠结、缠绕在一起,宛如一座展示人性的地下迷宫。西尼雅夫斯基是与索尔仁尼琴齐名的第三代俄罗斯侨民作家,他是苏联时期著名的"持不同政见者",但实际上他对政治并不感兴趣。他的评论和散文独树一帜,善于以"散步"的方式令读者产生亲切感,带有明显的艺术化特征。曼杰什坦姆夫人的一生证明:爱情像死亡一样强大。在俄罗斯,她的一本回忆录甚至比曼杰什坦姆的一套文集卖得更贵。本书节选的一部分文字仿佛是"诗歌的血液在散文的脉管里流淌",它们展示的不仅仅是一个人的命运,而且还折射着时代的精神状况。

记得有一位在某出版社任总编的朋友曾经对我说过:"从商业角度来说,如今最不好销售的是两类书,一类是诗歌,另一类是理论。"当时我便笑着对他说道:"很不幸,我目前做的文字工作中主要就是这两项,可算是占全了。"这位朋友陈述的无疑是实情。对此存有疑问者大概只要逛一逛中关村图书大厦和海淀图书城,便知所言不虚。为此,我要感谢河南大学出版社社长马小泉教授,总编辑张云鹏教授。在商业主义、功利主义泛滥的今天,他们依然秉承着文化传播者的人文情怀,不计较短期的利润收益,出版这样一套"新人文"书系,实在是一件功德无量的事情。

这里,必须提及的是谢景和先生,他在整个编审过程中所体现出的良好的艺术感觉,精深的文字功底和认真、负责的敬业精神,以及谦和的为人,令我感佩不已。应该说,这部自选集同样凝聚着他的心血。在此,请允许我对他表示深挚的谢意!

另外,还需要感谢耿占春先生。正是他的热情邀约,促成了本书的编选和出版。耿先生是我素来敬重的诗人、批评家,也是当今学术界为数不多的人品学问俱佳的学者之一。能与他在同一书系中出现,是我的荣幸。

末了,我想再重复一次:这是一个诗歌的乌鸦时代。在一个浪漫不再的背景下,做一只说明真相的乌鸦,应该是每一位诗人(这里似乎应该添加上"研究诗歌的学者")的宿命和光荣。

2009 年 2 月 25 日